KB042300

第 26 版

# 行 政 法 II

金 東 熙 著

博 英 社

# 제26판 머리말

여기 행정법 II 제26판을 출간한다.

상대적으로 적은 편이나 이번에도 전판의 출간 이후 적지 않은 법령이 개정되었던 바, 이 판에서도 이러한 개정 법령의 내용을 충실하게 반영하도록 노력하였다.

이번 판의 법령 및 판례의 검토는 전북대학교 법학전문대학원의 조성규 교수가 매우 실질적 도움을 주었다. 항상 그러하듯이 조 교수의 법령, 판례의 검토 내용은 매우 충실하고 뛰어난 것이어서, 여기서 고마운 뜻을 표한다.

언제나 그러했듯이 이번에도 보다 나은 체제의 책의 출간을 위하여 수고를 아끼지 않으신 박영사의 안종만 회장과 편집부 여러분의 노고에 진심으로 고마운 뜻을 표한다.

2021년 2월

저　　자 씀

# 머 리 말

여기 行政法 Ⅰ에 이어 行政法 Ⅱ를 出刊한다. 이것으로 학생들에 대한 무거운 짐을 일단 덜은 기분이다. 行政法 Ⅰ에 대하여는 기대 이상으로 많은 호응을 받았으며, 동시에 行政法 Ⅱ의 續刊에 대한 직접·간접의 많은 압력을 받았던 것도 사실이다. 그것은 one set에 대한 욕구의 표현이라 할 수도 있겠으나, 그보다는 일관된 體系性에 대한 要請이라는 측면에서 매우 당연한 것이라 할 것이다.

이 책의 원고는 작년 7월에 脫稿하였다. 이후 다시 내용에 대한 전반적 검토를 거친 후에, 일단 정리된 원고로 가을 학기에 강의를 하여 보았다. 그 결과 적지 않은 부분에서 내용이 정리되거나 보완된 것이 사실이다.

行政法 Ⅱ는 그 내용에 있어 검토되어야 하는 분야가 매우 넓고 다양하고, 또한 수없이 많은 실정법령으로 인하여 그 체계적 분석·정리에는 많은 어려움이 있는 것이 사실이다.

이 책의 집필에 있어서는 行政法 Ⅰ의 내용과의 논리적 일관성의 유지라는 점에 특히 유의하였고, 또한 行政法 Ⅰ에서 검토된 부분과의 중복적 기술을 피하려고 하였다. 그에 따라 이 책에서는 상당 부분에서 구체적인 내용은 行政法 Ⅰ의 내용을 참고하도록 하고 있다. 行政法 Ⅰ의 경우에도 그러하였거니와 본서의 집필에 있어서도 문제의 본질에 초점을 맞추어 가능한 대로 평이하면서도 명확하게 기술하려고 노력하였다.

行政法 Ⅰ의 내용도 그러한 것이기는 하나, 특히 行政法 Ⅱ의 내용을 이루는 것은 우리의 실정법제인 것이므로, 법치주의적 견지에서의 그 현실적 적용이라고 할 수 있는 우리의 判例를 충실하게 반영하려고 하였다. 끝으로 行政法 Ⅰ에서와 마찬가지로, 본서에서도 우리나라의 관련 法制나 法理 등의 분석이나 이해에 도움이 되는 한도 내에서 독일이나 프랑스 등의 관련 법제를 분석·검토하였다.

이 책의 내용을 이루는 環境法, 地域開發行政法 등의 집필에 있어서는 亞洲大學의 洪準亨 敎授와 法制處의 崔正一 法制官이 매우 실질적인 도움을 주었다. 여기서 두 분에게 감사의 뜻을 표하며, 두 분의 많은 발전을 기원한다.

　이 책의 校正과 索引作成은 行政法 I 의 경우와 마찬가지로 현재는 司法研修院에 재학중인 羅鉉 군이 맡아서 수고하여 주었다. 군의 세심하고 성실한 작업으로 이 책이 한층 더 짜임새를 갖출 수 있게 되었던 것으로 여기서 고마운 뜻을 표한다. 아울러 이처럼 정돈되고 산뜻한 책을 출간하기 위하여 수고를 아끼지 아니한 博英社의 安鍾萬 社長, 李明載 常務와 編輯部의 李榮雨 씨에게도 고마운 말씀을 드린다.

1994년 3 월

冠岳山 研究室에서

著　　者 씀

# 차 례

## 제 5 편 행정조직법

### 제 1 장 개 설

#### 제 1 절 행정조직법의 개념

#### 제 2 절 행정조직

#### 제 3 절 행정기관

# 제 4 절 행정관청

## 제 1 항 행정관청의 권한

## 제 2 항 행정관청의 대리

## 제 3 항 행정관청의 권한의 위임

### 제 8 항  지방자치단체에 대한 국가의 관여

### 제 9 항  지방자치단체 상호간의 관계

## 제 4 장  공무원법
### 제 1 절  개    설

### 제 2 절  공무원관계의 발생·변경·소멸
#### 제 1 항  공무원관계의 발생

## 제 4 절 공무원의 의무

## 제 5 절 공무원의 책임

# 제 6 편   특별행정작용법

## 제 1 장  개     설

## 제 2 장  경찰행정법

### 제 1 절  경찰의 개념

#### 제 1 항  경찰개념의 형성 및 변천

#### 제 2 항  경찰의 개념 및 내용

#### 제 3 항  경찰의 종류

## 제 2 절　경찰의 조직

## 제 3 절　경찰권의 근거와 한계

### 제 1 항　경찰권의 근거

### 제 2 항　경찰권의 한계

## 제 4 절  경찰작용

### 제 1 항  경찰상 사실행위

### 제 2 항  경찰하명

### 제 3 항  경찰허가

# 제 3 장  급부행정법
## 제 1 절  개   설

## 제 2 절 공 물 법

### 제 1 항 개    설

### 제 2 항 공물의 성립과 소멸

### 제 3 항 공물의 법률적 특색

## 제 4 절  사회보장법

### 제 1 항  사회보장의 의의

### 제 2 항  사회보험제도

## 제 3 항  공공부조

# 제 4 장　공용부담법

## 제 1 절　개　　설

## 제 2 절　인적 공용부담

# 제 5 장  지역개발·환경행정법

## 제 1 절  지역개발행정법

### 제 1 항  총    설

### 제 2 항  지역개발행정의 의의 및 특징

### 제 3 항  지역개발행정의 수단

## 제 2 절 환경행정법

# 제 6 장  경제행정법

## 제 1 절  경제행정과 경제행정법 총설

### 제 1 항  경제행정의 의의 및 내용

### 제 2 항  경제행정법의 기초

### 제 2 절  경제행정의 헌법적 기초

## 제 5 절  경제행정작용법

### 제 1 항  경제행정작용의 분류

### 제 2 항  경제행정작용의 행위형식 및 그 구체적 내용

## 제 7 장 재무행정법

### 제 1 절 개 설

#### 제 1 항 재정의 개념과 종류

#### 제 2 항 재정법의 기본원리

### 제 2 절 재정의 내용

#### 제 1 항 재정권력작용

## 제 2 항  조세법의 기본원칙

## 제 3 항  조세의 부과

## 제 4 항  조세의 징수

### 제 5 항  부동산회계

# 참 고 서 적

　行政法 Ⅱ의 내용에 관한 참고서적으로서는 국내는 물론이고, 그 외에도 독일·「프랑스」·영국·미국·일본의 행정법에 관한 다수의 문헌이 있는 것이나, 여기서는 국내의 行政法 敎科書와 독일과 「프랑스」의 行政法 基本書만을 적어 두기로 한다.

## Ⅰ. 國內의 行政法書

金道昶, 一般行政法論(下), 청운사, 1993

金南辰, 行政法(Ⅱ), 법문사, 1997

朴鈗炘, 最新行政法講義(下), 박영사, 1997

石琮顯, 一般行政法(下), 삼영사, 1993

李尙圭, 新行政法論(下), 법문사, 1991

李鳴九, 行政法原論, 대명출판사, 1997

洪井善, 行政法原論(下), 박영사, 1993

## Ⅱ. 독일의 行政法書

Achterberg, N/G, Püttner, *Besonderes Verwaltungsrecht,* Band 1, 1990,
　　　　　Band 2, 1992

Münch, I. v., *Besonderes Verwaltungsrecht,* 1992

Wolff/Bachof, *Verwaltungsrecht* Ⅰ, 1974

Wolff/Bachof/Stober, *Verwaltungsrecht* Ⅱ, 1987

Wolff/Bachof, *Verwaltungsrecht* Ⅲ, 1978

## Ⅲ. 프랑스의 行政法書

Chapus, R. *Droit administratif général,* t. 1·2, 1992

1 참고서적

Braibant, G. *Le droit administratif français,* 1992

Laubadère/Vénézia/Gaudemet, *Traité de droit adminislrulif,* t. 1, 1988,
    t. 2, 1986, t. 3, 1977, t. 4, 1978

Leclercq/Chamade, *Droit administratif,* 1992

Rivero, J. *Droit administratif,* 1993

Vedel/Delvové, *Droit administratif,* t. 1·2, 1990

제 **5** 편

# 행정조직법

# 제 1 장 개 설

## 제 1 절 행정조직법의 개념

### I. 행정조직법의 의의

행정조직법은 행정의 조직에 관하여 규율하는 법이라고 일단 정의할 수 있다. 그러나 이 정도의 정의만으로는 그 내용을 명확히 알 수 없기 때문에 보다 구체적인 정의가 필요하다.

행정조직법을 검토함에 있어서는, 다음의 세 가지 관념에 대한 이해가 선행되어야 한다.

먼저 행정주체의 관념인바, 이것은 행정권의 권한·의무 및 책임의 주체(행정작용의 효과의 귀속주체)인 국가·지방자치단체 기타 공공단체를 말한다. 그 다음이 행정기관의 관념으로, 이것은 널리 행정사무를 담당하는 기관(실제 그 직무에 당하는 것은 공무원이다)을 말한다. 그 마지막이 행정조직으로, 이것은 여러 행정기관으로 구성되는 계통적 조직을 말한다.

이러한 개념요소를 가진 법으로서의 행정조직법의 내용 또는 범위에 관하여는 다음의 세 가지 견해가 주장되고 있다.

(1) 광의의 행정조직법

넓은 의미에서의 행정조직법은 행정조직에 관한 규율로서, 내용적으로는 행정기관의 설치·폐지·구성·권한 등에 관한 규율과 이러한 행정기관을 구성하는 일체의 인적 요소(공무원)·물적 요소 및 인적·물적 종합요소(영조물)에 관한 법을 말한다. 그러므로 광의의 행정조직법에는 국가행정조직법·자치행정조직법·공무원법·공물법 및 영조물법이 모두 포함된다.

(2) 협의의 행정조직법

좁은 의미에서의 행정조직법은 광의의 관념에서 공무원·공물·영조물에 관한 법이 제외된 것으로서, 내용적으로는 국가·지방자치단체 및 기타의 공공난체의 소식에 관한 법을 말하는바, 이것이 행정조직법의 통상적인 관념에 해당한다.

### (3) 최협의의 행정조직법

가장 좁은 의미에서의 행정조직법은 협의의 관념에서 지방자치단체, 기타의 공공단체 및 공공기업체의 조직에 관한 것을 제외한 것으로서, 이른바 직접국가행정기관의 조직에 관한 법만을 내용으로 하는 것이다.

공물·영조물법은 행정조직의 물적 요소인 것은 분명하지만 이들 법제의 중심은 그 이용관계에 있으므로, 그에 관한 문제는 급부행정법 부분에서 검토하기로 한다. 오늘날 공무원법도 그 자체로서 하나의 독자적 분야를 구성할 수 있을 정도의 체계성을 갖추고 있는 것이 사실이다. 그러나 행정기관과 그 인적 요소인 공무원 사이에는 매우 밀접한 관련이 있으므로, 이 두 가지 문제는 함께 고찰하는 것이 적절하다고 본다. 따라서 여기서는 광의의 행정조직법의 내용 중 국가·지방자치단체 및 기타의 공공단체의 행정조직에 관한 법과 공무원에 관한 법을 그 대상으로 하여 검토하기로 한다.


## Ⅱ. 행정조직과 법률의 근거

근대 초기의 자유주의적 법치국가에서의 주된 관심사는 국가로부터 국민의 자유·재산을 보장받는 데 있었던 까닭에, 국민의 자유·재산에 대한 행정권의 발동은 반드시 법률의 근거가 있어야 한다고 보았다(침해유보설). 이에 대하여 행정조직에 관한 사항은 군주 내지 행정권 고유의 권한사항으로 인정되고 있었던바, 이를 이론적으로 뒷받침하였던 것이 이른바 독일의 「행정조직권(Organisationsgewalt)」 또는 일본의 「관제대권」의 이론이다.

그러나 현대국가에 있어서는 행정조직이 국민생활에 미치는 영향 내지 기능의 중요성을 감안하여, 입법부의 행정권에 대한 민주적 통제의 관점에서 행정조직에 대하여도 그 기본적 사항은 법률로 정하도록 하고 있는 경우가 많다.

우리 헌법 제96조는 "행정각부의 설치·조직과 직무범위는 법률로 정한다"라고 규정하고 있는바, 이에 의거하여 제정된 것이 국가중앙행정조직에 관한 일반법인 정부조직법이다.

헌법은 이 밖에 국가행정기관으로서 선거관리위원회($^{법}_{114⑦}$), 감사원($^{동법}_{100}$), 국가안전보장회의($^{동법}_{91③}$) 등의 조직과 설치를 입법사항으로 규정하고 있으며, 그에 따라 그 각각에 대한 단행법이 제정되어 있다.

헌법은 또한 지방자치단체에 관하여도 그 종류($^{동법}_{117②}$)·조직·운영($^{동법}_{118②}$)을 입법사항으로 하고 있는바, 그에 따라 제정된 지방자치에 관한 일반법이 지방자치법이다.

# 제 2 절  행정조직

## I. 행정조직의 유형

행정조직은 각국의 역사적 단계에 있어서의 정치적·사회적·행정적 요청에 따라 형성·발전된 것이므로, 국가 및 시대에 따라 그 내용이 달라지는 것은 물론이다. 그러나 행정조직은 대체로 다음의 몇 가지 대칭적 유형으로 분류할 수 있다.

### (1) 중앙집권형과 지방분권형

이것은 권력을 중앙정부에 집중시키는가, 지방에 분산시키는가에 의한 구별이다. 권력을 지방에 분산시키는 경우에도, 국가로부터 독립한 지방자치단체에 자치권을 부여하는 것과, 단순히 국가의 지방행정기관에 행정권한을 분장시키는 것을 내용으로 하는 두 가지 유형이 있다. 전자를 자치분권(Decentralization)이라 하고, 후자를 행정권한의 분권(Deconcentration)이라 한다.

자치분권은 주민자치라는 민주적 요청에 부합하며 또한 지방의 정치·경제·사회적 독자성을 확보하는 단체자치의 취지에도 맞는 것으로서, 그에 의하여 지방의 실정에 맞는 행정을 할 수 있고, 또한 행정상의 부담배분도 보다 공평하게 실현할 수 있는 장점이 있다.

이에 대하여 권한분권은 지방의 구체적 사정도 고려하면서 국가의 행정을 신속하고 통일적으로 수행할 수 있는 장점이 있다.

### (2) 권력통합형과 권력분산형

이것은 행정권을 단일기관에 통합시키는가, 복수기관에 분산시키는가에 의한 구분이다. 권력통합형 행정조직은 통일적이고 실효적인 행정작용에 적합한 조직형태인 데 대하여, 권력분산형 행정조직은 행정의 전문화나 권력의 상호견제의 요청에 부응하는 것이다. 과거 경찰국가시대에 있어서의 행정조직이 권력통합형에 해당하는 것이었다면, 오늘날에는 권력분산형이 일반적인 조직형태라고 할 수 있다.

### (3) 관치행정형과 자치행정형

이것은 행정권의 주체가 국가에 있는가 자치단체에 있는가에 의한 구별이다. 관치행정형은 국가가 스스로의 기관으로 하여금 행정을 행하게 하는 것을 원칙으로 하는 형태를 말하며, 자치행정형은 국가 밑에 국가에 대하여 독립적 지위를 가지는 자치단체를 두고, 그에 일반적·포괄적 수권을 하여, 그 단체로 하여금 스스로의 기관에 의하여 자기의 사무를 처리하게 하는 행정조직 형태를 말한다.

관치행정형은 보통 국가적 견지에서 행정의 통일적 수행의 필요가 강한 경우에 중앙집권형 행정의 구체적 실행수단으로서 채택되는 것인 데 대하여, 자치행정형은 지역적 또는 직능적 단체의 자주·자율적 행정의 실행수단으로 채택된다.

### (4) 직접민주형과 간접민주형

이것은 행정의 운영을 직접 국민(또는 주민)의 의사에 따라서 하는가, 또는 간접적으로 국민의 대표자를 통하여 하는가에 의한 구별이다. 행정기능이 확대되고 복잡화한 오늘날에는 간접민주형이 원칙이나, 직접민주형이 부분적으로 채택되는 경우도 있다.

### (5) 독임형과 합의형

독임형은 1인의 자연인으로 구성되고, 그의 단독적 결정에 따라 행정이 행해지는 행정조직을 말하고, 합의형은 행정기관이 복수의 자연인으로 구성되고 그 의사결정이 이들 구성원의 합의에 의하여 이루어지는 행정조직을 말한다. 전자는 책임의 소재를 명확히 하고 신속하고 통일적인 사무처리에 적합한 형태인 반면에, 후자는 판단의 신중·공정성과 이해의 공평한 조정을 도모하는 데에 적합한 형태이다.


## Ⅱ. 현대 행정조직의 특질

오늘날의 행정은 날로 복잡·다양해지고 있는 까닭에, 오늘날의 행정조직은 이러한 행정의 각 부문에 걸친 연락·조정을 도모하면서 전체로서 조화 있는 행정을 통일적으로 신속하게 처리할 수 있도록 합리적·능률적이어야 할 뿐 아니라, 그 책임체계가 확립된 조직일 것을 요한다. 이러한 요청에 따른 현대 행정조직의 특질로서 중요한 것으로는 다음의 몇 가지를 들 수 있다.

### 1. 행정조직의 통일성 · 계층성

행정목적의 통일적 수행을 위하여 행정조직은 원칙적으로 상하행정기관 사이에 명령복종체계에 의하여 규율되는 통일성·계층성(hierarchy)에 의하여 특징지어진다. 이러한 점에서 행정조직은 사법조직이나 입법조직과는 다르다.

다만 행정조직 중에도 특히 그 결정의 독립·공정성을 확보하기 위하여 상대적이기는 하나 독자성·독립성이 보장되고 있는 감사원이나 공정거래위원회 같은 것이 있으나, 이것은 행정조직으로서는 예외적 현상에 속한다 할 것이다.

### 2. 행정조직의 독임성 · 명확성

행정은 신속한 사무처리와 책임의 명확성을 기하기 위하여 독임형 조직을 원칙적 형태로 하고 있다. 그러나 행정에 있어서도 그 판단에 신중성이나 공정성이 특히 요청되는 경우가 있는데, 이러한 경우에는 행정위원회와 같은 합의제형 조직의 형태를 취하게 된다.

### 3. 직업공무원제도

현대 행정의 복잡화·전문화·기술화 등의 현상에 대응하기 위하여, 행정조직의 인적 요소로서의 공무원은 직업공무원임을 원칙으로 한다.

### 4. 행정조직의 민주성

행정의 본질은 공익의 실현작용이라는 점에서 행정조직에 있어서도 국민의 의사가 그에 적절히 반영될 수 있어야 한다. 이 점에서는 행정조직에 있어서도 일정한 독립성을 가진 기관의 설치, 권한의 분권, 기관의 선거제 도입 등의 문제가 제기된다.

이러한 민주성의 원리는 행정의 능률성의 원리와는 일응 배치되는 면이 있으나, 이 양자의 요청을 적절히 조정하는 것이야말로 현대 행정의 중요한

과제라 할 것이다.[1]

# 제 3 절 행정기관

## I. 개 설

### 1. 행정기관의 의의

실정법상 행정기관이라는 용어는 다음에서 보는 바와 같이 두 가지의 다른 의미로 사용되고 있다. 먼저 정부조직법은 "중앙행정기관은 이 법과 다른 법률에 특별한 규정이 있는 경우를 제외하고는 부·처 및 청으로 한다"고 규정하고 있다($_2^{법}②$). 이에 대하여 지방자치법은 특별시장·광역시장·특별자치시장·도지사·시장·군수 및 구청장을 지방자치단체의 집행기관으로 하고($_{93}^{법}$), 부지사·부시장·부군수·부구청장을 보조기관으로 규정하고 있다($_{110}^{동법}①$).

이 두 가지 경우에 있어 행정기관은 다음과 같이 각각 다른 의미로 사용되고 있는 것이다.

#### (1) 권한분배단위로서의 행정기관의 관념

이 의미에서의 행정기관은 행정주체의 행정사무를 담당하는 지위를 지칭한다. 이것은 전통적 행정법학에 있어서의 행정관청법이론상의 관념으로서, 행정작용법 및 행정구제법의 관점에서 행정결정과정의 최종단계에서 행정주체의 의사를 결정하고 이를 국민에 대하여 표시할 수 있는 권한과 책임을 가지는 기관을 의미한다. 이것을 행정청(국가의 경우는 행정관청)이라고 한다. 이러한 행정기관의 관념은 권한과 책임의 소재를 명확히 할 수 있다는 점에서, 법치주의에 충실할 수 있어 오늘날에도 매우 유용한 것임은 물론이다.

위에서 본 바와 같이, 지방자치법이 지방자치단체의 장인 특별시장·광역시장·특별자치시장·도지사·시장·군수 및 구청장을 지방자치단체의 집행기관으로($_{93}^{법}$), 그리고 부지사·부시장·부군수·부구청장을 보조기관으로 규정하고 있는 것은 이러한 권한분배단위로서의 행정기관 관념에 입각한 것이다.

---

1) 김도창, 행정법(하), p. 49.

**(2) 사무분배단위로서의 행정기관의 관념**

이 의미에서의 행정기관은 일정한 행정사무를 분담하는 조직으로, 행정청을 중심으로 하고 그에 부속된 보조기관 등을 포함하는 총합체로서의 부·처·청 등의 조직체를 말한다. 정부조직법이 "중앙행정기관은 ··· 부·처 및 청으로 한다(별⓶)"고 규정하고 있는 것은 사무분배단위로서의 행정기관의 관념에 입각한 것이다.

행정기관의 관념은 이처럼 두 가지 다른 의미로 사용되고 있으나, 양자는 대립적인 것이 아니라 상호 보완적인 의미를 가지고 있다.

이러한 행정기관은 행정사무를 담당하는 기관이라는 점에서, 입법사무를 담당하는 입법기관 및 사법사무를 담당하는 사법기관과 구별된다. 행정기관은 그를 구성하는 자연인인 공무원과는 구별된다. 공무원은 독립적인 권리주체로서 행정주체에 대하여 일정한 권리의무관계를 맺고 있다. 이에 대하여 행정기관은 행정주체의 기관으로서 그 사무를 담당하는 것으로, 독립적 법인격을 가지는 권리주체는 아니고 일정한 범위의 행정적 권한을 가지고 있음에 그친다.

## 2. 행정기관의 인격성의 문제

전통적 견해에서는 행정기관에 대하여 법적 인격성 또는 권리주체성을 부인하였던바, 이것은 독일 공법학의 국가법인설에 입각한 것이었다.

그러나 이러한 행정기관의 비인격성론은 모든 경우에 반드시 타당한 것은 아니다. 예컨대 소송법상 법률상 쟁송의 원고와 피고는 권리주체가 되는 것이 보통이나, 취소소송의 피고는 행정기관으로서의 처분청 자체가 된다. 또한 행정기관 상호간의 관계에 있어서 권한의 위임·협의를 함에 있어서나 기관소송의 당사자로서의 자격이 문제되는 경우에는, 행정기관은 자기의 이름으로 행위를 하고, 그 법적 효과도 자신에게 귀속된다. 이러한 경우에는 행정기관에 대하여도 법적 인격성 또는 권리주체성이 인정된다고 볼 여지가 있다. 이러한 관점에서는 행정기관이 법적 인격성을 가지는지 여부는 상대적인 문제로서, 구체적인 법률관계의 내용에 따라 판단되어야 하는 문제로 볼 수 있다. 그에 따라 오늘날에는 행정기관에 대하여도 법적 인격성을 인정할 수 있다고 하는 견해도 상당히 유력하게 대두하고 있다.[1)]

---

1) 대법원도 국가기관 상호간의 행위에 대해서 구체적인 상황에 따라 제한적으로 처분

다만 행정기관의 법적 인격성의 인정 여부에 따라 그 법적 효과에 차이가 생기는 것은 아니라는 점에서, 이러한 논의는 실정법의 해석론으로서의 실질적 의의는 거의 없다 할 것이다.

## Ⅱ. 행정기관의 종류

행정기관은 여러 기준에 따라 분류할 수 있다. 즉 ① 행정사무의 귀속주체를 기준으로 하면 국가의 행정기관·지방자치단체의 행정기관·공공조합의 행정기관으로, ② 그 구성을 기준으로 하면 독임제기관과 합의제기관으로, ③ 권한을 기준으로 하면 행정(관)청·보조기관·참여기관·자문기관·집행기관·의결기관 등으로, ④ 그 임무 내지 소관사무를 기준으로 하면 일반행정기관·기획기관·인사행정기관·재결기관·감찰기관·기업기관·조사연구기관·검사검정기관·조달기관 등으로 분류할 수 있다.

이 중에서 법적으로는 특히 ②와 ③의 구분이 특히 중요한 의미를 가지는데, 다음에서는 그에 관하여 보다 구체적으로 기술한다.

### 1. 권한을 기준으로 한 구분

이것은 행정관청론적인 관점에서 본 행정기관의 분류이다.

#### (1) 행정(관)청

행정주체를 위하여 그 의사를 결정하고 이를 국민(주민)에 대하여 표시하는 권한을 가진 행정기관을 말한다(각부 장관·지방자치단체의 장·공정거래위원회 등). 행정청은 행정행위의 관념, 행정쟁송법상의 피고적격, 항고소송의 대상의 결정 등에 있어 중요한 의미를 가진다.

---

성이 있을 수 있으므로, 상대방 기관이 취소소송으로 이를 다툴 수 있다는 입장이다. 즉 대법원은 2013. 7. 25. 선고 2011두1214 판결에서 국가기관인 국민권익위원회가 「부패방지 및 국민권익위원회의 설치와 운영에 관한 법률」에 따라 경기도 선거관리위원회 위원장에 대하여 일정한 내용의 조치요구를 한 사안에서 동 위원장은 이를 항고소송으로 다툴 수 있는 당사자능력, 원고적격 및 법률상 이익이 있다고 판시하였다. 이 판결에서 대법원은 "국가기관 일방의 조치요구에 불응한 상대방 국가기관에 국민권익위원회법상의 제재규정과 같은 중대한 불이익을 직접적으로 규정한 다른 법령의 사례를 찾아보기 어려운 점, 그럼에도 국민권익위원회의 조치요구를 다툴 별다른 방법이 없는 점 등에 비추어 보면, 처분성이 인정되는 위 조치요구에 불복하고자 하는 경기도 선거관리위원회 위원장으로서는 조치요구의 취소를 구하는 것이 유효적절한 수단이므로 비록 국가기관이더라도 당사자능력 및 원고적격을 가진다고 본 원심판단(서울고법 2010. 12. 9. 선고 2009누38963 판결)은 정당하다"고 판시하였다.

행정청은 행정기관 중에서 가장 중심적 위치를 차지하며, 다른 행정기관은 행정청과의 관계에 따라 그 위치 또는 지위가 결정된다.

국가의 행정청은 이를 행정관청이라 하고, 지방자치단체의 기관도 포함하는 경우에는 행정청이라고 하는 것이 보통이나, 이러한 용례가 엄격히 지켜지는 것은 아니다.

(2) 보조기관

행정조직의 내부기관으로서 행정청의 권한행사를 보조하는 것을 임무로 하는 행정기관을 말한다. 보조기관은 행정에 관한 국가 등의 의사를 결정·표시하는 권한이 없고, 다만 그 결정에 있어서의 보조적 기능만을 수행하는 것이다. 행정 각부의 차관·차장, 국장·과장, 계장이나 지방자치단체의 부지사, 부시장, 과장 등이 이에 해당한다.

그러나 보조기관도 행정관청으로부터 위임된 권한을 행사하는 경우에는 그 한도에서 행정관청의 지위를 가진다.

(3) 보좌기관

행정관청 또는 그 보조기관을 보좌하는 행정기관을 말한다. 예컨대 국무조정실, 각 부의 차관보·실장·국장 등이 이에 해당한다. 보조기관은 행정의사의 결정·집행에 직접 참여하는 데 대하여, 보좌기관은 그 결정·집행을 간접적으로 지원하는 데 그친다. 양자의 구별은 행정학상의 계선기관(line)과 막료기관(staff)의 구분에 상응하는 것이나, 행정실제에 있어서는 양자의 기능은 엄격하게 구분되어 있지는 않다.

(4) 자문기관

행정청의 자문신청에 따라 또는 자진하여 행정청에 대하여 의견을 제시함을 그 임무로 하는 행정기관이다. 자문기관의 의견은 행정청의 의사를 구속하지 않지만, 법률상 자문절차가 규정되어 있는 경우에, 이를 거치지 않으면 그 행위는 절차상 하자 있는 행위가 되며, 그 하자는 원칙적으로 취소사유에 해당한다. 자문기관에는 위원회·심의회·조사회 등의 명칭이 붙는 것이 보통이다(예컨대, 문화재청 문화재위원회).

자문기관은 합의제인 것이 보통이나 독임제도 있을 수 있고, 그 구성원은 공무원인 경우뿐 아니라 사인인 경우도 있다.

(5) 집행기관

행정청의 결정의사를 실력으로써 구체적으로 집행하는 기관이다. 경찰공무원·세무공무원 등이 그 예이다. 이러한 집행기관은 지방자치법상의 집행기관과는 구별되어야 하는데, 후자는 당해 지방자치단체의 장으로서 행정청의 지위를 가진다.

(6) 의결기관

행정주체의 의사를 결정함에 그치고 이를 외부에 표시할 권한은 없는 기관을 말한다. 이러한 의결기관은 행정의사의 공정·신중한 결정을 위하여 설치되는 것으로서, 각종 징계위원회나 지방의회 등이 그에 해당한다. 의결기관의 설치에는 법률의 근거가 있어야 한다.

(7) 감사기관

다른 행정기관의 사무처리·회계처리를 감시·검사하는 권한을 가지는 행정기관을 말한다. 감사기관은 행정의 적법·타당성의 확보를 그 임무로 한다. 감사원이 대표적인 예이다.

(8) 공기업기관 및 영조물(공공시설)기관

공기업이나 영조물(공공시설)의 관리·운영을 담당하는 행정기관을 말한다. 우편관서 등은 공기업기관이며, 국립병원·국립도서관·국립대학 등은 영조물(공공시설)기관에 속한다. 공기업기관은 현업기관이라고도 한다. 공기업기관 및 영조물(공공시설)기관은 그 권한의 범위 내에서 행정에 관한 국가의사를 결정·표시할 수 있으므로, 그 한도에서는 행정관청의 지위에 선다.

(9) 부속기관

행정기관에 부속하여 이를 지원하는 기관을 말한다. 오늘날의 행정의 전문성·기술성의 증대나 급부행정의 확대에 따라 점증하는 추세에 있다.

정부조직법상 부속기관으로서는, ① 자문기관(수도권정비위원회·국토정책위원회 등), ② 시험연구기관(국립과학수사연구원·국립보건연구원 등), ③ 교육훈련기관(국가공무원인재개발원·지방자치인재개발원 등), ④ 문화기관(국·공립의 도서관·박물관·극장 등), ⑤ 의료기관(국립중앙의료원·경찰병원 등), ⑥ 제조기관(한국정책방송원 등) 등이 있다.

부속기관의 설치는 대통령령으로 정하나(정부조직법4), 법률로 설치된 것도 있다.

## 2. 구성에 의한 구분

행정기관은 그 구성을 기준으로 독임제와 합의제로 나눌 수 있다. 독임제는 1인의 자연인으로 구성되고, 그 자연인의 단독적 책임하에 의사결정이 이루어지는 것을 말한다. 합의제는 복수의 자연인에 의하여 구성되고, 그 의사결정이 이들 구성원의 합의에 의하여 이루어지는 행정조직을 말한다. 상하의 계층질서를 이루는 피라미드형의 체계를 취하는 일반행정조직은 전자가 원칙이고 후자는 예외적이다.

독임제는 책임소재의 명확성, 사무통일성의 확보, 신속한 조치 등을 취할 수 있는 장점이 있다. 이에 반하여 합의제는 신중·공정한 판단, 각종 이해의 공정한 조정, 결정과정상의 민주성, 기관의 정치적 중립성 등을 담보하여 주는 장점이 있다. 그 전형적 예로서는 행정위원회(공정거래위원회·토지수용위원회 등)를 들 수 있다.


# 제 4 절  행정관청

## 제 1 항  행정관청의 권한

### Ⅰ. 권한의 의의와 한계

#### 1. 권한의 의의

행정관청의 권한(또는 관할·직책·직무)이란 행정관청이 법령상 행정주체를 위하여 그 의사를 결정하고 표시할 수 있는 범위를 말한다.

#### 2. 권한의 설정

행정관청의 일반적 권한은 헌법, 법률 또는 이에 의거한 명령(법규명령)이나 조례 등으로 결정된다.

#### 3. 권한의 한계

행정관청의 권한에는 사항적 한계(실질적 한계), 지역적 한계, 대인적 한계 및 형식적 한계가 있다.

(1) 사항적 한계

사항적 한계란, 통상 상호 대립하는 행정청의 횡적 관계에 있어서, 다른 행정관청의 권한에 속하는 사항을 처리할 수 없는 것을 말한다. 행정관청 사이의 종적 관계에 있어서도 법령에 특별한 규정이 없는 한, 상급행정관청은 하급행정관청의 권한행사를 지휘·감독할 수는 있으나 그 권한을 대신 행사할 수는 없는바, 이것도 사항적 한계의 하나로 볼 수 있다.

**(2) 지역적 한계**

행정관청의 권한이 지역적으로 한정되어 미치는 범위를 말한다. 그 권한이 전국에 미치는 경우를 중앙관청이라 하고, 일부 지방에 한정되는 경우를 지방관청이라 한다.

**(3) 대인적 한계**

행정관청의 권한이 미치는 인적 범위를 말한다. 국방부장관이 군인·군무원의 신분을 가진 자만을 관할하고, 국립대학교총장의 권한이 그 교직원과 학생에게만 미치는 것과 같다.

**(4) 형식적 한계**

행정관청의 권한행사에 일정한 행위형식이 규정되어 있는 것을 말한다. 국무총리와 각부장관은 모두 행정입법권이 있으나, 그 권한행사는 총리령과 부령의 형식에 의하도록 되어 있는 것이 그 예이다.


## Ⅱ. 권한의 효과

### 1. 외부적 효과

행정관청이 그 권한의 범위 내에서 행한 행위는 곧 행정주체인 국가 또는 지방자치단체 등의 행위로서의 효력을 가진다. 따라서 그 행위의 법적 효력은 행정관청 구성자의 교체 내지는 당해 행정관청의 폐지·변경에 의하여도 영향을 받지 않는다.

이에 대하여 그 권한 외의 행위는 무권한행위에 해당하여 원칙적으로 행정주체의 행위로서의 효력을 가지지 못한다.

### 2. 내부적 효과

행정관청의 권한은 법규에 의하여 설정되는 까닭에 행정주체의 내부관계에 있어서는, ① 행정관청 상호간의 관계에 있어서의 행위의 한계를 획정하며, ② 동급의 행정관청 사이에서는 물론이고 상하관청 사이에서도 법규의 명시적 규정이 없는 한, 상급행정청이라 하여도 하급행정청의 권한에 속하는 행위를 직접 행할 수는 없다.


## 제 2 항  행정관청의 대리

행정관청의 권한은 그 스스로 행사하는 것이 원칙이나, 예외적으로 다른 행정기관이 그 권한을 행사하는 경우가 있다.


## Ⅰ. 행정관청의 대리의 의의

### 1. 행정관청의 대리의 개념

행정관청의 권한의 대리란 행정관청의 권한(전부 또는 일부)을 다른 행정기관(보조기관 또는 하급행정관청)이 대리기관으로서 대신 행사하고(행정안전부장관 대리 행정안전부차관), 그 행위의 법적 효과는 피대리관청의 행위로서 발생하는 것을 말한다. 이 경우 대리기관은 자신의 명의로 사무처리를 하는 것이나, 그 법적 효과는 피대리관청의 행위로서 발생한다는 점에서 대리관계의 발생에 의하여 법령상의 권한분배에는 영향이 없다.

### 2. 권한의 위임과의 구별

행정관청의 권한의 대리는 권한의 위임과는 구별된다. 양자는 모두 행정관청의 권한을 다른 자가 대신하여 행사한다는 점에서 공통성이 있으나, 다음과 같은 차이가 있다. 즉 ① 권한의 대리는 행정관청의 권한의 귀속 자체를 변경하는 것은 아니나, 권한의 위임의 경우에는 행정관청의 권한의 일부가 다른 행정기관의 권한으로 이전된다는 것이다. ② 권한의 대리 중에서 임의대리는 반드시 법적 근거를 요하지 않는다는 것이 통설이나, 권한의 위임은 법령상의 권한분배를 변경하는 것이므로 법적 근거를 요한다. ③ 권한의 대리에 있어서는 대리자는 피대리관청의 보조기관(차관·국장 등)인 것이 보통이나, 권한의 위임에 있어서는 그 수임자는 하급관청인 것이 보통이다.

### 3. 권한의 내부위임 · 전결 · 대결과의 구별

권한의 대리는 대외적인 법적 행위로서, 대리관청은 대외적으로는 대리행위임을 표시하고 행정관청의 권한을 자기의 명의로 행하게 된다. 이에 대하여 내부위임 · 전결 또는 대결의 경우에는 그 수임자가 내부적 · 사실상으로 행정관청의 권한을 대행하는 데 그치고, 대외적으로는 본래의 행정관청의 명의로 행위를 하는 것이다.[1] 그 행위는 대외적으로는 위임관청 행위로 간주된다는 점에서 차이가 있다.

### 4. 대표와의 구별

대표의 경우는 대표자의 행위가 바로 국가 또는 지방자치단체의 행위로 된다는 점에서 권한의 대리와 구별된다. 국가를 당사자 또는 참가인으로 하는 소송에 있어 법무부장관이 국가를 대표하는 경우가 그 예이다($\binom{\text{국가를당사자로하는}}{\text{소송에관한법률 2}}$).

### 5. 사법상 대리와의 구별

대리자 · 피대리자 · 제 3 자라고 하는 삼면관계가 성립하는 점에서는 양자에 공통성이 있다. 사법상의 대리는 인격자간의 관계로서 사적 자치의 원칙을 배경으로 하면서 그것을 확장 · 보충함을 목적으로 하여 계약에 의하여 대리관계가 성립하는 데 대하여, 행정관청의 권한의 대리는 하나의 인격자 내부에서 행정관청의 권한을 예외적으로 다른 행정기관으로 하여금 행사하게 한다는 점에서, 양자는 제도의 취지, 발생원인, 기반 등을 달리한다. 따라서 행정관청의 권한의 대리에 대해 사법규정은 매우 제한적 범위에서만 유추적용될 수 있다.


## Ⅱ. 행정관청의 대리의 종류

행정관청의 권한의 대리는 그 발생원인을 기준으로 하여 임의대리와 법

---

1) 판례

　"행정권한의 내부위임은 법률이 위임을 허용하고 있지 아니한 경우에도 행정관청의 내부적인 사무처리의 편의를 도모하기 위하여 그의 보조기관 또는 하급행정관청으로 하여금 그의 권한을 사실상 행사하게 하는 것이므로 내부위임의 경우에는 수임관청은 위임관청의 이름으로만 그 권한을 행사할 수 있다"(대판 1995. 11. 28, 94누6475).

정대리로 나눌 수 있다.

## 1. 임의대리

### (1) 의의·근거

피대리관청의 수권에 의하여 대리관계가 발생하는 경우이다. 수권대리
또는 위임대리라고도 한다.

임의대리는 일반적으로 이를 인정하는 명문의 규정이 있는 경우에 외부
적으로 이를 표시하지 않고 훈령의 형식으로 행하여지지만, 권한의 일부에
대한 임의대리는 법령에 규정이 없는 경우에도 허용되는 것으로 해석되고 있
다.[1] 그러나 임의대리라 하여도 내부적으로는 관계행정기관 상호간의 권한분
배의 변동을 가져오는 것이므로, 행정조직의 민주적 통제(특히 공개에 의한 국
민적 통제)의 견지에서 법령의 명시적 근거와 공시를 요한다고 보는 견해도
있다.[2] 이에 관한 정부의 관행은 소극설에 입각하고 있는 것으로 보인다.

### (2) 수권의 제한

임의대리에 있어서는 법령에 명시적 규정이 있는 경우를 제외하고는 성
질상 다음의 제한을 받는다.

1) 일반적 제한    수권은 일반적·포괄적 권한에 대하여만 인정된다 할
것이다. 즉 법령에서 개별적으로 지정되어 있는 권한은 당해 행정청 자신이
행하여야 하므로, 그 수권은 허용되지 않는 것으로 보아야 한다.

2) 권한의 일부    임의대리의 내용은 피대리관청의 권한의 일부에 한정
된다. 전부대리를 허용하게 되면 피대리관청 자신의 권한을 방기하는 결과가
되므로 이는 허용되지 않는다고 할 것이다.

### (3) 지휘·감독

임의대리의 경우 대리자는 피대리관청의 책임하에서 그 권한을 행사하는
것이므로, 피대리관청은 대리자에 대하여 지휘·감독권을 행사할 수 있다. 따
라서 피대리관청은 대리자의 행위에 관하여 그 지휘·감독상의 책임을 진다.

---

1) 김도창, 행정법(하), p. 72.
2) 박윤흔, 행정법(하), p. 38.

## 2. 법정대리

### (1) 의의·근거

법정사실(부재 기타 사고 등)이 발생하였을 때에 직접 법령의 규정에 의하여 대리관계가 발생하는 경우이다. 근거법으로는 각 개별적 규정이 있는 외에 일반법으로 '직무대리규정(대통령령)'이 있다.

법정대리는 임의대리와는 달리 일반적으로 피대리관청의 구성원에 그 권한을 행사할 수 없을 정도의 사고가 발생한 경우에 인정되는 것으로서, 대리자는 피대리관청의 보조기관인 것이 보통이나 다른 행정관청이 되는 경우도 있다.

### (2) 종 류

법정대리에는 대리자의 결정방법에 따라 협의의 법정대리와 지정대리의 두 가지가 있다.

1) **협의의 법정대리**　　법정사실이 발생하였을 때에 법률상 당연히 대리관계가 발생하는 경우이다(헌법 71, 정부조직법 12 ②·22, 직무대리규정 4). 이때 법령이 관청구성자의 사고에 대비하여 그 대리자를 미리 규정하여 둔 경우, 당해 사고가 발생하면 대리관계는 당연히 성립하게 된다.

2) **지정대리**　　법정사실이 발생하였을 때에, 일정한 자가 대리자를 지정함으로써 비로소 대리관계가 발생하는 경우이다. 국무총리와 부총리의 유고시에 대통령의 지명이 있는 경우에는 그 지명을 받은 국무위원이 그 직무를 대행하는 것이 그 예이다(정부조직 법 22). 지정대리는 피대리관청의 구성자에 일시적인 사고가 있는 때에 행하여지는 것이 보통이나, 궐위시에도 일시적으로 그 대리자를 지정하는 경우가 있는데 이를 서리라고 한다.[1]

---

1) 서리는 피대리관청의 지위에 있는 자가 궐위되어 있다는 점에서 지정대리와 다른 면이 있다. 그 결과 서리의 성질에 대하여는 일단 견해가 갈리고 있다. 기관인격을 인정하고 행정관청의 대리의 본질을 인격의 대리로 보는 입장에서는, 피대리관청의 지위에 있는 자가 궐위된 경우라면 대리관계는 발생하지 않는 것이므로, 서리와 대리는 구별된다고 본다(윤세창, 행정법(상), 1987, p. 518).

이에 대하여는 행정관청의 대리는 일반적으로는 인격의 대리가 아니라 권한의 대리로서, 행정관청으로서의 행위는 그 효과가 행정관청의 지위에 있는 자에게 귀속하는 것이 아니라 국가에 귀속하는 것이므로, 행정관청 구성자인 자연인의 존부는 행정관청의 대리관계의 성립에 아무런 영향이 없다고 할 것이므로, 서리도 일종의 법정대리로 보아야 한다는 견해가 있다(김도창, 행정법(하), p. 75; 이상규, 행정법(하), p. 64). 이 견해가 타당하다고 본다. 이러한 서리제도는 현재는 활용되고 있지 않다.

(3) 대리권의 범위

법정대리에 있어서의 대리권은 피대리관청의 권한의 전부에 미친다.

(4) 지휘·감독

피대리관청이 궐위된 경우의 법정대리에 있어서 피대리관청의 지휘·감독권의 문제는 의미가 없음은 물론이다. 그러나 피대리관청의 해외출장이나 보행곤란과 같은 사고를 이유로 하는 대리관계에 있어서는 피대리관청은 전화 기타 통신수단으로 지시할 수 있고, 또한 피대리관청의 의사능력·행위능력은 온전할 것이므로, 이러한 경우 피대리관청의 지휘·감독권은 유보되어 있다고 보아야 한다.

## Ⅲ. 복대리의 문제

행정관청의 권한의 대리에 있어, 그 대리자가 대리권을 다시 다른 자로 하여금 대리하게 할 수 있는지의 문제, 즉 복대리(subdelegation)가 가능한지의 문제가 있다. 이 문제는 법령에 명문의 규정이 있는 경우에는 그에 의할 것이나, 그 외에는 수권대리와 법정대리의 경우를 나누어 검토하여야 할 것이다.

수권대리의 경우에는, 명문의 규정이 있는 경우를 제외하고는 피대리관청의 권한의 일부에 대하여만 대리관계가 인정되는 것이고, 그 수권은 대리자의 구체적 사정을 고려하여 행하여진다는 점을 고려할 때, 복대리는 원칙적으로 허용되지 않는다고 할 것이다.

이에 대하여 법정대리는 대리자의 구체적 사정과는 무관하게 법정사실의 발생에 따라 당연히 대리관계가 성립되고, 그 대리권은 피대리관청의 권한의 전부에 미치며, 대리자는 대리행위에 대하여 스스로 책임을 지게 된다는 점을 고려할 때, 대리자는 그 대리권의 일부에 대한 복대리자를 선임할 수도 있다고 할 것이다.[1]

## Ⅳ. 대리권의 소멸

수권대리의 경우 그 대리권은 피대리관청에 의한 대리권 수여의 철회에

---

1) 이상규, 행정법(하), p. 65; 박윤흔, 행정법(하), pp. 40~41.

의하여 소멸한다. 법정대리의 경우는 대리권을 발생하게 한 법정사실의 소멸 (예긴대 질병치료·외국출장에서의 귀국 등)에 의하여 소멸한다.

## 제 3 항  행정관청의 권한의 위임

### Ⅰ. 권한의 위임의 개념

#### 1. 의의 및 근거

행정관청의 권한의 위임이란, 행정관청이 권한의 일부를 다른 행정기관 (보통 하급관청)에 위양하여 그 수임기관의 권한으로 행사하게 하는 것을 말한다. 권한의 위임이 있으면 그 권한은 위임의 범위 안에서 수임기관의 권한으로 되고, 수임기관은 자기의 명의와 책임하에서 이를 행사하게 된다.

권한의 위임은 법령으로 규정된 권한의 변경을 가져오는 것이므로 법적 근거를 요한다. 이에 관한 일반법으로서는 정부조직법 제 6 조 및 이에 의거한 '행정권한의 위임 및 위탁에 관한 규정(대통령령)'과 지방자치법 제104조 및 이에 의거한 조례·규칙이 있고, 개별법으로는 초·중등교육법 제62조, 의료법 제86조 등이 있다.

#### 2. 성    질

(1) 권한의 이양과의 구별

권한의 위임이나 권한의 이양의 경우 모두 대외적으로 국민에 대한 관계에 있어서나 대내적으로나 행정기관 간에서 권한이 이전된다는 점에서는 같다. 그러나 권한의 위임의 경우는 법령상의 권한은 그대로 둔 채 별도의 위임근거규정에 의하여 수임기관에게 그 권한을 잠정적으로 이전하는 것으로서, 당해 권한은 위임청이 언제나 회수할 수 있다. 이에 대하여 권한의 이양은 관계 법령의 개정으로 위임기관의 권한이 수임기관의 권한으로 확정적으로 이전된다는 점에서 양자 사이에는 차이가 있다.

(2) 권한의 대리와의 구별

양자는 모두 행정청의 권한을 다른 자가 대신하여 행사한다는 점에서 공통성이 있으나, 다음의 점에서 다르다. 즉 권한의 위임의 경우에는 위임청의 권한이 수임기관에 이전되는 것이나, 권한의 대리의 경우에는 권한의 귀속

제1장 개  설 **21**

자체에 변동이 생기는 것은 아니고, 단지 대리기관이 피대리청의 권한을 대신 행사하는 데 그치는 것이다.

**(3) 권한의 내부위임·(위임)전결 및 대결과의 구별**

1) **권한의 내부위임**  권한의 위임은 권한의 법적 귀속을 변경시키는 효과를 가진다. 이에 대하여 내부위임은 행정청이 내부적으로 사무처리의 편의를 도모하기 위하여 그 보조기관 또는 하급행정관청으로 하여금 그 권한을 사실상 행사하게 하는 것을 말한다. 이러한 내부위임의 경우는 권한의 귀속 자체의 변경을 가져오는 것은 아니고, 수임자는 위임청의 명의와 책임으로써 그 권한을 행사하는 것이다.[1]

> "행정권한의 위임은 행정관청이 법률에 따라 특정한 권한을 다른 행정관청에 이전하여 수임관청의 권한으로 행사하도록 하는 것이어서 권한의 법적인 귀속을 변경하는 것임에 대하여, 행정권한의 내부위임은 행정관청의 내부적인 사무처리의 편의를 도모하기 위하여 그의 보조기관 또는 하급행정관청으로 하여금 그의 권한을 사실상 행하도록 하는 데 그치는 것이므로, 권한위임의 경우에는 수임관청이 자기의 이름으로 그 권한을 행사할 수 있지만, 내부위임의 경우에는 수임관청은 위임관청의 이름으로만 그 권한을 행사할 수 있을 뿐 자기의 이름으로는 그 권한을 행사할 수 없다"($\binom{대판 1989. 9.}{12, 89누671}$).

2) **(위임)전결**  행정사무 처리의 편의상 행정청의 보조기관이 행정관청의 이름으로 미리 제시된 조건하에서 행정청의 권한을 행사하는 경우가 있는바, 이를 전결이라 한다.

3) **대  결**  대결은 행정관청 내부에서 그 구성원의 일시부재시에 보조기관이 대신 결재하는 것을 말한다($\binom{행정 효율과 협업 촉진}{에 관한 규정 10③}$). 대결은 당해 관청의 명의로 그 권한을 사실상 행사한다는 점에서 내부위임이나 전결과 공통성이 있으나, 권한의 행사가 일시적으로 행하여진다는 점에서 상대적이기는 하나 내부위임·전결과 구별된다.


## Ⅱ. 권한의 위임의 한계

권한의 위임은 행정관청의 권한의 일부에 대해서만 인정되고 전부위임 또는 주요부분의 위임은 인정되지 않는다. 왜냐하면 권한의 전부 또는 주요

---

1) 이상규, 행정법(하), p. 66.

부분의 위임을 허용하는 경우에는 위임기관의 권한이 없게 되는 결과로 되어 권한분배의 원칙에 반하기 때문이다.

## Ⅲ. 위임의 근거

권한의 위임은 법률상의 권한을 다른 행정관청에 이전하여 권한의 법적 귀속을 변경하는 것이므로, 그에는 반드시 법령의 근거를 요한다.[1] 따라서 법률의 근거가 없는 권한의 위임은 무효이며, 그러한 권한위임에 기한 수임관청의 행위는 무권한의 행위로서 무효가 된다.

권한의 위임에 관하여는 정부조직법 제6조와 그에 기하여 제정된 행정권한의 위임 및 위탁에 관한 규정(대통령령)이 이를 일반적으로 규정하고 있고, 개별법상으로는 다른 행정기관 또는 지방자치단체의 장에 대한 인·허가권의 위임에 대하여 규정되어 있는 경우가 많다. 또한 지방자치법 제104조는 지방자치단체의 장의 권한의 위임에 관하여 일반적으로 규정하고 있다.

한편, 개별법상 권한의 위임에 관한 명시적 규정이 없는 경우에 정부조직법 제6조에 의거하여 권한을 위임할 수 있는지 여부가 문제되는바, 동조 제1항은 "행정기관은 법령으로 정하는 바에 따라 그 소관사무의 일부를 보조기관 또는 하급행정기관에 위임하거나 다른 행정기관·지방자치단체 또는 그 기관에 위탁 또는 위임할 수 있다"고 규정하고 있다. 이에 대하여는 동조는 다만 권한의 위임가능성에 대한 일반적 원칙만을 선언하는데 그치는 것으로 보아야 한다는 견해와 동조가 위임의 직접적 근거가 될 수 있다는 견해가 대립하고 있다. 판례는 이 규정을 권한의 위임과 재위임에 관한 일반적 근거규정으로 보고 있다.[2] 이러한 관점에서는 현재 권한의 위임은 이원적 방식으

---

1) 판례

"행정권한의 위임은 행정관청이 법률에 따라 특정한 권한을 다른 행정관청에 이전하여 수임관청의 권한으로 행사하도록 하는 것이어서 권한의 법적 귀속을 변경하는 것이므로, 법률이 위임을 허용하고 있는 경우에 한하여 인정된다 할 것이다"(대판 1992. 4. 24, 91누5792).

2) 판례

"정부조직법 제6조 제1항은 법문상 권한의 위임 및 재위임의 근거규정임이 명백하고 같은 법이 국가행정기관의 설치, 조직, 직무범위의 대강을 정하는 데 그 목적이 있다는 이유만으로 권한위임, 재위임에 관한 위 규정마저 권한위임에 관한 대강을 정한 것에 불과할 뿐 권한위임의 근거규정이 아니라고 할 수는 없으므로 충청남도지사가 자기의 수임권한을 위임기관인 동력자원부장관의 승인을 얻은 후 충청남도의 사무를 시·군위임규칙에 따라 군수에게 재위임하였다면 이는 위 조항 후문 및 행정권한의

로 행해지고 있다고 할 수 있다.

## Ⅳ. 권한의 위임의 형태

종래 권한의 위임은 통상적으로 상하행정기관 사이에서만 행하여지고 있었다. 그러나 행정기능의 질적·양적 발달에 따라 권한의 위임은 대등관청 또는 지휘감독계통을 달리하는 하급행정관청과, 지방자치단체 또는 그 기관 또는 사인에 대하여도 행해지고 있다.

### 1. 보조기관·하급행정관청에 대한 위임

이것이 전통적이고 또한 보편적인 형태이다. 이러한 보조기관이나 하급행정관청에 대한 위임은 위임청의 일방적 위임행위에 의하여 성립하고, 수임기관의 동의를 요하지 않는다.

이러한 보조기관 또는 하급행정관청에 대한 위임의 경우에는, 위임청이 본래 이들 기관을 지휘·감독할 수 있는 지위에 있으므로, 위임사무에 대하여도 지휘·감독할 수 있다($\binom{행정권한의위임및}{위탁에관한규정\ 6}$).

### 2. 대등행정관청 기타 다른 행정기관에 대한 위임

권한의 위임은 위임청과 대등한 위치에 있거나 지휘계통을 달리하는 행정관청에 대하여도 할 수 있는데, 이 경우를 특히 권한의 '위탁'이라고 하기도 한다($\binom{정부조직법\ 6①,\ 행정권한의}{위임및위탁에관한규정\ 2\ ii}$). 권한의 위임 중에서 등기·소송에 관한 사무를 이양하는 것을 특히 '촉탁'이라고 하고 있다($\binom{부동산등}{기법\ 96}$).

종래 위임청의 지휘감독하에 있지 않은 기관에 대한 위임에 있어서는 감독조직체계의 문란을 가져올 우려가 있음을 이유로 수임청이나 그 감독청의 동의를 받게 하는 것이 원칙이었으나, 오늘날은 이러한 위임도 그 동의 없이 법령에 의하여 행해지고 있다($\binom{행정권한의위임및위탁}{에관한규정\ 17\ 이하}$). 이러한 형태의 위임은 특히 민원사무에 있어 당해 위임행정청 소속의 특별지방행정기관이 없는 중앙행정기관의 행정사무와 관련하여 주로 행해지고 있다.[1]

---

위임및위탁에관한규정 제4조에 근거를 둔 것으로서 적법한 권한의 재위임에 해당하는 것이다"(대판 1990. 2. 27, 89누5287).

1) 박윤흔, 행정법(하), p. 48.

### 3. 지방자치단체 또는 그 기관에 대한 위임

국가는 그 행정권한의 일부를 지방자치단체나 그 기관에 위임할 수 있다 ($\frac{정부조직}{법 6①}$). 국가행정사무의 권한의 위임에 있어 지방자치단체 그 자체에 대한 위임을 단체위임이라 하고, 그 기관에 대한 위임을 기관위임이라 한다. 단체위임에 있어서는 그 기본방침 등은 법률로 정하지만, 그 사무는 지방자치단체의 고유사무와 마찬가지로 자치단체가 자율적으로 처리하며, 국가는 그에 대한 최소한도의 사후적 감독만을 행할 수 있을 뿐이다.

지방자치법은 지방자치단체의 관할구역 내에서 시행하는 국가행정사무는 법령에 다른 규정이 없으면 당해 자치단체의 장에게 위임하여 행하도록 하고 있는바($\frac{법}{102}$), 현재 행하여지고 있는 위임의 대부분은 이러한 기관위임이다. 지방자치단체의 장이 기관위임사무를 처리하는 한에서는 국가기관의 지위에 서게 되어 상급국가기관의 지휘·감독을 받게 된다.

기관위임사무의 경우 지방자치단체의 장은 당해 지방자치단체의 조례에 의하여 이를 하급행정기관에게 재위임할 수는 없고, 행정권한의 위임 및 위탁에 관한 규정 제 4 조에 의하여 위임기관의 장의 승인을 얻은 후 지방자치단체의 장이 제정한 규칙에 의해서만 재위임할 수 있다($\frac{대판 1995. 7.}{11, 94누4615}$).

### 4. 사인에 대한 위탁

행정관청의 권한의 위임은 원칙적으로 위의 세 가지 방식으로 행하여지지만, 관계법령이 조사·검사·관리업무 등 주로 기술적·전문적 성격의 업무를 사인(법인·자연인)에게 위탁하여 시행할 수 있도록 규정하고 있는 경우도 있는데($\frac{정부조직법 6③, 행정권한의위}{임및위탁에관한규정 10~16}$), 이것을 민간위탁이라고 한다(공공시설 관리업무의 대행업자에의 위탁, 건축사자격시험관리업무의 대한건축사협회에의 위탁 등).

사인에 대한 위탁은 그 수임자에게 일정한 공권을 부여함과 동시에 위임청은 그 업무처리에 대하여 지휘·감독을 하거나 기타 조치를 취할 수 있으므로($\frac{동규정}{14}$), 이러한 위탁에 있어서는 사인의 신청 또는 동의가 있어야 한다고 본다. 사인에게 일정한 행정권한이 위임된 경우 그러한 자를 공무수탁사인이라고 하는데, 이 경우 사인은 수임권한의 한도 내에서는 행정청의 지위에서 공권력을 행사하게 되어, 공무수탁사인의 행위는 행정처분의 법적 성격을 가진다. 따라서 그에 불복하고자 하는 자는 공무수탁사인을 피청구인 또는 피고로 하여 행정심판 또는 행정소송을 제기하여 다툴 수 있다.

## V. 권한의 위임의 효과

권한의 위임이 있으면 그 권한은 수임기관의 권한으로 되어, 수임기관은 자기의 명의나 책임하에서 이를 행사한다. 따라서 취소소송 등 항고소송의 피고도 수임기관이 된다.[1]

권한의 위임과 관련하여서는 특히 위임청이 수임기관의 권한행사를 지휘·감독할 수 있는지의 문제가 제기된다. 이에 관하여는 수임기관이 위임청의 보조기관이나 그 지휘·감독하에 있는 하급기관인 때에는 위임청은 상급행정청의 본래의 권한에 기하여 이를 지휘·감독할 수 있으나, 그 지휘·감독하에 있지 않은 기관인 경우에는 그러한 권한이 없다고 본다.

행정권한의 위임 및 위탁에 관한 규정에서는 위임 및 위탁기관은 수임기관 및 수탁기관의 사무처리에 관하여 지휘·감독하고 그 처리가 위법·부당하다고 인정할 때에는 이를 취소하거나 정지할 수 있다고 규정하면서(동규정6), 수임 및 수탁기관에 대하여 사전승인을 받거나 협의를 할 것을 요구할 수 없게 하고, 필요한 경우 수임 및 수탁기관의 수임 및 수탁사무 처리 상황을 수시로 감사할 수 있게 하고 있다(동규정7.9).

## VI. 권한의 위임에 따르는 비용부담

권한의 위임이 있으면, 수임청의 사무와 그에 따르는 비용이 증가하게 된다. 그에 따라 행정권한의 위임 및 위탁에 관한 규정은 위임 또는 위탁을 하는 경우에는 그에 앞서 수임기관에 수임능력이 있는지 여부를 점검하고 필요한 인력 및 예산을 이관하여야 한다고 규정하고 있다(동규정3②).

그러나 법인격을 달리하는 국가와 지방자치단체간에는 이러한 인력이나 예산의 이관은 허용되지 않으므로, 지방재정법은 국가가 스스로 행하여야 할

---

1) 판례

"권한의 위임이나 위탁을 받아 수임행정청이 정당한 권한에 기하여 그 명의로 한 처분에 대하여는 말할 것도 없고, 내부위임이나 대리권을 수여받은 데 불과하여 원행정청 명의나 대리관계를 밝히지 아니하고는 그의 명의로 처분 등을 할 권한이 없는 행정청이 권한 없이 그의 명의로 한 처분에 대하여도 처분명의자인 행정청이 피고가 되어야 할 것이다"(대판 1994. 6. 14, 94누1197).

사무를 지방자치단체 또는 그 기관에 위임하여 수행하게 하는 경우에는 그 소요되는 경비의 전부를 국가가 당해 지방자치단체에 교부하여야 한다고 규정하고 있다($^{법}_{21②}$). 그러나 이러한 경비의 교부는 적정하게 행하여지지 못하고 있는 것이 현실이다.

## Ⅶ. 위임의 종료

위임은 위임의 해제 또는 종기의 도래 등에 의하여 종료되고, 당해 권한은 다시 위임청의 권한으로 된다.

위임의 해제는 위임이 직접 법령에 의하여 이루어진 경우에는 법령의 형식으로, 위임이 법령에 의거한 위임청의 의사에 의하여 이루어진 때에는 그 의사로써 행하여야 하는데 후자의 경우에는 공시를 요한다.

## 제 4 항　행정관청 상호간의 관계

행정청은 상호간에 상하 또는 대등의 관계에서 병존하면서 전체로서 행정목적의 통일적 수행을 기한다. 그러므로 행정청 상호간의 관계는 상하행정관청 사이의 관계와 대등행정관청 사이의 관계로 나누어진다.

## Ⅰ. 상하행정관청 간의 관계

이것은 내용적으로는 권한위임관계와 권한감독관계로 나누어지나, 전자는 위에서 고찰하였으므로 다음에서는 후자만을 검토한다.

권한의 감독이란 상급관청이 하급관청의 권한행사의 적법성과 타당성을 확보하기 위하여 행하는 통제적 작용을 말한다. 행정의 통일적 수행을 위하여 행정조직은 상명하복의 기관계층체적 구성이 필요한바, 그러한 점에서 입법조직이나 사법조직과는 구별된다.

개별적 감독수단에 대한 구체적 법적 근거는 필요하지 않으나, 최소한 감독권 자체에 대한 일반적인 법적 근거는 요한다고 할 것이다($^{정부조직법 11·18·26③,}_{지방자치법 167·169}$).

감독은 내용적으로는 하급관청의 위법·부당한 권한행사를 미리 방지하기 위한 것으로서의 예방적 감독과 이미 행하여진 위법·부당한 행위를 시정하기 위하여 실시되는 교정적 감독으로 나누어진다.

감독권의 범위는 행정관청의 종류와 사무의 성질에 따라 다르나, 상급관청의 감독수단으로 통상적으로 인정되고 있는 것으로는, 감시·인가·훈령·취소 또는 정지와 권한쟁의의 결정이 있다.

감독의 실효성은 상관의 직무상의 명령에 대한 하급직원의 복종의무 및 그 위반에 대한 임명권자의 징계권에 의하여 담보된다.

(1) 감  시

상급관청이 하급관청의 사무처리상황을 파악하기 위하여 보고를 받거나 사무감독 등을 행하는 것을 말한다. 구체적 감독권 행사의 전제나 그 기초로서 보고를 요구하거나 서류장부 등을 검사하고, 현장의 사무집행을 검열·시찰하는 등의 행위가 그에 해당한다.

(2) 훈  령

1) 훈령의 의의  하급행정청 또는 보조기관(이하 하급행정기관이라 약칭한다)의 권한행사를 일반적으로 지휘하기 위하여 사전에 발하는 명령을 말한다. 훈령은 예방적 감독의 중추적 수단이며, 특별한 법적 근거를 요하지 않고 감독권의 당연한 작용으로서 발할 수 있다.

훈령은 상급행정청의 하급행정기관에 대한 명령이라는 점에서, 상관의 부하직원에 대한 직무상의 명령인 직무명령과는 구별된다. 다만 훈령은 수명기관의 구성원인 공무원도 구속하므로 직무명령의 성질도 아울러 가진다.

훈령은 하급행정기관의 권한행사를 지휘함에 그치고, 법령에 특별한 규정이 없는 한 하급행정기관의 권한행사를 대행할 수는 없다.

(협의의) 훈령은 일반적·추상적 법조의 형식으로 되어 있으나, 그것은 행정조직 내부에서 발하여지는 이른바 행정규칙으로서, 원칙적으로 법규성이 인정되지 않는다. 그러나 일정한 유형들(재량준칙·법률대위규칙 등)에 대하여는 준법규성이 인정된다고 보는 것이 현재의 유력한 학설이다.[1]

수명하급기관은 훈령에 기속되나 훈령에는 원칙적으로 법규성이 인정되지 않으므로, 수명기관이 그에 위반하더라도 징계사유는 될지라도 그 위반행위가 위법한 것으로는 되지 않는다.

2) 훈령의 요건  훈령이 유효한 것으로서 하급기관을 구속하기 위하여는 다음의 요건을 갖추어야 한다.

---

1) 구체적 내용은 「행정법 Ⅰ」의 '행정규칙' 부분 참조.

(개 형식적 요건   ① 권한 있는 상급관청이, ② 하급기관의 권한 내의 사항에 대하여 발한 것이되, ③ 직무상 하급기관의 독립의 범위에 속하지 않는 사항에 대하여 발한 것이어야 한다.

(내 실질적 요건   ① 훈령은 적법·타당하고, ② 가능하고 명백한 것이어야 한다.

3) 하자 있는 훈령의 효력   하자(형식적 하자·실질적 하자)있는 훈령에 대하여 하급행정기관이 복종하여야 할 것인지의 문제가 있다.

이에 대하여는 훈령의 형식적 요건과 실질적 요건을 구별할 때, 전자에 대하여는 하급기관이 심사권을 가진다고 보는 것이 일반적이나, 후자와 관련하여서는 견해가 갈리고 있다.

즉, ① 실질적 요건에 대하여는 하급행정기관은 심사권이 없고 그것이 위법하여도 복종하여야 한다고 하는 설, ② 하자가 중대하고 명백한 것인 때에는 무효로서 복종의무는 없다고 하는 설, ③ 명백한 하자가 있는 훈령은 무효로서 그에 대한 복종의무가 없다고 하는 설, ④ 객관적으로 위법한 것이면 무효로서 그에 대한 복종의무가 없다고 하는 설 등이 제시되고 있다.

생각건대 법치주의의 관점에서는 하급기관이 상급기관이 정한 훈령에 어느 경우에나 복종하여야 한다는 설은 타당하다고 할 수 없다고 할 것이나, 그 심사권 및 그에 따른 복종여부의 판단권을 전면적으로 인정하면 행정의 통일성이나 계층체원리가 파괴되는 것으로서, 그러한 관점에서는 당해 훈령의 실질적 내용의 법령위반성이 명백한 때에는 그에 대한 복종을 거부할 수 있다고 할 것이다.

4) 훈령의 경합   서로 모순되는 둘 이상의 상급관청의 훈령이 경합되는 때에는 하급행정기관은 주관상급관청의 훈령에 따라야 하나, 주관상급관청이 불명확한 때에는 주관쟁의방법으로 해결되어야 할 것이다. 상급관청이 서로 상하관계에 있는 때에는 행정조직의 계층적 질서의 존중이라는 관점에서 직근 상급관청의 훈령에 따라야 할 것으로 본다.

5) 훈령의 형식·절차   훈령은 원래 특별한 형식·절차를 요하지 않고 문서·구술 등 어느 형식으로도 가능하다. 또한 훈령은 법령이 아니므로 공포가 아닌 발령의 형식에 의하는데, 경우에 따라서는 관보를 통해 발령할 때도 있다(내훈·내규).

(3) 인가·승인

하급관청이 일정한 권한을 행사함에 있어 상급관청으로부터 미리 인가·
승인 등을 받게 하는 것을 말한다. 이러한 인가는 예방적 감독수단으로서 행
하여지는 것이 보통이다.

인가·승인 등은 원칙적으로 하급관청의 권한행사의 유효요건이 아니나,
그것을 받도록 법령에 명시되어 있는 경우에는 유효요건이 된다.

여기서의 인가·승인 등은 행정행위의 일종으로서의 인가·승인 등과는
달리 행정조직 내부에서 하급행정청의 권한행사를 규제하기 위한 내부적 조
치이다. 따라서 인가·승인 등이 거부된 경우에도 하급행정청은 항고소송을
제기하여 이를 다툴 수는 없다.

(4) 취소·정지

이것은 사후감독의 수단으로서, 상급관청이 직권으로 또는 당사자의 행
정심판 기타의 불복신청에 의하여 하급관청의 위법·부당한 행위를 취소하거
나 정지하는 것을 말한다. 훈령이 원칙적으로 사전적·예방적 감독수단인 데
대하여, 취소·정지는 사후적·교정적 감독수단이다.

이러한 취소·정지권이 지휘감독권에 포함되는지, 달리 표현하면 명문규
정이 없는 경우에도 이 권한이 인정되는지에 대하여는 견해가 갈리고 있다.
적극설은 하급관청의 행위가 위법·부당한 경우에 이를 교정하는 것은 감독
목적 달성을 위한 필수요건으로서 그것은 감독권에 당연히 포함되어 있다고
본다. 이에 대하여 소극설은 취소·정지는 그 효과가 직접 사인에 미치고, 하
급관청의 권한의 대행을 의미하므로, 상급관청은 취소·정지권은 없고, 하급
관청에 이를 명령할 수 있음에 그친다고 보고 있다. 적극설이 종래의 다수설
이었으나, 최근에는 소극설을 주장하는 학자도 적지 아니하다. 정부조직법
($^{법\ 11②·}_{18②}$)과 지방자치법($^{법\ 169}_{등}$)은 상급관청의 일반적인 취소·정지에 관한 규정
을 두고 있다.

(5) 권한쟁의결정

이것은 상급관청이 하급관청 상호간에 권한쟁의가 있을 때에 이를 결정
하는 것을 말한다. 이러한 권한쟁의는 원칙적으로는 쌍방의 하급관청의 공통
상급관청이 결정하고, 그러한 기관이 없는 때에는 쌍방의 상급관청이 협의하
여 결정하며, 협의가 이루어지지 않을 때에는 최종적으로는 행정각부간의 주
관쟁의로 되어 국무회의의 심의를 거쳐 대통령이 결정한다($^{헌법}_{89}$).

이러한 행정관청간의 권한쟁의는 행정조직 내부의 문제이지 권리에 관한 다툼으로서의 법률상 쟁송($^{법원조직}_{법2①}$)은 아니므로, 이것을 법원에 제소할 수 있는 것은 아니다.

## Ⅱ. 대등관청 간의 관계

### 1. 권한존중관계

대등관청 사이에서는 서로 다른 기관의 권한을 존중하여야 하고 그를 침범하지 못한다. 행정관청이 그 권한 내에서 행한 행위는 그에 중대·명백한 흠이 없는 한 공정력이 인정되어 다른 행정청은 그에 구속된다.

그 주관권한에 대하여 다툼(적극적 쟁의·소극적 쟁의)이 있는 경우에는 주관쟁의 결정방법에 의하여 해결하여야 하는바, 일반행정기관 사이의 쟁의는 그 공통의 상급행정기관이 해결하며 최종적으로는 대통령이 해결하게 된다.

### 2. 상호협력관계

#### (1) 협    의

협의는 대등한 권한관계에 있는 행정기관 사이에 의사통일을 도모하는 방법이다. 특정사항이 둘 이상의 대등한 행정관청의 권한에 관련될 때에는 관계행정청 사이의 협의에 의하여 처리하게 된다.

협의에는, ① 둘 이상의 관청이 공동주관관청으로서 협의하는 경우가 있다. 이 경우에는 그 공동명의로 외부에 표시하며, 합의는 당해 조치의 유효요건이 된다. ② 주관관청이 관계관청과 협의하는 경우도 있다($^{공유수면관리및매립}_{에관한법률 28③}$). 이 경우는 주관관청의 명의로 외부에 표시하며, 법령상 협의가 의무적인 경우에 이를 거치지 않은 주관관청의 행위는 원칙적으로 무효로 된다. 다만, 다른 관청의 권한과 관련된 사항에 대하여 내부규율로 당해 관청과 협의하도록 규정하고 있는 경우에는, 그것은 행정조직 내부의 문제에 그치는 것으로서, 이러한 협의 없이 행한 행위도 국민과의 관계에서는 유효한 것으로 된다.[1] ③ 행정관청이 일정한 사업을 경영함에 있어서는 사인의 경우에 적용되는 인·허가에 갈음하여 그 사업의 주관관청과 협의하거나 그 승인을 받도록 하고

---

1) 박윤흔, 행정법(하), p. 55.

있는 경우도 있다($\substack{동법\\35}$).

### (2) 사무의 촉탁(위탁)

대등관청 사이에서 하나의 관청의 직무상 필요한 사무가 다른 행정청의 관할에 속하는 경우에, 그 행정청에 사무처리를 촉탁(위탁)하는 것을 말한다($\substack{정부조직법 6①, 행정권한의\\위임및위탁에관한규정 3~9}$).

### (3) 행정응원

대등한 관청 사이에서 하나의 관청이 직무수행상 필요한 특정행위(예컨대, 장부서류의 제출), 필요한 공무원의 파견근무($\substack{국가공무원법 32의4, 공무원임용령 41,\\국가공무원복무규정 7, 행정절차법 8⑤}$) 기타 일반적 협력을 다른 관청에 요구하는 경우가 있다. 행정절차법은 행정응원에 관한 일반적 조항을 두어, 행정청간에 있어서의 행정응원 요청의 요건에 관하여 ① 독자적인 직무수행이 어려운 경우, ② 인원·장비의 부족, ③ 전문기관의 협조가 필요한 경우 등을 규정하고($\substack{법8\\①}$), 이러한 행정응원 요청에 대한 거부사유로서 다른 행정청이 보다 능률적·경제적으로 응원할 수 있는 경우 및 행정응원으로 인하여 고유의 직무수행이 현저히 지장받을 것으로 인정되는 명백한 사유가 있는 경우를 들고 있다($\substack{동조\\②}$). 이러한 거부사유에 해당하지 않는 경우에 응원을 요청받은 행정청이 당해 응원을 반드시 하여야 하는가에 대하여는 동조의 규정만으로는 명확하지 않으며, 어느 경우에나 행정절차법상 행정청간의 응원을 강제할 수 있는 절차적 수단은 없다.

한편 재해·사변 기타 비상시에 처하여, 당해 관청의 요청에 의하여 다른 관청이 자기의 기능의 일부 또는 전부를 동원하여 응원하는 경우가 있는바, 행정응원은 좁은 의미로는 이것을 말한다. 현행법상으로는 경찰응원($\substack{경찰직무\\응원법 1}$)·소방응원($\substack{소방기본\\법 11}$)·군사응원($\substack{군단사령부령 6·\\보병사단령 8 등}$) 등이 있다.

# 제 2 장  국가행정조직법

## 제 1 절  국가중앙행정조직

### Ⅰ. 개  설

#### 1. 중앙행정조직의 개관

중앙행정조직의 기본적 구조는 헌법상의 통치구조 또는 정부형태에 의하여 그 기본적 성격이 결정된다.

우리나라의 현행 헌법상의 통치구조는 대통령제를 취하고 있다. 대통령제에서의 대통령은 일반적으로 행정부의 수반으로서의 지위와 주로 대외관계에서 국가원수로서의 지위를 가지는바, 행정수반의 지위가 중심적인 것임은 물론이다. 헌법은 "행정권은 대통령을 수반으로 하는 정부에 속한다"고 규정하여($\binom{헌법}{66④}$), 대통령이 행정부의 수반임을 명시하고 있다.

중앙행정조직에 관하여는 그 기본법으로서의 정부조직법 이외에 다수의 단행법령이 제정되어 있는바, 그 조직은 ① 행정수반인 대통령과 그 직속기관, ② 정부의 중요한 권한의 심의기관으로서의 국무회의, ③ 대통령의 명을 받아 행정각부를 통할하는 국무총리와 그 직속기관으로 인사혁신처·법제처·국가보훈처·식품의약품안전처·공정거래위원회 등이 있고, ④ 행정각부로서 기획재정부·교육부·과학기술정보통신부·외교부·해양수산부·중소벤처기업부 등의 18부가 있고 ⑤ 끝으로 헌법상 독립된 중앙행정기관으로 선거관리위원회와, 형식적으로는 일반중앙행정기관에 소속하나 상대적으로 독립성을 가진 합의제 행정기관으로서 각종 행정위원회가 있다.

#### 2. 중앙행정조직의 법원

##### (1) 중앙행정기관설치 법정주의

중앙행정기관의 설치는 법률로 정한다. 다만 보조기관의 설치와 사무분장은 법률로 정한 것을 제외하고는 대통령령으로 정한다($^{정부조직법}_{2①④}$).

(2) 중앙행정조직의 기본법 및 개별법

중앙행정조직의 기본법으로서는 헌법과 그에 의거하여 제정된 일반법으로서의 정부조직법이 있다. 헌법은 그 기본원칙만을 규정하는 데 그치고, 정부조직법이 그 일반적 구조에 관하여 규정하고 있는바, 동법은 대통령 및 그 직속기관, 국무회의, 국무총리 및 그 직속기관 그리고 행정각부에 관하여 일괄하여 규정하고 있다. 현행 정부조직법은 18부 5처 18청으로 구성되어 있는데, 종래에 비하여 대통령경호실(장관급)을 대통령경호처(차관급)로 개편하고, 국가보훈처를 장관급 기구로 격상하는 한편, 종래 국민안전처와 행정자치부를 통합하여 행정안전부를 신설하고, 중소기업청을 중소벤처기업부로 격상하였고, 행정안전부장관 소속으로 소방청을, 해양수산부장관 소속으로 해양경찰청을 신설하였다.

(3) 중앙행정조직에 관한 개별법

정부조직법 외의 개별법으로는 특수한 임무를 담당하는 행정기관의 설치에 관한 대통령 등의 경호에 관한 법률·국가정보원법, 독립행정기관의 설치에 관한 감사원법·선거관리위원회법, 대통령의 자문기관 설치에 관한 국가안전보장회의법 등이 있다.

(4) 행정위원회에 관한 법

행정각부 등에 소속되면서도 어느 정도 독립적 지위에서 특히 공정성이 요구되는 특정 사무를 관장하는 위원회(이른바 행정위원회)에 관하여 정부조직법에서는 일반적인 근거규정만을 두고($^{별}_5$), 실제 행정위원회 등 합의제행정기관의 설치근거는 당해 사무에 관하여 규정하고 있는 개별법에서 정하고 있다. 그러한 법률로서는 금융위원회의 설치 등에 관한 법률(국무총리 소속 금융위원회)·독점규제 및 공정거래에 관한 법률(국무총리 소속 공정거래위원회)·국가공무원법(인사혁신처 소속 소청심사위원회)·부패방지 및 국민권익위원회의 설치와 운영에 관한 법률(국무총리 소속 국민권익위원회)·노동위원회법(고용노동부 소속 중앙노동위원회)·공익사업을 위한 토지 등의 취득 및 보상에 관한 법률(국토교통부 소속 중앙토지수용위원회) 등이 있다.

## Ⅱ. 대 통 령

### 1. 개　　설

대통령은 외국에 대하여 국가를 대표하는 국가원수이며 정부의 수반으로서의 지위를 가진다($_{66①④}^{헌법}$).

대통령은 임기 5 년에 단임이고($_{70}^{헌법}$), 국민에 의하여 직선되며($_{67}^{헌법}$), 그 궐위 또는 유고시에는 1 차적으로 국무총리, 2 차적으로 법정 국무위원 순으로 권한을 대행하며($_{71}^{헌법}$), 재직중 형사상의 면책특권을 가진다($_{84}^{헌법}$).

### 2. 대통령의 지위

#### (1) 책임과 의무

대통령은 국가의 독립, 영토의 보전, 국가의 계속성과 헌법수호의 책무를 진다($_{66②}^{헌법}$). 또한 대통령은 조국의 평화적 통일을 위한 성실한 의무를 진다($_{66③}^{헌법}$). 그러나 후자는 엄격한 의미에서의 법적 의무라고는 할 수 없을 것이다.

#### (2) 국가원수로서의 지위

대통령은 국가의 원수로서 대외적으로 국가를 대표하며($_{66①}^{헌법}$), 기타 일정한 권한을 행사한다(사면권·영전수여권 등).

#### (3) 행정권의 수반으로서의 지위

1) 국가기관구성자로서의 지위　　대통령은 국무총리·국무위원·행정각부장관·감사원장 기타 행정부 구성원과 헌법기관의 주요 구성원에 대한 임명권을 가진다.

2) 국무회의의장으로서의 지위　　대통령은 국무회의의 의장이 된다($_{88③}^{헌법}$).

3) 최고행정관청으로서의 지위　　대통령은 정부의 최고행정관청으로서 행정에 관한 최고결정권과 헌법·법률의 집행권을 가진다. 이러한 지위에서 대통령은 행정사무집행의 통할·감독권을 가지는바, 즉 국무총리를 포함한($_{86②}^{헌법}$) 모든 중앙행정기관의 장을 지휘·감독하며, 국무총리와 중앙행정기관의 장의 위법·부당한 명령·처분을 중지 또는 취소할 수 있다($_{11①②}^{정부조직법}$).

### 3. 대통령의 권한

대통령의 권한은 국정최고책임자로서의 권한과 행정에 관한 권한이 그 기본이 되나 입법·사법에 대한 권한도 있다.

국정최고책임자로서의 권한으로는 중요정책에 대한 국민투표부의권($^{헌법}_{72}$)·헌법개정제안권($^{헌법}_{128}$)·긴급명령권($^{헌법}_{76}$) 등이 있으며, 행정에 관한 권한으로는 외교권($^{헌법}_{73}$)(조약의 체결·비준, 외교사절의 신임·접수·파견, 선전·강화)·국군통수권($^{헌법}_{74}$)·계엄선포권($^{헌법}_{77}$), 공무원임면권($^{헌법}_{78}$)·영전수여권($^{헌법}_{80}$)·정당해산제소권($^{헌법}_{8④}$)·재정에 관한 권한($^{헌법}_{54}$)·행정감독권·법령집행권 등을 가지며, 입법에 관한 권한으로 입법관여권(법률안제출권, 법률안거부권, 임시국회소집요구권)·긴급명령권($^{헌법}_{76}$) 등을 가지며, 사법에 관한 권한으로 대법원장·대법관의 임명권($^{헌법}_{104}$)·비상계엄선포권 외에 사면권($^{헌법}_{79}$) 등을 가진다.

대부분의 대통령 권한행사는 사전에 국무회의의 심의를 거쳐야 하고($^{헌법}_{89}$) 문서로써 하여야 하며, 국무총리와 관계 국무위원의 부서가 있어야 한다($^{헌법}_{82}$).

## Ⅲ. 대통령 직속의 중앙행정기관

### 1. 감 사 원

#### (1) 감사원의 지위

감사원은 결산·회계검사 및 감찰을 하는 기관이다. 즉 감사원은 국가의 세입세출의 결산, 국가 및 법률에 정한 단체의 회계검사와 행정기관 및 공무원의 직무에 관한 감찰을 하는 기관이다($^{헌법}_{97}$). 감사원은 대통령에 소속된 기관이면서도 그 직무의 성질상 독립성이 강하게 요청되므로, 감사원법은 "직무에 관하여는 독립의 지위를 가진다"라고 규정하여($^{법}_{2}$), 그 직무에 관하여 지휘·감독을 받지 않는다는 것을 밝히고 있다.

#### (2) 감사원의 조직

감사원은 원장을 포함한 5인 이상 11인 이하의 감사위원으로 구성되는 합의제행정관청이다($^{헌법}_{98①}$). 감사원장은 오직 감사원을 대표할 뿐이며 그 자체로 행정청의 지위를 가지는 것은 아니다. 감사원법은 감사위원의 수를 7인으로 규정하고 있다($^{동법}_{3}$).

원장은 국회의 동의를 얻어 대통령이 임명하며, 감사위원은 원장의 제청으로 대통령이 임명하는바, 그 임기는 모두 4년이며 1차에 한하여 중임할 수 있다($^{헌법}_{97②③}$).

### (3) 감사원의 권한

감사원의 권한을 요약하면 ① 국가기관·지방자치단체 기타 감사원법 제22조와 제23조에 규정된 단체 등의 결산 및 회계검사권, ② 국가 및 지방자치단체, 기타 감사원법 제24조에 규정된 단체와 공무원의 직무감찰권, ③ 감사 결과에 따르는 시정 또는 개선 등의 요구($\frac{동법}{33\cdot34}$), 변상판정($\frac{동법}{31}$)과 징계요구권($\frac{동법}{32}$) 및 그에 대한 재심의($\frac{동법 36}{내지 40}$), ④ 회계관계법령의 제정·개폐에 관한 의견진술권($\frac{동법}{49}$), ⑤ 심사청구에 대한 결정권($\frac{동법 43}{내지 48}$) 및 ⑥ 감사원규칙 제정권($\frac{동법}{52}$) 등이다.

감사원에 대한 심사청구는 감사원의 감사를 받는 자의 직무에 관한 처분 기타 행위에 관하여 이해관계 있는 자가 제기할 수 있다($\frac{동법}{43}$). 감사원은 이러한 심사청구가 이유 있다고 인정할 때에는 관계기관의 장에 대하여 시정 기타 필요한 조치를 요구하며, 이 경우 관계기관의 장은 그에 따라야 한다($\frac{동법 46}{②\cdot47}$).

이러한 감사원에 대한 심사청구는 행정심판과는 그 성격이 다른 것이나, 감사원법은 동법에 의한 심사청구를 거친 경우에는 다시 행정심판을 거치지 않고 행정소송을 제기할 수 있다고 규정하여($\frac{동법}{46의2}$), 심사청구를 거친 경우에는 행정심판전치주의의 요건을 충족한 것으로 간주하고 있다.

## 2. 기타 기관

감사원 이외의 대통령 직속의 중앙행정기관으로서는 국가정보원, 국가인권위원회, 방송통신위원회 등이 있고, 보좌기관으로 대통령비서실, 국가안보실이 있다.

# Ⅳ. 국무회의

## 1. 국무회의의 지위

현행 헌법은 정부의 권한에 속하는 중요한 정책에 대한 심의기관으로 국무회의를 두고 있다($\frac{헌법}{88①}$).

국무회의의 법적 지위에 관하여는 다툼이 있는바, 이를 의결기관으로 보는 견해, 자문기관으로 보는 견해 및 그 중간설로서 심의기관으로 보는 견해가 있다. 대통령은 그 결정에 구속되지 않는다는 점에서 이를 의결기관으로 볼 수는 없을 것이다. 통설에 의하면, 중요정책은 반드시 그 심의를 거쳐야 한다는 점에서 볼 때 국무회의는 단순한 자문기관이 아니고 심의기관에 해당하는 것으로 본다. 그러나 자문기관에 있어서도 그 자문절차를 반드시 거치도록 하는 경우도 상정될 수 있으므로, 위 논거가 반드시 설득력이 있는 것으로 보이지는 않는다. 다만 대통령이 국무회의의 의장이 된다는 점에서 보면 이 기관은 통상의 자문기관은 아니고, 그러한 점에서 이를 심의기관으로 보는 통설적 견해가 일단 타당하다고 하겠다. 그러나 통설과 같이 심의기관으로 보는 경우에도 그 결정에는 구속력이 없다는 점에서 자문기관으로 보는 견해와 실질적인 차이는 없다 할 것이다.

### 2. 국무회의의 구성 및 회의

#### (1) 구　성

국무회의는 대통령·국무총리 및 15인 이상 30인 이하의 국무위원으로 구성되고, 그 의장은 대통령이 되며, 부의장은 국무총리가 된다($^{헌법}_{88②③}$). 국무회의의 운영에 필요한 사항은 대통령령으로 정하도록 하고 있다($^{정부조직}_{법 12④}$).

#### (2) 회　의

국무회의는 정례국무회의와 임시국무회의로 구분되고, 의장이 소집·주재권을 가지며, 국무위원은 의장에게 의안을 제출하고 국무회의의 소집을 요구할 수 있다($^{동법}_{12①③}$).

회의는 구성원 과반수의 출석으로 개의하고, 출석구성원 3분의 2 이상의 찬성으로 의결한다($^{국무회}_{의규정}$). 국무회의에는 국무조정실장, 인사혁신처장, 법제처장, 식품의약품안전처장 그 밖에 법률로 정하는 공무원이 출석하여 발언할 수 있고, 소관사무에 관하여 국무총리에게 의안 제출을 건의할 수 있다($^{동법}_{13①②}$).

## Ⅴ. 국무총리

### 1. 국무총리의 지위

현행 헌법은 기본적으로 대통령제의 정부형태를 취하면서도 내각책임제적 요소인 국무총리를 두고 있다. 그러나 이로써 우리 헌법이 이원정부제도를 취하고 있는 것으로 볼 수는 없고, 국무총리는 기본적으로 행정수반인 대통령의 보좌기관에 지나지 않는 것으로 본다.

이러한 점에서 헌법상 국무총리의 지위는 다음의 세 가지로 분류할 수 있을 것이다.

### (1) 대통령의 보좌기관

국무총리는 대통령을 보좌한다($\frac{현법}{86②}$). 여기서 보좌한다는 의미는 행정에 관한 최종적 결정권이 대통령에게 있음을 전제로 하는 것이다.

### (2) 정부의 제 2 인자

위에서 본 바와 같이 국무총리는 내각책임제 아래에서의 수상과는 달리 기본적으로는 대통령의 보좌기관에 지나지 않는다. 그러나 국무총리는 대통령의 명을 받아 행정각부를 통할하고($\frac{현법}{86②}$), 국무회의의 부의장이 되며($\frac{현법}{88③}$), 대통령의 궐위·유고시에 1차적으로 그 직무를 대행하고($\frac{현법}{71}$), 국무위원·행정각부장관의 임명제청권($\frac{현법}{87·94}$)과 국무위원의 해임건의권을 가진다는 점에서, 정부의 제 2 인자로서의 지위를 가진다.

### (3) 중앙행정관청으로서의 지위

국무총리는 행정각부를 통할하는 한도에서 중앙행정관청의 지위를 가진다. 사무의 통할이란 행정각부 사무의 조정사무와 성질상 어느 한 부에 관장시키는 것이 적절하지 않은 사무(법제·보훈·공보 등) 등을 관장함을 말한다. 국무총리는 이 지위에서 법규명령인 총리령을 발할 수 있다($\frac{현법}{95}$). 국무총리는 또한 대통령의 명을 받아 각 중앙행정기관의 장을 지휘·감독하고, 중앙행정기관의 장의 명령이나 처분이 위법·부당하다고 인정될 때에는 대통령의 승인을 받아 이를 중지 또는 취소할 수 있다($\frac{정부조직}{법18}$).

## 2. 국무총리의 임명 등

국무총리는 대통령이 국회의 동의를 얻어 임명하며, 군인은 현역을 면한 후가 아니면 국무총리로 임명될 수 없다($\frac{현법}{86①③}$). 국무총리는 국회의원을 겸직할 수 있고($\frac{국회법}{29}$), 국무총리의 해임권은 대통령이 가지며, 국회는 그 해임을 건의할 수 있다.

## 3. 국무총리의 권한

국무총리는 ① 국무위원 및 행정각부의 장의 임명제청권과 해임건의권, ② 대통령의 권한대행, ③ 국무회의에서의 심의권, ④ 국회출석발언권, ⑤ 행정각부 통할권, ⑥ 대통령의 국사행위에의 부서권, ⑦ 총리령 제정권, ⑧ 중앙행정기관에 대한 감독권 등을 가진다.

## 4. 국무총리 소속 중앙행정기관

국무총리 소속의 중앙행정기관으로서는 국가보훈처, 인사혁신처, 법제처 및 식품의약품안전처의 4개 처가 있고, 그 외에 공정거래위원회, 금융위원회, 국민권익위원회 등의 합의제행정기관이 있다.

# Ⅵ. 행정각부

## 1. 행정각부의 의의

대통령 및 그의 명을 받은 국무총리의 통할하에 국무회의의 심의를 거친 정부의 정책과 정부의 권한에 속하는 사무를 부문별로 집행하는 중앙행정관청을 말한다. 행정각부는 헌법기관이지만, 헌법은 그 수에 대하여는 언급하고 있지 않다. 그러나 행정각부의 장은 국무위원 중에서 임명되고($\frac{헌법}{94}$). 그 수는 15인 이상 30인 이하로 규정되어 있으므로($\frac{헌법}{88②}$), 행정각부의 수는 이들 규정에 의한 제한을 받게 된다.

정부조직법은 행정각부로서, 기획재정부·교육부·과학기술정보통신부·외교부·통일부·법무부·국방부·행정안전부·문화체육관광부·농림축산식품부·산업통상자원부·보건복지부·환경부·고용노동부·여성가족부·국토교통부·해양수산부·중소벤처기업부의 18부를 규정하고 있다.

## 2. 행정각부장관의 지위

행정각부에는 장관 1인과 차관 1인(기획재정부·과학기술정보통신부·외교부·문화체육관광부·국토교통부는 2인)을 두되, 장관은 국무위원 중에서 국무총리의 제청으로 대통령이 임명한다($\frac{헌법 94, 정부}{조직법 26②}$). 따라서 행정각부의 장은 국무위원과 행정각부장관으로서의 이중적 지위를 가진다. 국무위원이 아닌 자는 행정각부의 장이 될 수 없으나, 행정각부의 장이 아니더라도 국무위원은 될 수 있다.

행정각부장관은 정부조직법 기타 법령이 정하는 바에 따라 행정사무를 주관하고, 그 소관사무에 관하여 대통령과 국무총리의 지휘·감독을 받는 중앙행정관청이다.

### 3. 행정각부장관의 권한

행정각부장관의 권한은 각부에 공통적인 것과 그 부에만 고유한 것이 있는데, 공통적 권한으로서는 소관사무통할권, 소속 공무원에 대한 지휘·감독권, 법률안·대통령령안의 국무회의 제출권, 부령제정권, 지방행정기관의 장에 대한 감독권, 인사권(임용제청·임용권), 행정처분권 등이 있다.

### 4. 행정각부 소속 중앙행정기관

행정각부 소속의 행정기관으로서는 청, 행정위원회 및 기타 행정기관이 있다. 이 중에서 행정위원회는 그것이 조직상으로는 행정각부에 소속되어 있는 경우에도, 그 직무 수행에 있어서는 상당한 독립성이 인정되는 것이 보통이다. 이 문제는 다음 항에서 다루기로 한다.

(1) 행정관청

1) 법률에 특별한 규정이 있는 경우를 제외하고는 원칙적으로 청이 여기에 속한다. 그러나 행정각부가 모두 청을 두고 있는 것은 아니다.

청은 각부의 관장사무 중에서 그 내국의 사무로 하기에는 그 업무량이 과다하고, 또한 그 처리에 있어서도 어느 정도의 독자성을 인정할 필요가 있는 경우에 설치된다.[1]

현재 행정각부장관 소속으로 설치되어 있는 청으로서는, 기획재정부장관 소속의 국세청·관세청·조달청·통계청, 법무부장관 소속의 검찰청, 국방부장관 소속의 병무청·방위사업청, 행정안전부장관 소속의 경찰청·소방청, 문화체육관광부장관 소속의 문화재청, 농림축산식품부장관 소속의 농촌진흥청·산림청, 산업통상자원부장관 소속의 특허청, 환경부장관 소속의 기상청, 해양수산부장관 소속의 해양경찰청, 보건복지부장관 소속의 질병관리청이 있다.

2) 청장은 중앙행정관청이며, 소속 장관의 일반적 지휘를 받아 소관 사무통할권 및 소속공무원에 대한 지휘·감독권, 법률안·대통령령안 또는 부령안을 장관에게 제출하는 권한, 지방행정기관의 장에 대한 감독권·인사권 등을 가진다.

(2) 기타 행정기관

행정각부 장관의 소속기관으로서는 청·행정위원회 외에도 시험연구기관·

---

1) 박윤흔, 행정법(하), p. 78.

교육훈련기관·문화기관·의료기관·자문기관 등의 부속기관이 있다.

## VII. 독립중앙행정기관 등

### 1. 중앙선거관리위원회

선거관리위원회는 선거와 국민투표의 공정한 관리와 정당에 관한 사무를 처리하기 위하여 설치되는 헌법기관으로서의 합의제독립행정기관(관청)이며, 이에는 중앙선거관리위원회와 시·도선거관리위원회, 시·군·구선거관리위원회 등이 있다.

중앙선거관리위원회는 선거 등에 관한 중앙행정기관이나, 그 직무상으로는 국가의 일반 행정기관과는 완전히 독립적 지위에 있다.

중앙선거관리위원회는 9인의 위원으로 구성되는데, 3인은 대통령이 임명하고, 3인은 국회에서 선출하고, 3인은 대법원장이 지명한다($\genfrac{}{}{0pt}{}{\text{헌법}}{114②}$). 위원의 임기는 6년이며, 정치적 중립성의 보장을 위하여 위원은 정당에 가입하거나 정치관여가 금지되고 있다. 위원은 정당에 가입하거나 정치에 관여한 때, 탄핵결정으로 파면된 때, 금고 이상의 형의 선고를 받은 때 등이 아니고는 해임·해촉 또는 파면되지 아니한다($\genfrac{}{}{0pt}{}{\text{헌법 114⑤,}}{\text{선거관리위원회법 9}}$).

### 2. 행정위원회 등

#### (1) 행정위원회의 의의

행정위원회(administrative commission, board)제도는 원래 19세기 말에서 20세기에 걸쳐 영미에서 자본주의의 발전에 따라 야기되는 여러 가지 사회·경제적 문제를 행정적으로 규제하기 위하여 도입·발전된 것이었다. 즉 이들 새로운 행정분야의 사무처리에 있어서는 그 담당기관의 정치적 중립성, 그 전문성이나 보다 신중한 절차 등이 요청되었던바, 이러한 요청에 따라 설치된 것이 독립규제위원회 등의 여러 행정위원회였던 것이다.

행정위원회는 그 정도의 차이는 있으나, 전문가, 각 계층·각 당파의 이익대표자, 정치적 중립자 등으로 구성되고, 그 권한으로서는 행정적 권한뿐만 아니라, 쟁송에 대한 판정이나 규칙제정 등의 준사법·준입법적 권한도 부여되어 있는 것이 보통이다. 행정기관의 조직과 정원에 관한 통칙(대통령령) 제21조는 "행정기관에 그 소관사무의 일부를 독립하여 수행할 필요가 있을 때에는 법률이 정하는 바에 의하여 행정기능과 아울러 규칙을 제정할 수 있는 준입법적 기능 및 이의의 결정 등 재결을 행할 수 있는 준사법적 기능을 가지는 행정위원회 등 합의제행정기관을 둘 수 있다"고 규정하고 있다.

이러한 행정위원회는 형식상으로는 행정기관의 일부로서 행정각부 또는 행정수반에 소속되는 것이나, 그 직무에 관하여는 독립성을 가진 합의제행정관청으로서 행정권의 일부를 담당하여 직접 국민에 대하여 당해 소관사무에 관한 행정업무를 수행한다.

(2) 우리나라의 행정위원회

정부조직법 제 5 조는 "행정기관에는 그 소관사무의 일부를 독립하여 수행할 필요가 있는 때에는 법률로 정하는 바에 따라 행정위원회 등 합의제행정기관을 둘 수 있다"고 규정하고 있다. 그러나 실제 행정위원회는 그 수나 운영의 면에 있어서 아직은 매우 저조한 실정에 있다.

현행법상 위원회의 명칭을 가진 기관에는 세 가지 종류가 있는데 ① 그 대부분은 대통령령 또는 조례로 설치되는 자문기관($\binom{정부조직법 4, 지}{방자치법 116의2}$)이지만, ② 의결기관인 위원회도 약간 있는바, 각종 징계위원회(국가공무원법, 교육공무원법, 지방공무원법 등)·소청심사위원회(국가공무원법, 지방공무원법, 교육공무원법) 등이 그것이다. ③ 끝으로 합의제행정관청으로서의 행정위원회에 해당하는 중앙행정기관으로서는 헌법기관으로서의 감사원 및 중앙선거관리위원회 외에, 중앙노동위원회($\binom{노동위원회}{법 2·3}$)·토지수용위원회($\binom{토지보상}{법 49}$)·본부배상심의회($\binom{국가배상}{법 10}$)·공정거래위원회·특허심판원($\binom{특허법}{132의2}$)·중앙해양안전심판원($\binom{해양사고의조사및심}{판에관한법률 2·8}$)·조세심판원($\binom{국세기본}{법 67}$)·행정심판위원회($\binom{행정심}{판법 6}$) 등을 들 수 있을 것이다.

# 제 2 절　국가지방행정조직

## Ⅰ. 개　　설

국가의 지방행정기관은 그 사무의 일반성·특수성을 기준으로 하여, 보통지방행정기관과 특별지방행정기관으로 나누어진다. 전자는 어느 특정 중앙관청에 소속하지 않고, 중앙관청의 직할로 되어 있는 사무와 특별지방기관의 권한에 속하는 사무를 제외하고는 널리 당해 구역 내에 시행되는 일반적인 국가행정사무를 관장하고, 당해 사무의 소속에 따라 각 주무부장관의 지휘·

감독을 받는 국가의 지방행정기관을 말한다. 이에 대하여 후자는 어느 특정한 중앙관청에 소속하여 당해 구역 내에서 시행되는 당해 중앙관청의 권한에 속하는 사무로서 보통지방행정기관에게 처리시키는 것이 적절하지 않은 특수한 사무를 관장하는 국가의 지방행정기관이다.

## Ⅱ. 보통지방행정기관

우리나라에서는 국가행정을 수행하기 위한 보통지방행정기관을 따로 설치하지 않고, 국가의 행정사무 중 지역에서 집행되어야 할 사무는 지방자치단체의 집행기관인 시·도지사와 시장·군수 및 자치구청장에게 위임하여 처리하고 있다(지방자치법 102). 이들 시·도지사와 시장·군수 및 자치 구청장은 지방자치단체의 기관이나, 국가사무를 위임받아(기관위임사무) 처리하는 한도에서는 국가기관의 지위에도 서게 되어[1] 이중적 지위(dédoublement fonctionnel)를 가지게 된다.

그에 따라 지방자치단체의 장이 국가의 행정사무를 처리하는 한에서는 중앙행정기관의 장의 지휘·감독을 받게 된다. 즉 시·도지사에 대하여는 각 소관업무별로 주무부장관(국토교통부장관·보건복지부장관 등)의, 그리고 시장·군수·자치구청장에 대하여는 제1차적으로는 시·도지사가, 제2차적으로는 소관업무별로 주무부장관이 지휘·감독을 하게 된다. 그에 따라 시·도지사의 명령이나 처분이 위법·부당하다고 인정되는 때에는 주무부장관이, 그리고 시장·군수·자치구청장의 명령·처분이 위법 또는 부당한 때에는 시·도지사가 이를 취소·정지할 수 있다.

## Ⅲ. 특별지방행정기관

특별지방행정기관이란 특정 중앙행정기관에 소속되어 그 기관의 소관사무의 일부를 관장하는 지방행정기관을 말한다. 정부조직법 제3조는 "중앙행

---

1) 판례
　"지방자치법 제102조, 제106조 및 지방자치에관한임시조치법 제5조의2의 각 규정 취지를 종합하면 국가행정사무를 지방자치단체의 장에게 위임하여 수행할 수 있으므로 지방자치단체의 장은 국가사무를 처리하는 범위 내에서 국가의 보통지방행정기관의 지위에 있다"(대판 1984. 7. 10, 82누563).

정기관에는 소관사무를 수행하기 위하여 필요한 때에는 특히 법률로 정한 경우를 제외하고는 대통령령으로 정하는 바에 따라 지방행정기관을 둘 수 있다"고 규정하고 있다. 이에 따라 종래의 각 단행설치법은 폐지되고 대통령령으로 대치되고 있다(정부조직법개정법률(법률 제2437호) 부칙 6).

특별지방행정기관으로서는 지방보훈청·지방보훈지청, 지방국세청·세무서·세관, 지방조달청, 출입국관리사무소, 지방산림관리청, 지방국토관리청, 우체국 등이 있다.

시·도에서 소방업무를 수행하기 위하여 시·도지사 직속으로 소방본부를 둔다(소방기본법 3④). 소방서는 소방기본법 제 3 조 제 1 항 및 지방자치법 제113조에 의거한 지방소방기관 설치에 관한 규정(대통령령)에 따라 조례로 시·도에 설치된다. 따라서 소방본부 및 소방서는 지방자치단체의 집행기관의 지위를 가진다.

경찰법은 행정안전부장관 소속으로 중앙경찰업무를 담당하는 경찰청을 두고, 경찰청의 사무를 지역적으로 분담하여 수행하게 하기 위하여 시·도지사 소속으로 지방경찰청을 두고 지방경찰청장 소속으로 경찰서를 두도록 하고 있다(법 2①②). 이러한 지방경찰청장 및 경찰서장은 국가의 지방행정관청의 지위를 가진다. 따라서 우리나라의 경찰조직은 국가경찰을 원칙으로 하고 있다. 다만, 그에 대한 예외로서 현재는 제주특별자치도의 경우에만 도지사 소속으로 자치경찰단을 두고 있으나(제주특별자치도 설치 및 국제자유도시 조성을 위한 특별법 88①), 2020. 12. 경찰법 개정으로 경찰은 기본적으로 국가경찰과 자치경찰로 분리된다.

# 제 3 장   자치행정조직법

## 제 1 절  개    설

### Ⅰ. 자치행정의 의의 및 종류

#### 1. 자치행정의 의의

자치행정이란, 국가 안에 있는 단체가 국가로부터 독립된 지위에서 스스로 행하는 행정을 말한다. 오늘날의 국가에서는 국가가 직접 스스로의 기관에 의하여 행정을 행하는 외에, 국가로부터 독립된 인격을 가진 단체(법인)를 설립하고 그에 대하여 일정한 사항에 관한 행정권을 부여하여 스스로 행정을 하게 하는 것이 보통이다. 이러한 단체를 공공단체라 하며, 그 행정을 자치행정이라 한다. 이러한 공공단체 중에서 일정한 지역을 기초로 하는 지역단체가 행하는 행정을 특히 지방자치라 한다.

지방자치는 주민과 가장 가까운 곳에서 주민에 의하여 지방행정이 행하여진다는 점에서 이를 '민주정치의 교실', '민주정치의 뿌리'라고도 일컫고 있으며, 지방자치제도에 의하여 구현되는 민주주의를 '풀뿌리 민주주의'라고도 하는바, 이들 표현은 모두 지방자치가 민주주의의 구현에 있어서 기초적인 요소임을 보여 주는 것이라 할 수 있다.

#### 2. 자치행정의 종류

일정한 지역을 기초로 하는 지방자치는 자치행정의 전형적인 예가 되는 것이지만, 그 밖에도 공공행정의 일부를 수행하게 하기 위하여 이해관계를 같이하는 사람의 결합체로서 공적 사단(공공조합)을 설립하거나, 일정한 재산을 기초로 하는 공적 재단을 설립하여, 이들 단체로 하여금 그 사무를 자주적으로 처리하게 하는 것도 자치행정이라 할 수 있다. 그러나 연혁적으로 보

면 자치행정은 지방자치를 중심으로 하여 전개되어 왔으므로, 여기서도 이를
중심으로 하여 살펴보기로 한다.

## Ⅱ. 공공단체의 의의·특질 및 종류

### 1. 공공단체의 의의

공공단체란 국가 밑에서 국가로부터 그 존립목적이 부여된 법인을 말한
다. 공공단체는 단순한 행정기관과는 달리 자신의 존립목적을 가지고 있으며
법인격이 부여된 단체이다. 공행정주체의 지위를 가진 점에서 공법인에 해당
하며, 이러한 점에서 사법인과 구별된다.

### 2. 공공단체의 특색

공법인으로서의 공공단체는 보통 다음과 같은 실정법상의 특색을 가진다.

(1) 그 목적이 국가에 의하여 부여되고 또한 국가관련적 성격을 띤다.
따라서 보통 그 목적은 법률에 의하여 정하여지며, 스스로의 의사로써 이를
변경할 수 없는 것이 원칙이다.

(2) 그 설립이 국가의 의사에 기초를 두고 있다. 공공단체는 직접 법률
에 의하여 또는 법률에 기한 행정처분에 의하여 설립되나, 어느 경우에나 그
설립은 국가의 의사에 기하여 행하여지는 것이다.

(3) 국가적 공권 및 특전이 부여된다. 보통 공공단체에는 그에 대한 가
입이 강제되거나, 그 경비조달을 위한 강제징수권이 인정되고, 또한 면세·보
조금교부 등의 각종 특전이 부여된다.

(4) 공공단체에는 그 목적수행의 의무가 부과되며, 원칙적으로 해산의
자유가 인정되지 않는다.

(5) 공공단체는 국가의 특별한 감독을 받는다. 공공단체는 공행정책무를
수행하고, 또한 각종의 국가적 공권·특전이 부여되어 있는 것이 보통이므로,
공공단체는 국가의 특별한 감독을 받는다.

(6) 공공단체는 국가적 목적 기타 공행정목적을 수행하도록 하기 위하여
그에 법인격이 부여된 것이므로, 이들은 공행정주체로서 공법인으로서의 성
질을 가진다. 그러나 이것이 공공단체에 관한 법률관계가 항상 공법관계임을
의미하는 것은 아니다.

### 3. 공공단체의 종류

#### (1) 성립의 기초에 의한 분류

1) **지방자치단체**    특별시·광역시·특별자치시·도·특별자치도·시·군·자치구와 같이 일정한 지역을 기초로 하는 공법인이다. 즉 국가 아래서 그 영토의 일부를 구성요소로 하고, 그 지역 내의 모든 주민에 대하여 지배권을 가지는 단체를 말한다. 다른 공공단체가 각각 특정 목적을 위하여 설치되고, 그 목적에 필요한 한도 내에서 행정권이 부여되어 있는 데 대하여, 지방자치단체는 그 지역에 관하여 포괄적인 행정권이 부여되어 있다는 점에서 그 특징이 있다.

위의 지방자치단체를 보통지방자치단체라고 하며, 이에 대하여 특정한 목적의 수행을 위하여 설치되는 특별지방자치단체가 있다. 지방자치법도 이에 관한 근거 규정을 두고 있으나($\frac{별2}{③④}$), 현재 이러한 특별지방자치단체는 설치되어 있지 않다(다만 지방자치단체조합을 특별지방자치단체로 보는 견해도 있다).

2) **공공조합**    공공조합은 국가적 목적을 가진 사람의 결합체인 공법상의 사단법인이다. 공사단이라고도 한다. 일정한 구성원(조합원)에 의하여 조직되는 점에서는 사법상의 사단법인과 같으나, 그 목적이 국가에 의하여 부여되어 있는 점에서 이와 구별된다. 그러나 실제 그 목적이 국가에 의하여 부여되어 있는지의 여부는 확실하지 않은 경우가 많고, 또한 공공조합에 인정되는 공법적 성격도 개개의 조합에 따라 차이가 있다. 따라서 특정 조합이 공공조합에 해당하는지의 여부에 대하여는 견해가 갈릴 수 있는 여지가 많다. 현행법상의 공공조합으로는 ① 농업협동조합·수산업협동조합·산림조합(각 법률), ② 도시개발조합(도시개발법)·정비사업조합(도시 및 주거환경정비법), ③ 상공회의소[1](상공회의소법), ④ 대한변호사협회(변호사법) 등이 있다.

3) **영조물법인**    종래의 학설에 의하면 영조물법인은 영조물, 즉 공행정목적의 계속적 실현을 위한 인적·물적 종합시설에 법인격이 부여된 것을 말한다. 한편 이러한 영조물법인은 공법상의 재단법인이라고도 한다.[2]

---

1) 종전에는 상공회의소는 공공조합의 대표적 예에 속하는 것이었으나, 2011년 상공회의소법이 개정되어 매출 세액이 일정기준 이상인 상공업자는 당연회원이고, 그 밖의 상공업자는 임시회원으로 변경되었는바, 이러한 법 개정 이후에도 상공회의소를 여전히 공공단체로 볼 것인지에 대하여는 의문이 제기될 수 있을 것이다.

2) 이상규 교수는 이것을 법인격 있는 공공시설이라고 부르고 있다. 행정법(하), p. 119.

영조물 개념은 독일에서 특별권력관계론과 결부되어 형성되어 온 것인데, 현재 특별권력관계론은 매우 강한 비판을 받고 있는 것으로, 적어도 전통적인 의미의 영조물론은 현재는 이미 그 타당성을 상실하였다 할 것이다. 이러한 점에서 영조물법인의 관념이나 범위 등에 관하여도 신중한 검토가 필요하다고 본다.

우리나라의 현행법상의 영조물법인으로서는, 한국조폐공사·한국공항공사 등의 공사, 한국은행·한국산업은행 등의 특수은행, 한국보훈복지의료공단 등의 공단 등이 있고, 지방자치단체가 설립한 것으로 서울특별시지하철공사·서울특별시시설관리공단 등이 있다. 이들에 대하여는 독립채산제(수지균형·자본자기조달·이익금자체처리)와 경영합리화를 도모하기 위하여 법인격이 부여되어 있으나, 이들이 수행하는 기능은 본질적으로 국가행정 또는 지방자치행정의 간접적 형태에 속한다 할 것이다.[1]

4) 공법상 재단   공법상 재단이란 국가나 지방자치단체가 출연한 재산을 관리하기 위하여 설립된 재단법인인 공공단체이다. 공법상 재단의 기본적 요소는 일정 행정목적을 위하여 출연된 재산의 결합체로서, 그러한 점에서 인적·물적 수단의 결합체인 영조물법인과 구별된다.

공법상 재단의 예로서는 한국연구재단, 한국학중앙연구원 등을 들 수 있을 것이다.

(2) 자치권의 광협에 의한 분류

1) 능동적 단체   단체의 기관이 그 소속 구성원에 의하여 구성되고, 그 기관에 의하여 단체사무가 자율적으로 처리되는 공공단체를 말한다.

2) 수동적 단체   단체의 기관이 외부에 의하여 임명되고, 단체사무의 처리가 자주적 의사에 의하지 않고, 외부의 엄격한 감독·통제를 받는 명목상의 자치단체를 말한다.

---

1) 김도창, 행정법(하), p. 136.

# 제 2 절 지방자치법

## 제 1 항 개 설

### Ⅰ. 지방자치의 관념

지방자치란 일정한 지역적 사무를 지역주민의 의사에 기하여(주민자치) 국가로부터 독립된 지역적 단체가 법인으로서 자주적으로 처리하는 것(단체자치)을 말한다.

지방자치의 역사는 장구한 것으로서, 근대적 의미의 국가가 확립되기 이전부터 이미 각 지역에서 자연발생적으로 전개되어 왔다. 이러한 지방자치는 근대적 의미의 국가가 성립된 이후에도 그 내부에서 중요한 지위를 차지하여 오고 있다.

오늘날의 국가에 있어 지방행정 방식은 크게 두 가지로 나눌 수 있다. ① 그 하나는 국가권력이 강대하여 모든 권력을 중앙정부가 장악하는 중앙집권주의 방식으로서, 이 경우에는 중앙정부가 스스로의 공무원을 지방에 파견하여 지방행정을 처리하게 된다. ② 다른 하나는 국가가 그 권력의 일부를 지방에 분여하여(지방분권주의), 지방행정을 그 지방의 주민들로 하여금 자주적으로 처리하게 하는 방식이다. 전자를 관치, 후자를 자치라고도 하는데 지방의 행정을 지방주민의 의사에 맡겨 실시하게 하는 것을 지방자치라고 하는 것이다. 즉 지방자치는 각 지방의 주민생활에 밀접한 관련을 가지는 공공사무를 지방주민의 의사와 책임에 기하여 자주적으로 처리하게 하는 지방행정의 방식이라고 할 수 있다.

### Ⅱ. 주민자치와 단체자치

지방자치는 보통 주민자치와 단체자치의 두 가지 요소로 성립된다고 본다.

(1) 주민자치는 지방행정을 중앙정부의 간섭에서 배제하여 그 지방의 주민 스스로의 의사에 기하여 자주적으로 처리하게 하는 것을 말하며, 정치적 의미에서의 자치라고도 한다.

(2) 이에 대하여 단체자치는 국가로부터 독립된 법인격을 가진 지역단체를 설치하고 그 지역단체의 기관에 의하여 지방행정을 수행하게 하는 것으로서, 법률적 의미에서의 자치라고도 한다.

(3) 지방자치는 이러한 주민자치와 단체자치의 두 가지 요소로 분석될 수 있으나, 양자가 성질상 반드시 분리되어 있는 것은 아니다. 즉 일면에 있어 주민자치의 실현에는 국가로부터 독립한 단체의 설치가 당연히 필요하다. 즉 단체자치는 주민자치 실현을 위한 불가결한 수단인 것이다. 타면으로 국가로부터 독립된 단체가 있어도, 개인 또는 주민의 자율성이 보장되어 있지 않다면, 그것은 자치라고 할 수 없다. 그러한 점에서 주민자치와 단체자치는 지방자치의 불가결한 구성요소를 이룬다고 할 것이다. 요컨대 내용적으로 단체자치는 주민자치를 실현하기 위한 수단으로서의 의미를 가지고 있으며, 지방자치의 핵심적 요소는 주민자치에 있다고 하겠다.

(4) 위에서 본 바와 같이 주민자치와 단체자치는 오늘날에는 상호보충적 성격의 것으로서 지방자치의 불가결한 구성요소라고 할 수 있으나, 연혁적으로는 영미에서는 주민자치를 중심으로, 독일 등 유럽대륙에서는 단체자치를 중심으로 하여 지방자치가 발달되어 온 것이 사실이다.

영국에서는 중세기 이래 「버러(borough)」, 「카운티(county)」, 「타운(town)」 등 여러 지역적 공동사회가 존재하여, 지역주민을 주체로 하는 자치에 의하여 행하여지는 자기통치의 전통이 일찍부터 확립되어 있었다. 그에 따라 영국에서의 근대적 지방자치제도는 이러한 전통적인 지역적 공동사회를 기반으로 하여 점차적으로 발전하여 왔으며, 여기에서는 주민자치의 전통이 강하게 부각되고 있었고 법적 의미에서의 법인관념은 존재하지 않은 것이 특징이다.[1]

이에 대하여 독일·프랑스 등의 대륙국가에서는 오랫동안 중앙집권적 관료행정이 실시되었기 때문에, 지방자치에 있어서는 중앙정부로부터 독립하여 지방행정을 처리할 단체를 설립하여 그에 지방행정을 맡겨야 할 필요가 있었던바, 그에 따라 국가에 대하여 상대적으로 독립된 법인격을 가지는 단체가 그 사무를 처리한다는 점에 중점을 두게 되어, 이러한 독립적 단체에 의한 지방사무의 처리를 지방자치로 파악하였던 것이다.

---

1) 室井 力 편, 現代地方法入門, 1992, p. 5.

## Ⅲ. 지방자치의 법원

우리나라의 지방자치에 관한 법원에 관하여 살펴보면, 헌법 제117조 및 제118조가 지방자치에 관하여 규정함으로써 최상위의 법원이 되고 있다. 다만, 헌법은 지방자치를 제도적으로 보장하는 데 그치고, 그 구체적 형성은 법률에 맡기고 있다. 지방자치에 관한 법률로서는 기본법으로서 지방자치법이 있는 외에, 지방교육자치에 관한 법률·서울특별시 행정특례에 관한 법률 등이 있고, 지방재정에 관한 것으로는 지방재정법·지방회계법·공유재산 및 물품 관리법·지방세기본법·지방세법·지방교부세법·지방교육재정교부금법·국세와 지방세의 조정 등에 관한 법률 등이 있고, 지방공기업에 관한 것으로는 지방공기업법이, 지방공무원에 관한 것으로는 지방공무원법이, 그리고 선거에 관한 것으로는 공직선거법 등이 있다. 이 밖에 개별행정작용에 관한 다수의 개별법(수도법, 소방기본법, 국토의 계획 및 이용에 관한 법률, 공익사업을 위한 토지 등의 취득 및 보상에 관한 법률 등)이 지방자치단체에 의한 행정작용의 근거법으로서 작용하는 것임은 물론이다.

지방자치의 법원과 관련하여서는 2013. 5. 28.에 제정·시행된 지방분권 및 지방행정체제개편에 관한 특별법(2018. 3. 20. 지방자치분권 및 지방행정 체제개편에 관한 특별법으로 개정됨)에 대하여도 어느 정도 언급하여야 할 것으로 보인다. 이 법은 종전의 지방분권촉진에 관한 특별법과 지방행정체제 개편에 관한 특별법을 각각 폐지한 후 이들을 흡수 통합하여 새로 제정된 법률로서, 지방분권과 지방행정체제개편을 종합적·체계적·계획적으로 추진하기 위하여 기본원칙·추진과제·추진체제 등을 규정함으로써 성숙한 지방자치를 구현하고 지방의 발전과 국가의 경쟁력 향상을 도모하여 궁극적으로는 국민의 삶의 질을 제고하는 것을 목적으로 하고 있다. 이 법은 그 자체에 의하여 현행 지방자치제도를 개정하고 있는 것은 아니나, 향후의 그 운영·발전에 있어 실질적인 영향을 미칠 것으로 보인다. 따라서 지방자치제도의 관련 부분에서 이 법이 정하고 있는 지방분권 내지는 지방자치제도의 개혁방향에 대하여 개관하기로 한다.

## Ⅳ. 지방자치의 헌법적 보장

우리나라의 지방자치는 헌법에 의하여 직접 보장되고 있는바, 통설은 이를 제도적 보장으로 이해하고 있다.[1] 그에 의하면 지방자치권은 국가로부터 전래하는 것이나 역사적으로 형성되어 온 지방자치제도를 헌법이 특별히 보장함으로써 그 본질적 내용이나 핵심영역은 법률에 의해서도 침해될 수 없다는 것으로서, 보장의 기본적 내용은 다음과 같다.

첫째, 권리주체성의 보장으로서, 행정조직으로서의 지방자치단체는 권리주체일 것이 요구되고 그에 의하여 지방자치단체의 존립 자체가 보장된다. 다만, 권리주체성의 보장은 개개의 지방자치단체에 대한 개별적인 것이 아니라 제도적 보장을 의미한다.

둘째, 객관적인 법제도의 보장으로서, 지방자치단체에는 포괄적인 지역적 사무를(전권한성), 자기의 책임하에서 자주적으로 수행할 수 있는(자기책임성) 권한이 보장된다. 이로부터 지방자치단체에는 자치사무를 자기책임으로서 수행할 수 있는 자치권이 보장된다.

셋째, 주관적 법적 지위의 보장으로, 그에 따라 지방자치단체는 다른 고권주체의 위헌·위법인 자치권의 침해에 대하여 사법적(司法的) 보호를 청구할 수 있는 가능성을 가진다. 다만 주관적 법적 지위의 보장이 기본권보장을 의미하는 것은 아니다.[2]

## V. 우리나라의 지방자치제도

헌법에 의하여 직접 규정되고, 기본적으로 지방자치법에 의하여 규율되

---

1) 제도적 보장론에 있어서의 제도란 의원내각제나 대통령제 등과 같이 헌법규정에 의하여 비로소 창설되는 제도가 아니라 국가 공동체 내에서 역사적으로 형성되어 온 기존의 전통적 제도를 말한다. 그러나 제도적 보장은 전국가적인 것은 아니므로 그 구체적 내용은 법률에 의하여 규율된다. 이러한 제도적 보장에서 헌법이 보장하려는 것은 특정한 제도의 본질적 내용이지 기존의 제도의 현상 그대로의 유지가 아니다. 따라서 제도적 보장에는 최소보장의 원칙이 적용되어 제도의 본질적 내용을 훼손하지 아니하는 범위 내에서는 법률로써 그 제도의 내용을 자유로이 형성할 수 있다. 권영성, 헌법학원론, 2002, p. 186.

2) 판례

"기본권의 보장에 관한 각 헌법규정의 해석상 국민(또는 국민과 유사한 지위에 있는 외국인과 사법인)만이 기본권의 주체라 할 것이고, 국가나 국가기관 또는 국가조직의 일부나 공법인은 기본권의 '수범자'이지 기본권의 주체로서 그 '소지자'가 아니고 오히려 국민의 기본권을 보호 내지 실현해야 할 책임과 의무를 지니고 있는 지위에 있을 뿐이므로, 공법인인 지방자치단체의 의결기관인 청구인 의회는 기본권의 주체가 될 수 없고 따라서 헌법소원을 제기할 수 있는 적격이 없다"(헌재결 1998. 3. 26, 96헌마345).

고 있는 우리나라의 지방자치제도의 기본적 골격 또는 내용은 다음과 같이
요약될 수 있다.

## 1. 자치권의 보장

전술한 바와 같이 헌법은 제도로서의 지방자치와 지방자치단체의 자치권을
보장하고 있다. 다만, 지방자치단체의 종류는 법률로 정하도록 하고 있다($\frac{헌법}{117②}$).

### (1) 자치행정권의 보장

헌법은 지방자치단체는 "주민의 복리에 관한 사무를 처리하고"라고 규정
하여($\frac{헌법}{117①}$), 지방자치단체의 고유한 사무를 그 자주적 책임하에서 처리할 수
있도록 보장하고 있다.

지방자치단체가 처리하는 사무에는 자치사무 외에 위임사무(단체위임사무·
기관위임사무)가 있는데, 종래는 위임사무가 그 주된 부분을 이루고 있었던바,
지방자치의 실질적 보장을 위하여서는 중앙정부에 집중되어 있는 권한을 대
폭 지방자치단체의 고유사무로 이양할 필요가 있다. 그러한 필요성에 따라
일괄개정의 형식으로 「중앙행정권한 및 사무 등의 지방 일괄 이양을 위한 물
가안정에 관한 법률 등 46개 법률 일부개정을 위한 법률」(약칭 '지방일괄이양
법')이 시행되고 있으나, 그 실효성에는 의문이 있다.

### (2) 재정자주권의 보장

헌법은 지방자치단체는 "그 재산을 관리하며"라고 규정하여($\frac{동법}{117①}$), 지방
자치의 실질적 기초가 되는 자치재정권을 보장하고 있다.

### (3) 자치입법권의 보장

헌법은 지방자치단체는 "자치에 관한 규정을 제정할 수 있다"($\frac{헌법}{117①}$)고 규
정하여 자치입법권을 보장하고 있다. 그러나 헌법은 이러한 자치입법권에는
"법령의 범위 안에서"라는 매우 실질적인 제한을 과하고 있다. 이러한 헌법
규정은 자치입법권 내지 자치권은 지방자치단체의 고유한 권한이 아니라 국
가로부터 전래된 권한이라는 점과 국가의 법질서의 통일성의 확보에 중점을
둔 것으로 보인다.

## 2. 자주적 기관에 의한 자치사무의 처리

### (1) 지방의회

헌법은 지방자치단체에 자주적 의결기관으로서의 의회를 둘 것을 직접

규정하여($\frac{헌법}{118①}$), 지방의회를 지방자치단체의 헌법상 필수기관으로 하고 있다. 다만, 그 조직·권한·의원선거는 법률로 정하도록 하고 있다($\frac{동조}{②}$). 이와 관련하여 지방자치법은 보통·평등·직접·비밀선거의 원칙을 정하고 있고($\frac{법}{31}$), 그 구체적 선거는 공직선거법이 정하고 있다.

### (2) 지방자치단체의 장

헌법은 지방자치단체의 장의 선임방법을 법률로 정하도록 하고 있는데 ($\frac{헌법}{118②}$), 이에 따라 지방자치법은 지방자치단체의 장을 보통·평등·직접·비밀선거에 의하여 선출되는 선거직으로 하고 있다($\frac{법}{94}$).

### (3) 교 육 감

지방자치단체의 사무 중 교육·과학 및 체육에 관한 사무는 일반 행정사무와 구분하여 별도의 기관을 설치하여 분장하도록 하고 있다($\frac{지방자치}{법 121}$). 이를 규율하는 기본법이 지방교육자치에 관한 법률로서, 동법은 지방자치단체의 교육·과학·기술·체육 기타 학예에 관한 사무는 특별시·광역시·특별자치시·도 및 특별자치도, 즉 광역지방자치단체의 사무로 하며($\frac{법}{2}$), 지방자치단체에 교육·학예에 관한 집행기관으로서 교육감($\frac{동법}{18}$)을 둔다.


## 제 2 항 지방자치단체의 종류·성질 및 구성요소

## Ⅰ. 지방자치단체의 종류

지방자치단체는 그 조직·권한 등의 일반성 또는 특수성에 따라 보통지방자치단체와 특별지방자치단체로 나누어진다.

### 1. 보통지방자치단체

보통지방자치단체는 그 목적·조직·권한 등에 있어 일반적 성격을 가지고, 전국적·보편적으로 존재하는 지방자치단체를 말한다. 우리나라의 보통지방자치단체로는 광역지방자치단체인 특별시·광역시·특별자치시·도 및 특별자치도와 기초지방자치단체인 시·군·자치구가 있다. 광역지방자치단체와 기초지방자치단체는 서로 대등한 공법인이고 상하복종관계에 있는 것은 아니다.

특별시·광역시·특별자치시·도 및 특별자치도는 정부의 직할 아래에 두고, 시는 도의 관할구역 안에, 군은 광역시, 특별자치시나 도의 관할구역 안에 두며, 자치구는 특별시·광역시·특별자치시의 관할구역 안에 둔다($^{지방자}_{치법 3}$). 여기서 시·군을 도의 관할구역 안에 둔다는 것은 시·군의 관할구역이 도의 관할구역 안에 위치한다는 것이지, 도가 이들 단체를 일반적으로 통할한다는 의미는 아니다.

자치구는 종전의 특별시와 광역시 내의 국가 행정단위로서의 구를 법인격 있는 지방자치단체로 만든 것이다.

특히 2020. 12. 지방자치법 전부개정을 통해, 지방자치단체의 종류는 아니지만 인구 100만 이상의 대도시를 특례시로 지정할 수 있도록 함으로써, 차등적 지방분권의 가능성을 열어 두고 있다.

## 2. 특별지방자치단체

보통지방자치단체는 보편적·일반적인 조직과 권한을 가지는 것으로서 전국적·보편적으로 존재하는 것인 데 대하여, 특별지방자치단체는 그 설치목적·구성 또는 처리사무 등이 특수한 성격의 지방자치단체를 말한다. 이러한 특별지방자치단체는 상하수도·소방·도시개발·도시교통 등의 업무를 광역적으로 처리하기 위하여 설치되는 것이 보통이다. 특별지방자치단체에는 미국의 특별구와 같이 주민을 구성요소로 하는 것과, 보통지방자치단체를 구성요소로 하는 것이 있다.

지방자치법은 특정한 목적을 수행하기 위하여 필요한 경우에는 특별지방자치단체를 설립할 수 있다고 규정하고 있으나($^{별}_{2③}$), 현재 이에 따라 설치된 특별지방자치단체는 없다(이에 대해 지방자치법 제159조 이하의 지방자치단체조합을 특별지방자치단체로 보는 견해가 있다).

교육행정사무에 대하여는 그 특수성을 고려하여, 이 사무를 일반지방자치단체의 사무에서 분리하여 이를 별도로 설치되는 교육특별지방자치단체로 하여금 담당하게 하여야 한다는 의견도 한 때 유력하게 제시된 바 있었으나,[1] 결실을 보지 못하고 교육에 관한 사무도 일반지방자치단체의 사무로 되었다. 그러나 교육행정의 전문성을 고려하여, 서울특별시·광역시·도 단위에는 시·도의회에 교육·학예에 관한 의안과 청원 등을 심사·의결하기 위하여 그 상임위원회의 하나로서 교육위원회를 두고, 집행기관으로 교육감을 두도록 하고 있다. 종래 시·도의회와 별도로 존재하던 교육위원회 및 교육의원제도는 지방교육자치에 관한 법률의 개정에 따라 2014. 7. 1. 폐지되었다.

---

1) 박윤흔, 행정법(하), p. 101.

## Ⅱ. 지방자치단체의 성격 및 권능

### 1. 지방자치단체의 성격

지방자치단체는 일정한 지역을 지배하는 공법인이다. 그러한 점에서 지방자치단체는 국가행정의 단순한 행정구역은 아니며, 또한 일정한 지역에 대한 지배권을 행사한다는 점에서 단순한 사업단체·경제단체도 아닌 통치단체의 성질을 가지고 있다. 그러나 지방자치단체는 그 지역이 국가의 영토의 일부이며, 그 권한은 국가에서 전래된 것이라는 점에서 국가와는 성격이 다르다.

지방자치단체는 법인이라는 점에서 자기책임성과 의사능력 및 의사결정기관을 가지고 있으며, 보통지방자치단체는 특히 그 권한의 일반성·포괄성에 의하여 특징지어진다.

### 2. 지방자치단체의 권능

지방자치단체는 공법인으로서 권리·의무의 귀속주체가 될 수 있는 능력을 가지고 있다. 따라서 공법상은 물론 사법상의 법률관계의 귀속주체가 될 수 있으나, 지방자치단체의 권리능력은 무제한적인 것이 아니라, 제도적 보장의 성격상 법률이 정한 범위에 한정된다. 지방자치단체는 또한 법률행위를 할 수 있는 행위능력이 인정되는 것은 물론이나, 이러한 행위능력도 법률에 의하여 제한되는 경우가 있다(일정 행위에 대한 중앙의 감독청에 의한 승인 등).

전술한 바에 따라 지방자치단체는 소송상으로도 당사자능력과 소송능력이 인정된다고 할 것이다. 따라서 지방자치단체는 민사소송은 물론이고, 행정소송법상의 요건을 충족하는 한 행정소송도 제기할 수 있다고 본다.

그러나 지방자치단체가 기본권의 주체가 될 수 있는지에 대하여는, 지방자치단체가 행정주체로서 공적 사무를 수행하는 한 이들 단체에는 기본권주체성이 부인된다고 보는 것이 통설·판례의 입장이다.[1]

---

1) 판례

"기본권의 보장에 관한 각 헌법규정의 해석상 국민(또는 국민과 유사한 지위에 있는 외국인과 사법인)만이 기본권의 주체라 할 것이고, 국가나 국가기관 또는 국가조직의 일부나 공법인은 기본권의 '수범자'이지 기본권의 주체로서 그 '소지자'가 아니고 오히려 국민의 기본권을 보호 내지 실현해야 할 책임과 의무를 지니고 있는 지위에 있을 뿐이므로, 공법인인 지방자치단체의 의결기관인 청구인 의회는 기본권의 주체가

## Ⅲ. 지방자치단체의 구성요소

지방자치단체는 일정한 구역·주민·자치권을 그 구성요소로 하는바, 다음에서는 이들에 관하여 차례로 살펴보기로 한다.

# 제 3 항 지방자치단체의 구역과 명칭

## Ⅰ. 지방자치단체의 구역

지방자치단체의 구역이란 지방자치단체가 그 권한을 행사할 수 있는 지역적 범위를 말한다. 이 구역은 모두 종전의 예에 의하는바(지방자치법4), 종전의 구역이란 최초의 지방자치법 시행 당시의 구역을 말한다. 이 구역은 육지·상공·지하뿐만 아니라, 그 합리적 연장으로서의 해면에도 미친다.[1] 지방자치단체의 구역은 국가의 행정구역과 일치하는 것이 보통이다.

지방자치단체의 명칭과 구역을 바꿀 때에는 법률로 정하여야 한다. 다만, 지방자치단체의 관할구역 경계변경과 한자 명칭의 변경은 대통령령으로 정한다(동법4①). 명칭과 구역을 변경할 때에는 관계 지방자치단체의 의회의 의견을 들어야 한다. 다만, 주민투표법 제8조에 따라 주민투표를 한 경우에는 그러하지 아니하다(동법4②).

## Ⅱ. 폐치·분합, 경계변경 등

### 1. 폐치·분합, 경계변경 등

#### (1) 폐치·분합

이것은 지방자치단체의 신설 또는 폐지의 결과를 가져오는 것이다. 이러한 폐치·분합에는 ① 하나의 지방자치단체를 둘 이상의 지방자치단체로 나누는 분할, ② 하나의 지방자치단체의 일부구역을 나누어 새로운 지방자치단체를

---

될 수 없고 따라서 헌법소원을 제기할 수 있는 적격이 없다"(헌재결 1998.3.26, 96헌마345).

1) 판례

"지방자치단체의 구역은 주민·자치권과 함께 자치단체의 구성요소이며, 자치권이 미치는 관할 구역의 범위에는 육지는 물론 바다도 포함되므로, 공유수면에 대한 지방자치단체의 자치권한이 존재한다고 할 것이다"(헌재결 2006.8.31, 2003헌라1).

설립하는 분립, ③ 둘 이상의 지방자치단체를 합하여 하나의 지방자치단체를 만드는 합체(신설합병) 및 ④ 하나의 지방자치단체를 다른 지방자치단체에 흡수시키는 편입(흡수합병) 등이 있다.

#### (2) 경계변경

이것은 지방자치단체의 존폐와는 관계없이 다만 그 경계의 변경을 가져오는 경우이다.

지방자치단체의 폐치분합과 구역의 변경은 관계 지방의회의 의견을 들어 법률로써 하되, 지방자치단체의 관할구역의 경계변경은 대통령령으로 정한다($^{동법}_{4①②}$).

### 2. 미소속지의 편입

이것은 종래 어느 지방자치단체의 구역에도 속하지 않던 지역을 일정 단체에 편입시키거나, 공유수면매립에 의하여 조성된 지역을 어느 지방자치단체의 구역에 편입시키는 것을 말한다. 종전에는 이에 관한 규정이 없어 문제가 적지 않았으나, 2009. 4. 1.의 개정 지방자치법에 의하여 공유수면 관리 및 매립에 관한 법률에 따른 매립지와 공간정보의 구축 및 관리 등에 관한 법률 제 2 조 제19호의 지적공부에 등록이 누락되어 있는 토지의 경우에는 해당 지역이 속할 지방자치단체를 법 제149조에 따른 지방자치단체 중앙분쟁조정위원회의 심의·의결에 따라 행정안전부장관이 결정하도록 되었다($^{동법 4④}_{내지 ⑦}$). 행정안전부장관의 결정에 이의가 있는 관계 지방자치단체의 장은 그 결과를 통지받은 날부터 15일 이내에 대법원에 제소할 수 있고, 대법원의 인용결정이 있으면 행정안전부장관은 그 취지에 따라 다시 결정하여야 한다($^{동법}_{4⑧⑨}$).

## Ⅲ. 지방자치단체의 명칭

지방자치단체의 명칭은 종전의 예에 의하되, 이를 변경할 때에는 관계지방의회의 의견을 들어(주민투표를 실시한 경우는 제외) 법률로써 정한다($^{동법}_{4①②}$).

## Ⅳ. 자치구 아닌 구와 읍·면·동의 설치

특별시와 광역시, 특별자치시에는 기초지방자치단체의 하나로서의 자치구를 두는데 대하여, 특별시·광역시 및 특별자치시가 아닌 인구 50만 이상의 시에는 자치구가 아닌 구를 둘 수 있고, 군에는 읍·면을 두며, 시와 구(자치구를 포함)에는 동을, 읍·면에는 리를 둔다(지방자치 법 3③). 구나 읍·면·동은 지방자치단체는 아니나, 주민의 생활상의 중요성을 고려하여 지방자치법이 이들에 관하여 규정하고 있는 것이다.

자치구가 아닌 구와 읍·면·동의 명칭과 구역은 종전에 의하고, 이를 폐치·분합할 때에는 행정안전부장관의 승인을 얻어 당해 지방자치단체의 조례로 정하되, 명칭과 구역변경은 당해 지방자치단체의 조례로 정하고 그 결과를 특별시장·광역시장·도지사에게 보고하여야 한다(동법 4 의2①). 리의 명칭의 변경 또는 그 폐치·분합은 당해 지방자치단체의 조례로 정한다(동조 ②). 인구 감소 등 행정여건 변화로 인하여 필요한 경우 그 지방자치단체의 조례로 정하는 바에 따라 2개 이상의 면을 하나의 면으로 운영하는 등 행정 운영상 면 (행정면)을 따로 둘 수 있고, 동·리에서는 행정 능률과 주민의 편의를 위하여 조례로 하나의 동·리를 2개 이상의 동·리로 운영하거나 2개 이상의 동·리를 하나의 동·리로 운영하는 등 행정 운영상 동·리(행정동·리)를 따로 둘 수 있다(동조 ③ 내지 ⑤).

## 제 4 항 지방자치단체의 주민

### Ⅰ. 주민의 의의

주민은 지방자치단체의 인적 구성요소로서 지방자치단체의 구역 내에 주소가 있는 자는 인종·국적·성별·연령 및 행위능력이나 자연인 또는 법인을 가리지 않고 당연히 주민이 된다(지방자치 법 12). 객관적으로 생활의 본거로 인정되는 주소를 가진 사실에 의하여 등록과 같은 공증행위를 요하지 않고 당연히 주민의 지위가 인정된다.[1] 자연인은 생활의 근거가 되는 곳이 그 주소가 되나(민법 18①) 주민등록법은 공법관계의 주소를 주민등록지로 하고 있으므로(법 23①), 주민등록지가 원칙적으로 주소로 된다. 법인의 주소는 그 주된 사무소 또는 본점의 소재지가 된다(민법 36, 상법 171).

---

1) 주민등록법에 의한 주민등록은 주민이 되는 요건이 아니고, 주민의 거주관계를 파악하고 인구동태를 명확히 함으로써 적정한 행정사무를 수행할 수 있도록 하기 위한 절차에 그친다.

외국인도 지방자치단체의 주민의 지위를 가지나, 주민으로서의 권리 중 참정권은 (지방)선거권($\frac{공직선거}{법\ 15②}$)·주민투표권($\frac{주민투표}{법\ 5①}$), 조례의 제정·개폐청구권($\frac{지방자치}{법\ 15①}$), 주민소환투표권($\frac{주민소환에관}{한법률\ 3①}$) 등에 한정되어 인정되고 있다.

지방자치단체의 구역 내에 주소를 가지지 않은 자라도 그에 거소를 가지거나 사무소·영업소 등을 가지고 있는 자는 일정 납세의무를 지고, 그 밖에 당해 자치단체에 의하여 각종의 규제를 받게 된다. 환언하면 이들도 당해 지방자치단체에 대하여 일정한 권리의무를 가지게 되는 것으로, 그러한 점에서 이들은 지방자치단체의 주민에 준하는 지위를 가진다고 할 수 있다.

## Ⅱ. 주민의 권리·의무

지방자치단체의 주민은 지방자치단체와의 관계에서 일정한 권리와 의무를 가진다. 이와 관련하여 간과하지 말아야 할 것은, 지방자치단체의 주민은 국민이므로, 주민에게는 지방자치단체와의 관계에서도 당연히 국민으로서의 지위에서 헌법상의 기본권이 인정된다는 것이다. 이하에서는 지방자치법상의 주민의 권리·의무에 한하여 살펴본다.

### 1. 주민의 권리

지방자치는 주민자치의 이념에 기하여 주민의 복리증진을 목적으로 하는 것이고 보면, 주민은 지방자치단체의 인적 구성요소로서 각종 의무를 부담함과 동시에 주체적 지위에서 지방자치단체의 운영에 참가하게 된다. 지방자치법은 이러한 주민의 권리로서 수급권, 참정권(선거권·피선거권), 청원권, 주민투표권, 조례의 제정·개폐청구권, 감사청구권, 주민소송제기권, 주민소환권을 규정하고 있다. 이 중에서 주민투표권, 조례제정·개폐청구권 및 감사청구권은 국정과 마찬가지로 지방자치행정에 있어서도 원칙으로 되어 있는 대표민주제방식의 결함을 보완하고, 주민자치를 보다 철저화하기 위한 것이다.

#### (1) 수 급 권

주민은 법령이 정하는 바에 의하여 ① 소속 지방자치단체의 재산과 공공시설을 이용할 권리와, ② 그 지방자치단체로부터 균등하게 행정혜택을 받을 권리를 가진다($\frac{지방자치}{법\ 13①}$). 지방자치법상 재산이라 함은 현금 이외의 모든 재산적 가치가 있는 물건 및 권리를 말한다($\frac{동법}{142③}$). 일반적 의미의 재산에는 당연히 현금이 포함되나, 지방자치법상으로는 현금은 기타의 재산과는 달리 관리하려는 것이 이 규정의 취지이다. 공공시설이라 함은 주민의 복지를 증진하기 위하여 설치하는 시설($\frac{동법}{144}$), 즉 공원·병원·도서관·문화시설·수도 등의 시설을 말한다. 이러한 의미의 공공시설은 다음의 몇 가지 점에서 영조물 내지는 공물과는 구별된다. 즉 공공시설은, 주민의 복지를 증진하기 위한 목적에 공여된 것에 한정되는바, 주민의 이용에 제공되는 것이 아닌 공적 시설은 제외되며(예컨대 공물로서의 공용물은 제외), 그것은 반드시 인적 요소를 요하지 아니하는 점(예컨대 도로는 영조물은 아니나, 공공시설에 해당한다), 주민의 복지증진목적을 가지는 시설에 한정된다는 점이다(경륜장은 공공시설은 아니다). 이러한 의미의 공공시설은 '재산'과 서로 다른 개념으로서 그 범위도 일치하지 않는다. 그러나 주민의 이용권과 관련하여서는 '재산'도 주민의 이용에 제공되어 있는 것에 한정되므로, 그러한 점에서는 공공시설과 같은 것을 의미한다 할 것이다.[1]

### (2) 참 정 권

주민은 일정한 요건 아래 당해 지방자치단체의 정치에 참여하는 권리를 가진다. 이에는 선거권과 피선거권이 있다.

1) 선 거 권　　18세 이상으로서 선거인명부작성기준일 현재 ① 주민등록법 제 6 조 제 1 항 제 1 호[거주자] 또는 제 2 호[거주불명자]에 해당하는 사람으로서 해당 지방자치단체의 관할 구역에 주민등록이 되어 있는 사람, ② 주민등록법 제 6 조 제 1 항 제 3 호[재외국민]에 해당하는 사람으로서 주민등록표에 3개월 이상 계속하여 올라 있고 해당 지방자치단체의 관할구역에 주민등록이 되어 있는 사람, ③ 출입국관리법 제10조에 따른 영주의 체류자격 취득일 후 3년이 경과한 외국인으로서 같은 법 제34조에 따라 해당 지방자치단체의 외국인등록대장에 올라 있는 사람은 그 지방자치단체에서 실시하는 지방선거, 즉 지방자치단체의 의회의원 및 장의 선거권을 가진다($\frac{공직선거}{법\ 15②}$).

2) 피선거권　　선거일 현재 계속하여 60일 이상(공무로 외국에 파견되어 선거일전 60일 후에 귀국한 자는 선거인명부작성기준일부터 계속하여 선거일까지) 해당 지방자치단체의 관할구역에 주민등록이 되어 있는 주민으로서 25세 이상의 국민은 그 지방의회의원 및 지방자치단체의 장의 피선거권을 가진다($\frac{동법}{16③}$).

---

1) 김남진, 행정법(Ⅱ), p. 105; 홍정선, 행정법(하), p. 35.

### (3) 청 원 권

지방자치법은 주민의 지방의회에 대한 청원에 관하여 규정하고 있다($_{제5장}^{법}$ $_{절}^{8}$). 한편 헌법은 청원권을 국민의 기본권으로 규정하고 있으며($_{26}^{헌법}$), 그에 따라 제정된 청원법은 국민의 국가 또는 공공단체의 기관에의 청원권에 관하여 규정하고 있다($_1^{법}._3$). 이에 의해 지방자치단체의 주민은 지방자치단체의 기관으로서의 지방자치단체의 장 또는 의회에 대한 청원권을 가진다. 그러한 점에서는 지방자치법상의 청원에 관한 규정은 이미 헌법 및 청원법에 의하여 부여되고 있는 권리에 관하여 의회에 대한 그 절차를 구체적으로 규정하고 있는 의미를 가지는 데 그친다고 할 것이다.

주민은 지방의회에 청원서를 제출할 수 있는바, 청원의 대상은 원칙적으로 제한이 없으나, 재판에 간섭하거나 법령에 위반되는 내용의 청원은 허용되지 않는다($_{74}^{지방자치법}$).

청원은 지방의회의원의 소개를 얻어 청원서의 제출로 하며($_{73①}^{동법}$), 지방의회의장은 청원서를 접수한 때에는 이를 소관위원회 또는 본회의에 회부하여 심사하게 한다($_{75①}^{동법}$). 위원회가 청원을 심사하여 본회의에 회부할 필요가 없다고 결정한 때에는 그 결과를 의장에게 보고하고, 의장은 이를 청원인에게 통지하여야 한다($_③^{동조}$). 한편 지방의회가 채택한 청원으로서 지방자치단체의 장이 처리함이 타당하다고 인정되는 청원은 이를 지방자치단체의 장에게 이송하고($_{76①}^{동법}$), 이 경우 지방자치단체의 장은 그 처리결과를 지체없이 지방의회에 보고하여야 한다($_{법 74}^{지방자치}$).

### (4) 주민투표권

전술한 바와 같이, 지방자치법은 지방자치행정의 원칙인 대표민주제의 결점을 보완하는 방식의 하나로서, 주민의 주민투표권에 관하여 규정하고 있다. 주민은 지방자치단체의 폐치·분합 또는 주민에게 과도한 부담을 주거나 중대한 영향을 미치는 사항 등에 대하여 실시되는 주민투표에서 투표권을 가진다($_{법 14}^{지방자치}$).[1] 주민투표의 대상·발의자·발의요건·기타 투표절차 등에 대하여는 따로 법률로 정하게 되어 있으며($_②^{동조}$), 그에 따라 2004. 1. 29. 주민투표법이 제정되었던바($_{부터 시행}^{2004. 7. 30.}$), 이 법률의 주된 내용은 다음과 같다.

① 주민투표권자는 19세 이상의 주민 중 그 지방자치단체의 관할 구역에 주민등록이 되어 있는 사람과 출입국관리 관계 법령에 따라 대한민국에 계속

---

1) 헌법재판소는 주민투표권은 그 성질상 국민투표권과 다른 것이어서 법률이 보장하는 참정권일 뿐 헌법이 보장하는 참정권은 아니라고 하고 있다(헌재결 2001. 6. 28, 2000헌마735).

거주할 수 있는 자격을 갖춘 외국인으로서 지방자치단체의 조례로 정한 사람이 주민투표권자가 된다($\frac{동법}{5}$).

② 주민투표의 대상은 주민에게 과도한 부담을 주거나 중대한 영향을 미치는 지방자치단체의 주요결정사항 중에서 조례로 정하나, 법령에 위반되거나 재판중인 사항, 국가 또는 다른 지방자치단체의 권한 또는 사무에 속하는 사항, 지방자치단체의 예산·회계·계약 및 재산관리에 관한 사항과 지방세·사용료·수수료·분담금 등 각종 공과금의 부과 또는 감면에 관한 사항, 행정기구의 설치·변경에 관한 사항과 공무원의 인사·정원과 보수에 관한 사항 등은 그 대상에서 제외되며, 동일한 사항에 대하여 주민투표가 실시된 후 2년이 경과되지 아니한 사항도 주민투표에 부칠 수 없다($\frac{동법}{7}$).

③ 중앙행정기관의 장은 지방자치단체의 폐치·분합 또는 구역변경, 주요 시설의 설치 등 국가정책의 수립에 관하여 주민의 의견을 듣기 위하여 필요하다고 인정하는 때에는 주민투표의 실시구역을 정하여 관계 지방자치단체의 장에게 주민투표의 실시를 요구할 수 있다. 이 경우 중앙행정기관의 장은 미리 행정안전부장관과 협의하여야 한다($\frac{동법}{8①}$).

④ 지방자치단체의 장은 주민 또는 지방의회의 청구에 의하거나 직권에 의하여 주민투표를 실시할 수 있다($\frac{동법}{9①}$). 주민은 주민투표청구권자 총수의 20분의 1 이상 5분의 1 이하의 범위 안에서 조례로 정하는 수 이상의 서명으로 주민투표의 실시를 청구할 수 있다. 한편 지방의회는 재적의원 과반수의 출석과 출석의원 3분의 2 이상의 찬성으로 주민투표의 실시를 청구할 수 있으며, 지방자치단체의 장이 직권으로 주민투표를 실시하고자 하는 때에는 그 지방의회 재적의원 과반수의 출석과 출석의원 과반수의 동의를 얻어야 한다($\frac{동조}{②⑤⑥}$).

⑤ 주민투표에 부쳐진 사항은 주민투표권자 3분의 1 이상의 투표와 유효투표수 과반수의 득표로 확정된다($\frac{동법}{24①}$).

⑥ 지방자치단체의 장 및 지방의회는 주민투표 결과 확정된 내용대로 행정·재정상의 필요한 조치를 하여야 한다. 지방자치단체의 장 및 지방의회는 주민투표로 확정된 사항에 대하여 2년 이내에는 이를 변경하거나 새로운 결정을 할 수 없다($\frac{동조}{⑤⑥}$).

⑦ 주민투표에 관한 사무는 그 효율적 처리와 객관성·공정성을 제고하기 위하여 관할 선거관리위원회가 이를 담당한다($\frac{동법}{3}$).

**(5) 조례의 제정·개폐청구권**

지방자치단체의 19세 이상의 주민(여기서 주민은 ① 해당 지방자치단체의 관할 구역에 주민등록이 되어 있는 사람, ② 재외동포의 출입국과 법적 지위에 관한 법률 제 6 조 제 1 항에 따라 해당 지방자치단체의 국내거소신고인명부에 올라 있는 국민 및 ③ 출입국관리법 제10조에 따른 영주의 체류자격 취득일 후 3 년이 경과한 외국인으로서 해당 지방자치단체의 외국인등록대장에 올라 있는 사람을 포함한다. 이하 "19세 이상 주민"이라 한다)은 시·도 및 50만 이상 대도시에 있어서는 19세 이상 주민 총수의 100분의 1 이상 70분의 1 이하, 그리고 시·군 및 자치구에 있어서는 19세 이상 주민 총수의 50분의 1 이상 20분의 1 이하의 범위 안에서 해당 지방자치단체의 조례로 정하는 주민 수 이상의 연서로 해당 지방자치단체의 장에게 조례의 제정이나 개폐를 청구할 수 있다($\frac{지방자치}{법\ 15①}$). 조례제정·개폐청구의 대상은 지방의회의 조례제정권이 미치는 모든 사항이나, 다만 ① 법령을 위반하는 사항, ② 지방세·사용료·수수료·부담금의 부과·징수 또는 감면에 관한 사항, ③ 행정기구의 설치·변경에 관한 사항 또는 공공시설의 설치를 반대하는 사항은 청구대상에서 제외된다($\frac{동조}{②}$).

종전에는 주민은 조례의 제정·개폐를 청구할 수 있을 뿐, 조례안의 작성은 지방자치단체의 장이 이를 하였으나, 현행법은 조례의 제정·개폐 청구시 청구인의 대표자가 조례의 제정·개폐안을 작성하여 제출하도록 하고 있다($\frac{동조}{③}$). 지방자치단체의 장은 조례의 제정·개폐청구가 있는 때에는 청구를 접수한 날부터 5일 이내에 그 내용을 공표하여야 하며, 그 공표일부터 10일간 청구인명부 또는 그 사본을 공개된 장소에 비치하여 열람할 수 있도록 하여야 한다($\frac{동조}{④}$). 청구인명부에 이의가 있는 자는 열람기간 안에 지방자치단체의 장에게 이의신청을 할 수 있고, 이에 대하여 지방자치단체의 장은 열람기간이 종료한 날부터 14일 이내에 심사·결정하여야 하는바, 지방자치단체의 장은 이의신청이 이유 있다고 결정한 때에는 청구인명부를 수정하고, 이유 없다고 결정한 때에는 이를 즉시 이의신청을 한 자에게 통지한다($\frac{동조}{⑤⑥}$).

지방자치단체의 장은 열람기간 안에 이의신청이 없거나 이의신청에 대한 결정이 완료된 때에 유효서명의 총수가 위에 적은 조례의 제정 등의 청구요건을 갖춘 때에는 청구를 수리하고, 그렇지 않은 때에는 청구를 각하하고 이를 청구인의 대표자에게 통지한다($\frac{동조}{⑦}$). 지방자치단체의 장이 청구를 각하하는 경우에는 청구인의 대표자에게 의견제출의 기회를 주어야 하며, 청구를 수리한 때에는 수리한 날부터 60일 이내에 조례의 제정 또는 개폐안을 지방의회에 부의하고 그 결과를 청구인의 대표자에게 통지하여야 한다($\frac{동조}{⑧⑨}$).

(6) 감사청구권

지방자치단체의 19세 이상의 주민은 시·도는 500명, 50만 이상 대도시는 300명, 그 밖의 시·군 및 자치구는 200명을 초과하지 아니하는 범위에서 그 지방자치단체의 조례로 정하는 수 이상의 연서로 해당 지방자치단체와 그 장의 권한에 속하는 사무의 처리가 법령에 위반되거나 공익을 현저히 해친다고 인정되면 감사를 청구할 수 있다($\frac{동법}{16①}$). 감사청구의 대상이 되는 사항은 해당 지방자치단체 또는 그 장이 행하는 일체의 사무로서, 기관위임사무도 포함된다. 그러나 ① 수사나 재판에 관여하게 되는 사항, ② 개인의 사생활을 침해할 우려가 있는 사항, ③ 다른 기관에서 감사하였거나 감사중인 사항(다만, 다른 기관에서 감사한 사항이라도 새로운 사항이 발견되거나 중요사항이 감사에서 누락된 경우와 제17조 제 1 항에 따라 주민소송의 대상이 되는 경우는 제외), ④ 동일한 사항에 대하여 제17조 제 2 항에 의한 주민소송이 계속중이거나 그 판결이 확정된 사항은 감사청구에서 제외된다($\frac{동법 16}{① 단서}$).

이러한 주민의 감사청구는 시·도에 있어서는 주무부장관에게, 시·군·자치구에 있어서는 시·도지사에게 하여야 하되, 사무처리가 있었던 날이나 끝난 날부터 2 년이 지나면 감사를 청구할 수 없다($\frac{동조}{②}$). 주무부장관이나 시·도지사는 감사청구를 수리한 날부터 원칙적으로 60일 이내에 감사를 종료하고, 그 결과를 청구인의 대표자와 해당 지방자치단체의 장에게 서면으로 통지하고 이를 공표하여야 한다($\frac{동조}{③}$).

주무부장관 또는 시·도지사는 해당 지방자치단체의 장에게 감사결과에 따라 필요한 조치를 요구할 수 있으며, 이 경우 해당 지방자치단체의 장은 이를 성실히 이행하여야 하고 그 조치결과를 지방의회와 주무부장관 또는 시·도지사에게 보고하여야 한다($\frac{동조}{⑥}$).

(7) 주민소송제도

1) 의    의    주민소송이란 일정 사항을 감사청구한 주민이 그 사항과 관련이 있는 위법한 행위나 업무를 게을리 한 사실에 대하여 해당 지방자치단체의 장(해당 사항의 사무처리에 관한 권한을 소속 기관의 장에게 위임한 경우에는 그 소속 기관의 장)을 상대방으로 하여 제기하는 소송을 말한다($\frac{동법}{17}$).

지방자치법 제17조에 규정되어 있는 주민소송은 지방자치단체장의 위법한 재무행위를 시정하기 위하여 주민이 제기하는 소송으로서, 주민의 구체적인 권리침해가 없어도 제기될 수 있다는 점에서 객관소송으로서의 성격을 가

진다.[1] 한편 지방자치법상 주민소송은 감사청구를 한 주민만이 제기할 수 있
도록 되어 있어 감사청구전치주의가 채택되고 있다.

  2) 주민소송의 대상   주민소송은 공금의 지출에 관한 사항,[2] 재산의 취득·
관리·처분에 관한 사항,[3] 해당 지방자치단체를 당사자로 하는 매매·임차·
도급 그 밖의 계약의 체결·이행 또는 지방세·사용료·수수료·과태료 등
공금의 부과·징수를 게을리한 사항[4]을 감사청구한 주민이 그 감사결과에 불
복이 있는 경우 감사청구한 사항과 관련된 위법한 행위나 업무를 게을리 한
사실에 대하여 제기할 수 있다($\frac{동법}{17①}$).

  3) 주민소송의 제소사유   주민소송의 제소사유는 다음과 같다. 즉, ① 주
무부장관 또는 시·도지사가 감사청구를 수리한 날부터 60일을 경과하여도 감
사를 종료하지 아니한 경우, ② 제16조[주민의 감사청구] 제 3 항 및 제 4 항
의 규정에 의한 감사결과 또는 동조 제 6 항의 규정에 의한 조치요구에 불복이
있는 경우, ③ 제16조 제 6 항의 규정에 의한 주무부장관 또는 시·도지사의 조
치요구를 지방자치단체의 장이 이행하지 아니한 경우, ④ 제16조 제 6 항의 규
정에 의한 지방자치단체의 장의 이행조치에 불복하는 경우에 그 감사청구한
사항과 관련 있는 위법한 행위나 업무를 게을리 한 사실이다.

  4) 주민소송의 원고, 소송의 중단·수계 및 피고

  ㈎ 원   고   전기한 제소대상에 대하여 감사청구한 주민이 원고가 되

---

  1) 김용찬/선정원/변성완, 주민소송, 박영사, 2005, pp. 13~14.
  2) 판례
    "주민소송의 대상으로서 '공금의 지출에 관한 사항'이란 지출원인행위 즉, 지방자치
  단체의 지출원인이 되는 계약 그 밖의 행위로서 당해 행위에 의하여 지방자치단체가
  지출의무를 부담하는 예산집행의 최초 행위와 그에 따른 지급명령 및 지출 등에 한정
  되고, 특별한 사정이 없는 한 이러한 지출원인행위 등에 선행하여 그러한 지출원인행
  위를 수반하게 하는 당해 지방자치단체의 장 및 직원, 지방의회 의원의 결정 등과 같
  은 행위는 포함되지 않는다고 보아야 한다"(대판 2011. 12. 22, 2009두14309).
  3) 판례
    "주민소송은 원칙적으로 지방자치단체의 재무회계에 관한 사항의 처리를 직접 목적
  으로 하는 행위에 대하여 제기할 수 있고, 지방자치법 제17조 제 1 항에서 주민소송의
  대상으로 규정한 '재산의 취득·관리·처분에 관한 사항'에 해당하는지도 그 기준에
  의하여 판단하여야 한다. 특히 도로 등 공물이나 공공용물을 특정 사인이 배타적으로
  사용하도록 하는 점용허가가 도로 등의 본래 기능 및 목적과 무관하게 그 사용가치를
  실현·활용하기 위한 것으로 평가되는 경우에는 주민소송의 대상이 되는 재산의 관리·
  처분에 해당한다"(대판 2016. 5. 27, 2014두8490).
  4) 판례
    "이행강제금은 지방자치단체의 재정수입을 구성하는 재원 중 하나로서 '지방세외수
  입금의 징수 등에 관한 법률'에서 이행강제금의 효율적인 징수 등에 필요한 사항을 특
  별히 규정하는 등 그 부과·징수를 재무회계 관점에서도 규율하고 있으므로, 이행강
  제금의 부과·징수를 게을리한 행위는 주민소송의 대상이 되는 공금의 부과·징수를
  게을리한 사항에 해당한다"(대판 2015. 9. 10, 2013두16746).

는바, 이들 사항에 대하여 감사청구한 주민은 누구나 원고가 될 수 있고, 1인에 의한 제소도 가능하다($\frac{\text{동법}}{17①}$).

(나) 소송의 중단 및 수계    소송의 계속중에 소송을 제기한 주민이 사망하거나 주민의 자격을 잃은 때에는 소송절차는 중단된다($\frac{\text{동법}}{17⑥}$). 이 경우 법원은 감사청구에 연서한 다른 주민에 소송절차중단의 사유와 소송절차수계의 방법을 지체없이 통지하여야 한다($\frac{\text{동법}}{17⑧}$).

감사청구에 연서한 다른 주민은 소송중단사유의 발생사실을 안 날부터 6월 이내에 소송절차를 수계할 수 있다. 이 기간에 수계절차가 이루어지지 아니할 경우 그 소송절차는 종료된다($\frac{\text{동법}}{17⑦}$).

(다) 피    고    해당 지방자치단체의 장 또는 해당 사항의 사무처리에 관한 권한을 위임받은 소속기관의 장이 피고가 된다($\frac{\text{동법}}{17①}$).

5) 주민소송의 유형    지방자치법 제17조 제 2 항에 따라 주민이 제기할 수 있는 소송은 다음과 같다.

① 해당 행위를 계속할 경우 회복이 곤란한 손해를 발생시킬 우려가 있는 경우에 해당 행위의 전부 또는 일부의 중지를 구하는 소송(1 호: 중지소송),

② 행정처분인 해당 행위의 취소 또는 변경을 구하거나 효력의 유무 또는 존재 여부의 확인을 구하는 소송(2 호: 처분의 취소 또는 무효확인소송),

③ 게을리한 사실의 위법확인을 구하는 소송(3 호: 해태사실의 위법확인소송),

④ 해당 지방자치단체의 장 및 직원, 지방의회의원, 해당 행위와 관련이 있는 상대방에게 손해배상청구 또는 부당이득반환청구를 할 것을 요구하는 소송(4 호: 이행청구 또는 변상명령요구소송). 다만 제 4 호 소송은 해당 지방자치단체의 직원이 회계관계직원 등의 책임에 관한 법률 제 4 조의 규정에 의하여 변상책임을 져야 하는 경우에는 해당 변상명령을 요구하는 소송을 말한다($\frac{\text{동조}}{②}$). 또한 제 1 호의 중지소송은 해당 행위를 중지함으로써 생명 또는 신체에 대한 중대한 위해발생의 우려가 있거나 그 밖에 공공복리를 현저하게 저해할 우려가 있는 때에는 이를 제기할 수 없다($\frac{\text{동조}}{③}$).

6) 제소기간    주민소송의 제소기간은, 제 1 호 소송의 경우에는 해당 60일이 종료된 날부터, 제 2 호 소송의 경우에는 해당 감사결과 또는 조치요구 내용에 대한 통지를 받은 날부터, 제 3 호 소송의 경우에는 해당 조치 요구시 지정한 처리기간이 만료된 날부터, 제 4 호 소송의 경우에는 해당 이행조치결과에 대한 통지를 받은 날부터 각 90일 이내이다($\frac{\text{동조}}{④}$).

7) 관할법원    주민소송은 해당 지방자치단체의 사무소 소재지를 관할하는 행정법원(행정법원이 설치되지 아니한 지역의 경우에는 행정법원의 권한에

속하는 사건을 관할하는 지방법원본원)의 관할로 한다($\frac{동조}{⑨}$).

8) **제 3 자 등의 보호를 위한 소송고지신청**　해당 지방자치단체의 장은 제 1 호 소송 내지 제 3 호 소송이 제기되어 그 결과에 따라 권리 또는 이익의 침해를 받을 제 3 자가 있는 경우에는 그 제 3 자에 대하여, 제 4 호 소송이 제 기된 경우에는 해당 직원·지방의회의원 또는 상대방에 대하여 소송고지를 하여 줄 것을 법원에 신청하여야 한다($\frac{동조}{⑩}$). 제 4 호 소송이 제기된 경우에 지 방자치단체의 장이 한 소송고지신청은 해당 소송에 관한 손해배상 또는 부당 이득반환청구권의 시효중단에 관하여 민법 제168조 제 1 호의 규정에 의한 청구로 본다($\frac{동조}{⑪}$). 이에 따른 시효중단의 효력은 그 소송이 종료된 날부터 6 월 이내에 재판상 청구, 파산절차참가, 압류 또는 가압류, 가처분을 하지 아 니하면 그 효력이 생기지 아니한다($\frac{동조}{⑫}$).

9) **소송참가**　국가, 상급 지방자치단체 및 감사청구에 연서한 다른 주민 과 위의 소송고지를 받은 자는 법원에 계속중인 소송에 참가할 수 있다($\frac{동조}{⑬}$).

10) **소 취하·화해·청구포기의 금지**　주민소송에 있어 당사자는 법원의 허가를 받지 아니하고는 소의 취하, 소송의 화해 또는 청구의 포기를 할 수 없다. 이것은 주민소송의 공익소송적 성격에 기인한 것이라 할 것이다. 이 경 우 법원은 허가하기 이전에 감사청구에 연서한 다른 주민에 이를 통지하여야 하며, 통지한 때부터 1 월 이내에 허가 여부를 결정하여야 한다($\frac{동조}{⑭}$).

11) **소송비용 등**　소송을 제기한 주민은 승소(일부승소를 포함)한 경우 해당 지방자치단체에 대하여 변호사 보수 등의 소송비용, 감사청구절차의 진 행 등을 위하여 소요된 여비 그 밖에 실비의 보상을 청구할 수 있다. 이 경우 당해 지방자치단체는 청구된 금액의 범위 안에서 당해 소송을 진행하는데 객 관적으로 소요된 것으로 인정되는 금액을 지급하여야 한다($\frac{동조}{⑯}$).

12) **행정소송법의 준용**　주민소송에 관하여 지방자치법에 규정된 것을 제외하고는 행정소송법에 의한다($\frac{동조}{⑰}$).

13) **손해배상 등의 지불청구**　지방자치단체의 장은 제 4 호 소송에 대하 여 손해배상 또는 부당이득반환의 청구를 명하는 판결이 확정된 날부터 60일 이내를 기한으로 하여 해당 당사자에게 그 판결에 의하여 결정된 손해배상금 또는 부당이득반환금의 지불을 청구하여야 한다. 다만, 손해배상금 또는 부당 이득금을 지불하여야 할 당사자가 지방자치단체의 장인 경우에는 해당 지방 의회의 의장이 그 지불을 청구하여야 한다($\frac{동법}{18①}$). 지방자치단체는 위의 지불청 구를 받은 자가 정하여진 기한 내에 손해배상금 또는 부당이득반환금을 지불 하지 아니한 때에는 손해배상·부당이득반환의 청구를 목적으로 하는 소송을

제기하여야 하며, 이 경우 그 소송의 상대방이 지방자치단체의 장인 경우에는 당해 지방의회 의장이 당해 지방자치단체를 대표한다(<sup>동조</sup><sub>②</sub>).

**(8) 주민소환제도**

1) 개  설   주민소환제도는 주민의 의사에 의하여 공직자를 공직에서 해임시키는 것으로서 직접민주제 원리에 충실한 제도이다. 지방자치단체의 주민은 투표에 의하여 지방자치단체의 장 및 지방의회의원(<sup>비례대표의원을 제외.</sup><sub>지방자치법 20①</sub>)과 교육감을 소환할 수 있는바(<sup>지방교육자치에관</sup><sub>한법률 24의2</sub>), 이에 관한 일반법이 주민소환에 관한 법률이다. 이 법에 따른 주민소환제는 청구사유에 제한을 두지 않고 있어, 이 제도는 사법적인 절차가 아니라 정치적 절차로 설정되어 있다고 할 수 있다(<sup>헌재결 2009. 3. 26,</sup><sub>2007헌마843</sub>).

2) **주민소환투표의 청구**   전년도 12월 31일 현재 19세 이상의 주민으로서 주민등록표에 등재되어 있는 자 및 19세 이상의 외국인으로서 출입국관리법 제10조의 규정에 따른 영주의 체류자격 취득일 후 3년이 경과한 자로서 동법 제34조의 규정에 따라 당해 지방자치단체 관할구역의 외국인등록대장에 등재되어 있는 자는 해당 지방자치단체의 장 및 지방의회의원(비례대표선거구 시·도의회의원 및 비례대표선거구자치구·시·군의 의원은 제외)에 대하여 일정 수의 주민의 서명을 받고 소환사유를 서면에 구체적으로 명시하여 관할선거관리위원회에 주민소환투표의 실시를 청구할 수 있다(<sup>주민소환에관</sup><sub>한법률 7①</sub>).

지방자치단체의 장 또는 지방의회의원에 대한 주민소환투표청구에 일반적으로 요구되는 주민의 서명의 수는, ① 특별시장·광역시장·도지사("시·도지사")는 해당 지방자치단체의 주민소환투표청구권자 총수의 100분의 10 이상, ② 시장·군수·자치구의 구청장은 해당 지방자치단체의 주민소환투표청구권자 총수의 100분의 15 이상, ③ 지역선거구시·도의회의원 및 지역선거자치구 시·군의회의원은 해당 지방의회의원의 선거구 안의 주민소환투표청구권자 총수의 100분의 20 이상이다(<sup>동법</sup><sub>7①</sub>).

다만, 주민소환은 선출직 지방공직자의 임기 개시일부터 1년이 경과하지 아니한 때, 선출직 지방공직자의 임기만료일부터 1년 미만인 때 및 해당 선출직 지방공직자에 대한 주민소환투표를 실시한 날부터 1년 이내인 때에는 허용되지 아니한다(<sup>동법</sup><sub>8</sub>).

주민소환은 주민소환투표권자 총수 3분의 1 이상의 투표와 유효투표 총수 과반수의 찬성으로 확정된다(<sup>동법</sup><sub>22①</sub>). 주민소환이 확정된 때에는 주민소환투표대상자는 그 결과가 공포된 시점부터 그 직을 상실하고 그로 인하여 실시하는 이

법 또는 공직선거법에 의한 해당 보궐선거에 후보자로 등록할 수 없다($_{23①②}^{동법}$).

## 2. 주민의 의무

주민은 법령이 정하는 바에 따라 지방자치단체의 비용을 분담하는 의무를 진다($_{법 21}^{지방자치}$). 이와 같이 주민이 분담하는 비용으로서 지방자치법은 지방세의 부과($_{135}^{동법}$) · 사용료 · 수수료 및 분담금의 징수($_{내지 138}^{동법 136}$) 등을 규정하고 있다.

# 제 5 항  지방자치단체의 사무

## Ⅰ. 개    설

지방자치단체가 수행하는 사무에 대하여는 사무일원론과 사무이원론의 견해가 대립하고 있다. 이는 국가의 사무와 지방자치단체의 사무 사이에 본질적이고 본원적인 차이를 인정할 것인지 여부에 관한 것으로서, 사무일원론에 따르면 자치사무와 위임사무의 구별은 존재하지 않는 데 대하여, 사무이원론에 따르면 지방자치단체가 수행하는 사무는 자치사무와 국가사무 즉 위임사무로 구분된다.

지방자치법 제 9 조는 지방자치단체는 그 관할구역의 자치사무와 법령에 의하여 지방자치단체에 속하는 사무를 처리한다고 규정하여, 사무이원론에 입각하고 있다. 따라서 지방자치단체의 사무는 일반적으로 고유사무인 자치사무와 국가사무인 위임사무로, 후자는 다시 단체위임사무와 기관위임사무로 구분된다.

## 1. 자치사무(고유사무)와 단체위임사무

지방자치단체의 사무는 종래 고유사무와 위임사무로 구별하는 것이 보통이었다. 지방자치단체의 사무를 이처럼 구별하는 것은 「프랑스」 등의 유럽국가에서의 특수한 역사적 사정에 기인한 것으로서, 국가 또는 중앙정부에의 대항적 「이데올로기」로서 지방권(pouvoir municipal)의 관념이 고유사무의 근거로 되었던 것이었다. 그러나 이후 지방자치단체도 국가 이전의 고유한 생명체는 아니고, 지방자치권도 국가권력에 의하여 창조된 것으로서 그 전래물이라는 사상이 일반화됨에 따라, 고유사무 · 위임사무의 구별은 그 이념적 근거를 상실하게 되었다. 그러나 이 구별 자체는 국가의 감독의 방법 · 정도 또는 재정적 분담 등의 문제와 관련하여 여전히 유지되고 있다. 우리나라의 지방자치법상 자치사무의 경비는 해당 지방자치단체가 부담하는 것이나$\binom{\text{지방자치법 141 본}}{\text{문, 지방재정법 20}}$, 단체위임사무의 경비는 그 사무를 위임한 국가 또는 상급자치단체가 부담하는 것이 원칙이다$\binom{\text{지방자치법 141 단서,}}{\text{지방재정법 21②}}$. 또한 자치사무에 대한 국가 또는 상급지방자치단체의 감독은 합법성감독에 한정되나$\binom{\text{지방자치법}}{\text{169① 2문}}$, 단체위임사무에 대하여는 합목적성에 기한 감독, 즉 부당사유에 기한 감독도 가능하다$\binom{\text{동항}}{\text{1문}}$.

지방자치법은 "지방자치단체는 관할구역의 자치사무와 법령에 따라 지방자치단체에 속하는 사무를 처리한다"$\binom{\text{별}}{\text{9①}}$고 규정하여, 자치사무와 위임사무를 구별하고 있다. '법령에 따라 지방자치단체에 속하는 사무'가 위임사무인바, 여기서의 위임사무는 단체위임사무만을 의미하고, 이른바 기관위임사무는 포함되지 아니한다.[1]

## 2. 자치사무와 기관위임사무

위에서 본 바와 같이 지방자치단체의 사무는 엄격한 의미에서는 자치사무와 단체위임사무만을 의미하고 기관위임사무는 그에 포함되지 않는바, 자치사무와 기관위임사무는 다음의 몇 가지 점에서 구별된다.

### (1) 사무의 성질

자치사무는 자치단체 자체의 사무이므로 그 효과도 자치단체에 귀속된다. 이에 대하여 기관위임사무는 국가 등의 사무가 자치단체의 장에게 위임된 것으로서, 이 경우 그 수임기관인 자치단체의 장은 국가 등의 기관의 지위에서 그 사무를 처리하는 것이므로 그 효과는 당연히 국가 등에 귀속된다. 지방자치법 제102조에서는 "시·도와 시·군 및 자치구에서 시행하는 국가사무는 법령에 다른 규정이 없으면 시·도지사와 시장·군수 및 자치구의 구청장에게 위임하여 행한다"라고 규정하고, 제103조는 "지방자치단체의 장은 그 지방자치단체의 사무와 법령에 따라 그 지방자치단체의 장에게 위임된 사무를 관리하고 집행한다"고 규정하고 있는바, 여기서 "법령에 따라 그 지방자치단체의 장에게 위임된 사무"가 기관위임사무이다.

### (2) 감독관계

자치사무는 자치단체 자체의 사무이므로, 그에 대한 국가의 감독(취소·정

---

1) 판례
　　"국가 또는 상급지방자치단체가 지방자치단체에 대하여 그 사무를 위임하려면 반드시 법률 또는 법률의 위임을 받은 명령에 근거가 있어야 하고, 이러한 법률에 의한 위임사무를 제외하고는 지방자치단체는 널리 지방주민의 공공의 이익을 위한 사무를 고유사무로서 행할 수 있다"(대판 1973. 10. 23, 73다1212).

지 등)은 위법사유에 한정된다($\substack{\text{동법}169 \\ ① \ 2문}$). 이러한 취소·정지 등의 감독권 발동에 대하여 이의가 있는 자치단체의 장은 그 처분을 통보받은 날부터 15일 이내에 제소할 수 있다($\substack{\text{동법} \\ 169②}$).

이에 대하여 기관위임사무에 있어서는 그 수임기관은 국가기관의 지위에서 그 사무를 처리하는 것이므로, 상급행정기관으로서의 국가의 소관기관의 감독은 위법사유뿐만 아니라 부당사유에 기하여도 행하여질 수 있다.[1]

### (3) 경비부담

자치사무는 자치단체의 사무이므로, 그에 소요되는 경비는 당해 자치단체가 부담하는 것이 원칙이다($\substack{\text{지방자치법} \\ 141 \ 본문}$). 그러나 기관위임사무는 국가 등의 사무를 처리하는 것이므로, 그 경비는 국가가 부담한다($\substack{\text{지방자치법 } 141 \ 단서, \\ \text{지방재정법 } 21② \cdot 28}$).

### (4) 지방의회의 관여

지방자치단체의 집행기관에 의한 사무처리에는 집행기관의 전속적 권한에 속하는 사항을 제외하고는 지방의회가 의결·동의·감사 등의 방법에 의하여 관여할 수 있으나, 기관위임사무의 처리에 대해서는 지방의회가 관여할 수 없는 것이 원칙이다. 다만 지방자치법은 기관위임사무의 처리에 대하여도, 국회 등이 직접 감사하기로 결정한 사무 이외의 사무에 대하여는 지방의회가 그에 대한 감사를 할 수 있도록 하고 있다($\substack{\text{지방자치} \\ \text{법 } 41③}$).

### (5) 조례제정권

지방자치단체는 자치사무에 대하여는 조례를 제정하여 이를 규율할 수 있으며, 이것은 단체위임사무의 경우에도 마찬가지이다. 이에 대하여 기관위임사무는 국가의 사무이므로, 법령에 의하여 특별히 위임받은 경우를 제외하고는 조례로 이를 규율할 수 없으며, 이에 관하여 조례를 제정하여도 그것은 무효로 된다. 그러나 기관위임사무에 대하여도 예컨대 건물의 건폐율·용적률·높이 제한 등에 관하여 법령은 그 상한선만 정하고 그 범위 안에서 지방자치단체가 구체적으로 정하도록 위임하는 것과 같이, 관계법령에 의한 특별

---

1) 그러나 지방자치법은 기관위임사무뿐만 아니라, 단체위임사무에 있어서도 국가 등의 감독기관은 위법뿐만 아니라 부당을 이유로 하여서도 자치단체의 장의 처분등을 취소·정지할 수 있는 것으로 규정하고 있는 것으로 해석된다. 즉 동법 제169조 제 1 항 전단은 국가 등의 감독기관은 지방자치단체의 장의 처분이 "법령에 위반되거나 현저히 부당"한 때에는 이를 취소·정지할 수 있다고 하고, 이어서 그 후단에서는 자치사무에 관한 처분의 경우에는 그 취소등의 사유는 위법사유에 한한다고 규정하고 있다. 한편, 동법 제 9 조 제 1 항은 지방자치단체의 사무를 자치사무(고유사무)와 단체위임사무로 구분하고 있다. 그런데 전기한 동법 제169조 제 1 항 후단은 '자치사무'라고 규정하고 있고 보면, 그것은 고유사무인 자치사무를 지칭하는 것으로 해석할 수밖에 없다고 할 것이다.

한 위임의 사례가 다수 있는바, 이러한 위임에 기하여 제정되는 조례를 특히 위임조례라고 한다.[1] 위임조례의 범위 또는 한계의 문제에 대하여는 견해가 갈리고 있다. 그 하나의 견해는 위임조례는 법규명령과 같은 것이라고 할 것이므로, 그에 대한 법령의 위임도 구체적이어야 한다고 본다.[2] 이에 대하여 다른 견해는 위임조례도 각 지방의 특수성을 고려하도록 하는 것이므로, 위임조례에 있어서의 법령상의 수권의 범위는 비교적 넓고, 입법재량의 폭도 일반적인 법규명령보다는 넓다고 보고 있다.[3]

### (6) 기관위임사무의 판단기준

법령상 지방자치단체의 장이 처리하도록 규정하고 있는 사무가 기관위임사무에 해당하는지 여부를 판단함에 있어서는 법령의 형식과 취지를 우선 고려하여야 할 것이나, 그 외에도 그 사무의 성질이 전국적으로 통일적인 처리가 요구되는 사무인지 여부나 그에 관한 경비부담과 최종적인 책임귀속의 주체 등도 아울러 고려하여야 한다(대판 1999. 9. 17, 99추30).

## Ⅱ. 지방자치단체의 사무

지방자치단체의 사무에는 위에서 본 바와 같이 자치사무(고유사무)와 위임사무(단체위임사무)가 있다.

### 1. 자치사무(고유사무)

### (1) 자치사무의 수권방식

자치사무란 지방자치단체의 존립목적이 되고 있는 지방적 복리사무를 말한다(헌법 117①, 지방자치법 9①). 지방자치는 그 지역의 사무를 독자적으로 처리하게 하기 위

---

1) 유상현, 행정법(하), p. 97.
2) 유상현, 전게서, p. 104.
  판례
  "지방자치법 제9조 제1항과 제15조 등의 관련 규정에 의하면 지방자치단체는 원칙적으로 그 고유사무인 자치사무와 법령에 의하여 위임된 단체위임사무에 관하여 이른바 자치조례를 제정할 수 있는 외에, 개별 법령에서 특별히 위임하고 있을 경우에는 그러한 사무에 속하지 아니하는 기관위임사무에 관하여도 그 위임의 범위 내에서 이른바 위임조례를 제정할 수 있지만, 조례가 규정하고 있는 사항이 그 근거 법령 등에 비추어 볼 때 자치사무나 단체위임사무에 관한 것이라면 이는 자치조례로서 지방자치법 제15조가 규정하고 있는 '법령의 범위 안'이라는 사항적 한계가 적용될 뿐, 위임조례와 같이 국가법에 적용되는 일반적인 위임입법의 한계가 적용될 여지는 없다"(대판 2000. 11. 24, 2000추29).
3) 박윤흔, 행정법(하), p. 126.

한 것이므로, 지방자치단체는 국가 또는 다른 자치단체의 전권에 속하는 사무를 제외하고는, 그 지방주민의 복리에 관한 공공사무를 포괄적으로 처리할 수 있다고 할 것이다.

헌법 제117조는 "지방자치단체는 주민의 복리에 관한 사무를 처리하고"라고 하여 지방자치단체의 자치사무를 포괄적으로 인정하고 있으며, 이러한 헌법 규정에 따라 지방자치법 제 9 조 제 1 항은 "지방자치단체는 관할구역의 자치사무 … 를 처리한다"라고 규정하여 일단 지방자치단체에 자치사무를 포괄적으로 수권하고 나서, 동조 제 2 항에서는 그러한 자치사무의 유형을 6 개 군으로 나누어 예시하고 있다. 지방자치법은 이처럼 지방자치단체의 자치사무를 예시적 포괄수권방식으로 규정하면서도, 다른 한편으로는 지방자치단체가 처리할 수 없는 국가사무를 열거하고 있는바, 그것은 ① 외교·국방·사법·국세 등 국가의 존립에 관한 사무, ② 물가정책·금융정책·수출입정책 등 전국적으로 통일적 처리를 요하는 사무, ③ 농림·축·수산물 및 양곡의 수급조절과 수출입 등 전국적 규모의 사무, ④ 국가종합경제개발계획·국가하천·국유림·국토종합개발계획·지정항만·고속국도·일반국도·국립공원 등 전국적 규모 또는 이와 비슷한 규모의 사무, ⑤ 근로기준·측량단위 등 전국적으로 기준의 통일 및 조정을 요하는 사무, ⑥ 우편·철도 등 전국적 규모 또는 이와 비슷한 규모의 사무, ⑦ 고도의 기술을 요하는 검사·시험·연구·항공관리·기상행정·원자력개발 등 지방자치단체의 기술 및 재정능력으로 감당하기 어려운 사무이다($^{법}_{11}$).

자치사무 중에서 어떠한 사무를 행하는가는 자치단체의 재량으로 결정하는 것이 원칙이나(임의사무), 법률상 그 처리의무가 부과되어 있는 것도 있다(의무사무). 후자의 예로는 교육기본법 및 초·중등교육법에 의한 초등학교의 설치, 감염병의 예방 및 관리에 관한 법률에 의한 예방접종, 소방기본법에 의한 소방사무 등을 들 수 있다.

**(2) 자치사무의 유형**

지방자치법은 자치단체의 사무를 구체적으로 열거하지 않고 일정 사무를 예시하고 있는데($^{법}_{9②}$), 이들 사무는 ① 지방자치단체의 구역·조직·행정관리 등에 관한 사무(행정구역의 명칭·위치 및 구역의 조정, 산하 행정기관의 조직관리, 조례·규칙의 제정·개폐, 지방세와 지방세 외 수입의 부과·징수, 예산의 편성·집행 및 회계감사와 재산관리, 가족관계등록·주민등록관리 등), ② 주민의 복지증진에 관한 사무(복지시설, 노인·청소년·아동보호, 감염병의 예방·방역, 청소·오물처리, 지방공기업의 운영 등), ③ 농림·상공업 등 산업 진흥에 관한 사무(농림·축·수산물의 생산·유통지원, 복합영농의 운영·지도, 공유림관리, 지역특화산업의 개발·육성, 중소기업의 육성 등), ④ 지역개발 및 주민의 생활환경시설의 설치·관리에 관한 사무(지방 토목·건설사업, 지방도·시군도의 신설·개수 및 유지, 농촌주택 개량·취락구조 개선, 공원·주차장의 설치·관리 등), ⑤ 교육·체육·문화·예술의 진흥에 관한 사무(초·중·고등학교의 설치·운영, 도서관·체육관·박물관 등의 설치·관리, 지방문화재의 지정·등록·보존·관리 등), ⑥ 지역민방위 및 지방소방에 관한 사무이다.

지방자치법 제 9 조 제 2 항에 예시된 사무는 지방자치단체의 고유사무로서 지방자치단체는 이를 독자적으로 처리할 수 있는 것임은 물론이다. 그러나 이들 사무가 모두 자치사무로 되는 것은 아니다. 왜냐하면, 지방자치법 제 9 조 제 2 항은 그 단서에서 "법률에 이와 다른 규정이 있으면 그러하지 아니하다"라고 규정하고 있기 때문이다. 그에 따라 이 규정의 본문에서 지방자치단체의 자치사무로 예시된 것임에도, 그것이 개별법의 규정에 따라 국가의 사무로 되고 있는 경우도 있을 수 있다. 지방자치법 제 9 조 제 2 항 단서는 종래 국가사무로 행해지던 것을 일거에 지방자치단체의 자치사무로 하는 경우에 야기될 수 있는 혼란을 방지하기 위한 데에 그 취지가 있는 것이라고 하고 있다. 그 이유는 어떠한 것이든, 개별법에 따라 국가의 사무로 유보되고 있는 사례는 적지 않은 것으로 보인다.

### (3) 광역지방자치단체와 기초지방자치단체간의 사무배분

지방자치법은 위와 같이 자치사무를 예시($^{법}_{9}$)한 다음 광역자치단체와 기초자치단체의 사무의 중복·혼동을 막기 위하여 사무배분의 기준을 정하고 있다.

1) 광역지방자치단체의 사무($^{지방자치법}_{10①i}$)  시·도는 시·군·자치구를 포함하는 광역지방자치단체라는 점에서, 그 지위 또는 규모상의 차이를 고려하여, 위의 지방자치단체의 사무 중에서 광역에 걸치는 사무, 통일적 처리를 요하는 사무 등은 시·도의 사무로 규정하고 있는바, 그것은 다음과 같다.

① 행정처리 결과가 2 개 이상의 시·군·자치구에 미치는 광역적 사무

② 시·도 단위로 동일한 기준에 따라 처리되어야 할 성질의 사무

③ 지역적 특성을 살리면서 시·도 단위로 통일성을 유지할 필요가 있는 사무

④ 국가와 시·군 및 자치구 사이의 연락·조정 등의 사무

⑤ 시·군 및 자치구가 독자적으로 처리하기에 부적당한 사무

⑥ 2개 이상의 시·군 및 자치구가 공동으로 설치하는 것이 적당하다고 인정되는 규모의 시설의 설치 및 관리에 관한 사무

2) **기초지방자치단체의 사무**$\left(\genfrac{}{}{0pt}{}{\text{지방자치법}}{10①ii}\right)$  기초자치단체는 위의 광역자치단체가 처리하여야 하는 사무 이외의 자치사무를 처리한다.

광역지방자치단체와 기초지방자치단체는 그 사무를 처리함에 있어 서로 경합하지 않도록 하여야 하는 것이거니와, 그 사무가 서로 경합하는 경우에는 지방자치법은 기초지방자치단체가 이를 우선적으로 처리하도록 하고 있다$\left(\genfrac{}{}{0pt}{}{\text{동법}}{10③}\right)$.

**(4) 지방자치분권 및 지방행정체제개편에 관한 특별법상의 국가·지방자치단체 및 지방자치단체 상호간의 사무배분의 기준**

동법은 사무배분의 기준으로서 다음의 세 가지 원칙을 규정하고 있다$\left(\genfrac{}{}{0pt}{}{\text{법}}{9}\right)$.

1) **사무불경합의 원칙**  국가는 지방자치단체가 행정을 종합적·자율적으로 수행할 수 있도록 국가와 지방자치단체 간 또는 지방자치단체 상호간의 사무를 서로 중복되지 아니하도록 배분하여야 한다$\left(\genfrac{}{}{0pt}{}{\text{동법}}{9①}\right)$.

2) **보충성의 원칙**  위의 사무의 배분에 있어서는 국가는 지역주민생활과 밀접한 관련이 있는 사무는 원칙적으로 시·군 및 자치구의 사무로, 시·군 및 자치구가 처리하기 어려운 사무는 시·도의 사무로, 이들 시·도가 처리하기 어려운 사무는 국가의 사무로 배분하여야 한다$\left(\genfrac{}{}{0pt}{}{\text{동법}}{9②}\right)$. 이는 사무배분에 있어서의 보충성의 원칙을 규정함과 동시에 기초자치단체가 지방자치의 기본적 단위가 되는 것임을 선언한 것이라고 할 수 있다. 지방자치는 지역에 고유한 사무를 지역주민 스스로가 처리하게 하기 위한 것이라는 점에서는 보충성의 원칙은 지방자치의 기본원리를 표명한 것으로 볼 수도 있을 것이다. 그러나 기초지방자치단체의 제한적인 인적·물적 능력, 자원 등을 고려하는 경우는 이 원칙의 현실적 적용에 있어서는 적지 않은 문제가 제기될 수 있을 것으로 보인다.

3) **사무의 포괄적 배분(수권)의 원칙**  지방자치분권 및 지방행정체제개편에 관한 특별법은 지방자치단체가 배분된 사무를 적정하게 처리할 수 있도록 하기 위하여 포괄적 배분원칙을 규정하고 있다. 즉 "국가가 지방자치단체에 사무를 배분하거나 지방자치단체가 사무를 다른 지방자치단체에 재배분하는 때에는 사무를 배분 또는 재배분 받는 지방자치단체가 그 사무를 자기의

책임 하에 종합적으로 처리할 수 있도록 관련 사무를 포괄적으로 배분"하여야 한다(동법9③). 위의 원칙에 따른 사무의 재분배에 있어서는 "민간부문의 자율성을 존중하여 국가 또는 지방자치단체의 관여를 최소화하여야 하며, 민간의 행정참여기회를 확대하여야 한다(동법9④)"고 규정하고 있다.

이 법은 제 9 조에서 국가와 지방자치단체 간의 사무배분에 관한 기준으로서 위의 3 가지 원칙을 규정하고 나서, 제11조에서는 국가는 이러한 사무배분원칙에 따른 그 권한 및 사무의 지방자치단체에의 포괄적·일괄적 이양을 위한 법적 조치를 마련하여야 한다고 하고(동조①②), 동법 제12조는 특별지방행정기관이 수행하고 있는 사무 중 지방자치단체가 수행하는 것이 더 효율적인 사무는 지방자치단체가 담당하도록 하고, 새로운 특별지방행정기관을 설치하고자 하는 때에는 그 기능이 지방자치단체가 수행하고 있는 기능과 유사하거나 중복되지 아니하도록 하여야 한다고 규정하고 있다.

## 2. 위임사무

위임사무란 지방자치단체가 법령에 의하여 국가 또는 다른 자치단체로부터 위임받아 행하는 사무를 말한다(지방자치법9①).

위임사무는 자치단체 자체에 위임되는 단체위임사무와 자치단체의 집행기관의 장에게 위임되는 기관위임사무를 포함하는 의미로 사용되는 것이 보통이나, 여기서는 단체위임사무만을 말한다. 이러한 단체위임사무는 자치단체에 그 처리의무를 부담시키는 것이므로 법적 근거를 요한다.

지방자치단체는 자치사무뿐만 아니라 위임사무에 소요되는 경비도 지출할 의무가 있다. 다만 그 경우에는 당해 사무를 위임한 국가 또는 지방자치단체에서 그 경비를 부담하여야 한다(동법141본문·단서).

단체위임사무는 자치단체 자체의 사무로 전환되어, 자치사무와 마찬가지로 조례의 제정대상이 된다. 그러나 자치사무에 대한 국가 등의 감독권의 표현으로서의 자치단체 장의 처분에 대한 취소·정지는 그 위법사유만에 한정되나, 단체위임사무에 대하여는 위법뿐만 아니라 부당을 이유로 하여서도 가능하다는 점에서(동법169①1문·2문), 상대적이기는 하나 실정법상 단체위임사무와 자치사무 사이에는 차이가 인정된다고 할 것이다.[1]

---

1) 이상규, 행정법(하), p. 159; 유상현, 행정법(하), p. 95. 독일의 지방자치제도에서도 단체위임사무에 대하여는 위법사유뿐만 아니라, 부당사유에 기한 통제도 인정되고 있다.

현행법상 단체위임사무의 예는 매우 드문 편으로, 도가 도세징수사무를 시·군에 위임한 것(지방세징수법 17) 등의 약간의 예가 있을 따름이다. 이처럼 단체위임 사무의 예는 매우 적으나, 지방자치법상 지방자치단체에 의한 국가의 사무는 단체위임사무 또는 기관위임사무의 어느 방식에 의하여도 처리될 수도 있는 것이며, 그 성질상 기관위임사무로서밖에 처리될 수 없는 것은 없다고 본다.[1]

## 제 6 항  지방자치단체의 권한

국가와는 별개의 법인격이 부여되고 그 독자적 사무가 인정되는 지방자치 단체가 이러한 사무를 처리하고 존립하기 위하여는 일정한 권능을 가져야 하는 바, 헌법 제117조 제 1 항은 지방자치단체의 권능을 명시적으로 보장하고 있다.

## I. 지방자치권의 성질

지방자치권의 성질에 대하여는 대체로 다음의 세 가지 견해가 제시되고 있다.

(1) 고유권설

이 설은 지방자치단체는 자생적 단체로서 고유의 인격과 지배권을 가진 다고 본다. 따라서 자치권은 국가의 인정에 의한 것이 아니라, 지방자치단체 의 고유권으로서 국가도 이러한 고유권으로서의 자치권을 침해하거나 제한할 수 없다고 본다.[2]

(2) 전 래 설

이 설은 자치권도 국가의 통치권에서 전래되고 국가에 의하여 승인된 것 으로서, 그것은 국가에서 부여된 한도 내에서만 행사할 수 있다고 본다.[3]

---

1) 鹽野 宏, 行政法 Ⅲ, p. 121.
2) 이 설은 지방자치단체의 자치권을 천부적 기본권과 같은 것으로 보는 것으로서, 본 래 유럽의 중세도시의 자치권을 그 역사적 배경으로 하는 것이며, 프랑스 혁명기에는 지방권(pouvoir municipal)으로서 논의된 것이었다. 그러나 「프랑스」에서는 이후 강 력한 중앙집권제가 실시되어 이 이론은 발전을 보지 못하고, 오히려 「벨기에」나 독일 에 일종의 자연법으로 계수되어, 「프랑크푸르트」헌법에는 명문으로 규정된 바 있다. 그러나 독일에서는 19세기에 법실증주의의 대두에 의하면 그 타당성이 부정되게 되었 다. 이러한 고유권설은 특히 관료적 중앙집권제에 대한 항쟁을 위한 이론적 기초를 제 공하였다는 점에 특히 의의가 있었다.
3) 이 설은 연혁적으로는 19세기 중반 이후에 독일 공법학자들에 의하여 주창된 것으로 서, 지방자치단체는 법률의 창조물이며, 자치권은 국가로부터 법률에 의하여 그 통치권 의 일부가 위임된 것에 지나지 아니하다는 것을 그 기본적 내용으로 하는 것이었다.

### (3) 제도적 보장설

이 설은 지방자치권은 헌법에 의하여 승인되고 보장된 것으로서 입법자에 의한 그 내용의 제한이 가능하기는 하나, 헌법상 제도로서 규정되어 있는 이상 입법자가 이를 법률로써 폐지할 수는 없고, 또한 제한을 하더라도 그 본질적 내용을 침해할 수는 없다고 본다.[1) 제도적 보장설에 있어서는 지방자치권이 헌법에 의하여 보장되고 있다는 점이 강조되고 있기는 하지만, 이 설은 본질적으로는 전래설에 입각한 것이다.

### (4) 결  어

지방자치단체는 사회적 실체로서 존재한다고 하여도 그 법인격은 국법에 의하여 창설되는 것이므로 그 자치권도 당연히 국가의 통치권으로부터 전래되는 것이며, 또한 지방자치단체는 국가의 단일성·통일성을 당연한 전제로 하는 제도이므로, 국가의 통치권에 대응하는 것으로서의 지방자치단체의 고유권은 인정될 수 없다고 본다. 그에 따라 전래설이 타당하다고 본다. 이와 관련하여서는 전래설에서는 지방자치권은 법령의 범위 내에서만 보장된다는 점에서 기본적인 문제가 있다는 견해도 있다.[2) 그러나 자치권이 국가에서 전래된 것이라고 하여 이를 헌법에 의하여 보장할 수 없다는 논리필연적 이유는 없는 것이므로, 이 견해는 타당하다고 보기 어렵다.

---

1) 이 설은 「칼 슈미트」의 제도적 보장이론에 입각하고 있는 것이다. 이 설에 의하면, 지방자치나 재산권 등은 헌법 이전에 존재하는 인권과는 달리 헌법에 의하여 보장된 것이므로, 헌법에 의한 그 개폐는 인정된다고 본다. 그러나 그것은 헌법에 의하여 보장되고 있으므로, 단순한 법률에 의하여 그 본질적 내용을 폐지할 수는 없다고 보고 있다. 이러한 제도적 보장설은 현재 독일의 통설이며, 또한 우리나라에서도 통설적 지위에 있다. 다만 독일에서 이 설에 따라 보장되는 지방자치의 본질적 내용은 독일에서의 게마인데자치의 역사적 발전과정에서 형성된 것이지, 이론적·유형적인 것이 아니다(K. Stern, Das Staatsrecht der Bundesrepublik Deutschland, B. I, pp. 309f.). 그러나 우리나라에서 이 설에 따라 주창되고 있는 지방자치의 본질적 내용은 이러한 역사적 과정에 있어서의 지방자치제도는 아니고, 오히려 이론적·추상적인 것이다. 따라서 이 설에서는 보장되고 있는 지방자치의 내용이 확정되지 아니하고 있다는 점에서, 그 한계가 있는 것이다.

판례

"제도적 보장은 객관적 제도를 헌법에 규정하여 당해 제도의 본질을 유지하려는 것으로서 헌법제정권자가 특히 중요하고도 가치가 있다고 인정되고 헌법적으로도 보장할 필요가 있다고 생각하는 국가제도를 헌법에 규정함으로써 장래의 법발전, 법형성의 방침과 범주를 미리 규율하려는 데 있다. 이러한 제도적 보장은 주관적 권리가 아닌 객관적 법규범이라는 점에서 기본권과 구별되기는 하지만 헌법에 의하여 일정한 제도가 보장되면 입법자는 그 제도를 설정하고 유지할 입법의무를 지게 될 뿐만 아니라 헌법에 규정되어 있기 때문에 법률로써 이를 폐지할 수 없고, 비록 내용을 제한하더라도 그 본질적 내용을 침해할 수 없다"(헌재결 1997. 4. 24, 95헌바48).

2) 유경춘, 조례제정권의 성질·범위와 한계, 현대 공법론의 전개, 1993, p. 380.

결론적으로 우리나라의 지방자치제도상의 자치권은 국가의 통치권에서 전래된 것이면서, 헌법($_{117.\ 118}^{헌법}$)에 의하여 보장되고 있는 것이라 할 것이다.

지방자치단체의 권한은 그 내용에 따라 자치조직권·자치행정권·자치재정권 및 자치입법권 등으로 나눌 수 있다.

## Ⅱ. 자치조직권

지방자치법은 헌법 제118조 제 2 항에 의거하여 지방자치단체의 조직의 기본적인 사항만을 정하고 그 나머지에 관한 것은 일정한 범위 안에서 당해 지방자치단체에 맡김으로써, 그 자치조직권을 인정하고 있다. 또한 법률로 지방자치단체의 조직·구성 등에 관하여 정하는 경우에도 당해 지방자치단체의 의견을 듣도록 하고 있는 경우가 많다.

지방자치단체는 행정안전부장관의 승인을 얻어 자치구가 아닌 구와 읍·면·동을 폐치·분합할 수 있다. 지방자치단체는 또한 그 보조기관·소속 행정기관·하부행정기관에 대한 자주조직권을 가지고 있다($_{제 2 절 내지 제 4 절}^{지방자치법 제 6 장}$).

법률에 의한 자치단체의 조직·구성 등에 있어서의 자치단체의 의견청취 절차와 관련하여, 지방자치단체를 폐치·분합하거나 그 명칭 또는 구역을 변경하려고 할 때에는 관계지방의회의 의견을 들어야 하나, 주민투표를 한 경우에는 그러하지 아니하다($_{4②}^{동법}$).

## Ⅲ. 자치행정권

지방자치단체는 경제단체·사업단체로서 주민의 공공복리를 위한 각종의 사업을 관리·경영한다. 그에 따라 지방자치단체는 각종의 공기업·공공시설 등을 설치·관리하는 등의 비권력적 관리작용을 그 주된 사업으로 한다. 그 밖에도 지방자치단체에는 이러한 공기업·공공시설의 설치·관리와 관련하여 부수적으로 공법상의 특권이 인정되고, 그 외에도 일정한 범위에서 권력적 작용을 할 수 있는 권한이 인정되고 있는바, 권력적 작용에 한하여 살펴보면 다음과 같다.

### (1) 공용부담권

자치단체는 공기업 또는 공공시설의 관리·경영과 관련하여 사용자에게 사용료 또는 수수료를, 그리고 그 재산이나 공공시설의 수익자에게 분담금(수익자부담금)을 징수할 수 있는 외에, 공용제한·공용수용·공용환권 등의 특권을 가진다.

### (2) 소 방 권

소방사무는 광역지방자치단체의 자치사무로 되어 있으며, 시·도지사의 지휘·감독을 받는 소방본부장 또는 소방서장이 소방업무를 수행한다($\frac{소방기본}{법 3②}$).

소방기본법은 화재의 예방조치($\frac{동법}{12}$), 화재경계지구의 지정($\frac{동법}{13}$), 불을 사용하는 설비 등의 관리와 특수가연물의 저장·취급($\frac{동법}{15}$), 소방활동 종사명령($\frac{동법}{24}$), 소화를 위한 강제처분 등($\frac{동법 \ 25}{내지 \ 28}$)을 규정하고 있다. 한편 화재예방, 소방시설 설치·유지 및 안전관리에 관한 법률은 소방대상물에 대한 소방검사, 소방시설의 설치 및 유지·관리, 소방용 기계·기구의 성능시험 등을 규정하고 있으며, 위험물안전관리법은 위험물의 저장·취급 및 운반 등의 안전관리에 관한 사항을 규정하고 있고, 소방시설공사업법은 소방시설업, 소방시설공사, 소방기술자 및 소방기술심의위원회 등 소방시설공사 및 소방기술의 관리에 관한 사항을 규정하고 있다.

### (3) 재 정 권

이에 관하여는 다음의 자치재정권 부분에서 설명한다.

## Ⅳ. 자치계획권

자치계획권이란 지방자치단체가 그 업무의 처리에 있어 일정한 계획을 수립하고 결정할 수 있는 권능을 말한다. 우리나라에서는 개별법상 이러한 자치계획권이 지방자치단체에 부여되어 있는 경우가 있는데, 그 대표적인 것으로서는 국토의 계획 및 이용에 관한 법률(이하 "국토계획법"이라 한다)을 들 수 있다. 그 내용을 개관하여 보면 다음과 같다.

국토계획법 제24조에 따라 도시·군관리계획은 특별시장·광역시장·특별자치시장·특별자치도지사·시장 또는 군수가 관할구역에 대하여 입안한다($\frac{법}{24①}$). 다만, 국가계획과 관련된 경우 등에는 국토교통부장관이 직접 또는 관계중앙행정기관의 장의 요청에 의하여 도시관리계획을 입안할 수 있다($\frac{동조}{⑤}$).

도시·군관리계획은 시·도지사가 직접 또는 시장·군수의 신청에 의하여 결정하는 것이 원칙이다($\frac{동법}{29①}$). 다만, 인구 50만 이상의 대도시의 경우에는 해당 대도시 시장이 직접 결정하며($\frac{동조}{①}$ 단서), 국가계획과 관련된 경우로서 국토교통부장관이 입안한 도시·군관리계획과 시가화조정구역의 지정 및 변경, 개발제한구역의 지정 및 변경에 관한 도시·군관리계획은 국토교통부장관이, 수산자원보호구역의 지정 및 변경에 관한 도시·군관리계획은 해양수산부장관이 결정한다($\frac{동조}{②}$).

## V. 자치입법권

헌법은 지방자치단체가 "법령의 범위 안에서 자치에 관한 규정"을 제정할 수 있다고 규정하여 자치입법권을 보장하고 있다($\frac{헌법}{117①}$). 이에 따라 지방자치법은 자치법규로서 조례와 규칙을 인정하고($_{22}$법$_{23}$), 지방교육자치에 관한 법률은 교육규칙을 인정하고 있다($_{25}^{법}$).

자치입법도 헌법을 정점으로 하는 국법체계의 일환을 이루는 것이나, 그 것은 지방자치단체가 자치권의 작용으로서 제정하고, 그 구역 내에서 시행되는 것으로서, 각 지방자치단체의 법질서를 구성한다는 점에서, 국가의 입법권에 기하여 정립되는 국법과는 일단 독자적 법체계를 형성한다.

### 1. 조   례

(1) 조례의 의의

조례는 지방자치단체가 법령의 범위 안에서 그 사무에 관하여 지방의회의 의결로써 제정하는 자주법이다($_{22}^{지방자치법}$본문·$_{26}$). 조례는 법규의 성질(대외적 구속력)을 가지는 것이 원칙이나,[1] 법규 아닌 행정규칙의 성질(자치단체의 행정조직 내부적 규율)을 가지는 것도 있다.

(2) 조례제정사항 또는 조례제정권

지방자치단체는 "법령의 범위 안에서 그 사무(자치사무·단체위임사무)에 관하여 조례를 제정할 수 있다($\frac{동법}{본문}$22)." 기관위임사무는 지방자치단체의 사무가 아니므로 조례제정사항(자치조례)에서 제외된다. 그러나 기관위임사무에 있어서도 개별법령의 위임이 있는 경우에는 그에 기하여 이른바 위임조례를

---

1) 판례
　"조례는 …모두 그 지방자치단체 주민 전체에 효력이 미치는 일반적이고, 추상적인
　법적 규범이다"(대판 1962. 9. 7, 62추31).

제정할 수 있다.[1) 또한 자치사무나 단체위임사무라도 자치단체의 장의 전속
적 권한은 조례로써 이를 제한할 수 없으며, 그러한 내용의 조례는 무효이다
(대판 1993. 2. 9, 92추93).

지방자치단체는 그 자치사무와 단체위임사무에 대하여는 '법령의 범위
안에서' 원칙적으로 자주적으로 조례를 제정할 수 있으며, 그에 대한 법령의
위임이 있어야 하는 것은 아니다.[2) 그러한 점에서 조례는 행정입법으로서의
위임명령과는 달리 법률에 준하는 성질을 가진다.[3)

---

1) 판례
　"지방자치단체가 자치조례를 제정할 수 있는 사항은 지방자치단체의 고유사무인 자
치사무와 개별법령에 의하여 지방자치단체에 위임된 단체위임사무에 한하는 것이고,
국가사무가 지방자치단체의 장에게 위임된 기관위임사무는 원칙적으로 자치조례의 제
정범위에 속하지 않는다 할 것이고, 다만 기관위임사무에 있어서도 그에 관한 개별법
령에서 일정한 사항을 조례로 정하도록 위임하고 있는 경우에는 위임받은 사항에 관
하여 개별법령의 취지에 부합하는 범위 내에서 이른바 위임조례를 정할 수 있다"(대
판 2000. 5. 30, 99추85).
2) 판례
　"지방자치법 제7조에 보면 지방자치단체는 법령의 범위 내에서 그 사무에 관하여
조례를 제정할 수 있으므로, 그 내용이 주민의 권리의무에 관한 사항이거나 벌칙에 관
한 것이 아닌 한, 법률의 위임이 없더라도 조례를 제정할 수 있다"(대판 1970. 2. 10,
69다2121).
3) 조례의 성질에 대하여는 자치권의 본질과 관련하여 보통 다음의 두 가지 견해가 제
시되고 있다.
　(1) 조례자주입법설: 이 설은 내용적으로 다시 두 가지 견해로 나뉘고 있다. 즉 ①
자치권의 고유권설에 입각한 조례자주입법설은 지방자치단체의 고유사무에 속하는 사
항은 조례의 전관사항이라 한다. 따라서 이 사항에 관하여 조례와 법률이 저촉되는 경
우에는 조례가 우선한다고 한다(室井 力, 공해행정에 있어서의 법률과 조례, 법학세미
나 제177호, 1970. 9. 17). 이 견해에서는 헌법 제117조의 '법령의 범위 안에서'라는
규정은 고유사무에 대하여는 의미가 없는 규정으로 보거나 극히 완화하여 해석하게
된다. ② 전래설에 입각한 조례자주입법설은 지방자치단체의 자치권 및 그 내용을 이
루는 조례제정권은 국가의 통치권에서 전래된 것으로 본다. 그에 따라 헌법 제117조
제1항과의 관련에서는 법률이 지방자치의 본질을 침해하여서는 안되나, 조례는 그것
이 고유사무에 관하여 제정된 것이라 할지라도 법령에 우선할 수는 없다고 본다. 조례
는 자주법이지만 헌법의 승인에서 유래한 것으로서 넓은 의미에서의 국법질서 중에
포섭되어야 하는 것으로, 헌법 제117조 제1항에서 '법령의 범위 안에서'라고 규정하
고 있는 것은 바로 이것을 표현한 것으로 본다. 그러나 이 견해는 조례제정권은 헌법
에 의하여 보장된 제도적 보장에 속하는 것이므로 위임입법권한과는 다른 것이고 따
라서 법령의 개별적 위임이 없어도 조례를 제정할 수 있다고 본다(박윤흔, 행정법
(하), pp. 130~131).
　(2) 조례위임입법설: 이 설은 전래설의 입장에서 주장되는 것으로, 지방자치단체의
모든 권능은 국가권력에서 유래하므로, 조례제정권 역시 국가권력, 즉 법률의 위임에
기해서만 행사될 수 있다고 본다(綿貫芳源, 조례의 성질과 사법심사의 기준, 日本公法
研究 제35호, p. 169).
　(3) 결어: 전국가적인 자연권으로서, 또한 내용적으로는 단일국가원칙에 반하는 것
으로서의 지방자치단체의 고유권을 인정할 수는 없다고 보면, 조례는 헌법 제117조
제1항에 의하여 보장된 자치권의 행사로서 제정되는 것으로서, 그에는 반드시 법령의

"지방자치단체가 조례를 제정할 수 있는 사항은 지방자치단체의 권한에 속하는 전반의 사무, 즉 …그 관할구역의 자치사무와 법령에 의하여 지방자치단체에 속하는 사무에 관한 것이라 할 것이다"(대판 1992. 6. 23.,/92추17)(청주시 행정정보공개조례에 관한 대법원판결).

조례는 그 권한에 속하는 사항에 관하여 지방의회의 재량에 의하여 제정되는 것이 원칙이나(임의적 조례규정사항), 법령이 특히 조례로써 정할 것을 규정하고 있는 경우(필요적 조례규정사항)도 있다.

이러한 조례제정권과 관련하여 다음의 몇 가지 문제는 특별한 검토를 요한다.

1) **법률우위의 문제**    조례는 법적으로 보면 국법의 피조물로서의 지방자치단체가 제정하는 것이므로 국가의 법령에 위반할 수 없다 할 것인바, 헌법과 지방자치법도 지방자치단체는 '법령의 범위 안에서' 조례를 제정할 수 있다고 규정(헌법 117, 지/방자치법 22)하고 있다. 따라서 법령에 위반되는 조례는 무효라 할 것이다.

구체적으로는 조례로 규율하려는 사항이 이미 법령에 의하여 규율되고 있는 경우에 조례와 법률의 관계가 문제되는데, 이 문제에 관하여 일본에서는 다음의 세 가지 경우로 나누어 검토하고 있다. 즉 ① 국가의 법령과 동일한 사항·대상을 다른 목적으로 규율하는 조례 및 ② 국가의 법령과 같은 목적이라도 당해 법령의 대상 외의 사항을 규율하는 조례는 법령에 위반되지 않는다고 보며, 반면에 ③ 국가의 법령과 동일한 목적으로, 동일사항에 대하여 법령보다 엄격한 요건이나 규제수단을 정하는 조례(법령보다 엄격한 허가기준 또는 법령상의 신고제를 허가제로 하는 것 등)는 법령에 위반되는 것으로서 허용되지 않는다. 그러나 당해 법령에 의한 규제가 전국적·전국민적 견지에서 최소한도의 기준을 설정한 것으로 해석되는 경우에는 조례에 의한 보다 엄격한 규제도 허용된다고 본다(이와 관련하여서는 공해규제관련의 조례가 주로 문제되고 있다).

이 문제에 대하여 우리 판례도 당해 사항이 법령으로 이미 규율되어 있는 경우에도 법령상의 목적과는 다른 목적에 따라 조례로 이를 규율하거나, 또는 법령과 동일한 목적으로 당해 사항을 규율하는 경우에도 법령의 취지가 전국에 걸쳐 일률적으로 규율하려는 것이 아닌 것인 때에는, 조례에 의한 별

---

개별적 위임이 없어도 자치단체가 제정할 수 있는 자주법으로서 법률에 준하는 성질을 가지는 것이라 할 것이다.

도의 규율도 허용된다고 하고 있다.[1] 다만, 후자와 관련하여서는 국민의 권리
를 제한하거나 의무를 부과하는 등의 경우에는 법률의 위임이 필요한 것이고
보면($^{지방자치법}_{22\ 단서}$), 허용되는 조례는 침익적 또는 규제적인 것이 아니라, 법령에
비하여 보다 유리한 수익적 조치나 급부를 정하고 있는 조례에 한정될 것이
라고 본다($^{대판\ 1997.\ 4.\ 25,}_{96추251}$).

2) **광역지방자치단체와 기초지방자치단체의 조례의 관계**　지방자치법은
시·군·자치구의 조례는 시·도의 조례에 위반하여서는 아니 된다고 규정하고
있다($^{법}_{24}$).

기초지방자치단체인 시·군·자치구와 광역지방자치단체인 시·도는 모두
지방자치단체로서, 이들은 상하간의 관계에 있는 것은 아니다. 그러한 점에서
위의 규정은 시·도의 조례의 시·군·자치구의 조례에 관한 준칙적 효력만을
규정한 것이라고 해석하여야 한다는 견해가 있다.

그러나 위의 규정은 기초지방자치단체는 광역지방자치단체의 관할구역
내에 위치하여 있다는 점을 고려하여 광역지방자치단체와 기초지방자치단체
에 의한 행정사무처리에 있어서의 모순·저촉을 방지하고 그 통일성의 확보
를 그 기본목적으로 하는 것이라 할 것이므로, 효력규정이라고 해석하는 것
이 타당할 것으로 본다.

3) **법률유보의 문제**　헌법 제117조 제 1 항은 지방자치단체는 "법령의
범위 안에서 자치에 관한 규정을 제정할 수 있다"고 규정하고 있다. 그러나
이 헌법규정을 구체화한 지방자치법 제22조는 그 본문에서 지방자치단체의
일반적 조례제정권을 규정하고 있으나, 이어서 "다만, 주민의 권리 제한 또는
의무 부과에 관한 사항이나 벌칙을 정할 때에는 법률의 위임이 있어야 한다"
고 하여, 이들 사항에 관하여는 조례제정권에 제한을 가하고 있는데, 이러한
지방자치법 제22조 단서에 대하여는 그 위헌 여부가 논란의 대상이 되고 있다.

---

1) 판례
"지방자치단체는 법령에 위반되지 아니하는 범위 내에서 그 사무에 관하여 조례를
제정할 수 있는 것이고, 조례가 규율하는 특정사항에 관하여 그것을 규율하는 국가의
법령이 이미 존재하는 경우에는 조례가 법령과 별도의 목적에 기하여 규율함을 의도
하는 것으로서 그 적용에 의하여 법령의 규정이 의도하는 목적과 효과를 전혀 저해하
는 바가 없는 때, 또는 양자가 동일한 목적에서 출발한 것이라고 할지라도 국가의 법
령이 반드시 그 규정에 의하여 전국에 걸쳐 일률적으로 동일한 내용을 규율하려는 취
지가 아니고 각 지방자치단체가 그 지방의 실정에 맞게 별도로 규율하려는 것을 용인
하는 취지라고 해석되는 때에는 그 조례가 국가의 법령에 위배되는 것은 아니다"(대
판 1997. 4. 25, 96추244). 동지의 판례: 대판 2007. 12. 13, 2006추52.

위헌설은 행정입법은 법률의 위임이 있어야 하나, 조례는 헌법 제117조 제 1 항에 의하여 부여된 자치입법권에 근거하여 제정되는 것이므로, '법령의 범위 안에서', 즉 법령에 저촉되지 않는 한 법률의 위임이 없이도 제정될 수 있는 것이므로, 지방자치법 제22조 단서는 헌법 제117조 제 1 항에 반하는 위헌적 규정으로 본다.[1]

지방자치단체의 조례제정권은 헌법 제117조 제 1 항에서 일반적으로 부여되어 있는 것으로서, 이러한 조례는 민주적으로 구성된 지방의회에 의하여 제정되는 것이라는 점에서 행정입법(위임명령·집행명령)과는 달리 오히려 법률에 가까운 성질을 가지는 점은 부인할 수 없다고 본다. 그러나 국민의 전체의사(volonté générale)의 표현으로서의 법률과 제한적 지역단체 주민의 의사의 표현인 조례와의 사이에는 그 민주적 정당성에 있어 차이를 인정할 수밖에 없다고 할 것이다. 그러한 점에서는 기본권 기타 국민의 자유나 권리의 제한적 규율은 전국민적인 민주적 정당성이 있는 법률에 의하여만 이를 할 수 있다 할 것이다. 따라서 조례에 의한 이들 사항의 규율은 법률의 위임이 있는 경우에만 가능하다고 본다. 헌법 제37조 제 2 항이 "국민의 모든 자유와 권리는 …법률로써 제한할 수 있으며"라고 규정하여, 기본권의 제한에 대한 법률유보원칙을 명시하고 있는바, 여기서의 법률은 국회가 제정한 형식적 의미의 법률이라는 점에 대하여는 의문이 없다고 본다.

전술한 바에 따라 지방자치법 제22조 단서는 법률유보원칙과의 관계에서 구체화되는 헌법 제117조 제 1 항의 내용을 확인하는 데 그치는 것으로서, 이 단서규정의 위헌성의 문제는 없다고 본다.[2]

이것은 판례의 입장이기도 한 것으로 대법원은,

"지방자치법 제22조는 원칙적으로 헌법 제117조 제 1 항의 규정과 같이 지방자치단체의 자치입법권을 보장하면서, 그 단서에서 국민의 권리제한, 의무부과에 관한 사항을 규정하는 조례의 중대성에 비추어 입법정책적 고려에서 법률의 위임을 요한다고 규정하고 있는바, 이는 기본권제한에 대하여 법률유보원칙을 선언한 헌법 제37조 제 2 항의 취지에 부합하므로 조례제정에 있어 위와 같은 경우에 법률의 근거를 요구하는 것이 위헌성이 있다고 할 수 없다"(대판 1995. 5. 12, 94추28)

고 하여 지방자치법 제22조 단서의 합헌성을 명시적으로 인정하였다.

---

1) 박윤흔, 행정법(하), p. 134; 유상현, 행정법(하), p. 103; 서원우, 지방자치의 헌법적 보장, 고시연구, 1993/6, p. 33.
2) 홍정선, 조례와 침해유보(지방자치법 제15조 단서의 합헌성), 고시계, 1993/4; 이기우, 조례와 법률유보의 원칙, 현대공법과 개인의 권익보호(양승두교수화갑기념논문), 1994.

헌법재판소도 같은 입장인 것으로 보인다. 즉 동재판소는,

"이 사건의 조례들은 담배소매업을 영위하는 주민들에게 자판기설치를 제한하는 것을 내용으로 하는 것이므로 주민의 직업선택의 자유, 특히 직업수행의 자유를 제한하는 것이 되어 지방자치단체가 이러한 조례를 제정함에 있어서는 법률의 위임을 필요로 한다"($\binom{헌재결 1995. 4. 20,}{92헌마264·279}$)

고 판시하였다.

전술한 바에 따라 주민의 권리를 제한하거나 의무를 부과하는 등의 내용의 조례의 제정에 있어서는 법률의 위임이 있어야 하는 것이나, 다만 조례는 위임명령과는 달리 지방자치단체의 의회가 제정하는 자주법으로서의 성질을 가지는 것이므로, 법률의 위임에 있어서는 일정 한도의 포괄적 위임은 허용된다 할 것이다.[1]

4) 조례와 벌칙   조례는 벌칙에 의하여 그 실효성이 담보되어야 하는 경우가 적지 않다. 그에 따라 지방자치법은 지방자치단체가 조례로, ① 조례위반행위에 대하여 천만원 이하의 과태료($\binom{법}{27①}$), 그리고 ② 사기 그 밖의 부정한 방법으로 사용료·수수료·분담금의 징수를 면한 자에 대하여는 그 징수를 면한 금액의 5배 이내의 과태료, 공공시설을 부정사용한 자에 대하여는 50만원 이하의 과태료의 벌칙을 규정할 수 있도록 하고 있다($\binom{동법}{139②}$).

구지방자치법 제20조 제1항은 "시·도의 조례로는 3월 이하의 징역·금고, 10만원 이하의 벌금·구류·과료 또는 50만원 이하의 과태료의 벌칙을 정할 수 있다"고 규정하고 있었다. 이 규정은 형사벌칙규정권을 위임함에 있어 그 형량의 최고한도는 정했으나 범죄구성요건을 구체적으로 정하지 않고 조례에 백지위임하여 죄형법정주의에 위반된다는 문제점이 제기되고 있었다. 그에 따라 1994년 3월 16일의 지방자치법의 개정시에 이 규정을 삭제하고 "조례로써 조례위반행위에 대하여 1천만원 이하의 과태료를 정할 수 있다"라는 내용으로 개정하여 지방자치단체 일반에 대하여 조례로써 행정질서벌인 과태료를 정할 수 있는 권한만을 일반적으로 위임함으로써, 종래 이 규정에 따르는 위헌문제를 입법적으로 해결하였다.

---

1) 판례
　　"공유수면관리법 제7조가 점용료의 산정기준, 방법 등에 관하여 구체적 범위를 정하지 아니한 채 포괄적으로 조례에 위임하였더라도, 조례는 위임명령과는 달리 지방의회의 의결로 제정되는 지방자치단체의 자주법인 만큼, 법령에 위반되지 않는 범위 내에서 주민의 권리의무에 관한 사항을 조례로 제정할 수 있는 것이다"(대판 1991. 8. 27, 90누6613).

따라서 현행 지방자치법상 지방자치단체는 법률의 위임 없이 조례로 과태료 이외의 형벌을 정할 수 없다.[1]

구지방자치법상의 동조에 대하여는 그 합헌성의 주장도 상당히 유력하게 제시되고 있었다. 합헌설은 지방자치단체의 조례는 위임명령과는 달리 주민의 선거에 의하여 구성된 지방의회가 제정하는 것으로서, 그것은 준입법적 성질을 가지는 것이므로, 그에 대한 일정 한도의 일반적·포괄적 위임도 허용된다고 할 것이고, 또한 동조에는 조례규정사항이 한정되어 있고, 형량의 최고한도도 규정되어 있으므로, 헌법상의 죄형법정주의나 구체적 위임원칙에 위반되는 문제는 없다고 하고 있었다.

5) 지방자치단체의 장과의 관계에 관한 조례　　지방자치법은 지방의회와 지방자치단체의 장에게 독자적 권한을 부여하여 상호 견제와 균형을 이루도록 하고 있다. 따라서 ① 지방의회는 법률에 특별한 규정이 없는 한 견제의 범위를 넘어서 상대방의 고유권한을 침해하는 내용의 조례를 제정할 수 없는 것으로서, 예컨대 정부업무평가기본법 제18조에서 지방자치단체의 장의 권한으로 정하고 있는 자체평가업무에 관한 사항에 대하여 지방의회가 사전에 적극적으로 개입하는 내용의 조례는 허용되지 아니하고($^{대판\ 2007.2.}_{9,\ 2006추45}$), ② 지방자치단체의 장의 고유권한의 침해가 아니더라도 사무집행권에 대한 본질적 침해를 내용으로 하는 조례도 허용되지 아니하며,[2] ③ 위와는 반대방향의 것으로서, 지방자치단체의 집행기관의 사무집행에 관한 지방의회의 감시·통제권의 박탈을 내용으로 하는 조례도 지방자치법에 반하는 것으로 허용되지 아니한다($^{대판\ 1997.4.}_{11,\ 96추138}$).

**(3) 조례의 제정절차**

1) 제안 및 의결　　조례안은 ① 당해 지방자치단체의 장, ② 교육·학

---

1) 판례
　　"조례위반에 형벌을 과할 수 있도록 규정한 조례안 규정들은 현행 지방자치법 제20조에 위반되고, 적법한 법률의 위임 없이 제정된 것이 되어 지방자치법 제15조 단서에 위반되고, 나아가 죄형법정주의를 선언한 헌법 제12조 제 1 항에도 위반된다"(대판 1995. 6. 30, 93추83).

2) 판례
　　"지방자치단체가 그 자치사무에 관하여 조례로 제정할 수 있다고 하더라도 상위 법령에 위배할 수는 없고(지방자치법 15), 특별한 규정이 없는 한 지방자치법이 규정하고 있는 지방자치단체의 집행기관과 지방의회의 고유권한에 관하여는 조례로 이를 침해할 수 없고, 나아가 지방의회가 지방자치단체장의 고유권한이 아닌 사항에 대하여도 그 사무집행에 관한 집행권을 본질적으로 침해하는 것은 지방자치법의 관련 규정에 위반되어 허용될 수 없다"(대판 2001. 11. 27, 2001추57).

예 · 과학에 관한 것에 한하여 교육감 또는 ③ 지방의회의원 5분의 1 이상 또는 의원 10인 이상의 연서로써 제안하며$\binom{지방자치}{법\ 66①}$, 지방의회의 위원회도 그 직무에 속하는 사항에 관하여 의안을 제안할 수 있다$\binom{지방자치}{법\ 66②}$.

조례는 지방의회의 의결로써 제정된다$\binom{지방자치}{법\ 39}$.

2) **공포 및 효력발생**    지방자치단체의 장(교육감)은 지방의회가 의결한 조례안을 이송받은 때에는 20일 이내에 이를 공포하여야 한다$\binom{동법}{26①②}$. 조례는 특별한 규정이 없는 한 공포한 날부터 20일을 경과함으로써 효력을 발생한다$\binom{지방자치}{법\ 26⑧}$.

**(4) 조례의 통제**

다음에서의 기술 내용은 그 대부분이 다른 부분에서의 검토내용과 중복되는 면이 있으나, 그 종합화의 관점에서 여기서 간략하게 정리하여 두기로 한다.

1) **지방자치단체의 장에 의한 통제**

㈎ 지방자치단체의 장이 이송받은 조례안에 대하여 이의가 있는 때에는, 20일 이내에 이유를 붙여 지방의회로 환부하여 그 재의를 요구할 수 있다. 이 경우 지방자치단체의 장은 조례안의 일부에 대하여 또는 이를 수정하여 재의를 요구할 수는 없다$\binom{지방자치법}{26①③}$. 이러한 장의 재의요구에 대하여, 지방의회가 재적의원 과반수의 출석과 출석의원 3분의 2 이상의 찬성으로 전과 같은 의결을 하면, 그 조례안은 조례로서 확정된다$\binom{동조}{④}$.

㈏ 지방자치단체의 장은 지방의회의 의결이 월권 또는 위법하거나 공익을 현저히 해한다고 인정하는 때에는 의결사항을 송부받은 날부터 20일 이내에 이유를 붙여 재의를 요구할 수 있다. 지방의회가 이에 대하여 재적의원 과반수의 출석과 출석의원 3분의 2 이상의 찬성으로 전과 같은 의결을 하면 그 의결사항은 확정된다$\binom{동법}{107①②}$.

㈐ 지방자치단체의 장은 재의결된 사항이 법령에 위반된다고 인정되는 때에는 대법원에 제소하여 이를 다툴 수 있다$\binom{동조}{③}$. 이 경우 지방자치단체의 장은 그 의결의 집행을 정지하게 하는 집행정지결정을 신청할 수 있다$\binom{동법}{172③}$.

판례는 조례안의 일부규정이 법령에 위반되면, 다른 규정이 법령에 위반되지 아니한다 하더라도 조례안에 대한 재의결은 그 효력이 전부 부정되어야 한다고 하고 있다$\binom{대판\ 2000.\ 12.}{12,\ 99추61}$.

2) **국가 등의 감독기관에 의한 통제**

㈎ 지방의회의 의결이 법령에 위반되거나 공익을 현저하게 해한다고 판

단되면, 시·도에 대하여는 주무부장관이, 시·군·자치구에 대하여는 시·도지사가 재의를 요구하게 할 수 있는바, 재의의 요구를 받은 지방자치단체의 장은 이유를 붙여 재의를 요구하여야 한다. 이 경우 지방의회가 재적의원 과반수의 출석과 출석의원 3분의 2 이상의 찬성으로 전과 같은 의결을 하면 그 의결사항은 확정된다($\frac{동법}{172①②}$).

(나) 지방자치단체의 장은 재의결된 사항이 법령에 위반된다고 판단되면 재의결된 날부터 20일 이내에 대법원에 제소할 수 있는바, 이 경우 지방자치단체의 장이 소를 제기하지 않으면 주무부장관 또는 시·도지사는 지방자치단체의 장에게 제소를 지시하거나, 대법원에 직접 제소 및 집행정지결정을 신청할 수 있다($\frac{동법 172}{③④}$). 다만 판례는 기초자치단체에 대해서 직접 주무부장관이 제소를 지시하거나 직접 제소할 수는 없다는 입장이다.[1]

3) 법원에 의한 통제  조례에 근거한 처분에 의하여 권리·이익이 침해된 주민은 그 취소소송에서 당해 처분의 위법사유로서 그 근거법규인 조례의 위법을 주장할 수 있다. 이 경우 수소법원은 선결문제심리라는 간접적 방법에 의하여 당해 조례의 위법성 여부를 심리할 수 있다. 그러나 예외적으로 조례가 그 자체로서 직접적으로 주민의 권리·이익을 침해하는 것인 때에는, 당해 조례는 행정소송법상의 처분의 성질을 가지는 것으로서(처분법규), 이 경우 관계인은 항고소송을 제기하여 당해 조례를 다툴 수 있다.[2]

4) 헌법소원  주민은 조례에 근거한 처분에 대하여, 또는 조례가 그 자체로 기본권을 침해하는 경우에는 조례 자체에 대하여 헌법소원을 제기하여 이를 다툴 수 있다.[3]

---

1) 판례
　"지방의회의 재의결에 대한 주무부장관이나 시·도지사의 제소 지시 또는 직접 제소는 지방자치단체의 장의 재의요구에 대하여 지방의회가 전과 같은 내용으로 재의결을 한 경우 비로소 할 수 있으므로, 지방의회의 재의결에 대한 제소 지시 또는 직접 제소 권한은 관련 의결에 관하여 지방자치단체의 장을 상대로 재의요구를 지시할 권한이 있는 기관에만 있다고 해석하는 것이 지방자치법 제172조의 체계에 부합한다" (대판 2016. 9. 22, 2014추521).

2) 판례
　"조례가 집행행위의 개입 없이도 그 자체로서 직접 국민의 구체적인 권리·의무나 법적 이익에 영향을 미치는 등의 법률상 효과를 발생하는 경우, 그 조례는 항고소송의 대상이 되는 행정처분에 해당한다"(대판 1996. 9. 20, 95누8003).

3) 판례
　"조례는 지방자치단체가 그 자치입법권에 근거하여 자주적으로 지방의회의 의결을 거쳐 제정한 법규이기 때문에 조례 자체로 인하여 기본권을 침해받은 자는 그 권리구제의 수단으로서 조례에 대한 헌법소원을 제기할 수 있다"(헌재결 1994. 12, 29, 92헌마216).

## 2. 규     칙

### (1) 규칙의 의의

규칙은 지방자치단체의 장이 법령 또는 조례가 위임한 범위 안에서 그 권한에 속하는 사무에 관하여 제정하는 법이다($\frac{동법}{23}$). 규칙에는 법규적 성질의 것과 행정규칙적 성질의 것(교육훈련·내부조직 등)이 있다.

### (2) 규칙제정사항

규칙제정사항은 교육·학예에 관한 사무를 제외하고는 지방자치단체의 장의 권한에 속하는 모든 사무에 관한 사항이며, 자치사무·단체위임사무·기관위임사무를 모두 포함한다. 그러나 규칙에 대하여는 벌칙을 위임하고 있지 아니하므로($\frac{지방자치}{법\,27}$), 규칙으로 벌칙을 정할 수는 없다.

규칙은 법령과 조례에 위반할 수 없으며,[1] 시·군 및 자치구의 규칙은 시·도의 조례나 규칙에 위반할 수 없다($\frac{동법}{24}$). 조례와 관련하여서도 기술한 바 있으나, 기초지방자치단체인 시·군·자치구는 광역지방자치단체로서의 시·도의 구역 내에 위치하여 있다는 점에서, 지방자치법은 기초지방자치단체가 정립하는 조례 또는 규칙은 광역지방자치단체의 조례 또는 규칙에 위반하여서는 아니 되도록 규정하고 있는 것이다.

### (3) 규칙제정권의 범위

이 문제에 관하여 지방자치법은 "법령이나 조례가 위임한 범위에서" 규칙을 제정할 수 있다($\frac{동법}{23}$)고 하고 있으나, 그 의미에 관하여는 구체적 검토를 요한다.

먼저 국가의 법령과 규칙과의 관계에 있어서, 국가의 법령이 일정 사항에 대하여 그 구체적 내용을 규칙으로 정하도록 위임하고 있는 경우에는, 지방자치단체의 장은 그에 따라 규칙을 정립할 수 있음은 물론이다. 그러나 실제에 있어서는 법령은 조례로 이를 정하도록 정하고 있는 것이 보통이다. 기관위임사무의 경우에는 지방자치단체의 장은 그 집행에 필요한 사항을 직권으로 제정할 수 있다고 할 것이다.

다음에 규칙과 조례와의 관계에 대하여는, 지방자치법상 지방의회는 지

---

1) 판례
   "지방자치단체의 사무에 관한 조례와 규칙은 조례가 보다 상위규범이라 할 수 있다"(대판 1995. 8. 22, 94누5694).

방자치단체의 최고기관은 아니고, 지방자치단체의 장도 주민에 의하여 직접 선출되는 자치기관이라는 점에서는, 조례와 규칙과의 관계는 법률과 명령과의 관계와는 다르다고 할 것이다. 따라서 지방자치단체의 장의 전속적 권한에 속하는 사항에 대하여는, 장은 자치입법으로서 규칙을 독자적으로 정립할 수 있다고 할 것이다. 한편, 조례사항과 관련하여 지방의회가 일정 사항을 규칙으로 정립하도록 위임하고 있는 경우에는, 그에 따라 장이 규칙을 제정할 수 있음은 물론이다.

전술한 바에 따라 규칙은, ① 지방자치단체의 장의 전권에 속하는 자치사무, ② 법령에서 특별히 위임한 사항, ③ 기관위임사무에 관한 사항 및 ④ 조례의 위임이 있는 경우 또는 조례의 시행에 필요한 사항에 대하여 제정될 수 있을 것이다.

(4) 규칙제정절차

규칙은 지방자치단체의 장이 제정하나, 공포예정 15일 전에 감독청에 보고하여야 한다($\substack{동법 \\ 28}$).

규칙의 공포절차와 효력발생시기는 조례의 경우와 같다($\substack{동법 \\ 26}$).

## 3. 교육규칙

교육규칙이란 지방자치단체인 시·도의 교육·학예에 관한 사무의 집행기관인 교육감이 제정하는 규칙을 말하며($\substack{지방교육자치에 \\ 관한법률 25}$), 그 성질, 제정·공포절차 등에 있어서 모두 전술한 (일반)규칙과 내용이 같다.


## VI. 자치재정권

지방자치단체에게는 그 자치사무와 위임사무의 처리를 위한 경비의 지출의무가 있으므로($\substack{지방자치법 \\ 141 본문}$), 그 경비에 충당하기 위하여 필요한 세입을 확보하고 지출을 관리하는 권한을 가지는바, 이것을 자치재정권이라 한다.

지방자치단체의 재정자립성의 확보는 지방자치의 실질적 구현을 위한 결정적 요인이 되는 것이다. 현재 지방자치단체의 재정은 그 상당부분을 국가나 상급자치단체로부터의 교부금·보조금에 의존하고 있는바, 따라서 자주재원의 확보가 시급한 실정이다.

## 1. 지방자치단체의 수입

지방자치단체의 수입은 크게 세수입과 세외수입으로 구분되고, 세외수입은 다시 사용료·수수료·분담금·과태료 등의 협의의 세외수입과 보조금·교부금 등으로 구분된다.

### (1) 지 방 세

지방자치단체는 자치상 필요한 경비에 충당하기 위하여 법률(지방세기본법, 지방세법)이 정하는 바에 따라 주민에게 지방세를 부과·징수할 수 있다($^{지방자치}_{법\ 135,}$ $^{지방세기}_{본법\ 4}$). 지방세는 지방자치단체의 가장 중요한 재원이다.

지방세는 그 과세주체 또는 과세의 목적·대상에 따라 다음과 같이 분류할 수 있다.

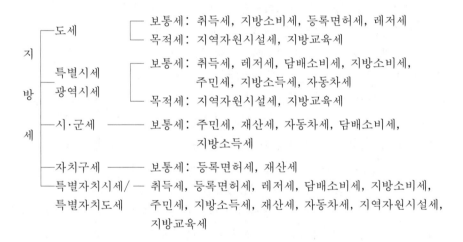

지방세의 부과주체는 지방자치단체인바, 그 집행기관인 지방자치단체의 장은 그 권한의 일부를 소속 공무원에게 위임하거나 다른 지방자치단체의 장에게 위임 또는 위탁할 수 있다($^{지방세기}_{본법\ 6}$).

지방세의 세목·과세대상·과세표준·세율 그 밖에 부과·징수에 필요한 사항을 정할 때에는 지방세기본법 또는 지방세관계법에서 정하는 범위에서 해당 지방자치단체의 조례로 정하여야 한다($^{동법}_{5}$).

지방세의 부과·징수는 지방자치단체의 장 또는 그 위임을 받은 자가 세액·납부기한 및 납입장소 등을 기재한 문서(전자문서를 포함)로 납세의무자나 특별징수의무자에게 납부 또는 납입의 고지를 함으로써 한다($^{지방세징수}_{법\ 12①}$). 지방세의 징수는 지방세기본법 또는 지방세관계법에서 규정하고 있는 사항을 제외하고는 국세징수법에 의한 국세체납처분의 예를 준용한다($\frac{동법}{107}$).

### (2) 세외수입

#### 1) 협의의 세외수입

㈎ 사용료·수수료　　사용료는 지방자치단체가 공공시설의 이용 또는 재산의 사용에 대한 대가로 부과·징수하는 것을 말하고($\frac{지방자치}{법 136}$), 수수료는 지방자치단체가 특정인을 위한 사무를 행하는 경우에, 그 역무를 제공받는 자로부터 그 대가로 부과·징수하는 것을 말한다($\frac{동법}{137}$).

사용료와 수수료의 징수에 관한 것은 지방자치단체의 조례로 정하나($\frac{동법}{139}$), 기관위임사무에 관한 것은 규칙으로 정하여야 할 것이다.

사용료와 수수료의 징수는 지방세 징수의 예에 의하며, 그 부과·징수에 이의가 있는 자는 행정쟁송(이의신청·행정소송)을 제기할 수 있다($\frac{동법140②}{내지 ⑥}$).

㈏ 분 담 금　　분담금은 지방자치단체의 재산 또는 공공시설로부터 주민의 일부가 특히 이익을 받을 때, 그 이익을 받는 자로부터 그 이익의 범위에서 부과·징수하는 금전을 말한다($\frac{동법}{138}$). 분담금의 부과는 수익자의 수익의 한도를 넘을 수 없으며, 분담금은 공동지역자원시설세 등 목적세와 실질적으로 같은 것이므로 분담금과 목적세를 이중으로 징수할 수는 없다. 분담금의 징수에 관한 사항은 해당 지방자치단체의 조례로 정한다($\frac{동법}{139①}$). 그 징수절차는 지방세 징수의 예에 의하며, 그 부과·징수에 대하여 이의가 있는 자는 이의신청·행정소송을 제기하여 이를 다툴 수 있다($\frac{동법}{140③④⑤}$).

㈐ 과 태 료　　과태료는 행정질서를 유지하기 위하여 과하는 벌과금(행정질서벌)으로서, 지방자치단체는 조례로 조례위반행위에 대하여 1천만원 이하의 과태료를 정할 수 있는 외에($\frac{지방자치}{법 27}$), 사기 그 밖의 부정한 방법으로 사용료·수수료·분담금의 징수를 면한 자에 대하여는 그 징수를 면한 금액의 5배 이내의 과태료, 그리고 공공시설을 부정사용한 자에 대하여는 50만원 이하의 과태료에 처하는 벌칙을 조례로 정할 수 있다($\frac{동법}{139②}$). 과태료의 부과·징수 및 그에 대한 쟁송은 질서위반행위규제법이 정하는 절차에 따른다($\frac{동법}{139③}$).[1]

㈑ 재산수입　　지방자치단체는 행정목적을 달성하기 위하여 또는 공익상 필요한 때에는, 조례가 정하는 바에 의하여 재산을 보유하거나, 특정한 자금의 운용을 위한 기금을 설치할 수 있는데($\frac{동법}{142}$), 이러한 재산에서 생기는 수

---

1) 홍정선, 행정법(하), 2010, p. 146.

입을 재산수입이라 한다.

㈐ 사업수입    재산 및 공공시설 이외의 사업에서 생기는 수입을 말한다.

㈑ 잡 수 입    기부채납에 의한 수입인 기부금, 재산의 매각대금, 공과금 수탁징수에 대한 교부금 등이 있다.

### 2) 지방교부세 등

㈎ 지방교부세는 지방자치단체의 운영에 필요한 재원을 교부하여 그 재정을 조정함으로써 지방행정의 건전한 발전을 도모하기 위하여 국가가 재정적 결함이 생긴 지방자치단체에 교부하는 금액을 말한다($\binom{지방교부세}{법 1 \cdot 2 i}$). 그러한 점에서 지방교부세는 간접과징형태의 지방세라 할 수 있다.

교부세는 그 교부목적이 특정되어 있는지의 여부에 따라 구분되는 보통교부세, 특별교부세 및 부동산세제 개편에 따른 지방자치단체의 세수 감소분을 보전하기 위한 부동산교부세, 지방자치단체의 소방 및 안전시설 확충, 안전관리 강화 등을 위한 소방안전교부세로 나누어진다($\binom{동법}{3}$).

보통교부세는 해마다 기준재정수입액이 기준재정수요액에 못 미치는 지방자치단체에 그 미달액을 기초로 교부한다. 다만, 자치구의 경우에는 기준재정수요액과 기준재정수입액을 각각 해당 특별시 또는 광역시의 기준재정수요액 및 기준재정수입액과 합산하여 산정한 후 그 특별시 또는 광역시에 교부한다($\binom{동법}{6}$).

지방교부세의 재원은 해당 연도의 내국세(목적세 및 종합부동산세, 담배에 부과하는 개별소비세 총액의 10분의 20 및 다른 법률에 따라 특별회계의 재원으로 사용되는 세목의 해당 금액은 제외) 총액의 1만분의 1,924에 해당하는 금액, 종합부동산세법에 따른 종합부동산세 총액, 개별소비세법에 따라 담배에 부과하는 개별소비세 총액의 100분의 20에 해당하는 금액 등으로 한다($\binom{동법}{4}$). 국가는 해마다 지방교부세법에 따른 교부세를 국가예산에 계상하여야 하되, 다만 추가경정예산에 의하여 교부세의 재원인 국세가 늘거나 줄면 교부세도 함께 조절하여야 한다($\binom{동법}{5①②}$).

㈏ 보조금은 국가나 상급지방자치단체가 지방자치단체의 재정의 적정을 도모하기 위하여 교부하는 금전을 말한다. 국가나 상급지방자치단체는 시책상 필요한 때 또는 지방자치단체의 재정사정상 필요하다고 인정할 때에는 예산의 범위 안에서 지방자치단체에 보조금을 교부할 수 있다($\binom{지방재정}{법 23}$).

### 3) 지방채 및 지방자치단체 재정안정화기금

지방자치단체는 소관 재정투자사업과 그에 직접적으로 수반되는 경비의 충당이나 재해예방 및 복구사업을 위한 자금 조달에 필요한 때에는 대통령령이 정하는 지방채 발행 한도액의 범위 안에서 지방의회의 의결을 거쳐 지방채를 발행할 수 있다. 다만 지방채 발행 한도액의 범위더라도 외채를 발행하는 경우에는 지방의회의 의결을 거치기 전에 행정안전부장관의 승인을 받아야 한다. 지방자치단체의 장은 또한 행정안전부장관의 승인을 받은 경우에는 그 승인받은 범위에서 지방의회의 의결을 얻어 지방채 발행 한도액의 범위를 초과하여 지방채를 발행할 수 있다(지방자치법 124, 지방재정법 11②③).

지방자치단체 재정안정화기금은 회계연도 간의 재정수입 불균형 등을 조정하고, 재정을 안정적으로 운용하기 위해 세입 및 결산상 잉여금 등의 일부를 재원으로 하는 기금이다. 한 회계연도에 사용할 수 있는 금액은 전년도 말 기준 재정안정화기금 적립금 총액 중 자치단체의 조례로 정하는 비율에 해당하는 금액을 초과할 수 없다. 다만 지방채의 원리금의 상환에 사용하는 경우에는 그러하지 아니하다(지방재정법 14).

## 2. 자치단체의 예산·결산

지방자치단체의 예산과 결산에 관하여는 지방자치법 제125조 내지 제134조에 개괄적인 규정이 있는 외에 지방재정법·지방공기업법 등이 있다.

지방자치단체의 장은 회계연도(매년 1월 1일부터 12월 31일까지)마다 예산안을 편성하여, 시·도는 회계연도 시작 50일 전까지, 시·군 및 자치구는 회계연도 시작 40일 전까지 의회에 제출하여 의회의 의결을 거쳐야 한다(지방자치법 127①). 시·도의 의회는 회계연도 시작 15일 전까지, 시·군 및 자치구의 의회는 회계연도 시작 10일 전까지 당해 예산안을 의결하여야 한다(동조②).

# 제 7 항  지방자치단체의 기관

## Ⅰ. 개    설

지방자치단체는 그 사무를 그 고유한 기관에 의하여 처리하는 것이 원칙이다. 지방자치단체의 기관은 그 권한의 일반성 여하에 따라 보통기관과 특별기관으로 나눌 수 있다.

지방자치법은 대통령제적 조직원리를 취하여, 지방자치단체의 보통기관으로 단체의사를 결정하는 의결기관인 지방의회와 이러한 의결기관의 결정과 기타 전결사항을 집행하는 집행기관인 지방자치단체의 장(특별시장·광역시장·특별자치시장·도지사·시장·군수·자치구청장) 등을 두고 있다. 다만 2020. 12. 지방자치법 전부개정을 통해, 주민투표를 거쳐 지방자치단체의 기관 구성을 달리할 수 있도록 하고 있다.

특별기관이란 지방자치단체의 특정한 사무에 관하여 권한을 가지는 기관을 말하며, 교육감(집행기관) 외에도 선거관리위원회·인사위원회·지방공무원소청심사위원회 등이 있다.

## Ⅱ. 의결기관 —— 지방의회

### 1. 개    설

지방의회는 지방자치단체의 의결기관으로서 헌법기관이므로($\binom{헌법}{118①}$), 지방자치단체에는 주민의 대의기관인 의회를 두어야 한다($\binom{지방자치}{법\ 30}$). 지방의회의 종류는 특별시의회·광역시의회·특별자치시의회·도의회·특별자치도의회, 시의회·군의회·자치구의회가 있으며, 현재 모든 지방자치단체에 지방의회가 구성되어 있다. 지방자치단체의 기관으로서 의결기관과 집행기관의 관계의 유형으로서는 일반적으로 기관통합형과 기관대립형이 있다. 우리나라는 의결기관인 지방의회와 집행기관인 자치단체의 장이 서로 대등한 지위에서 견제와 균형관계를 이루는 기관대립형을 취하고 있다.

### 2. 지방의회의 구성

지방의회는 합의제의결기관으로서 일정수의 의원으로 구성된다. 의원은 18세 이상으로서 선거인명부작성기준일 현재 주민등록법상 거주자 또는 거주불명자에 해당하는 사람으로서 해당 지방자치단체의 관할 구역에 주민등록이 되어 있는 사람, 주민등록법상 재외국민에 해당하는 사람으로서 주민등록표에 3개월 이상 계속하여 올라 있고 해당 지방자치단체의 관할구역에 주민등록이 되어 있는 사람 및 출입국관리법에 따른 영주의 체류자격 취득일 후 3년이 경과한 외국인으로서 해당 지방자치단체의 외국인등록대장에 올라 있는 사람의 보통·평등·직접·비밀선거에 의하여 선출된다($\binom{지방자치법\ 31,}{공직선거법\ 15②}$).

(1) 시·도의회의 의원정수

시·도의회의 의원에는 지역구의원과 비례대표의원이 있다.

1) 지역구의원정수    그 정수는 그 관할구역 안의 자치구·시·군(하나의

자치구·시·군이 2 이상의 국회의원지역선거구로 된 경우에는 국회의원지역선거구를 말하며, 행정구역의 변경으로 국회의원지역선거구와 행정구역이 합치되지 아니하게 된 때에는 행정구역을 말한다)수의 2배수로 하되, 인구·행정구역·지세·교통, 그 밖의 조건을 고려하여 100분의 14의 범위에서 조정할 수 있다. 다만, 자치구·시·군의 지역구시·도의원정수는 최소 1명으로 한다($\frac{공직선거}{법\ 22①}$).

위의 기준에 의하여 산정된 의원정수가 19인 미만이 되는 광역시 및 도는 그 정수를 19인으로 한다($\frac{동법}{22②③}$).

2) 비례대표의원정수　그 수는 당해 시·도의회의 지역구의원정수의 100분의 10으로 한다. 단수는 1로 보며, 산정된 의원정수가 3인 미만인 때에는 3인으로 한다($\frac{동법}{22④}$). 비례대표의원은 추천정당이 후보자등록시에 정한 비례대표시·도의원 후보자명부의 순위에 따라 유효투표 100분의 5 이상을 득표한 정당별로 일정한 비율로 배분한다($\frac{동법\ 49② \cdot}{190의2①\ 등}$).

**(2) 자치구·시·군의 의원정수**

자치구·시·군의회의 의원정수는 해당 시·도의 총정수 범위 내에서 공직선거법 제24조($\frac{선거구획}{정위원회}$)의 규정에 따른 해당 시·도의 자치구·시·군의원선거구획정위원회가 자치구·시·군의 인구와 지역대표성을 고려하여 중앙선거관리위원회 규칙이 정하는 기준에 따라 정한다($\frac{동법}{23①}$). 자치구·시·군의회의원의 최소정수는 7인으로 한다($\frac{동조}{②}$).

비례대표자치구·시·군의원정수는 자치구·시·군의원 정수의 100분의 10으로 한다. 이 경우 단수는 1로 본다($\frac{동조}{③}$).

**(3) 의원의 임기와 권리·의무**

의원의 임기는 4년으로서, 그 권리와 의무는 대체로 다음과 같다.

1) 의원의 권리　의원은 당해 지방의회의 의장·부의장 등 기관의 선거권과 피선거권을 가진다. 의원은 또한 당해 의회에 의안을 발의하고, 발언·투표 등 의사에 참여할 수 있는 권리를 가지는데, 이것이 의원의 가장 중요한 권리임은 물론이다. 의원은 종래는 명예직으로 되어 있었으나, 이 규정은 이후 삭제되었다. 의원에는 의정자료의 수집·연구와 이를 위한 보조활동에 소요되는 비용을 보전하기 위하여 매월 지급되는 의정활동비, 공무여행시의 여비 외에 직무활동에 대하여 월정수당이 지급된다($\frac{지방자치}{법\ 33}$). 의원은 또한 회기중 직무로 인하여 신체에 상해를 입거나 사망한 때 또는 그 상해 또는 직무로 인한 질병으로 사망한 때에는 보상금을 지급받는다($\frac{동법}{34}$).

2) 겸직 등 금지    지방의회의원은 ① 국회의원, 다른 지방의회의원, ②
헌법재판소재판관, 각급 선거관리위원회 위원, ③ 국가공무원법 제 2 조에 규
정된 국가공무원과 지방공무원법 제 2 조에 규정된 지방공무원(정당법 제22조
에 따라 정당의 당원이 될 수 있는 교원은 제외), ④ 공공기관의 운영에 관한 법
률 제 4 조에 따른 공공기관(한국방송공사, 한국교육방송공사 및 한국은행을 포
함)의 임직원, ⑤ 지방공기업법 제 2 조에 규정된 지방공사와 지방공단의 임
직원, ⑥ 농업협동조합, 수산업협동조합, 산림조합, 엽연초생산협동조합, 신용
협동조합, 새마을금고의 임직원과 이들 조합·금고의 중앙회장이나 연합회장,
⑦ 정당법 제22조에 따라 정당의 당원이 될 수 없는 교원, ⑧ 다른 법령에
따라 공무원의 신분을 가지는 직, ⑨ 그 밖에 다른 법률에서 겸임할 수 없도
록 정하는 직을 겸직할 수 없다($\frac{동법}{35①}$).

지방의회의원은 해당 지방자치단체 및 공공단체와 영리를 목적으로 하는
거래를 할 수 없으며, 이와 관련된 시설이나 재산의 양수인 또는 관리인이
될 수 없다($\frac{동조}{⑤}$). 지방의회의원은 소관 상임위원회의 직무와 관련된 영리행위
를 하지 못한다($\frac{동조}{⑥}$).

(4) 의원의 체포 등 통지

지방의원에는 국회의원에 대한 것과 같은 회기중의 불체포특권은 인정되
지 아니한다. 그러나 관계 수사기관의 장은 체포 또는 구금된 지방의원이 있
을 때에는 지체없이 의장에게 영장의 사본을 첨부하여 통지하여야 하며, 형
사사건으로 공소가 제기되어 그 판결이 확정된 때에는 각급 법원장은 지체없
이 의장에게 이를 통지하여야 한다($\frac{동법}{37}$).

## 3. 지방의회의 지위

### (1) 주민대표기관

지방의회는 주민에 의하여 선출된 의원으로 구성되는 점에서, 국회가 국
민의 대표기관의 지위를 가지듯이 지방의회는 주민의 대표기관의 지위를 가
진다. 주민의 대표기관이란 지방의회가 주민의 정치적 대표기관이라는 의미
와 지방의회의 행위는 해당 지방자치단체의 주민의 행위와 동일시된다는 점
에서 법적 대표기관으로서의 의미도 아울러 가진다.

### (2) 의결기관

지방의회는 해당 지방자치단체의 거의 모든 중요한 자치사무에 관한 의

사결정권을 가지는 의결기관으로서, 그 결정(의결)은 지방자치단체의 장이나 기타 기관을 기속한다.

### (3) 자치입법기관

지방의회는 지방자치단체의 최고의결기관으로서, 지방자치의 근간을 이루는 자치입법으로서의 조례의 제정권을 가지고 있다($\binom{\text{지방자치법}}{39①ⅰ}$).

### (4) 집행기관의 통제기관

지방의회는 지방자치단체의 집행기관을 감시하고 통제하는 기관으로서의 지위를 가진다. 이러한 지위에서 지방의회는 행정사무감사·조사권, 관련서류의 제출요구권, 지방자치단체의 장 등의 출석요구·질의권, 예산의결·결산승인권 등을 가지고 있다.

### (5) 행정기관

주민에 의하여 선출된 의원으로 구성되는 지방자치에 관한 최고의결기관으로서 지방의회는 특히 자치입법으로서의 조례제정권을 가지고 있는 것임은 전술한 바 있다. 이러한 조례는 행정입법과는 달리 반드시 법률의 위임이 있어야 하는 것도 아니고, 또한 법률에 의한 위임의 경우에도 일정 한도의 포괄적 수권은 허용된다고 본다. 이러한 조례제정권을 가지는 지방의회는 그 한도에서 입법기관의 지위에 있는 것임은 물론이다. 그럼에도 불구하고 지방의회는 본질적으로는 행정기관으로서의 성질을 가진다고 본다. 왜냐하면 지방자치의 본질에 관하여 고유권설을 취하지 않는 한, 지방자치도 지방행정의 하나의 실현형태에 그치는 것이고, 지방자치단체도 행정권의 일부를 구성하는 것이라고 할 것으로서, 이러한 지방행정의 실현제도로서의 지방자치의 기관인 지방의회는 당연히 행정기관으로서의 성질을 가지는 것으로 보아야 할 것이기 때문이다.

대법원이,

"지방의회를 대표하고 의사를 정리하며 의회장 내의 질서를 유지하고 의회의 사무를 감독하며 위원회에 출석하여 발언할 수 있는 등의 직무권한을 가지는 지방의회의장에 대한 불신임의결은 의장으로서의 권한을 박탈하는 행정처분의 일종으로서 행정소송의 대상이 된다"($\binom{\text{대결 1994. 10. 11,}}{\text{94두23}}$)

라고 판시하고 있는 것은 이러한 지방의회의 행정기관성에 입각한 것이라 할 것이다.

### 4. 지방의회의 권한

#### (1) 의 결 권

지방의회는 지방자치단체의 의결기관이므로, 의결권은 그 기본적인 권한에 해당한다. 지방의회의 의결사항을 정하는 방법으로는 개괄주의와 열기주의(제한주의)가 있는데, 우리 지방자치법은 열기주의를 취하고 있어 지방의회는 동법 기타 특별법에 의결사항으로 규정되어 있는 사항에 한하여서만 의결권을 가진다.

지방의회는 의결기관이지만 표의기관은 아니므로, 그 의결에 의하여 지방자치단체의 의사가 결정된 후에도 그것은 집행기관에 의하여 외부에 표시되어야 비로소 효력을 발생한다.

지방자치법 제39조가 규정하고 있는 지방의회의 의결사항은 다음과 같다.

① 조례의 제정·개정 및 폐지

② 예산의 심의·확정

③ 결산의 승인

④ 법령에 규정된 것을 제외한 사용료·수수료·분담금·지방세 또는 가입금의 부과와 징수

⑤ 기금의 설치·운용

⑥ 대통령령으로 정하는 중요재산의 취득·처분

⑦ 대통령령으로 정하는 공공시설의 설치·처분

⑧ 법령과 조례에 규정된 것을 제외한 예산 외의 의무부담이나 권리의 포기

⑨ 청원의 수리와 처리

⑩ 외국 지방자치단체와의 교류협력에 관한 사항

⑪ 그 밖에 법령에 따라 그 권한에 속하는 사항(동조 ① 이상)

⑫ 조례가 지방의회의 의결사항으로 정한 사항(동조 ②)

#### (2) 행정사무감사·조사권 등

지방의회는 매년 1 회 시·도에 있어서는 14일의 범위에서, 시·군 및 자치구에 있어서는 9 일의 범위에서 해당 지방자치단체의 사무를 감사하고 해당 사무 중 특정사안에 관하여는 본회의 의결로써 본회의 또는 위원회로 하여금 조사하게 할 수 있다. 조사의 발의는 그 이유를 명시한 서면으로 하고

재적의원 3분의 1 이상의 연서가 있어야 한다. 지방의회는 또한 국회 등이 직접 감사하기로 한 사무를 제외한 국가 등의 위임사무(단체위임·기관위임사무)의 처리에 대하여도 감사할 수 있다(동법 41①
내지 ③).

지방의회는 위의 감사 또는 조사를 위하여 필요한 때에는 현지확인을 하거나 서류제출 또는 지방자치단체의 장, 관계공무원이나 그 사무에 관계되는 자의 출석증언이나 의견진술을 요구할 수 있다. 지방의회는 이들 관계인이 허위증언을 한 때에는 고발할 수 있고, 정당한 이유 없이 출석하지 아니하거나 증언을 거부한 때에는 500만원 이하의 과태료를 부과할 수 있다(동조 ④⑤).

지방의회는 또한 매회계연도마다 검사위원을 선정하여 자치단체의 출납·회계검사를 실시한다.

### (3) 출석·답변 및 서류제출요구권

지방의회 또는 그 위원회는 지방자치단체의 장 또는 그 공무원에 대하여 출석하여 답변할 것을 요구하고, 안건의 심의와 관련된 서류의 제출을 지방자치단체의 장에게 요구할 수 있다(지방자치법 42②·40).

### (4) 승 인 권

지방의회는 지방자치단체의 장이 행한 선결처분에 대한 승인권을 가지고 있다. 장의 선결처분이 의회의 승인을 받지 못한 때에는 그 때부터 효력을 상실한다(동법 109②③).

### (5) 선 거 권

지방의회는 ① 의장·부의장·임시의장을 선출하고(동법 48·52), ② 의회의 위원회의 위원을 선임하며(동법 56③), ③ 결산검사위원을 선임한다(동법 134①).

### (6) 청원의 수리·처리

지방의회는 의원의 소개로 제출된 청원을 수리·처리할 수 있는데, 재판에 간섭하거나 법령에 위배되는 내용의 청원은 수리하지 아니한다(지방자치법 73·74). 청원 중에서 지방자치단체의 장이 처리함이 타당하다고 인정되는 것은 의견서를 첨부하여 장에게 이송하며, 그 경우 장은 이를 처리하고 그 결과를 의회에 보고하여야 한다(동법 76).

### (7) 자 율 권

지방의회는 그 조직·의원신분·운영 등의 사항에 대하여 스스로 결정·규제할 수 있는 권한을 가진다.

의회의 자율사항으로는 ① 내부조직권(의장·부의장 등의 선임)(동법 48 이하), ②

개회·휴회·폐회와 회기결정권($\substack{동법 \\ 47}$), ③ 의원자격심사 및 징계권($\substack{동법 \\ 79·86}$), ④ 의사규칙제정권($\substack{동법 \\ 43·71}$), ⑤ 의장·부의장의 불신임권($\substack{동법 \\ 55}$), ⑥ 의원경찰권($\substack{동법 \\ 82· \\ 84· \\ 85}$) 등이 있다.

### 5. 지방의회의 회의

지방의회의 회의는 정례회와 임시회로 나누어진다. 정례회는 매년 2 회 개최되며, 그 집회일 기타 운영에 관하여 필요한 사항은 대통령령이 정하는 바에 따라 해당 지방자치단체의 조례로 정하며($\substack{동법 \\ 44①②}$), 임시회는 지방자치단체의 장 또는 의회의 재적의원 3 분의 1 이상의 요구가 있을 때에 소집된다($\substack{동법 \\ 45②}$).

그러나 총선 후 최초로 소집되는 임시회는 지방의회 사무처장·사무국장·사무과장이 지방의회의원 임기개시일부터 25일 이내에 소집한다($\substack{동법 \\ 45①}$).

연간 회의 총일수와 정례회 및 임시회의 회기는 해당 지방자치단체의 조례로 정한다($\substack{동법 \\ 47②}$).

지방의회는 재적의원 3 분의 1 이상의 출석으로 개의한다($\substack{동법 \\ 63①}$). 의사는 특별한 규정이 있는 경우를 제외하고는 재적의원 과반수의 출석과 출석의원 과반수의 찬성으로 의결한다($\substack{동법 \\ 64①}$).

지방의회의 회의는 특별한 경우를 제외하고는($\substack{동법 65 \\ ① 단서}$) 공개한다($\substack{동조 \\ 본문}$).

## Ⅲ. 집행기관 —— 지방자치단체의 장

지방자치단체의 장으로서 서울특별시에 서울특별시장, 광역시에 광역시장, 도와 특별자치도에 도지사, 시와 특별자치시에 시장, 군에 군수 그리고 자치구에 구청장 등이 있다.

### 1. 지방자치단체의 장의 지위

지방자치단체의 장은 그 집행기관의 장으로서, 해당 지방자치단체의 사무(자치사무·단체위임사무)를 일반적으로 관장·집행하고 해당 지방자치단체를 통할·대표한다($\substack{지방자치 \\ 법 101}$).

지방자치단체의 장은 또한 일정한 국가사무를 수임·처리($\substack{동법 \\ 102·103}$)하는바, 그 한도에서는 국가의 지방행정기관의 지위에 서게 된다. 그에 따라 지방자치단체의 장은 그 처리사무에 따라, 지방자치단체의 최고집행기관 또는 국가의 지방행정청으로서의 지위를 가진다.

　지방자치단체의 장은 4 년의 임기로 주민이 직접 선출하며, 계속 재임은 3 기에 한한다($\frac{동법}{94 \cdot 95}$).

## 2. 지방자치단체의 장의 권한

### (1) 통할대표권 및 관리집행권

　지방자치단체의 장은 최고집행기관으로서 해당 지방자치단체를 통할하고 대표하며($\frac{동법}{101}$), 특별기관의 권한에 속하는 것을 제외한 해당 자치단체의 사무를 관리하고 집행하는 권한을 가진다($\frac{동법103}{전단}$). 지방자치단체의 장에는 이처럼 지방자치단체를 대표하는 권한이 인정되므로, 해당 지방자치단체의 대외적 행위는 지방자치단체의 장이 이를 대표하여 행하고 그 행위의 효과는 지방자치단체에 귀속된다. 지방자치단체의 장은 또한 '법령에 따라 그 지방자치단체의 장에게 위임된 사무'(기관위임사무)를 관리하고 집행한다($\frac{동조}{후단}$). 이 경우 자치단체의 장은 국가의 기관으로서의 지위에 서게 되며, 그 한도에서 주무장관의 지휘·감독을 받는다.

### (2) 주민투표에의 부의권

　지방자치단체의 장은 주민에게 과도한 부담을 주거나 중대한 영향을 미치는 주요 결정사항 등을 주민투표에 부칠 수 있다($\frac{동법}{14}$).

### (3) 규칙제정권

　지방자치단체의 장은 법령 또는 조례가 위임한 범위 안에서 그 권한에 속하는 사무에 관하여 규칙을 제정할 수 있다($\frac{동법}{23}$).

　지방자치단체의 장의 권한에 속하는 사항에는 해당 지방자치단체의 사무(자치사무·단체위임사무)와 기관위임사무가 있으므로 지방자치단체의 장은 이들 사무에 관하여 규칙을 제정할 수 있다. 한편 기관위임사무는 지방자치단체의 사무가 아니므로 그에 관하여는 조례를 제정할 수 없다.

### (4) 직원의 임용·감독권

　지방자치단체의 장은 소속 직원을 지휘·감독하고, 법령과 자치법규가 정하는 바에 따라 소속 직원의 임면·교육훈련·복무 및 징계에 관한 사항을 처리하는 권한을 가진다($\frac{동법}{105}$).

### (5) 행정감독권

　1) 위임사무의 지도·감독　　시·도지사는 시·군·자치구 또는 그 장이 위

임받아 처리하는 국가사무에 관하여 1차적인 지도·감독권을 가진다. 시·도지사는 또한 시·군·자치구가 위임받아 처리하는 시·도의 사무에 대하여도 지도·감독권을 가진다($^{지방자치법}_{167①②}$).

2) 위법·부당한 명령·처분의 시정권   시·도지사는 시·군·자치구의 장의 명령이나 처분이 법령에 위반되거나 현저히 부당하여 공익을 해친다고 인정될 때에는 기간을 정하여 서면으로 그 시정을 명하고, 그 기간 내에 이행하지 않을 때에는 이를 취소하거나 정지할 수 있다($^{동법}_{169① 1문}$). 그러나 해당 처분이나 명령이 자치사무에 관한 것인 때에는 법령위반(위법)의 경우에 한하여 위와 같이 할 수 있다($^{동법 169}_{① 2문}$). 이 경우 해당 지방자치단체의 장이 자치사무에 관한 취소·정지처분에 이의가 있으면 대법원에 제소할 수 있다($^{동조}_{②}$).

3) 직무이행명령권   시·도지사는 시·군·자치구의 장이 법령의 규정에 따라 그 의무에 속하는 국가의 위임사무 또는 특별시·광역시·도의 위임사무의 관리·집행을 명백히 게을리 하고 있다고 인정되는 때에는 그 이행할 사항에 대한 명령, 즉 이행명령을 발할 수 있다(시·도지사에 대한 직무이행명령은 주무부장관이 이를 발한다)($^{동법}_{170①}$).

시·도지사는 해당 지방자치단체의 장이 소정기간 내에 이행명령을 이행하지 않을 때에는 그 지방자치단체의 비용부담으로 대집행을 하거나 행정·재정상 필요한 조치를 할 수 있다($^{동조}_{②}$).

이행명령에 이의가 있는 때에는 관계 지방자치단체의 장은 15일 이내에 대법원에 제소할 수 있고 이와 더불어 이행명령의 집행정지결정도 함께 신청할 수 있다($^{동조}_{③}$).

(6) 선결처분권

지방자치단체의 장은 지방의회의 의결사항에 관하여, ① 의원의 구속 등의 사유로 의결정족수에 미달하여 지방의회가 성립되지 않은 때, ② 주민의 생명·재산의 보호를 위하여 긴급하게 필요한 사항으로서 지방의회를 소집할 시간적 여유가 없는 때, 또는 지방의회에서 의결이 지체되어 의결되지 아니한 때에는 선결처분을 할 수 있다. 이 경우 지방자치단체의 장은 지체없이 그 선결처분을 지방의회에 보고하여 그 승인을 받아야 하는바, 지방의회에서 승인을 받지 못한 때에는 그 선결처분은 그때부터 효력을 상실한다($^{동법}_{109}$).

이것은 국가에서의 대통령의 긴급재정·경제처분에 상응하는 제도이다.

(7) 재의요구 및 제소

1) 지방자치단체의 장의 발의에 의한 재의요구 및 제소    지방자치단체의 장은 ① 지방의회의 의결이 월권 또는 법령에 위반되거나 공익을 현저히 해친다고 인정되는 때, ② 예산상 집행할 수 없는 경비가 포함되어 있다고 인정되는 때, 또는 ③ 법령상의 의무적 경비나 비상재해로 인한 시설의 응급 복구를 위하여 필요한 경비를 삭감하는 내용인 때에는, 이유를 붙여 재의를 요구할 수 있다($_{107 \cdot 108}^{동법}$). 지방의회가 재의 결과 재적의원 과반수의 출석과 출석의원 3분의 2 이상의 찬성으로 동일한 의결을 하면 그 의결사항은 확정된다.

재의결사항이 법령에 위반된다고 인정되는 때에는 지방자치단체의 장은 대법원에 제소할 수 있다($_{107③}^{동법}$). 이러한 지방의회의 재의결사항의 월권을 위법사유로 하는 소송은 행정소송법상의 기관소송의 전형적인 예라 할 것이다.

2) 감독청의 요청에 의한 재의요구 및 제소    지방의회의 의결이 위법 또는 공익을 현저히 해친다고 인정될 때에는 시·도에 대하여는 주무부장관이, 시·군·자치구에 대하여는 시·도지사가 당해 자치단체의 장에게 재의를 요구하게 할 수 있고, 자치단체의 장은 그에 따라야 한다($_{172①}^{동법}$). 이 경우 지방의회가 재적의원 과반수의 출석과 출석의원 3분의 2 이상의 찬성으로 동일한 의결을 하면 그 의결사항은 확정된다($_{②}^{동조}$). 재의결사항이 위법으로 인정되는 때에는 지방자치단체의 장은 재의결된 날부터 20일 이내에 대법원에 제소할 수 있으며, 이 경우 당해 재의결의 집행정지결정도 신청할 수 있다($_{③}^{동조}$).

재의결된 사항이 법령에 위반되는 때에도 해당 지방자치단체의 장이 소를 제기하지 않는 때에는 주무부장관이나 시·도지사는 해당 지방자치단체의 장에게 제소를 지시하거나 직접 제소 및 집행정지결정을 신청할 수 있다($_{④}^{동조}$).

(8) 소속행정기관설치권

지방자치단체의 장은 소방기관·교육훈련기관·보건진료기관·시험연구기관 및 중소기업지도기관 등의 직속기관이나, 사업소·출장소 등을 설치할 수 있다($_{내지\ 115}^{동법\ 113}$).

## 3. 지방자치단체의 장과 지방의회의 관계

(1) 개    설

국가의 통치구조의 대표적인 형태로는 대통령제와 내각책임제가 있는바, 지방자치에 있어서도 그에 상응하는 조직형태가 채택될 수 있을 것인데, 우리나라의 지방자치법이 채택하고 있는 것은 기본적으로 대통령제적 원리에 입각한 조직이다. 그에 따라 지방자치단체의 의결기관으로서의 지방의회와 집행기관으로서의 지방자치단체의 장은 국가에서의 국회와 대통령(정부)의 관계와 같이 서로의 활동을 존중하면서도 일정 한도에서 견제와 협력을 통하여 조화를 이루고 있다고 할 수 있다.

양자의 구체적인 관계에 관하여는 위의 지방의회 및 지방자치단체의 장의 권한에 관한 검토 부분에서 이미 어느 정도 살펴본 바 있다. 따라서 여기서의 기술 내용은 부분적으로는 이미 기술한 내용과 중복되는 면이 있다.

(2) 지방의회의 지방자치단체의 장에 대한 관계

지방의회는 지방자치단체의 최고의결기관으로서 조례를 제정하고 중요한 사항에 대한 의결권을 가지며, 또한 집행기관에 대한 감시·통제기관으로서 행정감사·조사권 등에 의하여 집행기관을 통제한다.

1) 의결권·조례제정권  지방의회는 지방자치단체의 최고의결기관으로서 그 자치사무의 대부분의 사항에 대하여 의결권을 가지고 있고, 해당 지방자치단체의 법률이라 할 수 있는 조례제정권을 가지고 있어서, 지방자치단체의 행정의 기본정책과 방향을 책정할 수 있다.

2) 서류제출요구권  지방의회의 본회의 또는 위원회는 안건의 심의와 관련된 서류의 제출을 지방자치단체의 장에게 요구할 수 있다.

3) 지방자치단체의 장 등의 출석·답변요구권  지방자치단체의 장 또는 관계공무원은 지방의회나 그 위원회의 요구가 있는 때에는 출석·답변하여야 한다.

4) 행정사무감사·조사권  이에 대하여는 위의 지방의회의 권한 부분에서 검토하였다.

5) 청원의 이송과 처리보고  지방의회는 주민이 의원의 소개로 제출한 청원을 심사·처리할 수 있는데, 이 중에서 지방자치단체의 장이 처리함이 적당하다고 인정되는 것은 의견서를 첨부하여 이송하는바, 이 경우 지방자치단체의 장은 해당 청원을 처리하고 그 결과를 지체없이 지방의회에 보고하여야 한다($\frac{동법}{73·76}$).

6) 지방의회의장의 조례공포권  조례안이 지방의회에서 의결된 때에는 지방의회의 의장은 이를 지방자치단체의 장에게 이송한다. 이 경우 지방자치단체의 장이 그 조례안에 대하여 이의가 있는 때에는 이유를 붙여 지방의회

에 환부하여 그 재의를 요구할 수 있다. 이처럼 환부된 조례안에 대하여 지방의회가 재적의원 과반수의 출석과 출석의원 3분의 2 이상의 찬성으로 전과 같이 의결하면 해당 조례안은 조례로서 확정된다. 또한 지방자치단체의 장이 조례안을 이송받은 후 20일 내에 해당 조례안을 공포하지 않거나 재의를 요구하지 않는 경우에도 해당 조례안은 조례로서 확정된다.

지방자치단체의 장은 위의 절차에 따라 확정된 조례를 지체없이 공포하여야 한다. 재의절차에서 지방의회의 의결로 전과 같은 내용으로 확정된 조례안이 지방자치단체의 장에게 이송된 후 5일 이내에 지방자치단체의 장이 공포하지 않으면, 지방의회의 의장이 이를 공포한다($\frac{동법}{26⑥}$).

(3) 지방자치단체의 장의 지방의회에 대한 관계

지방자치단체의 장은 의회와의 관계에서 임시회소집권·의안발의권·조례공포권 등과 함께, 보다 실질적인 권한으로서 재의요구권, 선결처분권 등을 가지고 있다.

1) 임시회소집  총선거 후 최초로 집회되는 임시회는 임기 개시일부터 25일 이내에 소집한다. 지방의회의장은 지방자치단체의 장이나 재적의원 3분의 1 이상의 의원이 요구하면 15일 이내에 임시회를 소집하여야 한다($\frac{동법}{45①②}$).

2) 의회에의 부의안건의 공고  지방자치단체의 장은 의회에 안건을 부의할 수 있다. 이 경우 지방자치단체의 장은 원칙적으로 해당 안건을 미리 공고하여야 한다. 그러나 회의 중 긴급한 안건을 부의할 때에는 그러하지 아니하다($\frac{동법}{46}$).

3) 의안발의권  지방자치단체의 장은 지방의회에서 의결할 의안을 발의할 수 있다($\frac{동법}{66}$).

4) 조례(안)공포권  지방자치단체의 장은 조례안 공포권을 가지는데, 지방의회에서 의결된 조례안이 이송된 때에는, 지방자치단체의 장은 그 이송일부터 20일 이내에 이를 공포하여야 한다($\frac{동법}{26②}$). 지방자치단체의 장은 또한 지방의회의 재의에 붙여진 조례안이 전과 같이 의결되어 조례로서 확정된 경우에도 해당 조례를 지체없이 공포하여야 한다($\frac{동조}{⑥}$).

5) 재의요구 및 제소권  이에 관하여는 위에서 검토하였다.

6) 선결처분권  이에 관하여도 위에서 검토하였다.

## **4.** 지방자치단체의 장의 보조기관 및 행정기구

### (1) 보조기관

지방자치단체의 장의 보조기관으로서 특별시·광역시 및 특별자치시에 부시장을, 도와 특별자치도에 부지사, 시에 부시장, 군에 부군수, 구에 부구청 장을 두되, 그 수는 특별시는 3인, 광역시·특별자치시·도 및 특별자치도는 2인(인구 800만 이상의 광역시 및 도는 3인), 시·군·자치구는 1인으로 한다 (지방자치법 110①, 동법시행령 73①). 특별시와 광역시·특별자치시의 부시장, 도와 특별자치도의 부 지사는 대통령령으로 정하는 바에 따라 정무직 또는 일반직 국가공무원으로 보한다. 이 경우 정무직 또는 일반직 국가공무원으로 보하는 부시장·부지사 는 시·도지사의 제청으로 행정안전부장관을 거쳐 대통령이 임명한다. 다만 대통령령으로 정하는 바에 따라 특별시·광역시·특별자치시·도 및 특별자 치도에 2인 또는 3인의 부시장 또는 부지사를 두는 경우에는 그 중 1인은 정무직·일반직 또는 별정직 지방공무원으로 보한다(동조 ②).

한편 시의 부시장·군의 부군수·자치구의 부구청장은 일반직 지방공무원 으로 보하되, 그 직급은 대통령령으로 정하며, 시장·군수 등이 임명한다(동법 110④).

시·도의 부시장과 부지사, 시·군·자치구의 부시장·부군수·부구청장(이 하 부단체장이라 한다)은 지방자치단체의 장을 보좌하여 사무를 총괄하고, 소 속 직원을 지휘·감독한다(동법 110⑤). 부단체장은 다음의 경우에는 지방자치단체 의 장의 권한 또는 직무를 대행·대리한다. 즉 ① 지방자치단체의 장이 궐위 된 경우, 공소제기된 후 구금상태에 있는 경우, 60일 이상 계속하여 입원한 경우,[1] ② 지방자치단체의 장이 그 직을 가지고 그 지방자치단체의 장 선거 에 입후보한 경우에는 그 권한을 대행하며, ③ 지방자치단체의 장이 출 장·휴가 등 일시적 사유로 직무를 수행할 수 없는 경우에는 그 직무를 대리 한다(동법 111 ①②③).

### (2) 행정기구

지방자치단체의 행정사무를 분장하기 위하여 행정기구를 두되, 이는 대 통령령이 정하는 기준에 따라 그 지방자치단체의 조례로 정한다(동법 112①②).

---

1) 구법은 '금고 이상의 형의 선고를 받고 그 형이 확정되지 않은 경우도'를 권한대행 사유로 규정하고 있었으나, 이에 대한 헌법재판소의 헌법불합치결정(헌재결 2010. 9. 2, 2010헌마418)에 따라 이 규정 부분은 삭제되었다.

## 5. 지방자치단체의 장의 소속 행정기관

### (1) 직속 행정기관

지방자치단체는 그 소관 사무의 범위 안에서 필요한 때에는 대통령령이나 대통령령으로 정하는 바에 따라 지방자치단체의 조례로 소방기관·교육훈련기관·보건진료기관 등을 둘 수 있는바($\frac{동법}{113}$), 이에는 다음과 같은 것들이 있다.

1) 농업기술원·농업기술센터　농사에 관한 지역적인 시험연구사업·농촌지도사업 및 농민교육훈련에 관한 사업을 분장하기 위하여 도지사·특별도지사 소속으로 농업기술원을 두고, 지방자치단체의 농촌지도사업·농민교육훈련사업 등을 분장하게 하기 위하여 특별시장·광역시장·특별자치시장·시장·군수 소속으로 농업기술센터를 둘 수 있다($\frac{지방자치단체의행정기구와}{정원기준등에관한규정\ 16}$).

2) 보건소·지소　보건소의 설치는 대통령령이 정하는 기준에 따라 당해 지방자치단체의 조례로 정한다($\frac{지역보건}{법\ 10}$). 보건소는 시(구가 설치되지 않은 시)·군·구별로 1 개소씩 설치한다. 다만, 시장·군수·구청장이 지역주민의 보건의료를 위하여 특히 필요하다고 인정하는 경우에는 필요한 지역에 보건소를 추가로 설치·운영할 수 있다($\frac{지역보건법}{시행령\ 8①}$). 지방자치단체는 보건소의 업무수행을 위하여 필요하다고 인정하는 때에는 대통령령이 정하는 기준에 따라 당해 지방자치단체의 조례로 보건지소를 설치할 수 있다($\frac{지역보건}{법\ 13}$). 보건지소를 설치할 수 있는 기준은 읍·면(보건소가 설치된 읍·면을 제외)마다 1 개소씩으로 한다. 다만, 시장·군수·구청장은 지역주민의 보건의료를 위하여 특히 필요하다고 인정하는 경우에는 필요한 지역에 보건지소를 설치·운영하거나 수개의 보건지소를 통합하여 설치·운영할 수 있다($\frac{지역보건법}{시행령\ 10}$).

3) 소방본부·소방서　소방업무는 광역지방자치단체인 시·도의 자치사무로 되어 있으며, 시·도에는 시장 또는 도지사의 감독하에 관내의 소방사무를 수행하는 기관으로서 소방본부와 소방서가 설치되어 있다($\frac{소방기}{본법\ 3}$).

### (2) 사업소·출장소

지방자치단체는 특정 업무를 효율적으로 수행하기 위하여 필요한 때에는 대통령령이 정하는 바에 따라 조례로 사업소를 설치할 수 있고, 원격지 주민의 편의와 특정지역의 개발촉진을 위하여 필요하면 대통령령이 정하는 바에 따라 조례로 출장소를 설치할 수 있다($\frac{지방자치법}{114\cdot115}$).

## 6. 지방자치단체의 하부행정기관

### (1) 일반기관

제주특별자치도를 제외하고는 지방자치단체의 장의 하부행정기관으로서 일반적으로 다음의 기관들이 설치되어 있다.

1) **구 청 장**  특별시·광역시·특별자치시를 제외한 시 중에서 인구가 50만 이상되는 시에는 구(자치구와 구별됨)를 두고, 구에는 구청장을 둔다($_{3③}\cdot{}^{동법}_{117}$).

구청장은 시장의 지휘·감독을 받아 소관 국가사무와 시의 사무를 처리하고 소속 직원을 지휘·감독한다($^{동법}_{119}$). 그에 따라 구청장은 시의 하급행정청이면서, 국가사무를 수임·처리하는 한도에서는 국가기관으로서의 지위도 가진다.

2) **읍·면장**  군에는 읍·면을 두고($^{동법}_{3③}$)[1] 읍에는 읍장을, 면에는 면장을 둔다($^{동법}_{117}$).

읍·면장은 시장 또는 군수의 지휘·감독을 받아 소관 국가사무와 지방자치단체의 사무를 처리하고, 소속 직원을 지휘·감독한다($^{동법}_{119}$). 그에 따라 읍·면장은 시 또는 군의 하급행정청의 지위와 국가의 행정기관으로서의 지위를 아울러 가진다.

3) **동    장**  시와 구(자치구 포함)에는 동을 두고, 읍·면에는 리를 두며($^{동법}_{3③}$), 동에는 동장을 둔다($^{동법}_{117}$).

동장은 시장 또는 구청장의 지휘·감독을 받아 소관 국가사무와 지방자치단체의 사무를 처리한다($^{동법}_{119}$). 따라서 동장도 시·구의 하급행정청이면서, 국가사무를 처리하는 한도에서는 국가의 지방행정기관으로서의 지위도 가진다.

### (2) 제주도지사의 하부행정기관으로서의 시장·부시장

제주특별자치도 설치 및 국제자유도시 조성을 위한 특별법에 의하여 제주도는 다른 도에 비하여 특별자치도의 지위가 부여되었다.

이 법은 제주도에는 자치단체로서 시·군을 두지 아니하고, 단지 도의 행정단위로서의 시("행정시")만을 두도록 하고 있다($^{동법}_{10①②}$).

행정시에는 시장("행정시장")을 두되 도지사가 임명한다. 행정시장은 일반직 지방공무원으로 보한다. 다만 도지사선거 후보자는 장차 임명할 시장을

---

1) 지방자치법 제 7 조 제 2 항에 의하면, 동조 동항 소정의 일정한 지역은 이를 도농복합형태의 시로 할 수 있는데, 이러한 형태의 시에는 도시의 형태를 갖춘 지역에는 동을, 그 밖의 지역에는 읍·면을 두되, 자치구가 아닌 구를 둘 때에는 당해 구에 읍·면·동을 둘 수 있도록 하고 있다(동법 3④).

각 행정시별로 1인씩 예고할 수 있는데, 이렇게 행정시장으로 예고한 자를 임명할 경우에는 정무직 지방공무원으로 보한다. 행정시장은 임명할 자를 예고하지 아니하거나 행정시장으로 예고 또는 임명된 자가 사망, 사퇴 또는 퇴직하거나 임기가 만료되는 등으로 새로 행정시장을 임명하는 것이 필요한 때에는 일반직 지방공무원으로 보하되, 개방형 직위로 운영한다($^{동법}_{11·12}$).

행정시장은 제주도지사의 지휘·감독을 받아 소관 국가사무 및 지방자치단체의 사무를 처리하고 소속직원을 지휘·감독한다($^{동법}_{11⑤}$).

행정시에는 일반직 지방공무원으로 보하는 부시장을 두는바, 도지사가 임명한다. 부시장은 행정시장을 보좌하여 사무를 총괄하고 소속직원을 지휘·감독한다($^{동법}_{내지}$ $^{14①}_{③}$).


## Ⅳ. 특별기관

지방자치단체에는 지방의회와 지방자치단체의 장 이외에 의회 또는 장과의 관계에서 일정한 독립성을 가지고 특정사무를 처리하는 행정위원회적 성격의 기관들이 있다.

### 1. 인사위원회

#### (1) 설치·조직

인사위원회는 각 지방자치단체에 임용권자(특별시장·광역시장·특별자치시장·도지사·특별자치도지사·시장·군수·자치구청장·교육감 등, 단 임용권을 위임받은 자는 제외되나, 시의 구청장과 지방자치단체의 장이 필요하다고 인정하는 소속기관의 장은 이에 포함된다)별로 둔다($^{지방공무원}_{법 7①}$). 인사위원회는 지방자치단체의 장이 임명 또는 위촉하는 16명 이상 20명 이하의 위원으로 구성된다($^{동조}_{②③}$).

#### (2) 권  한

인사위원회는 ① 공무원 충원계획의 사전심의 및 각종 임용시험의 실시, ② 보직관리기준 및 승진·전보임용기준의 사전의결, ③ 승진임용의 사전심의, ④ 임용권자의 요구에 의한 징계의결 또는 징계부가금 부과의결, ⑤ 지방자치단체장이 지방의회에 제출하는 공무원의 인사와 관련된 조례안 및 규칙안의 사전심의, ⑥ 임용권자의 인사운영에 대한 개선 권고, ⑦ 그 밖에 법령 또는 조례의 규정에 의하여 그 관장에 속하는 사항을 처리한다($^{동법}_{8}$). 이러한

권한에 따라 인사위원회는 독립적인 합의제행정청(①의 경우)[1]과 의결기관
(④의 경우)의 이중적 성격을 가진다.

## 2. 소청심사위원회

지방공무원의 징계 그 밖에 그 의사에 반하는 불리한 처분이나 부작위에
대한 소청을 심사·결정하기 위하여, 시·도에 임용권자별로 의결기관인 지방
소청심사위원회 및 교육소청심사위원회를 둔다($\frac{동법}{13}$). 소청심사위원회는 16명
이상 20명 이하의 위원으로 구성된다($\frac{동법}{14}$).

소청심사위원회의 결정은 처분행정청을 기속한다($\frac{동법}{20}$).

## V. 교육·학예에 관한 기관

지방자치법 제121조 제 1 항은 "지방자치단체의 교육·과학 및 체육에
관한 사무를 분장하기 위하여 별도의 기관을 둔다"고 하고 동 제 2 항은 "제
1 항에 따른 기관의 조직과 운영에 관하여 필요한 사항은 따로 법률로 정한
다"고 규정하고 있다. 이 규정의 취지는 교육의 전문성과 독자성 등을 고려
하여 이들 사무는 지방자치단체의 일반적 기관인 지방자치단체의 장이 이를
처리하지 아니하고 이와는 별개의 기관으로 하여금 이를 처리하게 한다는 것
이다. 이러한 지방자치법 제121조 제 2 항에 따라 제정된 지방교육자치에 관
한 법률은 교육·학예에 관한 자치사무를 관장하는 기관으로서 교육감을 두
고 있다.

### 1. 교 육 감

#### (1) 지위·선임

교육감은 특별시·광역시·특별자치시·도 및 특별자치도의 교육·학예
에 관한 사무의 특별집행기관이나($\frac{동법}{18}$), 국가의 행정사무를 수임하여 처리하

---

1) 판례
"구지방공무원법(1993. 12. 27. 법률 제4613호로 개정되기 전의 것) 제 7 조, 제 8
조, 제 9 조, 제32조, 지방공무원임용령 제42조의2 등 관계규정에 의하면, 시·도인사위
원회는 독립된 합의제행정기관으로서 7 급 지방공무원의 신규임용실시를 관장한다고
할 것이므로, 그 관서장인 시·도인사위원회 위원장은 그의 명의로 한 7 급 지방공무원
의 신규임용시험 불합격결정에 대한 취소소송의 피고적격을 가진다"(대판 1997. 3.
28, 95누7055).

는 한도에서는 국가의 행정기관으로서의 지위도 가진다$\left(\substack{동법 \\ 19}\right)$.

교육감은 주민의 직접선거에 의해 선출되며, 임기는 4 년이고, 그 계속재임은 3 기에 한한다$\left(\substack{동법 \\ 43·21}\right)$.

(**2**) 권 한

1) **통할대표권** 교육감은 교육·학예에 관하여 당해 지방자치단체를 대표하고 그 사무를 통할한다$\left(\substack{동법 \\ 18}\right)$.

2) **사무집행권** 교육감은 그 권한에 속하는 사무를 관장·집행하는 권한을 가지는바, 그 관장사무는 교육·학예에 관한 다음과 같은 사무이다$\left(\substack{동법 \\ 20}\right)$.

① 조례안의 작성 및 제출에 관한 사항

② 예산안의 편성 및 제출에 관한 사항

③ 결산서의 작성 및 제출에 관한 사항

④ 교육규칙의 제정에 관한 사항

⑤ 학교, 그 밖의 교육기관의 설치·이전 및 폐지에 관한 사항

⑥ 교육과정의 운영에 관한 사항

⑦ 과학·기술교육의 진흥에 관한 사항

⑧ 평생교육, 그 밖의 교육·학예진흥에 관한 사항

⑨ 학교체육·보건 및 학교환경정화에 관한 사항

⑩ 학생통학구역에 관한 사항

⑪ 교육·학예의 시설·설비 및 교구에 관한 사항

⑫ 재산의 취득·처분에 관한 사항

⑬ 특별부과금·사용료·수수료·분담금 및 가입금에 관한 사항

⑭ 기채·차입금 또는 예산 외의 의무부담에 관한 사항

⑮ 기금의 설치·운용에 관한 사항

⑯ 소속 국가공무원 및 지방공무원의 인사관리에 관한 사항

⑰ 그 밖에 당해 시·도의 교육·학예에 관한 사항과 위임된 사항

3) **사무의 위임·위탁** 교육감은 조례 또는 교육규칙이 정하는 바에 의하여 그 권한에 속하는 사무의 일부를 보조기관·소속 교육기관 또는 하급교육행정기관에 위임할 수 있으며$\left(\substack{동법 \\ 26①}\right)$, 주민의 권리·의무와 직접 관계되지 않는 사무를 법인 또는 단체에 위탁할 수 있다$\left(\substack{동조 \\ ③}\right)$.

4) **교육규칙제정권** 교육감은 법령 또는 조례의 범위 안에서 그 권한에 속하는 사무에 관하여 교육규칙을 제정할 수 있는바, 이러한 교육규칙은 정

하는 방식에 의하여 공포하여야 하며, 원칙적으로 공포한 날부터 20일 후에 효력을 발생한다($\frac{동법}{25}$).

5) **직원임용권**  교육감은 소속 공무원에 대한 임용 기타 인사권과 감독권을 가진다($\frac{동법}{27}$). 한편, 교육위원회제도의 폐지에 따라 시·도의회의 교육·학예에 관한 사무의 지원 및 처리를 위하여 조례로 정하는 바에 따라 시·도의회의 사무처에 지원조직과 사무직원을 둘 수 있도록 하고 있으며, 그 사무직원은 시·도의회의장의 추천에 따라 교육감이 임명한다($\frac{동법}{29의3}$).

6) **재의요구 및 제소**  교육감은 시·도의회의 의결에 대신하는 사항에 대한 교육·학예에 관한 시·도의회의 의결이 법령위반이거나 현저히 공익을 저해한다고 인정할 때에는 재의를 요구할 수 있다. 교육부장관으로부터 재의요구를 하도록 요청받은 경우에는 재의를 요구하여야 한다($\frac{동법}{28①}$). 재의결된 사항이 법령에 위반된다고 판단되는 때에는 교육감은 재의결된 날부터 20일 이내에 대법원에 제소할 수 있다($\frac{동조}{③}$). 교육감이 제소하지 않는 경우에는 교육부장관은 제소를 지시하거나 직접제소할 수 있다($\frac{동조}{④}$). 이처럼 재의결된 사항이 대법원에 제소된 경우에는 그 의결의 집행을 정지하게 하는 집행정지결정을 신청할 수 있다($\frac{동조}{⑦}$).

7) **선결처분권**  교육감은 시·도의회의 의결을 요하는 사항에 대하여 시·도의회가 성립되지 않은 때, 학생의 안전과 교육기관 등의 재산보호를 위하여 긴급하게 필요한 사항으로서 시·도의회가 소집될 시간적 여유가 없거나 의결이 지체되어 의결되지 않은 때에는 선결처분할 수 있다($\frac{동법}{29①}$). 이러한 선결처분은 지체없이 교육위원회 또는 시·도의회에 보고하여 승인을 얻어야 하는 바, 승인을 얻지 못한 때에는 그 선결처분은 그 때부터 효력을 상실한다($\frac{동조}{②③}$).

**(3) 교육감의 보조기관**

1) **부교육감**  교육감 소속하에 국가공무원으로 보하는 부교육감을 두는데, 부교육감은 교육감의 추천과 교육부장관의 제청으로 국무총리를 거쳐 대통령이 임명한다($\frac{동법}{30①②}$). 부교육감은 교육감을 보좌하여 사무를 처리하며($\frac{동조}{③}$), 교육감에게 사고가 있을 때에는 그 직무를 대리한다($\frac{동법}{31}$).

2) **기타 보조기관**  교육감 밑에 기타 필요한 보조기관을 둘 수 있는데, 그 설치·운영에 관하여 필요한 사항은 대통령령이 정한 범위 안에서 시·도의 조례로 정한다($\frac{동법}{30⑤}$).

## 2. 지방교육에 관한 협의기구

지방자치단체의 교육·학예에 관한 사무를 효율적으로 처리하기 위해서는 지방자치단체 기관 사이에 긴밀한 협력이 필요한바, 그에 따라서 교육감과 시·도지사 사이에 지방교육 관련 업무협의를 활성화하기 위하여 지방교육행정협의회를 두도록 하였으며($\frac{동법}{41}$), 동시에 각 시·도 교육감 상호 간의 교류와 협력을 증진하고 공동의 문제를 협의하기 위하여 전국적인 교육감 협의체를 설립할 수 있도록 하였다($\frac{동법}{42①}$). 이 협의체는 지방교육자치에 직접적 영향을 미치는 법령 등에 관하여 교육부장관을 거쳐 정부에 의견을 제출할 수 있으며, 교육부장관은 제출된 의견을 관계 중앙행정기관의 장에게 통보하여야 한다($\frac{동조}{③}$). 종래 의견제출에 아무런 구속력이 없었던 문제점을 보완하기 위해 2015년 지방교육자치에 관한 법률 개정을 통해, 교육부장관은 제출된 의견에 대한 검토 결과 타당성이 없다고 인정하면 구체적인 사유 및 내용을 명시하여 협의체에 통보하여야 하며, 타당하다고 인정하면 관계 법령 등에 그 내용이 반영될 수 있도록 적극 협력하여야 하며, 관계 중앙행정기관의 장은 통보받은 내용에 대하여 통보를 받은 날부터 2개월 이내에 타당성을 검토하여 교육부장관에게 그 결과를 통보하여야 하고, 교육부장관은 통보받은 검토 결과를 협의체에 지체 없이 통보하도록 하고 있다($\frac{동조}{④⑤}$). 한편 교육감 협의체는 지방교육자치와 관련된 법률의 제정·개정 또는 폐지가 필요하다고 인정하는 경우에는 국회에 서면으로 의견을 제출할 수 있다($\frac{동조}{⑥}$).

# 제 8 항   지방자치단체에 대한 국가의 관여

## Ⅰ. 개    설

지방자치단체는 단순한 경제단체·관리단체에 그치지 않고, 제한적이나마 통치단체로서의 성격도 가지고 있다. 그러나 그 자치권은 고유권이 아니라 국가의 통치권에서 전래된 것이라는 점에서는 지방자치단체는 국가와 대등하거나 국가로부터 독립된 단체가 아니라, 기본적으로는 국가 내에서의 자치행정조직으로서의 지위를 가진다. 그에 따라 자치행정의 원활하고 효율적인 수행을 위하여, 또는 국가 전체의 정치·행정의 통일성을 확보한다는 견지에서 일정한 한도에서 국가가 지방자치단체의 자치행정에 대하여 관여하는 것이 인정되고 있다. 지방자치법은 제 9 장에서 지방자치단체에 대한 국가의 지도·감독에 관하여 규정하고 있다. 다만, 지방자치는 국가 내의 일정한 지역적 사무를 그 지역주민의 의사에 따라 자치적으로 처리하게 하는 제도이고 보면, 국가와 지방자치단체의 관계에 있어서도 국가의 일방적 관여만을 인정하는 것은 이 지방자치의 본질에 맞지 아니하는 것이다. 그에 따라 지방자치법도 중앙행정기관의 장과 지방자치단체의 장의 사무처리에 있어 이견이 있는 경우에 있어서의 그 조정에 관하여 규정하고 있다($_{168}^{법}$). 그러나 이하에서는 지방자치단체에 대한 국가의 관여방법에 관하여만 검토하기로 한다. 지방자치법은 일정 규정에서 국가의 지방자치단체에 대한 관여에 관하여 규정하고 있으나, 국가의 관여방법은 이에 한정되지는 아니한다.

## Ⅱ. 입법적 관여

지방자치단체의 조직과 운영에 관한 사항은 법률로 정하게 되어 있다($_{②}^{헌법}$ $_{②}^{118}$). 그에 따라 지방자치법이 지방자치단체의 조직에 관한 기본적 사항을 규정하고 있다. 또한 자치단체의 구체적 운영에 관하여는 다수의 개별법(지방세기본법·지방재정법·지방공무원법 등)에서 이를 규정하고 있다.

헌법은 조례는 법령에 위반되지 않는 범위 안에서만 제정할 수 있다고 규정하고 있다($_{117①}^{헌법}$). 따라서 법률의 위임이 있는 한에서는 행정입법(대통령령·총리령·부령)도 지방자치에 관한 중요한 관여수단이 된다.

국회는 전기한 법률의 제정·개폐에 의한 관여 외에 예산안의 의결, 국정감사 등에 의하여도 지방자치단체를 통제할 수 있다. 즉 국회는 위임사무(단체위임사무·기관위임사무)에 대하여 광역지방자치단체의 사무를 감사할 수 있고($_{에관한법률 7 ⅱ}^{국정감사및조사}$), 본회의가 특히 필요하다고 의결한 경우에는 기초지방자치단체에 대하여도 감사를 할 수 있다($_{7 ⅳ}^{동법}$).

## Ⅲ. 사법적 관여

광의의 사법적 관여는 행정심판에 의한 통제와 행정소송 및 헌법소원 등의 제기에 의한 통제방식으로 나눌 수 있다.

## 1. 행정심판

지방자치단체의 장의 위법·부당한 처분 및 부작위로 그 권리·이익이 침해된 자는 행정심판을 제기하여 이를 다툴 수 있는바, 이 경우 특별시장·광역시장·특별자치시장·도지사(교육감을 포함)·특별자치도지사 또는 이들 광역시의 의회 등의 처분 또는 부작위에 대한 행정심판의 청구를 심리·재결하기 위하여 국민권익위원회에 중앙행정심판위원회를 두고($\substack{행정심판 \\ 법 6②}$), 기초지방자치단체의 장 또는 그 의회 등의 처분이나 부작위에 대한 행정심판의 경우는 특별시장·광역시장·도지사·특별자치도지사 소속으로 행정심판위원회를 둔다($\substack{동조 \\ ③}$).

이러한 행정심판청구에 대한 재결에 의하여 자치행정의 적법성·타당성이 보장될 수 있는 것임은 물론이다.[1]

## 2. 행정소송

사법기관은 항고소송·당사자소송 또는 선거소송·주민소송·기관소송 등이 제기되는 경우 적법한 자치행정 확보를 위한 통제적 기능을 수행할 수 있는바, 주민소송·기관소송이 보다 직접적 통제수단으로서의 성격을 가진다.

### (1) 항고소송·당사자소송 및 선거소송

지방자치단체의 장의 위법한 처분이나 부작위에 의하여 그 권리·이익의 침해를 받은 자는 취소소송·무효확인소송 또는 부작위위법확인소송 등을 제기하여 그 권익의 구제를 받을 수 있는바, 이러한 취소소송 또는 부작위위법확인소송은 개인의 권익구제와 함께 자치행정의 적법성 보장의 기능도 수행하는 것이다. 자치행정과 관련하여 그 권익의 침해를 받은 사인은 지방자치단체를 한쪽 당사자로 하는 당사자소송을 제기할 수도 있다($\substack{행정소송 \\ 법 3ii}$).

지방자치단체의 의회의원 또는 장의 선거에 대하여 다툼이 있는 자(선거

---

1) 전술한 것은 현행 행정심판법의 규정과의 관련에서 당연히 도출되는 것이다. 그러나 이것은 지방자치의 본질과의 관련에서, 보다 구체적으로는 지방자치법 제169조 제 1 항의 관련에서는 문제가 있다. 먼저 이론적 측면에서는, 지방자치는 고유한 법인격을 가지는 지방자치단체로 하여금 그 지역적 사무를 독자적으로 처리하게 하는 것이고 보면, 이러한 자치단체의 자치사무 집행에 대하여 본질적으로는 국가의 행정적 관여로서의 성질을 가지는 행정심판에서 그 위법성뿐만 아니라 부당사유에 기하여도 이를 통제할 수 있다고 하는 것은 지방자치의 본질에 맞지 아니하는 것이다. 보다 구체적으로는 지방자치법 제169조 제 1 항은 그 단서에서 지방자치단체장의 처분등에 대하여 국가 등의 감독기관은 자치사무에 대하여는 단지 위법사유만을 이유로 이를 취소·정지할 수 있다고 규정하고 있다. 그럼에도 본질적으로 행정의 자율적 통제의 성질을 가지는 행정심판에 있어서는 부당사유에 기하여도 이들 처분등을 취소할 수 있다고 하는 것은 이 규정에도 반한다는 문제점이 있는 것이다.

인·정당·후보자)는 비례대표시·도의원선거 및 시·도지사선거에 있어서는 대법원에, 지역구시·도의원선거, 자치구·시·군의원선거 및 자치구·시·군의 장선거에 있어서는 관할 고등법원에 선거소송을 제기하여 그 효력을 다툴 수 있다($\frac{공직선거법}{222②}$).

**(2) 기관소송**

1) **지방의회와 지방자치단체의 장 사이의 소송** 지방의회의 의결이 법령에 위반되거나 공익을 현저히 해한다고 판단될 때에는 시·도에 대하여는 주무부장관이, 시·군 및 자치구에 대하여는 시·도지사가 해당 지방자치단체의 장에게 재의를 요구하게 할 수 있고 재의의 요구를 받은 지방자치단체의 장은 지방의회에 이유를 붙여 재의를 요구하여야 하는바, 그 요구에 대한 재의의 결과 지방의회 재적의원 과반수의 출석과 출석의원 3분의 2 이상의 찬성으로 전과 같은 의결을 하면 그 의결사항은 확정된다. 지방자치단체의 장은 그 확정된 사항이 법령에 위반된다고 판단되는 때에는 대법원에 제소할 수 있으며, 이 경우 의결의 집행을 정지하는 집행정지결정을 신청할 수 있다($\frac{지방자치법172}{① 내지 ③}$).

지방의회의 재의결사항이 법령에 위반됨에도 지방자치단체의 장이 제소하지 않는 때에는 감독관청[1]은 당해 장에게 제소를 지시하거나 직접 제소할 수 있다($\frac{동조}{④}$). 기관소송을 동일법주체 내부에서 그 기관 상호간의 쟁송으로 파악하는 입장에서는, 감독관청이 지방의회의 재의결된 사항의 위법을 이유로 제기하는 소송은 이를 일종의 항고소송으로 보고 있다. 주무부장관 또는 시·도지사가 지방의회의 의결이 법령에 위반되었음을 이유로 지방자치단체의 장에게 재의요구지시를 하였으나 이를 묵살하고 그대로 시행한 경우 대법원에 제소하여 이를 다툴 수 없다는 문제점이 제기되었던바, 이를 보완하기 위하여 2005년 지방자치법 개정시 제172조에 새 항목을 추가하여 지방자치단체의 장이 법령위반을 이유로 재의요구지시를 받았음에도 이에 불응한 경우와 재의요구지시를 받기 전에 법령에 위반된 조례안을 공표한 경우에는 주무부장관 또는 시·도지사는 대법원에 직접 제소하고 집행정지결정을 신청할 수 있도록 하였다($\frac{동조}{⑦}$).

2) **지방자치단체의 장과 국가기관 사이의 소송** 이에는 다음의 두 가지가 있다. ① 지방자치단체의 사무에 관한 지방자치단체의 장의 명령·처분이 법령에 위반되거나 현저히 부당하여 공익을 해한다고 인정할 때에는(단, 자치사

---

1) "지방의회 재의결에 대하여 제소를 지시하거나 직접 제소할 수 있는 주체로 규정된 '주무부장관이나 시·도지사'는 시·도에 대하여는 주무부장관을, 시·군 및 자치구에 대하여는 시·도지사를 각 의미한다. 따라서 행정자치부장관은 시·군 및 자치구의 의회를 상대로 조례안재의결의 무효확인을 구할 원고적격이 없다"(대판 2016.9.22, 2014추521 전원합의체의 다수의견).

무에 대하여는 법령위반에 한정), 시·도에 대하여는 주무부장관이, 시·군·자치구에 대하여는 시·도지사가 시정을 명하고 그 기간 내에 이를 이행하지 않는 때에는 취소·정지할 수 있다(동법169①). 지방자치단체의 장은 자치사무에 관한 명령·처분의 취소·정지에 이의가 있는 때에는 대법원에 제소할 수 있다(동조②). 이 소송의 성질에 대하여 일부 학설은 기관소송을 동일법주체 내부에서 그 기관 상호간의 쟁송으로 제한적으로 파악하여 이 소송을 일종의 항고소송으로 보고 있는바, 이것이 현재 학설의 유력한 견해이다.[1] 이에 대하여는 동조상의 다툼은 국가기관과 지방자치단체 사이, 또는 광역지방자치단체와 기초지방자치단체 사이의 권한쟁의에 해당하는 것으로서, 그 판정은 헌법재판소의 권한쟁의심판에 의하여야 할 것이라는 견해도 제시되고 있다.[2] ② 지방자치단체의 장은 주무부장관이나 시·도지사의 직무이행명령에 이의가 있는 때에도 또한 대법원에 제소할 수 있다(동법170③). 이러한 직무이행명령에 불복하여 제기하는 소송의 성질에 대하여도 다수 견해는 이를 일종의 항고소송으로 보고 있다. 직무이행명령은 기관위임사무의 집행과 관련하여 발하여지는 것인데, 이 경우 당해 지방자치단체의 장은 국가기관의 지위에서 당해 사무를 처리하는 것이고 보면, 이와 관련된 소송을 통상적 의미의 독립된 권리주체 간의 소송으로서의 항고소송으로 보기는 어렵다 할 것이다.

### 3. 헌법소송

지방자치에 대한 국가의 감독으로서의 헌법재판소에 의한 관여는 권한쟁의심판 및 헌법소원의 제기에 따라 행해진다.

#### (1) 권한쟁의심판

국가기관과 지방자치단체간 및 지방자치단체 상호간에 권한의 존부 또는 범위에 관하여 다툼이 있을 때에는 당해 국가기관 또는 지방자치단체는 헌법재판소에 권한쟁의심판을 청구할 수 있다(헌법재판소법61①). 앞에서 검토한 행정소송으로서의 기관소송과는 달리, 권한쟁의심판에 있어서는 지방자치단체가 소송당사자가 된다.

---

1) 김남진, 행정법(Ⅱ), p. 864; 류지태/신봉기, 국가기관과 지방자치단체 간의 권한쟁의, 헌법재판연구 제9권, 1997, p. 273. 이 문제에 대하여는 감독권의 위법한 행사는 국가와 독립된 법인인 지방자치단체에게 헌법에 의하여 보장되고 있는 자치권의 침해에 해당하므로, 이에 대하여는 행정소송법상의 항고소송(취소소송·무효확인소송)을 제기하여 이를 다툴 수 있을 것이라는 견해도 제시되고 있다: 조성규, 지방자치단체의 공법상 지위에 관한 연구(서울대학교 2001년 박사학위논문).
2) 김하열, 권한분쟁에 관한 헌법재판소와 법원의 관할, 헌법실무연구, 2003, p. 459.

지방자치단체가 당사자가 되는 권한쟁의심판으로서는, ① 정부와 지방자치단체간의 권한쟁의심판으로서, 정부와 광역지방자치단체·기초지방자치단체 사이의 권한쟁의심판과 ② 지방자치단체 상호간의 것으로서, 광역지방자치단체 상호간의 권한쟁의심판, 기초지방자치단체 상호간의 심판 및 광역지방자치단체와 기초지방자치단체 사이의 권한쟁의심판이 있다($\frac{동법}{62①}$).

헌법재판소의 권한쟁의심판의 결정은 모든 국가기관과 지방자치단체를 기속한다($\frac{동법}{67①}$).

### (2) 헌법소원

공권력의 행사 또는 불행사로 인하여 헌법상 보장된 기본권을 침해받은 자는 헌법재판소에 헌법소원심판을 청구할 수 있다($\frac{헌법재판소}{법\ 68①}$). 헌법재판소는 동조상의 공권력작용에는 입법작용이 포함된다고 보고 있는바, 조례제정행위도 입법작용에 해당하므로 다른 집행행위 없이도 조례에 의하여 직접적·현재적으로 기본권이 침해된 자는 당해 조례에 대하여 헌법소원심판을 청구할 수 있을 것이다($\frac{헌재결\ 1990.6.25,\ 89헌마220;}{헌재결\ 1994.12.29,\ 92헌마216}$).

이 밖에 지방자치단체 또는 그 기관의 헌법소원의 제기에 의한 통제도 일단 상정될 수 있다. 그러나 지방자치단체에는 자치행정권이 보장되고 있기는 하나, 기본권이 보장된 것은 아니라고 할 것이고 보면, 이러한 헌법소원은 인정되지 아니한다 할 것이다.[1]

## Ⅳ. 행정적 관여

### 1. 개 설

지방자치에 대한 국가의 행정적 관여에는 감독 또는 통제라는 권력적인 수단뿐만 아니라, 조언·지원 등의 비권력적인 수단도 있다.

지방자치법은 후자에 관하여는 중앙행정기관의 장 또는 국가기관으로서의 시·도지사의 지방자치단체의 사무에 대한 조언·권고·지도($\frac{법}{166①}$)와 국가

---

1) 판례

"기본권의 보장에 관한 각 헌법규정의 해석상 국민(또는 국민과 유사한 지위에 있는 외국인과 사법인)만이 기본권의 주체라 할 것이고, 국가나 국가기관 또는 국가조직의 일부나 공법인은 기본권의 수범자이지 기본권의 주체로서 그 소지자가 아니고 오히려 국민의 기본권을 보호 내지 실행해야 할 '책임'과 '의무'를 지니고 있는 지위에 있을 뿐이므로, 공법인인 지방자치단체의 의결기관인 청구인의회(서울특별시의회)는 기본권의 주체가 될 수 없고 따라서 헌법소원을 제기할 수 있는 적격이 없다"(헌재결 1998. 3. 26, 96헌마345).

및 시·도의 지방자치단체에 대한 재정지원·기술지원(동법166②)에 관하여 규정하고 있다. 그러나 국가의 지방자치단체에 대한 행정적 관여로서는 감독·통제가 중심을 이루고 있으므로 다음에서는 이에 대하여서만 검토하기로 한다.

지방자치단체에 의한 자치사무처리에 대한 국가의 행정적 감독은 그 내용상 합법성 통제와 합목적성 통제로 나눌 수 있다. 지방자치는 일정한 사무를 자치단체가 독자적으로 처리함을 그 내용으로 하는 것이라는 점에서 합목적성의 통제는 원칙적으로 인정되지 않는다(다만, 조언·권고 등의 비권력적 관여의 경우에는 합목적성을 기하고자 하는 것도 인정될 수 있다고 본다). 그러나 지방자치단체의 장이 기관위임사무를 처리하는 경우에는 그 한도에서 국가의 지방행정기관으로서의 지위에 서는 것이므로, 국가는 상급행정기관의 지위에서 합법성 통제뿐만 아니라, 합목적성에 기한 통제도 행할 수 있다. 이에 반하여 단체위임사무는 지방자치단체에 위임된 국가의 사무이나, 그것은 지방자치단체의 사무로서 취급되는 것이므로, 이에 대하여는 합목적성에 기한 통제, 즉 부당사유에 기한 통제는 허용되지 아니한다고 할 것이다. 그러나 지방자치법은 기관위임사무뿐만 아니라, 단체위임사무에 대하여도 국가 등의 합목적성의 통제를 인정하고 있는바, 이것은 아마도 단체위임사무는 본래 국가의 사무가 지방자치단체에 위임된 것이라는 사실을 고려한 것이 아닌가 한다.

## 2. 감독기관

지방자치단체에 대한 행정적 감독기관으로는 직접적인 감독기관으로서 행정각부장관 기타 중앙행정기관 및 상급지방자치단체의 장 등이 있으나, 행정권의 수반인 대통령과 그 명을 받아 행정각부를 통할하는 국무총리도 그 감독기관이 됨은 물론이다.

지방자치단체 또는 그 장이 위임받아 처리하는 국가사무에 대하여는, 시·도에 있어서는 주무부장관이 감독권을 가지고, 시·군·자치구에 있어서는 시·도지사가 국가기관의 지위에서 감독권을 가진다. 시·도지사는 또한 이들 기초지방자치단체에 의한 시·도의 위임사무 처리에 대한 감독권도 가진다 (지방자치법167①②). 행정안전부장관은 지방자치단체에 대한 일반적 감독권을 가지며 (정부조직법 34), 교육부장관은 국가의 위임사무의 집행에 관하여 교육감에 대한 지휘·감독권을 가진다(지방교육자치에관한법률 3). 감사원은 자치단체의 회계검사와 직무감찰에 관한 권한을 가진다(감사원법20 이하).

## 3. 감독방법

### (1) 명령·처분의 시정명령 및 취소·정지

자치사무에 관한 지방자치단체의 장의 명령·처분이 위법한 경우에는 주무부장관(시·도의 경우) 또는 시·도지사(시·군·자치구의 경우)가 그 시정을 명하고, 기간 내에 이행하지 않을 때에는 명령 또는 처분을 취소·정지할 수 있다. 지방자치법은 위임사무의 경우와는 달리 지방자치단체의 고유사무인 자치사무에 대하여는 지방자치단체의 자치권의 존중의 관점에서 시·도 또는   시·군·자치구의 장의 명령·처분에 대하여 그 위법을 이유로 하여서만 이를 취소 또는 정지할 수 있도록 규정하고 있다. 여기서 명령 또는 처분이 위법하다는 것은 그것이 명시적인 법령의 규정에 위반한 경우뿐만 아니라, 재량처분에 있어 그 재량권을 일탈·남용한 경우도 당연히 포함된다고 본다. 왜냐하면 재량처분에 있어 그 재량권을 일탈·남용하였다는 것은 해당 재량처분이 그 재량권을 한계지우는 실정법 또는 불문법원리에 위반하고 있다는 것을 의미하는 것으로, 이러한 의미의 재량권의 일탈·남용과 해당 처분이 명시적인 법령의 규정에 위반되는 경우를 구분할 합리적인 이유는 없는 것으로 보이기 때문이다.[1]

감독기관의 감독의 대상이 되는 지방자치단체의 장의 '처분'은 행정적 관여의 대상이라는 점에서 항고소송에서의 처분 개념으로 제한할 필요가 없으며, 그보다 확대된 개념으로 보아야 할 것이다.[2]

주무부장관 또는 시·도지사는 또한 위임사무(기관위임사무·단체위임사무)에 관한 지방자치단체장의 명령·처분이 위법하거나 현저히 공익을 해하는 것인 때에도 그 시정을 명하고, 기간 내에 시정하지 않을 때에는 이를 취

---

1) 판례

"구 지방자치법 제157조(현 제169조) 제 1 항 전문 및 후문에서 규정하고 있는 지방자치단체의 사무에 관한 그 장의 명령이나 처분이 법령에 위반되는 경우라 함은 명령이나 처분이 현저히 부당하여 공익을 해하는 경우, 즉 합목적성을 현저히 결하는 경우와 대비되는 개념으로, 시·군·구의 장의 사무의 집행이 명시적인 법령의 규정을 위반한 경우뿐만 아니라, 그러한 사무의 집행이 재량권을 일탈·남용하여 위법하게 되는 경우를 포함한다고 할 것"이다(대판 2007. 3. 22, 2005추62 전원합의체).

2) 판례

"행정소송법상 항고소송은 행정청이 행하는 구체적 사실에 관한 법집행으로서의 공권력의 행사 또는 거부와 그 밖에 이에 준하는 행정작용을 대상으로 하여 위법상태를 배제함으로써 국민의 권익을 구제함을 목적으로 하는 것과 달리, 지방자치법 제169조 제 1 항은 지방자치단체의 자치행정 사무처리가 법령 및 공익의 범위 내에서 행해지도록 감독하기 위한 규정이므로 적용대상을 항고소송의 대상이 되는 행정처분으로 제한할 이유가 없다"(대판 2017. 3. 30, 2016추5087). 위 판결에서는 지방자치단체장의 공무원 채용공고가 시정명령과 직권취소의 대상이 될 수 있다고 판단하였다.

소·정지할 수 있다($\substack{지방자치법 \\ 169①}$). 이와 관련하여서는 지방자치단체장의 기관위임 사무의 위법·부당한 처리에 대하여 주무부장관 또는 시·도지사가 이를 취소 하는 대신에 그 취소소송을 제기하여 이를 다툴 수 있는가의 문제가 있다. 이 문제는 군수의 국토이용계획과 관련된 기관위임사무의 처리에 대하여 구 건 설교통부장관이 제기한 취소소송과 관련하여 제기된 바 있다. 이에 대하여 대 법원은 구 건설교통부장관은 법원에 의한 판결을 받지 않고서도 행정권한의 위임 및 위탁에 관한 규정이나 지방자치법이 정하고 있는 지도·감독을 통하 여 직접 지방자치단체의 장의 사무처리에 대하여 시정명령을 발하고 그 결정 을 취소 또는 정지할 수 있으므로, 기관위임사무의 처리에 관하여 지방자치단 체의 장을 상대로 취소소송을 제기하는 것은 허용되지 않는다고 판시하였다 ($\substack{대판 2007.9.20, \\ 2005두6935}$). 이 판례는 타당하다고 할 것으로서, 주무부장관은 소송에 의하지 아니하고도 보다 직접적이고도 실효적인 권리구제방법이 있으므로, 이 경우에는 소의 일반적 이익으로서의 권리구제의 필요가 인정되지 아니하기 때문이다.[1]

자치사무에 관한 명령·처분에 대한 감독관청의 취소·정지에 대하여 이 의가 있는 때에는 해당 지방자치단체의 장은 대법원에 제소할 수 있다($\substack{동조 \\ ②}$). 그 러나 시정명령 단계에서는 대법원에 소를 제기하는 것이 허용되지 않는다.[2]

**(2) 직무이행명령**

지방자치단체가 국가 등의 위임사무의 집행을 태만히 하고 있는 경우에 그 이행의 적절한 확보수단이 요청된다. 지방자치법은 1994년 3월의 개정에 서 이러한 요청에 부응하는 것으로서 직무이행명령제도를 도입하였다. 즉 지 방자치법은 지방자치단체의 장이 법령의 규정에 의하여 그 의무에 속하는 위 임사무(기관위임사무)의 관리·집행을 명백히 게을리하고 있다고 인정되는 때 에는 시·도에 대하여는 주무부장관이, 시·군 및 자치구에 대하여는 시·도지 사가 기간을 정하여 그 이행할 사항을 명령할 수 있도록 하고 있다($\substack{법 \\ 170①}$). 이 경우 당해 지방자치단체의 장이 소정 기간 내에 당해 사항을 이행하지 않을 때에는 주무부장관 또는 시·도지사는 당해 지방자치단체의 비용으로 이를 대

---

1) F. Hufen, Verwalltungsprozessrecht, 4. Aufl., 2000, S. 426~427.
2) 판례
　　"지방자치법 제169조 제 2 항은 '시·군 및 자치구의 자치사무에 관한 지방자치단체 의 장의 명령이나 처분에 대하여 시·도지사가 행한 취소 또는 정지'에 대하여 해당 지방자치단체의 장이 대법원에 소를 제기할 수 있다고 규정하고 있을 뿐 '시·도지사 가 지방자치법 제169조 제 1 항에 따라 시·군 및 자치구에 대하여 행한 시정명령'에 대하여도 대법원에 소를 제기할 수 있다고 규정하고 있지 않으므로, 이러한 시정명령 의 취소를 구하는 소송은 허용되지 않는다"(대판 2017. 10. 12, 2016추5148).

집행하거나 행정·재정상 필요한 조치를 할 수 있다($\frac{동조}{②}$).

이러한 이행명령에 이의가 있는 지방자치단체의 장은 그 명령서를 접수한 날부터 15일 이내에 대법원에 제소하고 또한 이행명령의 집행정지결정을 신청할 수 있다($\frac{동조}{③}$).

**(3) 명령·지시·지정 등**

1) 지방의회의 의결이 법령에 위반되거나 공익을 심히 해한다고 인정될 때에는 감독관청인 주무부장관 또는 시·도지사(시·군·자치구의 경우)는 해당 지방자치단체의 장에게 의회의 재의를 요구하도록 명령하고($\frac{동법}{172①}$), 재의결된 사항이 다시 법령에 위반되는 것으로 판단될 때에는 대법원에의 제소를 지시할 수 있다.

2) 행정안전부장관은 공익상 필요하면 지방자치단체조합의 설립·해산·규약변경에 관하여 명령할 수 있고($\frac{동법}{163}$), 지방자치단체의 구역변경·폐치·분합시에는 행정안전부장관 또는 시·도지사는 사무와 재산을 승계할 지방자치단체를 지정할 수 있다($\frac{동법}{5②}$).

**(4) 사무회계감사**

행정안전부장관이나 시·도지사는 지방자치단체의 자치사무에 관하여 서류·장부 또는 회계를 감사할 수 있다. 다만 이 경우 감사는 법령위반사항에 대하여만 실시하여야 하고, 감사를 실시하기 전에 해당 사무의 처리가 법령에 위반되는지 여부 등을 확인하여야 한다($\frac{지방자치}{법 171}$). 그 밖에도 감사원은 지방자치단체의 회계를 검사하고($\frac{감사원}{법 22}$)·직무를 감찰할 수 있다($\frac{동법}{24}$).

**(5) 승    인**

지방자치단체의 행위에 국가의 승인이 필요한 경우가 적지 않은데, 이것은 국가의 사전감독 수단의 하나이다. 외채발행의 승인($\frac{지방재정법}{11② 단서}$), 지방자치단체조합 설립의 승인($\frac{지방자치법}{159①}$) 등이 그 예이다.

여기서의 승인은 그 구조상 타인의 법률행위에 동의를 부여하여 그 법률상 효력을 완성시켜 준다는 점에서는 행정행위인 인가로서의 승인과 공통적 성격이 있다. 그럼에도 여기서의 승인은 감독관청과 지방자치단체의 관계에서 행하여지는 것으로서 그것은 넓은 의미에서의 조직법상의 행위에 그치는 것이지 그 자체 행정행위로서의 성질을 가지는 것은 아니라 할 것이다. 따라서 법률에 특별한 규정이 없는 한 승인이 거부되어도 행정소송을 제기하여 이를 다툴 수는 없다고 할 것이다.[1]

---

1) 박윤흔, 행정법(하), p. 193.

승인에는 사전적 승인과 사후적 승인이 있을 수 있으나, 현행법상으로는 사전적 승인만이 있다.

### (6) 보고 등의 요구

행정안전부장관이나 시·도지사가 지방자치단체의 자치사무에 관한 감독상 필요한 보고를 접수하거나($\frac{\text{지방자치}}{\text{법} 171}$), 감사원이 서류·물품의 제출요구, 관계공무원의 출석·답변을 요구하는 것($\frac{\text{감사원법}}{25 \text{ 내지 } 27}$) 등이 여기에 해당한다.

### (7) 징계처분 등

감사원은 지방공무원의 비위를 감찰하여 징계처분 또는 문책 등을 요구하고($\frac{\text{동법} 32}{\text{내지 } 34}$), 변상책임 유무를 판정하며($\frac{\text{동법}}{31}$), 청구 또는 직권에 의하여 재심의를 한다($\frac{\text{동법} 36}{\text{내지 } 40}$).

### (8) 분쟁조정

지방자치단체 또는 지방자치단체의 장 상호간에 분쟁이 있는 경우에는 행정안전부장관 또는 시·도지사가 원칙적으로 당사자의 신청에 의하여 이를 조정한다. 다만, 그 분쟁이 공익을 현저히 저해하여 조속한 조정이 필요하다고 인정되는 경우에는 직권으로 이를 조정할 수 있다($\frac{\text{지방자치법}}{148①}$). 분쟁의 조정에 있어서는 행정안전부장관 또는 시·도지사는 관계중앙행정기관의 장과의 협의를 거쳐 지방자치단체중앙분쟁조정위원회 또는 지방자치단체지방분쟁조정위원회의 의결에 따라 이를 행한다($\frac{\text{동조}}{③}$).

행정안전부장관 또는 시·도지사가 조정결정을 한 때에는 관계지방자치단체의 장은 그 결정사항을 이행하여야 한다($\frac{\text{동조}}{④}$).

행정안전부장관이나 시·도지사의 분쟁조정결정에 대해서는 소송을 통한 불복은 허용되지 않는다.[1]


## 제 9 항   지방자치단체 상호간의 관계

지방자치단체는 법적으로는 각각 독립한 법인격을 가지는 지역단체로서,

---

1) 판례

　"행정자치부장관이나 시·도지사의 분쟁조정결정에 대하여는 후속의 이행명령을 기다려 대법원에 이행명령을 다투는 소를 제기한 후 그 사건에서 이행의무의 존부와 관련하여 분쟁조정결정의 위법까지 함께 다투는 것이 가능할 뿐, 별도로 분쟁조정결정 자체의 취소를 구하는 소송을 대법원에 제기하는 것은 지방자치법상 허용되지 아니한다. 나아가 분쟁조정결정은 상대방이나 내용 등에 비추어 행정소송법상 항고소송의 대상이 되는 처분에 해당한다고 보기 어려우므로, 통상의 항고소송을 통한 불복의 여지도 없다"(대판 2015. 9. 24, 2014추613).

그 자치사무를 독자적으로 처리할 수 있는 권능을 가지고 있으므로 하나의 지방자치단체가 다른 지방자치단체의 자치사무의 처리에 관여하는 것은 허용되지 않는 것이 원칙이다. 그러나 지방자치단체는 그 단위인 도·시·군·자치구가 보여 주는 바와 같이, 전국이 다수의 소규모의 지역단위로 구분되어 있는 것이므로, 그 행정의 적정성이나 능률성 등의 확보라는 관점에서, 지방자치단체 상호간에 있어서 일정 한도의 협력은 불가결한 것이다. 또한 지방자치단체는 그 사무처리에 있어 다른 지방자치단체와 분쟁이 발생할 수도 있기 때문에 그 조정의 문제도 지방자치단체 상호간의 관계에 있어 중요한 문제의 하나이다.

## Ⅰ. 협력관계

지방자치단체는 다른 지방자치단체로부터 사무의 공동처리에 관한 요청이나 사무처리에 관한 협의·조정·승인 또는 지원의 요청이 있는 때에는 법령의 범위 안에서 이에 협력하여야 한다($\frac{지방자치}{법 147}$).

지방자치단체 사이의 협력의 방법으로는 사무위탁과 행정협의회·지방자치단체의 장 등의 협의체의 구성, 지방자치단체조합의 설립 등이 있다.

### 1. 사무위탁

#### (1) 의의 및 절차

사무위탁이란 지방자치단체 또는 그 장이 소관사무의 일부를 다른 지방자치단체 또는 그 장에게 위탁하여 처리하게 하는 것을 말한다. 이러한 사무위탁은 공법상계약으로서의 성질을 가진다.

사무위탁은 관계자치단체간의 협의에 따라 규약을 정하고 이를 고시함으로써 행하고, 사무를 위탁한 때에는 이를 감독청에 보고하여야 한다($\frac{동법}{151①②}$).

#### (2) 사무위탁규약

사무위탁에 관한 규약에는 ① 사무를 위탁하는 지방자치단체와 사무를 위탁받는 지방자치단체, ② 위탁사무의 내용과 범위, ③ 위탁사무의 관리와 처리방법, ④ 위탁사무의 관리 및 처리에 소요되는 경비의 부담 및 지출방법, ⑤ 그 밖에 사무위탁에 관하여 필요한 사항을 정하여야 한다.

### 2. 행정협의회에 의한 공동처리

지방자치단체는 2개 이상의 지방자치단체에 관련된 사무의 일부를 공동으로 처리하기 위하여 관계 지방자치단체 간에 행정협의회를 구성할 수 있다($\frac{\text{동법}}{152①}$).

### (1) 성    격

행정협의회는 지방자치단체조합과는 달리 독립된 단체는 아니고, 관계지방자치단체의 공동기관으로서의 성격을 가진다.

### (2) 구    성

행정협의회는 관계지방자치단체 사이의 협의에 따라 규약을 정하여, 관계지방의회의 의결을 거친 후에 이를 고시함으로써 구성된다($\frac{\text{동조}}{②}$). 행정안전부장관 또는 시·도지사는 공익상 필요할 때에는 관계지방자치단체에 대하여 그 구성을 권고할 수 있다($\frac{\text{동조}}{③}$).

### (3) 조    직

행정협의회는 회장과 위원으로 조직되는데, 규약이 정하는 바에 따라 관계지방자치단체의 직원 중에서 선임된다($\frac{\text{동법}}{153}$).

### (4) 조정절차

행정협의회에서 합의가 이루어지지 않은 사항에 대하여 관계지방자치단체의 요청이 있는 때에는 시·도 간의 협의사항에 대하여는 행정안전부장관이, 시·군·자치구 간의 협의사항에 대하여는 시·도지사가 중앙행정기관의 장과의 협의를 거쳐 중앙분쟁조정위원회 또는 지방분쟁조정위원회의 의결에 따라 이를 조정할 수 있다($\frac{\text{동법}}{156①}$).

### (5) 협의사무처리의 효력

행정협의회가 관계 지방자치단체나 그 장의 명의로 한 사무의 처리는 관계 지방자치단체 또는 그 장이 행한 것으로 본다($\frac{\text{동법}}{157③}$).

## 3. 지방자치단체조합에 의한 공동처리

### (1) 의    의

지방자치단체조합은 2개 이상의 지방자치단체가 그 권한에 속하는 하나 또는 둘 이상의 사무를 공동으로 처리하기 위하여 관계지방자치단체 간의 합의에 의하여 설립하는 법인격을 가진 공동단체이다.[1]

---

1) 지방자치단체조합의 법적 성격에 대하여는 현재 견해가 갈리고 있다. 이 조합은 지방자치단체를 구성원으로 하는 특별지방자치단체라고 보는 것이 종래의 일반적 견해라고 할 수 있다(박윤흔, 행정법(하), p. 178). 그러나 이 기구는 주민을 직접 그 구성요소로 하고 있지 아니하고, 또한 지방의회에 상응하는 의결기관도 없다는 점에서 이를 자치단체의 한 유형으로 보기는 어려운 점이 있다. 그러한 점에서 저자도 이 판에서는 지방자치단체조합은 특별지방자치단체가 아니라 지방자치단체 사이에서 협력적으로 일정의 공동사무를 처리하기 위하여 설치된 공동단체로 보기로 하였다.

지방자치단체조합은 일정 사무의 공동처리를 위한 지방자치단체 간의 협력기구이며, 그 설치가 원칙적으로 임의적이라는 점에서 행정협의회와 같으나, 행정협의회는 법인이 아닌데 대하여 지방자치단체조합은 법인이라는 점에서 양자는 구별된다.

지방자치단체조합은 그에서 공동으로 처리하는 사무가 하나 또는 둘 이상인가에 따라 일부사무조합과 복합사무조합으로 구분된다.

### (2) 설 립

2개 이상의 지방자치단체가 하나 또는 둘 이상의 사무를 공동으로 처리할 필요가 있을 때에는 규약을 정하여 그 지방의회의 의결을 거쳐 시·도는 행정안전부장관의, 시·군 및 자치구는 시·도지사의 승인을 받아 지방자치단체조합을 설립할 수 있다. 다만, 구성원인 시·군 및 자치구가 2개 이상의 시·도에 걸치는 지방자치단체조합의 경우는 행정안전부장관의 승인을 받아야 한다($\frac{동법}{159}$).

지방자치단체조합은 이처럼 관계지방자치단체간의 임의적 합의에 따라 설립되는 것이 원칙이나, 공익상 필요할 때에는 행정안전부장관은 그 설립을 명할 수 있다($\frac{동법}{163②}$).

지방자치단체조합의 규약에는 조합의 명칭, 조합의 구성원인 지방자치단체, 조합의 사무, 조합회의의 조직과 위원의 선임방법, 집행기관의 조직과 선임방법, 조합의 운영 및 사무처리에 필요한 경비의 부담과 지출방법 등에 관한 사항이 포함되어야 한다($\frac{동법}{162}$).

### (3) 조직과 권한

지방자치단체조합에는 조합회의와 조합장 및 사무직원을 둔다($\frac{동법}{160①}$). 조합회의의 위원과 조합장 및 사무직원은 조합규약이 정하는 바에 따라 선임한다($\frac{동조}{②}$). 관계지방자치단체의 의회 의원과 그 지방자치단체의 장은 조합회의 위원과 조합장을 겸임할 수 있다($\frac{동조}{③}$).

조합회의는 조합의 규약으로 정하는 바에 따라 조합의 중요 사무를 심의·의결하며, 조합이 제공하는 역무에 대한 사용료·수수료 또는 분담금을 조례의 범위 안에서 정할 수 있다($\frac{동법}{161①②}$).

조합장은 조합을 대표하며 조합의 사무를 총괄한다($\frac{동조}{③}$).

### (4) 조합의 지도·감독

시·도가 구성원인 조합은 행정안전부장관의, 시·군 및 자치구가 구성원인 조합은 1차로 도지사의, 2차로 행정안전부장관의 지도·감독을 받는다. 다만, 조합의 구성원인 시·군 및 자치구가 2개 이상의 시·도에 걸치는 조합은 행정안전부장관의 지도·감독을 받는다($\frac{동법}{163①}$).

행정안전부장관은 공익상 필요한 경우에는 조합의 해산이나 규약의 변경을 명할 수 있다($\substack{동조 \\ ②}$).

### 4. 지방자치단체의 장 등의 협의체

지방자치단체의 장 또는 지방의회의 의장은 상호간의 협력을 증진하고 공동의 문제를 협의하기 위하여, ① 시·도지사, ② 시·도의회의 의장, ③ 시장·군수·자치구의 구청장 또는 ④ 시·군·자치구의회의 의장으로 구성되는 전국적 협의체를 설립할 수 있다. 또한 전국적 협의체가 모두 참가하는 지방자치단체 연합체를 설립할 수도 있다($\substack{동법 \\ 165②}$). 전국적 협의체나 연합체를 설립한 때에는 그 협의체의 대표자는 지체없이 행정안전부장관에게 신고하여야 한다($\substack{동조 \\ ③}$).

전국적 협의체나 연합체는 지방자치에 직접적인 영향을 미치는 법령 등에 관한 의견을 행정안전부장관에 제출할 수 있는바, 이 경우 행정안전부장관은 제출된 의견을 관계 중앙행정기관의 장에게 통보하여야 한다($\substack{동조 \\ ④}$). 전국적 협의체나 연합체는 국회에 대해서도 지방자치와 관련된 법률의 제정·개정 또는 폐지가 필요하다고 인정하는 경우에는 서면으로 의견을 제출할 수 있다($\substack{동조 \\ ⑥}$).

## Ⅱ. 분쟁의 조정

지방자치단체 상호간 또는 그 집행기관인 장 상호간에 분쟁이 있는 경우에는, 시·도 또는 그 장이 당사자인 때에는 행정안전부장관이, 시·군·자치구 또는 그 장이 당사자인 때에는 시·도지사가 원칙적으로 당사자의 신청에 따라, 그러나 예외적으로는 직권으로 그 분쟁에 대한 조정을 할 수 있다($\substack{동법 \\ 148①}$). 이 경우 행정안전부장관 또는 시·도지사는 먼저 관계중앙행정기관의 장과의 협의를 거친 후 중앙분쟁조정위원회 또는 지방분쟁조정위원회의 의결에 따라 조정결정을 한다($\substack{동조 \\ ③}$). 또한 국무총리는 수도권 지역에서 서울특별시와 중앙행정기관의 장 사이에서의 조정을 행한다($\substack{서울특별시행정특 \\ 례에관한법률 5}$).

위와 같은 절차로 조정이 되지 않으면, 국무회의의 심의($\substack{헌법 \\ 89 x}$)를 거쳐 대통령이 이를 해결하여야 하고, 이것은 궁극적으로는 헌법재판소의 심판대상이 될 수 있다($\substack{헌법 111, 헌법재 \\ 판소법 61 이하}$).

# 제 4 장  공무원법

## 제 1 절  개    설

### I. 공무원의 개념 및 지위

#### 1. 공무원의 개념

국가 또는 지방자치단체의 공무담당자를 그 기관으로서의 지위를 떠나 파악하는 경우 이를 공무원이라 한다. 따라서 공무원은 기관과 달리 국가 또는 지방자치단체와는 별개의 법인격체로서, 국가 또는 지방자치단체와의 사이에 일정한 권리·의무관계를 형성한다. 헌법 제 7 조 제 1 항은 "공무원은 국민전체에 대한 봉사자이며 국민에 대하여 책임을 진다"라고 규정하고 있는 바, 여기서의 공무원이 이러한 공무원 관념에 해당한다.

그 밖에 형법 기타 법령의 규정에 의한 벌칙의 적용에 있어서 공무원으로 간주되는 이른바 준공무원이 있는데, 대부분의 공기업·준정부기관 등의 공공기관의 임원과 일부 직원이 이러한 준공무원에 해당한다.[1]

공무원의 의의나 범위는 실정법상 그 내용을 달리하고 있는 경우가 많은데, 위의 헌법과 국가공무원법의 경우 외에도 형법·국가배상법·공직선거법 등의 경우에 그러한 예를 볼 수 있다. 따라서 공무원의 범위를 일반적으로 획정할 수는 없고, 개별법에 따라 구체적으로 정할 수밖에 없다 할 것이다.

헌법 제 7 조 제 1 항 소정의 공무원은 국가나 지방자치단체에 의하여 임명되는 공무원뿐만 아니라, 국회의원·지방의회의원 기타 입법부·사법부의 구성원으로서 공무를 담당하는 모든 자를 포함하는 것으로 이해되고 있다(광의). 다음에서 보는 바와 같이 공무원제도의 기본법이라고 할 국가공무원법이

---

[1] 박윤흔, 행정법(하), p. 178.

나 지방공무원법은 공무원의 개념을 정의하지 않고, 공무원을 경력직공무원과 특수경력직공무원으로 대별하고, 경력직공무원을 일반직·특정직으로, 특수경력직공무원을 정무직·별정직으로 구분하면서($동법 \atop 2$), 정무직공무원을 "선거에 의하여 취임하거나, 임명에 있어서 국회(지방공무원의 경우, 지방의회)의 동의를 요하는 공무원 또는 고도의 정책결정업무를 담당하거나 이러한 업무를 보조하는 공무원으로서 법률이나 대통령령(지방공무원의 경우, 법령 또는 조례)에서 정무직으로 지정하는 공무원"으로 정의하고 있다($국가공무원법 2③ i, \atop 지방공무원법 2③ i$). 이러한 의미의 정무직공무원에는 대통령·국회의원이나 지방의회의원이 포함된다 할 것이므로, 공무원법상으로도 광의의 공무원관념이 사용되고 있다고 할 것이다. 그럼에도 불구하고 공무원은 보통 국가 또는 지방자치단체의 피용자로서의 지위를 가지고 있다는 사실에 초점을 맞추어, 이 관념을 국가·지방자치단체에 의하여 임명되어 그 공무에 종사하는 자로 파악하는 것이 통례이다(협의).[1] 위에서 본 바와 같이 국가공무원법과 지방공무원법은 경력직공무원 외에 특수경력직(비경력직)공무원도 공무원에 포함시키고 있어서, 일단 광의의 공무원관념에 입각하고 있다고 할 수 있으나, 특수경력직공무원에는 보수 및 복무 등 특정한 규정만이 적용되는 것으로 되어 있어서($국가공무원법 3, \atop 지방공무원법 3$), 이들 법은 기본적으로는 협의의 공무원관념에 입각하고 있다고 할 것이다.

## 2. 공무원의 지위

역사적으로 공무원의 법적 지위는 시대 또는 국가에 따라 상당히 다양하였던 것으로서, 예컨대 봉건제하에서의 공무원은 영주의 사복(私僕)의 지위에 있었고, 절대군주제하에서의 공무원은 절대군주에 신분적으로 예속된 신하 또는 관리에 불과하였다.

그러나 현대 민주주의 국가에서의 공무원은 국가기관의 구성자로서, 주권자인 국민전체에 대한 봉사자의 지위에 있다. 우리 헌법 제 7 조도 이 원칙을 명시하고 있다.

공무원은 이처럼 국민전체의 봉사자의 지위에 있으므로, 공무원의 근무관계에서는 사법상의 근무관계와는 다른 일정한 공법적 특수성이 인정되고 있다. 다만 그것이 사법상의 근로관계와 비교하여 본질적인 차이가 있는 것

---

1) 이상규, 행정법(하), p. 169.

은 아니라 할 것이다.

## Ⅱ. 공무원의 종류

공무원은 여러 기준에 따라 분류될 수 있으나, 다음에서는 중요한 것만을 들기로 한다.

### 1. 국가공무원과 지방공무원

공무원은 임명주체 · 담당사무 등에 따라 국가공무원과 지방공무원으로 구분된다. 즉 국가공무원은 보통 국가에 의하여 임명되고 국가의 사무를 집행하는 공무원이며, 지방공무원은 지방자치단체에 의하여 임명되고 지방자치단체의 사무를 집행하는 공무원이라고 할 수 있다. 그러나 공무원 중에는 선거에 의하여 선출되는 경우도 있고, 국가공무원이 지방자치단체의 사무를 또는 지방공무원이 국가의 사무를 집행하는 경우도 있으므로, 양자는 오히려 그에 대하여 근무의무를 지는 행정주체나 경비부담자가 누구인지 등을 종합적으로 고려하여 구분하여야 할 것이다.

국가공무원은 일반적으로 국가공무원법의 적용을 받고, 지방공무원은 지방공무원법의 적용을 받는다.

### 2. 경력직공무원과 특수경력직공무원

이것은 직무의 내용 · 임용자격 · 신분보장 등을 고려한 구별로서, 내용적으로는 직업공무원인지의 여부에 따른 구별이라 할 수 있다.

#### (1) 경력직공무원

1) **경력직국가공무원**　국가공무원법 제 2 조 제 2 항에 의하면 경력직공무원은 실적과 자격에 의하여 임용되고 그 신분이 보장되는 공무원(즉 직업공무원)을 말하는바, 그 종류는 다음과 같다.

㈎ 일반직공무원　기술 · 연구 또는 행정 일반에 대한 업무를 담당하는 공무원

㈏ 특정직공무원　법관 · 검사 · 외무공무원 · 경찰공무원 · 소방공무원 · 교육공무원 · 군인 · 군무원 · 헌법재판소 헌법연구관 및 국가정보원의 직원과 특수분야의 업무를 담당하는 공무원으로서 다른 법률에서 특정직공무원으로

지정하는 공무원

**2) 경력직지방공무원**　　지방공무원법상의 경력직지방공무원의 분류는 경력직국가공무원의 경우에 준한다($^{지방공무원}_{법\,2②}$).

㈎ 일반직공무원　　기술·연구 또는 행정일반에 대한 업무를 담당하는 공무원

㈏ 특정직공무원　　공립 대학 및 전문대학에 근무하는 교육공무원, 교육감 소속의 교육전문직원 및 자치경찰공무원과 그 밖에 특수 분야의 업무를 담당하는 공무원으로서 다른 법률에서 특정직공무원으로 지정하는 공무원

**(2) 특수경력직공무원**

**1) 특수경력직공무원**　　경력직공무원 이외의 공무원(비직업공무원)을 말한다. 특수경력직공무원은 ① 임용에 있어 실적과 자격을 요하지 않고, ② 신분이 보장되지 않고, ③ 따라서 평생토록 공무원으로 근무할 것이 예정되어 있지 아니한 공무원이다. 다만 예외적으로 감사위원과 같이 자격에 의하여 임명되고, 일정 임기 동안은 그 신분이 보장되는 공무원도 있다.

**2) 특수경력직국가공무원**($^{국가공무원}_{법\,2③}$)

㈎ 정무직공무원

① 선거로 취임하거나 임명할 때 국회의 동의가 필요한 공무원

② 고도의 정책결정업무를 담당하거나 이러한 업무를 보조하는 공무원으로서 법률 또는 대통령령(대통령비서실 및 국가안보실의 조직에 관한 대통령령만 해당한다)에서 정무직으로 지정하는 공무원

㈏ 별정직공무원　　비서관·비서 등 보좌업무 등을 수행하거나 특정한 업무 수행을 위하여 법령에서 별정직으로 지정하는 공무원

**3) 특수경력직지방공무원**($^{지방공무원}_{법\,2③}$)

㈎ 정무직공무원

① 선거로 취임하거나 임명할 때 지방의회의 동의가 필요한 공무원

② 고도의 정책결정업무를 담당하거나 이러한 업무를 보조하는 공무원으로서 법령 또는 조례에서 정무직으로 지정하는 공무원

㈏ 별정직공무원　　비서관·비서 등 보좌업무 등을 수행하거나 특정한 업무 수행을 위하여 법령에서 별정직으로 지정하는 공무원

**4) 적용법규**　　경력직공무원과 특수경력직공무원은 적용법규를 달리한다. 경력직국가공무원에는 국가공무원법이, 경력직지방공무원에는 지방공무원

법이 적용되는 데 대하여 특수경력직공무원에는 원칙적으로 이들 법률이 적용되지 않는다. 그러나 특수경력직의 국가공무원·지방공무원에 대하여도 결격사유·당연퇴직 및 보수·복무에 관한 규정 등은 적용되고, 또한 징계규정을 준용할 수 있다. 다만 특수경력직공무원 중 정무직공무원에 대해서는 결격사유와 당연퇴직에 관한 규정은 적용되지 않고, 대통령·국무위원 등 대통령령으로 정하는 공무원에 대해서는 정치운동금지 및 집단행위금지 규정은 적용되지 않는다(국가공무원법 3,/지방공무원법 3).

특수경력직공무원에 대하여는 그에 적용되는 특별법이 있는 경우가 많고 (감사원법, 교육공무원법, 경찰공무원법, 법원조직법, 검찰청법, 군인사법 등), 특수경력직국가공무원 중 별정직공무원의 인사에 관하여는 국회규칙·대법원규칙·헌법재판소규칙·중앙선거관리위원회규칙 또는 대통령령으로 정하며(국가공무원/법 2④), 특수경력직지방공무원 중 별정직공무원의 인사에 관하여는 대통령령 또는 조례로 정하도록 되어 있다(지방공무원/법 2④).

## Ⅲ. 근대공무원제도의 유형

### 1. 개  설

근대 이전의 국가공무원은 그 지배자(영주·절대군주)에 신분적으로 예속하여, 그 근무관계는 지배자 개인에 대한 절대적 복종의무로 특징지어지고 있었다. 그러나 시민혁명 이후 근대국가의 발전에 따라 이러한 종래의 관료제는 국민전체의 이익에 봉사하는 공무원제도로의 기본적인 전환이 이루어지게 되었다. 그에 따라 공무원은 국가 또는 지방자치단체의 기관의 구성원이고, 그 복종의무는 국가·지방자치단체에 대한 공적 의무이지, 특정 개인에 대한 의무는 아닌 것으로 되었다.

이러한 근대적 공무원제도의 형성과정에 있어서는 기본적으로 두 가지 유형이 있었던바, 엽관제와 성적제가 그것이다.

### 2. 엽 관 제(spoils system)

엽관제란 정권을 획득한 정당이 자파에 충실히 봉사한 자를 공무원으로 임용하는 제도를 말하며, 금세기 초엽까지 영국·미국 등에서 채택되고 있었다. 공무원의 임면은 민의에 직결되어야 한다는 민주주의의 원칙을 직접 실현하려는 것이 이 제도의 기본적 취지라고 할 수 있다. 그러나 그 정치적·정실적 남용 및 행정의 질적·양적인 변화와 확대 등에 따라 이 제도는 점차 성적제로 대체되게 되었다. 오늘날에는 일반직공무원에 관한 한 이 제도를 채택하고 있는 국가는 없다.

### 3. 성 적 제(merit system)

성적제란 공무원의 인사를 정치적 의견, 정당적 소속관계, 정실 등의 요소에 의하지 않고, 그 실증된 능력에 의하여 행하는 제도이다. 이것은 정실 등의 불합리한 요소에 의한 공무원의 임용을 배제하고 공무원에 대한 정치적 영향을 배제함으로써, 전문적 능력이 있는 공무원을 확보하여 행정의 전문성·능률성을 기하려는 제도이다. 성적제는 정치적 중립성의 원칙, 기회균등의 원칙 및 능력의 원칙을 기본으로 하고 있다.[1] 이 제도는 영국에서 1870년의 추밀원령(Order in Council)으로 처음 채택되었고, 미국에서는 1883년의 연방공무원법(Civil Service Act)의 제정으로 도입되었는데, 현재는 각국의 공무원제도에 있어 기본원칙을 이루고 있다.

우리나라의 국가공무원법과 지방공무원법도 경력직공무원에 대하여 이 제도를 채택하고 있다.

## Ⅳ. 우리나라의 공무원제도

우리나라의 공무원제도는 민주적·직업적 공무원제도에 의하여 특징지어진다.

### 1. 민주적 공무원제도

헌법은 국민주권주의에 입각한 국민의 공무원선거권 및 공무담임권을 보장하고($\frac{헌법1②·}{24·25}$), 공무원은 국민 전체에 대한 봉사자로서의 의무와 책임($\frac{헌법}{7①}$)을 가지는 것임을 명시하여 민주적 공무원제도를 채택하고 있다.

#### (1) 국민에 대한 봉사자

헌법은 공무원은 국민전체에 대한 봉사자임을 명시하고 있다($\frac{헌법}{7①}$). 따라서 공무원은 과거의 관리와 같이 특정 개인의 봉사자가 아님은 물론이고, 또

---

1) 이상규, 행정법(하), p. 176.

한 집권정당의 봉사자도 아니다.

공무원은 국민전체에 대한 봉사자로서 국민전체의 이익(공익)을 위하여 근무하는 것이므로, 그 한도에서는 일반근로자와는 달리 특별한 의무와 책임을 지고 기본권의 제한을 받을 수도 있다(근로기본권, 선거운동·입후보권 등).

**(2) 국민에 대한 책임**

공무원은 주권자인 국민의 수임자이므로 '국민에 대하여 책임을 진다'($\frac{헌법}{7①}$). 그에 따라 공무원이 직무상 불법행위를 하였을 때에는 민사상·형사상 책임 또는 징계책임(파면·해임·감봉 등)을 지며, 국무총리나 국무위원은 국회의 해임건의의 대상이 될 수 있다($\frac{헌법}{63}$). 국민은 불법행위를 한 공무원의 파면 등에 관한 청원을 할 수는 있으나, 국민이 직접 그 책임을 묻는 국민소환제(recall)는 채택되고 있지 않다.

**(3) 공무담임의 기회균등**

모든 국민은 공무담임권을 가지며($\frac{헌법}{25}$), 그에 있어 성별·종교·사회적 신분에 의한 차별을 받지 않는다($\frac{헌법}{11①}$).[1]

**(4) 인사행정의 공정성**

공무원의 직급·직위분류·임면·복무·보수·징계 기타 공무원에 관한 사항은 원칙적으로 법률로 정한다. 국가기관의 장 및 임용권자는 소속 공무원을 임용할 때 합리적인 이유 없이 성별, 종교 또는 사회적 신분 등을 이유로 차별해서는 아니 된다($\frac{국가공무원법\ 26의6;}{지방공무원법\ 25의6}$).

인사행정의 공정성을 위해서는 그 담당기관의 독립성이나 전문성 등이 특히 요청된다. 공무원의 인사행정의 공정성이나 독립성의 확보의 관점에서는 이를 전담하는 독립된 합의제기구의 설치도 고려해 볼 만하나, 현재 이러한 기구는 설치되어 있지 않다.

---

1) 판례

"헌법 제25조의 공무담임권 조항은 모든 국민이 그 능력과 적성에 따라 공직에 취임할 수 있는 균등한 기회를 보장함을 내용으로 하므로, 공직자선발에 관하여 능력주의에 바탕한 선발기준을 마련하지 아니하고 해당공직이 요구하는 직무수행능력과 무관한 요소를 기준으로 삼는 것은 국민의 공직취임권을 침해하는 것이 되는데, 제대군인 지원이라는 입법목적은 예외적으로 능력주의를 제한할 수 있는 정당한 근거가 되지 못하는데도 불구하고 가산점제도는 능력주의에 기초하지 아니하고 성별, '현역복무를 감당할 수 있을 정도로 신체가 건강한가'와 같은 불합리한 기준으로 여성과 장애인 등의 공직취임권을 지나치게 제약하는 것으로서 헌법 제25조에 위배되고, 이로 인하여 청구인들의 공무담임권이 침해된다"(헌재결 1999. 12. 23, 98헌마363).

## 2. 직업공무원제도

헌법은 "공무원의 신분과 정치적 중립성은 법률이 정하는 바에 의하여 보장된다"라고 하여($\frac{\text{헌법}}{7②}$), 직업공무원제도를 채택하고 있다.

### (1) 신분보장

공무원의 신분보장은 직업공무원제도의 중심을 이룬다. 능력있는 공무원을 확보하고 또한 공정하고 효율적인 사무처리를 기하기 위하여는 그 사무에 당하는 공무원에 대한 신분보장이 필수적이다. 헌법은 "공무원의 신분과 정치적 중립성은 법률이 정하는 바에 의하여 보장된다"($\frac{\text{헌법}}{7②}$)라고 하여 이 원칙을 명시하고 있고, 그에 기하여 국가공무원법은 "공무원은 형의 선고, 징계처분 또는 이 법에서 정하는 사유에 따르지 아니하고는 본인의 의사에 반하여 휴직·강임 또는 면직을 당하지 아니한다"($\frac{\text{법}}{68}$)고 하여, 그 내용을 구체화하고 있다.

### (2) 정치적 중립성

헌법은 "공무원의 … 정치적 중립성은 법률이 정하는 바에 의하여 보장된다"($\frac{\text{헌법}}{7②}$)라고 하여, 행정에 대한 정치적 영향이나 정권교체에 따르는 공무원의 지위의 불안정 등을 배제하고 능률적인 행정을 확보하려고 하고 있다. 이 원칙에 따라 공무원의 일정한 정치운동 및 공무외 집단행위 등은 금지되고 있다($\frac{\text{국가공무원법 }65 \cdot 66,}{\text{지방공무원법 }57 \cdot 58 \text{ 등}}$).

공무원의 정치로부터의 중립성·독립성을 확보하기 위하여는 그 독립성·공정성 등이 확보된 인사행정기구가 확립되어야 할 것이다.

### (3) 성적주의

공무원의 임면 등에 있어 정치적 고려나 정실을 배제하고, 오직 그 능력, 즉 성적에 의거하여야 함을 내용으로 하는 성적주의는 직업공무원제의 중심적 내용을 이루는 것이다. 우리나라의 공무원제도도 이러한 성적주의에 입각하고 있는데, 그 개괄적 내용은 다음과 같다.

1) 원    칙    공무원법은 "공무원의 임용은 시험성적·근무성적, 그 밖의 능력의 실증에 따라 행한다"라고 규정하여($\frac{\text{국가공무원법 }26,}{\text{지방공무원법 }25}$), 성적주의를 명시하고 있다.

2) 전문성의 제고    현대행정은 나날이 그 전문성·기술성이 증대되고 있는 추세에 있으며, 이러한 행정의 적정한 처리를 위하여는 그러한 자격요

건을 갖춘 자가 확보되어야 한다. 다음의 두 가지 제도는 이러한 요청에 따른 것이다.

(가) 임용시험제의 채택   과거에는 공무원 채용시험은 고등고시 행정과, 보통고시 등의 자격시험제였다. 그러나 행정의 전문화 추세와 관련하여 현재는 보다 전문적 지식과 경험을 갖춘 자를 확보하기 위한 견지에서 임용시험제를 채택하고 있다.

(나) 직위분류제(직계제)의 채택   직위분류제(position classification)란, 직위[1]를 직무의 종류에 따라 직렬[2]로 나누고, 그것을 다시 직무의 곤란성·책임도·자격도의 차이에 따라 직급[3]별로 분류·정리하는 제도를 말한다.

직위분류제에 관하여는 국가공무원법에 일반적인 규정을 두고 있으나, 그 구체적인 사항은 대통령령으로 정하게 되어 있다(국가공무원법 21, 지방공무원법 22). 동일 직급에 속하는 직위에 대하여는 동일하거나 유사한 보수가 지급되어야 하며(국가공무원법 22, 지방공무원법 22), 직위분류제는 임용·시험·훈련·근무성적평정 기타 인사행정의 기초가 된다. 직위분류제는 직업공무원제도의 필수적 요소는 아니나, 그것이 직업공무원제도의 실효적 시행에 유용한 것임은 물론이다.

우리나라에는 1960년 초 이래 직위분류제의 도입이 적극적으로 추진되어 국가공무원법에 일반적 규정을 두는 외에, 1963년에는 직위분류법까지 제정된 바 있으나, 이후 그 구체적 도입은 별다른 진전을 보지 못하고 직위분류법도 1973년에 폐지되었다. 현재는 채용·승진·전직 등에 있어서 이 제도가 부분적으로 채택되고 있음에 그치고 있다.

(4) 능률성의 담보

공무원으로 하여금 그 직무에 필요한 지식·기술·경험을 습득하게 하고, 그 직무를 의욕적이고 능률적으로 수행할 수 있게 하는 제도를 확보하는 것은 오늘날의 공무원제도에 있어 중요한 과제의 하나이다. 이러한 관점에서

---

1) 직위란 1인의 공무원에게 부여할 수 있는 직무와 책임을 말한다(국가공무원법 5 i, 지방공무원법 5 i).

2) 직렬이란 직무의 종류가 비슷하고, 그 곤란성과 책임의 정도가 다른 직급의 군을 말한다(예컨대 '경찰'·'교정'직 등(국가공무원법 5 viii, 지방공무원법 5 viii)). 이에 대하여 직무의 종류가 광범위하게 비슷한 직렬의 군을 직군이라 한다(예컨대 공안직 등(국가공무원법 5 vii, 지방공무원법 5 vii)).

3) 직급이란 직무의 곤란성과 책임도가 상당히 비슷한 직위의 군으로서 동일한 직급에 속하는 직위에 대하여는 임용자격·시험 기타 인사행정에 있어서 동일한 취급을 함에 따른 개념이다(예컨대 '경무관'·'총경'·'교정관' 등(국가공무원법 5 ii, 지방공무원법 5 ii)). 직급은 직위분류의 최소단위이다.

공무원법은 ① 생활보장($\substack{\text{국가공무원법 제 5 장,} \\ \text{지방공무원법 제 5 장 등}}$), ② 사회보장($\substack{\text{국가공무원법 77,} \\ \text{지방공무원법 68 등}}$), ③ 훈련($\substack{\text{국가공무원법 50,} \\ \text{지방공무원법 74 등}}$), ④ 근무성적평정($\substack{\text{국가공무원법 51,} \\ \text{지방공무원법 76 등}}$), ⑤ 제안제도($\substack{\text{국가공무원법 53,} \\ \text{지방공무원법 78 등}}$), ⑥ 경력평정($\substack{\text{국가공무원법 40,} \\ \text{지방공무원법 38 등}}$), ⑦ 특별승진($\substack{\text{국가공무원법 40의4,} \\ \text{지방공무원법 39의3}}$), ⑧ 고충처리($\substack{\text{국가공무원법 76} \\ \text{의2, 지방공무원} \\ \text{법 67} \\ \text{의2}}$) 등의 여러 제도를 두고 있다.

## V. 공무원법의 법원

우리나라 헌법 아래에서는 공무원법은 원칙적으로 법률의 형식으로 존재하나, 명령(법규명령)의 형식으로 존재하는 것도 있다.

(1) 경력직국가공무원에 관한 일반법으로서는 국가공무원법이 있고, 공무원임용령·공무원임용시험령·공무원 성과평가 등에 관한 규정·공무원징계령·소청절차규정 등이 있다.

(2) 이외에 국가공무원에 관한 각 단행법령으로서, 경찰공무원법·경찰공무원임용령·경찰공무원 승진임용 규정·경찰공무원 교육훈련규정·경찰공무원 징계령·의무경찰대 설치 및 운영에 관한 법률·교육공무원법·교육공무원임용령·외무공무원법·소방공무원법·국가공무원 복무규정·공무원보수규정·공무원연금법·공무원 재해보상법·국가정보원직원법·군인사법·군무원인사법·군법무관임용등에관한법률·법관징계법·검사징계법·교육공무원 승진규정 등이 있고, 또한 정부조직법·감사원법·법원조직법·검찰청법 등의 조직법에도 공무원에 관한 규정이 포함되어 있다.

(3) 지방공무원에 관한 법으로서는 일반법으로서 지방공무원법이 있고, 그 밖에 지방공무원 임용령·지방공무원 징계 및 소청 규정·지방공무원 보수규정 등이 있다.

# 제 2 절  공무원관계의 발생·변경·소멸

## 제 1 항  공무원관계의 발생

### Ⅰ. 개    설

공무원관계의 발생원인에는 임명에 의하는 경우 외에도, 선거(대통령·국회의원)에 의하는 경우 또는 법률의 규정에 의한 강제적 설정이 있으나, 임명에 의한 것이 가장 중요하고 보편적인 것이므로, 여기서는 이에 관하여서만 검토하기로 한다.

### Ⅱ. 임명의 의의 및 성질

#### 1. 임명의 의의

임명이란 특정인에게 공무원의 신분을 부여하여 공무원관계를 발생시키는 행위를 말한다. 이러한 의미의 임명은 임용과는 구별되는 것으로서, 임용이란 공무원관계를 발생·변경·소멸시키는 모든 행위, 즉 공무원관계를 처음 발생시키는 신규채용, 공무원관계의 변동인 승진임용·전직·전보·강임·직위해제 및 복직과 공무원관계를 소멸시키는 면직행위를 모두 포함하는 것이다. 그러나 임용도 좁은 의미에서는 임명의 의미로 쓰인다.

#### 2. 임명의 성질

임명행위의 성질에 관하여는 ① 공법상 계약설, ② 단독행위설 및 ③ 쌍방적 행정행위설 등의 대립이 있다.

생각건대 공무원의 근무관계의 내용은 국가 등에 의하여 일방적으로 결정되고, 공무원은 그 근무조건이 불리하게 변경되어도 그에 대항할 수 없다는 점 등을 고려하면 임명행위를 공법상 계약이라고 볼 수는 없을 것이다. 그러나 임명행위에 대하여 국민이 그 의사에 반하여 공무를 담당할 법적 의무는 없는 것이므로, 임명행위는 단독행위로서의 행정행위이기는 하나 그에는 상대방의 동의가 필요하다고 볼 것이고, 그러한 점에서 제 3 설이 타당하다고 본다. 따라서 상대방의 동의가 결여된 임명행위는 원칙적으로 무효라 할 것이다.

임명행위는 공무원의 신분설정행위라는 점에서, 이미 공무원의 신분을 취득한 자에게 그 직위를 부여하는 보직행위와는 구별된다.

## Ⅲ. 임명의 요건

### 1. 능력요건(소극적 요건)

일정한 결격사유에 해당하는 자는 공무원이 될 수 없다. 즉 결격사유에 해당하는 자는 공무원으로 임명될 수 없으며, 재직중에 결격사유가 발생할 때에는 당연퇴직사유가 된다.

일반공무원의 결격사유는 ① 피성년후견인 또는 피한정후견인, ② 파산선고를 받고 복권되지 않은 자, ③ 금고 이상의 실형을 선고받고 그 집행이 종료되거나 집행을 받지 않기로 확정된 후 5년이 지나지 아니한 자, ④ 금고 이상의 형을 선고받고 그 집행유예기간이 끝난 날부터 2년이 지나지 아니한 자, ⑤ 금고 이상의 형의 선고유예를 받은 경우에 그 선고유예 기간 중에 있는 자, ⑥ 법원의 판결 또는 다른 법률에 따라 자격이 상실·정지된 자, ⑦ 공무원으로 재직기간 중 직무와 관련하여 형법 제355조(횡령·배임) 및 제356조(업무상의 횡령·배임)에 규정된 죄를 범한 자로서 300만원 이상의 벌금형을 선고받고 그 형이 확정된 후 2년이 지나지 아니한 자, ⑧ 「성폭력범죄의 처벌 등에 관한 특례법」 제2조에 규정된 죄를 범한 사람으로서 100만원 이상의 벌금형을 선고받고 그 형이 확정된 후 3년이 지나지 아니한 사람, ⑨ 미성년자에 대하여 「성폭력범죄의 처벌 등에 관한 특례법」 제2조에 따른 성폭력범죄 또는 「아동·청소년의 성보호에 관한 법률」 제2조 제2호에 따른 아동·청소년대상 성범죄를 저질러 파면·해임되거나 형 또는 치료감호를 선고받아 그 형 또는 치료감호가 확정된 사람, ⑩ 징계로 파면처분을 받은 때부터 5년이 지나지 아니한 자 및 징계로 해임처분을 받은 때부터 3년이 지나지 아니한 자이다($^{국가공무원법\ 33,}_{지방공무원법\ 31}$).

위의 결격사유에 해당하는 자의 공무원 임명행위는 당연무효가 되고, 재직중 이 사유에 해당되는 자는 당연퇴직된다($^{국가공무원법\ 69,}_{지방공무원법\ 61}$).[1] 결격사유에 해당되는 자에 지급된 봉급 기타 급여는 법률상 원인 없이 지급받은 것으로서 부

---

1) 판례

"임용당시 공무원임용결격사유가 있었다면 비록 국가의 과실에 의하여 임용결격자임을 밝혀내지 못하였다고 하더라도 그 임용행위는 당연무효로 보아야 한다.

국가가 공무원임용결격사유가 있는 자에 대하여 결격사유가 있는 것을 알지 못하고 공무원으로 임용하였다가 사후에 결격사유가 있는 자임을 발견하고 공무원 임용행위를 취소하는 것은 당사자에게 원래의 임용행위가 당초부터 당연무효이었음을 통지하여 확인시켜 주는 행위에 지나지 아니하는 것이므로, 그러한 의미에서 당초의 임용처분을 취소함에 있어서는 신의칙 내지 신뢰의 원칙을 적용할 수 없고 또 그러한 의미의 취소권은 시효로 소멸하는 것도 아니다"(대판 1987. 4. 14, 86누459).

당이득이 된다. 그러나 그 자도 재직기간중 자신의 노동력을 제공한 점이 있으므로, 원칙적으로 양자는 상계되어야 할 것이다. 판례는 퇴직연금 등의 청구권에 대하여는, 공무원연금법상의 퇴직연금 등은 공무원의 신분을 적법하게 취득하여 근무한 자에게 지급되는 것인 데 대하여, 결격사유 있는 자의 임명의 경우는 그 임명행위에 의하여 적법한 공무원의 신분을 취득할 수 없으므로, 그 자는 사실상의 근무에도 불구하고 이러한 퇴직금 등을 청구할 수 없다고 하였다(대판 1995. 9.<br>29, 95누7833). 반면, 임용결격공무원이 제공한 사실상의 근로에 대해서는 부당이득반환청구권을 인정하고 있다.[1]

외국인이 공무원이 될 수 있는지의 문제가 있다. 실정법상 외국인도 교육공무원인 대학의 교원으로는 임용될 수 있다(교육공무원<br>법 10의2). 그 이외의 공무원의 경우에는 국가공무원법은 매우 제한적 범위에서만 외국인을 공무원으로 임용할 수 있도록 하고 있다. 즉 동법 제26조의3은 국가기관의 장은 국가안보 및 보안·기밀에 관계되는 분야를 제외하고 국회규칙·대법원규칙·헌법재판소규칙·중앙선거관리위원회규칙 또는 대통령령으로 정하는 바에 따라 외국인을 공무원으로 임용할 수 있다고 규정하고 있다.

## 2. 성적요건

공무원으로 임용되기 위하여는 위의 소극적인 결격사유에 해당되지 않아야 할 뿐만 아니라, 특히 경력직공무원의 경우에는 일정한 자격요건을 갖추어야 한다. 그 자격은 시험성적·근무성적, 그 밖의 능력의 실증에 의한다(국가<br>공무원법 26,<br>지방공무원법 25).

일반적으로 특수경력직공무원은 성적요건이 필요 없으나, 경력직공무원의 채용은 공개경쟁시험에 의하며 예외적으로(1급 공무원의 채용, 특정자격증 소지자의 채용 등) 특별채용시험에 의할 수도 있다(국가공무원법 28,<br>지방공무원법 27). 공개경쟁채용시험에는 5급·6급 이하 공개경쟁채용시험이 있다(공무원임용시험<br>령 21·24·13).

---

1) 판례
 "임용행위가 당연무효이거나 취소된 공무원(이하 이를 통칭하여 '임용결격공무원 등'이라 한다)의 공무원 임용 시부터 퇴직 시까지의 사실상의 근로(이하 '이 사건 근로'라 한다)는 법률상 원인 없이 제공된 것으로서, 국가 및 지방자치단체는 이 사건 근로를 제공받아 이득을 얻은 반면 임용결격공무원 등은 이 사건 근로를 제공하는 손해를 입었다 할 것이므로, 손해의 범위 내에서 국가 및 지방자치단체는 위 이득을 민법 제741조에 의한 부당이득으로 반환할 의무가 있다"(대판 2017. 5. 11, 2012다200486).

## Ⅳ. 임명권자와 임명절차

### 1. 임명권자

행정부 소속의 공무원의 경우, 국가공무원의 임명권은 정부수반인 대통령에게($_{78}^{헌법}$), 지방공무원의 임명권은 지방자치단체의 장에게 있는 것이 원칙이다.

그러나 구체적으로는 공무원의 직급에 따라 그 임명권자를 달리 하고 있다. 즉 행정기관 소속 5급 이상 공무원 및 고위공무원단에 속하는 일반직공무원은 소속 장관의 제청으로 인사혁신처장과 협의를 거친 후에 국무총리를 거쳐 대통령이 임용하되, 고위공무원단에 속하는 일반직공무원의 경우 소속 장관은 해당 기관에 소속되지 아니한 공무원에 대하여도 임용제청할 수 있다. 다만 국세청장은 국회의 인사청문을 거쳐야 한다($_{법 32①}^{국가공무원}$). 그 밖의 공무원에 대하여는 소속 장관이 임용권을 가지되, 대통령은 자신의 임용권의 일부를 소속장관에게 위임할 수 있으며, 소속장관은 그 임용권의 일부를 대통령령으로 정하는 바에 따라 보조기관 또는 소속기관의 장에게 위임하거나 재위임할 수 있다($_{②③}^{동조}$).

일반직지방공무원의 경우도 지방자치단체의 장(교육감을 포함)이 그 임용권의 일부를 그 지방자치단체의 조례로 정하는 바에 따라 보조기관, 그 소속기관의 장, 지방의회의 사무처장·사무국장·사무과장 또는 교육위원회의 의사국장에게 위임할 수 있다($_{원법 6}^{지방공무}$).

### 2. 임명절차

일반직공무원을 임명할 때에는 다음의 절차를 거쳐야 한다.

1) **채용후보자명부**　시험실시기관의 장(지방공무원의 경우 지방자치단체의 장)은 공개경쟁 채용시험에 합격한 사람을 채용후보자 명부(지방공무원의 경우 신규임용후보자명부)에 등재하여야 하는바, 공무원 공개경쟁 채용시험에 합격한 사람의 채용후보자명부의 유효기간은 2년의 범위에서 국회규칙, 헌법재판소규칙, 중앙선거관리위원회규칙 또는 대통령령으로 정한다. 다만, 시험실시기관의 장은 필요에 따라 1년의 범위에서 그 기간을 연장할 수 있다($_{원법 38}^{국가공무}$). 다만 지방공무원의 경우, 5급 공무원 공개경쟁임용시험에 합격한 사람의 임용후보자 명부의 유효기간은 5년으로 하고, 그 밖의 신규임용후보자 명부의 유효기간은 2년의 범위에서 대통령령으로 정하되, 시험실시기관의 장은 필요하면 1년의 범위에서 그 기간을 연장할 수 있다($_{원법 36}^{지방공무}$).

2) **임용후보자의 추천**    시험실시기관장은 채용후보자명부에 등재된 채용후보자를 국회규칙·대법원규칙·헌법재판소규칙·중앙선거관리위원회규칙 또는 대통령령으로 정하는 바에 따라 임용권자 또는 임용제청권을 갖는 기관에 추천하되, 공개경쟁채용시험합격자의 우선임용을 위하여 필요한 경우에는 인사혁신처장이 채용할 후보자를 근무할 기관을 지정하여 임용 또는 임용제청할 수 있다($^{국가공무원}_{법\ 39①}$).

3) **시보임용**    5급 공무원을 신규 채용하는 경우에는 1년, 6급 이하의 공무원을 신규 채용하는 경우에는 6개월 간 각각 시보로 임용하고, 그 기간 중에 근무성적이 양호한 경우에는 정규공무원으로 임용한다. 시보 임용기간 중에는 신분보장을 받지 못하며, 그 기간 중 근무성적 또는 교육훈련성적이 불량한 때에는 면직시킬 수 있다($^{국가공무원법\ 29,}_{지방공무원법\ 28}$).

### 3. 임명의 형식·효력발생시기

공무원의 임명은 임명장의 교부의 형식에 의하여 하는 것이 보통이다. 그러나 임명장의 교부는 임명의 효력요건이 아니라, 기존의 임명행위를 형식적으로 증명·표시하는 선언적·공증적 효력밖에 없다고 보는 것이 일반적 견해이다.

공무원은 원칙적으로 임용장 또는 임용통지서에 기재된 날에 임용된 것으로 보며, 임용일자를 소급해서는 아니 된다($^{공무원임}_{용령\ 6①}$). 그러나 이는 임용장 등이 그에 기재된 날에 상대방에 도달할 것을 전제로 한 것이고, 법률행위의 효력발생시기에 관한 도달주의에 대한 특례를 규정한 것은 아니라고 할 것이다.[1] 따라서 임용에 있어서는 임용일까지 그 임용장이 임용될 자에게 도달할 수 있도록 발령하여야 하나($^{동조}_{③}$), 도달된 일자가 늦은 때에는 실제로 도달된 날짜에 효력이 발생된다고 할 것이다($^{대판\ 1962.\ 11.}_{15,\ 62누165}$).

## 제 2 항  공무원관계의 변경·소멸

### Ⅰ. 공무원관계의 변경

공무원관계의 변경이란, 공무원의 신분을 유지하면서 공무원관계의 내용에 일시적 또는 영구적 변경이 생기는 것을 말한다. 승진·전직·전보·복직·휴직·직위해제·강임·감봉 등이 그것이다.

---

1) 박윤흔, 행정법(하), p. 222.

## 1. 승진·전직·전보·복직

### (1) 승 진

승진이란 동일 직렬 내의 상위직급에 임용되는 것을 말한다. 승진임용은 동일 직렬의 바로 하급공무원 중에서 행하되$\left(\substack{국가공무원법\\40의2③}\right)$, 1급부터 3급까지 및 고위공무원단에의 승임은 능력과 경력 등을 고려하여 행하고 5급에의 승진임용은 승진시험에 의하되, 필요하다고 인정하면 대통령령, 국회규칙, 대법원규칙 등으로 정하는 바에 따라 승진심사위원회의 심사를 거쳐 임용할 수 있다$\left(\substack{동법\\40①}\right)$.

### (2) 전 직

전직이란 직렬을 달리하는 임명을 말하는바(예컨대 행정사무관에서 외무사무관으로)$\left(\substack{국가공무원법 5 v,\\지방공무원법 5 v}\right)$, 이것은 직위분류제의 관점에서는 특례가 되는 것이므로 일정한 요건에 해당될 때에 한하며, 전직시험을 거쳐 행하나 일정한 경우에는 시험의 일부 또는 전부를 면제할 수 있다$\left(\substack{국가공무원법 28의3,\\지방공무원법 29의2}\right)$.

### (3) 전 보

전보는 예컨대 A과 과장에서 B과 과장으로 발령하는 것과 같이 동일 직급 내에서의 보직 변경 또는 고위공무원단 직위간의 보직 변경을 말한다$\left(\substack{국가\\공무\\원법 5 vi, 지방\\공무원법 5 vi}\right)$. 전보는 정실인사로 악용된 사례가 적지 않았기 때문에, 해당 직위에 임용된 날부터 필수보직기간이 지나야 다른 직위에 전보할 수 있도록 하고 있는데, 필수보직기간은 3년을 원칙으로 하되, 실장·국장 밑에 두는 보조기관 또는 이에 상당하는 보좌기관인 직위에 보직된 3급 또는 4급 공무원과 고위공무원단 직위에 재직 중인 공무원의 필수보직기간은 2년이다$\left(\substack{공무원임용\\령 45①}\right)$. 다만 소속 장관은 일정한 경우 필수보직기간을 별도로 정하여 운영할 수 있으며, 이 경우 필수보직기간은 중앙행정기관의 실·국 또는 이에 상당하는 기관 내에서의 전보의 경우 2년 이상, 다른 기관 또는 다른 지역으로의 전보의 경우 1년 이상이다$\left(\substack{동조\\②}\right)$. 승진임용되거나 강임된 해당 공무원을 전보하는 경우 등 일정한 경우에는 필수보직기간의 제한을 받지 않는다$\left(\substack{동조\\③}\right)$.

### (4) 복 직

복직이란 휴직 또는 직위해제중에 있는 공무원을 원래의 직위에 복귀시키는 임용행위를 말한다. 휴직의 경우에는 복직이 보장된다$\left(\substack{국가공무\\원법 73}\right)$.

## 2. 겸임·파견근무

### (1) 겸 임

겸임이란 현재 특정직위를 가지고 있는 공무원을 그 직위를 보유한 채로 다른 공직에 임용하거나 다른 기관·단체의 임직원을 공무원으로 임용하는 것을 말한다. 겸임제도는 원래 고급 전문인력의 원활한 확보, 교관요원의 충원을 위해 필요한 경우, 일반직공무원을 다른 분야의 공무원·임직원으로 활용하기 위하여 마련된 것이나, 이후 다른 기관의 임직원도 현직공무원으로 임용하기 위한 법적 근거로 추가되었다.[1]

이러한 겸임에 관하여 국가공무원법 제32조의3은 "직위 및 직무내용이 유사하고 담당직무수행에 지장이 없다고 인정하면 … 일반직공무원을 대학교수 등 특정직공무원이나 특수전문분야의 일반직공무원 또는 대통령령으로 정하는 관련 교육·연구기관 그 밖의 기관·단체의 임직원과 서로 겸임하게 할 수 있다"고 규정하고 있다.

(2) 파견근무

파견이란 공무원이 다른 기관의 업무를 지원하거나 연수, 기타 능력발전을 위하여 자기 본래의 직무를 일정기간 떠나 다른 기관에서 근무하는 것을 말한다($\binom{국가공무원법\ 32의4,}{지방공무원법\ 30의4}$). 따라서 본직을 가진 채로 다른 기관의 업무를 수행하는 겸임과 구별되며, 자기직무에서 완전히 이탈하여 다른 기관 부서에서 근무하는 전직과도 구별된다. 파견은 출장과 유사한 점이 있으나, 출장은 직무상 명령에 의한 것인데 대하여 파견은 임용권에 기한 임용행위라는 점에서 차이가 있고, 그 외에도 담당업무의 성격·신분·급여·복무관계·기간·지휘감독관 등에서도 양자는 차이가 있다. 파견직원의 급여는 원 소속기관에서 지급한다.

### 3. 휴직·직위해제·강임

이들 행위는 공무원관계의 내용을 본인에 불리하게 변경하는 것이므로 형의 선고·징계처분 기타 법정사유가 있는 경우에만 행할 수 있으며, 임용권자가 본인의 의사에 반하여 임의로 행할 수는 없다.

(1) 휴  직

공무원으로서의 신분을 보유하게 하면서 직무담임을 일시적으로 해제하는 행위이다($\binom{국가공무원법\ 73①,}{지방공무원법\ 63①}$).

휴직에는 임용권자가 직권으로 휴직을 명하는 직권휴직과 본인의 원에 따라 휴직을 명하는 청원휴직이 있다.

1) **직권휴직 사유 및 기간**

㈎ 사  유  직권휴직 사유로는, ① 신체·정신상의 장애로 장기 요

---

1) 최정일, 행정법(하), p. 300.

양이 필요할 때, ② 병역법에 따른 병역 복무를 마치기 위하여 징집 또는 소집된 때, ③ 천재·지변이나 전시·사변, 그 밖의 사유로 생사 또는 소재가 불명확하게 된 때, ④ 그 밖에 법률의 규정에 따른 의무를 수행하기 위하여 직무를 이탈하게 된 때 및 ⑤ 공무원의 노동조합 설립 및 운영 등에 관한 법률 제 7 조에 따라 노동조합 전임자로 종사하게 된 때이다(국가공무원법 71①).

(내) 기　　간　　위의 ①의 사유로 인한 휴직기간은 1년(공무상 질병 또는 부상인 경우 3년), ②와 ④의 사유로 인한 휴직기간은 그 복무기간이 끝날 때까지이고, ③의 사유에 따른 휴직기간은 3개월이며, ⑤의 사유에 따른 휴직기간은 그 전임기간으로 한다(동법 72 i 내지 iii·ix).

2) 청원휴직 사유 및 기간

(개) 사　　유　　청원휴직 사유로는, ① 국제기구, 외국기관, 국내외의 대학·연구기관, 다른 국가기관 또는 대통령령으로 정하는 민간기업, 그 밖의 기관에 임시로 채용될 때, ② 국외 유학을 하게 된 때, ③ 중앙인사관장기관의 장이 지정하는 연구기관이나 교육기관 등에서 연수하게 된 때, ④ 만 8세 이하 또는 초등학교 2학년 이하의 자녀를 양육하기 위하여 필요하거나 여성공무원이 임신 또는 출산하게 된 때, ⑤ 사고나 질병 등으로 장기간 요양이 필요한 조부모·부모(배우자의 부모를 포함한다), 배우자, 자녀 또는 손자녀를 간호하기 위하여 필요한 때 및 ⑥ 외국에서 근무·유학 또는 연수하게 되는 배우자를 동반하게 된 때, ⑦ 장기재직 공무원이 자기 개발을 위하여 학습·연구를 한 때이다(동법 71②).

(내) 기　　간　　①의 사유에 따른 휴직기간은 그 채용기간(민간기업이나 그 밖의 기관의 경우 3년 이내)이고, ②·⑥의 사유에 따른 휴직기간은 원칙적으로 3년 이내이나 부득이한 경우 2년의 범위에서 연장이 가능하고, ③의 사유에 따른 휴직기간은 2년 이내이고, ④의 사유에 따른 기간은 자녀 1명에 대하여 3년 이내이고, ⑤·⑦의 사유에 따른 기간은 1년 이내로 하되, 재직기간 중 총 3년을 넘을 수 없다(동법 72iv 내지 viii).

3) 휴직의 효력　　공무원은 휴직기간중 직무에 종사하지 못한다. 휴직기간 중에 휴직사유가 소멸되었을 때에는 임용권자는 당사자의 신고에 따라 지체없이 복직을 명하여야 하고, 휴직기간이 만료된 공무원은 30일 이내에 복직신고를 함으로써 당연히 복직된다(국가공무원법 73, 지방공무원법 65).

(2) 직위해제

직위해제란 직위를 계속 유지시킬 수 없는 사유가 있는 경우에 직위를 부여하지 않는 것으로, 휴직과는 달리 본인의 무능력 등으로 인한 제재적 의

미를 가지는 보직의 해제이다(국가공무원법 73의3,
지방공무원법 65의3).

직위해제처분은 징계처분과는 법적 기초를 달리하므로, 행정절차의 대상
이 아니며,[1] 시효의 적용을 받지 않는 한편, 직위해제 후 동일사유로 징계나
직권면직처분을 하여도 일사부재리의 원칙에 반하지 아니한다.

1) **직위해제사유**　직위해제사유는, ① 직무수행 능력이 부족하거나 근
무성적이 극히 나쁜 자, ② 파면·해임·강등 또는 정직에 해당하는 징계 의
결이 요구 중인 자, ③ 형사사건으로 기소된 자(약식명령이 청구된 자는 제외),
④ 고위공무원단에 속하는 일반직 공무원으로서 총 2년 이상 최하위등급의
근무성적평정을 받거나 정당한 사유 없이 총 1년 이상 직위를 부여받지 못
한 등의 사유로 적격심사를 요구받은 자, ⑤ 금품비위, 성범죄 등 비위행위로
인하여 감사원 및 검찰·경찰 등 수사기관에서 조사와 수사 중인 자로서 비
위의 정도가 중대하고 이로 인하여 정상적인 업무수행을 기대하기 현저히 어
려운 자이다. 이러한 사유가 있는 때에는 임용권자는 직위를 부여하지 않을
수 있다(국가공무원법
73의3①).

2) **직위해제의 효력**　위의 사유에 따라 직위를 부여하지 아니한 경우에
그 사유가 소멸된 때는 임용권자는 지체 없이 직위를 부여하여야 한다(동법 73
의3②).
위의 ①의 사유로 직위해제된 자에 대하여는 임용권자 또는 임용제청권자는
3월의 기간 내의 대기를 명하며, 능력회복이나 근무성적의 향상을 위한 교육
훈련 또는 특별한 연구과제의 부여 등 필요한 조치를 하여야 한다(동법 73의
3③④).
대기명령을 받은 자가 그 기간중 능력 또는 근무성적의 향상을 기대하기 어
렵다고 인정될 때에는 징계위원회의 동의를 얻어 직권면직할 수 있다(국가공무원
법 70①2,
지방공무원법
62①②·65의3③). 판례는 직위해제처분에 불가쟁력이 발생한 경우 그에 이은 직
권면직처분에 직위해제처분의 흠의 승계를 부인하고 있다.[2] 공무원에 대하여
위의 ①과 ② 또는 ③의 직위해제사유가 경합하면 ② 또는 ③에 따른 직위

---

1) 판례
　"국가공무원법상 직위해제처분은 행정절차법 제3조 제2항 제9호, 행정절차법 시
　행령 제2조 제3호에 의하여 당해 행정작용의 성질상 행정절차를 거치기 곤란하거나
　불필요하다고 인정되는 사항 또는 행정절차에 준하는 절차를 거친 사항에 해당하므로,
　처분의 사전통지 및 의견청취 등에 관한 행정절차법의 규정이 별도로 적용되지 않는
　다"(대판 2014.5.16, 2012두26180).
2) 판례
　"직위해제처분이 있은 후 면직처분이 된 경우 전자에 대하여 소청심사청구 등 불복
　을 함이 없고 그 처분이 당연무효인 경우도 아닌 이상 그 후의 면직처분에 대한 불복
　의 행정소송에서 전자의 취소사유를 들어 위법을 주장할 수 없다"(대판 1970.1.27,
　68누10).

해제 처분을 하여야 한다($\frac{국가공무원법}{73의3⑤}$).

### (3) 강    임

강임이란 동일한 직렬 내에서 하위직급의 직위에 임명하거나, 하위직급이 없어 다른 직렬의 하위직급에 임명하거나 고위공무원단에 속하는 일반직 공무원(국가공무원법 제 4 조 제 2 항의 규정에 의하여 계급 구분을 적용하지 아니하는 공무원은 제외)을 고위공무원단 직위가 아닌 하위 직위에 임명하는 것을 말한다($\frac{국가공무원법 5 iv,}{지방공무원법 5 iv}$). 강임은 불이익처분이므로 본인의 의사에 반하여 할 수 없는 것이 원칙이며, 단지 직제 또는 정원의 변경이나 예산의 감소 등으로 직위가 폐직 또는 하위의 직위로 변경되었거나 본인이 동의한 경우에 한하여 할 수 있다($\frac{국가공무원법}{73의4①}$). 이 경우 강임된 자는 상위직급 또는 고위공무원단 직위에 결원이 있을 때에는 우선적으로 승임된다($\frac{동법 73}{의4②}$).

### 4. 정직·감봉

정직·감봉은 징계의 일종으로 정직은 1 개월 이상 3 개월 이하의 기간 동안 직무에 종사하지 못하고 보수전액을 감하는 것을 말하고, 감봉은 1 개월 이상 3 개월 이하의 기간 동안 보수의 3 분의 1 을 감하는 것을 말한다($\frac{국가공무원}{법 80③④}$).

## Ⅱ. 공무원관계의 소멸

공무원으로서의 신분을 상실함으로써 공무원관계는 소멸된다. 이와 같은 소멸원인에는 퇴직과 면직의 두 가지가 있다.

### 1. 당연퇴직

당연퇴직이란 일정한 사유의 발생으로 별도의 행위를 요하지 않고 당연히 공무원관계가 소멸하는 경우이다. 실무상으로는 당연퇴직사유가 발생하면 퇴직발령통보를 한다. 그러나 이러한 퇴직발령의 통보는 법률상 당연히 발생하는 퇴직의 효과를 공적으로 알려주는 관념(사실)의 통지에 그치는 것으로서 항고소송의 대상인 처분이 아니라는 것이 판례의 입장이다.[1]

대학교원에 대한 교수재임용제외결정 및 통지에 대하여 대법원은 최근에

---

1) 판례

"국가공무원법 제74조에 의하면 공무원이 소정의 정년에 달하면 그 사실에 대한 효과로서 공무담임권이 소멸되어 당연히 퇴직되고 따라서 그에 대한 행정처분이 행하여져야 비로소 퇴직하는 것은 아니라고 할 것이다"(대판 1983. 2. 8, 81누263; 동지 대판 1995. 11. 14, 95누2036).

종래의 소극적 판례를 변경하여 그 처분성을 인정하였다. 즉 대법원은 종래 기간을 정하여 임용된 대학교원은 그 임용기간의 만료로 대학교원으로서의 신분관계는 당연히 종료되는 것이고 재임용계약을 체결하지 못하면 임기만료로 당연퇴직하는 것이므로, 교원을 재임용하지 않기로 하는 결정 및 그 통지는 교원에 대하여 당연퇴직됨을 알려주는 행위에 그치고 그로 인하여 어떠한 법률효과가 발생하는 것도 아니므로, 이들 행위는 행정소송의 대상이 되는 행정처분이라고 할 수 없다고 하고 있었다$\binom{\text{대판 1997.6.}}{\text{27, 96누4305}}$. 그러나 대법원은 2004. 4. 22. 선고 2000두7735 판결에서 위의 판례를 변경하여, 기간제로 임용되어 임용기간이 만료된 국·공립대학의 교원은 교원으로서의 능력과 자질에 관하여 합리적인 기준에 의한 공정한 심사를 받아 위 기준에 부합하면 특별한 사정이 없는 한 재임용되리라는 기대를 가지고 재임용여부에 대하여 합리적인 기준에 의한 공정한 심사를 요구할 법규상 또는 조리상 신청권을 가진다고 할 것이므로, 관계 조교수에 대한 재임용제외결정 및 통지는 행정소송의 대상이 되는 처분에 해당한다고 판시하였다.

당연퇴직사유는 다음과 같다.

### (1) 결격사유의 발생

공무원은 공무원법상의 결격사유$\binom{\text{국가공무원법 33,}}{\text{지방공무원법 31}}$의 하나에 해당하는 때에는 당연히 퇴직한다. 다만, 파산선고의 경우에는 파산선고를 받은 사람으로서 「채무자 회생 및 파산에 관한 법률」에 따라 신청기한 내에 면책신청을 하지 아니하였거나 면책불허가 결정 또는 면책 취소가 확정된 경우만 해당하고, 금고 이상의 형의 선고유예를 받은 경우는 형법 제129조부터 제132조까지, 「성폭력범죄의 처벌 등에 관한 특례법」 제2조, 「아동·청소년의 성보호에 관한 법률」 제2조 제2호 및 직무와 관련하여 형법 제355조 및 제356조에 규정된 죄를 범한 경우에 한한다$\binom{\text{국가공무원}}{\text{법 69i}}$. 임기제공무원은 그 근무기간이 만료된 경우도 당연퇴직사유로 된다$\binom{\text{동조}}{\text{ii}}$.[1)]

### (2) 정년·사망·임기만료

공무원은 정년에 달하거나$\binom{\text{국가공무원법 74,}}{\text{지방공무원법 66}}$, 사망 또는 임기만료로 퇴직한다.

---

1) "공무원 당연퇴직제도는 결격사유가 발생하는 것 자체에 의해 임용권자의 의사표시 없이 결격사유에 해당하게 된 시점에 법률상 당연히 퇴직하는 것이고, 공무원관계를 소멸시키기 위한 별도의 행정처분을 요하지 아니하므로, 당연퇴직사유의 존재는 객관적으로 명확하여야"하고, "형사재판에서 횡령죄 등과 형법 제37조 전단의 경합범으로 공소제기된 다른 범죄행위에 대하여 하나의 벌금형이 선고되어 확정된 경우, 사후적으로 횡령죄 등으로 300만 원 이상의 벌금형이 선고된 경우에 해당하는지를 따져 당연퇴직 여부를 판단하는 것은, 이미 확정된 형을 임의로 분리하는 것과 마찬가지여서 원칙적으로 허용되지 않"으므로, 이는 당연퇴직사유에 해당한다고 할 수 없다(대판 2016. 12. 29, 2014두43806).

일반적으로 정년이란 연령정년을 말하나, 그 외에도 특정직공무원에 적용되는 것으로서 계급정년과 근속정년이 있다. 동일 계급에서 일정기간 승진하지 못하면 자동 퇴직하게 되는 계급정년은 외무공무원·군인·경찰·소방공무원·국가정보원직원에 적용된다. 근속정년은 연령에 관계없이 공직임용 후의 기간을 통산하여 퇴직시키는 것으로서, 군인에만 적용된다.

(3) 국적상실

공무원이 국적을 상실하였을 때에는 원칙적으로 공무원관계는 해소된다고 할 것이다. 그러나 조사·자문·교육·기술 등의 직에는 외국인도 임명될 수 있으므로, 이 경우에는 국적상실이 당연퇴직사유는 되지 않는다 할 것이다.[1]

## 2. 면    직

특별한 행위에 의하여 공무원관계가 소멸되는 경우이다. 의원면직과 일방적 면직이 있다.

(1) 의원면직

공무원 자신의 사의표시에 의하여 공무원관계를 소멸시키는 행위이다. 의원면직행위는 공무원 본인의 신청을 요건으로 하는 쌍방적 행정행위로 보는 것이 통설이다. 그러므로 공무원의 사의표시가 있어도 임용권자에 의한 면직처분이 있기까지는 공무원관계는 존속한다. 따라서 사직원에 기한 면직처분이 있기 전에 직장을 무단이탈하는 경우에는 징계 등의 사유가 된다. 의원면직은 공무원의 자유로운 사의표시를 전제로 하는 것이므로, 상사 등의 강요에 의한 사의표시에 의한 면직처분은 위법한 것으로 취소 또는 무효사유가 된다.[2]

판례는 비진의표시에 관한 민법 제107조는 의원면직의 경우에는 준용되지 아니한다고 하고 있다. 즉 판례는 "공무원이 사직의 의사표시를 하여 의원면직처분을 하는 경우 그 사직의 의사표시는 그 법률관계의 특수성에 비추어 외부적·객관적으로 표시된 바를 존중하여야 할 것이므로, 비록 사직원제출자의 내심의 의사가 사직할 뜻이 아니었다고 하더라도 진의 아닌 의사표시

---

1) 김도창, 행정법(하), pp. 229~230; 박윤흔, 행정법(하), pp. 213~214.
2) 판례
　　"원고의 사직원은 본인의 진정한 의사에 의하여 작성된 것이 아님에도 불구하고 피고가 이를 오인하여 원고를 면직처분하였음은 부당하다"(대판 1968. 3. 19, 67누164).
　　"상사인 세무서장이 원고에게 사직원을 제출할 것을 강력히 요구하므로 원고는 사직원을 제출할 의사가 없으면서, 사직원을 제출하더라도 반려될 것으로 알고 수리되는 경우에는 행정소송을 할 의사로 사직원을 제출하였다면 이는 무효로 보아야 할 것이다"(대판 1975. 6. 24, 75누46).

에 관한 민법 제107조는 그 성질상 사직의 의사표시와 같은 사인의 공법행위
에는 준용되지 아니하므로 그 의사가 외부에 표시된 이상 사직의사는 표시된
대로 효력을 발생한다"고 하였다. 따라서 사직서의 제출이 강박에 의한 경우
그 정도가 의사결정의 자유를 박탈할 정도에 이른 것이라면 무효가 될 것이
나, 그렇지 않고 의사결정의 자유를 제한하는 정도에 그친 경우라면 의원면
직처분의 효력에 영향을 미칠 하자가 있다고 볼 수 없다고 판시하였다(대판 1997. 12. 12. 97누13962; 동지 대판 2001. 8. 24, 99두9971).

공무원이 사의를 표시하였을 경우 임용권자에게 그 수리의무가 있는가가
문제되는바, 병역의무와 같이 법률상 특별한 규정이 있는 경우를 제외하면,[1]
국민에게는 일반적인 공무담임의무가 없다는 점에 비추어 볼 때, 임용권자에
게는 그 수리의무가 있다 할 것이다. 그러나 수리시기에 대하여는 당해 업무
의 공백사태나 의원면직 제도의 악용[2] 등을 방지하기 위한 목적에서 일정한
한도에서 재량적 판단권이 인정된다 할 것이다.

공무원으로 20년 이상 근속한 자가 정년에 달하기 전에 자진퇴직하는 경
우에는 명예퇴직수당을 지급하는 명예퇴직제도가 시행되고 있는데(국가공무원법 74의2, 국가공무원 명예퇴직수당 등지급규정), 이러한 명예퇴직도 의원면직의 한 형태라고 할 수 있다.

**(2) 일방적 면직**

임용권자의 일방적 의사에 의하여 공무원관계를 소멸시키는 행위이다.
징계면직과 직권면직이 있다.

**1) 징계면직**    공무원의 신분을 박탈하는 징계수단으로서, 파면과 해임
이 있다. 해임의 경우는 연금이 지급되는 점에서 파면과 다르다.

**2) 직권면직**    법정사유에 해당하는 경우에 임용권자가 직권으로 행하는
면직처분이다. 직권면직의 사유는 ① 직제와 정원의 개폐 또는 예산의 감소

---

1) 대재결 1954. 6. 28, 54 관할재정 45: 임의사임에 관한 국회의원선거법시행령 제23
조의 규정은 사임의 자유가 인용되는 공무원에 한하며, 직무상 일정한 기간 복무의무
가 있어 사임의 자유를 인용하지 않는 공무원에 대하여는 허용되지 않는 것으로, 다만
임명권자의 자유재량에 의하여 그 사임을 허용한 때에 한하여 그 효력이 위 시행령 제
23조에 의하여 사직원 제출일에 소급한다.

2) 공무원이 징계처분을 회피하기 위하여 사임원을 제출한 경우는 임용권자는 그 수리
를 유예할 수 있다 할 것이다. 이와 관련하여 국무총리훈령 제73호(1969. 2. 12)는 비
위 공무원의 사표수리를 제한하고 있다. 이 훈령은 「소속 공무원의 비위사실을 발견하
면 관련 공무원을 신속히 징계조치하고 아울러 형사사건이 될 것은 수사기관에 즉시
고발하고, 조사기관이 먼저 조사에 착수한 자에 대하여는 신속히 비위를 가려 징계조
치할 것. 특히 그 비위가 심한 자에 대하여서는 엄중징계토록 할 것이며, 결코 사표수
리로써 처리하는 일이 없도록 할 것」을 정하고 있다.

등으로 폐직 또는 과원이 되었을 때, ② 휴직기간의 만료 또는 휴직사유가 소멸된 후에도 직무에 복귀하지 않거나 직무를 감당할 수 없을 때, ③ 직위해제로 대기명령을 받은 자가 그 기간중에 능력 또는 근무성적의 향상을 기대하기 어렵다고 인정된 때, ④ 전직시험에서 3회 이상 불합격한 자로서 직무수행능력이 부족하다고 인정될 때, ⑤ 병역판정검사·입영 또는 소집의 명령을 받고 정당한 이유 없이 기피하거나 군복무로 휴직중인 자가 군복무 중 군무를 이탈한 때, ⑥ 해당 직급에서 직무를 수행하는 데 필요한 자격증의 효력이 상실되거나 면허가 취소되어 담당직무를 수행할 수 없게 된 때, ⑦ 고위공무원단에 속하는 공무원이 적격심사 결과 부적격결정을 받은 때이다(국가공무원법 70, 지방공무원법 62).

임용권자가 직권면직처분을 하는 경우에 ①～⑥의 경우에는 미리 징계위원회의 의견을 들어야 하되, 다만 ③의 경우는 징계위원회의 동의를 얻어야 한다(동조 ②).

직위해제처분을 받은 자가 이어서 직권면직처분을 받은 경우, 직위해제처분의 위법을 이유로 직권면직처분의 위법을 주장할 수 있는지의 문제가 있다. 이것은 직위해제처분의 하자의 직권면직처분에의 승계의 문제임은 물론이다. 이에 대하여 판례는 직위해제처분에 대하여 소청심사청구 등에 의하여 이를 다투지 아니하였고 이 처분이 당연무효가 아닌 경우에는 직위해제처분의 위법을 들어 직권면직처분의 위법을 주장할 수는 없다고 하였다(대판 1984. 9. 11, 84 누191).

### 3. 기타 소멸사유

국가공무원법 제68조는 "공무원은 형의 선고, 징계처분 또는 이 법에서 정하는 사유에 따르지 아니하고는 본인의 의사에 반하여 휴직·강임 또는 면직을 당하지 아니한다"고 하여 경력직공무원의 신분을 보장하면서도, 그 단서에서 1급 공무원과 직무등급이 가장 높은 등급의 직위에 임용된 고위공무원단 소속공무원은 그 적용범위에서 제외하고 있다. 따라서 1급 공무원과 위 고위공무원단 소속 공무원에 대하여는 임용권자는 그 정책적 내지는 재량적 판단에 따라 그 공무원관계를 종료시킬 수 있다 할 것이다.

임기제공무원의 경우는 그 계약기간이 종료되거나 또는 계약기간중 공무를 수행하기가 곤란한 경우에는 계약의 해지에 따라 공무원관계가 소멸하게 된다.

## Ⅲ. 불이익처분에 대한 구제

공무원에 대한 징계처분 기타 그 의사에 반하는 불이익처분에 대한 법적 구제제도로서는 소청과 행정소송이 있다. 종전에는 교육공무원도 일반공무원과 마찬가지로 소청을 거쳐 행정소송을 제기하도록 되어 있었다. 그러나 교원의 지위 향상 및 교육활동 보호를 위한 특별법($^{1991\cdot}_{5.31}$)의 제정에 따라 교육공무원은 사립학교교원과 함께 징계 등의 불이익처분에 대하여는 교원소청심사위원회에 소청심사를 청구한 다음에 그 결정에 불복하는 경우에 행정소송을 제기하도록 되었다. 다음에서는 행정소송의 전심절차로서의 행정심판절차는 소청절차에 한정하여 살펴본다.

### 1. 소    청

#### (1) 의    의

소청이란 징계처분 기타 그 의사에 반하는 불이익처분을 받은 자가 그 처분에 불복이 있는 경우에 관할 소청심사위원회에 그 심사를 청구하는 제도이다($^{국가공무원법 9, 지방}_{공무원법 13 등 참조}$). 처분에 대한 재심사의 청구라는 점에서 행정심판의 일종이나, 국가공무원법은 행정심판법에 대한 특례로서 소청제도를 마련하고 있다.

소청제도는 공무원의 권리구제를 주된 목적으로 하는 것이나, 행정의 적정성의 확보도 또한 그 목적으로 되고 있다.

#### (2) 소청사항

소청사항은 공무원의 징계처분, 그 밖에 그 의사에 반하는 불리한 처분이나 부작위이다($^{국가공무원법 9①,}_{지방공무원법 13}$). 여기서 "그 밖에 그 의사에 반하는 불리한 처분"의 범위에 대하여는 해석상 문제가 있으나, 일반적으로는 징계처분 외에 강임·휴직·직위해제·직권면직·의원면직 형식에 의한 면직·대기발령·전보·전직 등이 여기에 포함된다고 보고 있다.[1]

#### (3) 소청심사기관

심사기관으로서의 소청심사위원회는 독립적인 합의제기관으로서 인사혁

---

1) 이상규, 행정법(하), p. 192; 이명구, 행정법원론, p. 609.
  박윤흔 교수는 그 범위를 보다 넓게 잡아, 당연퇴직·복직청구·경력평정 시정청구 등에 대하여도 긍정적으로 해석하고 있다(박윤흔, 행정법(하), pp. 240~241).

신처·국회사무처·법원행정처·헌법재판소사무처 및 중앙선거관리위원회사무처에 둔다. 인사혁신처에 두는 소청심사위원회는 일정한 자격을 갖춘 자 중에서 인사혁신처장의 제청으로 국무총리를 거쳐 대통령이 임명하는 위원장 1인을 포함한 5인 이상 7인 이내의 상임위원과 상임위원 수의 2분의 1 이상의 비상임위원으로 구성되며, 위원의 신분은 보장된다$\left(\begin{smallmatrix}국가공무원법\\9①③·10·11\end{smallmatrix}\right)$. 위원의 임기는 3년이며 1차에 한하여 연임될 수 있다$\left(\begin{smallmatrix}동법\\10②\end{smallmatrix}\right)$.

**(4) 소청절차**

1) 제  기  징계처분·강임·휴직·직위해제 또는 면직처분을 행할 때에는 공무원에게 처분사유설명서를 교부하여야 하는데, 이 경우는 그 설명서를 받은 날부터 30일 이내에, 기타 불리한 처분의 경우에는 그 처분이 있은 것을 안 날부터 30일 이내에 소청을 제기할 수 있다$\left(\begin{smallmatrix}동법\\76①\end{smallmatrix}\right)$. 소청심사위원회는 소청을 접수한 날부터 5일 이내에 해당 사건의 최종결정이 있을 때까지 후임자의 보충발령을 유예하게 하는 임시결정을 할 수 있다$\left(\begin{smallmatrix}동조\\③\end{smallmatrix}\right)$.

2) 심  사  소청심사위원회는 소청을 심사함에 있어 필요한 경우에는 검증·감정 그 밖의 사실조사를 하거나 증인을 소환하여 질문하거나 관계 서류의 제출을 명할 수 있고, 소속 직원으로 하여금 사실조사를 하게 하거나 전문가에게 감정을 의뢰할 수 있다$\left(\begin{smallmatrix}동법\\12②④\end{smallmatrix}\right)$. 이러한 직권에 의한 조사를 규정한 것은 행정의 적정성을 확보하기 위한 데에 그 목적이 있다 할 것이다.

위원회가 소청을 심사할 때에는 반드시 소청인 또는 그 대리인에 진술의 기회를 주어야 하며, 이 절차를 거치지 않은 결정은 효력이 없다$\left(\begin{smallmatrix}국가공무원\\법 13\end{smallmatrix}\right)$. 소청심사위원회의 심리에는 이 제도에 의한 인사행정의 적정성 보장이라는 공익성을 고려하여 불고불리의 원칙은 적용되지 않으나, 불이익변경금지의 원칙은 적용된다$\left(\begin{smallmatrix}국가공무원\\법 14⑦\end{smallmatrix}\right)$.

3) 결  정  소청심사위원회는 청구를 접수한 날부터 60일 이내(임시결정을 한 경우는 20일 이내)에 결정하여야 하나, 불가피한 경우에는 30일 연장할 수 있다$\left(\begin{smallmatrix}국가공무원법 76⑤\\지방공무원법 67⑥\end{smallmatrix}\right)$. 결정에는 각하·기각·취소·변경·무효등확인 및 이행명령이 있다$\left(\begin{smallmatrix}국가공무원법 14⑤\\지방공무원법 19⑤\end{smallmatrix}\right)$. 여기서의 변경은 소청심사위원회가 행정심판기관이라는 점을 감안하면 적극적 변경, 즉 징계의 종류를 변경하는 것(예컨대, 파면을 감봉으로 변경)도 가능하다고 본다. 그러나 소청심사위원회는 원 징계처분에서 과한 징계보다 중한 징계를 과하는 결정은 할 수 없다$\left(\begin{smallmatrix}국가공무원\\법 14⑦\end{smallmatrix}\right)$. 위원회의 결정은 처분행정청을 기속한다$\left(\begin{smallmatrix}동법\\15\end{smallmatrix}\right)$.

## 2. 행정소송

### (1) 일반공무원의 경우

소청을 제기한 자가 소청심사위원회의 결정에 불복이 있는 때에는 위법 사유에 한하여, 결정서의 송달을 받은 날부터 90일 이내에 행정소송을 제기할 수 있다. 이와 관련하여 유의할 것은 공무원법은 행정심판전치주의를 취하고 있으므로($^{국가공무원법 16,}_{지방공무원법 20의2}$), 행정소송(취소소송)의 제기에 있어서는 원칙적으로 소청심사위원회의 결정을 거쳐야 한다는 점이다. 그러나 소청제기 후 60일이 지나도 결정이 없거나, 그 결정을 기다림으로써 발생할 중대한 손해를 예방하기 위하여 긴급한 필요가 있는 때에는 소청에 대한 결정을 거치지 않고 행정소송을 제기할 수 있다($^{행정소송법}_{18② i · ii}$).

이 경우 관계공무원은 소청심사위원회의 결정이 아니라, 원처분의 위법을 이유로 이를 다투어야 한다(원처분주의).

징계 또는 본인의 의사에 반하는 불리한 처분에 대한 행정소송에 있어, 그 처분청이 대통령인 때에는 소속 장관이 피고가 되고($^{국가공무}_{원법 16}$), 대법원장의 처분에 대하여는 법원행정처장을 피고로 한다($^{법원조직}_{법 70}$).

### (2) 교육공무원 등의 경우

교원인 교육공무원은 징계처분 등의 불이익처분에 대하여는 교원소청심사위원회에 대하여 그 소청심사를 청구하고 이 소청심사결정에 불복하는 경우에 그 결정서의 송달을 받은 날부터 90일 이내에 행정소송을 제기할 수 있다($^{교원의 지위 향상 및 교육활동}_{보호를 위한 특별법 9·10}$). 이러한 불복절차는 사립학교교원의 경우에도 마찬가지이다.

사립학교교원이 심사위원회의 결정에 불복하여 행정소송을 제기하는 경우는 그 소송의 대상은 심사위원회의 결정이 된다($^{대판 1993. 2.}_{12, 92누13707}$). 사립학교교원에 대한 징계처분 등은 사법적 성질을 가지므로, 그 상대방은 학교법인을 피고로 하여 민사소송을 제기하여 권리구제를 받을 수도 있다($^{대판 1993. 2. 12,}_{92누13707}$).

이에 대하여 교육공무원인 교원에 대한 징계처분 등은 행정처분이므로, 그에 불복하는 경우에는 심사위원회의 심사를 거쳐 반드시 행정소송으로 이를 다투어야 한다. 이 경우 행정소송의 대상은 원칙적으로 원처분이 된다($^{행정소송}_{법 19}$).

## 제3절 공무원의 권리

공무원은 일반국민이 지지 않는 특별한 의무와 책임을 지는 반면에, 일반 국민에게는 인정되지 않는 여러 가지 권리를 향유한다. 이러한 권리는 공무원이 국가·지방자치단체에 대하여 가지는 공권이므로 사권과는 다른 특수성이 인정된다. 공무원의 권리는 공무원의 종류에 따라 차이가 있으나, 내용적으로는 신분상의 권리와 재산상의 권리로 대별할 수 있다.

### Ⅰ. 신분상의 권리

공무원의 신분상의 권리에는 주로 다음과 같은 것이 있다.

#### 1. 신분보장권

(1) 헌법 제7조 제2항은 "공무원의 신분 … 은 법률이 정하는 바에 의하여 보장된다"고 규정하고 있고, 그에 의거하여 국가공무원법은 "공무원은 형의 선고, 징계처분 또는 이 법에서 정하는 사유에 따르지 아니하고는 본인의 의사에 반하여 휴직·강임 또는 면직을 당하지 아니한다"고 규정하고 있으며($\frac{법}{68}$), 공무원에 대한 징계처분은 법정사유에 기하여 법정절차에 의하여서만 행할 수 있도록 하였다($\frac{동법\ 78\ 내}{지\ 83의3}$).

(2) 이러한 공무원의 신분보장에 대하여는 예외가 있다. 경력직공무원은 원칙적으로 신분보장을 받으나, 1급 공무원과 직위의 정급($\frac{국가공무}{원법\ 23}$)에 따라 배정된 직무등급이 가장 높은 등급의 직위에 임용된 고위공무원단에 속하는 공무원($\frac{동법\ 68}{단서}$) 및 시보임용중에 있는 공무원($\frac{동법}{29③}$)은 신분보장을 받지 못한다. 또한 특수경력직공무원도 신분보장을 받지 못한다.

#### 2. 직무집행권·직명사용권·제복착용권

공무원은 그 직위에 속하는 직무를 집행할 권리를 가지며($\frac{형법\ 136\cdot}{137}$), 직명(이사관·국장 등)을 사용하고, 복제가 있는 공무원(군인, 경찰공무원, 세관공무원 등)은 제복을 착용할 권리가 있다(이것은 동시에 의무이기도 하다).

#### 3. 쟁송제기권

위법·부당한 처분 등에 의하여 그 권리가 침해된 공무원은 행정쟁송(행정심판·행정소송)을 제기하여 구제를 받을 수 있다. 이러한 쟁송제기권은 공무원으로서의 권리가 침해된 경우에 있어서의 구제수단이기는 하나, 그것은 권익의 침해를 받은 국민 일반에 인정되는 것이므로, 이를 공무원의 고유한 권리라고 할 수는 없을 것이다.

### 4. 상담 및 고충심사청구권

공무원은 인사·조직·처우 등 각종 직무 조건과 그 밖에 신상 문제와 관련한 고충에 대하여 상담을 신청하거나 심사를 청구할 수 있으며, 누구나 기관 내 성폭력 범죄 또는 성희롱 발생 사실을 알게 된 경우 이를 신고할 수 있다. 중앙인사관장기관의 장, 임용권자 또는 임용제청권자는 상담을 신청받은 경우에는 소속 공무원을 지정하여 상담하게 하고, 심사를 청구받은 경우에는 관할 고충심사위원회에 부쳐 심사하도록 하여야 하며, 그 결과에 따라 고충의 해소 등 공정한 처리를 위하여 노력하여야 한다($\substack{국가공무원법 \\ 76의2①②}$).

고충심사위원회에는 일반직공무원고충심사위원회·경찰공무원고충심사위원회·소방공무원고충심사위원회·교육공무원고충심사위원회가 있고, 일반직공무원고충심사위원회에는 중앙고충심사위원회와 보통고충심사위원회가 있다.

중앙고충심사위원회는 중앙인사관장기관에 두나, 그 기능은 소청심사위원회에서 관장한다. 중앙고충심사위원회는 보통고충심사위원회의 심사를 거친 재심청구와 5급 이상 공무원 및 고위공무원단에 속하는 일반직공무원의 고충을 심사한다. 보통고충심사위원회는 임용권자 또는 임용제청권자 단위로 두며, 소속 6급 이하 공무원의 고충을 심사한다($\substack{동법 76의 \\ 2④⑤}$).

중앙인사기관의 장·임용권자 또는 임용제청권자는 고충심사의 결과에 따라 고충의 해소를 위하여 필요한 조치를 취하거나, 관계기관의 장에게 시정조치를 요구할 수 있다. 그러나 고충심사의 결과는 이들 관계기관의 장을 기속하지 않는 점에서 소청심사제도와는 다르다.

## Ⅱ. 재산상의 권리

공무원은 국가 또는 지방자치단체에 대하여 각종의 재산상의 권리를 가진다.

### 1. 보수청구권

#### (1) 보수의 의의 및 성질

보수는 봉급과 각종 수당으로 이루어지나($\substack{공무원보수 \\ 규정 4 i}$), 그 중에서 중요한 것은 봉급인바, 그 성질에 관하여는 반대급부설과 생활자료설이 대립하고 있다. ① 반대급부설의 경우, 공무원의 봉급은 근무에 대한 대가로 지급되는 보수로 보는 데 대하여, ② 생활자료설에서는 봉급은 공무원의 생활보장을 위하여 국가가 지급하는 금품으로 본다. 현행법상으로는 보수는 반대급부로서의 성질과 생활자료로서의 성질을 아울러 가지고 있는 것으로 보인다. 국가공무원법이 공무원의 보수를 직무의 곤란성 및 책임의 정도에 상응하도록 계급별로 정한다($\binom{법}{46}$)고 한 것이나, 결근한 자·휴직중인 자 및 직위해제중인 자 등에 대하여 봉급을 감액하여 지급하도록 한 것($\binom{공무원보수규정}{27\ 내지\ 29}$) 등은 보수의 반대급부적 성격을 나타낸 것이다. 이에 대하여, 법률이 공무원의 보수는 "일반의 표준생계비, 물가수준, 그 밖의 사정을 고려하여 정하되, 민간 부분의 임금수준과 적절한 균형을 유지하도록 노력하여야 한다"($\binom{국가공무원}{법\ 46②}$)고 한 것이나, 보수의 압류를 제한한 것($\binom{민사집행법\ 246,}{국세징수법\ 33}$) 등은 보수의 생활자료적 성격을 반영한 것이라고 할 것이다.

(**2**) 보수의 내용

보수는 봉급과 수당으로 이루어진다.

1) 봉　급　봉급이란 상근직공무원에게 지급되는 기본급여를 말한다.

2) 수　당　수당은 공무원에게 지급되는 봉급 이외의 부가급여를 말하며, 그에는 시간외근무수당·야간근무수당·휴일근무수당·특수근무수당·상여수당·봉급조정수당 및 가족수당 등이 있다. 이 중 가족수당은 순전히 생활자료적 급부로서의 성질을 가지는 것이다.

(**3**) 보수청구권의 성질

공무원의 보수청구권은 공무원관계에서 발생하는 권리이므로 공법상의 권리로서, 이를 양도하거나 포기할 수 없다는 것이 일반적 견해이다. 보수에 대한 압류는 그 금액의 2 분의 1 에 대해서만 가능하고($\binom{민사집행법\ 246,}{국세징수법\ 33}$), 보수청구권의 소멸시효는 5 년이다($\binom{국가재정법\ 96,}{지방재정법\ 82}$). 보수청구권은 공권이므로, 보수청구소송은 공법상 당사자소송에 의하여야 할 것이나, 현재의 소송실무상으로는 민사소송으로 다루고 있다.

## 2. 연금수급권

(**1**) 의　의

공무원이 일정한 기간 근무하고 퇴직 또는 사망하였거나, 공무로 인한 부상이나 질병으로 퇴직 또는 사망한 경우에 공무원 또는 그 유족에 지급되는 급여를 연금이라 한다. 공무원의 연금은 종래 공무원연금법이 정하는 바에 따랐으나, 전문적이고 체계적인 공무원 재해보상제도의 발전을 위하여 2018. 3. 20. 「공무원연금법」에서 공무원 재해보상제도를 분리하여 「공무원 재해보상법」을 따로 제정하였고, 그 결과 현재 공무원 연금법제는 이원화되어 있다. 연금의 급여를 위한 기금은 공무원연금법상 급여 중 퇴직급여, 퇴직유족급여 및 비공무상 장해급여에 드는 비용은 공무원과 국가 또는 지방자치단체가 부담한다($\frac{법}{66①}$). 연금기금은 공무원의 보수액에 비례하여 납부되는 갹출금으로 구성되는데, 이 갹출금의 50%는 공무원이 기여금으로, 나머지 50%는 그 사용자의 지위에 있는 국가 또는 지방자치단체가 각각 부담한다. 이에 비해 공무원 재해보상법상 급여에 드는 비용은 국가 및 지방자치단체가 부담한다($\frac{법}{48①}$).

연금은 질병·부상·퇴직 등의 이른바 사회적 위험에 대비한 급여라는 점에서 사회보장제도의 일환으로서의 성질을 가진다. 그러나 우리 공무원연금법상의 연금은 갹출금에 의거한 급여라는 점에서, 엄격한 의미의 사회보장적 급여는 아니고 사회보험원리에 입각한 급여로서의 성질을 가진다 할 것이다.

연금은 적법하게 임용된 공무원에게만 지급되는 것으로서, 그 임용시에 결격사유에 해당하는 자임을 간과하고 위법하게 임용된 공무원의 경우에는 그 자가 근무기간중 그 부담분의 갹출금을 납부하였다고 하여도 연금을 수령할 수는 없다.[1]

### (2) 연금의 종류

공무원연금법에 따라 공무원의 퇴직·사망 및 비공무상 장해에 대하여 지급되는 급여는 퇴직급여·퇴직유족급여·비공무상 장해급여·퇴직수당으로 나누어지며($\frac{법}{28}$), 공무원 재해보상법에 따라 지급되는 급여는 요양급여·재활급여·장해급여·간병급여·재해유족급여·부조급여로 나누어진다($\frac{법}{8}$).

### (3) 급여의 결정 등

급여를 받을 권리는 공무원연금법 등이 정한 사유에 해당하는 경우에는 당연히 발생하나, 그 구체적 수급에 있어서는 당해 공무원의 소속 기관장의 확인을 거쳐 인사혁신처장의 결정을 받아야 한다($\frac{공무원연금법 29 ·}{공무원재해보상법 9}$). 이 결정은

---

1) 판례

"공무원연금법에 의한 퇴직급여 등은 적법한 공무원으로서의 신분을 취득하여 근무하다가 퇴직하는 경우에 지급되는 것이고, 임용 당시 공무원 임용결격사유가 있었다면 비록 국가의 과실에 의하여 임용결격자임을 밝혀내지 못하였다고 하더라도 그 임용행위는 당연무효로 보아야 하며, 당연무효인 임용행위에 의하여 공무원의 신분을 취득할 수 없으므로 임용결격자가 공무원으로 임용되어 사실상 근무하여 왔다고 하더라도 적법한 공무원으로서의 신분을 취득하지 못한 자로서는 공무원연금법 소정의 퇴직금급여 등을 청구할 수 없으며, 임용결격사유가 소멸된 후에 계속 근무하여 왔다고 하더라도 그 때부터 무효인 임용행위가 유효로 되어 적법한 공무원의 신분을 회복하고 퇴직급여 등을 청구할 수 있다고 볼 수 없다"(대판 1998. 1. 23, 97누16985).

확인행위의 성질을 가진다. 급여에 관한 결정 등에 이의가 있는 자는 처분이 있은 날부터 180일, 그 사실을 안 날부터 90일 이내에 국무총리 소속의 공무원재해보상연금위원회에 심사를 청구할 수 있다($\substack{공무원연금법\ 87 \cdot \\ 공무원재해보상법\ 51}$). 급여에 관한 결정 등에 대하여는 「행정심판법」에 따른 행정심판을 청구할 수 없다($\substack{동법\ 87 \\ ③ \cdot 51④}$). 공무원연금법에 따른 급여를 받을 권리는 급여의 사유가 발생한 날부터 5년간, 공무원재해보상법에 따른 급여를 받을 권리는 그 급여의 사유가 발생한 날부터 요양급여·재활급여·간병급여·부조급여는 3년간, 그 밖의 급여는 5년간 행사하지 아니하면 시효로 인하여 소멸한다($\substack{공무원연금법\ 88 \cdot \\ 공무원재해보상법\ 54}$).

### 3. 실비변상청구권

공무원은 그 직무수행을 위하여 특히 비용이 소요되는 경우에, 그 실비를 국가 또는 지방자치단체로부터 변상받을 권리를 가진다($\substack{국가공무원법\ 48, \\ 지방공무원법\ 46}$). 국내외 출장시의 그 운임·일비·숙박료 등의 청구권이 여기에 해당한다.

공무원이 그 소속기관의 장의 허가를 받아 본래의 업무수행에 지장이 없는 범위 안에서 담당 직무 외에 특수한 연구과제를 위탁받아 처리한 경우에는 그 보상을 지급받을 수 있다($\substack{국가공무원법\ 48②, \\ 지방공무원법\ 46②}$).

## Ⅲ. 노동법상의 권리

공무원도 근로자이기는 하나 국민 전체의 보상자로서의 지위나 그 직무의 성질·특수성 등에 따라 헌법은 "공무원인 근로자는 법률이 정하는 자에 한하여 단결권·단체교섭권 및 단체행동권을 가진다"고 규정하고 있다($\substack{헌법 \\ 33②}$).

그에 따라서 국가공무원법과 지방공무원법은 공무원에 노동운동 기타 공무 이외의 일을 위한 집단적 행위를 금지하고, 그 예외로서 사실상 노무에 종사하는 자에 한하여 이를 허용하고 있다($\substack{국가공무원법\ 66① 단서, \\ 지방공무원법\ 58① 단서}$).[1] 또한 공무원의 노동조합 설립 및 운영 등에 관한 법률은 일정 범위의 공무원에 의한 노동조합의 설립을 허용하고 있고, 교원의 노동조합 설립 및 운영 등에 관한 법률은 일정 범위의 교원에 의한 노동조합의 설립을 허용하고 있다. 다른 한편 공무원직장협의회의 설립·운영에 관한 법률은 일정 범위의 자에 의한 직장협의회의 설립·운영을 허용하고 있다. 다음에서는 이 중에서 일반 공무원의 노동조합의 설립·운영에 관하여 중점적으로 살펴보기로 한다.

---

1) 이 규정의 구체적 내용 등에 대하여는 뒤의 공무원의 의무 부분에서 검토한다.

## 1. 공무원 노동조합의 설립·운영

### (1) 노동조합의 설립

1) 설립 단위    공무원이 노동조합을 설립하고자 하는 경우에는 국회·법원·헌법재판소·선거관리위원회·행정부·특별시·광역시·특별자치시·도·특별자치도·시·군·구(자치구를 말한다) 및 특별시·광역시·특별자치시·도·특별자치도의 교육청을 최소단위로 한다($\frac{공무원의노동조합설립및}{운영등에관한법률 5①}$).

2) 가입자의 범위    국가공무원법 제 2 조 및 지방공무원법 제 2 조상의 공무원은 이 법률에 기한 노동조합에 가입할 수 있으나, 국가공무원법 제66조 제 1 항 단서 및 지방공무원법 제58조 제 1 항 단서의 규정에 의한 사실상 노무에 종사하는 공무원과 교원의 노동조합 설립 및 운영 등에 관한 법률의 적용을 받는 교원인 공무원은 그에서 제외된다($\frac{동법}{2}$).

구체적으로 노동조합에 가입할 수 있는 공무원은, ① 6급 이하의 일반직 공무원 및 이에 상당하는 일반직공무원, ② 특정직공무원 중 6급 이하의 일반직공무원에 상당하는 외무행정·외교정보관리직공무원, ③ 6급 이하의 일반직공무원에 상당하는 별정직공무원이다($\frac{동법}{6①}$).

### (2) 교섭 및 단체협약 체결

노동조합의 대표자는 그 노동조합에 관한 사항 또는 조합원의 보수·복지 그 밖의 근무조건에 관한 사항에 대하여 국회사무총장·법원행정처장·헌법재판소사무처장·중앙선거관리위원회사무총장·인사혁신처장(행정부를 대표한다)·특별시장·광역시장·특별자치시장·도지사·특별자치도지사·시장·군수·구청장 또는 특별시·광역시·특별자치시·도·특별자치도의 교육감 중 어느 하나에 해당하는 자와 각각 교섭하고 단체협약을 체결할 권한을 가진다. 다만, 법령 등에 의하여 국가 또는 지방자치단체가 그 권한으로 행하는 정책결정에 관한 사항, 임용권의 행사 등 그 기관의 관리·운영에 관한 사항으로서 근무조건과 직접 관련되지 아니하는 사항은 교섭의 대상이 될 수 없다($\frac{동법}{8①}$).

### (3) 정치활동 및 쟁의활동 금지

노동조합과 그 조합원은 정치활동을 하여서는 아니 되며($\frac{동법}{4}$), 또한 파업·태업 그 밖에 업무의 정상적 운영을 저해하는 일체의 행위를 하여서도 아니 된다($\frac{동법}{11}$).

### (4) 직장협의회의 인정

이 법률은 직장협의회와의 병존을 인정하고 있다($\frac{동법}{17①}$). 그러나 노동조합이 인정되고 있는 이상 인사상담·고충상담이나 직장협의회는 그 제도적 의미가 축소될 수밖에 없을 것으로 본다.[1]

## 2. 교원 노동조합의 설립·운영

### (1) 노동조합의 설립

교원의 노동조합 설립 및 운영 등에 관한 법률에 따라 초·중등교육법 제19조 제 1 항(초등학교·중학교·고등학교·공민학교·고등공민학교·고등기술학교에는 교장·교감 및 교사를 둔다)에 규정된 교원은 특별시·광역시·도·특별자치도단위 또는 전국단위로만 노동조합을 설립할 수 있다($\frac{동법}{2·4}$).

### (2) 교섭 및 단체협약 체결

노동조합의 대표자는 그 노동조합 또는 조합원의 임금·근무조건·후생복지 등 경제적·사회적 지위향상에 관한 사항에 대하여 교육부장관, 시·도교육감 또는 사립학교를 설립·경영하는 자와 교섭하고 단체협약을 체결하는 권한을 가진다($\frac{동법}{6①}$).

### (3) 정치활동 및 쟁의행위 금지

노동조합은 일체의 정치활동을 하여서는 아니 되며($\frac{동법}{3}$), 파업·태업 기타 업무의 정상적인 운영을 저해하는 일체의 쟁의행위를 하여서도 아니 된다($\frac{동법}{8}$).

## 3. 공무원직장협의회의 설립·운영

### (1) 설    립

국가기관·지방자치단체 및 그 하부기관에 근무하는 공무원은 직장협의회("협의회")를 설립할 수 있다. 협의회는 기관단위로 설립하되, 하나의 기관에는 하나의 협의회만 설립할 수 있다. 협의회를 설립하면 그 대표자는 기관장에게 설립사실을 통보해야 한다($\frac{공무원직장협의회의설립·운}{영에관한법률 2① 내지 ③}$).

### (2) 가입자의 범위

협의회에 가입할 수 있는 공무원은, ① 6급 이하의 일반직공무원 및 이에 준하는 일반직공무원, ② 특정직공무원 중 재직경력 10년 미만의 외무영사직렬·외교정보기술직렬 외무공무원, 경감 이하의 경찰공무원, 소방경 이하

---

1) 최정일, 행정법의 정석 Ⅱ, p. 239.

의 소방공무원, ③ 제 1 호의 일반직공무원에 상당하는 별정직공무원이다($\frac{동법}{3①}$).

이들 공무원은 협의회에 자유로이 가입·탈퇴할 수 있다($\frac{동법}{4}$). 다만, 공무원이라도 국가공무원법 및 지방공무원법에 따라 노동운동이 허용되는 공무원과 지휘·감독의 직책에 있는 공무원 등은 협의회에 가입할 수 없다($\frac{동법}{3②}$).

**(3) 협의회의 기능**

협의회는 기관장과 ① 해당 기관 고유의 근무환경 개선에 관한 사항, ② 업무능률 향상에 관한 사항, ③ 소속공무원의 공무와 관련된 일반적 고충에 관한 사항 및 ④ 그 밖에 기관의 발전에 관한 사항에 관하여 협의한다($\frac{동법}{5①}$).

# 제 4 절  공무원의 의무

오늘날의 공무원은 과거의 절대군주국가에서와 같이 무정량의 근무의무를 지는 것은 아니다. 또한 공무원의 근무관계는 전통적인 특별권력관계이론에서와 같이 포괄적 의무에 의하여 특징지어지는 것도 아니다.

현대 민주국가에서의 공무원과 국가와의 관계는 권리의무관계인 법률관계이며, 기본적으로는 근로관계이다. 그러나 공무원의 근무관계를 사법상의 고용관계와 동일시하는 것은 타당하지 않다. 왜냐하면, 공무원은 국민 전체에 대한 봉사자로서 국민 전체의 이익, 즉 공익을 위하여 근무하기 때문이다. 이처럼 공무원의 근무관계는 공무원의 직무의 공익적 성격으로 인하여, 그 의무·책임에는 일반사법상의 근로관계와는 다른 법적인 특수성이 인정되고 있다.

헌법은 공무원은 '국민전체에 대한 봉사자'라고 규정하고 있고($\frac{헌법}{7①}$), 이에 의거하여 공무원법은 공무원은 국민 또는 주민 전체의 봉사자로서 직무를 민주적이고 능률적으로 수행할 것을 규정하고 있다($\frac{국가공무원법 1·}{지방공무원법 1}$). 이것은 공무원의 근무상의 기본원칙을 천명한 것이다. 공무원의 의무는 공무원의 종류 또는 직무의 성질에 따라 그 내용이 다르고, 각종 법령에서 개별적으로 규정하고 있으나, 국가공무원법과 지방공무원법은 경력직공무원에 공통된 의무를 규정하고 있다.

# Ⅰ. 선서의무

국가공무원(경력직·특수경력직)은 취임할 때에(불가피한 사유가 있을 때에는 취임 후에) 소속 기관장 앞에서 선서하여야 하며($^{국가공무}_{원법\ 55}$), 지방공무원의 경우도 같다($^{지방공무}_{원법\ 47}$). 선서의무를 지는 국가공무원에는 경력직공무원과 특수경력직공무원이 모두 포함되는 것이나, 정무직공무원 중 선거에 의하여 취임하는 대통령은 헌법($^{헌법}_{69}$), 국회의원은 국회법($^{헌법}_{24}$)에 따라 각각 국민 앞에 선서를 하므로, 국가공무원법은 나머지 공무원의 선서의무에 관한 근거법으로서의 의미를 가진다.

## Ⅱ. 성실의무

공무원은 주권을 가진 국민 전체에 대한 봉사자로서 공공이익을 위하여 성실히 근무하여야 한다($^{국가공무원법\ 56,}_{지방공무원법\ 48}$). 성실의무는 이처럼 공무원이 그 전인격과 양심을 바쳐 공공이익에 충실하여야 하며, 최대한으로 국가의 이익을 도모하고 그 불이익을 방지하여야 한다는 것을 내용으로 하는 점에서, 공무원의 의무의 중심을 이루는 것이다. 이러한 성실의무는 윤리성을 본질로 하는 것이므로, 경제성에 의하여 지배되는 사법상의 고용관계에 있어서의 노무급부의무와는 그 성질이 다른 것이다. 성실의무는 공무원의 의무의 원천이 되는 기본적 의무로서,[1] 각종의 개별적인 직무상의 의무는 물론이고 직무 외에서의 의무도 여기서 나오는 것이다.[2]

## Ⅲ. 직무상 의무

이것은 공무원의 직무집행과 직접 관련되어 부과되는 의무로서, 다음과 같은 것이 있다.

---

1) 판례

"지방공무원의 성실의 의무는 공무원에게 부과된 가장 기본적이고 중요한 의무로서, 최대한으로 공공의 이익을 도모하고 그 불이익을 방지하기 위해 전인격과 양심을 바쳐서 성실히 직무를 수행하도록 하기 위한 것이다"(대판 1989. 5. 23, 88누3161).

2) 판례

"성실의무는 경우에 따라서는 근무시간 외에 근무지 밖까지 미칠 수 있다. 전국기관차협의회가 주도하는 집회 및 철도파업은 정당한 단체행동의 범위 내에 있는 것으로 보기 어렵고, 또한 그 집회가 적법한 절차를 거쳐 개최되었다고 하더라도 철도의 정상적인 운행을 수행하여야 할 철도기관사로서의 성실의무는 철도의 정상운행에 지장을 초래할 가능성이 높은 집회에 참여하지 아니할 의무에까지도 미친다"(대판 1997. 2. 11, 96누2125).

## 1. 법령준수의무

공무원은 성실히 법령을 준수하여야 한다($^{국가공무원법\ 56,}_{지방공무원법\ 48}$). 법령위반은 위법행위 또는 불법행위로서, 취소·무효, 손해배상, 처벌, 징계 등의 사유가 된다.

## 2. 복종의무

공무원은 소속 상관의 직무상의 명령에 복종하여야 한다($^{국가공무원법\ 57,}_{지방공무원법\ 49}$). 이러한 복종의무는 직무의 성질상 독립성이 보장된 공무원에게는 인정될 수 없다.

### (1) 소속 상관

소속 상관이란 관청 또는 보조기관 여부에 관계 없이 공무원의 직무에 관하여 지휘·감독권을 가진 자를 말한다.

### (2) 직무명령

1) 의의 및 효력   직무명령(Dienstbefehl)은 상관이 직무에 관하여 부하에게 발하는 명령을 말한다. 그 형식에 관하여 특별한 규정이 있는 경우 외에는 구술·서면의 어느 형식에 의하여도 무방하다. 직무명령에 대한 위반은 위법은 아니나 복종의무의 위반으로 인한 징계사유가 된다. 직무명령은 상관이 부하에 대하여 발하는 명령이라는 점에서, 상급행정기관이 하급행정기관에 대하여 발하는 훈령(Anweisung)과는 구별된다. 훈령은 기관 대 기관의 관계에서 발하는 것이므로, 기관구성자인 공무원의 변동에 관계 없이 효력이 지속되는 데 대하여, 직무명령은 공무원 대 공무원의 관계에서 수명공무원만을 구속하는 명령이므로, 공무원의 변동에 의하여 효력을 상실한다. 그러나 훈령은 수명기관의 구성원인 공무원도 구속하므로 훈령은 직무명령의 성질도 가진다.

2) 복종의무의 한계   흠있는 직무명령에 대한 복종의무의 한계의 문제가 있다.

㈎ 직무명령의 요건   직무명령이 적법·유효하기 위하여는 형식적 요건으로서 ① 권한 있는 상관이 발한 것일 것, ② 부하의 직무범위 내에 속한 사항일 것, ③ 부하에게 직무상 독립이 보장되어 있는 사항에 관한 것이 아닐 것, ④ 법정의 형식·절차가 있으면 이를 갖출 것이 요구되고, 실질적 요건으로서 그 내용이 법령과 공익에 적합할 것 등이 요청된다.

㈏ 형식적 요건과 복종의무   직무명령의 형식적 요건은 그 구비 여부

가 외관상 명백한 것이 보통이므로 부하공무원은 이를 심사할 수 있고, 그 요건이 결여된 경우에는 복종을 거부할 수 있다고 본다. 이에 대하여는 달리 이견이 없다.

㈐ **실질적 요건과 복종의무**　직무명령의 실질적 요건의 구비 여부에 대하여 수명공무원이 심사할 수 있는지에 대하여는 견해가 갈리고 있다. 소극설은 직무명령은 공권력의 행사로서 그에는 행정행위의 공정력과 같은 효력이 인정되므로, 직무명령에 중대·명백한 하자가 있어 무효로 인정되는 경우 외에는 수명공무원은 스스로 그 위법성을 판단하여 그에 대한 복종을 거부할 수는 없다고 본다. 이에 대하여 적극설은 공무원은 복종의무 외에도 법령준수의무를 지고 있으므로, 공무원의 복종의무의 대상인 직무명령은 법령에 위반되지 않아야 하는 것이므로, 수명공무원은 그 적법성 여부를 심사하여 위법한 명령에 대한 복종을 거부할 수 있다고 본다. 이 문제는 조직체의 통일적·효율적 운영의 확보의 요청과 행정의 합법성의 원칙과의 조화에 관한 것이나, 후자가 보다 중요한 의미를 가지는 것임은 물론이다. 따라서 직무명령이 범죄를 구성하는 경우와 그 위법성이 중대·명백한 경우는 물론이고 그에 이르지 않더라도 위법성이 명백한 경우에는, 수명공무원은 그에 대한 복종을 거부할 수 있으며[1] 또한 거부할 의무가 있다고 본다. 따라서 이에 복종하는 경우에는 수명공무원은 그 결과에 대한 책임(징계책임·민사책임·형사책임)을 지게 된다고 할 것이다.[2]

**3) 직무명령이 경합된 경우**　둘 이상의 상관으로부터 서로 상치되는 직무명령을 받았을 때에는 상급상관에 복종하여야 한다는 견해와 직근상관에 복종하여야 한다는 견해가 대립되나, 행정조직의 계층체적 구조를 고려하면 직근상관에 복종하여야 한다고 본다.

---

1) 판례
"공무원이 그 직무를 수행함에 있어 상관은 하관에 대하여 범죄행위 등 위법한 행위를 하도록 명령할 직권이 없는 것이고, 하관은 소속상관의 적법한 명령에 복종할 의무는 있으나 그 명령이 참고인으로 소환될 사람에게 가혹행위를 가하라는 등과 같이 명백한 위법 내지 불법한 명령인 때에는 이는 벌써 직무상의 지시명령이라 할 수 없으므로 이에 따라야 할 의무는 없다"(대판 1988. 2. 23, 87도2358).
2) 판례
"비록 상사의 명령에 의하여 한 행위라 하더라도 위법한 상사의 명령에는 복종할 의무가 없는 것이므로 그 책임을 면할 수 없다"(대판 1967. 2. 7, 66누168).

**3. 직무전념의무**

공무원은 전력을 다하여 직무를 수행하여야 하는바, 이와 관련하여 공무원은 특히 다음과 같은 의무들을 진다.

**(1) 직장이탈금지**

공무원은 소속 상관의 허가 또는 정당한 이유 없이 직장을 이탈하지 못한다(국가공무원법 58①,／지방공무원법 50①). 이 의무는 근무시간중에 성립하는 것이나, 시간외근무명령이 있는 경우에도 성립한다. 이 의무에 위배하면 형법상의 직무유기죄를 구성한다. 공무원이 사직원을 제출하였으나 아직 수리되지 않은 상태에서 무단결근하는 경우에도 직장이탈에 해당한다(대판 1991.11.／12, 91누3666).

**(2) 영리업무 및 겸직의 금지**

공무원은 공무 이외의 영리를 목적으로 하는 업무에 종사하지 못하며, 소속 기관장의 허가 없이 다른 직무를 겸하지 못한다(국가공무원법 64,／지방공무원법 56). '영리를 목적으로 하는 업무'의 범위는 국가공무원의 경우는 국가공무원복무규정 제25조에 규정되어 있는데, 직무능률의 저해, 공무에의 부당한 영향, 국가이익 침해, 정부에 불명예 등을 초래할 우려가 있는 경우 등이 여기에 해당한다.

**(3) 영예제한**

공무원은 대통령의 허가 없이 외국정부로부터 영예 또는 증여를 받지 못한다(국가공무원법 62,／지방공무원법 54). 이 제도의 취지는 해당 영예 또는 증여는 공무원이 개인으로서가 아니라 국가의 공무원의 지위에서 받는 것이므로, 그것이 우리나라의 국익에 저촉되는지 여부 등 그 적정성을 심사하기 위한 것이다.

**(4) 정치운동금지**

공무원은 정치적 중립성을 견지하여야 한다(헌법 7②). 따라서 정당 기타 정치단체에의 가입 또는 그 조직 등 일정한 정치적 목적을 가진 행위가 금지되고 (국가공무원법 65,／지방공무원법 57), 그 위반은 처벌의 대상이 된다(국가공무원법 84,／지방공무원법 82). 다만, 대통령·국무총리·국무위원·차관 및 이들의 비서관 등 대통령령으로 정하는 특수경력직공무원에 대하여는 정치운동의 금지에 관한 국가공무원법의 규정이 적용되지 않는다(국가공무원법 3③ 및 국가공무원법／제3조제3항의공무원의범위에관한규정).

**(5) 집단행동금지**

1) 원 칙　헌법은 "공무원인 근로자는 법률이 정하는 자에 한하여 단결권·단체교섭권·단체행동권을 가진다"(법 33②)고 규정하고 있는바, 그에 기

하여 공무원법은 공무원의 노동운동 기타 공무 이외의 일을 위한 집단행동을 모두 금지하고(국가공무원법 66① 본문,<br>지방공무원법 58① 본문), 그 위반행위에 대한 벌칙을 두고 있다(국가<br>공무원<br>법 84).

여기서의 노동운동은 근로자의 근로조건의 향상을 위한 단결권·단체교섭권·단체행동권 등 이른바 노동 3 권을 기초로 하여 이에 직접 관련된 행위를 의미한다고 할 것이고, "공무 이외의 일을 위한 집단적 행위"는 공무가 아닌 어떤 일을 위하여 공무원들이 하는 모든 집단적 행위를 의미하는 것은 아니고 '공익에 반하는 목적을 위하여 직무전념의무를 해태하는 등의 영향을 가져오는 집단적 행위'라는 의미로 좁게 해석해야 한다는 것이 대법원과 헌법재판소 판례의 공통된 입장이다(대판 1992. 2. 14, 90도2310; 대판 2005. 4. 15, 2003<br>도2960; 헌재결 2007. 8. 30, 2003헌바51 등 병합).

2) 예    외    위의 공무원법에 의한 공무원의 집단행동금지원칙에 대하여는 공무원법 및 일정 개별법에서 그 예외를 인정하고 있다.

㈎ 공무원법상의 예외    공무원법이 인정하고 있는 예외는 다음과 같다.

먼저 대통령령으로 정하는 사실상 노무에 종사하는 공무원은 과학기술정보통신부 소속 현업기관의 작업 현장에서 노무에 종사하는 우정직공무원(우정직공무원의 정원을 대체하여 임용된 일반임기제공무원 및 시간선택제일반임기제공무원을 포함)으로서, ⓐ 서무·인사 및 기밀 업무에 종사하는 공무원, ⓑ 경리 및 물품출납 사무에 종사하는 공무원, ⓒ 노무자 감독 사무에 종사하는 공무원, ⓓ 보안업무규정에 따른 보안목표시설의 경비 업무에 종사하는 공무원, ⓔ 승용자동차 및 구급차의 운전에 종사하는 공무원에 해당하지 아니하는 공무원이다(국가공무원복<br>무규정 28).

다음에 대통령령으로 정하는 특수경력직공무원에 대하여도 집단행동금지에 대한 예외가 인정되고 있다(동법<br>3③). 여기서 대통령령으로 정하는 특수경력직공무원은 대통령·국무총리·국무위원·국회의원 등 정치활동이 허용된 공무원들인바(국가공무원법제 3 조제 3 항의<br>공무원의범위에관한규정), 이들 공무원에 노동운동을 허용한 것은 의미가 없고, '공무 이외의 집단적 행위'를 허용한 점에서 그 의의가 있다.

㈏ 개별법상의 예외    공무원에 대한 원칙적인 집단행동 금지에 대한 예외로서, 대학의 교원 이외의 교원과 대체로 6급 이하의 공무원에 대하여는 노동조합의 설립·단체교섭 등이 허용되고 있다. 이에 대하여는 앞의 공무원의 노동법상의 권리 부분에서 살펴보았으므로, 여기서 다시 반복하지 않기로 한다.

## 4. 친절 · 공정의무

공무원은 국민 또는 주민 전체에 대한 봉사자로서, 공사를 분별하고 인권을 존중하며, 친절·공정히 집무하여야 한다(국가공무원법 59, 지방공무원법 51,). 공무원의 집무상의 친절·공정은 단순한 도덕상의 의무가 아니라 법적 의무이므로, 그에 위반하는 것은 징계 등의 사유가 된다.

## 5. 비밀엄수의무

공무원은 재직중은 물론 퇴직 후에도 직무상 알게 된 비밀을 엄수하여야 한다(국가공무원법 60, 지방공무원법 52). 직무상 비밀에는 자신이 처리하는 직무에 관한 비밀뿐만 아니라, 직무와 관련하여 알게 된 비밀도 포함된다. 직무와 관련하여 알게 된 비밀에는 소관사항 외의 비밀도 포함되는 것으로서, 예컨대 세무직원이 세무조사시에 알게 된 납세자의 당해 조사와 관계 없는 개인적 비밀이 이에 해당한다. 여기서의 비밀의 의미에 대하여는, 행정기관이 비밀로 취급한 것은 모두 비밀에 해당한다고 보는 형식설과, 객관적·실질적으로 비밀성이 있는 것으로서 형벌로서 보호할 만한 가치가 있는 것만을 의미한다는 실질설이 있다. 오늘날 민주국가에서의 행정의 공개원칙 및 국민의 알 권리와 관련하여 보면, 실질설이 타당하다고 본다.[1] 이것은 판례의 입장이기도 하다.[2]

이러한 실질설에 의하는 경우에도 당해 정보에 대하여 비밀지정행위가 선행되어야 하는가의 문제는 여전히 제기된다. 이것은 당해 비밀의 내용에 따라 판단되어야 할 것으로 본다. 직무상 알게 된 비밀이 개인 또는 법인의 비밀과 같이 그 자체로서 준수되어야 할 비밀인 경우에는 개별적인 지정행위는 필요하지 않다고 할 것이다. 이에 대하여 공안상 비밀, 징세행정상의 비밀 등의 행정상의 비밀에 대하여는 소관기관의 장의 비밀지정행위가 선행되어야 하고, 그러한 비밀에 대하여서만 그것이 실질적으로 비밀에 해당하는가의 판

---

1) 박윤흔, 행정법(하), p. 252.

2) 판례

"국가공무원법상 직무상의 비밀이라 함은 국가 공무의 민주적·능률적 운영을 확보한다는 이념에 비추어 볼 때 당해 사실이 일반에 알려질 경우 그러한 행정의 목적을 해할 우려가 있는지 여부를 기준으로 판단하여야 하며, 구체적으로 행정기관이 형식적으로 비밀이라고 지정한 것에 따를 것이 아니라 실질적으로 비밀로서 보호할 가치가 있는지, 즉 그것이 통상의 지식과 경험을 가진 다수인에게 알려지지 아니할 비밀성을 가졌는지, 또한 정부나 국민의 이익 또는 행정목적 달성을 위하여 비밀로서 보호할 필요성이 있는지 등이 객관적으로 검토되어야 한다"(대판 1996.10.11, 94누7171).

단이 행해져야 할 것으로 본다.

공무원 또는 공무원이었던 자가 법원 기타 법률상 권한을 가진 관청의 증인 또는 감정인이 되어 직무상 비밀에 관하여 신문을 받을 때에는 소속 장관의 허가를 받은 사항에 한하여 진술할 수 있고, 그 밖의 사항은 거부하여야 한다(형사소송법 147·177,<br>민사소송법 306·333). 그러나 국회로부터 증언요구를 받은 경우에는 군사·외교·대북관계에 관한 국가기밀로서 국가안위에 중대한 영향을 미친다는 주무부장관의 소명이 있는 경우를 제외하고는 그것이 직무상 비밀에 속한다는 이유로 증언을 거부할 수 없다(국회에서의증언·감<br>정등에관한법률 4).

이러한 비밀엄수의무에 위반하는 경우는 징계사유가 될 뿐만 아니라, 특히 법령에 의해 직무상 비밀로 규정되어 있는 내용을 누설한 경우에는 범죄를 구성한다(형법<br>127). 퇴직 후에 이 의무를 위반하였을 때에는 형사책임을 물을 수 있을 뿐 징계책임은 물을 수 없으나, 이를 이유로 차후의 공무원관계의 설정을 거부할 수는 있다고 본다.

공무원은 전기한 바와 같이 그 직무상 지득한 비밀에 대하여는 이를 엄수하여야 하는 상당히 엄격한 의무를 지고 있다. 이에 대하여 공공기관의 정보공개에 관한 법률에 따르면 국가기관, 지방자치단체의 기관 등은 동법이 정하는 일정한 예외를 제외하고는 이들 기관이 보유하고 있는 정보를 공개하도록 되어 있다. 그에 따라 같은 정보에 대하여 직무상 이를 지득한 공무원은 이를 비밀로 엄수하여야 하는 데 대하여, 그 행정기관은 국민의 요청이 있는 경우에는 이를 공개하여야 하는 경우도 발생할 수 있을 것이다. 즉 같은 정보에 대하여 공무원과 그가 소속하는 행정기관에는 반대방향의 의무가 부과될 수 있는 것으로서, 양자간의 조화로운 해결책의 정립이 앞으로의 학설·판례 내지는 입법의 중요한 과제라 할 것이다.

## 6. 품위유지의무 및 청렴의무

### (1) 품위유지의무

공무원은 직무의 내외를 불문하고 그 품위를 손상하는 행위를 하여서는 안된다(국가공무<br>원법 63). 이 의무는 공직의 체면·위신을 유지하기 위한 것으로, 축첩·도박·아편흡식·알콜중독 등과 같은 공직의 체면에 직접적인 영향이 있는 행위를 제외하고는, 공무원의 사생활에까지는 미치지 않는다고 할 것이다.

(2) 청렴의무

1) 직무관련의 증여 등의 수수 및 공여행위 등의 금지    공무원은 직무와 관련하여 직접·간접을 불문하고 사례·증여·향응을 수수할 수 없으며, 직무상의 관계 여하를 불문하고 소속 상관에게 증여하거나 소속 공무원으로부터 증여를 받아서는 안된다(국가공무원법 61,/지방공무원법 53).

청렴의무의 위반은 징계사유가 되고, 또한 형사상의 증·수뢰죄를 구성한다(형법 129/내지 132).

2) 재산등록·공개 등의 의무    공직자윤리법은 공무원의 청렴의무를 제도적으로 확보하고 공직자의 윤리를 확립하기 위하여 상위공직자의 재산등록·등록재산의 공개(제2장), 주식의 매각 또는 신탁(제2장의2), 퇴직공직자의 취업제한(제4장) 등에 대하여 규정하고 있다.

재산공개의무자는 대통령·국무총리·국무위원·국회의원 등 정무직공무원과 4급 이상의 일반직 국가공무원, 지방자치단체의 장, 지방의회의원 등 지방자치단체의 정무직공무원, 공무원보수규정에 의한 직무등급이 6등급 이상인 외무공무원, 법관, 검사, 교육공무원 중 총장·부총장·학장 등이다.

등록대상인 재산은 등록의무자 본인 외에 본인의 배우자, 본인의 직계존속·직계비속의 재산 중 부동산에 관한 소유권·지상권·전세권·광업권·어업권 그 밖에 부동산에 관한 규정이 준용되는 권리, 소유자별 합계액이 1천만원 이상의 현금·수표·예금, 주식·국채·공채·회사채 등 유가증권, 채권·채무, 500만원 이상의 보석·골동품·예술품·회원권 등이다(동법 4).

등록사항의 심사는 공직자윤리위원회가 한다. 위원회는 필요하면 소명자료 제출기회부여, 관계인의 출석요구 등을 할 수 있고, 허위등록시에는 경고·시정조치, 과태료부과, 허위등록사실의 공표 등의 조치를 취할 수 있다.

공직자윤리위원회는 원칙적으로 1급 이상의 공무원 및 이에 준하는 공직자 본인, 배우자, 직계존비속의 재산에 관한 등록사항을 관보 등에 게재하여 공개하여야 한다(동법 10①). 대통령, 국회의원 등의 공직선거후보자, 그 임명에 국회의 동의를 요하는 공직자, 국회에서 선출하는 공직자 등의 경우에도 관할선거관리위원회 또는 국회의장이 그 후보자의 재산신고사항을 공개하여야 한다(동법 10의2).

공무원(지방의회 의원 및 교육위원을 포함) 또는 공직유관단체의 임·직원이 외국 또는 그 직무와 관련하여 외국인으로부터 선물(미화 100 달러 이상 또는 국내 시가 10만원 이상)을 받은 때에는 지체없이 소속기관·단체의 장에게 신고하고 당해 선물을 인도하여야 한다(동법 15①; 동법시행령 28).

동법상의 의무에 위반하는 경우에는 징계책임을 지는 외에(동법 22), 재산등록거부의 죄, 거짓자료제출 등의 죄, 무허가 열람·복사의 죄, 취업제한위반의 죄 등의 형사책임을 진다(동법 24 내지 29).

3) **주식의 매각 또는 신탁계약의 체결**　공개대상자와 기획재정부, 금융위원회 소속 공무원 중 일정 공무원은 본인 그 이해관계자가 보유한 주식의 총가액이 일정 금액을 초과하면 매각·신탁계약을 체결하거나 하도록 하고 그 사실을 등록기관에 신고하여야 한다. 주식백지신탁계약이 체결된 경우에는 그 신탁계약이 해제될 때까지는 공개대상자나 이해관계자는 새로 주식을 취득하여서는 아니 된다(동법 14의 4·14의6).

4) **부패행위 및 품위손상행위의 금지**　부패방지 및 국민권익위원회의 설치와 운영에 관한 법률은 공직자의 청렴의무와 관련하여 공무원에 대하여 일체의 부패행위와 품위손상행위를 금지하면서(법 7), 대통령령, 국회규칙, 대법원규칙 등으로 이와 관련된 행동강령을 정하도록 하고 있는바(동법 8①), 그에 따라 공무원 행동강령(대통령령)·법관 및 법원공무원 행동강령(대법원규칙)·선거관리위원회 공무원행동강령(선거관리위원회규칙)이 제정되었다.

공무원 행동강령에는 ① 직무관련자로부터의 향응·금품 등을 받는 행위의 금지·제한에 관한 사항, ② 직위를 이용한 인사관여·이권개입·알선·청탁행위의 금지·제한에 관한 사항, ③ 공정한 인사 등 건전한 공직풍토 조성을 위하여 공무원이 지켜야 할 사항, ④ 그 밖에 부패의 방지와 공무원의 직무의 청렴성 및 품위유지 등을 위하여 필요한 사항을 규정하도록 되어 있다(동조 ②).

행동강령은 공무원에 대하여는 구속력이 있으며, 공무원이 강령을 위반하는 경우에는 징계처분을 할 수 있다(동조 ③).

## 7. 병역사항의 신고의무

공직자 등의 병역사항 신고 및 공개에 관한 법률에 따라 동법 제2조에 규정된 공직자 및 공직후보자는 본인 및 18세 이상인 직계비속의 병역사항을 신고할 의무를 진다. 신고할 사항은 복무기간, 군번, 의무가 면제된 자의 경우 그 사유 등이다.

### 8. 종교중립의 의무

공무원은 종교에 따른 차별 없이 직무를 수행하여야 한다. 따라서 공무원은 소속 상관이 종교와 관련해 직무수행을 저해하는 지시를 하면 이에 따르지 않을 수 있다(국가공무원법 59의2).

# 제 5 절  공무원의 책임

## Ⅰ. 개  설

공무원의 책임에는 협의의 책임과 광의의 책임이 있다. 협의의 공무원책임은 공무원으로서의 의무를 위반하였기 때문에 지는 책임을 말한다(공무원법상 책임). 이것은 공무원관계 내부에서 지는 책임을 말하며, 이에는 징계책임과 국가 등에 대한 변상책임이 포함된다. 광의의 공무원책임은 앞의 협의의 책임뿐만 아니라, 공무원의 행위가 공무원으로서의 의무위반에 그치지 않고, 더 나아가 사회법익을 침해함으로써 지는 형사상 책임 및 그 행위가 위법하게 타인의 권리를 침해하여 손해를 발생함으로써 지게 되는 민사상 책임을 포함한다.

## Ⅱ. 공무원법상 책임

### 1. 징계책임

#### (1) 징계의 의의·성질

징계란 공무원의 의무위반에 대하여 공무원관계의 질서를 유지하기 위하여 국가 또는 지방자치단체가 사용자로서의 지위에서 과하는 제재를 말한다. 그 제재로서의 벌을 징계벌이라 하고 이 벌을 받아야 할 책임을 징계책임이라 한다.

#### (2) 징계벌과 형벌

징계벌과 형벌은 공무원의 동일한 비위행위에 대하여 과하여지는 수도 있으나, 양자는 다음의 여러 점에서 그 성질상 차이가 있다.

1) **권력적 기초**　징계벌은 공무원관계에서 국가 등이 사용자로서의 지위에서 가지는 권한의 행사로 과하여지는 데 대하여, 형벌은 국가의 통치권의 발동으로서 과하여진다.

2) **목적·내용·대상**　징계벌은 공무원관계의 내부적 질서유지를 목적으로 하는 데 대하여, 형벌은 일반의 질서유지를 목적으로 한다. 징계벌은 공무원의 신분상 이익의 일부 또는 전부를 박탈하는 것을 내용으로 하는 데 대하여, 형벌은 신분상 이익뿐만 아니라 재산적 이익이나 신체적 자유의 박탈도 그 내용으로 한다. 징계벌은 의무위반이라는 객관적 사실에 대하여 과하는 제재이므로, 형벌과는 달리 고의·과실을 요하지 않고 또한 상관은 부하공무원의 의무위반에 대한 감독상의 책임을 면하지 못한다. 징계벌의 대상은 공무원법상의 의무위반인 데 대하여, 형벌은 형법상의 의무위반, 즉 형사범을 그 대상으로 한다.[1] 징계벌은 공무원법상의 의무위반에 대하여 과하는 제재이므로 형벌과는 달리 퇴직 후에는 과할 수 없다.

3) **병　과**　징계벌과 형벌은 그 성질을 달리하기 때문에 양자는 병과될 수 있으며, 병과되더라도 일사부재리의 원칙에 반하지 않는다. 현행법은 형사소추선행의 원칙을 취하지는 않지만, 수사중인 사건에 대하여는 징계절차를 중지할 수 있게 하고 있다(국가공무원법 83).

4) **징계벌과 일사부재리**　일사부재리의 원칙은 징계벌에도 적용되어, 동일한 징계원인을 이유로 하여 거듭 징계할 수는 없다. 그러나 직위해제처분과 징계처분은 그 성질을 달리 하므로 같은 사유에 대하여 직위해제처분이 행해진 후에 다시 징계처분을 과하여도 그것은 일사부재리의 원칙에 반하는 것은 아니라고 보고 있다.[2]

5) **징계벌과 법치주의**　종래의 특별권력관계론에 의하면 특별권력의 주체는 포괄적 지배권을 가지므로, 징계벌은 이러한 포괄적 지배권의 발동으로서 법률의 규정이 없더라도 과할 수 있는 것으로 보았다. 그러나 이러한 의

---

1) 판례
　　"공무원에게 징계사유가 인정되는 이상, 관련된 형사사건이 아직 유죄로 확정되지 아니하였다 하더라도 징계처분을 할 수 있음은 물론, 그 징계처분에 대한 행정소송을 진행함에도 아무런 지장이 있을 수 없다"(대판 1986. 11. 11, 86누59).
2) 판례
　　"직위해제처분이 공무원에 대한 불이익한 처분이긴 하나 징계처분과 같은 성질의 처분이라 할 수 없으므로, 동일한 사유로 직위해제처분을 하고 나서 다시 감봉처분을 하였다고 하여 일사부재리의 원칙에 위배된다고 할 수 없다"(대판 1983. 10. 25, 83누184).

미의 특별권력관계론은 오늘날에는 더 이상 그 타당성을 인정받지 못하고 있다. 공무원은 국가의 기관에 불과한 것이 아니고, 기관의 지위를 떠나 국가 등에 대하여 권리주체로서의 지위를 가지므로 이러한 권리의 침해를 내용으로 하는 징계조치에는 당연히 법률상의 근거가 있어야 한다고 할 것이다.

현행 공무원법(국가공무원법 · 지방공무원법)은 징계의 사유 · 종류 · 절차 및 그에 대한 불복수단에 관하여 상세한 규정을 두고 있다.

### (3) 징계 사유

징계 사유로는 ① 국가공무원법(또는 지방공무원법) 및 동법에 의한 명령에 위반하거나, ② 직무상의 의무에 위반하거나 직무에 태만하였을 때, 또는 ③ 직무의 내외를 불문하고 그 체면 또는 위신을 손상하는 행위를 한 때 등의 세 가지가 있다($\binom{국가공무원법 78,}{지방공무원법 69}$). 이러한 징계사유는 고의 · 과실의 유무와 관계 없이 성립하며, 그 감독자도 감독의무를 태만히 한 경우에는 그 책임을 면하지 못한다.

위의 징계 사유가 있는 경우에는 징계권자는 징계위원회에 징계의결을 요구하여 그 결과에 따라 징계처분을 한다($\binom{국가공무원}{법 78①}$). 이 경우 그 징계 사유가 금전, 물품, 부동산, 향응 또는 일정한 재산상 이익을 취득 · 제공한 경우이거나, 국 · 공유의 재산 및 물품 등을 횡령, 배임, 절도, 사기 또는 유용한 경우에는 해당 징계 외에 금품 · 향응 수수액, 공금의 횡령액 · 유용액의 5배 내의 징계부가금 부과의결을 징계위원회에 요구하여야 한다($\binom{동법}{78의2①}$).

위의 국가공무원법 · 지방공무원법의 규정은 원칙적으로 경력직공무원에 적용되나, 시보임용중인 공무원, 별정직공무원도 이에 준한다. 그러나 정무직공무원에는 이 규정이 적용되지 않는다. 특정직공무원은 해당 법령에서 징계에 관한 사항을 규정하고 있다($\binom{경찰공무원법}{26 \cdot 27}$).

임용 전의 행위가 징계사유가 될 수 있는지에 대하여는 견해가 갈릴 수 있으나 원칙적으로 징계사유가 될 수 없고, 그 행위가 재직을 허용하지 못할 정도로 중대한 것인 때에는 임용행위를 취소 또는 철회할 수 있다고 할 것이다. 다만, 임용 전의 특정한 행위로 인하여 임용 후에도 계속하여 공무원의 품위가 손상되는 경우에는 임용 후의 의무위반이라는 사실에 기하여 징계처분을 할 수 있다.[1]

---

1) 판례도 같은 입장인 것으로 보인다(대판 1990. 5. 22, 89누7368; 대판 1996. 3. 8, 95누18536 등 참조).

다른 법률의 적용을 받는 공무원(예컨대 지방공무원)이 징계규정의 적용을 받는 국가공무원으로 임용되거나 특수경력직공무원이 경력직공무원으로 임용된 경우에, 임용 이전의 다른 법률에 의한 징계사유는 현재의 신분을 적용하는 법률에 의한 징계사유로 승계된다(국가공무원법 78②③, 지방공무원법 69②③).

**(4) 징계의 종류**

징계에는 파면·해임·강등·정직·감봉·견책의 6종이 있다(국가공무원법 79, 지방공무원법 70).

파면은 공무원의 신분을 박탈하고 연금을 제한하여 지급하는 것을 내용으로 한다. 해임은 공무원의 신분을 박탈하나 연금은 전액 지급하는 것이다. 강등은 1계급 아래로 직급을 내리고(고위공무원단에 속하는 공무원은 3급으로 임용) 공무원신분은 보유하나 3개월간 직무에 종사하지 못하며 그 기간 중 보수를 전액 감하는 것이다. 단, 계급을 구분하지 아니하는 공무원과 임기제 공무원에 대해서는 강등을 적용하지 아니한다. 정직은 1개월 이상 3개월 이하의 기간중 공무원의 신분은 보유하나 직무에 종사하지는 못하고 보수를 전액 감하는 것이다. 감봉은 1개월 이상 3개월 이하의 기간 동안 보수의 3분의 1을 감하는 것이며, 견책은 전과에 대하여 훈계하고 회개하게 하는 것을 말한다(국가공무원법 80①내지⑤). 위의 징계 중에서 파면과 해임은 해당 공무원을 공무원관계에서 배제하는 배제징계이고, 강등·정직·감봉·견책은 장래의 의무위반을 방지하기 위하여 신분적 이익의 일부를 일시적으로 박탈하는 교정징계이다.

징계의 부수적인 효과로서 파면된 자는 5년, 해임된 자는 3년간 공무원이 될 수 없으며(동법 33 vii·viii), 공무원연금법상의 급여의 일부가 제한되고(공무원연 금법 65), 강등·전직·감봉 또는 견책을 받은 자는 승진과 승급에 제한을 받는다(국가공무원 법 80⑥).

징계원인이 있는 경우에 어떤 종류의 징계를 할 것인지는 원칙적으로 징계권자의 재량적 판단에 속한다. 그러나 구체적인 징계의 양정에 있어서는 징계사유가 된 사실의 구체적 내용이나 그 주변정황 등과 해당 공무원의 평소의 근무상태·소행 등을 구체적으로 검토하여 징계사유와 징계벌과의 사이에 합리적인 비례가 이루어지도록 하여야 하며, 그렇지 않은 경우에는 재량권을 남용한 것이 되어(비례원칙의 위반) 위법한 징계처분이 된다.[1]

---

1) 판례
　　"9년간 교통순경으로서 성실히 근무해 왔고 9회에 거쳐 표창까지 받은 자가, 운전자간의 시비로 인하여 교통방해를 일으킨 현장을 인지하고도 처리지침에 따른 적발보고를 하지 아니하고, 사안이 경미하며 두 운전자가 뉘우치고 있다는 이유로 훈계방면한 행위에 대하여 징계처분 중 가장 무거운 파면처분을 한 것은 징계재량권의 범위를 넘어선 위법한 처분이라고 보지 않을 수 없다"(대판 1977. 1. 25, 76누235).

(5) 징계권자

징계는 징계위원회의 의결을 거쳐 소속기관의 장이 행하되, 국무총리 소속하의 징계위원회에서 의결한 징계는 각 중앙행정기관의 장이 행한다. 다만 파면과 해임은 임용권자 또는 임용권을 위임한 상급감독기관의 장이 행한다($^{국가공무원}_{법\ 82①}$).

(6) 징계의 절차

1) 징계위원회　공무원의 징계는 관할 징계위원회($^{지방공무원은\ 인사위원}_{회-지방공무원법\ 72}$)의 의결을 거쳐야 하는데, 징계위원회는 국무총리 소속의 중앙징계위원회와 5급 이상 공무원 등을 장으로 하여 행정기관에 두는 보통징계위원회의 2종이 있는바($^{공무원징계령}_{2①\cdot 3}$), 징계위원회는 의결기관에 해당한다.

중앙징계위원회는 ⓐ 고위공무원단에 속하는 공무원, 5급 이상 공무원, 연구관 및 지도관 등의 징계 또는 징계부가금("징계등") 사건, ⓑ 다른 법령에 따라 중앙징계위원회에서 징계의결 또는 징계부가금 의결을 하는 특정직 공무원의 징계등 사건, ⓒ 대통령이나 국무총리의 명령에 따른 감사 결과 국무총리가 징계의결 등을 요구한 6급 이하 공무원, 연구사 및 지도사 등의 징계등 사건, ⓓ 중앙행정기관 소속의 6급 이하 공무원, 연구, 지도사 등에 대한 중징계 또는 중징계 관련 징계부가금 요구사건을 심의·의결하고, 보통징계위원회는 6급 이하 공무원, 연구사, 지도사 등에 대한 징계등 사건(위 ⓒ의 징계등 사건을 제외)을 심의·의결한다($^{동령}_{2②③}$). 2명 이상이 관련된 징계등 사건으로서 관련자의 관할 징계위원회가 서로 다른 경우에는 관련자의 관할 징계위원회 중 최고 상급기관에 설치된 보통징계위원회(중앙징계위원회의 관할로 된 경우에는 중앙징계위원회)에서 심의·의결하고, 관할 징계위원회가 서로 대등한 경우에는 그 바로 위의 상급기관(바로 위 상급기관이 서로 다른 경우에는 2단계 위의 상급기관)에 설치된 보통징계위원회에서 심의·의결한다($^{동령}_{2⑤}$).

2) 징계절차　행정기관의 장은 소속 공무원이 징계원인에 해당하는 사유가 있다고 인정할 때에는, 그 징계를 관할하는 징계위원회에 징계의결을 요구하고, 행정기관의 장이 징계의결요구권을 갖지 아니하는 공무원에 대하여 징계사유가 있다고 인정한 때에는 징계의결요구권을 갖는 행정기관의 장에게 그 징계사유를 입증할 수 있는 관계자료를 첨부하여 이를 통보하여야 한다($^{동령}_{7①②}$). 징계위원회는 그 요구서를 접수한 날부터 30일 이내(중앙징계위원회는 60일 이내)에 징계에 관한 의결을 하여야 하나, 부득이한 사유가 있을

때에는 그 기간은 30일간(중앙징계위원회는 60일간) 연장할 수 있다($\substack{동령 \\ 9}$). 징계위원회가 징계사건을 심의할 때에는 반드시 징계혐의자를 출석시켜 진술의 기회를 주어야 하는바, 이 절차를 거치지 않은 징계의결은 무효이다($\substack{국가공무원 \\ 법 81③}$). 그러나 징계혐의자가 진술권포기서를 제출하거나, 정당한 사유서를 제출하지 아니한 경우 등에는 본인의 출석·진술 없이 징계의결을 할 수 있다($\substack{공무원징계 \\ 령 10③④}$). 징계권자는 징계위원회로부터 징계의결서를 받은 날부터 15일 이내에 그것을 집행하여야 하는데, 징계처분은 징계의결서의 사본을 첨부한 징계처분사유설명서를 교부함으로써 행한다($\substack{동령 \\ 19}$).[1]

처분권자(대통령이 처분권자인 경우에는 처분제청권자)는 ① 법령의 적용, 증거 및 사실조사에 명백한 흠이 있는 경우, ② 징계위원회의 구성 또는 징계의결등, 그 밖에 절차상의 흠이 있는 경우, ③ 징계양정 및 징계부가금이 과다한 경우에 해당하는 사유로 소청심사위원회 또는 법원에서 징계처분등의 무효 또는 취소(취소명령 포함)의 결정이나 판결을 받은 경우에는 다시 징계의결 또는 징계부가금 부과의결("징계의결등")을 요구하여야 한다. 다만, 제3의 사유로 무효 또는 취소(취소명령 포함)의 결정이나 판결을 받은 감봉견책처분에 대하여는 징계의결을 요구하지 아니할 수 있다($\substack{국가공무원법 \\ 78조의3①}$). 처분권자는 소청심사위원회의 결정 또는 법원의 판결이 확정된 날부터 3개월 이내에 관할 징계위원회에 징계의결등을 요구하여야 하며, 관할 징계위원회에서는 다른 징계사건에 우선하여 징계의결등을 하여야 한다($\substack{동조 \\ ②}$).

(7) 징계시효

징계의결등의 요구는 징계 등의 사유가 발생한 날부터 3년이 지나면 하지 못한다. 다만, 금전, 물품, 부동산, 향응 또는 일정한 재산상 이익을 취득·제공한 경우이거나, 국·공유의 재산 및 물품 등을 횡령, 배임, 절도, 사기 또는 유용한 경우에는 5년으로 한다($\substack{국가공무원법 83의2①, \\ 지방공무원법 73의2①}$). 징계사유의 발생기산점은 비위행위가 종료된 때이며, 3년을 경과할 때의 계산은 징계의결요구서가 관

---

1) 징계처분사유설명서는 징계처분이라는 행정처분의 형식적 요건으로서의 이유부기에 해당한다고 할 것이며, 그러한 점에서 이 설명서의 교부는 징계처분의 효력발생요건이라 할 것이다. 그러나 대법원은 다른 견해를 취하고 있다. 즉 대법원은 "국가공무원법 제75조는 공무원에 대하여 징계처분을 할 때나 강임·휴직 또는 면직처분을 할 때에는 그 처분권자 또는 처분제청권자는 처분사유를 기재한 설명서를 피처분자에게 교부하도록 규정하고 있으므로, 이는 그 행정처분이 정당한 이유에 의하여 한 것이라는 것을 분명히 하고 또 피처분자로 하여금 불복있는 경우에 출소의 기회를 부여하는 데 그 法意가 있다 할 것이고, 그 처분사유설명서의 교부를 처분의 효력발생요건이라 할 수 없다"(대판 1970. 1. 27, 68누10)고 판시한 바 있다.

할 징계의결기관에 도달(접수)된 때를 기준으로 한다.

감사원이나 수사기관에서의 조사 또는 수사를 이유로 징계절차를 진행하지 못하여 징계시효가 지나거나 그 남은 기간이 1개월 미만인 경우에는 조사나 수사의 종료 통보를 받은 날부터 1개월이 지난 날에 징계시효가 끝나는 것으로 본다(국가공무원법 83의2②, 지방공무원법 73의2②).

징계의결기관의 구성·징계의결등, 그 밖의 절차상의 흠이나 징계양정 및 징계부가금의 과다를 이유로 소청심사위원회 또는 법원에서 징계처분등의 무효 또는 취소의 결정이나 판결을 한 경우에는 징계시효가 지나거나 그 남은 기간이 3개월 미만인 경우에도 그 결정 또는 판결이 확정된 날부터 3개월 이내에는 다시 징계의결등을 요구할 수 있다(국가공무원법 83의2③, 지방공무원법 73의2③).

**(8) 징계에 대한 구제**

징계처분을 받은 자가 이의가 있는 때에는 소청심사위원회에 심사를 청구할 수 있다(국가공무원법 76①, 지방공무원법 67②). 소청심사위원회의 결정에 있어서는 불이익변경 금지원칙이 적용된다(국가공무원법 14⑦, 지방공무원법 19⑦). 소청심사위원회에서 그 청구가 인용되지 않는 경우, 관계공무원은 행정소송을 제기하여 당해 징계처분의 위법을 이유로 그 취소 또는 무효확인을 구할 수 있다. 징계처분에 대하여 취소소송을 제기하여 이를 다투기 위하여는, 행정소송법이 정하는 행정심판절차의 임의주의에도 불구하고, 국가공무원법 또는 지방공무원법의 명시적 규정에 따라 소청절차를 반드시 거쳐야 한다(국가공무원법 16, 지방공무원법 20의2).

## 2. 변상책임

공무원이 의무를 위반함으로써 국가 등에 대하여 재산상의 손해를 발생시킨 경우에 지는 변상책임은 국가배상법에 의한 일반적인 변상책임과 회계관계직원 등의 변상책임으로 나누어진다.

**(1) 국가배상법에 의한 변상책임**

공무원은 국가배상법이 정하는 바에 따라 다음의 경우에는 국가에 대하여 변상책임을 진다.

1) 공무원이 그 직무를 집행함에 당하여 고의 또는 과실로 법령에 위반하여 타인에게 손해를 가함에 따라 국가(또는 지방자치단체)가 그 손해를 배상한 경우, 공무원에게 고의 또는 중과실이 있을 때에는 국가는 공무원에게 구상할 수 있다(동법 2②).

2) 영조물의 설치·관리상의 하자로 인하여 타인에게 발생한 손해를 국가가 배상한 경우, 공무원에게 그 손해의 원인에 대한 책임이 있을 때에는 국가는 공무원에게 구상할 수 있다($\frac{동법}{5②}$).

3) 공무원이 직무행위로서 사경제적 작용을 행함에 당하여 고의 또는 과실로 타인에게 손해를 가한 때에 국가가 사용자로서 민법에 의한 배상을 한 경우($\frac{법}{756①}$), 국가는 공무원에게 손해의 원인에 대하여 책임이 있을 때에는 그에게 구상할 수 있다($\frac{동조}{③}$).

**(2) 회계관계직원 등의 변상책임**

회계관계직원 등의 책임에 관한 법률 등에 의하면 회계관계직원이 고의 또는 중과실로 그 의무에 위반한 행위를 함으로써 국가 등의 재산에 손해를 끼친 때에는 변상책임이 있고($\frac{법}{4①}$), 현금 또는 물품을 출납·보관하는 자가 선량한 관리자로서의 주의를 게을리하여 그가 보관하는 현금 또는 물품이 망실되거나 훼손된 때에는 변상책임이 있다($\frac{동법 4②, 물}{품관리법 45}$).

변상책임의 유무 및 변상액은 감사원이 판정하나($\frac{감사원}{법 31}$), 소속 장관 또는 감독기관의 장은 회계관계직원 등이 책임이 있다고 인정하면, 감사원의 판정 전에도 관계직원에게 변상을 명할 수 있다($\frac{회계관계직원등의책}{임에관한법률 6①}$). 변상명령이 내려진 사건에 대하여 감사원이 다시 판정하지 않으면 변상책임은 변상명령에 의하여 확정되나, 감사원이 다시 판정을 하면 그 판정에 의하여 비로소 확정된다. 그에 따라 변상명령이 내려진 사건에 대하여 감사원이 변상책임이 없다고 판정한 때에는 기납의 변상금은 즉시 환부하여야 한다($\frac{동법}{6④}$).

## Ⅲ. 형사상 책임

공무원의 의무위반이 공무원관계 내부의 질서뿐만 아니라 일반사회법익도 침해한 경우에, 일반사회질서를 유지하기 위하여 형벌을 과하는 경우가 있다.

형법이 정하는 공무원의 범죄는 직무범과 준직무범으로 나누어진다. 직무범은 직권을 남용하는 등 직무집행행위 그 자체에 의하여 법익을 침해하는 경우($\frac{형법 122}{내지 128}$)를 말하고, 준직무범은 뇌물의 수수 등 직무와 관련이 있는 행위로 인하여 법익을 침해하는 경우($\frac{형법 129}{내지 132}$)를 말한다.

특정범죄가중처벌 등에 관한 법률은 준직무범 중 수뢰죄·제3자뇌물제공죄 및 알선수뢰죄에 있어서 공무원이 수수·요구 또는 약속한 금액이 일정 금액 이상인 때에는 가중처벌하도록 규정하고 있다($\frac{\text{동법}}{2}$).

각종 행정법규가 특히 공무원의 범죄를 규정하고 있는 경우가 적지 않은 데($\frac{\text{국가공무원법 84, 지방공}}{\text{무원법 82, 우편법 50}}$), 이 경우 이들은 행정범으로서 행정벌에 관한 일반이론이 이에 적용된다.

## Ⅳ. 민사상 책임

국가배상법 제2조는 공무원이 고의 또는 과실로 인한 위법행위로 인하여 타인에게 손해를 가하였을 때에는 국가 또는 지방자치단체가 배상책임을 진다고 규정하고 있는바, 동조에 기하여 피해자에 대한 공무원 개인의 민사상 책임도 발생하는가에 대하여는 견해가 갈린다. 대위책임설의 입장에서는 국가나 지방자치단체가 공무원을 대위하여 피해자에게 배상책임을 지고, 공무원에게 고의 또는 중과실이 있는 경우 국가는 공무원에게 구상할 수 있다고 본다.

그러나 자기책임설이나 절충설의 입장에서는 고의 또는 중과실이 있는 경우 공무원의 피해자에 대한 민사상의 책임도 인정될 수 있다고 본다.[1] 판례는 이른바 절충설의 입장에서 공무원에 고의·중과실이 있는 경우에 한하여 공무원 개인도 민사상의 배상책임을 진다고 하고 있다.[2]

---

1) 자세한 내용은 「행정법 Ⅰ」의 '국가배상' 관련 부분 참조.
2) 판례
　　"공무원이 직무를 수행함에 있어 경과실로 타인에게 손해를 입힌 경우에는 그 직무수행상 통상 예기할 수 있는 흠이 있는 것에 불과하므로, 이러한 공무원의 행위는 여전히 국가 등의 행위로 보아 그로 인하여 발생한 손해에 대한 배상책임도 전적으로 국가 등에만 귀속시키고 공무원 개인에게 그로 인한 책임을 부담시키지 아니하고, 반면에 공무원의 위법행위가 고의·중과실에 기한 경우에는 비록 그 행위가 그의 직무와 관련된 것이라 하더라도 위와 같은 행위는 그 본질에 있어 기관행위로서의 품격을 상실하여 국가 등에게 그 책임을 귀속시킬 수 없으므로 공무원 개인에게 불법행위로 인한 손해배상책임을 부담시키되, 다만 이러한 경우에도 그 행위의 외관을 객관적으로 관찰하여 공무원의 직무행위로 보여질 때에는 피해자인 국민을 두텁게 보호하기 위하여 국가 등이 공무원 개인과 중첩적으로 배상책임을 부담한다"(대판 1996. 2. 15, 95다38677 전원합의체).

제 **6** 편

# 특별행정작용법

# 제1장 개 설

　자본주의를 기조로 하는 근대의 자유주의적 법치국가에 있어서는 정치적인 자유주의사상 또는 경제적인 자유방임사상에 따라 국가의 행정은 국가·사회의 존립과 질서유지에 필요한 최소한도에 그쳐야 하는 것으로 파악되고 있었다. 그에 따라 행정의 기능은 기본적으로 국방 및 질서유지작용 등 소극적 기능에 한정되고 있었다. 그러나 이후 산업·경제의 급격한 발달에 따르는 사회구조의 혁신적 변화나 근대 자본주의적 자유경제의 내재적·구조적인 모순과 폐해 등으로 인하여, 행정작용이 소극적인 질서유지작용에 한정될 수만은 없게 되었다. 즉 행정은 단순한 질서유지작용 외에도 개인의 사회경제활동을 보호·육성하기 위하여 「공적인 손」에 의하여 적극적으로 재화·용역을 제공하거나 기타 적극적인 규제활동을 수행하여야 하게 되었던 것이다. 그에 따라서 각종의 공공시설의 설치·운영, 근로자 기타 사회적 약자의 보호를 기본목적으로 하는 사회보장제도나 자본주의 경제의 내재적 결함·모순을 극복·시정하기 위한 국가의 사경제영역에 대한 관여·규제 등이 행정의 중요한 책무로 되게 되었던 것이다.

　요컨대 근대의 자유주의적 법치국가의 행정을 기본적으로 소극적인 질서행정이라고 한다면 현대의 행정은 적극적인 복리행정으로 특징지을 수 있을 것이다.

　위와 같은 특징을 지닌 현대의 행정을 그 내용면에서 살펴보면 국가 등의 행정주체는 사인의 사회생활의 거의 모든 영역에 걸쳐 규제·조성·유도 등의 행정작용을 수행하고 있는바, 이러한 행정작용으로는 그 대표적인 것으로 급부행정이나 경제행정 외에도 문화·교육행정, 지역개발행정, 환경행정 등이 날로 중요성을 더해가고 있다고 하겠다.

　이러한 현대의 광범하고 다양한 행정작용 또는 그를 규제하는 행정법규를 여하히 분석하고 정리할 것인가 하는 것은 매우 어려운 과제인데, 여기에는 기본적으로 다음의 두 가지 방법이 채택될 수 있을 것이다. 그 하나는 행정작용에 관한 법령을 분석하여 그 법목적·법구조 및 해석론상의 특색 등의 공통점을 추출하여, 이를 기준으로 하여 행정작용을 일정 유형으로 구분하는 방식이다.[1] 다른 하나의 방법은 중요한 행정작용을 전체로서 직접 그 고찰대상으로 하는 것이다. 후자가 현재 독일에서 일반적으로 채택되고 있는 방법으로 보여진다.[2] 이 방법은 행정작용법 전반에 관한 체계적 고찰이라는 면에서는 문제가 있으나, 관계행정작용 또는 영역을 충실하게 고찰할 수 있는 장점이 있다. 물론 원칙론적인 관점에서는 체계적인 분류방식이 바람직하다고 할 것이나, 오늘날의 새로운 행정작용영역(경제법, 환경법 등)에 있어서는 그 내용에 있어 명령·규제·조성·유도 등의 행정작용이 종합적으로 채택되고 있는 것이 그 기본적 특징으로 부각되고 있다는 점에서 보면, 어느 경우에나 체계적 분류방식을 일관하여 적용하는 데에는 문제가 있다고 본다.

　이러한 관점에서 본서에서는 체계적 분류방식에 따른 종래의 학문적 성과는 그대로 수용하면서도, 새로운 행정작용에 대한 고찰에 있어서는 그 실질적 내용에 관한 고찰에 보다 비중을 두면서 직접 당해 행정작용영역을 전체로서 고찰대상으로 하기로 하였다. 환언하면 본서에서는 체계적 분류방식과 영역별 분류방식을 혼합하여 사용하겠다는 것이다. 따라서 본서에서는 특별행정작용법을 경찰행정법·급부행정법·공용부담법·지역개발 및 환경행정법·경제행정법·재무행정법 등으로 나누어 고찰하기로 한다.

---

1) 이것이 현재 다수의 국내저자들이 채택하고 있는 방식이라 할 것이다. 예컨대 김도창 박사는 행정작용법을 질서행정법, 복리행정법, 재무행정법, 군사행정법으로 나누고 있다(김도창, 행정법(하), p. 15). 이상규 변호사는 이를 질서행정법, 급부행정법, 규제행정법, 공용부담법, 재무행정법으로 나누고 있다(이상규, 행정법(하), pp. 23~35). 박윤흔 교수도 같은 장별의 구분을 취하고 있다(박윤흔, 행정법(하), pp. 9~18). 김남진 교수도 기본적으로는 위와 같은 장별을 취하고 있으나 토지 및 지역정서행정법이라는 새로운 장을 부가하고 있는바, 이는 행정작용의 공통적 성격이 아니라 행정작용영역을 기준으로 한 분류방식인 것으로 보인다(김남진, 행정법(Ⅱ), pp. 12~24).
2) 예컨대, Münch 교수가 대표적 편자로 되어 있는 우리나라의 「행정법 Ⅱ」에 해당하는 특별행정법은 그 내용이 공무원법, 지방자치법, 경찰질서행정법, 경제행정법, 사회법, 건축토지행정법, 환경법, 도로교통법, 수법, 교육법, 학예법, 신문방송법, 군사법·군사행정으로 구성되어 있다.

# 제 2 장   경찰행정법

## 제 1 절   경찰의 개념

### 제 1 항   경찰개념의 형성 및 변천

전통적 행정법학에서는 경찰은 「공공의 안녕과 질서를 유지하기 위하여 국가의 일반통치권에 기하여 권력적으로 사람의 자연적 자유를 제한하는 작용」으로 정의되고 있다.

경찰관념은 역사적으로 점진적으로 형성된 것이다. 경찰이라는 말은 그리스어의 「πολιτεια」나 라틴어의 「politia」에서 유래한 것으로, 중세에 있어서 이들 단어는 국가(도시국가), 공화제, 국헌 등을 의미하는 것이었다. 그러나 14세기 이후에는 「프랑스」의 「policia」, 「police」, 「policit」라는 단어를 매개로 하여, 15세기 후반의 독일에서 「Polizei」라는 용어가 생성되게 되었다. 「Polizei」는 당시에 공공복지라는 국가목적 내지 그러한 목적을 위하여 행하여지는 국가작용을 의미하였던바, 그에 따라 이 시기의 경찰은 모든 국가작용을 의미하는 것이었다. 그러나 이후 이러한 포괄적인 경찰관념에서 점차적으로 외정·군정·재정 및 사법이 분리되어, 18세기에는 대체로 내무행정에 해당하는 부분이 경찰로 파악되고 또한 그 목적·수단도 한정적인 것으로 되었다.

경찰에 관한 최초의 실정법으로서, 1794년의 「프로이센」일반란트법($^{제2장}_{제7절}$ $^{제10}_{조}$)은 "공적 평온(öffentliche Ruhe)·안녕 및 질서를 유지하고 공공단체 또는 그 구성원에 발생하는 위해를 제거하기 위하여 필요한 조치를 하는 것이 경찰의 직무이다"라고 하고, 1795년의 「프랑스」경죄처벌법($^{제16}_{조}$)은 "경찰은 공적 질서·자유·재산 및 개인의 안전을 유지하기 위하여 설치된다"라고 규정하고 있었다.

경찰작용의 소극적 목적성, 그 수단의 권력성에 있어 이들 규정에는 공통성이 있었다. 1794년의 「프로이센」일반란트법도 경찰을 위해의 방지·제거를 위한 소극적 작용에 한정하였으나, 이후 경찰관념은 제정법상 다시 확대되어 1850년의 「프로이센」경찰행정법에서 볼 수 있는 것처럼 소극적 질서유지작용뿐만 아니라, 복지증진작용도 경찰임무의 일부로 되게 되었다.

그러나 「프로이센」고등행정법원의 1882년의 「크로이쯔베르크」판결[1]은 독일행정법상 경찰관념의 정립에 결정적인 전기를 이룩하였던바, 이 판결은 위의 「프로이센」일반란트법 제 2 장 제10조가 이후의 여러 입법에도 불구하고 여전히 유효한 것으로 보고, 그에 따라 경찰은 소극적 위해방지에 한정된다고 선언하였던 것이다.

1931년의 「프로이센」경찰행정법은 위의 「프로이센」일반란트법 제10조상의 경찰관념을 재확인하여 경찰은 기본적으로 위해방지작용에 한정되는 것으로 규정하였으며,[2] 그를 기초로 하여 작성된 현행의 표준경찰법안 제 8 조는 "경찰은 공공의 안녕·질서에 대한 위험을 방지하기 위하여 필요한 조치를 취할 수 있다"고 정하고 있다.

한편 「프랑스」에서는 1795년의 경죄처벌법의 경찰조항을 계승한 지방자치법 제97조가 경찰의 임무를 "공공질서·안전 및 위생의 확보"로 정하고 있는바, 이러한 지방자치법 제97조상의 경찰의 임무에 관한 조항은 경찰의 일반적 관념을 표현하고 있는 것으로 해석되고 있다.

전통적으로 경찰은 사법경찰과 행정경찰로 구분되고 있었다. 사법경찰은 범죄수사, 피의자의 체포 등 형사사법권의 보조적 작용을 말하고, 행정상의 목적을 위하여 행하여지는 경찰은 행정경찰이라고 하였다. 행정경찰은 다시 보안경찰과 협의의 행정경찰로 구분되고 있었다. 보안경찰은 집회·결사·대중운동에 관한 경찰, 풍속영업경찰·교통경찰 등과 같이 다른 영역의 행정과는 무관하게 그 자체 독립적으로 행하여지는 경찰을 말하고, 행정경찰은 위생경찰·산업경찰 등과 같이 다른 행정영역과 관련하여 당해 임무의 소관행

---

1) 이 판결은 베를린의 크로이쯔베르크(Kreuzberg)에 있는 전승기념탑의 전망을 위해 일정한 지역에서 건축고도제한을 정하는 경찰법규명령(Polizeiverordnung)에 관하여, 경찰권은 소극적인 위해방지를 위한 조치만을 할 수 있고 적극적으로 공공복리를 위한 조치를 할 권한이 없다는 이유로, 위 경찰명령을 무효로 선언하였다.
2) 동법 제14조는 "경찰행정청은 실정법의 한계 내에서 공공의 안녕 또는 질서를 위협하는 위험으로부터 공중 또는 개인을 보호하기 위하여 필요한 조치를 그 의무에 합당한 재량에 따라 취할 수 있다"고 규정하고 있었다.

정기관에 의하여 행하여지는 경찰을 말한다.[1)]

전술한 내용을 도표로 표시하면 다음과 같다.

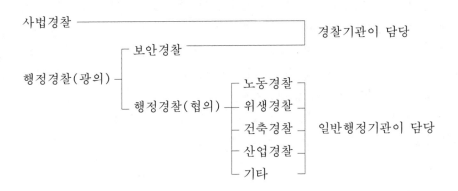

우리나라에 전술한 의미의 경찰제도가 도입된 것은 갑오경장(1894) 이후이다. 즉 1894년 7월 30일의 신관제가 실시됨에 따라 포도청이 폐지되고, 내무아문 소속하에 경찰청이 설치되었으며, 1895년 4월에는 경찰청관제가 제정·공포되어, 우리나라에서도 그 조직과 기능면에서 근대적 경찰제도의 출발을 보게 되었던 것이다.

## 제 2 항  경찰의 개념 및 내용

### I. 형식적 의미의 경찰

이것은 실정법상 보통경찰행정기관의 소관에 속하는 모든 작용을 말한다. 따라서 형식적 의미의 경찰은 실질적 의미의 경찰과 그 내용이 반드시 일치하지는 않는다. 형식적 의미의 경찰은 보통경찰행정기관이 관장하는 모든 행정작용을 의미하므로, 그 중에는 성질상 경찰작용으로 볼 수 없는 것이 있고, 그 반대로 일반행정기관의 소관에 속하는 행정작용 중에도 실질적 의

---

1) 이러한 보안경찰과 행정경찰의 구분은 기본적으로 경찰권의 분산화를 그 목적으로 한 것이었다. 즉 이러한 구분에 따라 보안경찰은 경찰을 전적으로 그 임무로 하는 경찰기관이 이를 담당하여야 할 것이나, 행정경찰은 위생행정, 건축행정 등을 담당하는 행정기관이 이를 수행하는 것으로 함으로써, 종래 경찰기관에 집중되어 있던 경찰권의 분산화를 도모하였던 것이다. 그러나 오늘날에는 경찰권은 상당히 분산되어 있고, 경찰담당기관은 원칙적으로 법률로 규정되어 있으므로, 전기한 의미에서의 보안경찰과 행정경찰의 구분은 그 실익이 거의 없다 할 것이다.

미의 경찰작용이 적지 않다. 형식적 의미의 경찰의 범위는 일반적으로 각국의 전통이나 여러 가지 현실적 요인에 따라 결정된다.

우리나라 경찰법 제 3 조는 국가경찰의 임무를 ① 국민의 생명·신체 및 재산의 보호, ② 범죄의 예방·진압 및 수사, ③ 범죄피해자 보호, ④ 경비·요인경호 및 대간첩·대테러 작전 수행, ⑤ 치안정보의 수집·작성 및 배포, ⑥ 교통의 단속과 위해의 방지, ⑦ 외국 정부기관 및 국제기구와의 국제협력, ⑧ 그 밖의 공공의 안녕과 질서유지로 규정하고 있다. 이 규정에 따라 실질적 의미의 경찰관념에는 해당하지 않는 범죄의 수사·범인의 체포 등의 사법경찰작용도 경찰기관의 소관사무로 되고 있다.

## Ⅱ. 실질적 의미의 경찰

실질적 의미의 경찰은 실제 경찰기관의 소관사무와는 무관하게 일정한 행정작용의 성질에 착안하여 학문적으로 정립된 관념이다. 이러한 의미의 경찰은 「사회공공의 안녕과 질서를 유지하기 위하여 일반통치권에 의거하여 기본적으로는 국민에게 명령·강제하는 권력적 작용」으로 정의될 수 있다.

이러한 실질적 또는 학문상의 경찰 관념은 그 목적·수단 및 그 권한의 기초 등 세 가지 점에서 다른 행정작용과 구별되고 또한 그 특징이 인정된다.

### 1. 경찰의 보호법익과 목적

경찰은 공공의 안녕과 질서를 유지하고 이에 대한 위험을 방지하고 장해를 제거하는 것을 그 목적으로 한다. 경찰은 이처럼 공공의 안녕과 사회질서의 유지, 즉 현상유지라는 소극목적을 위한 작용이다.

#### (1) 공공의 안녕

공공의 안녕이란, 국가의 법질서와 공공시설 및 개인의 생명·신체·재산·자유·명예 등에 어떠한 침해도 없는 상태를 말한다.[1] 이것은 법질서 전체의 불가침성, 국가·공동체의 존립과 기능성, 개인의 법익의 불가침성 등을 그 내용으로 한다.

1) 법질서의 불가침성    객관적 법질서의 보호는 공공의 안녕의 가장 핵

---

1) K. H. Friauf, Polizei- und Ordnungsrecht, in: E. Schmidt-Aßmann(Hg.), Besonderes Verwaltungsrecht, 10. Aufl., 1995, p. 119.

심적 요소라고 할 수 있다. 법질서의 보호 없이 국가와 국가기구 및 제도는 그 존립과 기능을 보장받을 수 없는 것이다. 여기서 법질서라 함은 법질서 전체(gesamte Ordnung)를 말한다. 다만 사법규범에 의한 보호는 개인적 법익의 보호라는 관점에서 이루어지며, 또한 사법규범의 침해에 대한 경찰의 개입에 대하여는 후술하는 내용의 보충성원칙에 따른 실질적 제한이 있다. 따라서 공법규범의 보호가 그 핵심을 이룬다. 공법규범의 침해는 언제나 공공의 안녕을 침해하는 것으로 된다.

2) **국가의 존립과 기능성**　공공의 안녕은 국가·공동체 및 그 기관의 기능과 운영이 침해되지 않을 것을 요구한다. 구체적으로는 의회, 법원, 정부, 행정기관, 지방자치단체, 공공영조물 등의 존립과 기능을 보호하는 데에 그 목적이 있다.

3) **개인의 권리와 법익의 불가침성**　개인의 신체·자유·생명·명예·재산 등 개인적 법익의 보호도 공공의 안녕의 중심내용을 이룬다. 다만 경찰보충성의 원칙과 경찰공공의 원칙에 따른 제한이 있다. 경찰보충성원칙이란 사법상의 권리의 보호는 원칙적으로 법원에 맡겨져 있으며, 따라서 경찰은 법원에 의한 권리구제가 적시에 이루어질 수 없고 경찰의 개입이 없다면 그 권리의 실현이 불가능하거나 현저히 곤란한 경우에만 사법상의 권리를 보호할 수 있다는 원칙을 말한다. 우리나라의 경찰관계법은 경찰보충성의 원칙을 명문으로 규정하고 있지는 않으나, 이 원칙은 경찰법의 일반원칙으로 인정될 수 있다고 본다. 또한 경찰공공의 원칙상 개인적 법익의 보호가 공공의 이익과 관련성이 있는 경우에만 경찰권을 발동할 수 있다.

(2) **공공의 질서**

독일의 경찰행정법에서는 「공공의 안녕(öffentliche Sicherheit)」과 「공공의 질서(öffentliche Ordnung)」라는 관념은 구분되어 파악되고 있다. 공공의 질서란, 「통상적인 사회·윤리개념상 그 준수가 사회에서의 공동생활을 위하여 불가결한 것으로 인정되는 불문규범의 총체」를 말하는바, 이는 가치개념의 표현으로서 공동체의 윤리·도덕을 그 대상으로 할 뿐, 법규범은 여기에 포함되지 아니한다.[1] 그러나 오늘날에는 이러한 공공질서라는 관념은 불필요하다고 보는 유력한 견해가 있다.[2] 그 이유는 첫째, 윤리나 도덕은 시간과 장

---

1) Friauf, op. cit., pp. 122~124 참조.
2) Volkmar Götz, Allgemeines Polizei- und Ordnungsrecht, 12. Aufl., 1995, pp. 52~

소에 따라 일정하지 아니하므로, 이러한 경찰작용에 있어서의 전통적인 공공
질서의 관념은 그 남용의 우려가 적지 않고, 둘째, 그에 해당하는 규범이 현
재는 실정법규에 의하여 구체화되고 있으므로, 별도로 공공의 질서라는 개념
은 불필요하기 때문이라고 한다.

(3) 위    험

1) **구체적 위험과 추상적 위험**    경찰법상 위험(Gefahr)이란 공공의 안
녕·질서에 대한 침해가 발생할 가능성으로 정의할 수 있다. 이러한 경찰법
상 위험은 그 침해 내지 손해발생의 가능성의 정도에 따라 다양한 스펙트럼
으로 구분될 수 있다. 학설은 위험을 크게 구체적 위험과 추상적 위험으로
구분하고 있다. 구체적 위험이란 구체적인 개별 사안에 있어서 가까운 장래
에 손해발생의 충분한 가능성이 존재하는 경우를 의미하며, 추상적 위험이란
구체적 위험의 예견가능성이 있는 경우를 말한다.

경찰권의 발동을 정당화하기 위해서 어느 정도의 손해발생 가능성이 인
정되어야 하는가는, 개별적 수권규정의 경우 개개 규정의 해석문제이나, 개괄
조항의 경우는 구체적 위험이 존재하여야 한다고 본다.

2) **위험에 대한 인식: 오상위험, 외관상위험, 위험혐의**    경찰법상 위험의
존부를 판단함에 있어서 행정청이 인식한 사실과 실제로 존재하는 사실이 불
일치하는 경우가 있는바, 이러한 경우에 경찰권발동이 정당화되는가의 문제
가 있다. 이와 관련하여 오상위험, 외관상위험, 위험혐의 등 세 가지 개념이
문제된다.

오상위험(Scheingefahr)이란 실제로는 위험이 존재하지 않음에도 불구하
고 행정청이 객관적인 주의의무를 다하지 못함으로써 위험이 존재하는 것으
로 잘못 판단한 경우를 말한다. 오상위험에 기초하여 경찰권을 발동하는 것
은 정당화될 수 없으며, 따라서 경찰의 위험방지조치는 위법하게 된다.

외관상위험(Anscheinsgefahr)이란 실제로 위험이 존재하지 않음에도 불구
하고 행정청이 위험이 존재하는 것으로 판단하였는데, 행정청이 객관적 관찰
자로서의 주의의무를 다하였더라도 마찬가지로 판단하였을 경우에 문제된다.
이 경우 경찰의 위험방지조치는 원칙적으로 적법하며, 비례원칙 등 경찰권행
사의 한계만이 문제된다.

---

58; 이성용, 독일 경찰법상 공공의 질서개념의 국내법적 수용, 경찰학연구, 제12권 제
2 호, 2012, pp. 3~26.

위험혐의(Gefahrenverdacht)란 위험이 있다고 판단할 근거를 가지고 있으나, 그것이 불충분하고 따라서 위험이 존재하지 않을 수도 있다는 것을 경찰기관 스스로 알고 있는 경우를 의미한다. 이 경우에는 위험의 존재 여부가 명백해질 때까지 예비적 조치로서 위험의 존재 여부에 관하여 조사할 권한과 의무를 가진다. 그러나 위험혐의만으로 위험방지조치를 취하는 것은 허용되지 아니한다고 본다.

(4) 장　　해

장해(Störung)란 공공의 안전 또는 질서에 대한 위험이 실현되어 손해가 발생하여 법익침해가 계속되는 경우를 말한다. 법익에 대한 침해가 이미 발생하고 있기 때문에 장해에 대한 경찰작용은 이미 발생한 손해의 제거작용으로 되나, 이러한 장해제거 역시 위험방지의 한 양태로서의 예방경찰작용으로 분류되며,[1] 그러한 점에서는 장해는 위험의 개념에 흡수되는 것으로 이해할 수 있다.

## 2. 경찰의 수단

1) 경찰은 사회공공의 안녕과 질서를 유지하기 위하여 명령·강제 등의 권력적 수단을 사용한다. 경찰위반상태가 생긴 경우에 대등당사자 사이의 법률관계에 있어서와 같은 법적 수단에 의하여서는 사회공공의 안녕과 질서를 유지하는 것이 불가능한 까닭에 경찰작용이 권력작용으로 되는 것은 그 기능·목적상 당연한 것이라고 할 수 있다.

경찰작용은 이처럼 본질적으로 권력작용이기는 하나, 경찰이 모두 권력적 수단에 의하여 행하여지는 것은 아니다. 즉 오늘날의 행정에 있어서는 법령상의 공식적 수단만에 의하여서는 행정수요에 적정하게 대응할 수 없는 경우가 적지 않기 때문에 행정지도·비권력적 행정조사 등의 비권력적 수단이 행정책무의 이행을 위한 적절한 수단이 되는 경우도 적지 않은바, 경찰행정도 그 예외가 아니다. 요컨대 경찰은 기본적으로는 명령·강제 등의 권력적 수단을 중심으로 하면서도, 경우에 따라서는 행정지도 기타 여러 비권력적 수단도 아울러 사용하여 사회질서를 유지하는 행정작용이라 할 수 있다.[2]

---

1) Drews/Wacke/Vogel/Martens, Gefahrenabwehr, 9. Aufl., p. 220; Götz, Allgemeines Polizei- und Ordnungrecht, 13. Aufl., p. 63.
2) 김도창 박사는 이러한 비권력적인 작용은 질서유지 목적을 위한 것이라도 경찰작용은 아니라고 본다(행정법(하), p. 293).

2) 경찰의 권력적 수단으로서는 경찰하명(작위·부작위·급부·수인하명), 경찰허가, 경찰강제 등이 있다. 그러나 경찰은 부수적이기는 하나 이러한 명령·강제작용 외에도 확인·공증·통지 등의 이른바 준법률행위적 행정행위를 하기도 하고, 또한 비권력적 작용으로서 행정지도 등을 행하기도 하는데, 비권력적 작용의 비중이 점점 높아지는 것이 현재의 추세이다.

## 3. 다른 국가작용과의 구별

### (1) 복리작용과의 구별

경찰은 권력적 작용이라는 점에서 복리행정과도 공통성이 있으나, 위에서 본 바와 같이 소극적 질서유지를 위한 작용이라는 점에서, 현상의 적극적 개선을 내용으로 하는 복리증진작용으로서의 국토개발행정, 환경보전행정 또는 경제규제행정과는 그 성질을 달리한다.

### (2) 사법작용과의 구별

사법작용은 직접적으로 법질서의 유지를 목적으로 하고 있는 점에서 경찰과 구별된다.

1) 민사작용과의 구별   민사작용은 사인 상호간의 법률관계에 관한 법적 질서의 유지·보호를 그 직접 목적으로 하는 법목적적 작용인 데 대하여 경찰은 사회질서의 유지를 그 직접 목적으로 하는 점에서 양자는 구별되는바, 경찰은 사인 상호간의 법률관계에는 관여할 수 없음이 원칙이다.

2) 형사작용과의 구별   형사작용은 이미 실행된 과거의 범죄에 대하여 제재로서의 형벌을 과함을 그 직접 목적으로 하는 형벌목적적 작용인 데 대하여, 경찰은 공공의 안녕과 질서를 유지함을 그 직접 목적으로 한다. 경찰상 과거의 의무위반에 대하여 제재를 과하는 경우에도, 그것은 의무이행을 확보하기 위한 보조적인 수단에 그치고, 그 주된 목적은 장래에 향하여 공공의 안녕과 질서를 유지하는 데에 있는 것이다.

경찰과 형사작용은 그 직접 목적에 있어 이처럼 구별되나, 양자는 다음의 두 가지 점에서는 밀접한 관련을 맺고 있다. ① 경찰의무위반에 대하여 법규는 벌칙으로서 형벌을 과하는 것이 보통인데, 이 경우 형사작용은 경찰의무이행을 담보하기 위한 보조적 수단이 되고 있는 것이며, ② 범인을 수색·체포하는 사법경찰은 성질상으로는 형사작용이나, 우리나라에서는 사법경찰도 보통경찰기관이 이를 담당하고 있다(경찰관직무집행법 2, 경찰법 3).

**4. 경찰권의 기초 —— 특히 타행정주체에 대한 경찰권발동의 문제**

경찰은 국가의 일반통치권에 기초를 둔 작용이다. 따라서 일반통치권에 복종하는 자는 자연인·법인·내국인·외국인을 막론하고 경찰권에 복종하여야 한다.

이와 관련하여서는 다른 행정기관 내지 행정주체에 대하여 경찰권이 발동될 수 있는지의 문제가 제기된다. 예컨대 군의 사격훈련장의 시설에 결함이 있어 통행인이 유탄을 맞을 위험이 있거나, 주택가 인근의 우편물 집하소에서의 작업에 따른 소음으로 인근주민이 불편을 겪고 있는 경우, 이러한 사태를 경찰처분에 의하여 규제할 수 있는지의 문제 등이 그것이다. 이 문제에 대하여는 경찰권은 다른 행정기관의 공행정활동에 개입할 수 없으므로, 당해 활동이 사법적 활동인 경우에 한하여 경찰권의 발동이 허용된다고 보는 것이 일반적 견해이다.

그러나 이러한 견해가 완전히 타당하다고 하기는 어려운바, 이 문제는 다음의 두 가지 관점에서 검토되어야 할 것으로 본다.

① 먼저 공행정주체도 경찰의무를 준수하여야 하는 점에 대하여는 의문이 없다. 그에 따라 경찰의무위반행위에 대하여는 원칙적으로 경찰권을 발동할 수 있다 할 것이다.

② 그러나 경찰권은 다른 행정기관 내지 공행정주체의 공적 책무의 수행을 저해하여서는 안되므로, 다른 행정기관 내지 행정주체에 대한 경찰권의 발동은 그 공행정책무의 이행을 저해하지 않는 한도에서만 허용된다고 할 것이다.[1]

경찰은 일반통치권의 발동으로서 행하여지는 작용이므로, 이른바 특별행정법관계에서 그 내부질서를 유지하기 위하여 행하여지는 하명이나 강제는 경찰에 속하지 않는다.

## Ⅲ. 제도적 의미의 경찰

제도적 의미의 경찰이란 조직법상 경찰이라 불리는 행정조직을 말한다.

정부조직법 제34조 제 5 항은 "치안에 관한 사무를 관장하기 위하여 행

---

1) Friauf, op. cit., pp. 153~155.

정안전부장관 소속으로 경찰청을 둔다"고 규정하고 있다. 여기서의 경찰청이 경찰이라 불리는 제도적 의미의 경찰이 된다. 또한 제주특별자치도 설치 및 국제자유도시 조성을 위한 특별법에 따라 제주특별자치도에 자치경찰조직이 설치되었던바, 이것도 또한 제도적 의미의 경찰에 해당한다.

## 제 3 항  경찰의 종류

경찰은 여러 가지 관점에서 분류할 수 있다. 이 중에서 보안경찰·행정경찰의 구분에 관하여는 앞에서 검토하였으므로 여기서는 그 나머지 몇 가지 분류방법에 관하여만 설명하기로 한다.

### Ⅰ. 국가경찰과 자치체경찰

경찰행정의 권한(조직·인사·경비부담 등)이 국가에 있는가 지방자치단체에 있는가를 표준으로 한 분류이다. 우리나라에서는 1991년에 경찰법이 제정되어 행정안전부장관(당시 내무부장관) 소속하에 중앙경찰업무를 담당하는 경찰청을 두고, 시·도지사 소속하에 지방경찰청을 두어 중앙경찰과 지방경찰의 책임분담을 도모하고 있다. 그러나 지방경찰청도 경찰청장의 지휘·감독을 받는 국가경찰의 일부를 이루고 있는 것으로서, 다른 시·도 등에 비하여 특별한 지위가 부여되어 있는 제주특별자치도$\left(\substack{\text{제주특별자치도설치및국제자}\\\text{유도시조성을위한특별법 88}}\right)$를 제외하고는 자치체경찰은 인정되지 않았으나, 2020. 12. 경찰법 전부개정을 통해 자치경찰제를 도입함으로써 2021년부터 경찰 조직은 기본적으로 국가경찰과 자치경찰로 구분된다.

자치체경찰이 인정되는 경우에도 경찰권의 기초는 국가경찰과 마찬가지로 국가의 일반통치권에 의거한다고 보는 것이 일반적 견해이다.

### Ⅱ. 비상경찰과 평시경찰

경찰기관에 의한 분류이다. 일반경찰기관이 일반경찰법규에 의하여 행하는 경찰작용을 평시경찰이라고 하고, 군대에 의한 경찰작용을 비상경찰이라고 한다. 사회의 안전·질서의 유지는 일반경찰기관이 담당하는 것이 원칙이나, 예외적으로 군대가 이를 수행하는 경우가 있다. 즉 헌법 제77조 및 계엄 법에 기하여 계엄이 선포되면 계엄사령관은 군대에 관한 행정사무와 사법사 무(경비계엄의 경우) 또는 모든 행정사무와 사법사무(비상계엄의 경우)를 관장 하게 되는바, 이 때 행정사무의 일환으로 경찰사무도 관장하게 되는 것이다.

## Ⅲ. 행정경찰과 사법경찰

행정경찰은 본래적 의미의 경찰로서 사회공공의 안녕과 질서의 유지를 위한 행정작용을 말한다. 이에 대하여 사법경찰은 범죄의 수사, 범인의 체포 등을 위한 작용을 말한다. 우리나라에서는 행정경찰과 사법경찰을 구분하지 아니하고 일반경찰기관이 양자를 모두 관장하도록 하고 있다(경찰법 3, 경찰관직무집행 법 2, 형사소송법 196). 사법경찰은 형사사법권의 일환으로서 검사의 지휘를 받아 형사소송법의 규정 에 따라 행하여진다는 점에서 그것은 실질적 의미의 경찰과는 다르다. 조직 상으로는 사법경찰도 일반경찰기관의 권한으로 되어 있다는 점에서는 그것은 형식적 의미의 경찰이라고 할 수 있다.

## Ⅳ. 예방경찰과 진압경찰

경찰권 발동의 시점에 의한 분류이다. 예방경찰은 경찰위반상태의 위험 이 있을 때 예방적으로 발동되는 경찰을 말하고, 진압경찰은 이미 발생한 경 찰상의 장해를 제거하기 위한 경찰작용을 말한다. 전자는 아직 발생하지 아 니한, 예상되는 법익의 손상에 대한 작용(예컨대 방범경찰)인 데 대하여, 후자 는 이미 완료된 또는 적어도 시도된 가벌적 행위에 의한 법익손상에 대한 작 용(예컨대 범죄의 수사)이라는 점에서 양자는 구별된다.[1] 예방경찰과 진압경찰 은 경찰작용법제의 체계적 이해나 해석을 위하여 그 구별의 필요성이 인정되 는 것이나, 양자의 구별이 반드시 명확하지 아니한 경우도 있고, 양자가 하나 의 경찰작용에서 이루어지는 경우도 있다(진압경찰작용으로서의 인질범체포와 동시에 수행되는 예방적 경찰작용으로서의 인질의 구출).

---

1) Denninger, Polizeiaufgaben, in: Lisiken/Denninger, Handbuch des Polizeirechts, 3. Aufl., Rn. 139, p. 194.

## 제2절　경찰의 조직

　　종래 우리나라의 경찰의 조직은 중앙집권적 국가경찰이었으나, 2020. 12. 경찰법 전부개정을 통해 현재는 국가경찰과 자치경찰로 경찰조직은 이원화되어 있다(국가경찰과 자치경찰의 조직 및 운영에 관한 법률 4). 이하에서는 국가경찰을 중심으로 검토한다.

　　경찰권도 행정권의 일부이므로 대통령을 수반으로 하는 정부에 속함은 물론이다(헌법66④). 따라서 경찰권은 대통령과 국무총리의 통할하에서 행하여 진다.

　　경찰은 일반경찰기관이 행하는 것이나 협의의 행정경찰, 즉 다른 행정작용과 관련하여 부수적으로 행하여지는 경찰은 그 주된 기능을 담당하는 행정기관이 이를 수행하게 된다(예컨대 보건복지부장관·국토교통부장관 등). 또한 비상경찰의 경우는 일반경찰기관과는 다른 기관이 그 기능을 수행한다.

## Ⅰ. 일반경찰조직

　　일반경찰기관은 그 기능에 따라 경찰관청과 경찰의결기관 및 경찰집행기관으로 구성된다.

### 1. 경찰관청

　　경찰에 관한 국가의 의사를 결정·표시하는 권한을 가진 경찰행정기관을 말한다. 1991년 5월 31일의 정부조직법의 개정과 경찰법의 제정에 의하여 행정안전부의 외청으로 경찰청을 두어 경찰청장을 중앙보통경찰관청으로 하였다. 이에 따라 일반경찰조직은 경찰청장을 중앙관청으로 하여 지방경찰청장·경찰서장으로 구성되어 있다.

　　종전에 일반 중앙경찰행정관청이었던 행정안전부장관은 총경 이상 및 경찰위원회 위원의 임명제청권(경찰공무원법 7①) 및 경찰위원회에 대한 심의·의결 회부권(국가경찰과 자치경찰의 조직 및 운영에 관한 법률 10①), 재의요구권(동조②), 경찰소관 부령(행정안전부령)의 제정권을 가지고 있는 데 그치고 있다.

#### (1) 경찰청장

　　치안에 관한 사무를 관장하게 하기 위하여 행정안전부장관 소속으로 경찰청을 둔다(국가경찰과 자치경찰의 조직 및 운영에 관한 법률 12). 경찰청장은 국가경찰에 관한 사무를 통할하며 소속 공무원 및 각급 국가경찰기관의 장을 지휘·감독한다($\binom{동법}{14③}$). 경찰청에 국가수사본부를 두며, 경찰청장의 보조기관으로 차장·국장·부장 등이 있으며, 보좌기관으로 담당관이 있다($\binom{동법 15·}{16·17}$).

**(2) 시·도경찰청장**

경찰의 사무를 지역적으로 분담·수행하기 위하여 시·도경찰청에 시·도경찰청장을 두며, 시·도경찰청장은 경찰청장이 시·도자치경찰위원회와 협의하여 추천한 사람 중에서 행정안전부장관의 제청으로 국무총리를 거쳐 대통령이 임용한다($\binom{동법}{28①②}$). 시·도경찰청장은 국가경찰사무에 대해서는 경찰청장의 지휘·감독을, 자치경찰사무에 대해서는 시·도자치경찰위원회의 지휘·감독을 받아 관할구역의 소관 사무를 관장하고 소속 공무원 및 소속 경찰기관의 장을 지휘·감독한다. 다만, 수사에 관한 사무에 대해서는 국가수사본부장의 지휘·감독을 받아 관할구역의 소관 사무를 관장하고 소속 공무원 및 소속 경찰기관의 장을 지휘·감독한다($\binom{동조}{③}$).

**(3) 경찰서장**

시·도경찰청 소속으로 경찰서를 둔다($\binom{동법}{30②}$). 경찰서장은 일반경찰의 계서제적 조직에 있어 최하급의 경찰행정청이다. 경찰서장은 시·도경찰청장의 지휘·감독을 받아 구역 안의 소관사무를 관장하고 소속 공무원을 지휘·감독한다($\binom{동법}{30②}$). 경찰서장 소속으로 지구대 또는 파출소를 둔다.

**(4) 해양경찰관청**

해양에서의 경찰 및 오염방제에 관한 사무를 관장하기 위하여 해양수산부 소속으로 해양경찰청을 둔다($\binom{정부조직}{법 43②}$). 종래 해양경찰사무는 독립된 외청이 아닌 국무총리 소속의 국민안전처에서 관장하였으나, 2017. 7. 26. 정부조직법 개정에 따라 해양경찰청은 해양수산부의 외청으로 독립하여 존재하게 되었다. 해양경찰청에 두는 청장 및 차장은 경찰공무원으로 보하도록 하고 있는바($\binom{동조}{③}$), 경찰청과 마찬가지로 보통경찰관청의 성격을 가진다고 할 수 있다. 해양경찰청장의 관장사무를 분장하기 위하여 해양경찰청장 소속으로 지방해양경찰청을 두고, 지방해양경찰청장 소속으로 해양경찰서를 둔다($\binom{해양경찰청과 그 소}{속기관 직제 2②}$).

## 2. 경찰위원회

경찰사무가 국가경찰사무와 자치경찰사무로 구분됨에 따라, 경찰위원회도 국가경찰위원회와 자치경찰사무를 관장하게 하기 위하여 시·도지사 소속으로 두는 시·도자치경찰위원회로 구분된다($\binom{국가경찰과 자치경찰의 조직}{및 운영에 관한 법률 7·18}$). 국가경찰위원회는 국가경찰행정에 관한 중요사항을 심의·의결하기 위하여 행정안전부에 설치하는 경찰의결기관이다($\frac{동법}{7①}$). 위원회는 위원장 1인을 포함한 7인의 위원으로 구성된다. 1인의 위원만이 상임이며, 위원장 및 5인의 위원은 비상임이다($\frac{동조}{②}$). 위원은 행정안전부장관의 제청으로 국무총리를 거쳐 대통령이 임명하며 그 임기는 3년이고 연임할 수 없다($\frac{동법}{9①}$ $^{8①·}$). 위원회는 ① 국가경찰의 인사·예산·장비·통신 등에 관한 주요정책 및 국가경찰업무발전에 관한 사항, ② 인권보호와 관련되는 국가경찰의 운영·개선에 관한 사항, ③ 국가경찰 임무외의 다른 국가기관으로부터의 업무협조요청에 관한 사항, ④ 제주특별자치도의 자치경찰에 대한 국가경찰의 지원·협조 및 협약체결의 조정 등에 관한 주요 정책사항, ⑤ 기타 행정안전부장관 및 경찰청장이 중요하다고 인정하여 위원회에 부의한 사항 등을 심의·의결하며($\frac{동법}{10}$), 경찰청장의 임명에 관한 동의권을 가진다($\frac{동법}{14②}$).

### 3. 경찰집행기관

경찰집행기관은 소속 경찰관청의 명을 받아 경찰에 관한 국가의사를 사실상 집행하는 기관이다. 경찰집행기관은 그 직무의 일반성 여하에 따라 보통경찰집행기관과 특별경찰집행기관으로 나누어진다.

#### (1) 보통경찰집행기관

경찰업무 일반에 관한 집행기관을 말한다. 경찰집행기관을 구성하는 경찰공무원은 경찰청장에 소속하며, 그 계급에는 치안총감·치안정감·치안감·경무관·총경·경정·경감·경위·경사·경장·순경이 있는데, 이들은 특정직국가공무원이다($\frac{경찰공무}{원법 3}$). 보통경찰집행기관인 경찰공무원은 제복을 착용하고, 무기를 휴대할 수 있음($\frac{동법}{26}$)을 특징으로 한다.

보통경찰집행기관은 원칙적으로 관할구역 안의 치안을 담당하나, 돌발사태의 진압 또는 특수지역의 경비를 위하여 필요한 때에는 다른 지방경찰청장의 요구 또는 경찰청장의 명에 의하여 시·도 사이에 응원을 위하여 파견될 수 있다(경찰직무응원). 보통경찰집행기관을 이루는 경찰공무원은 사법경찰에 관한 사무를 아울러 담당하며($\frac{형사소송}{법 196}$), 이 지위에서의 경찰공무원을 특히 사법경찰관리라고 한다. 사법경찰관은 범죄의 혐의가 있다고 인식하는 때에는 범인, 범죄사실과 증거에 관하여 수사를 개시, 진행하여야 하고, 사법경찰관리는 검사의 지휘가 있는 때에는 이에 따라야 한다.

### (2) 특별경찰집행기관

일반경찰작용 중에서도 특정 분야의 경찰작용에 관한 경찰집행기관을 말한다.

1) 의무경찰대    간첩의 침투거부·포착·섬멸 그 밖의 대간첩작전을 수행하고 치안업무를 보조하기 위하여 지방경찰청장 및 해양경찰기관의 장 소속으로 두는 특별경찰집행기관이다(의무경찰대 설치 및 운영에 관한 법률 1①; 종래 전투경찰대는 의무경찰대 설치 및 운영에 관한 법률에 의해 2016. 1. 25.부터 의무경찰대로 변경되었다). 경찰청장 또는 해양경찰청장은 필요한 경우 그 소속으로 의무경찰대를 둘 수 있다(동법 1②).

2) 헌   병    헌병은 군사 및 군인·군무원에 관한 경찰집행기관으로서, 그에 대한 행정경찰 또는 사법경찰사무를 관장한다(군사법원법 43 내지 46, 헌병령 2①). 헌병은 단순히 군조직의 내부질서를 유지하는데 그치지 아니하고 군인·군무원 또는 군사에 관한 일반경찰작용을 관장하며, 그 범위 안에서 경찰집행기관이 된다.

헌병은 일반인에 대하여는 수사하지 못하는 것이 원칙이나, 군사 또는 군인·군무원의 범죄에 관련있는 일반인의 범죄 및 군용물등 범죄에 관한 특별조치법에 의한 군용물과 군사시설에 관한 범죄에 관하여는 일반인을 수사할 수 있다(사법경찰관리의직무를수행할자 와그직무범위에관한법률 9).

## Ⅱ. 비상경찰기관

비상경찰기관은 비상경찰작용을 관장하는 경찰기관을 말하는바, 비상경찰은 비상사태의 발생시에 일반경찰조직으로는 치안을 유지할 수 없는 경우에 병력으로 그에 당하게 하는 것이므로, 비상경찰기관은 당연히 군사기관이 된다.

종래 비상경찰기관으로는 계엄사령관과 위수사령관이 있었으나, 2018. 9. 18. 위수령을 폐지하면서 현행법 아래에서 비상경찰기관으로는 계엄사령관이 있다.

### 1. 계엄사령관

전시·사변 또는 이에 준하는 국가비상사태에 있어서 병력으로써 군사상의 필요에 응하거나 공공의 안녕질서를 유지할 필요가 있을 때에는 대통령은 계엄을 선포할 수 있는데(헌법 77①), 계엄이 선포되면 계엄사령관이 병력으로 당해지역 내의 경찰작용을 수행한다. 계엄은 경비계엄과 비상계엄으로 구분된다(동조 ②). 경비계엄의 경우에는 계엄사령관은 계엄지역 내의 군사에 관한 행정사무와 사법사무를 관장하며(계엄법 7②), 비상계엄의 경우에는 계엄지역 내의 모든 행정사무와 사법사무를 관장한다($\frac{동조}{①}$). 계엄의 시행에 관하여 계엄사령관은 계엄이 전국에 걸치는 경우에는 대통령의, 일부지역에 국한되는 경우에는 국방부장관의 지휘·감독을 받는다($\frac{동법}{6①}$).

## 2. 위수사령관

종래 위수령은 위수근무(육군 군대가 영구히 1지구에 주둔하여 당해 지구의 경비, 육군의 질서 및 군기의 감시와 육군에 속하는 건축물 기타 시설물의 보호를 행하는 것)를 행하게 하기 위하여 위수지역에 위수사령관을 두도록 하고 있었다. 위수령은 경찰력으로 대응 불가능한 사태가 발생했을 때 군 병력을 투입하도록 하는 내용의 대통령령으로, 위수사령관의 출병은 행정응원의 일종이라 할 수 있으나, 여러 가지 문제점으로 인하여 2018. 9. 18. 위수령은 폐지되었다.

## Ⅲ. 제주자치도 자치경찰기관

### 1. 자치경찰 및 그 사무

위에서 본 바와 같이 우리나라의 경찰이 국가경찰을 원칙으로 할 때에도 이에 대한 예외로서 제주특별자치도에는 도지사 소속하에 자치경찰을 두고 있었다($\frac{제주특별자치도 설치 및 국제자유}{도시 조성을 위한 특별법 88①}$).

자치경찰의 사무는 ① 주민의 생활안전활동에 관한 사무(생활안전을 위한 순찰 및 시설 운영, 주민참여 방범활동의 지원 및 지도, 안전사고 및 재해재난 등으로부터의 주민보호, 주민의 일상생활과 관련된 사회질서의 유지 및 그 위반행위의 지도·단속 등), ② 지역교통활동에 관한 사무, ③ 공공시설 및 지역행사장 등의 지역경비에 관한 사무, ④ 사법경찰관리의 직무, ⑤ 즉결심판 청구 사무($\frac{동법}{90}$) 등이다.

### 2. 자치경찰기관

위의 자치경찰사무를 처리하기 위하여 제주자치도에 자치경찰단을 두고 자치경찰단장은 도지사가 임명하며, 도지사의 지휘·감독을 받는다($\frac{동법 88①·}{89①}$). 자치경찰단장은 자치경무관으로 보하되, 도지사는 필요하다고 인정하는 경우에는 개방형직위로 지정하여 운영할 수 있다($\frac{동법}{89②}$).

# 제 3 절  경찰권의 근거와 한계

## 제 1 항  경찰권의 근거

### I. 법률유보의 원칙과 경찰권 발동의 근거

사회공동생활의 조화로운 질서유지를 위하여서는 국민의 권리·자유도 일정 한도에서는 제한될 수 있는 것으로, 우리 헌법 제37조 제 2 항도 "국민의 모든 자유와 권리는 …질서유지를 위하여 법률로써 제한할 수 있다"고 규정하고 있다. 물론 이와 같이 국민의 권리·자유를 제한하는 경우에도 일정한 한계가 있는바, 어떠한 경우에도 "국민의 자유와 권리의 본질적인 내용을 침해할 수는 없다"고 할 것이다($\binom{헌법 37}{② 후단}$).

경찰은 사회공공의 안녕과 질서를 유지하기 위하여 국민에게 명령·강제 등을 하는 권력적·침익적 작용을 그 주된 수단으로 사용하는바, 이러한 경찰권의 발동에는 반드시 법률의 근거가 있어야 한다. 이것은 법치주의 또는 법률에 의한 행정의 원리에 따른 당연한 귀결이다.[1] 다만 현행법상 법률의 내용은 행정입법(위임명령)에 의하여 그 내용이 보완될 수 있는 것이므로 행정입법(법규명령)이 경찰권의 발동의 근거가 될 수 있는 경우도 있다. 이 경우 법률에 의한 행정입법에의 수권은 "구체적으로 범위를 정하여" 행하여야 한다($\binom{헌법}{75·95}$).

요컨대 현행 헌법질서에 따르면 경찰권의 발동은 반드시 법률에 그 근거를 두어야 한다. 여기서 근거법규범의 성격이 문제된다. 오늘날과 같이 법치주의원칙이 발달된 상황하에서는 이른바 임무규범(직무규범: Aufgabenzuweisungsnorm)과 권능규범(권한규범: Befugnisnorm)을 엄격히 분리하여야 할 것이기 때문이다. 임무규범 혹은 직무규범이란 조직법상의 권한분장관계를 규율하기 위한 규범으로서 다른 행정청과의 직무의 한계를 설정하는 것을 목적

---

1) 구체적으로는 법률유보의 범위에 관한 학설 중 어느 학설에 따르느냐에 따라 달라질 수 있을 것이지만, 경찰권의 발동과 관련하여 최소한 침해적 행정작용 내지 권력적 행정작용은 법률에 근거를 두어야 한다고 보는 데 이론이 없다고 하겠다. 비권력적 수단의 경찰권은 조직법상의 임무범위 내에서라면(임무규범에 의한 근거만 있으면), 특별한 수권규정(권능규범)이 없더라도 발동이 가능하다고 본다.

으로 한다. 따라서 경찰법상 임무규범은 법적으로 허용되는 경찰작용의 외적 한계를 설정하는 것으로서 개인의 권리침해와 무관한 경찰작용의 한계를 규정하는 규범이다. 이에 반하여 권능규범 혹은 권한규범이란 행정청에 부여된 임무를 전제로 이의 범위 내에서 개인의 권리를 침해할 수 있는 조치를 취할 수 있는 권한을 부여하는 규범을 말한다. 권능과 권한은 임무를 전제한 것이므로 권능 및 권한에 대한 규정은 당해 사항에 대한 임무의 내용을 구체화하는 데 법적 근거로 제시될 수 있다.[1] 즉 임무와 권능은 상이한 개념이지만, 양자는 "목적과 수단의 관계"에 있으며,[2] 권능 및 권한에 대한 규정들은 임무의 내용을 반영한다.[3] 그러나 역으로 임무규정으로부터 권한이 도출되지는 않는 것이 원칙이다.[4]

이상의 논의에 따르면 경찰권의 발동은 이를 위한 개별적인 수권규범에 근거하여야 한다는 기본원칙에 도달하게 된다. 이와 관련하여 개별적 수권규범이 존재하지 아니하는 예외적인 경우에 공공의 안녕 혹은 공공의 질서에 대한 위험을 방지 또는 제거하기 위하여 경찰권을 발동할 수 있도록 일반조항 내지 개괄조항을 두는 것이 허용되는가, 또한 그것이 허용된다고 할 때 현행법상 그러한 개괄조항이 존재하는가 등의 문제가 제기된다. 이하에서 개별적 수권조항과 개괄적 수권조항의 문제를 차례로 살펴보기로 한다.

## Ⅱ. 개별적 수권규정에 근거한 경찰권

경찰행정은 국민에게 일방적으로 명령·강제하는 권력적·침익적 작용을 주된 내용으로 하므로, 그러한 개개의 경찰권의 발동은 법률에 근거를 두어야 함이 원칙이다. 아래에서 논의하는 바와 같이 경찰권의 발동근거로 이른

---

1) 이에 대하여 상세한 것은 Stettner, Grundfragen der Kompetenzlehre, 1983, pp. 154 ff., 320 ff.

2) Ibid., pp. 159 ff.

3) Bull, Die Staatsaufgaben nach dem Grundgesetz, 2. Aufl., 1977, p. 152.

4) 권능규범과 임무규범의 엄격한 구별은 독일 행정법 발전의 결과이다. 임무규범으로부터 해석을 통하여 권능을 도출하려는 시도는 법제 형성의 초기단계에서 종종 발견된다. 독일의 경우에도 1794년 프로이센 일반란트법 제 2 장 제 7 절 제10조는 "공적 정온·안전 및 질서를 유지하고 공공단체 또는 그 구성원에 발생하는 위험을 제거하기 위하여 필요한 조치를 취하는 것이 경찰의 직무이다"라고 규정하고 있었는바, 임무규범의 성격을 가졌던 이 조문을 당시 경찰권 발동의 보충적 수권조항으로 해석하였었다. 오늘날 유럽법에 있어서도 권능규범이 없이 임무규범만 존재하는 경우에 임무규정으로부터 권한의 존재를 인정하려는 경향이 보인다.

바 개괄조항을 인정할 것인가의 문제가 있지만, 이를 긍정하는 경우에도 개괄조항은 개별적 수권조항이 없는 경우에 보충적으로 적용될 뿐이다. 따라서 경찰권의 행사가 문제되는 경우에 있어서는 일차적으로 개별적 수권조항의 존부가 문제된다. 개별적 수권조항이 있는 경우에는 당해 조문의 해석이 결정적으로 중요한 의미를 가지게 된다. 개별적 수권조항에 의한 경찰권 발동의 수권방식은 내용적으로 다음의 두 가지 유형으로 구별할 수 있다. 하나는 일반경찰법상의 개별수권조항에 근거한 경찰권 발동으로서 이른바 표준조치 (Standardmaßnahmen)의 경우이고, 다른 하나는 특별법상의 개별수권조항에 의한 경우이다.

## 1. 일반경찰법상 개별적 수권규정에 근거한 경찰권(표준조치)

표준조치란 일반 경찰법상의 개별수권규정에 의한 경찰권을 의미한다. 이러한 표준조치는 경찰법상 전형적 경찰권 행사들을 유형화한 것이라고 할 수 있다. 우리나라의 실정법제로서는 경찰관 직무집행법 제 3 조 내지 제10조의4의 규정방식이 이에 해당한다. 다음에서는 이들 규정이 정하고 있는 개별조치들을 검토한다. 이와 관련하여 특히 유의하여야 할 것은, 이러한 개별적 권한의 행사는 언제나 그 직무수행에 필요한 최소한도 내에서 이루어져야 하며, 남용되어서는 아니 된다는 점이다(경찰관직무집행법 1②).

(1) 불심검문

1) 의 의  불심검문이란 거동이 수상한 자를 발견한 때에 정지시켜 조사하는 것을 말한다. 경찰관 직무집행법 제 3 조가 정하고 있는 불심검문의 방법에는 질문, 동행요구 및 흉기소지여부조사가 있다.

2) 질 문  경찰관은 수상한 거동 기타 주위의 사정을 합리적으로 판단하여 어떠한 죄를 범하였거나 범하려고 하고 있다고 의심할 만한 상당한 이유가 있는 자 또는 이미 행하여진 범죄나 행하여지려고 하는 범죄행위에 관하여 그 사실을 안다고 인정되는 자를 정지시켜 질문할 수 있다(동법 3①). 불심검문은 이처럼 어떠한 죄를 범하려 하고 있다고 의심할 만한 경우와 이미 어떤 죄를 범하였다고 의심할 만한 경우를 모두 그 대상으로 하고 있는바, 전자는 위해방지를 위하여 행해지는 행정경찰작용, 후자는 범죄사실을 인지하기 위한 사법경찰작용의 성질을 가진다. 우리나라의 경찰은 두 가지 작용을 아울러 관장하고 있어서, 불심검문의 경우도 두 가지 목적으로 모두 행해지

고 있다.

경찰관이 질문을 위하여 정지를 명하였는데 상대방이 이에 응하지 않거나 질문 도중에 현장을 떠나려고 하는 경우, 어느 정도의 물리력으로 이를 저지할 수 있는지의 문제가 있다. 불심검문이 임의적 조치이고 보면, 원칙적으로 강제행위는 허용되지 아니하는 것이나, 상대방의 의사를 제압하지 않는 정도의 물리력의 행사(길을 막아서는 행위, 팔을 붙잡는 행위)는 허용된다고 할 것이다.[1]

질문에 대하여 피검문자는 그 의사에 반하여 답변을 강요당하지 아니한다(동조⑦).

3) 임의동행　불심검문을 함에 있어서 그 장소에서 질문을 하는 것이 그 사람에게 불리하거나 교통에 방해가 된다고 인정되는 때에는 질문하기 위하여 부근의 경찰관서에 동행할 것을 요구할 수 있다(동조②). 여기서의 동행은 임의동행으로서 동행을 요구받은 사람은 경찰관의 동행요구를 거절할 수 있으며, 경찰관은 물리력을 행사할 수 없다.[2]

질문하거나 동행을 요구할 경우 경찰관은 자신의 신분을 표시하는 증표를 제시하면서 소속과 성명을 밝히고 그 목적과 이유를 설명하여야 하며, 동행의 경우에는 동행장소를 밝혀야 한다(동조④). 특히 임의동행을 한 경우 경찰관은 동행한 사람의 가족 또는 친지 등에게 동행한 경찰관의 신분, 동행장소, 동행목적과 이유를 알리거나 본인으로 하여금 즉시 연락할 수 있는 기회를 주어야 하며, 변호인의 조력을 받을 권리가 있음을 알려야 한다(동조⑤). 임의동행의 경우 경찰관은 동행한 사람을 6시간을 초과하여 경찰관서에 머물게 할 수 없다(동조⑥). 동행을 요구받은 사람은 형사소송에 관한 법률에 따르지 아니하고는 신체를 구속당하지 아니한다(동조⑦).

---

1) 신동운, 형사소송법, 1993, p. 55; 박윤흔, 행정법(하), p. 383.
2) 판례
　　"경찰관이 임의동행요구에 응하지 않는다 하여 강제연행하려고 대상자의 양팔을 잡아 끈 행위는 적법한 공무집행이라고 할 수 없으므로 그 대상자가 이러한 불법연행으로부터 벗어나기 위하여 저항한 행위는 정당한 행위라고 할 것이고 이러한 행위에 무슨 과실이 있다고 할 수 없다"(대판 1992. 5. 26, 91다38334).
　　"검문 중이던 경찰관들이 자전거를 이용한 날치기 사건 범인과 흡사한 인상착의의 피고인이 자전거를 타고 다가오는 것을 발견하고 정지를 요구하였으나 멈추지 않아, 앞을 가로막고 검문에 응하라고 요구하였는데, 이에 피고인이 경찰관들의 멱살을 잡아 밀치는 등 항의하여 공무집행방해 등으로 기소된 사건에서, 경찰관들의 행위는 적법한 불심검문에 해당한다고 보아야 하는데도, 이와 달리 보아 피고인에게 무죄를 선고한 원심판결에 법리오해의 위법이 있다"(대판 2012. 9. 13, 2010도6203).

4) **흉기소지여부조사**   경찰관은 질문을 할 때에 흉기의 소지여부를 조사할 수 있다(동조③). 일반적으로 소지품 조사는 ① 겉모양으로 소지품 소지 여부를 관찰하는 방법, ② 소지품에 대한 질문, ③ 소지품의 임의제시 요구, ④ 신체의 외표조사, ⑤ 상대방의 승낙없이 그 의복의 호주머니, 가방 등에 손을 넣어 검사하거나 그 안의 물건을 꺼내는 행위 등의 형식으로 행해질 수 있을 것이다.

흉기소지여부조사를 기본적으로 비권력적 조사로 보는 입장에서는 ① 내지 ④의 방식에 의한 조사만이 허용되고 ⑤의 방식은 허용되지 않는다고 본다.[1] 그러나 다수설은 여기서의 흉기소지여부조사를 권력적 조사로 보고 있다. 그러한 점에서 이러한 조사를 법관의 영장 없이 행할 수 있도록 정하고 있는 경찰관 직무집행법은 헌법 제12조 제3항과의 관련에서 문제가 있다고 보는 견해도 있다.[2] 이에 대하여 흉기소지여부조사는 보통 장래의 위험발생을 예방하기 위하여 행하여지며, 범죄행위가 행하여진 후에 행하여지는 경우에도 그것은 증거물 발견목적도 있으나 기본적으로는 장차 다시 범죄가 행하여지는 것을 예방하기 위한 것이고, 또한 그것은 시간적으로 급박한 경우에 행해지는 것이라는 점에서, 당해 조사는 수색에는 해당하지 아니한다고 보는 견해도 있다.[3]

5) **불심검문의 성질**   여기서는 불심검문이 경찰상 즉시강제에 해당하는지가 특히 문제된다. 불심검문을 당한 자는 답변을 강요당하지 아니하고, 동행요구를 거부할 수 있다는 점에서는 불심검문은 엄격한 의미에서는 즉시강제에 해당한다고 보기는 어렵다. 그러나 이에 대하여는 실제 질문에 있어 어느 정도의 신체적 접촉이 불가피하고 또한 소지품을 검사하며, 질문에 응하지 아니하고 달아나는 경우에는 추적하여 도주할 수 없는 정도로 신체의 일부에 물리력을 가할 수 있을 것이라는 점 등에서 불심검문을 즉시강제에 가까운 작용으로 보는 견해도 있다. 이러한 입장에서는 불심검문은 정보의 수집을 위한 경찰조사로 볼 수도 있으나, 이 작용은 그 자체가 경찰목적을 직접 실현하는 작용인 측면이 강하여 이를 경찰상 즉시강제로 보는 것이 보다 적절할 것이라고 한다.[4] 그러나 불심검문에서 상대방의 신체에 대한 강제력

---

1) 최영규, 경찰법, 제2판, 2005, p. 281.
2) 이상규, 행정법(하), p. 351.
3) 류지태, 행정법, p. 770; 박윤흔, 행정법(하), p. 363.
4) 박윤흔, 행정법(하), 2002, p. 364.

의 행사가 인정된다고 하는 경우에도 그것은 관련 정보수집에 필요한 한도에서 부수적으로만 인정될 수 있다고 할 것이고 보면, 불심검문은 이를 경찰조사로 보는 것이 올바른 견해라 할 것이다.

### (2) 보호조치 및 긴급구호

1) 의의 및 요건    경찰관은 수상한 행동이나 그 밖의 주위사정을 합리적으로 판단하여 다음 각 호의 어느 하나에 해당하는 것이 명백하고 응급구호가 필요하다고 믿을 만한 상당한 이유가 있는 사람을 발견한 때에는 보건의료기관 또는 공공구호기관에 긴급구호를 요청하거나 경찰관서에 보호하는 등 적절한 조치를 할 수 있다($\frac{\text{동별}}{4①}$). ① 정신착란 또는 술취한 상태로 인하여 자기 또는 타인의 생명·신체와 재산에 위해를 미칠 우려가 있는 자와 자살을 기도하는 자, ② 미아·병자·부상자 등으로서 적당한 보호자가 없으며 응급의 구호를 요한다고 인정되는 자. 다만, 본인이 이를 거절하는 경우에는 예외로 한다.

긴급구호요청을 받은 보건의료기관이나 공공구호기관은 정당한 이유 없이 긴급구호를 거절할 수 없다($\frac{\text{동조}}{②}$). 이 경우에 구호대상자가 휴대하고 있는 무기·흉기 등 위험을 야기할 수 있는 것으로 인정되는 물건은 경찰관서에 임시영치할 수 있다($\frac{\text{동조}}{③}$).

경찰관서에서의 보호조치는 24시간을, 그리고 임시영치는 10일을 초과할 수 없다($\frac{\text{동조}}{⑦}$).

2) 통지·인계    경찰관이 긴급구호나 보호조치를 한 때에는 지체없이 이를 구호대상자의 가족·친지 기타의 연고자에게 그 사실을 통지하여야 하며, 연고자가 발견되지 아니할 때에는 구호대상자를 적당한 공공보건의료기관이나 공공구호기관에 즉시 인계하여야 한다($\frac{\text{동조}}{④}$). 이 경우에는 즉시 그 사실을 소속 경찰서장 또는 해양경찰서장에게 보고하여야 한다($\frac{\text{동조}}{⑤}$). 보고를 받은 소속 경찰서장 또는 해양경찰서장은 대통령령이 정하는 바에 따라 구호대상자를 인계한 사실을 지체없이 해당 공공보건의료기관·공공구호기관의 장 및 그 감독행정청에 통보하여야 한다.

### (3) 위험발생방지조치

1) 의의 및 요건    사람의 생명 또는 신체에 위해를 끼치거나 재산에 중대한 손해를 끼칠 우려가 있는 위험한 사태에 처하여 경찰관이 일정한 위험방지조치를 취하는 것을 말한다. 법 제 5 조는 이러한 위험한 사태로서 천재,

사변, 인공구조물의 파손이나 붕괴, 교통사고, 위험물의 폭발, 위험한 동물 등의 출현, 극도의 혼잡 등을 예시하고 있으나 여기에 국한되지 않음은 명백하다. 이러한 위험한 사태에 처하여 위험방지를 위해 필요한 조치로서 관계인에 대한 경고, 억류 및 피난조치 등을 열거하면서, 그 밖에 필요한 위험방지조치도 취할 수 있도록 규정하고 있다(동법 5①). 따라서 이 조항은 그 요건이나 요건충족시 취할 수 있는 경찰수단에 있어서 매우 광범위한 조치를 포함하고 있다.

경찰관 직무집행법은 동조에서 "(보호)조치를 할 수 있다"고 규정하고 있어서, 이들 조치는 일단 재량처분으로서의 성질을 가진다. 그러나 구체적 상황과의 관련에서는 일정 조치를 취하는 것만이 의무에 합당한 재량권행사로 인정되는 경우도 있을 수 있다(재량권의 영으로의 수축이론). 우리 판례도 "경찰관직무집행법 제5조는 … 형식상 경찰관에게 재량에 의한 직무수행권한을 부여한 것처럼 되어 있으나, 경찰관이 그 권한을 행사하여 필요한 위험발생방지조치를 취하지 아니하는 것이 현저하게 불합리하다고 인정되는 경우에는 그러한 권한의 불행사는 직무상 의무를 위반하는 것이 되어 위법하게 된다"고 하여 국가의 배상책임을 인정한 경우가 있다(대판 1998. 8. 25,/98다16890).[1]

한편 대간첩작전수행 또는 소요사태의 진압을 위하여 필요하다고 인정되는 상당한 이유가 있을 때에는 경찰관서의 장은 대간첩작전지역 또는 경찰관서·무기고 등 국가중요시설에 대한 접근 또는 통행을 제한하거나 금지할 수 있다(동법 5②).

**2) 절 차** 경찰관이 위험발생방지조치를 취한 때에는 지체없이 이를 소속 경찰관서의 장에게 보고하여야 하며(동조 ③), 보고를 받은 경찰관서의 장은 관계기관의 협조를 구하는 등 적절한 조치를 하여야 한다(동조 ④).

**(4) 범죄의 예방과 제지**

경찰관은 범죄행위가 목전에 행하여지려고 하고 있다고 인정될 때에는 이를 예방하기 위하여 관계인에게 필요한 경고를 하고, 그 행위로 인하여 사람의 생명·신체에 위해를 끼치거나 재산에 중대한 손해를 끼칠 우려가 있는 긴급한 경우에는 그 행위를 제지할 수 있다(동법 6).

---

1) 위의 판례는 농민들의 시위 후에 도로상에 방치된 트랙터 1 대에 대하여 경찰이 이를 도로 밖에 옮기거나 후방에 안전표시를 설치하는 등의 위험발생방지조치를 취하지 아니하고 방치한 결과, 야간에 이 도로를 진행하던 차량의 운전자가 이 트랙터를 피하려다 다른 트랙터에 추돌하여 상해를 입은 사건에 대한 것이었다.

(5) 위험방지를 위한 출입 및 검색

1) 의 의 경찰관은 위해방지를 위하거나 범죄의 예방·제지를 위하여 일정 장소를 출입할 수 있다. 이 경우의 출입장소는 내용적으로 다음의 두 가지로 나누어진다.

㈎ 다수인이 출입하지 않는 장소에의 출입 경찰관은 위험한 상태가 발생하여 사람의 생명·신체 또는 재산에 대한 위해가 임박한 때에 그 위해를 방지하거나 피해자를 구조하기 위하여 부득이하다고 인정하면 합리적으로 판단하여 필요한 한도에서 다른 사람의 토지·건물·배 또는 차에 출입할 수 있다(동법7①).

㈏ 다수인의 출입장소에의 출입 흥행장·여관·음식점·역 그 밖에 많은 사람이 출입하는 장소의 관리자 또는 이에 준하는 관계인은 그 영업 또는 공개시간 내에 경찰관이 범죄나 사람의 생명·신체·재산에 대한 위해예방을 목적으로 그 장소에 출입할 것을 요구한 때에는 정당한 이유 없이 이를 거절할 수 없다(동조②).

경찰관은 대간첩작전수행에 필요한 때에도 위의 장소를 검색할 수 있다(동조③).

2) 절 차 경찰관이 필요한 장소에 출입할 때에는 그 신분을 표시하는 증표를 제시하여야 하며, 함부로 관계인의 정당한 업무를 방해하여서는 아니 된다(동조④).

(6) 사실의 확인

경찰관서의 장은 직무수행에 필요하다고 인정되는 상당한 이유가 있을 때에는 국가기관 또는 공사(公私)단체 등에 대하여 직무수행에 관련된 사실을 조회할 수 있다. 다만, 긴급한 경우에는 소속 경찰관으로 하여금 현장에 나가 해당기관 또는 단체의 장의 협조를 받아 그 사실을 확인하게 할 수 있다(동법8①).

경찰관은 미아를 인수할 보호자의 여부, 유실물을 인수할 권리자의 여부 또는 사고로 인한 사상자를 확인하기 위하거나 행정처분을 위한 교통사고조사상의 사실을 확인하기 위하여 필요한 때에는 관계인에게 출석하여야 하는 사유·일시 및 장소를 명확히 적은 출석요구서를 보내 경찰관서에 출석할 것을 요구할 수 있다(동조②).

(7) 국제협력

경찰청장 또는 해양경찰청장은 경찰관 직무집행법에 따른 경찰관의 직무수행을 위하여 외국 정부기관, 국제기구 등과 자료 교환, 국제협력 활동 등을 할 수 있다($\frac{동법}{8의2}$).

(8) 경찰장비의 사용

1) 의 의 여기서 "경찰장비"라 함은 무기, 경찰장구, 최루제 및 그 발사장치, 살수차, 감식기구, 해안감시기구, 통신기기, 차량·선박·항공기 등 경찰의 직무수행을 위하여 필요한 장치와 기구를 말한다($\frac{동법}{10②}$).

경찰관은 직무수행중 경찰장비를 사용할 수 있다. 다만, 사람의 생명이나 신체에 위해를 끼칠 수 있는 경찰장비를 사용할 때에는 필요한 안전교육과 안전검사를 받은 후 사용하여야 한다.

2) **경찰장구의 사용** "경찰장구"라 함은 경찰관이 휴대하여 범인검거와 범죄진압 등 직무수행에 사용하는 수갑·포승·경찰봉·방패 등을 말한다($\frac{동법\ 10}{의2②}$).

경찰관은 현행범인인 경우와 사형·무기 또는 장기 3년 이상의 징역이나 금고에 해당하는 죄를 범한 범인의 체포·도주의 방지, 자기 또는 타인의 생명·신체에 대한 방호, 공무집행에 대한 항거의 억제를 위하여 필요하다고 인정되는 상당한 이유가 있을 때에는 그 사태를 합리적으로 판단하여 필요한 한도 내에서 경찰장구를 사용할 수 있다($\frac{동조}{①}$).

3) **분사기 등의 사용** 경찰관은 범인의 체포·도주의 방지 또는 불법집회·시위로 인하여 자기 또는 타인의 생명·신체와 재산 및 공공시설 안전에 대한 현저한 위해의 발생을 억제하기 위하여 부득이한 경우 현장책임자의 판단으로 필요한 최소한의 범위에서 분사기 또는 최루탄을 사용할 수 있다($\frac{동법}{10의3}$).

4) **무기의 사용** "무기"라 함은 사람의 생명이나 신체에 위해를 가할 수 있도록 제작된 권총·소총·도검 등을 말한다($\frac{동법\ 10}{의4②}$).

경찰관은 범인의 체포·도주의 방지, 자기 또는 타인의 생명·신체에 대한 방호, 공무집행에 대한 항거의 억제를 위하여 필요하다고 인정되는 상당한 이유가 있을 때에는 그 사태를 합리적으로 판단하여 필요한 한도 내에서 무기를 사용할 수 있다($\frac{동조}{①}$). 대간첩·테러작전 등 국가안전에 관련되는 작전을 수행할 때에는 개인화기 외에 공용화기를 사용할 수 있다.

다만, 형법에 규정한 정당방위와 긴급피난에 해당하는 때 또는 다음 각

호의 어느 하나에 해당할 때를 제외하고는 사람에게 위해를 끼쳐서는 아니된다. ① 사형·무기 또는 장기 3년 이상의 징역이나 금고에 해당하는 죄를 범하거나 범하였다고 의심할 만한 충분한 이유가 있는 자가 경찰관의 직무집행에 대하여 항거하거나 도주하려고 할 때 또는 제3자가 그를 도주시키려고 경찰관에게 항거할 때에 이를 방지 또는 체포하기 위하여 무기를 사용하지 아니하고는 다른 수단이 없다고 인정되는 상당한 이유가 있을 때, ② 체포·구속영장과 압수·수색영장을 집행할 때에 본인이 경찰관의 직무집행에 대하여 항거하거나 도주하려고 할 때 또는 제3자가 그를 도주시키려고 경찰관에게 항거할 때 이를 방지 또는 체포하기 위하여 무기를 사용하지 아니하고는 다른 수단이 없다고 인정되는 상당한 이유가 있을 때, ③ 범인 또는 소요행위자가 무기·흉기 등 위험한 물건을 소지하고 경찰관으로부터 3회 이상의 물건을 버리라는 명령이나 항복하라는 명령을 받고도 이에 불응하면서 계속 항거하여 이를 방지 또는 체포하기 위하여 무기를 사용하지 아니하고는 다른 수단이 없다고 인정되는 상당한 이유가 있을 때, ④ 대간첩작전수행에 있어 무장간첩이 경찰관의 항복하라는 명령을 받고도 이에 불응하는 경우.

　　무기의 사용은 국민의 신체와 생명에 대한 직접적인 위해를 야기하기 때문에 엄격한 요건 아래에서만 그 사용의 정당성이 인정된다. 판례는 현행범 및 도주자 체포시 총기사용의 요건으로 비례원칙(필요성원칙과 상당성원칙)을 요구하고 있다.[1)]

　　무기를 사용하는 경우 그 책임자는 사용일시·사용장소·사용대상·현장책임자·종류·수량 등을 기록하여 보관하여야 한다($\frac{동법}{11}$).

## 2. 특별경찰법상의 개별적 수권규정에 근거한 경찰권

　　위험의 방지 및 장해의 제거라는 경찰법상의 목적달성을 위한 행정권한의 발동은 일반경찰법 이외에도 수많은 특별법령에 근거하여 행하여진다. ① 집회 및 시위에 관한 법률, ② 도로교통법, 자동차관리법, 선박법, 선박안전

---

　　1) 대판 1991. 9. 10, 91다19913. 이 사건에서 대법원은 "경찰관 등이 공포를 발사하거나 소지한 가스총과 경찰봉을 사용하여 위 망인의 항거를 억제할 시간적 여유와 보충적 수단이 있었다고 보여지고, 또 부득이 총을 발사할 수밖에 없었다고 하더라도 하체 부위를 향하여 발사함으로써 그 위해를 최소한도로 줄일 여지가 있었다고 보여지므로, 칼빈소총을 1회 발사하여 피해자의 왼쪽 가슴 아래 부위를 관통하여 사망케 한 경찰관의 총기사용행위는 경찰관직무집행법 제11조 소정의 총기사용 한계를 벗어난 것"이라고 하였다.

법, 항공보안법 등 교통상의 안전 및 질서유지를 위한 법령, ③ 식품위생법, 공중위생관리법, 직업안정법 등 영업경찰법령, ④ 건축법, ⑤ 의료법, 약사법, 감염병의 예방 및 관리에 관한 법률 등 보건관계법, ⑥ 폐기물관리법, 자연환경보전법, 물환경보전법, 해양환경관리법, 대기환경보전법 등 환경상의 위험방지를 위한 법령 등이 특별행정법의 여러 영역에서 경찰권발동의 근거를 개별적으로 부여하고 있다.

## Ⅲ. 개괄조항(일반조항)에 의한 일반적 수권

일반경찰법상의 표준조치의 형식이든 아니면 특별행정법상의 개별적 수권조항의 형식이든 개별적 수권규정이 존재하는 경우에는 관련 사항에 대하여 제기되는 경찰상 문제는 당해 규정의 해석·적용에 의하여 해결되게 된다. 이와는 달리 개별적 수권규범이 존재하지 아니하는 경우에 공공의 안녕 또는 질서에 대한 위험을 방지 또는 제거하기 위하여 경찰권을 발동할 수 있도록 일반조항 또는 개괄조항을 두는 것이 허용되는가, 또한 그것이 허용된다고 할 때 현행법상 그러한 개괄조항이 존재하는가 등의 문제가 제기된다.

### 1. 개괄조항의 개념과 필요성

경찰법상 개괄조항이란 경찰권 발동의 근거가 되는 개별적인 법률규정이 없는 경우, 경찰권발동의 일반적·보충적 근거가 될 수 있도록 일반적 위험방지 및 장해제거를 위한 포괄적 수권을 내용으로 하는 조항을 말한다. 이것은 독일연방 및 주의 통일경찰법 표준안 제8조가 그 대표적 예이다. 동조 제1항은 "경찰은 동 표준안 제8조의 a 내지 제24조에서 경찰의 직무권한으로 특별히 규정하지 아니하는 한, 공공의 안녕이나 질서에 대한 개별적 위험을 방지하기 위하여 필요한 조치를 취할 수 있다"고 규정하고 있다. 우리나라의 실정법상으로 이러한 규정이 존재하는가에 대하여는 논란이 있으며, 이에 대하여는 후술한다.

이러한 개괄조항은 사회·경제·문화·과학기술의 발전에 따라 사회사정이나 가치관의 변화 그 밖에 입법자가 예측할 수 없는 위험의 발생 등을 고려할 때 그 필요성이 인정된다고 본다.

## 2. 현행법상 개괄조항의 인정 여부

개인의 자유와 권리를 제한하고 침해하는 경찰권발동에 있어서는 법률적 근거가 필요한 것은 물론이거니와 그 경우 법률의 수권은 그 요건과 한계 등을 명확하게 규정한 개별법에 의하여야 할 것으로 보인다. 그러나 사회의 급격한 변화나 그에서 발생하는 예측하기 어려운 여러 위험사태 등에 대하여 개별수권방식에 의하여서만 이를 대처한다는 것은 거의 불가능한 것인지도 모른다. 그에 따라서 경찰작용의 분야에 있어서는 개괄조항에 의한 수권방식의 필요성 및 허용성의 문제 내지는 이를 긍정하는 경우 현행법상 이러한 개괄수권조항이 존재하는지 여부의 문제가 제기되고 있다. 이 문제에 대하여는 기본적으로 다음과 같은 세 가지 견해가 제시되고 있다.

(1) 제 1 설: 개괄조항의 허용성을 부정하는 견해

이 설은 경찰권이 가지는 침해적·권력적 성격상 그 근거는 개별규정에 의하여야 하고 개괄조항과 같은 방식에 의한 수권은 법치국가원리, 특히 명확성원칙에 반하기 때문에 허용될 수 없다고 보고 있다.[1]

(2) 제 2 설

이 설은 개괄조항의 필요성과 허용성은 긍정하면서도, 현행법상 이 조항은 존재하지 않으므로, 그것은 입법조치에 의하여 도입되어야 한다고 보고 있다. 이 견해는 사회의 가변적이고 복잡한 여러 현상에 대응하기 위하여 개괄조항이 필요한 것으로서, 개괄조항에 의한 수권방식은 법치주의의 기본원칙에 어긋나는 것은 아니라고 본다. 그 근거로서는 일반적으로 개괄수권조항에 의한 경찰권발동은 개별적 수권조항에 대하여 보충적이고 예외적으로만 허용되고, 그 개괄조항의 요건으로 되어 있는 불확정개념은 학설·판례의 발전에 따라 그 내용이 구체화되게 되면, 그에 따른 경찰권의 남용의 문제는 별로 없다는 점 등이 제시되고 있다.

이 설은 대체로 위와 같은 논거에 따라 개괄조항의 필요성과 허용성은 긍정하면서도, 경찰관 직무집행법 제 2 조는 직무규범이라는 점에서 그것은 개괄조항이 될 수는 없는 것이며, 현행법상 개괄조항은 채택되고 있지 않다고 보고 있다.[2]

---

1) 박윤흔, 행정법(하), 2004, pp. 324~325.
2) 홍정선, 행정법(상), pp. 350~351. 홍 교수는 비침해적 경찰작용의 경우에는 권한

**(3) 제 3 설: 개괄조항의 허용성과 존재를 모두 인정하는 견해**

이 설은 개괄조항의 허용성을 인정하는 외에, 이것은 현행의 경찰관 직무집행법에 규정되어 있다고 보고 있다. 그러나 이 법의 어느 규정이 그에 해당하는지에 대하여는 견해가 갈리고 있는바, 그 대표적인 견해는 대체로 다음과 같다.

1) 제 2 조설   이 견해는 경찰의 직무범위와 관련하여 「그 밖에 공공의 안녕과 질서유지」에 관하여 정하고 있는 경찰관 직무집행법 제 2 조 제 7 호에 일반조항으로서의 성격이 인정될 수 있다고 보고 있다.[1]

2) 제 5 조설   이 설은 위험발생의 방지에 관하여 정하고 있는 경찰관 직무집행법 제 5 조에 일반조항으로서의 성격이 인정된다고 본다. 이 설은 동조는 경찰이 위험방지를 위한 조치를 취할 수 있는 위험사태로서, 인명 또는 신체에 위험을 미치거나 재산에 중대한 손해를 끼칠 우려가 있는 천재, 사변, 공작물의 손괴 등 구체적인 위험상황 외에도 「그 밖의 위험한 사태」를 부가하고 있다는 점을 특히 강조하고 있다.[2]

3) 제 2 조 · 제 5 조 · 제 6 조의 **결합설**   이 설은 제 2 조 제 7 호의 개괄조항성을 인정하고, 그 외에도 제 5 조를 제 2 의 개괄수권조항 그리고 제 6 조를 제 3 의 개괄수권조항으로 보고 있는바, 제 5 조는 개인적 법익의 보호에, 그리고 제 6 조는 국가적 · 사회적 법익의 보호에 관한 것으로 보고 있다.[3]

이상에서 개괄수권조항의 긍정설로서 주장되고 있는 3 개의 견해를 살펴보았다. 이 중에서 경찰관 직무집행법 제 2 조 제 7 호를 개괄수권조항으로 보는 견해에는 기본적으로 다음의 문제점이 있다고 본다. 즉 경찰작용은 침해작용이고 보면 그에는 법률의 근거가 있어야 하는바, 여기서의 법률적 수권은 작용법적 수권이어야 하는 것으로서, 단순한 임무규범이 경찰권발동을 위

---

규범으로서의 경찰관 직무집행법 제 2 조가 그 근거규범이 될 수 있다고 하고 있다. 박균성 교수는 개괄조항은 허용될 수 있는 것이나, 우리나라에서 이를 인정하는 것은 경찰권에게 너무 광범한 재량권을 주는 것이어서, 아직은 시기상조라고 하고 있다. 동인, 행정법론(하), pp. 401~402. 남승길 교수는 "경찰관은 공공의 안녕과 질서에 대한 구체적인 위험이 있을 때에는 공공의 안녕과 질서를 유지하기 위한 필요한 조치를 할 수 있다"라는 규정을 경찰관 직무집행법 제 2 조 제 2 항으로 신설할 것을 제안하고 있다. 동인, 치안작용법에 관한 연구, 치안정책 용역연구보고서, 95-19, p. 64.

1) 김남진, 행정법(Ⅱ), p. 201.
2) 이운주, 경찰법상의 개괄수권조항에 관한 연구, 서울대학교 법학박사학위논문, 2005, pp. 200~203.
3) 박정훈, 사권보호를 위한 경찰권 발동에 관한 연구, pp. 22~25, 28~31.

한 수권조항이 될 수는 없다고 본다. 그런데 경찰관 직무집행법 제2조는 단지 경찰의 일반적 직무의 범위를 정하고 있는 조직법적 규정에 그치는 것으로서, 그러한 점에서는 제2조설은 이러한 조직규범에서 경찰권한을 도출하고 있다는 기본적 문제점이 있는 것이다.

경찰관 직무집행법 제5조를 개괄수권조항으로 보는 견해의 기본적 논거는 이 규정이 경찰의 위험방지조치를 위한 위험사태를 구체적으로 열거하고 나서, 그 외에도 「그 밖의 위험한 사태」를 규정하고 있다는 점에 두고 있다. 그러나 여기서의 「그 밖의 위험한 사태」는 그 앞에 열거되어 있는 구체적 위험사태와의 관련에서 그 의미나 내용이 제한될 것으로서, 이 문구에 따라 앞에 열거되어 있지 아니한 위험사태도 경찰조치를 정당화할 수 있는 위험사태에 원칙적으로 포섭된다고 보는 것은 그 지나친 확대해석인 것으로 보인다.

전술한 바와 같이 제2조는 임무규범에 그치고, 제5조에도 일반적 개괄조항성이 인정될 수는 없다는 관점에서는 제3설의 타당성도 인정될 수 없게 된다. 따라서 개괄조항은 결국 입법조치에 의하여 채택될 수밖에 없다고 본다. 다만, 이미 앞에서 개별조항의 검토에서 본 바와 같이 경찰관 직무집행법상의 개별적 수권조항들은 경찰상의 위험에 해당하는 대부분의 경우를 포함하고 있고, 특히 제5조는 다른 규정에서 정하고 있지 아니한 공백상태를 상당 부분 규율하고 있어서, 개괄수권조항의 필요성은 그다지 크지 않을 것으로 보인다.

경찰권의 발동이 법률상의 근거를 가지고 있다고 하더라도, 경찰권의 구체적인 행사에 있어서는 일정한 한계가 있는 것으로, 이것이 다음에 검토하는 경찰권의 한계의 문제이다.

## 제2항 경찰권의 한계

### I. 개  설

위에서 적은 바와 같이 경찰권의 발동은 개별적인 작용법에 의거하여 행하여져야 하는 것이나, 경찰법의 규정은 그 대부분의 경우 명확하고 일의적인 것이 아니라, 추상적·개괄적 또는 불확정적으로 규정되어 있어서, 그 해석·적용에 있어서는 경찰기관에 독자적 판단의 여지가 인정되는 경우도 적지 않다. 대부분의 경우 경찰법상의 규정이 구체적·일의적으로 규정되고 있지 아니한 것은, 경찰은 원래 장래 발생할 것으로 예상되는 공공의 안녕·질서에 대한 위험을 예방하거나 이미 발생한 장해를 제거하는 작용인 까닭에, 사전에 장래 발생가능성이 있는 다양한 장해를 모두 예견하여 그 대책을 구체적으로 규정하는 것은 기술적으로 불가능하기 때문에 현실적으로 발생하는 장해에 대하여 임기응변적으로 적절한 조치를 강구할 수 있도록 경찰권 발동의 대상·조건 등에 대하여 개괄적·탄력적으로 규정하거나, 경찰권의 발동 여부 또는 그 양태에 있어 경찰기관에 일정 한도의 독자적 판단권을 부여할 필요가 있기 때문이다.

경찰관계법규의 이러한 규정방식으로 인하여, 경찰기관에 재량권이 인정되는 경우에도 그에는 일정한 한계가 있는 것으로서, 종래에는 이러한 경찰권의 한계를 조리상의 한계로서 고찰하여 왔다. 그러나 이러한 전통적 이론은 그 내용상 문제점이 없지 않으며, 다음에서는 경찰권의 한계를 종래대로 조리상의 한계라는 항목 아래에서 그 내용을 검토하고 나서, 이어서 그 문제점을 지적하여 보기로 한다.

## Ⅱ. 전통적인 경찰권 한계의 이론 — 경찰권의 조리상 한계

위에서 본 바와 같이 통설은 관계 법규상 경찰에 재량이 인정되는 경우에도 그에는 조리상의 한계, 즉 일정한 불문법원리에 의한 제한이 인정된다고 보고 있다. 경찰권의 발동·행사를 제한하는 이러한 법원칙으로서는 소극목적의 원칙, 공공의 원칙, 비례의 원칙, 평등의 원칙 및 책임의 원칙 등을 드는 것이 보통이다.

### 1. 경찰소극목적의 원칙

경찰권은 사회공공의 안녕·질서에 대한 위해의 방지·제거라는 소극목적을 위해서만 발동될 수 있고, 복리증진이라는 적극목적을 위하여서는 발동될 수 없다. 따라서 경찰권이 이러한 소극목적을 넘어서서 적극적으로 사회의 복리증진을 위하여 발동되는 때에는 그것은 이미 경찰의 한계를 넘어선 것으로서 위법한 것이 된다.

그러나 오늘날의 행정의 질적·양적 확대에 따라 종래에는 소극적 경찰작용으로만 인식되던 것이 적극적인 복리증진에도 관계되는 사례가 적지 않게 되었다. 예컨대 토지이용의 규제·위법건축의 규제·공해의 규제·위생관계법에 의한 규제 등은 생활환경의 유지·향상이나 피해자의 보호와 같은 적극적인 복리목적에도 봉사하는 것으로 인정되는 경우가 적지 아니한 것으로서, 이러한 상황을 이론적으로 어떻게 분석·정리할 것인가가 행정법의 중요한 과제로 되고 있다.[1]

## 2. 경찰공공의 원칙

경찰권은 다만 사회공공의 안녕·질서를 유지하기 위해서만 발동될 수 있고, 그와 직접 관계가 없는 사생활·사주소 및 민사상의 법률관계에는 원칙적으로 관여할 수 없는바, 이것을 경찰공공의 원칙이라 한다. 이를 구체적으로 살펴보면 다음과 같다.

### (1) 사생활불가침의 원칙

사회공공의 질서에 영향이 없는 개인의 사생활은 그 「프라이버시」에 속하는 것으로 경찰권 발동의 대상이 되지 않는다. 이것을 사생활불가침(불간섭)의 원칙이라 한다.

사생활의 범위는 사회통념에 따라 구체적으로 결정될 문제이나, 보통 일반사회생활과 교섭이 없는 개인의 생활활동을 말한다 할 것이다. 다만 개인의 사생활이라 하여도 미성년자의 음주·끽연이나 전염병의 발생과 같이 그것이 동시에 사회공공의 안녕·질서에 영향을 미치는 경우에는 경찰권 발동의 대상이 된다.

### (2) 사주소불가침의 원칙

사주소란 일반사회와 직접적인 접촉이 없는 주거를 말하며, 개인의 주거용의 가택뿐만 아니라, 회사·사무소·연구실 등도 여기에 포함된다. 그러나 경찰상 공개된 장소, 즉 흥행장·여관·음식점 등과 같이 일반공중이 자유로이 출입할 수 있는 장소는 사주소에 속하지 않는다.

사주소 안의 행동은 사회공공의 질서에 직접 영향을 미치지 않으므로 경찰권은 원칙적으로 그에 관여할 수 없으며, 공공장소에서는 금지된 행위(예컨대 나체생활)일지라도 사주소 안에서 행하여질 때에는 개인의 자유에 속하는 것이 원칙이다. 다만 사주소 안의 행위라도 그것이 공도(公道)에 면하여 외부

---

1) 박윤흔, 행정법(하), p. 327.

에서 공공연히 관망할 수 있는 장소에서의 행위나 인근에 불편을 주는 과도한 소음의 발생행위(경범죄처벌법 3①xxi)는 경찰권 발동의 대상이 된다.

**(3) 민사관계불간섭의 원칙**

개인의 재산권의 행사·친족권의 행사·민사상의 계약 등은 개인 사이의 사적 관계에 그치고, 그 권리의 침해나 채무의 불이행에 대하여는 사법권에 의하여 보호되므로, 경찰권이 관여할 사항은 아니다. 다만 이러한 민사상의 법률관계라도 그것이 개인적 이해에 그치지 않고 사회공공의 질서에 영향을 미치는 경우에는 그 범위 안에서 경찰권 발동의 대상이 된다. 암표 매매행위의 단속(동법 3②iv)이나 청소년에 대한 술·담배의 판매제한(청소년보호법 28) 등이 그 예이다.

## 3. 경찰책임의 원칙

**(1) 개    설**

경찰권은 사회공공의 안녕·질서에 대한 장해가 발생하거나 발생할 우려가 있는 경우, 환언하면 「경찰위반상태(Polizeiwidrigkeit)」가 있는 경우에 그러한 상태의 발생에 책임이 있는 자, 즉 경찰책임자에 대하여만 발동할 수 있다. 이것을 경찰책임의 원칙이라 한다.

경찰책임을 지지 않는 자에 대하여는 긴급한 필요가 있는 경우 법령상의 근거(예컨대 소방기본법 16·24)에 기하여서만 경찰권을 발동할 수 있다.

**(2) 경찰책임자**

경찰은 각 개인을 사회적 존재로서 파악하여 개인의 주관적·내면적 심정과는 무관하게 자기의 생활범위 안에서 발생한 객관적·외면적 상태를 판단하여 그에 적절하게 대처하는 것을 원칙으로 한다. 그에 따라서 자기의 생활범위 안에서 객관적으로 경찰위반상태가 생긴 경우에는 그 위반상태의 발생에 대한 고의·과실의 유무와는 무관하게, 또한 자연인인가 법인인가를 가리지 않고 그 자는 경찰책임을 지게 된다. '자기의 생활범위'란 자기가 지배하는 사람 및 물건의 전체를 말한다. 그에 따라 자신의 행위는 물론이고, 자기의 지배범위에 속하는 타인의 행위 또는 물건의 상태가 경찰위반상태를 구성하는 경우에도 경찰책임을 진다.

**(3) 경찰책임의 종류**

1) **행위책임·상태책임**   이것은 경찰책임의 원인을 기준으로 한 구별

이다.

㈎ 행위책임  행위책임은 사람의 행위(작위·부작위)를 매개로 하여 경찰위반상태가 발생한 경우에 그에 대하여 지는 책임이다. 행위자가 자신인 지(행위자책임), 그가 지배하는 타인(지배자책임)인지를 불문한다. 이러한 행위책임의 인정에는 과실의 유무를 불문하고, 당해 행위가 공공의 안녕 및 질서에 대한 위해의 원인이 되고 있다는 사실에 기하여 지는 책임이다. 이 경우 행위와 공공의 안녕 및 질서에의 위해 사이의 인과관계의 결정기준이 문제되는바, 이에 대하여는 조건설(등가설), 상당인과관계설, 직접원인설 등이 제시되고 있다.

조건설은 모든 조건은 결과에 대하여 인과성이 있다고 보는 것으로서, 이 설에 따르면 책임의 귀속이 한없이 확대된다는 문제점이 있다. 상당인과관계설(Adäquanztheorie)은 통상 발생하는 결과에 한정하여 경찰위반상태와 인과관계를 인정한다. 이 설은 내용적으로는 귀책사유(고의·과실)를 중요시하고 있는데, 이러한 주관적 요소는 경찰법에서는 의미가 없다는 점에서 이 설의 문제점이 있다. 직접원인설(Theorie der unmittelbaren Verursachung)은 공공질서에 대한 위험 또는 장해의 직접적 원인이 되는 행위를 한 자만이 책임을 진다고 보는 것으로서, 이 설이 가장 타당하다고 본다.[1]

㈏ 상태책임  상태책임은 물건·동물의 소유자·점유자 기타 관리자가 그 지배범위에 속하는 물건·동물로 인하여 경찰위반상태가 발생한 경우에 지는 책임이다. 도로교통법 제72조 제 1 항에 의한 교통장해물의 제거의무가 그 대표적인 예이다.

상태책임은 위험이 누구에 의하여 야기되었는지 또는 상태책임자의 고의과실여부를 불문하고 오로지 어떤 물건으로부터 공공의 안녕 또는 질서에 위험이 발생한 경우에 성립되는 것이다. 상태책임에 있어서도 물건의 상태와 경찰상 위험 사이에는 인과관계가 존재하여야 하는 것으로서, 위험이 직접적

---

1) 이 설에 따른 특수한 문제로서, 예컨대「쇼윈도우」에 매우 특이한 상품을 전시하고 있어서, 그 주위에 통행인들이 집합한 결과 도로통행상의 장해가 발생한 경우, 이 장해의 직접원인은 바로 통행인들이지만 그 가게의 주인도 아울러 경찰책임을 진다고 할 것이다. 왜냐하면 이 경우 가게주인이 그 상품을 전시한 것은 바로 통행인의 관심을 끌기 위한 것이기 때문이다. 이를 목적적 원인제공자(Zweckveranlasser)라고 한다. 이에 반하여 화가가 그림을 그리는 것을 보기 위하여 그 주위에 사람이 모인 결과 도로통행에 장해가 생긴 경우에는 화가는 자신의 주위에 관중을 모이게 할 것을 목적으로 한 것은 아니라 할 것이므로 그로 인한 책임을 지지 않는다고 본다.

으로 물건으로부터 발생한 경우에 상태책임이 인정된다.

상태책임은 경찰상의 위험을 발생시킨 물건에 대한 사실상의 지배자, 즉 물건을 실제로 점유하거나 보관하는 자가 우선적으로 지는바, 그것은 사실상의 지배자가 물건과 그로부터 발생한 위험을 지배할 수 있다고 보기 때문이다. 사실상의 지배상태가 적법하게 성립되었는지 여부는 상태책임의 성립에 있어서는 원칙적으로 문제되지 아니한다.

사실상의 지배자에 대한 조치를 취하는 것이 허용될 수 없거나 불가능한 경우에는 소유자 또는 다른 권원 있는 자가 상태책임을 진다. 소유자는 민법상의 소유자를 의미하며, 다른 권원 있는 자란 위험을 발생시키는 물건에 영향을 미쳐 그 한도 내에서 책임을 지게 되는 소유자 이외의 물권을 갖는 모든 제 3 자를 말한다.[1] 상태책임자는 물건에서 발생하는 모든 경찰위반상태에 대한 책임을 지며, 이러한 책임이 물건의 가치에 의하여 제한되는 것은 아니다.[2]

사실상의 지배가 종료되거나 소유권 기타 권원이 소멸되는 경우에는 상태책임도 소멸한다. 그러나 입법례에 따라서는 소유자가 소유권을 포기하는 경우에도 경제적 부담을 공중에 전가하는 것을 막기 위하여 상태책임이 지속되는 것으로 규정하는 경우도 있다.

2) 행위자책임·지배자책임　이것은 책임자의 지위를 기준으로 한 분류이다.

행위자책임은 자기 스스로의 행위로 경찰위반상태를 발생시킨 자가 지는 책임을 말하며, 그 행위자가 자연인인가 법인인가를 가리지 않는다.

지배자책임은 타인을 보호·감독할 지위에 있는 자(친권자·사용주 등)가 그 범위 안에서 지배자로서 피지배자의 행위로 인하여 발생한 경찰위반상태에 대하여 지는 책임을 말한다. 그 성질은 피지배자의 책임에 대한 대위책임은 아니고, 자기의 지배범위 안에서 경찰위반상태가 발생한 데에 대한 자기책임이다.[3]

---

1) Gusy, Polizeirecht, 4. Aufl., Rn. 279, 280.
2) Gusy, Polizeirecht, op. cit., Rn. 281.
3) 식품위생법 제100조의 양벌규정은 식품영업주의 그 종업원에 대한 감독태만을 처벌하려는 것으로서, 종업원이 영업주의 업무를 수행함에 있어서 동조 소정의 위반행위가 있을 때에는 설사 그 위반행위의 동기가 직접적으로는 종업원 자신의 이익을 위한 것에 불과하고, 그 영업에는 이로운 행위가 아니라 하여도 영업주는 감독해태에 따른 책임을 면할 수 없다.

3) **복합적 책임**　이것은 경찰책임의 특수한 형태로서, 단일 경찰위반사실이 다수인의 행위 또는 다수인이 지배하는 물건의 상태에 기인하거나, 행위책임과 상태책임의 중복에 기인한 경우이다. 각개의 행위 또는 상태만으로는 경찰위반이 되지 않음에도 불구하고, 다수의 행위 또는 상태가 결합함으로써 하나의 사회적 장해를 야기하는 경우로서, 다수의 소량의 오수방출행위가 경찰위반상태를 형성하는 경우와 같다. 이 경우 각개의 행위자 또는 지배자가 부담할 책임의 범위가 문제되는바, 이들은 단지 부분적인 경찰책임을 지는 것이 아니라, 당해 경찰위반상태 전체에 대한 책임을 진다고 할 것이다. 왜냐하면 경찰권발동에 있어 단지 부분적인 경찰책임만을 진다고 하는 것은 위험의 효율적 제거라는 경찰법의 목적에 반하는 것이기 때문이다. 다수의 경찰책임자 중 1인만이 경찰책임을 부담한 경우에는 다른 경찰책임자와의 관계에서는 비용상환청구 등에 의한 부담의 배분이 고려될 수 있을 것이다. 다수의 경찰책임자 중 누구에 대하여 경찰권이 발동되어야 하는가는 경찰관청의 성실한 재량행사에 의하나, 이 경우 그 기준으로서는 경찰위반상태의 효율적 제거, 비례원칙 등이 고려될 수 있을 것이다.

(4) **경찰책임의 승계**

경찰책임자가 사망하거나 또는 물건을 양도한 경우 등에 있어 이전에 부과되어 있던 경찰책임이 그 상속인이나 물건의 양수인에게 승계되는지의 문제가 제기되는바, 이것이 경찰책임의 승계의 문제이다.

이 문제에 대하여 독일에서의 전통적 견해는 경찰책임은 행위책임이든 상태책임이든지 간에 이를 일신전속적인 것으로 보아 경찰책임자에 대하여 발하여진 행정처분(예컨대 철거명령)은 법령상의 명문의 규정이 없는 한 승계인에는 효과가 없다고 보고 있었다. 그러나 오늘날에는 행위책임과 상태책임을 구분하여 검토하여 적어도 상태책임의 경우에는 경찰책임의 승계가 원칙적으로 인정된다고 보는 것이 일반적 견해인 것으로 보인다.

행위책임은 당해 책임자의 행위의 결과와 결부되어 인정되는 것이므로, 그 승계는 인정되지 아니한다고 본다. 이에 대하여 상태책임은 물건의 상태와 관련하여 설정된다는 점과 절차경제의 관점에서 그 승계를 인정하는 것이 일반적 견해인 것으로 보인다. 그에 따르면 예컨대 무허가건물의 철거명령은 당해 건물을 취득한 자에 대하여도 그대로 효력이 인정되어, 새로운 철거명령이 없이도 그 불이행에 대하여는 대집행절차를 진행할 수 있다고 보게 된

다. 이에 대하여는 승계인의 책임은 상태책임자의 책임을 승계하여 성립하는
것이 아니라, 그가 당해 건물에 대한 권리를 취득함에 따라 스스로 상태책임
에 관한 구성요건을 충족하게 됨으로써 승계인의 책임이 성립하게 된다고
보는 견해도 제시되고 있다. 이 견해에 따르면, 무허가건물의 승계인에 대
하여는 새로운 철거명령을 발한 후에야 그에 근거하여 대집행을 할 수 있게
된다.

### (5) 경찰책임의 예외 — 경찰긴급권

경찰권은 경찰위반사실에 대한 직접책임자에 대하여만 발동되는 것이 원
칙이다. 그러나 이에 대한 예외로서 긴급한 필요가 있는 때에는 경찰책임이
없는 자에 대하여도 원조강제·토지물건사용 등의 경찰권 발동이 인정되는
경우가 있다.

이러한 제 3 자에 대한 경찰권 발동은 예외적인 것으로, 목전에 급박한
위해를 제거하기 위한 경우에 한하여, 법령상의 근거가 있는 경우에만 인정
된다 할 것이다(소방서장의 화재현장에 있는 자에 대한 소방활동종사명령$\binom{\text{소방기본}}{\text{법 24①}}$,
소방관서의 장 등의 수난구호업무종사명령$\binom{\text{수상에서의 수색·구조}}{\text{등에 관한 법률 29①}}$, 경찰관이 위험한 사태
에 접하여 현장에 있는 자에게 필요한 조치를 하게 하는 것$\binom{\text{경찰관직무집}}{\text{행법 5①iii}}$ 등). 이 경
우 제 3 자에게 발생한 특별한 손실은 그에 귀책사유가 없는 한 마땅히 보상
되어야 할 것이다$\binom{\text{헌법 23③, 소방기본법 24③, 수상에서}}{\text{의 수색·구조 등에 관한 법률 39}}$.

## 4. 경찰비례의 원칙

비례의 원칙은 행정법의 일반원칙이므로, 이 원칙은 경찰권의 행사에도
적용되는 것은 물론인바, 이 원칙은 그 연혁상 원래 경찰권의 행사와 관련하
여 정립된 것이다.

경찰비례원칙은 일반적으로는 사회공공의 안전·질서유지를 위한 경찰작
용은 그에 의하여 추구되는 공익목적과 그로 인하여 제한·침해되는 개인의
자유·권리와의 사이에는 적정한 비례관계가 형성되어야 한다는 것이다. 이
원칙에 의한 경찰권행사의 제한은 경찰권의 발동 여부와 발동되는 경우에 있
어서의 그 정도·방법 등의 두 가지 측면에서 행해지는 것이나, 어느 경우에
나 비례원칙을 구성하는 3 요소에 따라 통제가 행해진다. 즉, 경찰권의 발동
결정 내지는 그에 의한 조치는 사회질서에 대한 위험의 예방 또는 제거에 적
절한 것이어야 하고(적합성의 원칙), 당해 목적달성을 위한 필요최소한도의

것이어야 할 뿐만 아니라(필요성의 원칙), 이러한 최소한도의 조치도 그에 의하여 달성되는 공익이 그로 인한 상대방의 자유·권리에 대한 침해보다 클 때에만 허용되는 것이다(협의의 비례원칙).

경찰관 직무집행법은 "경찰관의 직권은 그 직무수행에 필요한 최소한도에서 행사되어야"한다고 하여($\frac{별}{1②}$), 경찰권 발동에 있어서의 비례원칙을 명시적으로 규정하고 있다.

### 5. 경찰평등의 원칙

경찰권의 발동에 있어서는 상대방의 성별·종교·사회적 신분·인종 등을 이유로 하는 불합리한 차별을 하여서는 안된다.

종래 평등의 원칙은 조리상의 원칙으로는 거론되지 않았던 것이나, 오늘날에는 이 원칙은 헌법 제11조상의 명시적 원칙 또는 그에서 도출되는 헌법적 효력을 가지는 행정법의 일반원리로서 권력적·침익적 작용인 경찰권 행사에 있어서도 중요한 제한원리로 되고 있다.

## Ⅲ. 전통적 경찰권의 한계론(조리상 한계론)의 재검토

### 1. 개  설

위에서 검토한 경찰권의 한계에 관한 전통적 이론은 경찰법규상 경찰에 재량권이 부여되는 경우에도 그 발동에 있어서는 일정한 한계를 인정하여, 경찰권의 행사에 있어 권력남용을 억제·통제하여 국민의 자유·권리를 보호하려는 것이었다. 이러한 경찰권의 한계론은 그 기본이념에 있어서는 오늘날에도 여전히 타당성이 인정된다. 그러나 이러한 전통적 이론은 기본적으로 다음의 두 가지 점에서 문제가 있다고 본다.

먼저, 경찰권의 한계에 관한 전통적 이론은 경찰권 발동의 한계를 헌법과는 무관하게 조리상의 원리에서 구한 점에서 기본적으로 문제가 있다. 왜냐하면, 국민의 기본권이 헌법상 보장되고, 입법·행정에 대한 헌법적 기속이 확립되어 있는 실질적 법치주의 아래에서는 경찰권 발동을 한계짓는 원칙들은 기본적으로 헌법과의 관련에서 검토되어야 할 것이기 때문이다.[1]

---

1) 전통적 경찰권의 한계론은 원래 형식적 법치주의를 채택하고 있던 독일에서 전개된 것이다. 그에서는 이른바 법률상의 개괄조항에 의한 경찰권에 대한 포괄적 수권을 전

다음, 종래의 경찰권의 한계론은 연혁적으로 실질적 경찰관념이나 그 범위가 아직 구체화되지 않은 단계에서 정립된 것이라는 데에 문제점이 있다고 할 것이다.

## 2. 구체적 검토

위에서 지적한 두 가지 관점에서 경찰권의 한계에 관한 전통적 이론을 검토하는 경우에는 특히 다음의 몇 가지를 지적할 수 있을 것이다.

1) 비례원칙은 그것이 헌법에서 도출되는 것이라는 점에서 헌법적 효력을 가지는 행정법의 일반원리로서 인정되고 있다. 그에 따라 이 원칙은 구체적인 경찰권의 발동을 한계지을 뿐만 아니라, 경찰입법을 한계지우는 원리로서의 의미도 가지는 것이다.

2) 전술한 바와 같이 전통적 이론에서는 평등원칙이 경찰권의 한계에 관한 원리로 열거되지는 않았다. 그러나 이 원칙은 헌법에서 도출되는 행정법의 일반원리이므로,[1] 경찰권의 행사도 기속하는 것임은 물론이다.

3) 경찰권의 발동을 한계짓는 원칙으로서의 경찰소극목적의 원칙은, 경찰권의 발동에는 법률의 수권을 필요로 한다고 보고 경찰을 사회공공의 안녕과 질서의 유지라는 소극목적을 위한 작용이라고 파악하는 한도에서는 이러한 소극목적을 위하여 법률에 의하여 수권된 경찰권은 그 목적에 반하여 행사되어서는 안 된다고 하는 자명한 원리(목적위반의 금지)로서, 그 자체 특별한 의미는 없다 하겠다. 그러나 이 원칙을 경찰기관에 대하여는 원칙적으로 소극목적을 위한 작용만을 수권하여야 한다고 하는 입법원칙으로 파악하는 한도에서는 실질적인 의미가 있다고 할 것이다.[2]

---

제로 하고, 그러한 경찰권 발동을 한계짓는 것으로서, 경찰의 본질에 기한 이른바 조리상의 원칙이 정립된 것이다.

이러한 조리상의 원칙은 헌법원칙으로서는 인정되지 않았던 것으로, 그것은 권리침해가 헌법상 법률에 유보되고, 법률의 최고법규성이 인정되던 당시의 형식적 법치주의에서는 헌법이 실정법에 따른 재량권 행사를 기속할 수는 없었기 때문이다. 그에 따라 법률에 기한 경찰재량권의 행사에 있어서는 경찰권의 본질에서 도출되는 조리상의 한계가 있다는 이론이 정립되게 된 것이다. 그러나 법률에 의한 행정의 원리 및 법률에 대한 헌법의 최고법규성이 확립되어 있는 오늘날에는, 이들 원칙의 대부분은 실정법에 기한 재량권 행사를 통제하는 헌법원칙으로 파악될 수 있는 것이다.

1) 평등원칙은 우리 헌법 제11조에 명시된 원칙으로 볼 수도 있고, 동조에서 도출되는 헌법적 원칙으로 볼 수도 있을 것이다.
2) 경찰소극목적의 원칙은 경찰작용이 개별적 법률에 의한 수권을 요하지 않고 포괄적 수권도 인정될 수 있다고 하는 입장을 취하는 경우에는 그에 기한 경찰권 발동에 있

4) 경찰공공의 원칙이나 경찰책임의 원칙도 경찰작용의 속성에 따르는 경찰작용의 내재적 한계로서, 경찰권 행사에 있어서는 당연히 인정되는 것으로서 이들을 경찰권의 한계에 관한 독자적 원리로 검토할 의미는 없다고 할 것이다. 그러나 이러한 경찰공공의 원칙이나 경찰책임의 원칙은 헌법상 보장된 국민의 기본권과 경찰의 본질과의 관련에서 검토되어야 하는 입법상의 원리로서는 그 의의가 있다고 할 수 있다.

# 제 4 절  경찰작용

경찰작용으로서는 권력적인 것과 비권력적인 것(행정지도·비권력적 행정조사 등)이 있다. 그러나 경찰은 공공의 안녕과 질서유지를 위한 작용이라는 점에서 권력적인 작용이 그 중심을 이루고 있다.

## 제 1 항  경찰상 사실행위

경찰상 사실행위는 경찰목적상 필요한 사실상의 결과발생만을 의도하는 행위로서, 외부효를 갖는 법적 규율을 목적으로 하는 것이 아니라는 점에서 뒤의 경찰상 행정행위(경찰하명·경찰허가)와 구분된다.

사실행위는 권력적 사실행위와 비권력적 사실행위로 구분된다. 이것은 당해 행위가 공권력의 행사로 행하여지는 것인지 여부에 따른 구별로서, 행정주체가 공권력의 주체로서 우월한 지위에서 국민에 대하여 일방적으로 명령·강제하는 행위가 권력적 사실행위이고, 그렇지 않은 경우가 비권력적 사실행위이다.

권력적 사실행위의 예로서는 주취자에 대한 보호조치, 불심검문, 위험방지를 위한 주거의 강제진입 등을 들 수 있다. 최근 기본권 관념의 변화에 따라 경찰상 사실행위 가운데 경찰기관에 의한 개인정보처리의 기본권침해성이 특히 문제되고 있다.[1]

권력적 사실행위에 대하여는 이를 행정심판법 또는 행정소송법상의 "처

---

어서의 남용을 방지한다는 의미를 가지게 될 것이다.

1) 김성태, 경찰행정의 작용형식, 경찰법연구, 제 3 권 제 1 호(2005), 7면.

분 등"에 해당한다고 보아 위법한 사실행위에 대하여는 항고쟁송을 제기하여 그 취소 등을 구할 수 있다고 보는 것이 다수설적 견해이다. 위법한 사실행위로 인하여 손해가 발생하였을 때에는 국가배상법에 따라 손해배상을 구할 수 있음은 물론이다.

경찰상 사실행위의 구체적 사례는 앞의 개별적 수권규정 부분에서 살펴보았거니와, 후술하는 경찰상 강제집행과 즉시강제 부분에서도 다시 검토할 것이다.

## 제 2 항  경찰하명

### I. 경찰하명의 개념

경찰하명이란 경찰목적을 위하여 일반통치권에 의거하여 개인에게 특정한 작위·부작위·수인 또는 급부의무를 과하는 처분을 말한다.[1] 때로는 법률에 의하여 직접적으로 국민에 구체적인 경찰의무가 부과되는 경우도 있는바, 넓은 의미의 경찰하명은 행정행위에 의한 하명과 법규하명을 포함하는 의미로 사용되기도 한다. 그러나 여기서는 경찰하명은 원칙적으로 좁은 의미, 즉 행정행위에 의한 하명의 의미로 사용하기로 한다.

경찰하명은 의무를 명하는 명령적 행위로서 권리를 설정·변경·소멸시키는 형성적 행위와는 구별된다.

### II. 경찰하명의 종류

경찰하명은 그 내용에 따라 작위하명·부작위하명·수인하명·급부하명으로 나누어진다.

#### 1. 작위하명

적극적으로 어떤 행위를 행할 의무를 명하는 행위이다. 작위하명은 특정인에 대하여 행하여지는 것(신고·장부비치명령 등)이 원칙이나, 불특정다수인

---

1) 이상규, 행정법(하), p. 277; 박윤흔, 행정법(하), p. 317; 이명구, 행정법원론, p. 651.

에 대한 것도 있다(예컨대 일정 도로상의 차량우회명령).

## 2. 부작위하명

소극적으로 어떠한 행위를 행하지 아니할 의무를 명하는 행위로서, 경찰금지라고도 한다. 경찰금지는 여러 기준에 따라 분류될 수 있는 것으로 ① 효력을 기준으로 하여서는 절대적 금지(예컨대 부패식품판매금지, 청소년의 음주금지 등)와 궁극적 허가를 유보한 상대적 금지(예컨대 음식점 경영, 건축 등)로, ② 인적 범위를 기준으로 하여서는 불특정다수인에 대한 금지(예컨대 일정 도로의 통행금지)와 일정 업무에 종사하는 자, 일정 지위에 있는 자 등 특정인에 대한 개별금지(예컨대 운전면허 없는 자의 운전금지)로, ③ 모든 상황에서 적용되는가 아니면 특수한 상황하에서만 적용되는가에 따라 무조건금지와 일정조건하에서의 금지(예컨대 '정당한 이유 없이', '필요할 때' 등)로 나눌 수 있다.

## 3. 수인하명

경찰권에 의한 자기의 신체·재산·가택에 대한 사실상의 침해를 감수하고 그에 저항하지 않을 의무를 명하는 행위이다.

## 4. 급부하명

금전 또는 물품의 급부의무를 명하는 행위로서, 경찰작용이 특정인을 위하여 행하여지거나 특정인을 위하여 필요한 경우에 관계인에 수수료 등의 납부를 명하는 것이 그 예이다.

## Ⅲ. 경찰하명의 형식

경찰하명은 직접 법규에 의하여 행하여지는 경우와 법규에 의거한 행정처분에 의하여 행하여지는 경우가 있다.

### 1. 법규하명

위에서 적은 대로 본서에서는 경찰하명을 개인에게 의무(작위·부작위·수인·급부)를 부과하는 행정행위라는 의미의 협의로 사용하고 있다. 그러나 경찰하명은 법규에 의하여 직접 부과될 수도 있다. 경찰법규는 처분의 근거를 정함에 그치고, 그에 의거한 처분에 의하여 비로소 구체적인 경찰의무가 발생하게 되는 것이 보통이다.

그러나 경찰법규 중에는 처분을 매개로 하지 않고 법규의 규정 그 자체에 의하여 직접 구체적인 의무를 발생시키는 처분법규도 있는데(예컨대 청소년 보호법 제28조에 의한 청소년에 대한 유해약물판매금지, 도로교통법 제37조상의 차량의 야간의 등화의무 등), 이러한 처분법규에 의한 경찰상의 의무부과행위를 법규하명이라 한다. 이러한 처분법규는 그 형식에도 불구하고, 실질적으로는 행정처분으로서의 성질을 가지는 것이므로, 처분법규의 성질을 가지는 법규명령은 항고소송의 대상이 된다 할 것이다.

> "법령의 효력을 가진 명령이라도 그 효력이 다른 행정행위를 기다릴 것 없이 직접적으로 또 현저히 그 자체로서 국민의 권리훼손 기타 이익침해의 결과를 발생케 되는 성질의 것이라면 행정소송법상 처분으로 보아야 할 것이요, 따라서 그에 관한 이해관계자는 그 구체적 관계사실과 이유를 주장하여 그 명령의 취소를 법원에 구할 수 있을 것이다"(대판 1953. 8. 19, 53누37).

### 2. (협의의) 경찰하명(처분하명)

경찰하명은 협의로는 법령에 의거하여 경찰목적을 위하여, 일정한 의무를 과하는 행정행위를 말한다.

행정행위로서의 경찰하명은 특정인에 대하여 개별적으로 행하여지는 것이 보통이나, 불특정다수인에 대하여 일반적으로 행하여지는 경우도 있는데 후자의 경우를 일반처분(위험도로상의 통행금지, 감염병발생지역의 출입금지)이라 한다.

## Ⅳ. 경찰하명의 효과

### 1. 경찰의무

경찰하명의 효과는 특정 또는 불특정수명자에게 국가에 대한 관계에서 하명의 내용을 이행할 의무(경찰의무)를 지우는 데 있다. 그 의무를 이행하지 않는 경우에는 강제집행 또는 처벌 등의 제재를 가할 수 있다.

1) 경찰은 원래 자연적 사실·상태 또는 사람의 행위 그 자체에 착안하

여 경찰상의 견지에서 이를 제한·금지하거나 경찰위반상태를 제거함을 목적으로 하는 작용으로서, 법률상 능력, 법률행위의 효력을 제한하거나 박탈함을 그 직접적 목적으로 하지는 않는다.[1] 그에 따라 ① 경찰하명에 위반한 법률행위(예컨대 무기불법양도, 무허가영업행위 등)도 그 사법상 효력이 부인되는 것은 아니고, 그 유효·무효는 원칙적으로 사법에 의하여 결정되게 된다. ② 반대로 경찰법규상으로는 적법행위라도 그것이 민법상의 불법행위를 구성하여 그에 따른 책임을 져야 하는 경우도 있을 수 있다.

그러나 경찰의무이행의 간접적 효과로서 권리 등의 설정·제한·박탈, 법률행위의 효력의 발생·소멸, 법인의 해산 등의 결과가 야기되는 경우는 있다.[2]

2) 경찰하명은 원칙적으로 경찰권의 주체인 국가에 대한 수명자의 경찰의무를 발생시키는 것이고, 수명자의 제 3 자에 대한 의무를 발생시키는 것은 아니다(예컨대 의료법 제15조에 의한 의사의 진료의무). 따라서 수명자가 경찰의무를 이행하지 않은 경우에는 국가는 강제집행을 하거나 경찰벌을 과할 수는 있으나, 제 3 자가 수명자에 대하여 경찰의무이행을 청구하거나 그 의무불이행을 불법행위 또는 채무불이행이라고 하여 손해배상 등을 청구할 수는 없다.

## 2. 경찰하명의 효과의 범위

인적 범위와 지역적 범위로 나누어 볼 수 있다.

### (1) 인적 범위

하명이 직접 경찰법규(처분법규)에 의하여 행하여지는 법규하명의 경우에는 그 대상이 불특정다수인이 되는 것이나, 행정처분에 의하는 협의의 경찰하명(처분하명)의 경우에는 그 대상은 특정인이 되는 것이 보통이다. 그러나 이 경우에도 경찰하명의 내용에 따라 그 효과가 상대방에게만 국한되지

---

1) 경찰의무는 인간의 자연적 자유를 대상으로 하여, 경찰목적상의 견지에서 그를 제한함을 내용으로 한다고 설명하는 것이 보통이다. 그러나 이러한 설명방법이 타당한지는 의문이다. 그것은 실제 경찰상 제한되고 있는 것은 단순히 자연적 자유에 그치지 않고, 헌법상의 자유권이나 재산권 등의 행사가 그 대상이 되고 있기 때문이다. 그러한 관점에서 본서에서는 경찰의무는 자연적 자유를 대상으로 한다는 표현을 쓰지 않았다.
2) 우편금제품인 결과 그 몰수에 의하여 소유권이 국가에 귀속하고, 전염병 오염장소의 격리의 결과 영업행위가 제한되고, 마약매매를 업으로 하는 법인에 대한 영업금지의 결과 법인이 해산되는 것과 같다(김도창, 행정법(하), p. 323).

않는 때도 있다.

  1) **대인적 하명**    특정인의 주관적 사정에 중점을 두고 행하여지는 경찰하명으로, 그 상대방에 대하여만 효과가 생긴다(예컨대 건축사에 대한 업무정지처분).

  2) **대물적 하명**    상대방의 주관적 사정에 의한 것이 아니라 특정물건이나 시설 등의 물적 사정에 중점을 두고 행하여지는 하명으로 그 효과는 상대방에 국한되지 않고, 그 물건 또는 시설의 양수인·승계인 등에도 미친다. 위법건축물의 철거·개축 등의 명령($\frac{건축법}{79①}$)이 그 예이다.

  3) **혼합적 하명**    경찰하명이 인적·물적 사정을 모두 감안하여 행하여진 경우에 그 효과의 범위는 어느 요소에 보다 중점이 두어졌는가에 따라 구체적으로 판단되어야 할 것이나, 그 상대방에 국한되는 것이 보통이다.[1]

  **(2) 지역적 범위**

  경찰하명의 효과가 미치는 지역적 범위는 다른 행정처분에 있어서와 마찬가지로 당해 처분청의 관할구역 내에 그치는 것이 원칙이나, 법령의 규정에 의하여, 또는 그 처분의 성질상(예컨대 운전면허정지처분) 그 효과가 관할구역 밖에 미치는 경우도 있다.


# Ⅴ. 경찰하명의 위반

  경찰하명의 상대방이 그 하명의 내용인 경찰의무(작위·부작위·급부·수인)를 이행하지 않는 경우에 그 이행의 확보수단으로서는 기본적으로 강제집행과 경찰벌의 두 가지가 있다.

  경찰의무자가 그 의무를 이행하지 않으면, 경찰상의 강제집행에 의하여 그 의무이행을 확보할 수 있다. 우리나라에서의 경찰상의 강제집행수단으로서는 대체적 작위의무의 불이행에 대한 대집행(행정대집행법)과 금전급부의무의 불이행에 대한 강제징수(국세징수법)만이 일반적 수단으로 인정되고 있을 뿐만 아니라, 개별법에서 직접강제(먹는물관리법상의 영업장 폐쇄나 출입국관리법상의 강제퇴거)나 이행강제금(건축법) 등을 규정하고 있는 경우도 있다. 경찰상 의무위반에 대하여는 근거법에서 경찰벌을 과하도록 규정하고 있는 것이 보통이다. 이러한 경우에는 경찰의무의 위반에 대하여는 경찰벌이 과하여

---

1) 김도창, 행정법(하), p. 324.

질 것이라는 심리적 압박에 의하여 간접적으로 당해 경찰의무의 이행을 확보할 수 있다.

## 제 3 항  경찰허가

## Ⅰ. 경찰허가의 의의 및 성질

### 1. 경찰허가의 의의

경찰허가란 경찰법규에 의한 상대적 금지를 특정한 경우에 해제하여 적법하게 특정행위를 할 수 있게 하여 주는 행정행위를 말한다. 실정법상으로는 허가 외에도, 면허·특허·승인 등 여러 가지 용어가 사용되고 있다.

기술한 바와 같이 경찰금지에는 절대적 금지와 상대적 금지가 있는바, 절대적 금지는 허가의 대상이 될 수 없다. 이에 대하여 상대적 금지는 그 대상인 행위 그 자체가 직접 사회공공의 안녕·질서에 대한 장해 또는 그 위험이 있는 것(경찰위반사실)은 아니나, 그 내용상 행위자·행위의 방법·장소·시기 등에 따라서 경찰위반사실을 구성하는 것으로 인정되는 때에 부과되는 것이다. 이 경우 관계법규는 당해 행위를 일반적으로 금지함과 동시에 당해 행위가 사회적 장해를 발생시키지 않고 적법하게 행하여질 수 있는 조건을 규정하여 그러한 조건하에서만 당해 행위를 허용하게 된다.

그에 따라 행위를 하고자 하는 자는 관계법상의 요건을 갖추어 미리 소관기관에 신청하여 그 요건의 구비 여부에 대한 심사를 받아야 하는 것이다.

이러한 심사의 결과 당해 신청이 관계법상의 요건을 충족하는 것으로 판단되는 때, 환언하면 당해 행위의 자유로운 행사가 관계법이 공익상의 관점에서 부과하는 제한사유에 반하지 않아 사회공공의 안녕·질서에 장해가 되지 않는다고 판단되는 때에는, 소관 경찰기관은 상대방에 대하여 관계법상의 상대적 금지를 해제하여 당해 행위를 적법하게 행할 수 있도록 하여 주게 되는데 이것이 곧 경찰허가이다.

### 2. 경찰허가의 성질

경찰허가가 기속행위인가 재량행위인가의 문제가 있다. 이 문제는 경찰허가의 본질이라는 관점에서 판단되어야 할 것이다.

경찰허가는 보통 경찰금지를 특정한 경우에 해제하여 자연적 자유를 회복하여 주는 행위라고 설명하고 있다.[1] 그러나 경찰허가는 단순히 자연적 자유가 아니라, 헌법상의 자유권을 적법하게 행사할 수 있게 하여 주는 행위라고 하는 것이 실정법에 부합하는 해석이라고 본다. 즉 허가의 대상인 행위를 자유로이 행할 수 있는 권리는 자유권으로서 헌법상 보장되어 있는 것이나, 이러한 자유권도 사회공공의 안녕과 질서의 유지라는 공익목적을 위하여 그 구체적 행사에는 법률상 일정한 제한이 가하여질 수 있는 것이다. 허가절차는 이러한 공익목적을 위하여 관계법이 정하고 있는 제한적 조건에 특정인의 신청이 부합되는지 여부를 심사하는 절차라고 할 수 있는 것이다. 특정인의 신청이 관계법상의 요건을 충족하는 경우, 그것은 당해 행위의 자유로운 행사에 질서유지상의 장해요인이 없는 것을 의미하는 것이므로, 경찰기관은 당연히 허가를 하여야 할 기속을 받는다 할 것이다. 왜냐하면 이 경우의 허가거부는 부당하게 헌법상의 자유권의 행사를 제한하는 것으로서 허용되지 않는다고 보아야 할 것이기 때문이다.

효과재량설의 관점에서는 허가는 수익적 행정행위이므로 경찰허가를 재량행위라고 할지도 모른다. 그러나 허가는 어떠한 권리나 지위를 새로이 부여하는 것이 아니라 단순히 개인의 자유(권)에 대한 제한을 해제하는 것에 불과하고 더욱이 허가의 거부는 개인의 자유(권)에 대한 제한을 계속시키는 것이라는 점에서, 이 설에 의하더라도 허가는 기속행위라고 보아야 하는 것이다.

따라서 경찰허가는 원칙적으로 기속행위라 할 것이다.[2] 다만 허가요건이 불확정개념에 의하여 규정되어 있고 그것이 경찰행정청의 전문적·기술적 판단을 요하는 것으로서, 법원이 경찰행정청의 불확정개념의 해석·적용에 대하여 이를 존중하여 그에 대한 재판통제를 하지 않는 경우에는, 그 한도에서 당해 행위는 재량행위와 같은 성질을 가지게 된다고 할 것이다. 그러나 관계법상 불확정개념이 사용된 경우에도, 법적으로는 오직 하나의 결정만이 적법한 것으로서, 불확정개념이 사용되고 있다는 사실 그 자체가 행정청에게 다수의 행위 중에서의 선택권을 부여하는 것은 아니라는 점 및 경찰허가는 영

---

1) 김도창, 행정법(하), p. 237; 박윤흔, 행정법(하), p. 325; 이명구, 행정법원론, p. 656.
2) 김도창 박사는 허가의 거부는 기속재량이라고 설명하고 있다(김도창, 행정법(하), p. 328). 그 의미가 반드시 분명한 것은 아니나, 내용적으로는 경찰허가가 기속행위라는 것과 다른 의미는 아니라고 본다.

업의 자유 등 국민의 기본권으로서의 자유권의 행사에 관한 것이라는 점을
고려하면, 당해 허가에 관한 근거법에서 불확정개념을 사용하고 있다고 하여
도 경찰행정청에 의한 그 해석·적용에 대하여는 법원은 원칙적으로 이를 통
제하여야 한다고 할 것이다. 그러한 점에서는 근거법이 불확정개념을 사용하
고 있는 결과, 당해 경찰허가가 결과적으로 재량행위로 인정될 수 있는 것은
극히 예외적인 경우에 한정된다고 할 것이다.[1]

## Ⅱ. 경찰허가의 형식·절차

경찰허가는 원칙적으로 개인의 신청에 기하여 행정처분의 형식으로 행하
여지는데, 서면으로 행하여지는 것이 보통이다. 그러나 관계법규가 특별한 형
식을 규정하고 있는 경우도 있다(예컨대 운전면허증의 교부). 허가는 반드시
행정처분의 형식으로 행하여진다는 점에서 법규의 형식으로도 행하여질 수
있는 경찰하명과 다르다.

경찰허가는 상대방의 신청에 기하여 행하여지는 것이 원칙이다. 그러나
예외적으로 경찰허가가 직권에 의하여 불특정다수인에 대하여 행하여지는 경
우도 있다(예컨대 수영금지구역의 해제, 통행금지의 해제 등).

## Ⅲ. 경찰허가의 부관

경찰허가는 기속행위인 것이 원칙이므로, 그 법률적 효과를 제한하는 의
미의 부관은 관계법에 그에 관한 명시적 규정이 없는 한, 법률요건충족적 부
관 이외에는 허용되지 않는다 할 것이다. 그러나 예외적으로 특정 허가에 재
량행위성이 인정되는 경우에 한해서는 다른 재량행위와 같이 경찰허가에도
부관을 붙일 수 있는 것임은 물론이다.[2]

---

1) 이에 관한 자세한 내용은 「행정법 Ⅰ」의 '재량행위'에 관한 부분 참조.
2) 자세한 내용은 「행정법 Ⅰ」의 '행정행위의 부관' 부분 참조.

## Ⅳ. 경찰허가의 효과

### 1. 경찰허가의 효과의 내용

#### (1) 경찰금지해제

경찰허가의 본질은 일반적 금지를 해제하여 당해 행위를 적법하게 행사할 수 있게 하여 주는 데 그치고, 그 자체로서는 상대방에 새로운 권리·능력을 설정하여 주는 것은 아니다. 그러나 허가는 단순한 자연적 자유를 회복시켜 주는 행위는 아니고 헌법상의 자유권을 적법하게 행사할 수 있는 법적 지위를 설정하여 주는 행위인 것이다. 경찰허가에 해당하는 각종의 영업허가(유흥주점영업허가 등)의 경우, 그 허가에 의하여 새로운 영업권이 설정되는 것은 아니고, 헌법상 영업의 자유권을 적법하게 행사할 수 있는 지위가 설정되는 데 그치는 것이다.

#### (2) 경찰허가와 반사적 이익의 문제

경찰허가의 관계법이 허가의 요건으로서 일정한 거리기준을 규정하고 있는 경우가 있다. 예컨대 교육환경 보호에 관한 법률상 초·중·고 교육시설로부터 일정한 거리 안에 풍속업소의 신규허가를 제한하는 것이 그 예이다. 이러한 규정에 따라 기존 업자는 독점적 이익을 누리게 되는바, 이러한 독점적 이익의 성질이 문제된다.

경찰허가를 자연적 자유의 회복행위로 보는 입장에서는 당해 이익이 법적 권리라고는 할 수 없으므로, 이를 반사적 이익으로 보고 있다.[1] 그러나 경찰허가는 헌법상의 자유권의 회복으로서, 그 행위를 적법하게 행할 수 있는 법적 지위의 설정행위라고 보는 입장에서는 당해 이익을 반드시 반사적 이익으로 파악하여야 할 논리적 필연성은 없는 것이므로, 그 성질은 구체적으로 관계규정의 해석에 따라 결정하여야 할 것으로 본다. 즉 관계법이 거리제한 규정을 둔 취지가 전적으로 공익적 고려에 기한 것인 때에는 당해 이익은 반사적 이익에 그치나,[2] 그 목적·취지가 기존업자의 이익도 동시에 보호하려

---

1) 김도창, 행정법(하), p. 331; 이상규, 행정법(하), p. 292.
2) 여기서 경찰허가로 인한 이익이 반사적 이익에 불과하다는 것은 경업관계에 있는 제 3 자와의 관계에 관한 문제로서, 기존업자는 제 3 자인 경업자에 대한 경찰허가를 다툴 원고적격이 없음을 의미하는 것이다. 반면에 국가에 대한 관계에서는 경찰허가로 인한 이익은 법률상 이익으로서, 행정청에 의해 경찰허가가 직권취소·철회되거나 또는 효력제한(영업정지)된 경우에는 원고적격이 인정됨은 물론이다.

는 것인 때에는 그것은 법적으로 보호되는 이익 내지는 권리라고 할 수 있는 것이다. 판례는 이러한 견지에서 관계이익을 '법적으로 보호되는 이익'으로 보고 있다.[1)]

이러한 경우의 경찰허가는 허가와 특허의 합성적 행위로 볼 수도 있을 것이다.

### (3) 경찰허가와 다른 법률관계

경찰허가는 관계법상의 경찰금지를 해제함에 그치고, 다른 법률상의 경찰금지 기타 다른 목적을 위한 금지나 제한을 해제하는 것은 아니다(예컨대 공무원이 영업허가를 받아도 공무원법상의 제한이 해제되는 것은 아니다).

### (4) 경찰허가와 법률행위의 효력

경찰금지는 그 대상이 법률행위인 경우에도 경찰목적을 위한 사실상의 관점에서 이를 금지하는 것이다.

따라서 허가대상인 행위를 허가를 받지 않고 하더라도, 그것은 경찰법규에 위반된 것으로 경찰상의 강제집행이나 경찰벌의 대상은 될지언정 그 사법상의 효력에는 아무 영향이 없는 것이 원칙이다(예컨대 무허가유흥주점의 영업행위).

## 2. 경찰허가의 갱신

종기가 있는 기한부 허가는 종기의 도래로 효력을 상실하는 것은 물론이나, 기한의 갱신을 신청할 수 있는 경우에는 경찰상 장해가 발생할 새로운 사정이 없는 한 갱신을 하여 주어야 한다고 할 것이다. 이 경우 허가의 갱신은 새로운 경찰허가가 아니고, 종래의 경찰허가를 전제로 하여 그 효과를 계속시키는 행위이다.

근거법상 경찰허가의 갱신이 인정되고 있는 경우, 종기의 도래 전에 기간갱신의 신청이 제출되었으나 종기 이후에 허가갱신이 거부된 경우에는 당해 허가의 존속시기에 대하여는 견해가 갈리고 있다. 즉 ① 종기의 도래로 당연히 허가의 효력이 소멸된다는 견해,[2)] ② 갱신이 거부되더라도 비례의 원칙상 장래에 향하여서만 허가의 효력이 소멸된다는 견해,[3)] ③ 신의칙에 비추

---

1) 대판 1969.12.30, 69누106; 대판 1975.7.22, 75누12 등 참조. 구체적으로는 「행정법 I」 관련 부분 참조.
2) 이상규, 행정법(하), p.336.
3) 박윤흔, 행정법(하), p.352.

어 개별적으로 판단되어야 한다는 견해[1] 등이 그것이다. 그러나 허가의 성질상 그 기간을 부당하게 짧은 기간으로 정한 경우에는 그것은 허가조건의 존속기간을 정한 것이라고 보아야 한다는 것이 판례의 입장이고 보면(대판 1995. 11. 10, 94누11866), 그러한 관점에서는 당해 허가는 그 갱신이 거부된 때부터 장래에 향하여서만 효력이 소멸된다고 할 것이다.[2]

### 3. 경찰허가의 효과의 범위

경찰허가의 효과의 범위도 경찰하명과 같이 일정한 인적·지역적 한계가 있다.

(1) 인적 범위

1) 대인적 허가   이것은 특정인의 주관적 사정을 고려하여 행하여지는 것이므로(예컨대 의사면허, 운전면허 등), 허가의 효과는 허가를 받은 자에 국한되고 이전 또는 상속될 수 없다.

2) 대물적 허가   대물적 허가는 물건의 구조·성질·설비 등의 객관적 사정을 기준으로 하는 허가이므로(예컨대 건축허가) 그 물건 등의 양수인·상속인에 대하여도 미친다.[3]

3) 혼합적 허가   경찰허가가 인적 요소와 물적 요소를 동시에 고려하여 행하여지는 혼합적 허가(예컨대 총포등판매업허가)에 있어서는, 그 이전이나 상속에 대하여는 경찰관청의 허가를 받도록 규정하고 있는 경우도 있다. 이 경우 허가관청의 심사대상은 양수인이나 상속인의 인적 사항 즉 인적 요소의 적부에 한정된다 할 것이다.

(2) 지역적 범위

경찰허가의 효과는 원칙적으로 당해 경찰관청의 관할구역 내에 한정된다. 따라서 중앙관청에 의한 허가는 전국에, 지방관청에 의한 허가는 그 관할지역 내에 그 효과가 미치게 된다. 그러나 법령에 규정이 있는 경우, 또는 허가의 대상인 행위가 성질상 허가관청의 관할구역 내에 한정시킬 것이 아닌 것(예컨대 자동차운전면허)인 때에는 허가관청의 관할구역 밖에까지 미치게 된다.

---

1) 김남진, 행정법(Ⅱ), p. 306.
2) 김철용, 행정법(Ⅱ), p. 259.
3) 판례
　"건축허가는 대물적 성질을 가지는 것으로서, 그 허가의 효과는 허가대상 건축물에 대한 권리변동에 수반하여 이전되고, 별도의 승인처분에 의하여 이전되는 것이 아니다"(대판 1979. 10. 30, 79누190).

## 제 4 항  경찰작용과 개인정보보호

경찰관청에 의한 정보활동은 효과적 임무수행을 위하여 필수적이다. 경찰은 그 작용의 특성상 다른 어느 행정기관보다도 개인정보를 빈번하게 다루게 된다. 전자기술의 획기적 발달로 경찰기관은 광범한 내용의 개인정보를 쉽게 수집·처리하고 또한 이를 보다 효율적으로 이용할 수 있게 되었고, 그에 따라 개인의 기본권이 침해될 가능성은 보다 커지고 있는 것이 사실이다. 종래 개인정보의 보호문제는 경찰조사에 대한 국민의 정보통제권 등에서 단편적으로 다루어지는 데 그쳤으나, 최근에 들어 이 문제에 대한 보다 체계적 논의가 행해지고 있다. 따라서 다음에서는 개략적이기는 하나 이 문제를 종합적 시각에서 다루어 보기로 한다.


## I. 경찰임무와 정보작용

경찰관청은 위험방지를 위하여 다양한 정보활동을 수행하고 있으나, 그에 대한 별도의 임무규정을 둘 필요는 없다고 본다. 임무규정에 의하여 경찰의 작용영역이 설정되면, 그러한 임무수행에 따른 정보활동 역시 이 영역에 포함되어 설정된다고 보아야 하기 때문이다. 그러한 관점에서 경찰관 직무집행법 제 2 조 제 4 호는 공공안녕에 대한 위험의 예방과 대응을 위한 정보의 수집·작성·배포에 관하여 규정하고 있으나, 이 규정과 상관없이 동법 제 2 조 제 7 호상의 공공의 안녕과 질서유지의 임무규정에 따라 이러한 임무에 수반되는 정보작용 영역도 함께 설정되는 것으로 보게 되는 것이다.[1]


## II. 개인정보에 대한 경찰작용과 권한규범

경찰의 정보활동은 그 임무규범에 의하여 경찰작용에 포함되게 된다고 하여, 그에 의하여 개인정보에 대한 경찰의 정보활동이 당연히 적법한 것으

---

1) 우리 경찰기관은 위험방지를 위한 정보수집 외에, 위험과는 무관한 것으로 국가이익의 증진을 위한 방대한 정보를 수집하고 있는바, 이러한 정보활동을 합법화하기 위하여 경찰관 직무집행법 제 2 조 제 4 호의 경찰의 임무를 "공공의 안녕을 위한 치안정보와 국가이익 증진을 위한 정책정보의 수집·작성"으로 수정해야 한다는 경청할 만한 견해가 제시되고 있다. 이성용, 경찰정보활동의 법적문제에 관한 해석론적 고찰, 경찰법연구 제10권 제 1 호, 2012.

로 되는 것은 아니다. 개인정보에 대한 경찰의 정보활동이 개인의 권리를 침해하는 경우에는 당해 활동은 경찰의 임무규범만으로 정당화될 수는 없고, 그에는 별도의 수권, 즉 권한규범에 의한 수권이 필요하다. 따라서 이러한 권한규범의 필요성 여부와의 관련에서는 개인정보에 대한 경찰작용의 침해성 여부가 문제되는 것이다. 다음에서는 문제에 대한 검토에 앞서 개인정보보호의 법적 근거의 문제를 간단히 살펴보기로 한다.

## 1. 개인정보보호의 헌법적 근거

개인정보보호의 법적 근거에 대하여는 우리 학설은 개인정보는 헌법에 의하여 기본권의 하나로서 보호되고 있다고 보고 있는바, 이 점에 대하여는 전혀 이견이 없다. 그러나 그 구체적 근거, 내용, 범위 등에 대하여는 아직도 견해가 정착되고 있지 못한 형편이다.

개인정보보호의 헌법적 근거로서 대부분의 국내 학설은 사생활권(privacy)을 들고 있다. 이 견해는 사생활권을 사생활의 비밀과 자유의 불가침이라는 소극적 내용에 한정하지 않고 적극적으로 자기에 관한 정보를 관리·통제할 수 있는 권리를 포함하는 것으로 이해하여 이를 개인정보보호의 출발점으로 하고 있는 것이다.[1] 이러한 입장에서는 이른바 정보자기결정권(Recht auf informationnelle Selbtbestimmung)도 행복추구권 혹은 일반적 인격권에서 도출되는 것이 아니라 적극적 사생활권의 하나의 내용으로 이해한다. 이에 대하여는 헌법 제17조상의 사생활의 비밀과 자유를 소극적 권리로 보아 정보자기결정권을 헌법 제10조(인간의 존엄과 가치 및 행복추구권)에서 찾는 견해도 있다.[2]

헌법재판소는 개인정보자기결정권의 헌법적 근거로서는 헌법 제17조의 사생활의 비밀과 자유, 헌법 제10조 제 1 문의 인간의 존엄과 가치 및 행복추구권에 근거를 둔 일반적 인격권, 자유민주적 기본질서 규정, 국민주권원리와 민주주의원리 등을 들 수 있지만, 개인정보자기결정권은 이들을 이념적 기초로 하는 독자적 기본권으로서 헌법에 명시되지 아니한 기본권으로 보고 있다(헌재결 2005. 5. 26, 99헌마513, 2004헌마196).

---

1) 권영성, 헌법학원론, 2002, p. 422; 최대권, 헌법학강의, 1998, pp. 261~262; 정하중, 행정법총론, 2003, pp. 410~411.
2) 김철수, 헌법학개론, 2000, p. 519.

## 2. 개인정보에 대한 경찰작용의 침해성

오늘날의 발달된 전자기술에 따라 경찰에 의한 개인의 정보처리에 있어서도 새로운 수단 및 형태에 의한 정보활동이 가능해지고 또한 그 범위도 확대되고 있는 것이 일반적 추세라 할 수 있으며, 그에 따라 개인생활의 보호나 인격의 자유로운 발현이 위축될 가능성도 높아지고 있는 것이 실제이다. 이러한 상황하에서는 기본권을 제한하려는 것이 의도된 것이고(목적성), 관련된 기본권을 직접 침해하는 것이어야 하며(직접성), 법적 효과를 갖는 행위가 명령과 강제에 의하여 관철되는 것을 그 개념징표로 하고 있던 전통적 의미의 침해개념을 그대로 유지하기는 어렵다고 할 것이다.[1] 이 문제에 대하여는 여러 기준이 제시될 수 있을 것이나, 여기에서는 일단 그것이 공권력의 작용에 의하여 의도된 것이든 아니든 또한 직접적이든 간접적이든, 또는 법적인 것이든 사실적인 것이든지를 막론하고 기본권의 보호범위 내에 있는 개인의 활동을 본질적으로 어렵게 하는 일체의 작용을 기본권에 대한 침해로 보고,[2] 그에 해당하는 경찰관청의 개인정보의 수집·처리작용은 침해성이 있다고 정리하는 정도에 그치기로 한다.

## 3. 권한규범

전술한 바에 따라 기본권을 침해하는 개인정보에 대한 경찰작용은 임무규범만이 아니라 권한규범에 의하여 비로소 허용된다. 그러나 이에 관한 일반법적 규정은 존재하지 아니한다. 경찰관 직무집행법은 제 2 조 제 4 호에서 경찰의 직무로서 치안정보의 수집·작성 및 배포를 규정하고 있으나, 이 규정은 권한규범이 아니라 임무규정에 그치는 것이다. 개인정보 보호법은 개인정보보호에 관한 일반법으로서 다른 행정영역과 마찬가지로 경찰영역에서의 개인정보의 수집·처리·이용 등도 이 법의 규율대상이 된다($\frac{법}{2①}$). 그러나 이 법은 개인정보의 처리·이용에 그 중점이 놓여 있고 개인정보의 수집에 대한 규율에 있어서는 미흡한 점이 적지 아니하다.

---

1) Pieroth/Schlink, Grundrechte, Rn. 238, p. 58.
2) Kunig, Der Grundsatz informationeller Selbstbestimmung, Jura, 1993, p. 600.

## Ⅲ. 경찰의 정보작용과 개인정보보호적 기본원칙

경찰에 의한 개인정보의 수집·처리·이용 등의 작용과 관련하여서는 헌법, 개인정보 보호법, 기타 관계 개별법률에서 도출되는 법원칙 및 행정기관의 정보작용에 관한 일반적 법원칙 내지는 행정에 관한 일반법원리 등으로 구성되는 일정한 법원칙에 의한 규제를 받는다.

### 1. 정보에 있어서의 권력분립의 원칙

광의의 권력분립의 원칙은 국민의 자유와 권리를 보장하기 위하여 특정 개인이나 집단에 국가권력이 집중되지 않도록 하려는 것으로서, 이러한 의미의 권력분립원칙은 국가기관에 의한 정보작용에도 적용되는 것으로서, 그에 따라 정보통일체라는 의미에서의 국가권력의 단일화는 허용되지 아니하는 것이다.[1] 경찰기관의 경우 그와 다른 임무영역에서 다른 목적을 위하여 작용하는 다른 행정기관과 정보풀을 공유한다면 그것은 권력분립원칙에 위반될 소지가 크다. 조직상으로는 정보풀이 독립되어 있다 하여도 온라인상의 정보검색시스템에 의하여 경찰관청이 보유한 정보를 다른 행정기관이 직접 이용할 수 있는 경우에도 마찬가지의 문제가 발생한다.

### 2. 규범명확성의 원칙

법치국가원리는 법규범이 그에 대한 일반인의 접근이 용이하고 그 내용을 정확하게 파악할 수 있도록 정립되어 있을 것을 요구한다. 개인정보에 대한 수권규범은 그에 따라 어떠한 개인정보가 어느 기관에 의하여 어떠한 목적으로 수집·처리되는지를 관계인이 지득할 수 있는 경우에 그 명확성이 인정된다. 경찰관청에 의한 개인정보의 수집·처리 등에 대한 수권규범에도 당연히 이러한 명확성의 원칙이 요청되는 것이다.

### 3. 목적구속의 원칙

경찰에 의한 개인정보의 수집은 근거법률에 규정된 목적범위 내에서만 허용되고, 그에 따라 수집된 정보는 같은 목적 내에서만 저장·이용될 수 있

---

1) Heußner, Das informationelle Selbstbestimmungsrecht des Grundgesetzes als Schutz des Menschen vor totaler Erfassung, BB 1990, p. 1283.

다. 목적이 불분명하거나 아직 특정되지 아니한 상태에서 단순히 저장의 목적을 위한 개인정보의 수집행위는 목적구속원칙에 반하는 것이다. 장래에 있어서의 일정 목적수행을 위한 정보저장의 경우에는 입법자가 명확하고 상세하게 그 목적을 규정하고 또한 당해 정보가 이러한 목적을 위해서 사용되는 경우에만 허용된다.

개인정보의 교부는 목적구속원칙에 따라 원칙적으로 경찰관청이 수집·저장했던 것과 같은 목적을 위해서만 행해져야 한다. 다른 목적을 위한 정보의 교부는 근거법이 이를 명시적으로 허용하는 때에만 가능하다(개인정보보호법 18①). 직무원조방식에 의한 개인정보의 교부 및 이용도 일반적으로 허용되는 것이 아니라 근거법에 규정된 요건이 충족되는 때에만 허용된다고 볼 것이다.[1]

경찰이 특수한 정보수집수단을 이용하여 획득한 정보는 당해 수단의 기본권침해의 중대성으로 인하여 다른 정보수집작용에 비하여 보다 엄격한 목적과 요건하에서만 허용되었던 것이기 때문에 그 교부에 있어서도 목적구속원칙이 보다 강조되어야 할 것이다.[2]

## 4. 비례원칙

행정법의 일반원칙으로서의 비례원칙은 경찰의 개인정보의 수집·처리 등의 작용에도 적용되어 그 적법성 여부의 판단에 있어 중요한 기준이 된다.

이 원칙에 따라 먼저 임무수행수단으로서의 개인정보의 수집·처리는 경찰임무의 수행에 적합한 것이어야 한다(적합성의 원칙). 이 원칙은 다른 기관의 개인정보를 이용하여 경찰관청이 그 임무를 수행하려는 경우에 그 의미가 부각된다.

경찰관청의 권리침해적인 개인정보의 수집 등의 작용은 그 목적달성을 위하여 필요한 최소한도에 그쳐야 한다(필요성의 원칙). 개인정보의 교부 역시 필요한 최소한도에 그쳐야 하며, 예컨대 단순한 저장목적의 교부는 허용되지 아니한다.

경찰의 개인정보에 대한 작용으로 인하여 보호되는 법익과 그에 의하여 침해되는 개인의 권리 사이에는 합리적인 비례관계가 있어야 하는 것으로서(협의의 비례원칙), 보호법익에 비하여 침해되는 개인의 권리가 현저히 큰 때

---

1) Simitis, Von der Amtshilfe zur Informationshilfe, NJW 1986, p. 2795.
2) Alberts/Merten, Gesetz über die Datenverarbeitung der Polizei, Rn. 5, p. 206.

에는 당해 정보작용은 위법한 것으로 된다. 협의의 비례원칙에 의한 판단에 있어서는 정보침해의 질, 강도, 정보의 민감성, 기존정보와의 연결에 따른 기본권의 침해정도 등과 방지되어야 할 위험이 적정한 비례관계에 있는지 여부를 검토하게 된다.[1]

### 5. 정보수집에 있어서의 직접성, 공개성 및 고지의 원칙

경찰관청의 개인정보수집은 원칙적으로 그 정보주체로부터 직접적으로 또한 공개적으로 행해져야 한다. 당사자에게서 직접 공개적으로 정보를 수집함으로써 개인은 자신에 관한 정보수집의 실상 및 그 정도를 알게 된다. 다만 당사자에게서 직접 정보를 수집하는 것이 불가능하거나 과도한 비용이 소요되는 경우 또는 그것이 임무수행을 현저히 곤란하게 하거나 위협하는 경우에는 근거법에서 예외적으로 다른 행정기관 기타 공공기관 또는 제 3 자로부터의 정보수집을 허용할 수도 있을 것이다. 그러나 이러한 경우에는 경찰관청의 안이한 예외조항에의 도피가능성에 유의하여야 할 것이다.

개인정보의 수집시에는 당사자 혹은 제 3 자에게는 정보수집의 법적 근거, 정보제공의무 여부 그리고 당해 정보의 이용목적 등이 고지되어야 한다. 이러한 고지는 정보수집에 있어서의 투명성, 정보주체의 사생활보호, 위법한 정보작용에 대한 법적 구제 등과의 관련에서 긴요하다. 다만 고지가 명백히 불필요하거나 고지로 인하여 경찰임무의 수행이 저해되거나 혹은 보호가치 있는 제 3 자의 이익이 현저한 영향을 받는 경우에는 예외적으로 이를 행하지 아니할 수도 있을 것이다.

## 제 5 절  경찰행정의 실효성 확보수단

### Ⅰ. 경찰강제

경찰강제란 경찰목적을 위하여 개인의 신체·재산·가택 등에 실력을 가하여 경찰상 필요한 상태를 실현하는 사실상의 작용을 말한다. 이에는 경찰상의 강제집행과 즉시강제가 있으나, 종래 즉시강제로 일괄적으로 취급되던 작용의 일부를 경찰조사로 분리하여 검토하는 것이 현재의 일반적 경향이다.

---

1) Kowalczyk, Datenschutz im Polizeirecht, p. 36.

다음에서는 그 개요에 관하여만 간단히 설명한다.[1]

## 1. 경찰상 강제집행

이것은 경찰의무의 불이행에 대하여 강제적으로 의무를 이행시키거나 그 의무이행이 있었던 것과 같은 상태를 실현하는 작용이다. 경찰상 강제집행의 수단으로서는, 행정상 강제집행에 관한 일반법인 행정대집행법에서 대집행을 규정하고 있으며, 금전급부의무에 대하여는 국세징수법에서 체납처분절차를 규정하고 있다.

## 2. 경찰상 즉시강제

경찰상 즉시강제란 목전에 급박한 장해를 예방 또는 제거하여야 할 필요가 있으나 미리 의무를 명할 시간적 여유가 없을 때에, 상대방의 의무불이행을 전제로 하지 아니하고 경찰기관이 직접 개인의 신체 또는 재산에 실력을 가하여 경찰상 필요한 상태를 실현하는 작용을 말한다.

이에 관하여는 개별법에서 구체적인 규정을 두고 있는 외에, 경찰관 직무집행법이 일반적으로 규정하고 있다.

앞에서 검토한 경찰관 직무집행법상의 표준조치 중에서 동법 제 4 조상의 보호조치, 제 5 조상의 위험발생방지조치, 제 6 조상의 범죄의 예방과 제지조치, 제10조상의 경찰장비의 사용, 제10조의2상의 경찰장구의 사용 등은 대인적 즉시강제에 해당하고, 제 7 조상의 위험방지를 위한 출입 및 검색조치의 일부는 대물적 즉시강제에 해당한다.

개별법상의 즉시강제조치로서는 소방기본법 제25조상의 소방대상물에 대한 강제처분, 청소년 보호법 제44조상의 청소년유해매체물 등의 파기조치 등이 있다.

## 3. 경찰상 조사

경찰상 조사의 관념에 대하여는 아직도 견해가 완전히 정착되고 있지 못한 상태이나, 여기서는 「행정기관이 궁극적으로 경찰작용을 적정하게 실행함에 있어 필요한 자료·정보 등을 수집하기 위하여 행하는 조사활동」으로 정의하여 둔다. 이러한 경찰조사에 관하여는 그 일반법적 성격을 가지는 행정

---

[1] 자세한 내용은 「행정법 I」의 관련 부분 참조.

조사기본법과 경찰관 직무집행법(불심검문($\frac{동법}{3}$)) 각 개별법(식품위생법, 총포·도검·화약류 등의 안전관리에 관한 법률)에서 규정하고 있다.

## Ⅱ. 경 찰 벌

### 1. 경찰벌의 의의

경찰벌이란 경찰법상의 의무위반에 대한 제재로서 일반통치권에 의거하여 과하는 벌을 말한다. 경찰벌이 과하여지는 경찰의무위반행위를 경찰범이라 한다.

경찰벌은 경찰의무(주로 부작위·수인의무)의 위반에 대한 제재라는 점에서 경찰의무불이행의 경우에 있어 그 이행확보를 위한 수단인 경찰강제와는 다르다. 그러나 경찰벌도 의무위반에 대하여는 제재가 가하여진다는 심리적 압박에 의하여 경찰의무를 준수시키는 기능을 수행하는 것임은 물론이다.[1]

### 2. 경찰벌의 근거

경찰벌은 죄형법정주의의 원칙상 반드시 법률에 근거가 있어야 한다. 다만 법률에서 구체적으로 범위를 정하여 위임한 경우에는 행정입법으로써도 그 근거를 규정할 수 있으며, 지방자치단체의 자치사무에 대하여는 조례로 일정 한도의 벌칙을 정할 수 있다($\frac{지방자치법}{22 \cdot 27}$).

### 3. 경찰벌의 종류

경찰벌은 그 내용에 따라 경찰형벌과 경찰질서벌로 나누어진다. 경찰형벌은 형법상의 형벌이 과하여지는 것으로서, 원칙적으로 형법총칙이 적용되나 관계법에 특별한 규정이 있는 때에는 그에 따른다($\frac{형법}{8 단서}$). 경찰질서벌은 경찰의무의 위반에 대한 제재로서 형법상의 형벌이 아닌 벌, 즉 과태료를 과하는 경찰벌로서 그에는 형법이 적용되지 않는다.

### 4. 경찰벌의 과벌절차

#### (1) 경찰형벌의 과벌절차

경찰형벌의 과벌절차는 일반형벌과 같이 원칙적으로 형사소송법이 정하

---

1) 경찰벌도 행정벌의 일종으로서 이에 대하여는 「행정법 Ⅰ」의 관련 부분에서 구체적으로 검토한 바 있으므로, 여기서는 그 개요만을 기술하는 데 그친다.

는 바에 따라 법원의 선고에 의하여 과하여진다. 다만 조세범·관세범·출입국관리사범 등에 대한 벌금이나 과료는 통고처분으로 과하고, 20만원 이하의 벌금·구류 또는 과료는 즉결심판으로 과할 수 있다.

### (2) 경찰질서벌의 과벌절차

경찰질서벌의 과벌절차는 원칙적으로 질서위반행위규제법이 정하는 바에 따른다($\frac{법}{5}$). 이 법률에 따라 경찰관청은 경찰위반행위에 대하여 상대방에 대한 의견제출절차를 거쳐 과태료를 부과하는바, 이에 대하여 당사자는 이의제기를 할 수 있다. 이 경우에는 행정청의 과태료 부과처분은 그 효력을 상실하고, 이의제기를 받은 행정청은 이에 대한 의견 및 증빙서류를 첨부하여 관할법원에 통보하여야 한다($\frac{동법\ 17}{내지\ 21}$).

# 제 6 절   경찰권 행사와 권리구제

경찰권의 행사 또는 불행사로 손해 또는 손실이 발생한 경우 그 구제수단으로서는 행정상 손실보상과 손해배상제도가 있고, 경찰권의 행사 또는 불행사가 위법·부당하다고 하여 그에 불복하는 경우에는 행정쟁송을 제기하여 이를 다툴 수도 있다.

이러한 행정상 구제제도의 일반적 내용은 「행정법 Ⅰ」의 행정구제 부분에서 자세히 다루었으므로, 여기서는 경찰권 행사와 관련된 중요한 논점만을 설명한다.

## Ⅰ. 손해배상

### 1. 경찰권 행사와 손해배상

위법하고 과실 있는 경찰작용으로 인하여 손해를 받은 자는 국가배상법 제 2 조에 기하여 국가 등에 대하여 손해배상을 청구할 수 있다. 이 경우 가해자가 경찰기동대와 같은 집단인 경우에는 가해자를 특정할 필요는 없다고 보는 것이 우리 판례의 입장이다. 이것은 독일의 손해배상법제상의 「조직과실(Organisationsverschulden)」의 법리에 해당하는 것으로, 위험책임의 법리를 그 배경으로 하는 것이라 할 수 있다.

## 2. 경찰권의 불행사와 손해배상

경찰권의 불행사로 인하여 손해가 발생한 경우에 그 손해의 배상을 청구할 수 있는지의 문제가 있다. 이 문제는 당해 경찰작용의 성질에 따라 경우를 나누어 검토하여야 할 것이다.

관계법규상 당해 경찰권의 발동이 기속되어 있는 경우(기속행위)에는 그 불행사는 위법한 것이므로, 그 불행사에 과실이 인정되면 국가는 그에 따른 손해를 배상할 책임을 지게 될 것이다. 반면에 당해 작용이 재량행위인 경우에는 그 행사 또는 불행사는 경찰기관의 재량적 판단에 속하는 것이므로, 그 불행사가 재량의 한계를 벗어나지 않는 한 원칙적으로 위법한 것은 아니다. 다만 예외적으로 재량권이 영으로 수축되어 그 발동만이 의무에 합당한 재량권의 행사로서 인정되는 경우에는(재량권의 영으로의 수축), 그 불행사는 위법한 것으로서 국가의 배상책임이 인정될 수 있을 것이다.[1]

## Ⅱ. 손실보상

적법한 경찰권의 행사로 사인에 손실이 발생한 경우에 그에 대한 보상이 인정되는지의 문제가 있다. 이 문제에 대하여는 원칙적으로 손실보상은 필요하지 않다고 보고 있다. 왜냐하면 경찰권은 공공의 안녕·질서에 대한 장해를 발생시킨 자에 대하여 발동되는 것이므로, 그로 인한 손실은 당연히 수인되어야 한다고 보기 때문이다. 그러나 ① 경찰책임이 없는 자에 대한 경찰하명으로 인하여 발생한 손실은 물론이고, ② 경찰책임자에 대한 경찰하명으로 인한 손실에 대하여도 통상적 수인한도를 넘는 손실에 대하여는 원칙적으로 보상이 인정되어야 할 것이다.

경찰관 직무집행법은 위의 두 가지 경우에 대응하는 손실보상규정을 두

---

1) 판례

"경찰관직무집행법 제 5 조는 경찰관은 인명 또는 신체에 위해를 미치거나 재산에 중대한 손해를 끼칠 우려가 있는 위험한 사태가 있을 때에는 각호의 조치를 취할 수 있다고 규정하여 형식상 경찰관에게 재량에 의한 직무수행권한을 부여한 것처럼 되어 있으나, 경찰관에게 그러한 권한을 부여한 취지와 목적에 비추어 볼 때 구체적인 사정에 따라 경찰관이 그 권한을 행사하여 필요한 조치를 취하지 아니하는 것이 현저하게 불합리하다고 인정되는 경우에는 그러한 권한의 불행사는 직무상의 의무를 위반한 것이 되어 위법한 것이 된다"(대판 1998. 8. 25, 98다16890).

고 있다. 즉 동법은, ① 손실발생의 원인에 대하여 책임이 없는 자가 생명·신체 또는 재산상의 손실은 입은 경우(손실발생의 원인에 대하여 책임이 없는 자가 경찰관의 직무집행에 자발적으로 협조하거나 물건을 제공하여 생명·신체 또는 재산상의 손실을 입은 경우를 포함한다), ② 손실발생의 원인에 대하여 책임이 있는 자가 자신의 책임에 상응하는 정도를 초과하는 생명·신체 또는 재산상 손실을 입은 경우에는 정당한 보상을 지급하여야 한다고 규정하고 있다($\genfrac{}{}{0pt}{}{동법 11}{의2①}$).

## Ⅲ. 행정쟁송

### 1. 경찰권의 행사에 대한 쟁송

경찰권의 행사가 위법·부당한 경우에 당해 작용이 행정심판법 또는 행정소송법상의 처분에 해당하는 경우에는 행정쟁송(행정심판·행정소송)을 제기하여 그 취소 등을 구할 수 있을 것이다. 경찰작용은 원칙적으로 권력적 작용이므로, 대부분의 경우 그 처분성을 인정하는 데 특별한 문제는 없을 것이다. 다만 위험방지 목적의 경찰처분에 있어서는 처분의 발령과 함께 집행이 이루어지는 등 비교적 짧은 시간에 처분의 효과가 소멸되는 경우도 있는 것으로, 그러한 경우에는 당해 처분에 대한 행정심판 또는 행정소송은 협의의 소익이 인정되지 아니하는 부적법한 것으로 각하되게 될 것으로서, 그러한 점에서는 경찰처분에 대한 쟁송제기에 의한 권리구제에는 상당히 실질적인 제한이 따르고 있다고 할 수 있다.[1]

### 2. 경찰권의 불행사에 대한 쟁송 ── 경찰개입청구권의 문제

경찰위반사실에 대하여 경찰권을 발동하지 않는 경우, 사인이 경찰기관에 대하여 경찰권의 발동을 청구할 수 있는지의 문제가 있다. 이것이 경찰개입청구권의 문제이다. 이 문제는 보다 일반적 법제로서의 행정개입청구권의 한 형태이므로, 그 일반적 법리에 따라 판단하면 될 것이다.

관계법규의 규정상 당해 처분이 기속행위인 때에는 그 요건이 충족된 경

---

1) 독일 행정소송법상의 이른바 계속확인소송(Fortsetzungsfeststellungsklage)은 특히 이러한 집행경찰조치에 대하여 취소소송의 보완적 소송형식으로 주로 논의되고 있다. 경찰처분과 계속확인소송의 문제에 대하여는 Götz, Rechtsschutz gegen Maßnahmen der Polizei, JuS 1985, p. 869 이하 참조.

우 경찰권은 반드시 당해 처분을 하여야 하는 것임은 물론이다. 이에 반하여 경찰처분이 재량처분인 경우에는 그 처분을 할 것인지의 여부는 원칙적으로 경찰기관의 재량권에 속하고, 반드시 그를 발동하여야 할 법적 의무는 없는 것이다. 따라서 사인에게 일반적으로 경찰개입청구권이 인정되는 것은 아님이 원칙이다. 그러나 개인의 중요한 법익(생명·건강·재산 등)이 침해되거나 그 침해의 위험이 긴박하고 중대한 경우와 같은 예외적 경우에는 경찰권의 발동만이 「의무에 합당한 재량권의 행사」로 인정되어, 이 경우 경찰권을 발동하지 않는 것은 위법하게 된다고 본다(재량권의 영으로의 수축이론).

오늘날에는 경찰법규의 목적·취지가 공익뿐만 아니라 개인의 이익도 동시에 보호하는 데 있는 것으로 보는 것이 일반적이므로, 재량권이 영으로 수축되는 경우 개인에게는 「경찰개입청구권(Anspruch auf polizeiliches Einschreiten)」이 인정된다 할 것이다.

이 경우 경찰기관에 의한 경찰권의 불행사(거부·부작위)에 대한 현행법상의 쟁송수단으로서는 취소쟁송(취소심판·취소소송)과 의무이행심판 및 부작위위법확인소송 등이 있다. 즉 경찰권 발동의 신청에 대하여 경찰기관이 이를 거부한 경우에는 당사자는 취소심판 또는 의무이행심판을 제기하거나 또는 직접 취소소송을 제기하여 그 이행을 확보할 수 있을 것이다.[1] 한편 개인의 신청에 대하여 경찰기관이 이를 방치하고 있는 경우에는 의무이행심판과 부작위위법확인소송에 의하여 그 이행을 구할 수 있을 것이다. 그러나 부작위위법확인소송에서는 단지 부작위상태가 위법하다는 것만을 확인할 수 있다고 할 것이고, 비록 기속행위의 경우라 할지라도 '신청에 따른 처분'을 하지 않은 것이 위법하다는 것을 확인할 수는 없다고 할 것이다.[2] 그러한 점에서 경찰기관의 부작위에 대한 현행법상의 쟁송수단은 아직 불완전한 상태에 있다고 할 것이다.

---

1) 경찰개입청구권이 인정되는 경우에는 판례가 말하는 "조리상 신청권이 인정되는 경우"에 해당한다고 할 것이고, 따라서 경찰권 발동의 신청에 대한 경찰기관의 거부가 거부처분이 되기 때문에 이에 대한 취소심판과 취소소송이 가능하다.
2) 자세한 설명은 「행정법 Ⅰ」의 '부작위위법확인소송' 부분 참조.

# 제 3 장  급부행정법

## 제 1 절  개    설

### I. 급부행정의 연혁

급부행정은 행정법학에서는 비교적 최근에 등장한 개념이다. 대체로 19세기 초반기까지는 당시의 자유주의적인 정치·경제사상에 따라 국가의 작용은 국방과 질서유지에 한정되고, 기타의 영역은 국민의 자유로운 활동에 일임하여야 하는 것으로 되어 있었다. 그러나 그 후 산업혁명에 따르는 산업·경제의 획기적인 발달에 따라 종래와는 다른 사회구조·여건 등이 형성되기에 이르렀는바, 그 대표적인 것으로는 공업화로 인한 농촌인구의 도시유입에 따른 도시의 급속한 팽창·발전 및 새로운 사회계층으로서의 노동자계층의 등장 등을 들 수 있을 것이다. 이러한 사회구조나 여건의 변화로 인하여 개인의 일상생활상의 수요를 충족시키는 데에 있어 국가의 활동에 의존하여야 할 영역이 증대하게 되었다. 그에 따라 국가의 기능도 이미 국방·질서유지라는 소극적 활동에 한정될 수는 없었고, 국민의 일상생활상의 수요를 충족시키기 위한 여러 가지 새로운 활동을 수행하여야 하게 되었던 것이다. 그 전형적인 것으로서, 전기·수도·가스 등의 공급, 도로 기타 공공시설의 설치, 교육시설이나 병원 등의 개설·운영 등을 들 수 있을 것이다. 또한 특히 근로자의 생활보호를 위한 사회보장제도도 새로운 사회구조에 부응하기 위한 새로운 국가 활동영역으로 등장하게 되었다.

이들 활동은 그 전체로서는 개인의 활동을 규제하는 것이 아니라, 개인의 생활·활동에 필요한 역무·재화를 제공하여 준다는 점에 그 기본적 특징이 있다. 그에 따라 행정법상으로도 국가 등의 행정주체의 이러한 활동을 「급부행정」(「Verwaltung als Leistungsträger」—Forsthoff)으로 파악하여 독자적 행정영역으로 검토하기에 이르렀던 것이다.

## Ⅱ. 급부행정의 의의

급부행정은 위에서 본 바와 같이 상대적으로 최근에 등장한 행정영역이므로, 그 학문적 관념도 아직 완전히 정립되어 있지 못한 실정이다. 이러한 급부행정은 규제작용으로서의 질서행정(ordnende Verwaltung)과 대비해 보면 그 속성이 적절하게 부각될 수 있으므로, 다음에서는 먼저 이들 두 가지 행정작용의 구별문제를 검토하고, 그에 기하여 급부행정의 관념을 정의하여 보기로 한다.

### 1. 질서행정과 급부행정의 구별

양자는 그 내용(효과)의 면에서 구별된다. 조달행정을 제외한 모든 행정작용은 개인의 자유로운 이익추구활동에 직접적인 영향을 미치는 것인바, 그에는 사적 활동에 대하여 제한적인 것도 있고 조장적인 것도 있다.

질서행정은 사회의 질서유지를 위하여 필요한 규제적 조치를 취함으로써 사적 활동을 제한한다. 물론 질서행정도 공공질서를 유지함으로써 간접적으로는 개인의 이익추구활동에 봉사하는 것이기는 하나, 직접적으로는 개인의 자유로운 활동을 제한하는 속성을 가지는 것이다. 이에 대하여 급부행정은 공공시설의 설치, 보조금의 지급 등에 의하여 그 생활·활동에 필요한 재화·역무를 제공함으로써 개인의 이익추구활동에 대하여 조장적으로 작용하는 것이다.

### 2. 급부행정의 관념

전술한 바에 따라 급부행정은 「생활배려적 활동에 의하여 사회구성원의 이익추구활동을 직접적으로 조장하여 주는 공행정작용」이라고 정의할 수 있다.[1] 급부행정을 "국민에 대한 수익적 활동(공기업·공물 등을 통한 경제적·사회적·문화적 이익의 제공, 자금지원 등을 통한 경제조장, 사회보장·문화적 보호)에 의하여 적극적으로 공공복리를 증진하는 내용의 모든 행정활동"으로 정의하는 입장[2]도 기본적으로는 위의 정의와 같은 입장인 것으로 본다.

---

1) Wolff/Bachof, Verwaltungsrecht Ⅲ, 1978, p. 182.
2) 김도창, 행정법(하), p. 359.

## Ⅲ. 급부행정의 종류

급부행정은 여러 관점에서 분류할 수 있으며, 그 상호간에 있어서는 중복되는 것도 있을 수 있는바, 그 중요한 것들을 살펴보면 다음과 같다.

### 1. 임무에 따른 분류

(1) 배려행정(공급행정)

공업화·도시화된 현대사회에서 그 구성원의 생활상 필요한 재화·역무 등을 공급하기 위하여 공물·공기업 등을 설치·운영하는 행정작용이다.

① 교통·통신시설(도로·철도·수로 기타 운송·수송시설, 우편·전신·전화·방송 등)

② 공급시설·처리시설(수도·전기·가스, 쓰레기처리시설·하수시설 등)

③ 교육·문화시설(학교·극장·도서관·박물관 등)

④ 보건시설(병원·요양소 등)

⑤ 사회복지시설(유치원·운동장·실내체육관·양로원 등)

(2) 사회행정

개인이 건강하고 문화적인 생활을 할 수 있도록 배려하는 행정이다.

① 사회보장  질병·산업재해·노령 등의 이른바 사회적 위험(risque social)에 대하여 사회구성원 개개인의 생활보장을 그 내용으로 하는 것이다. 이에는 ⓐ 사회보험(의료보험·산업재해보험·노령보험·실업보험 등), ⓑ 사회원호(전쟁원호·재해원호 등의 특별원호, 노동자·폐질자 등에 대한 일반원호), ⓒ 사회부조(공적 부조), ⓓ 일정 복지활동(아동·노동자 보호 등)이 포함된다.

② 국민주택·임대주택의 건설

③ 문화의 보호·육성(문화재 보호, 학술·예술의 보호·육성 등)

(3) 조성행정(Förderungsverwaltung)

일정 생활영역의 구조적 개선을 그 목적으로 하여 행하여지는 행정작용이다. 농업·광업·중소기업의 보호·육성을 위한 보조금·특별융자금의 지원이나, 사회적·경제적·문화적 목적을 위한 여러 조성조치가 이에 속한다.

## 2. 급부의 기초 또는 원인에 따른 분류

① 유상급부

② 갹출금의 납부를 조건으로 하는 급부(의료보험·노령보험 등 사회보험
상의 여러 급부)

③ 재해에 대한 보상급부

④ 개인적 필요에 따른 급부(공적 부조)

⑤ 일반적 필요에 따른 급부(일반원호)

⑥ 사회에 대한 궁극적 기여 또는 사회구조의 궁극적 개선을 위한 급부
(보조금의 지급 기타 조장적 조치)

## 3. 급부의 종류에 따른 분류

① 현금급부(의료보험상의 현금급여)

② 현물급부(공물 기타 일반인의 이용이 가능한 공공시설의 설치, 사회보험상
의 진료, 탁아활동 등)

③ 역무제공(수송·운송, 서신·전보배달, 진료 등)

④ 기타 급부(보증인수·직업알선 등)

## 4. 급부의 근거에 따른 분류

① 법정급부(기속적 급부·재량적 급부)

② 비법정급부    당해 급부가 법정되어 있지는 않으나, 예산에 반영되
어 있는 경우에 지급되는 것을 말한다.

## 5. 급부의 법적 형식에 따른 분류

(1) 공법적 형식에 의한 급부

1) 공법상계약(영조물이용관계의 설정)

2) 행정처분    보조금의 지급결정이 이에 해당한다. 다만 보조금의 지급
은 그 지급결정(행정행위)과 그에 따른 사법상계약의 체결에 의하여도 지급
될 수 있다(2단계이론).

(2) 사법적 형식에 의한 급부

1) 사법상계약에 의한 급부(시영버스)

2) 사법적으로 조직된 급부기구에 의한 급부(한국전력공사에 의한 전기 공급)

## Ⅳ. 급부행정의 기본원리

급부행정의 기본적인 원리로서는 주로 다음의 것들을 들 수 있을 것이다.[1]

### 1. 사회국가원리

(1) 사회국가원리란 국가 기타 행정주체에 정의로운 사회질서를 형성할 권한·의무가 부과되어 있는 것을 말한다. 여기서 정의로운 사회질서란 그 공동체의 모든 구성원에게 인간다운 생활이 보장되어, 특히 경제적·문화적 수요를 적정하게 충족할 수 있는 법적 지위가 보장되어 있는 것을 말한다.[2]

(2) 우리 헌법은 독일의 기본법과는 달리 사회국가원리를 명시하고 있지 않다. 그러나 헌법상 인간다운 생활을 할 권리(법34①), 국민경제의 균형적 성장·안정, 적정한 소득의 분배, 경제민주화(동법119②) 등이 규정되어 있는 것으로 보아, 사회국가원리는 우리 헌법에 있어서도 그 내재적 원리를 이루고 있다고 할 것이다.[3]

(3) 사회국가원리가 헌법상의 기본원리로 되어 있는 이상, 국가의 기능은 소극적인 질서유지에 한정되지 않고 국민의 일상생활에 있어 필수적인 역무·재화의 제공·지급도 국가의 책무로 된다 할 것이다. 환언하면 사회국가원리에 따라 인간다운 생활(이른바 「civil minimum」, 즉 건강하고 문화적인 시민생활을 위한 최저생활환경)을 보장하기 위한 필수적인 급부행정은 국가 기타

---

1) 급부행정의 기본원리에 관한 검토 부분은 「볼프」의 행정법서의 관련 부분이 그 기본을 이루고 있는 것임을 밝혀 둔다. Wolff/Bachof, Verwaltungsrecht Ⅲ, pp. 189~203.
2) Ibid., p. 190.
3) 김도창, 행정법(하), p. 361; 김남진, 행정법(Ⅱ), p. 265.
   판례
   "우리 헌법은 사회국가원리를 명문으로 규정하고 있지는 않지만, 헌법의 전문, 사회적 기본권의 보장(헌법 31 내지 36), 경제 영역에서 적극적으로 계획하고 유도하고 재분배하여야 할 국가의 의무를 규정하는 경제에 관한 조항(헌법 119② 이하) 등과 같이 사회국가원리의 구체화된 여러 표현을 통하여 사회국가원리를 수용하였다. 사회국가원리란 한 마디로, 사회정의의 이념을 헌법에 수용한 국가, 사회현상에 대하여 방관적인 국가가 아니라 경제·사회·문화의 모든 영역에서 정의로운 사회질서의 형성을 위하여 사회현상에 관여하고 간섭하고 분배하고 조정하는 국가이며, 궁극적으로는 국민 각자가 실제로 자유를 행사할 수 있는 그 실질적 조건을 마련해 줄 의무가 있는 국가이다"(헌재결 2002. 12. 18, 2002헌마52).

행정주체의 권한이자 의무라고 보아야 하는 것이다.

(4) 우리 헌법상의 국민의 인간다운 생활을 할 권리에 관한 규정($\frac{법}{34①}$) 은 단순한 프로그램적 규정이거나 선언적 규정만은 아니고 규범적 효력을 가지는 규정이라 할 것인바, 그에 기하여 국가는 국민에 대하여 최저생활을 보장할 의무를 지게 된다고 본다. 그에 따라 사회보장의 일환으로서의 공적 부조상의 급부에 대하여 그 수혜자는 법적 권리로서 이를 수급하는 것이라 할 것이다.

## 2. 보충성의 원칙

보충성의 원칙이란 국가 기타 공행정주체의 급부행정은 당해 활동을 개인 또는 기업에 방임하는 것이 공동체와 그 구성원에게 현저한 불이익을 야기할 수 있는 것만을 그 내용으로 하여야 한다는 것을 말한다.

지방공기업법 제 3 조 제 2 항은 지방단계에 있어서의 보충성의 원칙을 가장 적절하게 표현하고 있는 것으로서, 동조는 "지방자치단체는 지방공기업을 설치·설립 또는 경영할 때에 민간경제를 위축시키거나, 공정하고 자유로운 경제질서를 해치거나, 환경을 훼손시키지 아니하도록 노력하여야 한다"고 규정하고 있다.

이러한 보충성의 원칙의 법적 성격에 관하여는, 독일의 경우 이를 직접적으로 적용될 수 있는 헌법적 원리로 보는 입장, 헌법과의 관련에서 인정되는 급부행정법의 기본원리 또는 해석원리로 보는 입장, 그 헌법적 의미를 전적으로 부정하는 입장 등 여러 가지로 견해가 갈리고 있다.

우리나라의 경우 이 원칙을 헌법상의 원칙으로 볼 수 있는 근거는 없다. 또한 이 원칙은 급부행정의 관계법에서 일반적으로 규정되고 있는 것도 아니므로, 급부행정법의 불문법적 일반원리라고 할 수도 없다고 본다. 그러나 「공적인 손」에 의한 사회활동에의 개입은 사적 활동에 의하여 처리될 수 없는 사항에 한정되어야 한다는 것은 자본주의를 기조로 하는 자유민주주의국가에 있어서는 그 일반적 타당성이 인정되는 원리라 할 것이므로, 그에 따라 보충성의 원칙은 급부행정관계법의 해석원리로서의 의미를 가질 수는 있다고 할 것이다.

## 3. 합법성의 원칙

행정의 합법성의 원칙은 법률의 우위와 법률의 유보의 두 가지 요소를 그 내용으로 한다.

### (1) 법률의 우위

급부행정도 법에 위반되어서는 안되는 것이므로 여기에도 법률의 우위원칙은 당연히 적용되는 것이며 이에 대하여 이견이 없다.

### (2) 법률의 유보

법률의 우위원칙과는 달리 급부행정에도 반드시 법률의 근거가 있어야 하는가 하는 문제에 대하여는 견해가 나누어지고 있다.

1) 소 극 설   이 설은, 급부행정은 국민에 대한 수익적 활동을 내용으로 하는 것이므로, 그에는 반드시 법률의 근거를 요하지 않는다고 본다. 이 설은 침해유보설적 견지에서 주장되는 것으로서, 독일의 종래의 통설이었다고 할 수 있다.

2) 적 극 설   이 설은 급부행정의 중요성 및 국민의 급부행정에의 높은 의존도를 감안하여, 급부행정에도 법률의 근거가 있어야 한다고 본다. 즉 이 설은 오늘날 개인은 그 일상생활상 국가 등의 행정주체가 제공하는 각종 급부에 크게 의존하고 있는 까닭에, 이러한 급부의 거부 또는 부당한 배분은 침익적 처분에 못지않게 침익적 성질을 가지게 된다고 본다. 따라서 급부의 내용이나 요건·기준 등을 법률로 규정함으로써 그에 대한 예견·예측가능성을 부여하고, 행정의 자의를 방지하여야 한다는 것이다.[1]

이 설에 대하여는 여러 가지 비판이 가하여지고 있는데, 그 중요한 것으로서는 다음의 몇 가지를 들 수 있다. 먼저 다수의 급부행정이 법률의 근거 없이도 행하여지고 있는 것이 행정의 실제인데, 이러한 경우에 반드시 법률의 근거가 있어야 한다고 하면, 결국 국민에 대하여 오히려 부정적 효과를 가져 오게 된다는 것이다. 다음에 행정에도 나름대로의 민주적 정당성이 있으므로, 급부행정에도 반드시 의회가 제정한 형식적 법률의 근거가 있어야 하는 것은 아니라고 본다.

---

1) Rupp, Grundfragen der heutigen Verwaltungsrechtslehre, p. 143; Jesch, Gesetz und Verwaltung, 1961, pp. 178 f.

### 3) 결   어

㈎ 적극설에도 일면 타당성이 있기는 하나, 급부행정에 있어서는 행정의 창의성이나 독자성을 존중할 필요성이 있고, 또한 적극설을 관철하는 것이 오히려 국민에게 부정적 효과를 야기할 수도 있다는 주장은 오늘날의 행정의 실제와 관련하여 충분히 설득력이 있다고 본다. 따라서 급부행정에 있어서는 법률의 유보원칙은 원칙적으로 적용되지 않는다고 본다. 다만 ① 급부받을 권리를 공권으로 보호할 필요가 있는 경우(국민기초생활보장·의료급여 등), ② 이용자의 이용강제 또는 제공자의 급부제공의무를 규정할 필요가 있는 경우(수도공급), ③ 급부와 함께 상대방에 부담을 과하는 경우, ④ 급부의 형식 또는 급부주체의 조직을 공법적으로 규율할 필요가 있는 경우 등에는 법률유보의 원칙이 적용된다 할 것이다.[1]

㈏ 급부행정에 있어 법률의 근거가 필요하지 않다는 것이 해당 행정이 법으로부터 자유로운 행정영역임을 의미하는 것은 아님을 유의하여야 할 것이다. 왜냐하면 이 경우에도 급부행정은 예산의 범위 내에서 행하여지는 것이고, 또한 평등원칙·비례원칙 등의 불문법원리로서의 행정법의 일반원리에 의한 기속은 받기 때문이다.

㈐ 행정에 의한 일정 급부가 단지 예산만을 근거로 하여 행하여지는 경우에 있어서는, 개인의 당해 급부에 대한 적극적인 청구권은 원칙적으로 인정되지 않는다고 본다. 그러나 헌법상의 행복추구권 또는 인간다운 생활을 할 권리 및 평등원칙과 관련하여서는 관계인에게 이러한 청구권이 인정될 소지가 전적으로 배제되지는 않는다고 할 것이다.

### 4. 평등원칙

평등원칙을 헌법 제11조에 명시된 원칙으로 보든지, 또는 그 내용의 일부를 이루는 공적 부담 앞의 평등원칙이나 공역무 앞의 평등원칙을 동조의 기본이념에서 도출되는 불문법원리로 보든지 간에 이 원칙은 헌법적 효력을 가지는 원칙으로서 모든 행정작용에 당연히 적용되는 것이다. 따라서 급부행정의 경우 공행정형식에 의한 급부의 경우는 물론이고 사법적 형식에 의한 급부에 있어서도, 그것은 국가 등 행정주체의 공적 책무에 따른 작용이므로,

---

1) 김도창, 행정법(하), p. 394; 이상규, 행정법(하), p. 364; 박윤흔, 행정법(하), p. 365.

이 원칙은 당연히 적용된다고 할 것이다.[1]

## 5. 과잉급부금지원칙

이것은 당해 급부에 의하여 달성되는 목적과 적정한 비례가 이루어지지 않는 급부는 허용되지 않는다는 것이다. 이러한 과잉급부금지원칙은 행정법의 일반원리로서의 비례원칙의 하나의 적용형태로서 내용적으로는 적합성의 원칙, 필요성의 원칙 및 (협의의) 비례원칙 등으로 구성된다.

### (1) 적합성의 원칙

행정청에 의한 급부는 그 목적 달성에 적합한 것이어야 한다는 원칙이다.

### (2) 필요성의 원칙

행정청은 당해 목적 달성에 적합한 수단(급부) 중에서 조세납부자로서의 일반국민에게 가장 침익성이 적은 급부를 선택하여야 한다는 것이다.

### (3) 협의의 비례원칙(상당성원칙)

위의 적합성 및 필요성의 원칙에 부합되는 급부인 경우에도 그것이 추구하는 목적과 그에 따른 (일반국민에 대한) 불이익 사이에는 적정한 비례관계가 있어야 한다는 원칙이다. 이러한 비례원칙에 의하면, 예컨대 보조금의 교부는, 대부 또는 채무보증에 의하여 목적을 달성할 수 있는 경우에는 허용되지 아니한다고 할 것이다.

이러한 과잉급부금지원칙은 위에 적은 대로 내용적으로는 비례원칙의 한 적용형태이다. 다만 비례원칙은 침익적 처분에 있어 그 상대방에 대한 권익침해의 정도와 당해 처분이 추구하는 공익목적과의 비례 여부가 문제되는 것이 보통이나, 과잉급부금지원칙에 있어서는 그 상대방에 대한 수익적 처분의 목적과 그에 따르는 일반국민의 불이익과의 비례 여부가 문제되는 것이라는 점에 특히 유의하여야 할 것이다.

## 6. 부당결부금지원칙(Koppelungsverbot)

이것은 당해 급부와 내용적으로 무관한 부관이나 의무 등의 부과는 허용되지 않는다는 원칙이다.[2] 이러한 부당결부금지원칙도 독자적인 불문법원리로 보

---

1) 자세한 것은 「행정법 Ⅰ」의 '행정사법(Verwaltungsprivatrecht)' 부분 참조.
2) 판례
　　"부당결부금지원칙이란 행정주체가 행정작용을 함에 있어서 상대방에게 이와 실질적인 관련이 없는 의무를 부과하거나 그 이행을 강제하여서는 아니된다는 원칙을 말

는 것이 일반이나, 이를 비례원칙에서 파생되는 원칙으로 보는 견해도 있다.[1]

### 7. 신뢰보호의 원칙

이것은 행정작용의 적법성 또는 존속성(Beständigkeit)에 대한 상대방의 정당한 신뢰는 보호되어야 한다는 원칙이다. 이러한 원칙은 특히 행정행위의 취소·철회의 제한사유로서 중요한 의미를 가진다.[2]

# 제 2 절  공 물 법

## 제 1 항  개    설

## Ⅰ. 공물의 개념

### 1. 공물과 사물(재정재산)

국가·지방자치단체 등의 행정주체가 행정활동을 함에 있어서는 그를 담당하는 인적 수단과 함께 그 목적에 공용되는 물적 수단을 필요로 한다. 이러한 물적 수단 중에는 그 자본가치에 의하여 간접적으로 행정목적에 기여하는 물건과 그 사용가치에 의하여 직접 행정목적에 제공되는 물건이 있다. 전자를 사물, 후자를 공물이라 한다.

공물은 그것이 직접 행정목적에 공용되고 있기 때문에 그 목적달성에 필요한 한도에서 일반 사법규정의 적용을 받는 사물과는 달리 사적 거래의 대상에서 제외되는 등의 특수한 법적 규율을 받고 있다. 공물은 바로 이러한 법적 특수성에 착안하여 정립된 개념이다.

### 2. 공물의 개념

공물은 국가·지방자치단체 등의 행정주체에 의하여 직접 행정목적에 공용된 개개의 유체물 및 무체물을 말한다.[3] 그 내용을 분설하면 다음과 같다.

---

한다"(대판 2009. 2. 12, 2005다65500).

1) Wolff/Bachof, Verwaltungsrecht Ⅲ, p. 202.
2) 구체적 내용은 「행정법 Ⅰ」의 '신뢰보호의 원칙' 부분 참조.
3) 공물은 학문적 관념이기 때문에 그 의의·범위 등에 대하여는 견해가 갈릴 수 있다. 따라서 공물은 재정재산(보통재산)을 포함하는 의미로, 또는 그 반대로 직접 일반공

(1) 공물은 '개개의' 물건이라는 점에서 행정주체에 의하여 행정목적에 공용되는 인적·물적 시설의 종합체인 영조물(예컨대 국공립학교)과는 구별된다. 영조물은 인적·물적 시설이 포괄적·종합적 일체로서 파악되어, 그 전체로서 특수한 법적 규율을 받고 있기 때문에 공물과는 구별할 실익이 있다.

이와 관련하여서는 집합물(Sammelgesamtheit)이라는 개념이 문제된다. 집합물이란 다수의 물건이 집합하여 실제로는 하나의 일체로 취급되는 경우를 말하는 것으로서 물적 시설로서의 도서관이나 공원 등이 그 예이다. 이러한 도서관이나 공원은 내용적으로는 다수의 개개의 공물로 구성되는 것이나, 이들은 또한 상호 결합하여 물적 종합시설로서 일체적 기능을 수행하고 있으므로, 그 실질적 기능에 착안하여 이러한 집합물을 공물로 취급하여도 무방할 것으로 본다. 통설은 공물을 개개의 유체물로 정의하면서도 그 예로서 보통 공원을 들고 있고 보면, 공물관념에 있어서의 개개의 유체물이라는 관념은 엄격하게 해석할 것은 아니라고 할 것이다.[1]

공물은 유체물이라는 점에서 무체물은 그에 포함되지 않는다는 것이 종래의 통설적 입장이었다.[2] 이에 대하여 유수·전기·전류·공간 같은 무체물도 공물에 포함될 수 있다고 보는 것이 현재 유력한 견해이다.[3] 무체재산이 공물에 포함되지 않은 것은 종래 공기나 전파 같은 것은 지배관리 대상으로 되지 않았다는 점에 기인한 것으로 본다. 그러나 오늘날에는 다수의 무체물에 대한 관리가 가능한 것이고 보면, 그것이 행정목적에 공용된 것인 경우에는 이들도 공물에 포함시키는 것이 바람직하다고 본다.

(2) 공물은 '직접' 행정목적에 제공된 물건이다.

공물은 그 사용가치에 따라 직접 행정목적에 제공된 물건으로서, 그 점에서 재정재산(Finanzvermögen)과 구별된다.[4] 재정재산은 그 자본가치를 통

---

중의 이용에 공용되는 물건, 즉 공공용물의 관념으로도 파악될 수 있다(김도창, 행정법(하), p. 400; 이상규, 행정법(하), p. 389).

1) 이상규 변호사는 공물을 개개의 유체물이라 하는 것은 유체물 그 자체를 강조하는 것에 지나지 않는다고 보고 있다(이상규, 행정법(하), p. 391).

2) 김도창, 행정법(하), p. 401; 이상규, 행정법(하), p. 391; 이명구, 행정법원론, p. 699; 최정일, 행정법 Ⅱ 제 2 판, p. 322.

3) 김남진, 행정법(Ⅱ), p. 271; 박윤흔, 행정법(하), p. 436. 이에 대하여 이상규 변호사는, "전기·가스와 같이 그 자체로서 물리적 고정성·실체성이 없고, 따라서 공물목적에의 계속적인 공용이 어려운 것은 공기업 성과인 재화나 역무로서 다룰 것이지 공물로 인정하는 데에는 문제가 있다"고 보고 있다(이상규, 행정법(하), p. 391).

4) 판례
"공유수면은 공공용에 공하는 소위 자연공물로서 그 자체가 직접 공공의 용(用)에

하여 행정주체의 재정수익의 수단이 됨으로써 행정목적에 간접적으로 기여하는 것이다. 이러한 재정재산은 사적 거래의 대상이 되는 경제적 재화로서(예컨대 국유의 임야·광산 등), 그것은 행정주체의 사물이며, 일반사물과 마찬가지로 사법의 적용을 받는다(다만 재정재산도 국·공유재산이라는 점에서 사법에 대한 특칙이 규정되어 있다).

재정재산과 대비하여 공물을 행정재산이라고 하는 경우가 적지 않다. 그러나 행정재산의 관념은 국가 등 행정주체의 소유에 속하는 재산 중 직접 행정목적에 공용된 재산을 말하는 것인 데 대하여, 공물의 관념은 그 소유권의 주체와는 무관하게 그 물건이 직접 행정목적에 공용되고 있다는 점에 착안하여 정립된 관념이므로, 공물은 반드시 행정재산만은 아니고 사유인 공물도 많이 있다.

(3) 공물은 직접 '행정목적'에 공용되는 물건이다.

공물은 행정목적에 공용되는 결과, 그 목적에 필요한 한도 안에서는 사법의 적용이 배제되고 특수한 법적 규율이 가하여지고 있다. 여기서의 행정목적에는 일반대중의 일반적 수요의 충족도 있고, 행정주체의 행정사무 등 행정내부적인 수요의 충족도 포함되는바, 앞의 목적을 위한 것이 공공용물이며 뒤의 목적을 위한 것이 공용물이다.

(4) 공물은 '행정주체에 의하여' 행정목적에 공용되는 물건이다.

공물은 국가·지방자치단체 등의 행정주체에 의하여 행정목적에 공용되는 물건이다. 따라서 예컨대 사인이 그 사유지를 사실상 공공목적(도로)에 제공하고 있어도 그것은 공물이 아니다(사도의 경우).

공물은 이처럼 그 공용주체·관리주체에 착안하여 정립된 관념으로서 그 소유권의 귀속 여하, 즉 국유 또는 사유의 문제와는 무관한 것이다. 그에 따라 공물관리주체와 그 소유권의 주체는 반드시 일치하지는 않는바, 예컨대 국가가 관리하는 공물에는 국유공물뿐만 아니라 사유공물도 있다.

### 3. 공물과 영조물·공공시설

공물과 관련된 것으로 영조물과 공공시설의 개념이 있다.

---

공하게 되는 것이므로 재산적·경제적 가치에 의하여 간접적으로 행정목적에 공하는 행정주체의 재산권의 대상인 재정재산(잡종재산)과는 그 성질이 다르다"(대판 1967. 4. 25, 67다131).

### (1) 공물과 영조물

영조물이란 행정주체에 의하여 공적 목적에 제공된 인적·물적 종합시설 (국공립학교·도서관 등)을 말한다. 이러한 의미의 영조물은 행정주체에 의하여 공적 목적에 제공된 개개의 유체물 또는 집합물인 공물과 구별된다. 다만 학문상으로는 공물에 해당하는 것임에도 실정법상 영조물이라는 용어가 사용되는 경우도 있다(국가배 상법 5).

### (2) 공물과 공공시설

실정법상 주민 등의 사용에 제공되는 시설을 지칭하는 개념으로 공공시설이라는 용어가 사용되는 경우가 있다(지방자치 법 144①). 공공시설이라는 용어는 대체로 국가나 지방자치단체에 의하여 국민이나 주민의 복리증진을 위하여 제공되는 시설의 의미로 사용되고 있다. 이러한 의미의 공공시설은 그 물적 시설면에 중점을 둔 개념이기는 하나, 실정법상 이 개념에는 공공용물뿐만 아니라 공공영조물도 포괄되고 있는 것으로 보인다.[1] 예컨대 국토계획법은 공공시설로서, "도로·공원·철도·수도, 그 밖에 대통령령으로 정하는 공공용시설"로 정의하고 있고, 동법시행령은 공공용시설로서 항만·운하·광장·주차장·운동장 등을 열거하고 있는바(법 2xiii, 동 법시행령 4), 여기서의 공공시설로 열거되고 있는 '공공용시설'은 공공용물뿐만 아니라 공공영조물도 포함하는 것이라는 점에는 의문이 없는 것으로 보인다. 그러한 점에서는 공공시설이라는 개념은 당해 시설이 엄격한 의미의 공물, 영조물 내지는 공기업에 해당하는지를 엄격히 구분하지 않고, 주민 등의 복리증진에 제공된 물적 시설을 포괄적으로 지칭할 수 있는 실용적인 개념이기는 하나, 다른 한편 공물이나 영조물 등의 관념에 비하여 그 내용이 명확하지 아니하다는 문제점이 있다.

## Ⅱ. 공물의 종류

### 1. 목적에 의한 분류

### (1) 공공용물

직접 일반공중의 공동사용에 제공된 물건이다. 도로·광장·공원·하천·영해·해빈·운하·제방과 그 부속물 등이 이에 해당한다. 국유재산법·공유

---

1) 박윤흔, 행정법(하) pp. 454~455; 김철용, 행정법(Ⅱ), p. 302.

재산 및 물품 관리법상의 공공용재산은 공공용물에 해당한다.

### (2) 공용물

직접적으로는 행정주체 자신의 사용에 제공되는 물건이다. 예컨대 관공서의 청사·교도소·소년원·등대 등 일반행정용의 공용물, 관사 등 공무원용의 공용물, 병사·병기·군용견·연병장 등의 군용공용물 등이 그것이다.

### (3) 공적 보존물

이것은 공공용 또는 공용에 제공된 것은 아니나, 그 공공목적상(문화목적·보안목적) 그 물건 자체를 보존하기 위한 물건으로, 그 한도 안에서 자유로운 처분이 제한된다는 의미에서 공물의 범주에 속하는 것이다(국유재산법 6·27 등). 보존공물이라고도 한다(예컨대 문화재보호법에 의한 문화재, 산림자원의 조성 및 관리에 관한 법률에 의한 보안림 등). 국유재산법과 공유재산 및 물품 관리법의 보존용 재산이 여기서의 공적 보존물에 해당한다.

이상 세 가지 공물은 그 구체적 목적의 차이로 법적 성질이나 성립절차 등에 있어 차이가 있다. 법적 성질면에서 볼 때, 공공용물은 일반공중의 공동사용에 제공되는 것이므로, 특히 그 공공적 성격이 가장 강하며 그 공법적 특수성이 현저하다. 이에 대하여 공적 보존물에 있어서의 공법적 특수성은 예컨대 문화재 보호 등의 목적을 위하여 문화재의 처분 등이 제한되는 정도에 그친다. 공공용물·공용물 및 공적 보존물은 각각 그 성립절차를 달리 하고 있는데, 이에 대하여는 뒤에서 설명하기로 한다.

## 2. 성립과정에 의한 분류

공물은 그 성립과정의 차이에 따라서 자연공물과 인공공물로 나누어진다.

### (1) 자연공물

자연공물이란 하천·호소 등과 같이 그 자연적 상태에서 이미 공공목적에 제공될 수 있는 실체를 갖추고 있는 물건을 말한다.

### (2) 인공공물

인공공물은 도로·도시공원 등과 같이 행정주체가 그에 인공을 가하여 공공용에 제공함으로써 비로소 공물이 되는 물건을 말한다.

## 3. 사권의 목적이 될 수 있는지의 여부에 의한 분류

이것은 민법상의 소유권 기타 사권의 목적이 될 수 있는지의 여부를 기준으로 한 분류이다.

사권의 목적이 될 수 없는 물건은 대체로 자연공물의 범위와 일치하는바, 해면 기타 공유수면이 그 전형적인 예이다(공유수면관리및매립<br>에관한법률 2 등).[1] 반면에 사권의 목적이 될 수 있는 물건은 대체로 인공공물의 범위와 일치하는바, 이 경우에도 그에 대한 사권의 설정·행사는 공공목적에 필요한 한도 안에서 공법상 제한을 받는다.

사권의 목적이 될 수 없는 공물에는 부동산등기법의 적용이 배제되는 경우가 있으나, 사권의 목적이 될 수 있는 공물에 있어서는 일반적으로 그에 관한 물권변동에 등기를 요한다(민법 186, 부동산등기법 98, 국·공유<br>부동산의등기촉탁에관한법률 등)는 점에서 구별의 실익이 있다.

## 4. 소유권자에 의한 분류

### (1) 국유공물

그 물건의 소유권이 국가에 있는 공물을 말하는데, 국유재산법상의 행정재산이 이에 해당한다.

### (2) 공유공물

그 물건의 소유권이 지방자치단체에 있는 공물을 말하며, 지방자치단체의 재산 중 행정재산과 보존용재산은 모두 공유공물에 해당한다.

### (3) 사유공물

사유지상의 도로나 사유문화재와 같이 그 물건의 소유권은 개인에게 있으나, 공공목적에 공용되어 있거나 또는 그 문화재적 가치 등에 의하여 공적 보존물로 되어 있는 것을 말한다.

---

1) 판례
　"공유수면(해면)은 사소유권의 목적이 될 수 없다"(대판 1957. 12. 25, 4290민상 262).

## 5. 소유주체와 관리주체의 관계에 의한 분류

### (1) 자유공물

공물의 관리주체가 동시에 그 소유권자인 공물이다. 국가의 공물 중 국유에 속하는 것과 지방자치단체의 공물 중 당해 자치단체의 소유에 속하는 것이 자유공물이다.

### (2) 타유공물

공물의 관리주체 이외의 자가 그 물건의 소유권을 가지고 있는 공물이다. 국가의 공물 중에서 공유공물 또는 사유공물이 그 예이다.

## 6. 공물의 관리가 법정되어 있는지 여부에 의한 분류

이것은 공공용물에 한정된 분류방법으로서, 이 기준에 따라 공공용물은 법정공물과 법정외공물로 나누어진다.[1]

### (1) 법정공물

법정공물이란 법령에 의하여 공물로서의 관리가 정해져 있는 공물을 말한다. 예컨대 국가하천, 지방하천 또는 고속국도·일반국도·특별시도·광역시도·지방도·시도·군도·구도 등과 같이 하천법이나 도로법이 적용되거나 준용되는 공물이 이에 해당한다.

### (2) 법정외공물

법정외공물이란 공물관리법이 적용되지 아니하는 공물을 말한다. 예컨대 소하천이나 이도(里道) 등과 같이 공물관리법이 관리의 대상으로 하지 아니하거나,[2] 특정 광장과 같이 국가 등이 설치하여 공공용에 제공하고 있으나, 아직 이를 관리하기 위한 공물관리법이 제정되지 아니한 공물 등이 그것이다.

---

1) 박윤흔, 행정법(하), pp. 436~437; 김철용, 행정법(Ⅱ), pp. 330~331.
2) 이러한 이도나 소하천 등은 한국에 근대법체계가 도입되기 이전부터 존재하고 있던 것이나 다른 일반적 공물과 같은 엄격한 제정법의 규제가 필요하지 않은 것들이었다. 이들은 법적으로는 국유공물이 된다.

## 제 2 항 공물의 성립과 소멸

## Ⅰ. 공물의 성립

### 1. 공공용물의 성립

자연공물과 기타 공물의 경우에 따라 다르다.

(1) 자연공물의 경우

자연공물은 그 자연적 상태에 의하여 당연히 공물로서의 성질을 가지게 되는 것으로, 그 성립에는 행정주체의 특별한 의사표시를 요하지 않는다는 것이 통설·판례의 입장이다.

"국유 하천부지는 자연의 상태 그대로 공공용에 제공될 수 있는 실체를 갖추고 있는 이른바 자연공물로서 별도의 공용개시행위가 없더라도 행정재산이 되고 … 농로나 구거와 같은 이른바 인공적 공공용 재산은 법령에 의하여 지정되거나 행정처분으로 공공용으로 사용하기로 결정한 경우, 또는 행정재산으로 실제 사용하는 경우의 어느 하나에 해당하면 행정재산이 된다"(대판 2007. 6. 1, 2005도7523).

이에 대하여는 자연공물의 경우에도 법령에 의한 일반적인 행위의 형식으로 공물의 설정에 관한 의사표시가 있다고 보아야 한다는 견해도 제시되고 있다.[1]

---

1) 통설적 견해에 대하여는 공용개시라는 관념을 독일행정법상의 공용지정의 관념으로 보면서, 이를 "소관기관이 어떠한 물건이 특정한 공적 목적에 제공된다는 것과 그 때문에 특별한 공법상의 이용질서하에 놓인다는 것을 선언하는 법적 행위"로 정의하고, 그 형식에 있어서도 독일의 경우와 같이 행정행위뿐만 아니라 법규, 관습법에 의해서도 행해질 수 있다고 보아, 하천법 제 2 조는 법률에 의한 공용지정의 예로 이해할 수 있다는 견해도 있다.

구하천법(1971년에 개정된 것)은 하천구역의 정의를 법정화하여 관리청의 하천구역 결정 등의 확인절차 없이 자연적 상태 그 자체로서 하천구역이 되도록 하고 있었다(법 7①). 그러나 개정된 현행하천법은 동 제 2 조 제 1 호에서 하천을 공공의 이해에 밀접한 관계가 있어 국가하천 또는 지방하천으로 지정된 것을 말하며, 하천구역과 하천시설을 포함한다고 정의하면서 하천관리청이 하천구역을 결정, 변경하거나 폐지하게 하고 있다(법 10①). 여기서의 하천관리청의 하천구역의 결정행위 등의 법적 성격에 대하여는 당해 행위는 행정행위로서 형성행위의 성질을 가지는 것으로서, 이러한 결정행위에 의하여 당해 구역이 하천의 일부가 된다고 보는 입장이 있다(최정일, 행정법 Ⅱ, p. 325). 이에 대하여 하천은 하천으로서의 실체를 갖춤으로써 성립되고 하천관리청의 하천지정이나 하천구역의 결정이 있어야 비로소 성립되는 것은 아니라고 보는 입장이 있다. 이러한 입장에서는 하천의 지정이나 하천구역의 결정행위는 확인행위의 성격을 가지게 된다(박윤흔, 행정법(하), p. 426).

(2) 인공공물의 경우

인공공물의 성립에는 ① 일반공중의 이용에 제공될 수 있는 구조(형체적 요건)와, ② 그 물건을 공중이용의 목적에 제공하는 행정주체의 의사표시(의사적 요건)를 요한다.

1) 형체적 요건   공공용물의 성립에는 예컨대 도로·공원의 경우 건설·정비 등을 통하여 당해 물건이 일반공중의 이용목적에 제공될 수 있는 구조를 갖추어야 한다. 이와 같이 필요한 구조를 갖추지 못한 물건을 공물로 지정하여도 그것은 예정공물에 지나지 않는다.

2) 의사적 요건── 공용개시

(가) 공공용물이 성립하기 위하여는 그 형체적 요건을 갖추는 것만으로는 부족하고, 행정주체가 그것을 일반공중의 사용에 제공한다는 내용의 의사적 행위가 있어야 하는바, 이것을 「공용개시(Widmung)」라 한다. 학자에 따라서는 공용개시 대신에 공용지정이라는 용어를 사용하기도 한다.

도로로서의 실체가 존재하고 일반인이 그것을 사용하고 있는 경우에도, 이와 같은 공용개시행위가 있기 전에는 도로법상의 공물로서의 도로는 아니다.[1]

(나) 공용개시행위의 법적 성질에 대하여는 이것을 사실행위로 보는 견해도 있었다. 그러나 공용개시행위는 특정한 물건을 공물로 설정하고, 그에 일정한 공법적 제한을 가하여 일반공중의 사용에 제공하려는 내용의 법적 행위로서의 행정행위라고 보는 것이 타당할 것이며, 이것이 통설이다.[2] 공용개시행위는 또한 그 성질상 물적 행정행위(dingliche Verwaltungsakte)에 해당한다고 본다.

(다) 공용개시행위를 하기 위하여는 그 전제로서 행정주체는 그 물건에 대한 일정한 권원을 가지고 있어야 한다. 즉 타인의 소유에 속하는 물건에 대하여는 매매·공용수용 등에 의하여 그 소유권을 취득하거나, 그에 대한 지상권·

---

1) 판례
    "도로는 도로로서의 형태를 갖추고, 도로법에 따른 노선의 지정 또는 인정의 공고 및 도로구역 결정·고시를 한 때 또는 도시계획법 또는 도시개발법 소정의 절차를 거쳐 도로를 설치하였을 때에 공공용물로서 공용개시행위가 있다고 할 것이므로, 토지의 지목이 도로이고 국유재산대장에 등재되어 있다는 사정만으로 바로 그 토지가 도로로서 행정재산에 해당한다고 할 수는 없다"(대판 2009. 10. 15, 2009다41533).
2) 김도창, 행정법(하), p. 409; 이상규, 행정법(하), p. 397; 박윤흔, 행정법(하), p. 445.

임차권 기타의 제한적 처분권을 취득하거나 소유자의 동의(임의적 공용부담)를 얻어야 한다. 아무런 권원 없이 행한 공용개시행위는 무효는 아니나 위법한 것으로서,[1] 소유자는 당해 행위의 취소에 따른 토지의 반환청구를 하거나 손해배상 또는 부당이득반환청구를 할 수 있을 것이다.[2]

## 2. 공용물의 성립

공용물은 행정주체가 자기의 사용에 제공하는 물건이므로 그 성립에는 특별한 의사표시를 요하지 않고, 다만 사실상 필요한 구조를 갖추어 그 사용을 개시함으로써 성립한다.

## 3. 공적 보존물의 성립

그 성립에는 그 물건을 공적 보존물로 지정하는 특별한 법령의 규정 또는 의사표시가 필요하다. 다만 공적 보존물은 주로 문화적 목적으로 당해 물건을 보전하고자 하는 것이고, 그에 대한 권리의 본질을 해치는 것은 아니므로, 그 지정에 있어서 행정주체가 반드시 그 물건에 대한 권원을 갖고 있어야 하는 것이 아님은 물론, 그에 대한 소유자의 동의가 있어야 하는 것도 아니다. 그러나 공적 보존물로 지정됨으로써 공물로서 일정한 공법적 제한을 받게 되므로 공적 보존물의 지정에 관한 법률은 그 지정의 취지를 관보에 고시함과 동시에 소유권자 등에게 통지하도록 규정하고 있다(문화재보호법 28 등).

## Ⅱ. 예정공물

현재 공용개시는 되고 있지 않으나, 장래 공물로 할 것이 예정되어 있는 물건을 예정공물이라 한다. 구 하천법 제11조상의 하천예정지가 그 예이었으나, 현행 하천법은 이를 폐지하였다. 예정공물은 공물에 준하는 취급을 하는 것이 보통인데, 전기한 하천법 제11조는 하천예정지에 대하여 하천법의 일부 규정을 준용할 수 있게 하고 있었다. 이러한 규정들은 당해 물건을 장래 공

---

1) Wolff/Bachof, Verwaltungsrecht Ⅰ, 9. Aufl., p. 491.
2) 우리 대법원은 권원없이 사인의 토지를 도로부지로 한 경우에 있어 그로 인한 손해배상청구 또는 부당이득반환청구는 인정하나(대판 1989. 1. 24, 88다카6006), 도로법 제 5 조가 도로부지에 대한 사권행사를 제한하고 있음을 이유로, 당해 토지의 인도청구는 인정하지 아니하였다(대판 1968. 10. 22, 68다1317).

적 목적에 공용함에 있어 지장이 없도록 하기 위한 것이다.

## Ⅲ. 공물의 소멸

공물이 공물로서의 성질을 상실하는 것을 공물의 소멸이라 한다.

### 1. 공공용물의 소멸

자연공물과 그 밖의 공물에 따라 다르다.

#### (1) 자연공물

다수설은 자연공물에 있어서는 그 자연적 상태의 영구확정적 멸실에 의하여 당연히 공물로서의 성질을 상실하며, 공물주체에 의한 특별한 의사표시를 요건으로 하지 않는다고 보고 있다(예컨대, 공유하천이 하천공사 또는 홍수 기타 자연현상으로 하천의 유로가 변경되어 하천구역에서 제외되었을 때에는 구하상, 즉 폐천부지는 공물로서의 성질을 상실한다고 본다)($\substack{하천법 84 \\ 이하 참조}$).

자연공물이 현재의 통설적 견해와 같이 행정주체의 별도의 의사적 행위 없이 당연히 공물로서의 성질을 취득한다고 한다면, 자연적 상태의 영구확정적 멸실의 경우에는 별도의 행정주체의 의사적 행위 없이도 공물로서의 성질을 상실한다고 보는 것이 타당할 것이다. 그러나 판례는 국유하천부지가 대지화되어 본래의 용도에 공여되지 않고 있었다거나 또는 갯벌이 간척에 의하여 갯벌로서의 성질을 상실하였다고 하여도 용도폐지처분이 없는 한 당연히 일반재산이 되는 것은 아니라고 하고 있다($\substack{대판 1997. 8. 22, 96다10737; \\ 대판 1993. 12. 24, 93다35131}$).

#### (2) 인공공물

인공공물은 공용폐지행위에 의하여 소멸하며, 그 구조의 영구확정적 변화를 요하는 것은 아니다. 공용폐지란 공물관리주체가 당해 공물을 공공목적에 제공하는 것을 폐지하는 행위이다. 예컨대 도로의 공용폐지에 의하여($\substack{도로법 \\ 21}$) 당해 도로는 도로법상의 도로(공물)로서의 성질을 상실하고 그 공용관계도 소멸하게 된다.

문제는 공공용물의 형체적 요소가 멸실된 경우에도 항상 공용폐지의 명시적 의사표시를 요하는지의 여부이다. ① 법령에 명시적 의사표시를 요한다는 규정을 두고 있는 경우에는 그에 따라야 할 것이다. 그러나, ② 법령상 특별한 규정이 없는 경우에 있어서는 명시적 의사표시를 요한다는 견해와 묵시

적 의사표시로 충분하다는 견해가 있다. 공공용물은 일반 공중의 이용에 제
공되고 있는 것이므로, 그 법률관계를 명확히 할 필요가 있고, 또한 공용폐지
는 공용개시행위를 철회하는 의미를 가진다는 점을 고려하면, 원칙적으로 명
시적 의사표시를 요한다고 할 것이다. 다만 주위의 사정으로 보아 객관적으
로 공용폐지의 의사의 존재를 추측할 수 있는 때에는 묵시적 의사표시가 있
는 것으로 볼 것이다. 이것이 통설이다.[1] 판례도 원칙적으로는 묵시적 의사표
시에 의한 공용폐지도 인정하고 있으나, 그것은 극히 예외적인 경우에 한정
된다고 판단하고 있는 것으로 보인다. 판례는 예컨대 행정재산이 그 본래의
용도에 사용되고 있지 않다고 하여도 그 사실만으로 공용폐지의 의사표시가
있었다고 볼 수는 없다고 하고 있다.[2]

공용폐지가 된 경우에는 그 물건은 공물로서의 성격을 상실하고 그에 대
한 공법적 제한은 해제되어 완전한 사권의 대상이 된다.

### 2. 공용물의 소멸

이 문제에 대해 다수설은, 공용물은 사실상 그 사용을 폐지함으로써 공
물로서의 성질을 상실하며, 그에 있어서는 행정주체의 특별한 의사표시를 요
하지 않는다고 보고 있다. 그러나 판례는 공용물의 경우에도 그 소멸에는 명
시적 또는 묵시적 공용폐지행위가 필요하다고 보고 있다(대판 1997.3.14, 96다43508).

### 3. 공적 보존물의 소멸

공적 보존물은 그 지정해제의 의사표시에 의하여 소멸한다. 문화재청장
은 지정문화재가 국가지정문화재로서의 가치를 상실하거나 그 밖에 특별한

---

1) 김도창, 행정법(하), p. 414; 이상규, 행정법(하), p. 402; 박윤흔, 행정법(하), p.
453; 이명구, 행정법원론, p. 706; 석종현, 행정법(하), p. 425.
2) 판례
"행정재산은 공용이 폐지되지 않는 한 사법상의 거래의 대상이 될 수 없으므로 취
득시효의 대상이 되지 않는다. 공용폐지의 의사표시는 명시적이든 묵시적이든 상관없
으나 적법한 의사표시가 있어야 하고, 행정재산이 사실상 본래의 용도에 사용되지 않
고 있다는 사실만으로는 용도폐지의 의사표시가 있었다고 볼 수는 없다"(대판 1994.
9. 13, 94다12579).
이 사건에서 대법원은 오랫동안 도로로서 사용되지 않은 토지가 일부에 건물이 세
워져 있고, 그 주위에 담이 둘러져 있어 사실상 대지화되어 있다고 하더라도 관리청의
적법한 의사표시에 의한 것이 아니라, 그 인접토지의 소유자 등이 임의로 토지를 봉쇄
하고 독점적으로 사용해 왔던 것이라면, 관리청이 묵시적으로 토지의 도로로서의 용도
를 폐지하였다고 볼 수는 없다고 결정하였다.

사유가 있는 때에는 그 지정을 해제할 수 있다($\begin{smallmatrix}문화재보호\\ 법\ 31①\end{smallmatrix}$).

　　공적 보존물의 형태가 영구히 멸실되어 회복할 수 없게 된 때에는 이를 그 소멸사유로 보는 견해와 그 지정해제사유에 그치는 것으로 보는 견해가 있다. 전자의 관점에서는 지정해제는 소멸사실의 확인행위에 불과한 것으로 보게 된다.[1]

## 제 3 항　공물의 법률적 특색

### Ⅰ. 개　　설

　　공물은 직접 공공목적에 공용된 물건이므로 그 목적을 달성하기 위하여 필요한 한도에서 사법의 적용대상에서 제외되어, 정도의 차이는 있으나 특수한 법적 규율을 받게 되며, 그에 따라 공물에는 일정한 법적 특색이 인정되고 있다. 그 범위에 대하여는 공물에 대한 공물주체의 권리의 성질과 관련하여 학설이 대립하고 있는바, 다음에서는 이 문제를 간단히 살펴보기로 한다.

　　다만 공물은 공공목적에 공용된 물건에 대하여 실정법상 특수한 규율이 가하여지고 있다는 점에 착안하여 정립된 관념이므로, 그 법적 특색도 실정법적 관점에서 검토하여야 할 것이다.

### Ⅱ. 공물상의 권리의 성질

#### 1. 공소유권설

　　이 설은 공물의 공공성을 중시하여 공물에 대한 사법의 적용을 배제하고 공물에 대한 사권의 성립을 부정하여, 공물은 오로지 공법의 적용을 받는 공소유권의 대상으로만 이해하는 입장이다. 「오토 마이어」에 의하여 대표되는 입장으로서, 「프랑스」행정법상의 「공물법제(domaine public)」가 그에 해당한다.

#### 2. 사소유권설

　　이 설은 공물도 본질적으로는 사물과 같이 사법의 적용을 받고 사권의

────────────

1) 이상규, 행정법(하), p. 403.

대상이 되는 것이 원칙이나, 그 공공목적의 달성에 필요한 범위 안에서 그 적용이 배제된다고 본다.

위의 두 가지 견해는 공물의 법제에 관하여 있을 수 있는 두 개의 유형 (Idealtypus)을 보여 주는 것이기는 하나, 실정법상 어느 한 유형을 택하여야 하는 것은 아니고, 공물의 목적달성과 관련하여 입법정책적으로 결정될 문제이며, 따라서 두 가지 법제는 병용될 수도 있다. 우리 실정법 중에서 하천법은 종래 공소유권설에 입각하고 있었으나 최근 사소유권설적 입장으로 개정되었고($\frac{법}{4②}$), 도로법은 종래부터 계속 사소유권설에 입각하고 있다($\frac{법}{4}$).

## Ⅲ. 우리 실정법상의 공물의 법률적 특색

위에서 적은 바와 같이 공물은 공공목적에 제공되고 있는 물건이므로, 그 목적달성을 위하여는 일정한 한도에서 사법의 적용이 배제되고 특수한 법적 규율을 받는다. 구체적으로 어느 범위에서 사법의 적용이 배제되고 특수한 규율이 가하여질 것인가는 실정법상의 문제로서 각국의 법제에 따라 다르고, 또한 같은 국가에 있어서도 개별법에 따라 차이가 있다.

현행법상 공물에 관한 법률로서는 국유공물에 관한 일반법으로서 국유재산법, 그리고 공유공물에 관한 일반법으로서 공유재산 및 물품 관리법이 있고, 개별법으로서는 하천법·도로법·문화재보호법 등이 있다.

다음에서는 우리 실정법상 인정되고 있는 공물의 특색 중에서 공통적인 것만을 살펴보기로 한다.

### 1. 융통성의 제한

공물은 공공목적에 제공된 물건이므로, 그 목적수행에 필요한 한도 안에서 사법상 거래(매매·증여·양도·지상권의 설정 등)의 대상에서 제외되는 경우가 많은데, 이것을 공물의 불융통성이라 한다. 그러나 이러한 공물의 불융통성은 공물이기 때문에 당연히 인정되는 것은 아니고, 공공목적의 달성에 필요한 한도 안에서만 그 융통성이 제한되는 데 그치는 것인바, 그 정도는 공물의 종류에 따라 달라진다.

1) 국유재산법은 국유의 행정재산에 대한 사권설정을 부정하면서($\frac{법}{11②}$), 그 용도 또는 목적에 장애가 되지 않는 범위에서 그 사용을 허용하고 있다($\frac{동법}{30}$).

공유재산 및 물품 관리법도 공유재산에 대하여 유사한 규정을 두고 있다($\frac{\text{동법}}{19 \cdot 20}$).

2) 도로법은 "도로를 구성하는 부지, 옹벽, 그 밖의 시설물에 대해서는 사권(私權)을 행사할 수 없다. 다만, 소유권을 이전하거나 저당권을 설정하는 경우에는 사권을 행사할 수 있다"고 규정하여($\frac{\text{법}}{4}$), 도로를 구성하는 토지 기타의 물건이 사소유권의 대상이 되는 것임을 전제로 하고, 직접 도로의 목적달성을 방해할 우려가 있는 사권의 행사를 제한하고 있다. 하천법도 하천을 구성하는 토지와 그 밖의 하천시설에 대한 사권을 행사할 수 없다고 하면서도, ① 소유권을 이전하는 경우, ② 저당권을 설정하는 경우, ③ 하천점용허가를 받아 그 허가받은 목적대로 사용하는 경우에는 그러하지 아니하다고 하여($\frac{\text{법}}{4②}$), 공물인 하천에 대하여도 제한적으로 사권설정, 행사 등을 인정하고 있다.

3) 문화재보호법은 국가지정문화재의 소유자가 변경된 경우에는 문화재청장에게 신고하도록 하고 있다($\frac{\text{법}}{40}$).

## 2. 강제집행의 제한

공물이 민사집행법에 의한 강제집행의 대상이 될 수 있는지에 대하여는 견해가 갈리고 있다.

### (1) 부 정 설

이 설은 공물에 대한 강제집행은 공물목적을 저해할 우려가 있으므로 인정될 수 없다고 본다.

### (2) 긍 정 설

이 설은 공물은 공물이라는 이유만으로 당연히 강제집행의 대상에서 제외되는 것은 아니라고 본다. 국유공물에 대한 강제집행은 할 수 없으나, 그것은 국가에 대한 강제집행은 국고금의 압류에 의하도록 한 민사집행법의 규정($\frac{\text{법}}{192}$)에 기인한 것일 따름이라고 본다.

생각건대 강제집행의 인정 여부는 당해 공물에 대한 사권설정(융통성)이 인정되는지의 여부에 따라 판단되어야 할 것으로 본다. 그 융통성이 인정되는 한도 안에서는 국유 또는 공유공물이든 사유공물이든지를 막론하고 강제집행은 가능하다 할 것이다.

그러나 국유·공유공물에 대하여는 사권설정이 인정되지 않으므로($\frac{\text{국유재산}}{\text{법 11,}}$ $\frac{\text{공유재산및물}}{\text{품관리법 19}}$) 강제집행의 대상이 될 수 없으며, 결과적으로 사유공물만이 강제집행의 대상이 될 수 있을 뿐이다. 다만 사유공물의 경우에도 강제집행에 의한 소유권의 취득 이후에도 그 물건에 대한 공물로서의 제한은 여전히 존속하는 것임은 물론이다.

### 3. 취득시효의 제한

사물의 경우 원칙적으로 부동산은 20년간(소유자로 등기한 경우는 10년), 동산은 10년간 소유의 의사로서 평온·공연하게 점유를 계속하면 시효로 소유권을 취득한다($\frac{민법}{245\cdot246}$). 이러한 민법상의 취득시효에 관한 규정이 공물에도 적용되는지에 대하여는 견해가 갈리고 있다.

#### (1) 부 정 설

이 설은 공공목적에 공용된 공물을 민법이 정하는 기간 동안 소유의 의사로 평온·공연하게 점유한다는 것은 이론적·실제적으로 공물의 존재목적이나 그를 위한 관리와 양립할 수 없으므로, 공물은 시효취득의 대상이 될 수 없다고 본다. 그러나 이 설은 묵시적 공용폐지를 인정하여, 어떠한 공물에 대한 취득시효의 요건사실이 존재한다고 한다면, 그것은 곧 당해 공물이 공물로서의 목적에 공용되고 있지 아니하다는 사실이 일정 기간 계속되고 있음을 나타내는 것으로서, 그러한 경우에는 그 물건에 대하여는 묵시적 공용폐지가 있은 것으로 볼 수 있다고 하고 있다.[1] 판례도 공물은 공용폐지가 없는 한 취득시효의 목적이 될 수 없다고 하여 부정설을 취하고 있다.[2]

#### (2) 긍 정 설

1) 제한적 시효취득설  공물은 융통성이 인정되는 범위 안에서 시효취득의 대상이 될 수 있으나, 그 후에도 공공목적에 제공하여야 하는 공법상

---

1) 이상규, 행정법(하), p. 450.
2) 판례
  "국유 또는 공공단체의 소유재산으로서 그 각 행정목적을 위하여 공용되어 있는 부동산은 그 공용이 폐지되지 않는 한, 그것이 사인의 점유로 인한 소유권취득의 대상이 될 수 없다"(대판 1968. 8. 30, 68다1198).
  판례
  "원심이 도로와 같은 공용물은 그 도로를 관리하는 권한 있는 관청이 공용폐지의 의사표시를 하여 그 공용이 폐지된 후가 아니면 취득시효의 목적물이 될 수 없다고 판단하였음은 정당하다"(대판 1967. 11. 28, 66다2238).
  판례
  "행정목적을 위해 공용하는 행정재산은 공용폐지가 되지 아니하는 한 사법상 거래의 대상이 될 수 없으므로 취득시효의 대상이 될 수 없다"(대판 1983. 6. 14, 83다카181).

제한은 존속한다고 본다.[1]

  2) **완전시효취득설**  공물의 평온·공연한 점유가 계속되고 관리자도 그대로 방치한 경우에는 공물에 대한 묵시적 폐지가 있었던 것으로 인정되므로, 공물에 대한 완전한 시효취득이 이루어진다는 견해이다.[2]

  부정설이 적절히 지적하는 바와 같이 평온·공연한 점유라는 시효취득의 요건은 공물의 존재목적이나 그를 위한 현실적 관리와는 맞지 않는다고 할 것이다. 따라서 공물의 시효취득이 인정되기 위하여는 그 공용폐지가 있어야 한다고 본다. 앞에서 본 바와 같이, 학설은 제한적이기는 하나 묵시적 공용폐지를 인정하고 있고, 또한 판례도 원칙적으로는 이를 인정하고 있다. 그러나 그 인정범위는 매우 제한되어 있는 것으로 보인다. 즉 판례는 공공용 또는 공용의 행정재산은 그 본래의 용도에 공여되지 않는 상태에 있다고 하여도 공용폐지를 하지 아니하는 한 일반재산으로서 시효취득의 대상이 되지는 아니한다고 하면서, 이러한 공용폐지의 의사표시는 명시적이든 묵시적이든 상관없다고 하고 있다.

  그러나 판례는 예컨대 국유하천부지가 대지화되어 본래의 용도에 공여되지 않고 있었다거나($^{대판 1997. 8.}_{22, 96다10737}$) 또는 갯벌이 간척에 의해서 갯벌로서의 성질을 상실하여 사실상 본래의 용도에 공여되지 아니하였다($^{대판1993. 12.}_{24, 93다35131}$)는 사실만으로는 공용폐지의 의사표시가 있었다고 볼 수 없다고 하고 있다. 묵시적 공용폐지에 의한 관계부동산의 시효취득을 인정한 판결례는 매우 드문 것으로서, 예컨대 대법원은 학교 교장이 학교 밖에 위치한 관사를 용도폐지한 후 재무부로 귀속시키라는 국가의 지시를 어기고 사친회 이사회의 의결을 거쳐 개인에게 매각한 사건에서, 이 사건에서의 용도폐지 자체는 국가의 지시에 의한 것으로서 유효하다 아니할 수 없고, 그 후 오랫동안 국가가 위 매각절차상의 문제를 제기하지도 않고, 위 부동산이 관사 등 공공의 용도에 전혀 사용된 바가 없다면, 이로서 이 부동산은 적어도 묵시적으로 공용폐지되어 시효취득의 대상이 되었다고 판시하였다($^{대판 1999. 7.}_{23, 99다15924}$).

  구국유재산법 및 구지방재정법은 국·공유재산을 모두 시효취득의 대상에서 제외하는 명문규정($^{국유재산법 7②,}_{지방재정법 74②}$)을 두고 있었다. 이와 관련하여 헌법재판소는 구국유재산법 제5조 제2항이 국유일반재산도 시효취득의 대상에서 제

---

1) 김도창, 행정법(하), p. 436.
2) 박윤흔, 행정법(하), p. 468.

외하는 것은 위헌이라고 결정하였으며, 또한 동일한 내용의 구지방재정법 제 74조 제 2 항에 대하여도 같은 결정을 한 바 있다.[1]

> "국유잡종재산에 대하여까지 시효취득을 배제하는 것은 국유잡종재산에 대한 관리소홀의 책임을 시효취득자에게 전가하여 시효취득자의 기본권을 희생하고 국가의 이익을 특권적으로 보호하려는 지나치게 불평등한 것으로서 헌법에 명시한「모든 국민은 법 앞에 평등하다」는 일반 법치원리에 어긋나는 위헌적 내용이다"($\binom{\text{헌재결 1991. 5. 13, 89헌가97. 국유}}{\text{재산법 제 5 조 제 2 항의 위헌심판}}$).

그에 따라서 이 두 법률의 관련규정이 개정되어 현재는 일반재산($\binom{\text{구 잡종}}{\text{재산}}$)은 시효취득의 대상이 되는 것으로 되어 있다.

### 4. 공용수용의 제한

공물이 공용수용의 대상이 될 수 있는지의 문제가 있다. 이에 대하여 공물은 행정목적에 제공되어 있는 것으로서, 공물을 수용에 의하여 다른 행정목적에 제공하는 것은 공물 본래의 행정목적에 배치되는 것이므로, 공물을 다른 행정목적에 제공하기 위하여는 공용폐지행위가 선행되어야 한다고 보는 부정설이 다수설의 입장이다. 이 설에서는 "공익사업에 수용되거나 사용되고 있는 토지 등은 특별히 필요한 경우가 아니면 다른 공익사업을 위하여 수용하거나 사용할 수 없다"고 정하고 있는 토지보상법 제19조 제 2 항을 그 실정법상의 근거로 들고 있다. 이 설은 동조상의 수용 또는 사용되고 있는 토지 등이란 기본적으로 공물로서의 토지가 그에 해당될 것인데, 이러한 공물로서의 토지는 다른 행정목적을 위하여 수용할 수 없다는 것이 동조의 기본취지라고 해석하고 있는 것으로 보인다.

이에 대하여 긍정설은 위 규정은 현재 공공목적에 제공되고 있는 토지는 가능한 한 현재의 용도를 유지하기 위하여 수용의 목적물로 할 수 없는 것이 원칙이나, 보다 더 중요한 공익사업에 제공할 필요가 있는 경우에는 공물로서의 토지도 예외적으로 수용의 목적물이 될 수 있는 것으로 규정하고 있는 것으로 해석하고 있다. 이러한 관점에서는 공물도 일정한 경우에는 그 공용폐지행위가 선행되지 않고도 공용수용의 목적물이 될 수 있는 것으로 보게

---

1) 헌재결 1992. 10. 1, 92헌가6.

된다. 이것은 일단 판례의 입장이기도 한 것으로 보인다.[1]

## 5. 공물의 범위결정 및 경계확정

사유토지의 경계확정을 민사소송의 절차에 의하는 것과는 달리, 공물에 대하여는 그 관리청이 일방적으로 그 범위를 결정하는 처분을 행할 수 있게 하고 있는 것이 보통이다. 예컨대 도로구역의 결정 및 고시($도로법\atop25$), 하천구역의 결정 및 고시($하천법\atop2ii\cdot10①$), 공원구역의 지정 및 고시($자연공\atop원법\,6$) 등이 그것이다. 이 경우의 범위결정은 공물의 소유권의 범위를 결정하는 것이 아니라, 공공목적에 제공될 공물의 범위를 구체적으로 확정하는 행위로서, 공물관리권의 발동인 확인적 행정행위이다. 따라서 이에 대하여 불복이 있는 때에는 행정쟁송(행정심판, 행정소송)을 제기하여 다툴 수 있다.

## 6. 공물과 상린관계

공물목적의 달성과 관련하여 관계법이 그에 인접한 토지·물건에 대하여 여러 가지 제한을 가하는 규정을 두고 있는 경우가 많다(예컨대 접도구역($도로법\atop40$) 등에 있어서의 일정 행위의 제한·금지 또는 일정 작위의무의 부과). 그러나 이러한 특별한 규정이 없는 경우에는 민법의 상린관계에 관한 규정($동법\atop216\,이하$)이 유추적용된다고 할 것이다.

## 7. 공물의 설치·관리의 흠으로 인한 손해배상

공물의 설치·관리상의 하자로 인하여 손해를 받은 자는 국가배상법 제 5 조에 기하여 국가 또는 지방자치단체에 그 손해의 배상을 청구할 수 있다.

## 8. 공물의 등기

특히 자연공물은 등기 없이도 "법률의 규정에 의하여"($민법\atop187$) 국유로 되는 경우가 많다($공유수면관리및매\atop립에관한법률\,2$).

---

1) 판례
　"토지수용법은 토지수용법 제 5 조의 규정에 의한 제한 이외에는 수용의 대상이 되는 토지에 대하여 아무런 제한을 하지 아니하고 있을 뿐만 아니라, 토지수용법 제 5 조, 문화재보호법 제20조 제 4 호, 제58조 제 1 항, 부칙 제 3 조 제 2 항 등의 규정을 종합하면 구문화재보호법 제54조의2 제 1 항에 의하여 지방문화재로 지정된 토지가 수용의 대상이 될 수 없다고 볼 수는 없다"(대판 1996. 4. 26, 95누13241).

그러나 이러한 특별규정이 없으면 공물인 부동산에 대하여도 부동산등기법에 의한 등기를 하여야 한다. 국유공물인 부동산의 등기에 있어서는 소유권자의 명의를 「국」으로 하고 소관 중앙관서의 명칭을 함께 기재해야 한다(국유재산법 14②).

## 제 4 항  공물의 관리와 공물경찰

### Ⅰ. 공물의 관리

#### 1. 개  설

공물의 관리란 행정주체가 공물의 목적을 달성하기 위한 일체의 작용을 말한다. 공물에 관한 법규는 공물의 관리기관·관리방법·관리권의 내용 등에 대하여 정하고 있다. 행정주체는 그에 기하여 공물의 유지·수선·보관 등을 하고, 그에 필요한 공용부담을 과하며, 공물을 일반공중의 이용에 제공하거나 그 점용허가를 하고, 공물의 목적달성에 있어서의 장해사유의 예방·제거 등의 행위를 하게 되는바, 이것을 공물의 관리라 한다.

공물의 관리작용은 그 형식에 있어서는 추상적 규칙의 정립인 것, 구체적 처분인 것, 또는 단순한 사실행위인 것 등이 있다. 그것은 또한 비권력적 수단인 것도 있고(유지·수선·보관 등), 권력적인 것(공용개시·공용부담·사용허가·장해제거)도 있다.

#### 2. 공물관리권

##### (1) 의의 및 성질

공물을 관리할 수 있는 공물주체의 권한을 공물관리권이라 한다. 그 법적 성질에 대하여는 견해가 갈리고 있다.

1) **소유권설**    이 설은 공물관리권은 소유권 그 자체에 의한 작용으로 본다.

2) **공법상의 물권적 지배권설**    이 설은 공물의 관리는 소유권주체와는 관계없이 공물의 주체의 지위에서 공물의 목적을 달성하게 하기 위하여 행하는 작용이라는 점에서, 공물관리권은 공물주체의 공권적 권한에 속하는 물권적 지배권으로 본다. 이 설이 통설이다.[1]

---

1) 김도창, 행정법(하), p. 416; 이상규, 행정법(하), p. 413; 박윤흔, 행정법(하), p.

(2) 발동형식

공물관리권은 일반적·추상적인 규정(공물관리규칙)의 형식으로 발동될 때도 있고, 개별적·구체적인 행위의 형식으로서 행정행위(공물의 사용허가) 또는 사실행위(도로 등의 공사)의 형식으로 행해지는 때도 있다.

(3) 공물관리권의 내용

공물관리권의 내용은 당해 공물에 관한 법령 또는 자치법규에 의하여 정하여지는 것이므로, 그 구체적 내용에 있어서는 차이가 있으나, 대체적으로 다음의 몇 가지 사항을 그 공통적인 것으로 들 수 있다.

1) 공물의 범위결정　하천의 구역지정($\frac{하천법 2}{ii \cdot 10①}$), 도로의 구역지정($\frac{도로법}{25}$) 등이 그에 해당한다. 이것은 당해 공물이 공공목적에 공용되는 범위를 확인하는 확인행위로서, 공용개시행위는 다르다.

2) 공용부담　공물주체는 공물의 유지·관리를 위하여 필요한 경우에는 타인의 토지에 일시 출입·사용하거나, 죽목 기타 장애물을 변경·제거할 수 있다($\frac{도로법}{81}$).

3) 공물의 유지·수선·보존　도로 또는 하천의 유지·개축·수선($\frac{도로법}{31}$ 이하, $\frac{하천법}{27}$ 이하) 등이 그것이다. 이 경우 공물관리의 필요상 대장을 정비·조정하는 경우가 많은데, 도로대장의 작성·보관($\frac{도로법}{56}$), 하천시설에 대한 관리대장의 작성·보관($\frac{하천법}{15}$) 등이 그 예이다.

4) 공물목적에 대한 장해의 방지·제거　도로구조의 보전을 위한 차량운행의 제한($\frac{도로법}{77}$), 하천의 보전 등을 위한 하천사용의 금지·제한($\frac{하천법}{46 \cdot 47}$) 등이 그 예이다.

5) 사용료 및 변상금의 부과·징수　공물에 대한 사용·점용허가를 받아 이를 사용·점용하는 자에는 그 사용료 등을 징수한다. 공물의 점용허가를 받지 아니하고 무단으로 점용하는 자에는 그 제재처분으로서 변상금을 부과한다($\frac{도로법}{72}$).

6) 공공목적에의 공용 등　공물을 일반공중의 사용에 제공하거나 특정인을 위하여 그 사용권 또는 점용권 등을 설정하는 작용으로, 공물관리권의 주된 내용을 이루는 것이다.

---

472; 김남진, 행정법(Ⅱ), p. 299; 석종현, 행정법(하), p. 439.

## 3. 공물관리자

공물의 관리는 그에 대한 관리권을 가지는 공물주체인 국가나 지방자치단체가 스스로 관리하는 것이 원칙이나, 예외적으로 그 관리권을 타인에게 위임하는 경우가 있다. 국가하천의 보수에 관한 공사와 유지·관리를 지방하천의 유지·관리자인 시·도지사로 하여금 행하게 하거나($\frac{하천법}{27⑤}$), 국도의 수선 및 유지에 관한 업무를 시·도지사로 하여금 행하게 하는 것 등이 그 예이다.

## 4. 공물관리와 비용부담

공물관리에 소요되는 비용은 공물주체가 부담하는 것이 원칙이나, 법률상 특례가 인정되는 경우가 있다. 예컨대 국가가 관리하는 공물의 관리비용의 전부 또는 일부를 관계 지방자치단체에게 부담시키거나($\frac{하천법}{61}$), 사인에게 부담시키거나($\frac{하천법}{60}$), 국가와 지방자치단체 상호간에 그 이해관계의 정도에 따라 분담하는 경우($\frac{지방재정}{법\ 21②}$)가 그것이다. 공물의 관리비용을 지방자치단체 또는 사인에게 부담시키는 경우에는 공물에 관한 비용에 충당하기 위한 부담금, 통행료·점용료 등의 수입은 원칙적으로 해당 지방자치단체 또는 사인의 수입으로 한다($\frac{하천법}{65\ 등}$).

# Ⅱ. 공물경찰

## 1. 개    설

공물경찰이란 경찰권의 주체가 일반경찰권에 의거하여, 공물의 사용과 관련하여 발생하는 사회공공의 안녕·질서에 대한 위해를 예방·제거하기 위하여 행하는 작용을 말한다. 공물의 일반사용과 관련하여 사회공공의 안전·질서에 대한 위해를 발생시키는 경우가 있는바, 그 한도에서는 경찰권 발동의 대상이 되는 것이다. 도로통행의 금지 또는 제한조치가 그 예에 해당한다.

위에서 본 바와 같이 공물목적의 달성에 장해가 되는 사실에 대하여는 공물관리권의 발동으로서 이를 방지 또는 제거할 수도 있는바, 이 경우 공물경찰과의 관계가 문제된다.

## 2. 공물관리와 공물경찰의 구별

양자는 다 같이 공물에 대하여 행하여지기 때문에 동일한 공물에 대하여 경합적으로 행하여지기도 하여, 그 구별이 분명하지 않은 경우가 있다. 그러나 양자는 그 목적·권력적 기초·발동범위·위반행위에 대한 제재 및 강제수단 등에 있어서 차이가 있다.

1) 목    적    공물관리는 적극적으로 공물 본래의 목적을 달성시키기 위하여 행하여지는 작용인 데 대하여, 공물경찰은 소극적으로 공물사용관계상의 질서를 유지하여 그 사용관계에서 발생할 수 있는 사회공공의 안녕·질서에 대한 위해를 예방 또는 제거할 목적으로 행하여지는 작용인 점에서 양자는 다르다.

2) 권력적 기초    공물관리는 공물관리권의 발동인바, 공물관리권은 공물주체가 공물에 대하여 가지는 지배권인 데 대하여, 공물경찰은 일반경찰권의 발동으로 행하여지는 것이다.

3) 발동범위    공물관리권에 기하여서는 공물의 계속적인 독점적 사용권을 설정할 수 있는 데 대하여, 공물경찰의 발동으로서는 공물사용관계의 질서를 유지하기 위한 관점에서 상대적으로 금지되고 있는 행위를 일시적으로 허가할 수 있을 따름이다.

4) 위반행위에 대한 제재 및 강제수단    공물관리관계의 의무에 위반한 자에 대하여는 원칙적으로 그 사용관계에서 배제할 수 있음에 그치고(예컨대, 도로의 사용허가의 취소에 의하여 도로를 적법하게 사용할 수 없게 하는 것), 법률에 특별한 규정이 없는 한 제재를 과하거나 행정상의 강제집행을 할 수는 없다. 이에 대하여 공물경찰상의 의무위반행위는 행정벌 또는 행정상 강제집행의 대상이 된다.

## 3. 공물관리와 공물경찰과의 관계

위에서 본 바와 같이 공물관리와 공물경찰은 구별되는 것이나 현실적으로는 동일한 공물에 대하여 양자가 경합적으로 행사되는 경우도 적지 않다. 예컨대 도로관리청이 '도로의 구조를 보전하고 차량 운행으로 인한 위험을 방지하기 위하여 차량의 운행을 제한'($\frac{도로법}{77①}$)하는 공물관리작용과 경찰서장이 '도로에서의 위험을 방지하고 원활한 소통을 확보하기 위하여' 도로 통행을 금지 또는 제한(도로교통 법 6②)하는 공물경찰작용이 경합하는 경우가 그것이다.

이러한 경우 이들 작용은 각각 별개의 작용으로 서로 독립된 효력을 가지는 것이므로 상호의 권한은 존중되어야 한다. 그러나 이들 작용은 경우에 따라서는 국민에게 불필요한 이중부담을 줄 수도 있는 것이므로, 내부적인 조정이 필요하다 할 것이다(도로교통법 70 참조).

또한 예컨대 도로에서의 시가행진이나 고수부지에서의 정치집회와 같이 공공의 질서에 장해를 야기할 우려가 있는 공물의 사용관계에 있어서는, 공물관리자의 허가 외에 경찰허가도 아울러 얻어야 할 것이다.

## 제 5 항   공물의 사용관계

### Ⅰ. 공물사용관계의 의의

공물의 사용에 관하여 공물주체와 사용자와의 사이에 발생하는 법률관계를 공물의 사용관계라 한다. 공물의 사용관계는 공공용물과 공용물에 따라 다르다. 공공용물은 일반공중의 사용에 제공함을 그 목적으로 하는 것이므로 그 사용관계가 당연히 예정되어 있는 데 대하여, 공용물은 행정주체 자신의 사용에 제공함을 그 본래의 목적으로 하는 것이므로, 단지 부차적으로 그 본래의 목적을 방해하지 않는 한도에서 그 사용관계가 문제로 됨에 그친다.

다음에서는 공공용물을 중심으로 그 사용관계를 검토하기로 한다.

### Ⅱ. 공물사용의 법률형태

공물의 사용관계는 그 사용방법을 기준으로 하여 일반사용과 특별사용으로 나누는 것이 보통이다. 일반사용이란 공물을 그 본래의 목적에 따라 자유로이 사용하는 것이고, 특별사용은 일반사용의 범위를 넘어서는 사용을 말한다. 특별사용은 다시 그 사용의 법률상의 성질에 따라 허가사용·특허사용·관습상의 특별사용 및 행정재산의 목적외사용으로 나누어진다.

#### 1. 일반사용(Gemeingebrauch)

공물의 일반사용에 대하여는 보통 이것을 공공용물과 공용물의 경우로 나누어 검토하면서, 공공용물에 대하여는 그 일반사용이 당연히 인정되는 데 대하여, 공용물은 본래 행정주체의 사용에 제공함을 목적으로 하는 것이므로 그 본래의 목적을 방해하지 않는 한도에서 예외적으로 일반사용이 허용된다고 하고 있다. 그 예로서는 예외 없이 국립대학 구내의 자유통행을 들고 있다.[1] 그러나 이 경우는 현실적으로는 일반사용과 다르지 않게 행하여지는 것이 보통이기는 하나, 그 법적 성격은 공물주체의 묵시적 허가에 의한 사용으로 보는 것이 그 타당한 해석일 것으로 본다.

이러한 관점에서 공물의 일반사용은 공공용물에만 인정된다고 보아, 그에 한하여 검토하기로 한다.

(1) 의    의

공물을 그 본래의 공용목적에 따라 타인의 공동이용을 방해하지 않는 한도에서 자유로이 사용하는 것을 말한다. 자유사용 또는 보통사용이라고도 한다. 공공용물은 일반공중의 사용에 제공함을 그 본래의 목적으로 하는 것이므로, 누구든지 타인의 공동사용을 방해하지 않는 한도에서는 허가 기타 특별한 행위를 요하지 않고 당연히 이를 자유로이 사용할 수 있는 것이다. 도로의 통행, 하천에서의 수영, 공원에서의 산책 등이 그 전형적 예이다.

일반사용의 범위는 법령에 특별한 규정이 없는 한, 일반사회통념과 지방적 관습에 의하여 결정된다 할 것이다.

(2) 인접주민의 일반사용

도로에 인접하여 주택이나 상점을 가지고 있는 자는 그 생활 또는 경제활동에 있어 당해 도로의 이용의 빈도나 필요성이 일반인에 비하여 훨씬 큰 것임은 물론이다. 이러한 사실을 감안하여, 독일 행정법의 경우 도로나 하천의 인접주민에 대하여 당해 공물에 대하여 일반인의 일반사용권을 넘어서는 「고양된 일반사용(권)」이 인정된다고 보고 있다. 이것을 「인접주민권(Anliegersrecht)」이라고도 한다. 그에 해당하는 것으로 상점 앞의 도로상에 소규모의 선전판을 설치하거나, 물건의 적재·하적을 위하여 차량을 주차시키거나, 건물의 수리·증축 등을 위하여 일정기간 건축자재를 적치하는 등의 행위를 할 수 있는 것 등을 들 수 있을 것이다.

---

1) 김도창, 행정법(하), pp. 420~422; 이상규, 행정법(하), pp. 418~420; 박윤흔, 행정법(하), pp. 478~481; 김남진, 행정법(Ⅱ), pp. 289~292; 이명구, 행정법원론, pp. 716~717.

이러한 고양된 일반사용권 또는 인접주민권의 성질에 관하여는 다툼이 있으나, 그에 기하여서 당해 도로의 폐지나 구조변경 등에 대항할 수 없다는 점에서 그것은 본질적으로 일반사용권의 한 유형으로 보는 것이 일반적 견해이다.[1]

이러한 의미의 인접주민의 고양된 일반사용권 또는 인접주민권의 이론은 그 구체적 내용이나 범위는 별문제로 하더라도, 그 법리 자체는 우리나라의 공물법에서도 인정될 수 있을 것으로 본다. 우리 판례는 최근에 이 법리를 명시적으로 인용한 바 있다.[2]

### (3) 일반사용의 법적 성질

일반사용의 성질에 관하여는 반사적 이익설과 공권설이 대립하고 있다.

1) 반사적 이익설　　이 설은 공물의 일반사용에 있어서는 공물이 일반공중의 사용에 개방된 결과 그 반사적 이익으로서 사용의 자유를 누림에 불과하고, 사용의 권리가 설정된 것은 아니라고 본다. 종래의 통설이다.[3]

2) 공법상 권리설　　이 설은 공물의 일반사용상의 이익은 단순한 반사적 이익은 아니고, 공법상의 권리 또는 법률상 보호되는 이익으로 본다. 그 근거는 헌법상의 환경권에서 구하는 입장도 있고,[4] 보다 일반적으로 생활권적 기본권에서 찾는 입장도 있다.[5]

3) 결　　어

㈎ 공권설이 타당하다고 본다. 그러나 그 권리성의 인정에 있어서는 헌법상의 환경권이나 생활권적 기본권이 직접적인 근거가 되는 것은 아니고 관

---

1) Wolff/Bachof, Verwaltungsrecht I, 1974, pp. 512~516; Hans-Jürgen Papier, Recht der öffentlichen Sachen, 1984. p. 18.

2) 판례

"공물의 인접주민은 다른 일반인보다 인접공물의 일반사용에 있어 특별한 이해관계를 가지는 경우가 있고, 그러한 의미에서는 다른 사람에게는 인정되지 아니하는 이른바 고양된 일반사용권이 보장될 수 있으며, 이러한 고양된 일반사용권이 침해된 경우 다른 개인과의 관계에서 민법상으로도 보호될 수 있으나, 그 권리도 공물의 일반사용의 범위 안에서 인정되는 것이므로, 특정인에게 어느 범위에서 이른바 고양된 일반사용권으로서의 권리가 인정될 수 있는지의 여부는 당해 공물의 목적과 효용, 일반사용관계, 고양된 일반사용권을 주장하는 사람의 법률상의 지위와 당해 공물의 사용관계의 인접성, 특수성 등을 종합적으로 고려하여 판단하여야 한다. 따라서 구체적으로 공물을 사용하지 않고 있는 이상 그 공물의 인접주민이라는 사정만으로는 공물에 대한 고양된 일반사용권이 인정될 수 없다"(대판 2008. 12. 22, 2004다68311).

이 판례 이전의 것으로서 특정 도로에 대한 특별한 이익을 가지는 일반사용자에게 그 폐치처분을 다툴 원고적격을 인정한 대판 1992. 9. 22, 91누13212 판결도 이 법리에 입각한 것으로 볼 수 있을 것이다.

3) Forsthoff, Lehrbuch des Verwaltungsrechts, 1972, p. 20.

4) 김도창, 행정법(하), p. 412.

5) 이상규, 행정법(하), pp. 419~420.

계법의 해석에서 구하여야 하며, 환경권이나 생활권적 기본권 등의 헌법상의 권리는 관계법의 해석에 있어 그 준거기준이 되는 데 그친다고 본다.

생각건대 공공용물은 일반공중의 자유로운 사용에 제공된 것이라는 점에서 보면, 관계법의 목적은 당해 공물을 국민 일반 및 개개인의 자유로운 사용에 제공함에 있는 것이다. 이러한 관계법의 목적에 따라 개인은 당해 공물을 자유로이 사용할 수 있는 공법상의 권리가 인정되는 것이다. 개인의 이러한 공물의 자유사용권에 대한 행정권의 위법한 침해에 대하여는 공법상의 배제청구권이 인정되고, 또한 그로 인한 손해에 대하여는 행정상 손해배상을 청구할 수 있을 것이다.

(나) 이러한 공물의 자유사용권은 행정주체와의 관계에서 인정되는 공법상의 권리이나, 그것은 일상생활에 있어서 필수적인 것이므로 민법상으로도 보호된다고 할 것이다. 따라서, 예컨대 도로의 자유사용이 제3자에 의하여 방해된 경우에는, 통행의 자유권을 근거로 하여 자유사용의 방해배제를 구하는 권리가 인정된다고 할 것이다.[1]

(다) 공물의 자유사용권은 본질적으로는 그 자유사용의 침해를 배제하는 데 그치는 소극적 권리이며, 따라서 이 권리에 기하여 도로의 폐지나 구조변경 등에 대항할 수는 없다고 본다.[2]

그러나 인접주민의 경우 기존의 도로 이외에는 다른 통행수단이 없는 등의 특별한 여건하에서는 그 폐지에 대항할 수 있는 이익이 인정될 수 있는 경우도 상정될 수 있을 것이다.[3]

---

1) 판례
"공로에 대하여는 공로이용자는 다른 공로이용자가 그 도로에 대하여 가지는 이익 내지 자유를 침해하지 않는 정도 내에서 자기의 생활상 필요한 행동을 자유로이 할 수 있는 사용의 자유권을 가진다. 이것은 사용의 반사적 이익에 그친다 할 수 없고 동 사용의 자유권은 공법관계에서 유래하는 것이나 각자가 일상생활상 제반의 권리를 행사하는 데 있어서 불가결의 것이므로 이에 대하여는 민법상의 보호가 필요함은 조리상 당연하다 할 것이고, 따라서 어떤 공로이용자가 위 권리를 방해당한 때에는 민법상 불법행위의 문제를 야기하여 그 방해가 계속되는 한 그 배제를 구할 권리를 가진다" (대구지판 1965. 6. 15).

2) Salzwedel, in: Erichsen/Martens, Allgemeines Verwaltungsrecht, 1975, p. 328.

3) 판례
"일반적으로 도로는 국가나 지방자치단체가 직접 공중의 통행에 제공하는 것으로서 일반국민은 이를 자유로이 이용할 수 있는 것이기는 하나, 그렇다고 하여 그 이용관계로부터 당연히 그 도로에 관한 특정한 권리나 법령에 의하여 보호되는 이익이 개인에게 부여되는 것이라고까지는 말할 수 없으므로, 일반적인 시민생활에 있어 도로를 이용만 하는 사람은 그 용도폐지를 다툴 법률상의 이익이 있다고 말할 수 없지만, 공공용재산이라고 하여도 당해 공공용재산의 성질상 특정 개인의 생활에 개별성이 강한

㈜ 공물의 자유사용은 공공목적의 범위 내에서 인정되는 소극적인 권리이므로, 공공용물에 대한 적법한 개발행위 등으로 인하여 그 사용이 제한되는 경우에도 특별한 사정이 없는 한 손실보상의 대상이 되는 특별한 희생에 해당하지 않는다.[1]

(4) 일반사용의 제한

공물의 자유사용도 그 본래의 목적 또는 공공질서의 범위 안에서 허용되는 것이므로, 그 한도 내에서 법령·조례 또는 그에 의거한 공물규칙이 정하는 바에 의하여 제한되거나, 경찰목적상의 관점에서 제한될 수 있다.

(5) 사 용 료

공물의 일반사용에 대하여는 사용료를 징수하지 않는 것이 원칙이나, 예외적으로 법령 또는 조례가 정하는 바에 의하여 사용료를 징수하는 때가 있다(지방자치법 139). 사용료가 징수되는 경우에도 그에 의하여 당해 공물의 자유사용의 성질이 변질되는 것은 아니다.

**2. 허가사용**(Gebraucherlaubnis)

특별사용의 허가라고도 한다. 이하에서는 공공용물과 공용물의 경우를 나누어 검토한다.

(1) 공공용물의 허가사용

1) 의     의     공공용물의 사용이 일반사용의 통상적 범위를 넘어서 타인의 공동사용에 지장이 있거나 사회공공의 안녕질서에 장해를 미칠 우려가 있는 때에 공공의 질서유지 또는 공동사용관계의 조정의 견지에서 그러한 행위를 일반적으로 제한하고, 특정한 경우에 그 제한을 해제하여 그 사용을 허

---

직접적이고 구체적인 이익을 부여하고 있어서 그에게 그로 인한 이익을 가지게 하는 것이 법률적인 관점으로도 이유가 있다고 인정되는 특별한 사정이 있는 경우에는 그와 같은 이익은 법률상 보호되어야 할 것이고, 따라서 도로의 용도폐지처분에 관하여 이러한 직접적인 이해관계를 가지는 사람이 그와 같은 이익을 현실적으로 침해당한 경우에는 그 취소를 구할 법률상의 이익이 있다"(대판 1992. 9. 22, 91누13212).

1) 판례
"일반 공중의 이용에 제공되는 공공용물에 대하여 특허 또는 허가를 받지 않고 하는 일반사용은 다른 개인의 자유이용과 국가 또는 지방자치단체 등의 공공목적을 위한 개발 또는 관리·보존행위를 방해하지 않는 범위 내에서만 허용된다 할 것이므로, 공공용물에 관하여 적법한 개발행위 등이 이루어짐으로 말미암아 이에 대한 일정범위의 사람들의 일반사용이 종전에 비하여 제한받게 되었다 하더라도 특별한 사정이 없는 한 그로 인한 불이익은 손실보상의 대상이 되는 특별한 손실에 해당한다고 할 수 없다"(대판 2002. 2. 26, 99다35300).

용하는 것을 공공용물의 허가사용이라 한다. 경찰허가의 성질을 가지는 것
과 공물관리권에 기하여 행하여지는 규제허가의 성질을 가지는 것이 있는
바,[1] 어느 경우에나 당해 공물의 사용 그 자체는 그 본래의 용법에 따르는
것임은 물론이다.

2) 성  질

㈎ 공물사용의 허가는 공물관리권 또는 공물경찰권의 작용으로 행하여지
나, 어느 경우에도 허가사용은 공물의 자유사용에 대한 일반적 제한·금지를
해제하는 행위에 그치고, 새로이 공물사용의 특별한 권리를 설정하여 주는
행위는 아니라고 보는 것이 통설이다.[2]

㈏ 허가사용의 전제가 되는 일반적 제한·금지는 다수인의 공동사용관계
를 조정하거나 사회공공의 질서에 대한 장해를 방지하기 위한 것이므로, 이
러한 목적과 관련하여 제한 또는 금지할 필요가 없는 이상은 공공용물의 목
적에 따라 그 사용을 허가하여야 할 것이므로, 공물의 사용허가는 그 허가요
건을 충족하는 신청이 있으면 허가를 하여야 하는 기속행위라 할 것이다.

3) 허가사용의 형태

㈎ 공물관리권에 의한 허가사용  다수인에 의한 공물의 사용관계를 조
정하기 위하여 부과되어 있는 일반적 제한·금지를 공물관리권에 의거하여
개개의 경우에 그 금지를 해제하여 당해 공물을 적법하게 사용할 수 있게 하
여 주는 행위이다(예컨대 도로구역 안에서의 공작물의 신설을 위한 도로의 일시적 점용허가: 도로법 61①).

㈏ 공물경찰권에 의한 허가사용  공공용물의 일정한 사용이 공공의 질
서유지라는 경찰상의 목적에서 일반적으로 제한·금지되고 있는 경우에 있
어, 개개의 경우에 그러한 제한·금지를 해제하여 당해 공공용물을 적법하게 사
용할 수 있게 하여 주는 행위이다. 다만 실정법상 그 예는 거의 없다.

4) 허가사용의 내용  그 구체적 내용은 공물의 종류와 관계 법규 및 그
에 의거한 공물규칙이 정하는 바에 따라 다르다. 다만 허가사용은 성질상 일
시적 사용(도로·공원에의 노점 또는 광고판의 설치, 가옥신축중 도로의 일부사용
등)에 국한된다고 할 것이고, 그 범위를 넘어서 공물의 계속적 점용을 내용으

---

1) 공물의 공동사용의 조정적 관점에서 행하여지는 공물의 사용허가를 허가사용과는
   달리 조정사용이라는 항목에서 별도로 고찰하는 입장도 있다(廣岡 隆, 行政法叢論,
   1992, p. 100).
2) 김도창, 행정법(하), p. 422; 이상규, 행정법(하), p. 421; 박윤흔, 행정법(하), p.
   481.

로 하는 것은 공물의 특허사용으로 보아야 할 것이다.

5) 허가사용과 부담  공공용물의 사용허가는 상대방에게 이익을 주는 경우가 많으므로, 그에 따라 상대방에게 사용료의 지급의무 등을 내용으로 하는 부담을 과하는 것이 일반적이다(국유재산법 32①, 공유수면 관리및매립에관한법률 13).

**(2) 공용물의 허가사용**

공용물에 있어서도 그 목적을 방해하지 않는 한도에서 예외적으로 그 사용이 허가되는 경우가 있다(예컨대 관청의 운동장 기타 체육시설의 사용허가).

### 3. 특허사용

**(1) 의    의**

공물관리권에 의하여 일반인에게는 허용되지 않는 특별한 공물사용의 권리를 특정인에 대하여 설정하여 주는 것을 공물사용권의 특허라 하고, 그에 의거한 공물의 사용을 공물의 특허사용이라 한다.

다만 실정법상으로는 허가라는 용어가 쓰이는 경우가 많다. 예컨대 도로법에 의한 도로점용의 허가(도로법 61), 하천법에 의한 하천부지·유수의 점용허가(하천법 33) 등은 도로점용권 또는 하천점용권을 설정하는 것으로, 그에 의거하여 도로에 전주를 세우고 수도관·가스관 등을 매설하거나(도로법 시행령 55), 하천에 수력발전용 댐을 건설하고 유수를 인용하는 등의 행위는 도로 또는 하천의 특허사용에 해당한다.

**(2) 공물사용권 특허행위의 성질**

1) **설권행위**  공물사용의 특허는 법규에 의거한 공물관리권의 작용으로서 특정인을 위하여 일반인에게는 인정되지 않는 특별한 공물사용의 권리를 설정하여 주는 설권적 행위이다.

2) **쌍방적 행정행위**  공물사용권의 특허는 상대방의 신청에 기하여 관리청이 부여하는 것인데, 이 특허행위의 성질에 대하여는 공법상 계약설과 쌍방적 행정행위설이 대립하고 있다. 구체적으로 어느 행위의 유형에 속하는 것인가는 실정법의 규정방식에 따라 달라질 것임은 물론이다.

공물사용권의 특허에 있어서 공물사용권·사용료 등 법률관계의 내용은 법령·조례·공물규칙 내지는 특허명령서에 의하여 획일·정형화되어 있고, 그에 있어 당사자의 자유의사가 개입할 여지는 없는 것이 일반적이다. 따라서 공물사용권의 특허에 있어 상대방의 신청이나 동의가 필요한 것이기는 하나, 그것은 상대방의 협력을 요하는 행정행위에 있어서의 그 성립요건으로서의 신청·동의와 다르지 않은 것이다. 그러한 점에서 볼 때 공물사용권의 특허는 일반적으로는 쌍방적 행정행위라고 보는 것이 옳을 것이다. 실제 이에 관한 대부분의 단행법령은 허가(특허)요건, 사용권의 범위, 허가시에 부관으로서의 점용료의 부과, 허가의 취소·정지 등에 관하여 규정하고 있어서, 당해 행위가 행정행위인 점에 대하여는 의문의 여지가 없다.

3) **재량행위**　공물의 특허사용은 허가사용과는 달리 원칙적으로 재량행위라 할 것이다. 공물의 허가사용은 공물의 일정한 사용이 그 자체로서는 공물의 본래의 용법에 따른 사용이기는 하나, 그것이 경찰목적상 장해요인이 되거나, 타인의 공동사용에 지장이 있다고 판단되는 경우에 이를 일반적으로 제한하고 개별적인 경우에 그를 해제하여 주는 행위인 것으로, 이러한 장해 또는 지장요인이 없는 경우에는 당연히 그 금지 또는 제한을 해제하여 주어야 한다는 점에서, 그것은 본질적으로 기속행위로서의 성질을 가지는 것이다.

그러나 공물의 특허사용에 있어서는 상대방에 대하여 일반인에게는 인정되지 않는 특별한 권리를 설정하여 주는 행위로서, 그것은 당해 공물의 보존, 그 일반사용이나 기타 공익에 많은 영향을 미치는 것이다. 따라서 그에 있어서는 당해 사용행위의 공익성 여부, 출원자의 자질이나 적격성, 그러한 특허사용이 일반공중에 미치는 영향 등을 구체적으로 판단하여 결정되어야 할 것인바, 그러한 한도에서는 행정청에 구체적 사정에 가장 적합한 판단을 할 수 있는 독자적 판단권, 즉 재량권이 인정되어야 하는 것이다.

따라서 공물사용권의 특허는 관계법에서 명시적으로 달리 규정(예컨대 도로법 제64조는 공익사업을 위한 도로점용의 허가를 원칙적으로 거부할 수 없다고 규정하고 있다)하지 않는 한, 원칙적으로 재량행위라 할 것이다.[1] 특허의 유효기간이 만료되어 그 갱신신청이 있는 경우에는 특별한 사유가 없는 한 갱신해 주어야 할 것이라는 견해도 제시되고 있으나, 특허는 재량행위이고 보면 특별한 사유가 없는 한 그 갱신 여부도 행정청의 재량에 속한다고 할 것이다. 판례는 하천점용허가의 갱신 여부는 관리청의 재량에 속한다고 하였다(대판 1963. 11. 7, 63누123).

---

1) 판례
　"하천의 점용허가는 원칙적으로 하천관리청의 자유재량에 속한다"(대판 1976. 9. 14, 75누165).

### (3) 공물의 특허사용관계

공물사용의 특허를 받은 자는 한편으로는 공물사용권을 취득하고, 다른 한편으로는 법규 또는 특허명령서에 의하여 부과된 의무를 지게 된다. 그 권리·의무의 내용은 법령·조례 또는 특허행위의 부관인 특허명령서 등에 의하여 구체적으로 결정되나, 일반적으로는 다음과 같은 특색을 가진다.

### 1) 공물사용권

㈎ 사용내용　공물사용권은 보통 공물의 계속적 사용을 그 내용으로 한다.

㈏ 사용권의 성질　공물사용권의 성질에 관하여는 종래 공권설과 사권설, 물권설과 채권설의 대립이 있었으나, 통설은 이 사용권은 특허라는 행정행위에 의하여 공익을 위하여 유지·관리되는 공물 위에 설정되는 것이라는 점에서 그것은 공권이나 채권적 성질을 가진다고 보고 있다. 다만 공권으로서의 공물사용권은 실질적으로는 사법상의 재산권과 같은 성질을 가지는 것으로 보고 있다.[1] 다음에서는 통설의 입장에 따라 그 내용을 설명한다.

（ⅰ）공 권 성　공물사용권은 공권으로서의 성질을 가지는 것이므로, 공익상의 견지에서 각종 제한을 받고, 그에 있어서의 다툼은 행정쟁송의 방법에 의하여야 한다.

（ⅱ）채 권 성　공물사용권은 공물주체(행정주체)에 대하여 공물의 특별사용을 청구할 수 있는 법적인 힘에 그치고, 그 공물을 배타적으로 지배할 수 있는 권리를 내용으로 하는 것은 아니다.[2] 그러므로 공물사용권은 채권의 성질을 가지는 데 그치고, 제 3 자에게 대항할 수 있는 물권은 아니다.[3] 다만 어업권·광업권·댐사용권에 대하여는 근거법에서 물권으로서의 효력을 인정하는 특별한 규정을 두고 있다(수산업법 16②, 내수면어업법 7②, 광업법 10, 댐건설및주변지역지원등에관한법률 29).

---

1) 김도창, 행정법(하), pp. 427~428; 이상규, 행정법(하), pp. 424~425; 이명구, 행정법원론, pp. 719~720.

2) 판례

"하천의 점용허가권은 특허에 의한 공물사용권의 일종으로서 하천의 관리주체에 대하여 일정한 특별사용을 청구할 수 있는 채권에 지나지 아니하고 대세적 효력이 있는 물권이라 할 수 없다"(대판 1990. 2. 13, 89다카23022).

3) 이러한 통설·판례의 입장과는 달리 공공용물사용권은 그 성립과정의 관점에서는 공물관리자에 대한 관계에서는 채권의 성질을 가지나, 성립된 권리의 실체의 관점에서는 제 3 자와의 관계에서는 사법상의 재산권적 성질을 가지고, 제 3 자의 침해에 대한 방해배제청구권·원상회복청구권이 인정되는 점 등 일종의 물권적 성질을 가진다고 보는 절충설적 견해도 제시되고 있다(김철용, 행정법(Ⅱ), p. 363).

(iii) 재산권성   공물사용권은 공권이지만 그 내용에 있어서는 당해 공물을 사용 또는 점용하는 재산상의 가치를 가지는 것이므로, 실질적으로는 사법상의 재산권과 같은 성질을 가지며, 그 한도에서 민법 기타 사법의 적용을 받는다. 따라서 공물사용권에는 원칙적으로 이전성이 인정되나 다만 그 이전시에는 행정청에 이를 신고하도록 하는 경우가 있다($\binom{\text{하천법 5,}}{\text{도로법 106}}$). 또한 제 3 자에 의한 공물사용권의 침해는 민법상의 불법행위를 구성하므로, 민사소송법에 의하여 손해배상 또는 방해배제청구 등을 할 수 있다.

2) 공물사용권자의 의무   공물사용권의 특허를 받은 자는 공물사용권과 함께 관계 법규 또는 특허명령서 등에 의하여 부과되는 일정한 의무를 진다.

(가) 사용료납부의무   공물관리자는 공물의 특허사용의 대가로 점용료 등의 사용료를 징수할 수 있다. 사용료납부의무는 공의무의 성질을 가지므로, 그 체납에 대하여는 행정상 강제징수절차에 의하여 징수하는 것이 보통이다($\binom{\text{도로법 69,}}{\text{하천법 67}}$).

(나) 제해시설의 설치 및 손실보상의무   특허에 의한 공물사용이 때로는 동일한 공물 위에 존재하는 타인의 권익을 침해하거나, 공익에 지장을 줄 우려도 없지 않은 까닭에 그러한 경우에는 공물사용권자가 그 장해의 예방 또는 제거에 필요한 시설을 설치할 의무를 부담하는 것이 보통이며, 제해시설의 설치가 곤란하거나 보다 큰 공익상의 필요에서 기존의 권리를 희생시켜서라도 새로운 사용권을 설정할 필요가 있는 경우에는 양자의 이해조정의 견지에서 새로이 사용권을 취득한 자에게 손실보상의무를 과하는 경우가 있다($\binom{\text{하천법}}{34 \cdot 35}$).

(4) 특허사용관계의 종료

1) 공물의 소멸   공물사용권은 그 목적물인 공물의 공용폐지나 그 형체적 요소의 소멸로 소멸된다.

2) 공물사용권 포기   공물사용권은 재산권적 성질을 가지는 것이기 때문에 사용권자에 의한 포기가 인정될 수 있다.

3) 공물사용권에 의한 시설·사업의 소멸   공물사용권은 공물의 사용으로 행하려던 시설의 설치 또는 당해 사업의 목적달성 또는 목적달성의 불능 등으로 인하여 소멸된다(예컨대 사금채취를 위한 하천점용에 있어 사금채취의 종료).

4) 종기의 도래 또는 해제조건의 성취   공물사용의 특허시에 부관으로 종기 또는 해제조건을 붙인 경우에는 그 종기의 도래 또는 해제조건의 성취로 소멸된다.

5) 특허의 철회   철회사유 및 그 한계가 문제된다. 다음에 두 가지 경우로 나누어 검토한다.

㈎ 상대방의 위법행위에 대한 제재로서의 철회   특허사용자가 그 근거법 또는 그에 기한 명령에 위반하였거나 또는 부정한 수단으로 특허를 받은 경우(도로법 96, 하천법 69) 등에 행해지는 것이다. 이 경우에도 철회는 완전히 자유로운 것은 아니고, 철회에 의하여 달성되는 공익과 그로 인하여 상대방이 받는 손해를 비교형량하여 전자가 큰 경우에만 허용된다.

㈏ 특별한 공익상 필요가 있는 경우   공물사용권 그 자체는 공익에 해가 되는 것은 아니나 보다 큰 공익을 위하여 특허를 철회하여야 하는 경우이다(하천법 70, 도로법 97·99). 예컨대, 댐·항만·방조제 등의 건설을 위하여 기존 토석채취허가·양식업허가 등을 철회하여야 하는 경우가 그에 해당하는 것으로서, 이러한 경우에는 철회 자체는 허용된다고 하여도 그로 인하여 상대방에 발생하는 손실은 이를 보상하여야 할 것이다.

## 4. 관습상 특별사용

### (1) 의   의

공물사용권은 공물관리자의 특허에 의하여 성립하는 것이 원칙이나, 때로는 동일한 내용의 사용권이 특허행위에 의하지 않고, 지방적 관습에 의하여 성립되는 경우도 있다. 이와 같이 지역적 관행에 의하여 성립된 공물사용권에 의한 공물사용을 관습상 특별사용이라 한다. 그러나 이러한 관습상 특별사용은 자연공물, 그 중에서도 특히 작은 규모의 공유수면(하천·호소·해면 등)의 사용에 그 예가 약간 있을 따름이다(관개용수리권·유수권·음용용수권·입어권).[1]

### (2) 관습상 사용권의 성립

관습상 사용권이 성립하기 위하여는 ① 그 이용이 다년간의 관습에 의하여 특정인이나 특정 주민 또는 단체 등 한정된 범위의 사람에 대한 특별한 이익으로 인정되고, ② 그 이용이 일시적이 아니라 계속적이며, 평온·공연하게 행하여져 일반인으로부터 정당한 사용으로 인식되어야 한다.

"공유수면으로부터 용수를 함에 있어서 하천법 제25조에 의하여 하천관리청으

---

1) 이상규, 행정법(하), pp. 429~430.

로부터 허가를 얻어야 한다고 하더라도 그 허가를 필요로 하는 법규의 공포시행 전에 원고가 위화덕상보에 의하여 용수할 수 있는 권리를 관습에 의하여 취득하였음이 뚜렷하므로 위 하천법의 규정에도 불구하고 그 기득권이 있는 것이다"($\frac{대판\ 1972.\ 3.\ 31,}{72다78}$).

### (3) 관습상 사용권의 성질

이에 관하여도 공권설과 사권설이 대립되어 있으나, 통설은 특허에 의한 사용권의 경우와 마찬가지로 공권으로 본다. 이 사용권이 공권인 결과 공익상 필요에 의한 제한을 받게 되나, 이 사용권은 그 실질에 있어서는 재산권과 같은 것이므로, 그 한도에서 민법 기타 사법의 적용을 받는 것은 특허에 의한 사용권의 경우와 같다.

공공용물은 본래 일반공중의 이용에 제공함을 목적으로 하므로, 관습상 사용권에 의한 기득권을 현저히 침해하지 않는 범위 안에서 동일한 공물에 대하여 타인이 새로운 사용권을 취득하더라도 이를 권리침해라고 볼 것은 아니다.

## 5. 행정재산의 목적외사용

### (1) 의  의

국·공유재산으로서의 일반재산은 직접 행정목적에 제공된 재산이 아니고 그 경제적 가치에 의하여 행정목적에 기여하는 것이므로 원칙적으로 사법의 적용을 받고, 그것을 사법상계약에 의하여 대부·매각·교환·양여 또는 신탁할 수 있다($\frac{국유재산법\ 11,\ 공유재}{산및물품관리법\ 28①}$). 이에 대하여 행정재산은 직접 행정목적(공용 또는 공공용)에 제공된 재산이므로, 그것을 대부·매각·교환·양여 또는 신탁 등을 할 수 없는 것이 원칙이다($\frac{국유재산법\ 11②,\ 공유재}{산및물품관리법\ 19①}$).

그러나 행정재산도 그 용도 또는 목적에 장애가 되지 아니하는 범위 내에서는 관리청은 예외적으로 그 사용 또는 수익을 허가할 수 있는바($\frac{국유재산법}{30,\ 공유재산}$ $\frac{및물품관}{리법\ 20}$), 이러한 허가에 따른 행정재산의 사용관계를 행정재산의 목적외사용이라 한다(국립대학건물의 일부에서의 구내식당영업허가, 관공서건물의 일부에서의 다과점·구내서점 등의 영업허가 등).

행정재산의 목적외사용에 대하여는 국유재산법에 일반적 규정을 두고 있다. 그러나 행정재산 중에서도 하천·도로·공원·공유수면 등의 사용(점용)에 대하여는 각각 하천법($\frac{법}{33}$)·도로법($\frac{법}{61·64}$)·도시공원 및 녹지 등에 관한 법률($\frac{법}{24}$)·공유수면 관리 및 매립에 관한 법률($\frac{법}{8}$) 등에서 규정하고 있으므로, 그 사용관계에는 이들 규정이 적용된다. 따라서 국유재산법은 개별법에 특별한 규정이 없는 행정재산(주로 공용물인 행정재산)의 목적외사용에만 적용된다.[1]

### (2) 행정재산의 목적외사용의 성질

구국유재산법은 행정재산의 사용허가의 철회에 대하여 잡종재산(현 일반재산)의 대부에 관한 규정을 준용하도록 규정하고 있었던 결과, 당시의 통설·판례는 행정재산의 목적외사용은 사법상의 사용관계로 보고 있었다. 그러나 2009년에 전면개정된 국유재산법은 행정재산의 사용·수익허가에 대하여는 일반재산의 대부에 관한 규정을 준용하지 아니하고, 그 허가, 사용료, 강제징수, 허가의 취소·철회에 관한 독자적 규정을 두고 있다. 이러한 새 국유재산법과 관련하여 행정재산의 목적외사용의 법적 성질에 대하여는 견해가 갈리고 있다.

1) 사법관계설    이 견해는 국유재산법상의 사용·수익의 허가라는 용어만으로는 사용관계의 성질을 속단할 수는 없는 것으로서, 사용·수익의 내용은 오로지 사용·수익자의 사적 이익을 도모하는 데 있는 것이라는 점에서, 이 관계를 사법관계로 본다.[2]

2) 공법관계설    이 설은 행정재산의 목적외사용의 발생 또는 소멸이 허가 또는 그 취소·철회라는 행정처분에 의하게 되어 있다는 점에서, 행정재산의 사용·수익관계를 공법관계로 본다.[3]

생각건대 현행 국유재산법은 구국유재산법과는 달리 행정재산의 사용·수익은 관리청의 허가에 의하도록 되어 있고, 또한 관리청은 상대방의 귀책사유나 공공목적과의 관련에서는 그 허가를 취소·철회할 수 있도록 규정하고 있고 보면, 이 법률관계는 이러한 행정처분에 의하여 형성·소멸되는 공법관계로 보는 것이 동법의 올바른 해석이라고 본다. 이것은 판례의 입장이기도 한 것으로서, 대법원은 이 법률관계를 특허에 의한 공법관계로 보고 있다.[4]

### (3) 허가기간

행정재산의 사용의 허가기간은 5 년 이내이다. 다만 행정재산으로 할 목

---

1) 박윤흔, 행정법(하), p. 478.
2) 이상규, 행정법(하), p. 472.
3) 김도창, 행정법(하), p. 430; 김남진, 행정법(Ⅱ), p. 362.
4) 판례
　　"공유재산의 관리청이 행하는 행정재산의 사용·수익에 대한 허가는 순전히 사경제주체로서 행하는 사법상의 행위가 아니라 관리청이 공권력을 가진 우월적 지위에서 행하는 행정처분으로서 특정인에게 행정재산을 사용할 수 있는 권리를 설정하여 주는 강학상 특허에 해당한다"(대판 1996. 2. 13, 95누11023).

적으로 기부 채납한 재산에 대하여 기부자 또는 그 상속인 기타의 포괄승계자에게 사용을 허가한 때에는 사용료의 총액이 기부를 받은 재산의 가액에 이르는 기간 이내로 한다(국유재산법 35①).

　허가기간이 끝난 재산에 대하여 대통령령으로 정하는 경우를 제외하고는 5년을 초과하지 아니하는 범위에서 종전의 사용허가를 갱신할 수 있다. 다만, 수의의 방법으로 사용허가를 할 수 있는 경우가 아니면 1회만 갱신할 수 있다(동조②).

# 제 3 절　공기업법

　금세기 이전의 2, 3세기에 걸친 사회현상의 변화와 그에 따른 국민의 행정에 대한 수요의 증가로 인하여 행정기능이 질적·양적으로 확대되어, 전통적인 국방·경찰기능과는 달리 국민에게 적극적으로 재화·역무 등을 제공하는 비권력적 활동이 중요한 행정기능으로 등장하게 되었다. 공기업이라는 관념은 이러한 새로운 행정현상을 분석·정리하고 체계화하기 위하여 정립된 학문상의 관념이다.

　공기업의 내용은 각국의 실정법제에 따라 다르며,[1] 또한 이를 어떠한 관점에서 파악하는가에 따라(형식적·제도적 관점 또는 실질적 관점) 공기업의 내용 및 범위가 달라지게 된다.

## 제 1 항　공기업의 개념과 종류

### Ⅰ. 공기업의 개념

#### 1. 공기업의 의의

　공기업은 위에서 적은 바와 같이 실정법상의 관념이 아니라, 학문상의 관념이므로 그 정의에 있어서는 견해가 갈릴 수 있다.

　(1) 광 의 설

　이 설은, 경영주체를 표준으로 하여, 공기업은 국가 또는 지방자치단체가

---

1) 각국의 공기업의 법제에 대한 검토는 여기서는 하지 않기로 한다. 이 문제는 이상규, 행정법(하)의 관련 부분(pp. 327~333)과 박윤흔, 행정법(하)의 관련 부분(pp. 373~378)을 참조하기 바란다.

경영하는 모든 사업을 의미하는 것으로 본다.

이 설은, 국가 등의 사업을 비권력적 사업에 한정한다 하여도, 그에는 여러 가지 형태가 있는 것임을 간과하고 있다는 문제점이 있다. 이 설에 의하면 행정주체가 재정수입을 직접 목적으로 하여 행하는 순수영리적 사업도 공기업의 개념에 포함시키게 되나, 이러한 사업과 다음 협의설에서 보는 공기업에 속하는 사업과는 그 내용을 달리 하고 그에 대한 법적 규제도 다르다는 점에서 볼 때, 이 설은 이질적 작용을 같은 관념 속에 포함시키게 되어 타당한 것으로 볼 수 없다.

(2) 협 의 설

이 설은 주체와 목적을 표준으로 하여, 국가 또는 지방자치단체가 직접 사회공공의 이익을 위하여 경영하는 비권력적 사업을 공기업으로 보는 입장으로서,[1] 이러한 의미의 공기업 관념은 대체로 「프랑스」행정법상의 「공역무(service public)」관념과 합치한다.

이 설은 공기업의 관념을 국가 등이 경영하는 비권력적 사업 중에서 재정수입을 목적으로 하는 작용을 배제하고 사회목적적 작용에 한정하여 파악하고 있다는 점에서 일단 타당하다고 할 수 있는바, 당해 사업의 영리성 또는 수지균형성 여부는 묻지 않는다는 점에 그 특징이 있다. 이러한 의미의 공기업은 영조물의 관념과 일치한다.

(3) 최협의설

이 설은 공기업의 기업적 측면을 고려하여, 국가·지방자치단체가 사회공공의 이익을 위하여 직접 또는 간접적으로 경영하는 비권력적 사업 중에서 일정한 영리성 또는 기업성을 가지는 사업만을 공기업으로 파악한다. 따라서 이 설에 의하면 대가를 받지 않고 역무를 제공하는 하천·항만·도로·공원 등의 관리사업은 공기업에서 제외되고, 대가를 받고 역무를 제공하는 우편·전신·전화·철도 등의 사업만이 공기업으로 된다.

이 설에 의하면 공기업은 ① 그 주체상으로는 국가 또는 지방자치단체가 직접 또는 간접으로(예컨대 특수법인을 통하여) 경영하는 것에 한정되고, ② 목적상으로는 직접 사회공공의 이익을 목적으로 하는 것에 한정되며, ③ 사업의 성질은 수익목적·영리목적을 가지거나, 적어도 수지균형을 내용으로

---

1) 김도창, 행정법(하), p. 369. 김 박사는 공기업을 「급부주체가 직접 국민에 대한 생활배려를 위하여 인적·물적 종합시설을 갖추어 경영하는 비권력적 사업」으로 정의한다.

하는 것에 한정된다.

### (4) 최광의설

이 설은 특허기업도 공기업에 포함시키는 입장이다. 광의설의 문제점은 위에서 지적한 바 있다. 최광의설은 특허기업도 공기업에 포함시키나, 뒤에서 보는 바와 같이 특허기업을 공기업으로 보는 데에는 문제점이 적지 않으므로, 이 설도 타당하지 않다고 본다. 따라서 협의설과 최협의설의 어느 견해를 취할 것인가의 문제만이 남는다.

협의설은 공기업의 대상을 사회목적적 사업에 한정하고 있다는 점에서 기본적으로는 타당한 것이다. 그러나 동일한 사회목적을 내용으로 하는 사업 또는 작용이라 하여도, 영리성·기업성을 내용으로 하는 사업과 그 경제성이 고려되지 않는 정신적·문화적 사업은 그 성질을 달리할 뿐만 아니라, 그 법제상으로도 차이가 인정될 수 있다고 본다.[1] 이러한 관점에서 여기서는 최협의설을 취한다.

### 2. 공기업의 특징

#### (1) 공기업의 수익성

전통적 견해는 행정작용을 권력작용과 비권력작용으로 나누고, 전자를 경찰작용, 후자를 공기업작용으로 파악하여, 행정작용법을 경찰법과 공기업법으로 체계화하려고 하였다. 그러나 경제분야에의 국가·지방자치단체의 관여·참여 현상이 증대되고, 특히 수지균형원칙 및 독립채산제를 취하는 공사·공단·회사 등의 특수법인이 다수 등장함에 따라, 학설상으로도 공기업의 정의에 있어 주체·목적뿐만 아니라 수익성도 그 요소로 파악하는 것이 적절한 것으로 인식되기에 이르렀던 것이다.

수익성을 공기업의 구성요소로 보는 입장에서는 대가를 받고 수익적으로 역무·재화를 제공하는 사업만을 공기업으로 본다. 또한 일정한 대가를 받는

---

1) 이에 대하여는 다음과 같은 유력한 반론이 제기되고 있다. 즉 영리성·기업성의 여부의 문제는 정도상의 차이에 불과한 것이고, 그에 따라 공기업과 다른 영조물과의 구체적인 구분점을 설정하는 것은 어렵다고 본다. 그런 점에서 이러한 구분은 재정학·경영학 등의 견지에서는 몰라도, 법적 관념에서는 거의 의미가 없다고 본다. 영리적 공기업에 대하여 법률상 독립된 법인격이 인정되고 독립채산제가 채택되고 있는 경우에는, 그 한도에서 약간의 특색이 있음에 불과한 것이고, 단순히 영리성의 유무에 따라 당연히 그 법률관계에 차이가 생기는 것은 아니다. 공기업의 법률적 특색은 영리성의 유무와는 무관하게, 개별법의 규율내용에 따라 구체적으로 판단할 수밖에 없는 것이다(田中二郎, 行政法(新版)(下) Ⅱ, pp. 335~336).

사업이라도, 수지균형을 고려하지 않고 경영되는 사회적·문화적·윤리적 사업(학교·도서관·미술관 등)은 공기업에는 포함되지 않는 것으로 보게 된다.

최협의설은 이처럼 수익성을 공기업의 개념요소로 함으로써 협의설이 실질적으로 공기업과 영조물에 관한 개념상의 중복을 범하는 오류[1]를 극복할 수 있게 된다는 점에 그 장점이 있다.

(2) 공기업의 공익성

공기업은 수익성을 요건으로 하는 사업이기는 하나, 그것은 일반 사기업에 의하여는 국민의 일상생활에 필수적인 재화·역무를 충분하게 제공하기 힘든 분야에서 행하여지는 것이 원칙이다. 일반적으로 공기업은 일정한 역무나 재화가 일상생활상 필수불가결함에도 불구하고, 그 재화나 역무의 제공을 위하여 거액의 투자를 요하거나, 그에 대한 수요의 탄력성이 매우 낮아서, 통상의 기업적 채산체계에 맡겨서는 당해 기업의 존속에 필요한 그 이용의 대가를 확보하기 어려운 것이어서, 사기업이 참여할 수 없거나 참여를 주저하게 되는 사업을 그 대상으로 하게 되는바, 이러한 재화나 역무의 제공은 국민의 일상생활에 있어서는 필수불가결한 것이라는 점에서, 공기업의 존립의 필요성·당위성 및 그 공익성이 인정되는 것이다.

(3) 공기업의 독점성

공기업에는 기본적으로 다음의 두 가지 이유에 기하여 독점성이 인정되는 경우가 많다.

1) **자유경쟁에 부적합한 공기업사업의 성질**　공기업의 대상인 사업은 다수의 경우 그 시설에 거액의 투자를 요함에도 불구하고, 그 역무의 국민생활상의 필수적 성격으로 인하여 그 대가를 낮은 수준으로 억제할 필요가 있는 것이다. 따라서 수요를 초과하는 과다한 공급이 행하여지면, 그에 대한 수요의 비탄력성으로 인하여, 기업채산이 악화되어 역무제공이 곤란하게 된다. 이처럼 공기업의 대상인 사업은 자유경쟁에 의한 이익을 기대할 수 없는 성질을 가지므로, 그 사업경영의 안정성을 확보하여 주기 위하여 (지역적) 독점이 보장되고 있는 경우가 많다.

---

1) 김도창 박사는 공기업은 동적으로 생활배려를 위한 사업경영이고, 정적으로는 그러한 사업의 인적·물적 종합수단인 영조물을 뜻한다고 기술하고 나서, 공기업을 영조물이라고 하여도 무방하나, 행동으로서의 행정작용을 연구대상으로 하는 행정작용법에서는 정적인 영조물의 관념보다 동적인 공기업이라는 용어가 타당하다고 한다(김도창, 행정법(하), pp. 367~368 각주 부분).

2) 전국적으로 동일체계에 의한 통일적인 역무제공의 필요성   우편사업·전신전화사업 등이 이에 속하는 것으로, 이러한 경우에는 법률상 독점적 사업경영권이 보장된다.

### (4) 재정작용과의 구별

공기업은 수익성을 요건으로 하나 직접 사회공공의 이익을 위한 작용이라는 점에서, 전매사업과 같이 국가의 재정수입 확보를 목적으로 하는 작용과 구별된다.


## Ⅱ. 공기업의 종류

공기업은 여러 기준에 따라 분류할 수 있다.

### 1. 경영주체에 의한 분류

공기업은 그 경영주체를 기준으로 하여 국영기업·공영기업·국영공비기업 및 특수법인기업으로 나눌 수 있다.

#### (1) 국영기업(정부기업)

국가가 직접 자기의 경제적 부담에 의하여 관리·경영하는 사업을 말하며, 우편사업 등이 이에 속한다. 국영사업은 특히 법률상의 제한이 있거나, 법률의 특별한 규정을 요하는 경우(공용수용·공용부담특권·독점권의 인정 등) 외에는 예산의 범위 내에서 대통령령이 정하는 바에 따라 필요한 사업을 개설할 수 있다. 그 예산은 일반회계인 때도 있으나, 보통은 특별회계에 의하여 운영된다(예컨대 우편사업 등).

#### (2) 공영기업

지방자치단체가 그 경제적 부담으로 설치·경영하는 사업을 말한다 ($^{지방자치}_{법 146}$). 지방자치법과 지방공기업법은 이를 지방공기업이라고 하고 있다 ($^{지방공기}_{업법 3}$). 법률에 의하여 그 경영주체가 지방자치단체에 국한되어 있는 것도 있다($^{수도법 제12조에 의한 수도사업은 국가·지방자치단}_{체 또는 한국수자원공사가 경영하는 것이 원칙이다}$).

지방공기업법은 그 적용대상인 지방공기업을 ① 동법에 규정된 사업으로서 대통령령이 정하는 기준 이상의 것(수도사업·궤도사업·자동차운송사업·공업용수도사업·지방도로사업·하수도사업·토지개발사업·주택사업 등)과, ② 지방자치단체의 조례에 따른 동법의 임의적용사업으로 나누고 있다($^{동법}_{2①②}$). 후자는 ⓐ 민간인의 경영참여가 어려운 사업으로서 주민복리의 증진에 기여할 수 있고, 지역경제의 활성화나 지역개발의 촉진에 이바지할 수 있다고 인정되는 사업, ⓑ 제①군의 사업에 해당하나 대통령령이 정하는 기준에 미달하는 사업, ⓒ 체육시설의 설치·이용에 관한 법률에 의한 체육시설업 및 관광진흥법에 의한 관광사업으로서, 경상경비의 50퍼센트 이상을 경상수입으로 충당할 수 있고 이를 지방직영기업·지방공사·지방공단이 경영하는 경우이다(동조②).

지방공기업법의 적용을 받는 지방공기업에는 기본적으로 지방직영기업(상하수도, 택지개발사업 등), 지방공사나 지방공단 등의 설치에 의한 간접경영기업이 있는바, 후자의 경우에는 민간인도 일정한도의 자본금의 출자에 의하여 그 경영에 참여할 수 있을 것이다.

### (3) 국영공비기업

그 경비는 지방자치단체가 부담하고, 관리·경영은 국가가 하는 공기업을 말한다. 국가가 시행하는 농지개량사업의 비용의 일부를 관계지방자치단체가 부담하는 것이 그 예이다.

### (4) 특수법인기업

공기업의 경영주체가 특별히 설립된 법인인 경우를 말한다. 당해 사업의 실질적 경영주체는 국가 또는 지방자치단체이나, 행정조직에 따르는 인사·예산·회계 등의 엄격한 제한을 배제하고 경영의 능률성을 제고하기 위하여 특수법인을 설립하여 그 사업을 경영하게 하는 것이다.

공공기관의 운영에 관한 법률에 의한 공공기관 중 법인인 일부 공공기관 또는 지방공기업법에 의한 지방공사·공단(예컨대 서울특별시의 도시철도공사·시설관리공단)이 이러한 특수법인에 해당하며, 이들은 실질적으로는 국가 또는 지방자치단체의 행정의 일부를 이루는 것이다. 국가의 특수법인의 사업에 대하여는 공공기관의 운영에 관한 법률에서, 그리고 지방자치단체의 특수법인의 사업에 대하여는 지방공기업법에서 그 예산·회계·관리 등에 관한 기본적 사항을 정하고 있다.

공공기관의 운영에 관한 법률의 적용대상인 특수법인은 각각 개별법에 의하여 설립되고 있으며, 한국산업은행·한국조폐공사·대한석탄공사·한국광물자원공사·한국석유공사·한국도로공사·한국토지주택공사·한국철도공사 등이 이에 해당한다.

## 2. 독점권의 유무에 의한 분류

공기업 중에서 국가나 공공단체가 당해 사업에 대하여 법률상 또는 사실상 독점적 지위를 가지고 있는지 여부에 의한 분류이다.

### (1) 법률상 독점

1) 의　　의　　법률상 국가 기타의 행정주체에 독점적 경영권이 부여되어 있어, 행정주체 또는 그로부터 특허를 받은 자가 아니면 동종의 사업을 경영할 수 없는 사업을 말한다. 여기서의 독점사업은 직접 사회공공의 이익을 위한 사업이라는 점에서, 재정적 수입을 위한 전매사업 등과는 다르다.

2) 근　　거

㈎ 과거 독일 등에서는 공기업의 독점권의 근거를 중세에 있어서의 국왕의 가산적 권리를 의미하는 「레갈리아(영업고권)」의 관념에서 구하기도 하였으나, 현대의 복리국가에서는 공기업의 독점권은 국민의 생활배려를 위하여 실정법에 의해 인정된 것이라고 보아야 할 것이다.

따라서 독점사업과 비독점사업은 선험적으로 구별될 성질의 것은 아니고, 어떠한 사업을 독점사업으로 할 것인가는 입법정책에 의하여 결정할 문제라 할 것인바, 대체로 ⓐ 성질상 당연히 국가에 독점시켜야 할 경우($\frac{예컨대}{발행—한국은}$ $\frac{화폐}{행법\ 47 \cdot 48}$), ⓑ 단일계통으로 하는 것이 이용자의 편익을 도모하게 되는 경우($\frac{예컨}{대\ 전신,\ 우편—}$ $\frac{}{우편법\ 1 \cdot 2}$), ⓒ 공익적 관점에서 사영을 허용하는 것이 부적당하다고 판단되는 경우($\frac{예컨대\ 수도사업}{—수도법\ 12}$)[1] 등이 그에 해당할 것이다.

㈏ 우리 헌법은 한편으로는 국민의 직업선택의 자유·영업의 자유($\frac{법}{15}$)를 보장하고 있다. 그러나 타면에 있어 헌법은 국가의 '경제에 대한 규제와 조정'을 규정하고, 중요 자원의 국유를 전제로 한 그 이용의 특허($\frac{법}{120①}$)와 법률에 의한 사영기업의 국유화·공유화의 가능성($\frac{동법}{120}$)을 규정하고 있어, 국가 등에 의한 공익사업의 독점을 예상하고 있다고 할 것이다.[2]

현행법상 국가의 독점사업의 예로는 우편사업($\frac{우편법}{1 \cdot 2}$), 우편부대사업($\frac{우편환}{법\ 3}$) 등이 있고, 지방자치단체의 독점사업으로는 수도사업($\frac{수도법}{12}$), 농수산물도매시장($\frac{농수산물유통및가격}{안정에관한법률\ 17}$) 등이 있다.

---

1) 이상규, 행정법(하), p. 344. 이 변호사는 이외에 레갈리아적 유물로 인정되는 경우로서 자연자원의 국유(헌법 120)를 들고 있으나, 헌법상의 자연자원의 국유제도는 본질적으로 국민 전체의 이익보호를 위한 관점에서 인정된 것이라고 본다.

2) 김도창, 행정법(하), p. 375.

이에 반하여 전기사업(전기사업법)·전기통신사업(전기통신사업법)·궤도사업(궤도운송법)·자동차운송사업(여객자동차 운수사업법, 화물자동차 운수사업법)·가스사업(도시가스사업법)은 사영이 인정되므로 독점사업에 해당하지 않는다.

### (2) 사실상 독점

이것은 법률상 독점권이 인정된 것이 아님에도 사실상 독점적으로 경영되고 있는 경우로서 ① 그 사업이 전국적 규모이고, 특히 공공적 성격이 강한 것으로서, ② 개인의 자력이나 기술로는 감당하기 어렵거나, ③ 수지균형을 달성하기 어려운 경우에 나타난다. 수력발전사업·공영가스사업 등이 이에 해당한다고 할 수 있다.[1]

### (3) 비독점기업

위에 적은 경우 이외의 공기업을 말한다.

## 3. 독립성의 유무에 의한 분류

### (1) 비독립적 기업

공기업체가 독립된 법인격을 가지지 않고 일반행정기관에 의하여 관리·경영되는 것을 말한다. 과학기술정보통신부장관에 의하여 관리·운영되는 우편사업 등이 그 예이다.

이러한 비독립적 사업은 그 운영주체가 일반행정기관이므로 국가재정법의 구속을 받고, 그 운영에 당하는 자는 공무원이며, 그 물적 시설은 공물로서의 성질을 가진다. 그에 따라 일반행정조직에 있어서의 공법적 제약이 그대로 적용되어, 공기업 운영에 있어서의 신축성이나 창의성 등을 저해하는 요인이 되고 있다. 다만 현재 대부분의 비독립사업은 특별회계에 의하여 운영되고, 철도사업·통신사업 등에 있어서는 기업회계방식이 채택되고 있다.

### (2) 독립기업(공공기관사업)

행정주체로부터 독리된 법인격을 가진 특수법인(독립법인)에 의하여 관리·경영되는 공기업을 말한다. 독립기업은 그 경영에 당하는 조직체의 성격에 따라 공사체기업(영조물법인기업)과 회사체기업으로 나눌 수 있다.

공사(또는 영조물법인)는 정부전액출자법인으로 일반 상사회사와는 달리 기관·인사·회계 등에 있어 특례가 인정되는 것이 보통이다. 대한석탄공사·

---

1) 김도창, 행정법(하), p. 375. 다만 이러한 사실상 독점은 공기업의 독점형태로는 인정하지 않는 것이 현재의 통설적 입장이다. 이상규, 행정법(하), p. 345; 박윤흔, 행정법(하), p. 387; 김남진, 행정법(Ⅱ), p. 318; 이명구, 행정법원론, p. 679.

대한토지주택공사 등이 그 예이다. 특수법인으로서의 회사는 정부가 그 자본금의 2분의 1 이상을 출자한 법인으로 상법상의 조직형태를 취한 것을 말한다. 한국도로공사, 한국전력공사 등이 그 예이다. 공사는 특별법에 의하여 설립되나, 특수법인으로서의 회사는 특별법에 의하여 설립될 수도 있고, 상법에 따라 설립될 수도 있다.

그러나 현행법상으로는 이들 특수법인은 모두 특별법에 의하여 설립되고, 모두 「공공기관」으로서 공공기관의 운영에 관한 법률의 적용을 받고 있으므로, 그 한도에서는 양자를 구별할 실익이 없다.

## 제 2 항 공기업의 법률적 특색

공기업은 그 경영주체 및 공공적 성격과 관련하여, 그 조직·개설·운영·이용관계 등에 있어 특수한 공법적 규율의 대상이 되고 있으므로, 그 한도에서 공기업의 법률적 특색이 인정된다. 그러나 공기업의 특수성은 실정법의 규정에 의하여 인정되며, 그러한 특별한 규정이 없으면 동종의 사기업과 마찬가지로 그에도 사법규정 및 사법원리가 적용된다 할 것이다.

## I. 공기업의 개설

### 1. 국영기업의 개설

국영기업의 개설은 반드시 법률의 근거를 요하지 않고, 대통령령으로 정하는 바에 따라 예산의 범위 내에서 이를 자유로이 할 수 있다($\binom{정부조}{직법 4}$). 다만 당해 사업을 독점사업으로 하거나, 그 이용을 강제하거나 또는 당해 공기업에 공용부담권을 인정하는 경우 등에는 법률상의 근거가 있어야 할 것이다. 또한 국영공비기업도 지방자치단체에 해당 비용을 부담시킨다는 점에서 법률상의 근거가 필요하다고 본다.

### 2. 공영기업의 개설

지방자치단체는 그 자치사무인 「주민의 복지증진에 관한 사무」($\binom{지방자치법}{9② ii}$)의 일부로서 공기업을 개설하고 운영할 수 있으나, 그 내용적 제한으로서 당해 사업은 사인에 의한 경영이 어렵거나, 주민의 생활상 불가결한 수요의 충족을 위하여서는 사적 경영은 부적절한 것으로 판단되는 경우에 한정되어야 할 것으로 본다(보충성의 원칙).[1]

지방자치단체가 공기업을 개설하는 경우에 반드시 법률 또는 조례의 근거가 필요한 것은 아니나, 지방공기업법의 적용을 받는 지방공기업을 설치하고자 할 때에는 그 설치·운영에 관한 사항을 조례로 정하여야 한다($\frac{지방공기}{업법 5}$). 개별 사업법이 정하고 있는 사업을 개설하는 경우에는, 국가의 주무관청의 허가·인가를 받아야 하는 경우가 많다($\frac{수도법 17, 여객자}{동차운수사업법 5}$).

### 3. 독립법인기업의 개설

국가로부터 독립된 특수법인의 설립에 있어 공사체기업의 설립에는 그 근거법으로서 특별법이 필요하다. 그러나 회사의 형태로서의 특수법인의 설립은 상법의 규정에 의하여서도 할 수 있다.

## Ⅱ. 공기업의 조직

### 1. 행정주체직영기업

(1) 국가 또는 지방자치단체가 직접 경영하는 공기업의 조직은 행정조직의 일부를 구성하고, 그 경영에 당하는 인적 구성원은 공무원의 신분을 가지며, 그 물적 시설은 공물에 해당하는 것이 보통이다. 따라서 그 조직에 있어서는 일반행정조직의 원리가 원칙적으로 그대로 적용되어, 기업의 합리적·능률적 경영의 장해적 요소로 작용하는 면이 많다.

(2) 지방공기업 중 지방직영기업은 지방자치단체가 직영하는 것이므로 위에 적은 문제점이 제기된다. 이러한 점을 시정하기 위하여, 지방공기업법은 지방직영기업에는 관리자를 두어 당해 사업을 관리·집행하도록 하고($\frac{별}{7}$) 지방자치단체의 장은 중요사항에 대하여만 관리자를 지휘·감독할 수 있게 하고 있다($\frac{동법}{10}$).

### 2. 특수법인(공사·회사)기업(공공기관사업)

(1) 위에 든 행정주체에 의한 직영사업의 문제점을 시정하기 위하여 행정

---

1) 「프랑스」행정법상으로는 상공업의 자유원칙에 따라 시민의 상공업적 활동을 침해하는 것과 같은 상공업적 공역무의 개설은 원칙적으로 허용되지 않는다고 본다. 그러나 이 원칙은 점차 완화되어 해석되는 추세에 있다.

주체로부터 독립된 법인을 설립하여 공기업의 경영에 당하게 하는 경우이다. 공공기관의 운영에 관한 법률에 의한 공공기관등은 독립된 법인이므로 그 구성원은 공무원이 아니고, 물적 시설도 공물이 아니다. 그러나 이들 투자기관도 넓은 의미에서는 행정조직의 일부이므로, 공공기관의 운영에 관한 법률과 이들 특수법인의 설립의 근거법에서는 사기업과는 다른 특별한 규정을 두고 있다.

(2) 공공기관의 운영에 관한 법률에 의하면, 공공기관 중 공기업 및 준정부기관의 조직은 심의·의결기관으로서의 이사회와 임원으로서 기관장을 포함한 이사와 감사로 구성된다($^{공공기관의운영}_{에관한법률\ 24}$). 지방공사·공단의 조직은 임원으로서 사장을 포함한 이사 및 감사와 결의기관인 이사회로 구성된다($^{지방공기업}_{법\ 58.}$ $^{62\cdot}_{76②}$). 공기업의 임원 중 그 장은 대통령이, 그 상임이사는 공기업의 장이, 비상임이사는 기획재정부장관이 임면하고, 준정부기관의 임원의 경우는 그 장 및 비상임이사는 주무기관의 장이, 상임이사는 준정부기관의 장이 임면한다($^{공공기관의운영에}_{관한법률\ 25\cdot26}$). 공기업 및 준정부기관의 임직원은 공무원은 아니나, 공공기관의 운영에 관한 법률은 형법상 뇌물죄의 적용에 있어서는 이들을 공무원으로 보고 있다($^{법}_{53}$).

## Ⅲ. 공기업의 예산회계

### 1. 행정주체직영기업

(1) 행정주체의 직영공기업의 경우는 해당 사업이 행정기관에 의하여 행정작용의 일부로서 행하여지므로, 그 예산회계도 국가나 지방자치단체의 예산회계의 일부로서 다른 행정작용의 경우와 같이 국가재정법상의 제약을 받는다.

(2) 그러나 이러한 직영사업의 경우에도 그 기업적 측면을 감안하여 그 경영상의 합리성이나 능률성을 확보하기 위하여 특별회계를 두어($^{국가재정}_{법\ 4③}$) 회계상의 특례를 인정하는 것이 보통이다. 특별회계에 의하여 경영되는 공기업은 지방공기업법이 정하는 바에 따라, 사업의 경영성과 및 재정상태를 명백히 하기 위하여 재산의 증감 및 변동을 그 발생사실에 따라 계리(計理)하는 「기업회계」의 원칙에 의하도록 하고 있다($^{지방공기업법}_{16\cdot64의2}$). 지방공기업법은 공기업의 합리적 운영을 위하여 독립채산제를 채택하고 있다. 정부기업예산법은 "정부기업을 운영하기 위하여 다음 각호의 특별회계를 설치하고 그 세입으로써 그 세출에 충당한다"고 하고($^{법}_{3}$), 지방공기업법은 "지방직영기업의 특별회

계에서 해당 기업의 경비는 해당 기업의 수입으로 충당하여야 한다"($^{법\ 14①}_{본문}$)라고 하여 각각 이 원칙을 명백히 하고 있다. 정부기업예산법, 지방공기업법 등은 특별회계상 정부직영기업 또는 지방직영기업의 일정 한도의 이익금의 자기처분제를 채택하고 있다($^{정부기업예산법\ 21,}_{지방공기업법\ 37}$).

### 2. 특수법인기업

이 경우 공기업의 경영에 당하는 특수법인은 행정주체에서 독립된 법인이므로, 일반행정기관에 대한 국가재정법과 국가회계법상의 원칙이나 절차는 적용되지 않는다. 다만 특수법인은 그 자본금의 일부 또는 전부를 국가가 출자한 것이고, 그 적정한 회계관리는 공기업의 성과와 직결되는 것이므로, 공공기관의 운영에 관한 법률은 공공기관의 예산 및 회계에 관한 기본적인 사항을 정하고 있다.

## Ⅳ. 공기업의 경영

(1) 공기업은 그 공공목적을 효율적으로 달성함과 동시에 경제원칙에 적합하도록 경영되어야 한다. 이와 관련하여 지방공기업법은 "지방직영기업, 지방공사 및 지방공단은 항상 기업의 경제성과 공공복리를 증대하도록 운영하여야 한다"고 규정하고 있다($^{법}_{3}$).

이러한 공기업의 이중적 목적과 관련하여 그 경영에 여러 가지 규제가 가하여지고 있다. 다만 행정주체의 직영사업의 경우에는 그 경영방식에 있어 다른 비권력적 행정작용과 기본적 차이가 없다. 따라서 공기업의 경영에 있어 의미를 가지는 것은 특수법인기업의 경우이다.

(2) 특수법인기업의 경영·관리에 관한 기본적 사항은 공공기관의 운영에 관한 법률이 정하고 있으나, 그 구체적 내용은 그 사업의 내용이나 성질에 따라 각 근거법이 정하는 바에 따라 다른 것임은 물론이다.

공공기관의 운영에 관한 법률은 "정부는 공공기관의 책임경영체제를 확립하기 위하여 공공기관의 자율적 운영을 보장하여야 한다"고 규정하고 있다($^{법}_{3}$). 그러나 당해 사업의 공익성 및 투자기관은 광의의 행정조직의 일부를 구성한다는 사실에 기인하여 그 경영에 대하여는 정부의 일정한 관여절차가 규정되어 있는바, 그 주요 내용은 다음과 같다.

1) 공기업 및 준정부기관에 대한 주무기관의 장은 기관장후보자와 협의된 계약안에 따라 기관장으로 임명되는 사람과 계약을 체결하여야 한다(동법 31).

공기업 및 준정부기관의 기관장은 사업내용과 경영환경, 기관장이 임기중에 달성하여야 할 구체적 경영목표에 관하여 그가 체결한 계약의 내용을 고려하여 다음 연도를 포함한 5 회계연도 이상의 중장기 경영 목표를 설정하고, 이사회의 의결을 거쳐 확정한 후 매년 10월 31일까지 기획재정부장관과 주무기관의 장에게 제출하여야 한다(동법 46①).

2) 기획재정부장관은 공기업 및 준정부기관의 예산편성에 관한 지침을 정하고, 이를 공기업·준정부기관 및 주무기관의 장에게 통보하여야 한다(동법 50). 공기업 및 준정부기관의 기관장은 경영목표와 위의 예산지침 등에 따라 다음 회계연도의 예산안을 편성한다. 이 예산안은 이사회의 의결로 확정되는데, 공기업 및 준정부기관은 이 확정된 예산을 기획재정부장관, 주무기관의 장 및 감사원장에게 보고하여야 한다(40②⑥⑦ 동법).

3) 공기업 및 준정부기관은 매년 3월 20일까지 전년도의 경영실적을 기재한 보고서와 기관장이 체결한 계약의 이행에 관한 보고서를 작성하여 기획재정부장관과 주무기관의 장에게 제출하여야 하며, 기획재정부장관은 이 보고서를 기초로 하여 공기업 및 준정부기관의 경영실적을 평가한다(동법 47.48).

# Ⅴ. 공기업의 보호와 감독

## 1. 공기업의 보호

공기업의 목적을 원활하게 달성하도록 하기 위하여 공기업에 대하여는 여러 가지 특전·특권이 부여되고 있다. 그 내용은 공기업에 따라 다르나, 그 주요한 내용은 다음과 같다.

### (1) 독점권의 인정

일정한 공기업에는 그 경영에 있어 법률상 독점권이 인정되는 경우가 있다(우편법 2·46).

### (2) 공용부담특권

공기업의 목적달성을 위하여 수익자부담금 기타 부담금을 징수하거나, 토지·물건의 수용·사용 또는 사용제한을 할 수 있는 등의 공용부담특권이 인정되는 경우가 많다.

### (3) 경제상 보호

종래 공기업에는 광범한 경제상의 보호조치가 행하여졌으나, 오늘날에는 특수법인인 공기업의 증대에 따라 경제상의 보호는 축소되는 추세에 있다.

1) 면　　세　　행정주체의 직영기업에 대하여는 비과세가 원칙이며, 특수법인사업의 경우는 조세가 감면되는 경우가 많다($\frac{법인세법}{2③}$ 등).

2) 보조금의 교부　　공기업의 조성을 위하여 정부투자기관기업($\frac{한국도로공}{사법\ 16}$) 또는 지방자치단체의 기업($\frac{수도법}{75}$)에 대하여 소요경비의 일부를 보조하는 경우가 많다.

3) 국·공유재산의 무상대부 등　　공기업을 위하여 국·공유재산을 무상으로 대부하거나 양여할 수 있으며($\frac{국유재산법}{46 \cdot 55}$), 공기업용 재산을 국·공유재산과 교환하여 줄 수 있다($\frac{국유재산}{법\ 54}$).

4) 자금의 융자 등　　공기업에 대하여 국가가 자금의 융자, 사채의 인수($\frac{한국도로공}{사법\ 16}$), 외국차관 또는 사채의 상환보증($\frac{동법}{15②}$)을 하는 경우가 있다.

5) 기타 보호　　공기업에 대하여는 그 원활한 경영을 위하여 손해배상책임의 제한($\frac{우편법\ 38}{내지\ 44}$), 기업용 물건에 대한 압류금지·공과금면제, 해손부담면제 등이 인정되는 경우가 적지 않다.

### (4) 강제징수권

공기업에 의한 역무·재화의 공급의 대가로서의 수수료·사용료의 체납에 대하여는 강제징수권이 인정되는 예($\frac{수도법\ 68,\ 우편법}{24,\ 주택법\ 89}$)가 적지 않다.

### (5) 경찰상 보호

공기업의 관리·경영에 부수하여 질서유지·위해방지를 위해 법률이 공기업의 관리기관에 경찰권을 부여하는 경우가 있다($\frac{선박의입항및출항등에관한법률\ 38,\ 도로법}{17,\ 112,\ 동법시행령\ 103,\ 사법경찰관리}$ $\frac{의직무를수행할자와그직무}{범위에관한법률\ 5xiii \cdot 6ix}$).

### (6) 노동법상 보호

노동조합 및 노동관계조정법은 공익사업으로서의 공기업에 대하여는 공익사업 등의 조정에 관한 특칙을 두고($\frac{법\ 71}{내지\ 73}$), 공익사업의 노동쟁의의 조정을 위한 특별조정위원회를 설치하고, 국민의 일상생활을 위태롭게 할 위험이 있는 때를 위한 긴급조정제도를 두는 등($\frac{동법\ 76}{내지\ 80}$) 특별한 보호를 하고 있다.

### (7) 형사상 보호(공기업벌)

공기업법에 벌칙을 두어 공기업의 관리·경영에 대한 침해적 행위에 대하여 제재를 과하는 경우가 있는바, 이를 공기업벌이라 한다. 공기업벌은 그 내용에 따라, ① 외부의 침해로부터 기업을 보호하기 위하여 일반인에 대하여 과하는 제재($\frac{기업독점권의 침해, 물적 시설의 손}{괴 등에 대한 제재—우편법 46}$), ② 기업자 자신의 의무위반에 대하여 과하는 제재($\frac{정당한 사유 없는 이}{용거부: 우편법 50}$)와 ③ 이용자의 의무위반에 대하여 과하는 제재($\frac{우편법}{52}$)의 세 가지로 나누어진다.

## 2. 공기업의 감독

공기업 중 행정기관에 의한 직영사업의 경우에는 일반행정조직 내부에서의 감독관계가 그대로 적용된다. 따라서 공기업의 감독에 있어 문제가 되는 것은 특수법인(독립법인)에 대한 것만이다.

행정주체로부터 독립된 공기업을 설립하여 관리·경영하게 하는 것은 그 경영상의 자주성을 부여하여 합리적·능률적 경영을 도모하기 위한 것이다. 그러나 당해 사업의 공익성을 감안하면 이들 기관에 대한 국가의 적절한 감독의 필요성이 인정된다. 따라서 여기서는 투자기관의 자율성의 보장과 감독의 정도와의 합리적인 조정이 문제가 된다.

다음에서는 이 문제를 공공기관의 운영에 관한 법률의 적용을 받는 특수법인에 대한 감독에 초점을 맞추어 살펴본다.

### (1) 행정청에 의한 감독

이것은 다시 주무관청에 의한 것과 감사원에 의한 것으로 나누어진다.

### 1) 기획재정부장관 등에 의한 감독

(개) 공공기관의 운영에 관한 법률은 기획재정부장관에게 예산에 관한 지침의 작성에 의한 관여권($\frac{법}{50}$), 경영실적 평가권 및 그에 따른 기관장 및 상임이사의 해임건의·요구권($\frac{동법}{48⑧}$) 공기업의 비상임이사의 임면권 및 감사의 임면제청권($\frac{동법}{25③④}$), 준정부기관의 감사의 임면권($\frac{동법}{26④}$) 등을 부여하고 있다. 한편 주무기관의 장은 공기업의 장의 임면제청권($\frac{동법}{25①}$), 준정부기관의 장, 상임이사 및 비상임이사의 임면권($\frac{동법\ 26①}{내지\ ③}$) 등을 가진다.

(내) 투자기관 설립의 근거법은 대부분 주무부장관에 의한 감독에 관한 규정을 두고 있는데, 그 내용은 일반적 감독과 개별적 감독으로 나누어진다. 일반적 감독은 공기업의 경영목표의 달성을 위하여 일반적인 사항을 지시하는 등의 방법으로 행하여지는 것이다. 한국토지주택공사법 제23조가 그 예이다. 개별적 감독은 개별적 사항에 대하여 공기업의 경영을 지휘·감독하는 것을 말한다. 그러나 현행의 투자기관설립법은 투자기관운영의 자율성의 제고의

관점에서 원칙적으로 개별적 감독에 관한 규정을 두고 있지 아니하다. 그러나 이에 대한 예외로서, 한국가스공사에 대하여는 산업통상자원부장관에 의한 사업의 실시계획의 승인을 받도록 하고 있다($\frac{한국가스공사}{법\ 16의2}$).

2) 감사원에 의한 감독    감사원은 감사원법에 따라 공기업 및 준정부기관의 업무와 회계에 관해 감사를 실시할 수 있다($\frac{법}{52}$).

(2) 국회에 의한 감독

공기업의 경영주체인 독립법인으로서의 정부투자기관은 그 자본금의 전부 또는 일부를 정부가 출자하고 있고, 공기업도 행정작용의 일부를 이룬다는 점에서 이들 기관에 대한 국회의 감독이 필요하다 할 것이다.

현행법상의 국회에 의한 공기업의 감독수단으로는 ① 공기업관계 법률의 제정・개폐, ② 국무총리 또는 국무위원에 대한 질문($\frac{헌법}{62}$)이나 해임건의($\frac{동법}{63}$), ③ 국정감사・조사권의 발동($\frac{동법}{61}$) 등이 있다.

(3) 법원에 의한 감독

법원에 의한 감독은 공기업작용에 관련된 법적 분쟁에 대한 재판의 형식으로 행하여진다. 법원은 공기업의 이용관계에 있어 공기업작용으로서의 특정 처분이 위법임을 이유로 행정소송이 제기된 경우 이를 취소할 수 있으며, 수소법원은 또한 헌법재판소에 대하여 관계 법률의 위헌법률심사제청을 할 수 있고, 관계 명령에 대하여는 선결문제심리 방식에 의하여 그 위헌・위법 여부를 심사할 수 있다.

# 제 3 항   공기업의 이용관계

## Ⅰ. 이용관계의 의의

공기업은 앞에서 본 바와 같이 직접 사회공공의 이익(복리)을 위하여 국가・지방자치단체 기타 행정주체가 행하는 비권력적 사업으로서 국민에게 역무・재화를 제공하는 활동이다. 그에 따라 국민이 공기업이 제공하는 각종의 재화・역무를 수급하고 이용하는 법률관계를 공기업의 이용관계라 한다. 이러한 공기업의 이용관계는 원칙적으로 기업자와 이용자간의 합의, 즉 계약에 의하여 성립한다.

공기업의 이용관계에는 일시적 이용관계와 계속적 이용관계가 있다. 일시적 이용관계는 예컨대 종묘 등의 분양, 석탄의 매매, 철도의 승차 등과 같이 일시적으로 재화를 공급받거나 역무를 이용하는 관계이다. 이러한 일시적 이용관계는 원칙적으로 사법상 계약관계이고 보통 1회의 행위로 끝나는 것이므로 법률상 특별한 문제는 없다.

이에 대하여 계속적 이용관계는 수도·가스의 공급, 국·공립병원에의 입원, 국민주택의 사용 등과 같이 계속적으로 역무 또는 재화를 공급받는 관계로서, 협의로는 이것만을 공기업의 이용관계라 한다.

## Ⅱ. 공기업이용관계의 성질

공기업의 이용관계는 그것이 비권력적 사업의 이용관계라는 점에서는 사법적 측면이 부각되나, 그것은 또한 공익적 사업의 이용관계라는 점에서, 그에는 공법적 요소가 개입할 수 있는 것이다. 따라서 공기업이용관계가 어떠한 성질의 것이고, 그에는 어떠한 법규가 적용되어야 하는가의 문제가 제기된다.

### 1. 성질결정의 실제적 필요성

공법과 사법의 이원적 제도를 취하고 있는 우리 실정제도 아래에서는 구체적인 공기업이용관계가 공법·사법의 어느 분야에 속하는가의 문제, 환언하면 그 법적 성질의 문제는, 그에 따라 당해 법률관계에 대한 적용법규·재판관할 및 재판절차가 결정된다는 점에서 실질적 의미가 있다.

### 2. 성질에 관한 학설

#### (1) 공법관계설

이 설은 공기업은 사회공공의 이익을 위하여 행하여지는 것으로서 행정작용의 일부를 이루는 것이므로, 그 이용관계는 공법관계에 속한다고 본다.

이 설은 「프랑스」행정법상의 공역무이론을 배경으로 한 것이고 목적면에 중점을 둔 견해라 할 수 있다. 그러나 이 설은 「프랑스」의 행정법상 공역무에 있어서도 상공업적 공역무(service public industriel et commercial)의 이용관계는 원칙적으로 사법에 의하여 규율되고 있다는 점을 간과하고 있다.

공기업은 수익성을 내용으로 하는 것이고 그 수단의 면에서 사기업과 본질적인 차이는 없다는 점 등을 고려하면, 그 이용관계를 전적으로 공법관계로 보는 것은 옳지 않다고 본다.

### (2) 사법관계설

공기업은 비권력적 관리작용으로서 사인이 경영하는 사업과 본질적인 차이가 있는 것은 아니므로, 동일한 내용의 관계는 동일한 법에 의하여 규율되어야 한다는 점에서, 그 이용관계는 사법 및 사법원리에 의하여 규율되는 사법관계로 본다. 다만 실정법상 특별한 법률규정이 있는 경우에는 그 범위 내에서 공법관계로 볼 수도 있으나, 이 경우에도 당해 관계 전체가 공법관계로 되는 것은 아니라고 본다.

### (3) 단체법적·사회법적 관계설

이 설은 공기업의 이용관계는 공법관계 또는 사법관계의 어느 하나만의 성질을 가지지 않고, 이들 양자가 혼재하는 단체법적·사회법적인 분야에 속한다고 한다. 이 설은 공기업작용의 특성을 적시하고 있는 측면이 있기는 하나, 구체적으로 단체법적·사회법적 관계의 내용이 명확하지 않고, 더욱이 이 설에 의하면 당해 관계가 공법관계인지 사법관계인지가 판명되지 않는다는 점에서 문제점이 있다.

생각건대 공기업은 비권력적 사업이며 수익성을 그 내용으로 하는 작용이라는 점에서는 사기업과 본질적인 차이는 없다 할 것이므로, 그 이용관계는 원칙적으로는 사법관계라 할 것이다. 그러나 공기업은 공익적 사업을 그 내용으로 하는 것이라는 점에서는, 그 이용관계에 대하여 사법과는 다른 특수한 법적 규율을 할 수도 있는 것이며, 그 한도에서는 당해 이용관계는 공법관계로 볼 수도 있을 것이다. 또한 그러한 명문의 규정이 없는 경우에도, 실정법 구조 전체의 합리적 해석에 따라 당해 법률관계가 공법관계로 인정될 수 있는 경우도 있을 수 있다고 본다.

### 3. 이용관계의 성질

위에서 본 바와 같이 공기업의 이용관계는 기본적으로는 사법관계이나, 예외적으로 그 공법관계적 성격이 인정될 수 있는바, 좀더 구체적으로 살펴보면 다음과 같다.

### (1) 일반적으로 사법관계

공기업이용관계는 원칙적으로는 사법관계로서, 그에는 사법과 사법원리가 적용되고 그에 관한 쟁송은 민사소송절차에 의하게 된다.[1]

---

1) 판례

"전화관서가 특정인에게 설치하는 전화에 의하여 그 특정인이 공중통신역무의 제공공기업의 이용관계는 원칙적으로 기업자와 이용자 사이의 합의에 의하여 성립한다. 다만 그 구체적 이용내용은 기업자가 획일적·정형적인 이용조건을 정하고 이용자는 이러한 조건에 따를 수밖에 없는 것이 보통이므로, 그것은 부합계약 또는 부종계약(contrat d'adhésion)과 같은 관계이다.

### (2) 공법관계인 경우

법령이 공기업의 공익적 목적을 감안하여 특별한 규정을 두고 있거나(다만 그 경우에도 당해 규정을 특별사법으로 보아야 하는 경우도 있을 수 있다), 관계법규 전체의 합리적 해석에 따라 공법관계로 볼 수 있는 경우도 있다.

다만 공법관계성이 인정되는 경우에도 그 이용관계 전체가 일률적으로 공법관계에 속하는 것은 아니고, 부분적으로만 공법관계인 경우가 있을 수 있는바(공·사법혼합관계), 후자가 오히려 일반적 현상이라 할 것이다. 예컨대 국민주택임차관계에 있어 주택건설업자인 지방자치단체와 임차인과의 일반적인 법률관계는 사법관계이나, 차임에 관한 관계는 공법관계에 해당하여, 차임의 체납이 있는 때에는 국세체납처분 또는 지방세체납처분의 예에 의하여 강제징수할 수 있다($\frac{주택법}{91}$).

**1) 법령에 명시적 규정이 있는 경우**  그 예로서는 ① 행정상 강제집행절차의 인정(수도료의 강제징수($\frac{수도법}{68}$), 우편요금의 강제징수($\frac{우편법}{24}$), 국민주택 임대료 등의 강제징수($\frac{주택법}{91}$)), ② 행정쟁송절차의 인정 등을 들 수 있다.

> "수도법에 의하여 지방자치단체인 수도업자가 그 수도물의 공급을 받은 자에 대하여 하는 수도료의 부과징수와 이에 따른 수도료의 납부관계는 공법상의 권리의무관계라 할 것이므로, 이에 관한 소송은 행정소송절차에 의하여야 하고 민사소송절차에 의할 수는 없다"($\frac{대판\ 1977.\ 2.\ 22,}{76다2517}$).

**2) 실정법 구조 전체의 합리적 해석에 의한 경우**  관계법에 그 공법적 성격을 나타내는 명시적 규정이 없는 경우에도, 당해 이용관계에 관한 실정법 구조 전체의 합리적 해석에 따라, 그 이용관계가 공법관계로 인정될 수 있는 경우도 있을 수 있다. 그에 해당하는 것으로는 ① 이용관계가 순전히 경제적 급부를 내용으로 하는 것이 아니라 윤리적 성질을 가진 것인 때와, ② 이용

---

을 받는 계약, 즉 전화가입계약은… 영조물이용의 계약관계로서, 비록 그것이 공중통신역무의 제공이라는 이용관계의 특수성 때문에 그 이용조건 및 방법이용의 제한, 이용관계의 종료원인 등에 관하여 여러 가지 법적 규제가 있기는 하나 그 성질은 사법상 계약관계에 불과하다"(대판 1982. 12. 28, 82누441).

관계가 경제적 급부를 내용으로 하는 것이라도 공공성이 강하여 사인의 영리사업과 동일시할 수 없는 것인 때 등을 드는 것이 보통이다.[1] ①의 경우에 해당하는 것으로는 영조물이용관계인 국공립학교와 학생간의 관계(학위수여·승급·징계)를 들 수 있으나, 수익성을 그 요소로 하는 공기업의 이용관계에는 그 예가 없는 것으로 보인다.

일반적으로 이 문제에 대한 우리 학설의 입장은 아직 정착되어 있지 못한 상태에 있다고 할 수 있다.[2]

### 4. 행정사법의 문제

공기업이용관계는 일반적으로는 사법관계이나, 그 공익성에 따라 관계법이 특수한 규정을 두고 있는 경우에, 그 범위 내에서는 당해 법률관계는 공법관계로서의 성격이 인정될 수도 있는 것임은 전술한 바와 같다. 그러나 당해 이용관계가 사법관계라 하여도 그것이 그에 대한 공법원리의 적용이 전혀 배제되는 것을 의미하는 것은 아니라고 본다. 즉 공기업은 공익성이 높은 공행정작용이라는 점에서는, 그 이용관계에 있어서도 평등원칙이나 비례원칙 등의 일정한 공법원리는 적용된다고 본다. 공기업의 이용관계는 이처럼 그것이 사법관계인 경우에도, 그를 규율하는 사법은 일정 한도에서 공법원리에 의하여 수정되고 있다는 점에서, 그것은 내용적으로는 행정사법에 의하여 규율되는 관계라 할 것이다. 다만 공기업의 이용관계에 일정한 공법원리가 적용된다고 하여 당해 법률관계가 공법관계로 되는 것은 아니라는 점은 유의하여야 한다.

이와 관련하여 「프랑스」행정법상의 「상공업적 공역무」의 법제는 우리에게도 매우 시사적인 것으로 보인다. 상공업적 공역무는 공공의 수요의 충족작용이라는 점에서는 협의의 공역무와 공통적 성격을 가지나, 그 내용은 사인의 활동과 본질적인 차이가 없다는 점에서, 그 이용관계 등의 법률관계는 사법에 의하여 규율된다. 그러나 상공업적 공역무도 공공수요의 충족활동으로서의 공역무라는 점에서, 그에 대하여도 공역무에 관한 공법원리인 ① 공역무 앞의 평등의 원칙, ② 공역무계속성의 원칙, ③ 공역무적응성의 원칙 등

---

1) 김도창, 행정법(하), pp. 389∼390; 박윤흔, 행정법(하), p. 410; 이명구, 행정법원론, p. 686.
2) 이상규, 행정법(하), p. 364; 박윤흔, 행정법(하), p. 410; 김남진, 행정법(Ⅱ), p. 329.

은 당연히 적용된다고 보는 것이 학설·판례의 입장이다.[1)]

## Ⅲ. 공기업이용관계의 성립

공기업의 이용관계는 기업자와 이용자 사이의 자유로운 합의에 의하여 성립하는 것이 원칙이나, 때로는 그 이용관계가 법적으로 또는 사실상으로 강제되는 경우도 있다.

### 1. 합의이용

(1) 공기업의 이용관계는 기업자와 이용자 사이의 합의에 의하여 성립하는 것이 원칙이며, 그 계약은 원칙적으로 사법상계약으로서의 성질을 가진다. 공기업의 이용관계가 이처럼 기업자와 이용자의 계약에 의하여 성립하는 경우에도, 그 이용조건은 법령·조례 또는 공기업규칙에 의하여 일반적으로 획일적·정형적으로 규정되어 있고, 이용자는 그에 따를 수밖에 없는 것이므로, 그 계약은 부합계약 또는 부종계약(contrat d'adhésion)의 성질을 가진다.

(2) 공기업은 직접 국민의 이익을 위하여 재화·역무를 제공하는 사업이다. 따라서 공기업의 경영에 있어서는 그 이용조건을 정하여 이를 일반에 공시함을 통례로 하고 있다(국제우편 규정 3).

기업주체는 그 이용조건을 갖춘 자에 대하여는 공기업의 성질상 그 이용을 허용하여야 할 의무를 진다고 할 것이다. 법률상 그 의무를 명문으로 규정하고 있는 경우도 있고(전기통신 사업법 3), 또는 정당한 사유 없이 당해 업무의 취급을 거부한 때에는 그를 처벌하는 것으로 하여(우편법 50), 간접적으로 이용제공의무를 규정하고 있는 경우도 있다.

이러한 명문의 규정이 없는 경우에도 정당한 사유 없이 특정인에 대하여 당해 공기업의 이용을 거부하는 것은 평등원칙에 반하는 것으로 허용되지 않는다 할 것이다.

### 2. 이용강제

공기업의 이용이 법률상 또는 사실상 강제되는 경우가 있다. 공기업의 이용이 법적으로 강제되는 경우로서는 계약강제·행정처분에 의한 이용강제·

---

1) A. Laubadère, Traité de droit administratif, t. 1, 1980, p. 659.

직접 법률에 의한 강제 등을 드는 것이 보통이다. 공기업을 광의로 영조물과 같은 관념으로 파악하는 경우에는 이러한 이용강제에 해당하는 실정법상의 예를 찾을 수도 있을 것이나, 공기업을 수익성·영리성을 그 요소로 하는 사업으로 한정하여 협의로 파악하는 경우에는, 이들 이용강제에 해당하는 경우는 없는 것으로 보인다. 그에 따라 협의의 공기업의 이용이 강제되는 경우는 사실상의 이용강제에 한정된다고 본다. 다음에 항목별로 검토한다.

(1) 계약강제

일정한 조건에 해당하는 자는 공기업의 이용을 위한 계약이 강제되는 경우이다. 그 예로서는 국·공립학교의 입학과 국·공립병원에서의 예방접종을 드는 것이 보통이나, 이들 사례는 협의의 공기업의 이용관계가 아니라 영조물이용관계에 해당한다.

(2) 행정작용에 의한 이용강제

경찰강제 기타 행정작용에 의하여 일정한 조건에 있는 자에 대하여 실력으로 공기업 이용관계에 놓이게 하는 경우이다. 그 예로서는 전염병환자의 강제격리를 들고 있다. 그러나 이 경우도 협의의 공기업의 이용관계는 아니고, 영조물의 이용관계에 해당하는 것이다.

(3) 법률의 규정에 의하여 당연히 이용관계가 설정되는 경우

그 예로서는 산업재해보상보험법의 규정에 의하여 일정한 자가 당연히 산업재해보상보험가입자로 되는 경우($^{법}_{8}$)를 들고 있다. 국민건강보험법의 규정에 의하여 일정 조건을 갖춘 자가 당연히 동법상의 피보험자가 되는 경우도 그에 해당할 것이다($^{법}_{5}$). 다만 산업재해보상보험이나 건강보험이 공기업 이용관계인지, 그와는 다른 급부행정의 한 작용형태인지에 대하여는 논란의 여지가 있다.

(4) 사실상의 이용강제

국민의 일상생활상 필수적인 사업이 법률상 또는 사실상 국가나 지방자치단체에 의하여 독점적으로 경영되고 있는 경우에는 국민은 그 역무나 재화를 이용하지 않을 수 없는 것이다. 즉 이 경우는 그 당해 공기업의 이용은 사실상 강제되고 있는 것이다. 수도·전화·철도 등의 이용이 이에 해당한다.

## Ⅳ. 공기업이용관계의 내용

### 1. 일반적 특색

공기업 이용관계는 원칙적으로는 기업주체와 이용자 사이의 합의에 의하여 성립하는 당사자관계이다.

그러나 그 이용관계는 내용적으로는 공기업의 이용조건이 법령·조례 또는 공기업규칙에 의하여 일방적으로 결정되어 있고, 이용자는 그러한 조건에 따라 이용할 수밖에 없는 부합계약관계인 것이 보통이다. 또한 공기업의 공익성에 비추어 법령이 사법상의 관계와는 다른 특수한 규율(예컨대 공급의무, 기업주체의 배상책임의 제한, 수수료의 강제징수 등)을 하고 있는 경우가 적지 않다.

### 2. 이용자의 권리

#### (1) 공기업이용권

1) 공기업의 이용관계가 성립하면 이용자는 재화·역무를 수급하거나 이용할 수 있는 권리를 가진다. 이것을 공기업의 이용권이라 한다.

2) 공기업 이용권은 재화 또는 역무를 제공받을 권리라는 점에서 채권으로서의 성질을 가지며, 또한 그것은 법규상 특별한 규정이 있거나 관계법의 합리적 해석에 따라 공권으로 해석될 수 있는 경우를 제외하고는 사권의 성질을 가진다. 이러한 공기업이용권은 이전성이 인정되는 것이 보통이다.

#### (2) 부수적 권리

1) **평등한 급부를 받을 권리**  이에 관하여는 법령이 명문으로 차별금지$\left(\substack{\text{지방자치}\\\text{법 13①}}\right)$에 관한 규정을 두고 있는 경우도 있다. 그러한 규정이 없는 경우에도 헌법적 원리인 평등원칙은 공행정으로서의 공기업작용에도 적용된다고 할 것이다(행정사법의 원리).

2) **쟁송제기권**  기업주체의 위법한 행위로 공기업이용권을 침해당한 이용자는 행정쟁송(공법관계인 경우) 또는 민사소송(사법관계인 경우)을 제기하여 구제를 받을 수 있는 것임은 물론이다.

3) **손해배상청구권**  공기업의 이용과 관련하여 손해를 받은 이용자는 손해배상을 청구할 수 있다. 다만 공기업이용의 정형성·집단성에 비추어, 또는 공기업의 원활한 경영을 위하여 법령상 기업주체의 손해배상책임을 부인

하거나 제한하는 경우가 있다(우편법 38 내지 40).

### 3. 기업주체의 권리

#### (1) 이용조건설정권

공기업의 이용조건의 중요한 사항은 법령(주택법 54·57) 또는 조례(수도공 급규정)의 형식으로 정하여지고, 이러한 법령이나 조례의 범위 내에서 공기업규칙(전기통신사업 28)으로 구체적 조건을 정하되, 대부분의 경우 그에 대하여는 주무부장관의 인가를 받도록 하고 있다.

전자는 법규이므로 그 이용조건은 기업주체와 이용자를 모두 구속하여, 기업주체는 그에 따라 재화나 역무를 제공할 의무를 지고, 이용자에 의한 부정이용 기타 그 이용조건에 위반한 행위에 대하여는 형벌·과태료 등의 제재를 과할 수 있다(전기통신사업 법 94 이하). 이에 대하여 후자는 법규의 성질을 가지지 않는 이용약관 또는 행정규칙에 그치는 것이므로,[1] 그에 위반한 이용행위에 대하여는 이용의 거부·정지 기타 불이익 조치를 취할 수 있을 뿐이다.

#### (2) 이용대가징수권

1) 이용대가의 내용　공기업은 수익성을 그 요소로 하는 사업이므로, 기업주체는 법규 또는 이용규칙이 정하는 바에 따라 공기업의 이용대가로서 수수료 또는 사용료를 징수한다.

2) 이용대가징수권의 근거　공기업의 이용이 자유로운 것인 때에는 법규의 근거를 요하지 않고 기업주체가 공기업규칙으로 정할 수 있다.

그러나 그 이용이 강제되는 경우에는 법령이나 조례의 근거가 있어야 할 것이다.

지방공기업의 사업요금은 당해 공기업이 제공한 급부의 원가를 보상함과 아울러 기업으로서의 계속성을 유지할 수 있도록 결정되어야 한다(지방공기 업법 22).

3) 이용대가청구권의 성질　이 청구권은 원칙적으로는 사법상의 채권으로서의 성질을 가지며, 그 징수절차는 민사상의 강제징수절차에 의한다. 그러나 관계법률이 그 징수를 행정상의 강제징수방법에 의하도록 규정하거나(수도법 68,

---

1) 판례

"한국전력공사의 전기공급규정은… 그 사무처리상의 편의를 위한 규정에 불과할 뿐 국민에 대하여 일반적 구속력을 갖는 법규로서의 효력은 없고, 단지 한국전력공사와 전기공급계약을 체결하거나 그 규정의 적용에 동의한 수용자에 대하여서만 효력이 미칠 뿐이다"(대판 1988. 4. 12, 88다2).

$\binom{\text{우편법}}{24}$), 그 부과·징수에 대한 불복수단으로서 행정쟁송을 규정하고 있는 경우 $\binom{\text{지방자치법}}{140}$ 등에는 이용대가청구권은 공권의 성질을 가진다.

**(3) 해지·정지 등**

1) 공기업을 광의로 영조물과 같은 관념으로 파악하는 입장에서는 공기업주체의 권리로서 질서유지권을 들고 그 내용으로서 이용자에 대한 명령·강제 및 징계권을 들고 있다.[1] 그러나 공기업의 관념을 협의로 수익성을 요소로 하는 사업으로 파악하는 경우에는 이러한 명령·징계권이 인정될 여지가 원칙적으로 없다고 보며, 이용자가 관계법령에 위반하거나 그 이용규칙을 어긴 경우에는 공기업주체가 이용관계를 해지하거나 정지할 수 있는 데 그친다고 할 것이다.[2]

2) 법령에 공기업관계를 위반한 이용자에 대한 처벌규정을 두고 있는 경우도 있다. 그러나 이러한 처벌은 공기업이용관계 내부에서의 기업주체의 관리권에 기한 것은 아니고, 일반공권력에 의하여 과하여지는 행정벌이다.


## V. 공기업이용관계의 종료

**(1) 이용목적의 완료**

당해 이용관계의 목적이었던 재화·역무의 공급 또는 이용이 완료(예컨대 우편물의 배달, 병원의 퇴원, 철도이용에 있어 목적지 도착 등)됨으로써 당해 관계는 종료된다.

**(2) 이용관계에서의 탈퇴**

공기업이용이 법률상 강제되는 경우를 제외하고는, 이용자는 그 이용관계에서 임의로 탈퇴할 수 있다(예컨대 가입자에 의한 전화가입계약의 해지).

**(3) 이용관계에서의 배제**

공기업의 이용자가 법령 또는 공기업규칙을 위반한 때에는, 공기업주체는 이용계약의 해지권 기타 관리권의 행사에 의하여 이용자를 그 이용관계에서 배제할 수 있다.

**(4) 공기업의 폐지**

공기업은 그 공익적 성격으로 인하여 자유로운 폐지는 허용되지 않는다.

---

1) 김도창, 행정법(하), p. 386.
2) 김남진, 행정법(Ⅱ), p. 333; 박윤흔, 행정법(하), p. 417.

그러나 정당한 이유가 있는 경우에는 소정의 절차에 따르는 공기업의 폐지가 가능한 것임은 물론이며, 이 경우 그 이용관계는 당연히 소멸한다.

## 제 4 항  공익사업의 특허

여기서 공익사업의 특허라는 용어는 저자에 특유한 것이고, 다수의 학자는 그 대신에 특허기업의 특허라는 용어를 사용하고 있다.[1] 그러나 특허기업이라는 개념 자체가 행정처분에 의하여 사인에 부여된 일정한 공익사업의 경영권을 내용으로 하는 기업을 지칭하는 것이고 보면, 공익사업의 특허라는 용어가 보다 적절하다고 본다.

## Ⅰ. 공익사업의 특허의 개념 및 공기업과의 구별

### 1. 공익사업의 특허의 개념

공익사업의 특허란 국가나 지방자치단체가 사인에게 일정한 공익적 사업에 대하여 특별한 권리·의무를 내용으로 하는 경영권을 설정하여 주는 행위를 말한다.

사인이 경영하는 사업 중에서는 국민의 일상생활에 긴요한 재화나 역무의 제공을 그 내용으로 하는 고도의 공익성에 의하여 특징지어지는 것이 있는바, 전기사업·자동차운수사업·해상운송사업 등이 그 예이다. 이러한 사업에 대하여는 그 공익성으로 인하여 법률상 특별한 규제를 하는 것이 원칙이다. 즉 근거법은 사인에 의한 이들 사업의 경영은 국가 등의 특별한 허가를 받도록 하는 한편, 그 경영에 있어서는 일정 한도의 독점권을 포함하는 특별한 권리를 부여하고 다른 한편으로는 특별한 의무를 부과하고 있다. 공익적 사업에 대한 이러한 실정법상의 규제에 따른 법제를 여기서는 공익사업의 특허라고 하고, 그에 따라 경영되는 기업을 특허기업이라 한다.

### 2. 공기업과의 구별

기술한 바와 같이 공기업은 국가나 지방자치단체가 사회공공의 이익을 위하여 직접 또는 간접적으로 경영하는 사업으로서 영리성·기업성을 가지는

---

1) 김남진, 행정법(Ⅱ), p. 426; 김철용, 행정법(Ⅱ), p. 321; 박윤흔, 행정법(하), p. 440.

사업이다. 이러한 의미의 공기업은 국가 등의 행정주체가 직접 경영하거나 특수법인을 통하여 경영하는 사업에 한정된다.

이에 대하여 특허기업은 사인이 국가 등의 특허를 받아 경영하는 것으로, 이 사업도 고도의 공익성에 의하여 특징지어지기는 하나, 그 경영주체는 사기업의 성질을 가진다.

## Ⅱ.  공익사업의 특허의 의의

공익사업의 특허란 국가나 지방자치단체가 사인에게 특정한 공익사업에 대하여 특별한 권리·의무를 내용으로 하는 경영권을 설정하여 주는 행정처분이다. 그 내용을 분설하면 다음과 같다.

(1) 이것은 국가 등의 행정주체가 사인의 그 출원에 기하여 사인에 특정 공익사업의 경영권을 설정하여 주는 행위이다.

(2) 특허에 의하여 그 상대방에는 일반 국민에게는 인정되지 않는 특별한 권리가 부여되고 동시에 특별한 의무가 부과된다. 따라서 특허행위는 형성적 행정처분으로 보는 것이 일반적 견해이다. 그러나 이와 관련하여서는 특허행위의 성질이나 법률관계의 내용 등에 관하여 일단 견해가 갈리고 있는 바, 다음에 그 내용을 보기로 한다.

1) **독점적 경영권설정설**   이 설은 공익사업의 특허는 당해 사업의 독점적 경영권을 설정하여 주는 행위로 본다.

2) **포괄적 법률관계설정설**   이 설은 공익사업의 특허를 포괄적 권리·의무의 설정행위로 본다. 즉 특허행위는 당해 공익사업을 경영할 수 있는 권리와 그 효과적인 경영을 위한 여러 특권을 부여함과 동시에 특별한 의무·부담의 부과를 내용으로 하는 포괄적 법률관계의 설정행위로 본다.

3) **종합적 검토**   이상에서 특허의 성질에 관한 대표적 학설을 살펴보았다. 독점적 경영권설정설은 독점적 경영권을 설정하여 주는 행위만을 특허라고 보아 일단 특허의 범위를 구체적으로 확정하여 주는 장점이 있는 것으로 보이는 것으로서, 현재의 유력설이다.[1] 그러나 이 설에서 들고 있는 실정법상의 예를 검토하여 보면, 독점적 경영권이라는 기준이 과연 결정적 기준이 될 수 있는지에 대하여는 의문이 제기될 수 있다, 실정법상 예로 들고 있는 것

---

1) 김남진, 행정법(Ⅱ), pp. 335, 339; 박윤흔, 행정법(하), p. 424.

중에서 전기사업의 경우는 그 허가구역 내에서는 완전한 독점권이 보장되고 있으나(전기사업법 7④), 자동차운수사업이나 해상운송사업의 경우에는 동일 노선 또는 사업구역 내에 복수사업자의 존재는 인정하면서, 다만 수급균형의 유지를 면허조건으로 하고 있는 결과(해운법 5ⅰ, 여객자동차운수사업법 5①), 허가업체의 수가 제한되는 일정 한도의 독점적 경영권이 인정되고 있다. 그러나 이 정도의 독점적 경영권의 인정이 다른 허가 등의 행위와 구별되는 결정적 기준이 되지는 않는다고 본다. 왜냐하면, 예컨대 구 석유사업법에 의한 석유판매업의 허가기준으로서도 주유소 사이의 거리가 그 허가기준으로 되어 있었던 것이나, 그럼에도 당해 허가는 강학상의 허가에 해당한다고 보고 있었기 때문이다.

전술한 바에 따라 포괄적 법률관계설정설이 실정법제에 보다 부합하는 것으로 본다. 일정한 사업은 그 공익성으로 인하여 그 경영에는 국가 등의 허가를 받도록 하는 한편, 당해 사업의 적정한 경영을 담보하여 주기 위하여 사업자에게는 특별한 권리나 보호조치를 규정하는 동시에 특별한 의무를 규정하고 있는 경우가 있는바, 당해 사업의 허가를 받은 자에는 이러한 근거법상의 여러 권리가 부여됨과 동시에 특별한 의무도 부과되는 것이다.

(3) 특허의 대상인 사업은 공익적 사업이다. 그러나 이것이 당해 사업이 공기업임을 의미하지는 않는다. 공익적 사업은 국가 등의 행정주체나 그에 준하는 특수법인이 이를 경영할 수도 있으나, 사인도 일정한 절차에 따라 이를 경영할 수도 있는바, 이것이 공익사업의 특허의 법제인 것이다. 이 경우 당해 사업은 영리적 목적으로 운영되는 사인의 사업이며, 그 경영주체는 사법인이다.

## Ⅲ. 공익사업의 특허와 영업허가와의 구별

### 1. 개    설

공익사업의 특허와 영업의 허가는 모두 일정한 사업 또는 영업의 경영에 있어 사전에 국가 등에서 그를 위한 허가(광의)를 받는 절차라는 점에서는 공통성이 있다. 또한 「공기업의 특허론」이 주장하는 것과는 달리 특허의 대상인 사업은 공익성이 강한 사업이기는 하나, 그 자체 공기업은 아니고, 또한 그 경영권은 국가에 독점되어 있는 것도 아닌 것으로서, 사인도 원칙적으로 이를 경영할 수 있는 것이라는 점에서는 영업의 허가와 본질적인 차이는 없다.

그러나 공익사업의 특허의 경우에는 당해 사업의 공익성으로 인하여 법률이 여러 가지 특별한 규율을 하고 있는 결과, 규제의 목적·내용, 그에 따른 당해 행위의 성질, 경영주체의 법적 지위 등에 있어 상대적이기는 하나 양자 사이에는 일정한 차이가 인정된다.

## 2. 사업의 대상

허가는 식품접객업·유기장업 등과 같이, 성질상 그 공익성이 특히 부각되지 않는 사업을 그 대상으로 한다. 이에 대하여 특허의 대상인 사업은 전기사업·수도사업 등과 같이 상당히 고도의 공익성에 의하여 특징지어지고 있는 사업이다. 다만 양자의 차이는 상대적인 것으로 허가대상인 사업이 상황의 변화에 따라 그 공익성이 부각되어 관계법상 특수한 규제를 받게 되어, 종전의 허가가 공익사업의 특허로 전환될 수도 있는 것임은 물론이다. 그러나 상대적이기는 하나, 허가와 특허대상인 사업의 결정은 그 공익성의 정도에 따라 판단되는 문제라 할 것이다.

## 3. 규제의 목적·내용

(1) 영업허가의 경우에는 그 사업은 국민이 자유로이 행할 수 있는 것이 원칙이나, 공공의 안녕·질서·공중위생 등의 견지에서 법률로 그에 대한 일정한 제한을 가하는 것으로서, 이 경우 법률에 의한 규제는 소극적인 것임을 본질로 한다.

(2) 공기업의 특허에 있어서는 그 대상인 사업은 국민생활에 긴요한 것이라는 사실에 기인하여, 그 원활하고 적정한 수행을 담보하기 위하여 관계법률은 경영주체에게 특별한 권리를 부여하거나 기타 조치를 규정하고 또한 여러 의무를 부과하는 것이 보통이다.

## 4. 행위의 성질

(1) 형성행위성 여부

1) 영업허가는 일반적 금지를 해제하여 자연적 자유를 회복시켜 주는 것이므로 명령적 행위인 데 대하여, 특허는 특정인에게 특별한 권리를 설정하여 주는 행위이므로 형성적 행위라고 보는 것이 통설적 견해이다.

2) 그러나 영업허가도 단순히 자연적 자유를 회복시켜 주는 것은 아니고, 허가요건에 해당하는 경우에는 그에 대한 일반적 금지를 해제하여, 헌법상의 영업의 자유(권)를 적법하게 행사할 수 있는 법적 지위를 설정하여 주는 행위라는 점에서, 허가도 본질적으로는 형성적 행위로서의 성질을 가진다고 할 것이다.

다만 영업허가에 있어서는 원칙적으로 헌법상 이미 부여되어 있는 영업의 자유(권)를 적법하게 행사할 수 있게 하여 주는 것에 그치고, 새로운 권리를 설정하여 주는 것은 아니라는 점에서는 특별한 권리·의무를 내용으로 한 경영권을 설정하여 주는 공익사업의 특허와는 구별되는 것이다.

3) 이와 관련하여 우리 학설은 일반적으로 영업허가에서 받는 이익은 반사적 이익에 불과한 것이고, 특허에서 받는 이익은 법적으로 보호되는 이익이라는 점에서 양자는 구별된다고 보고 있다.[1)]

그러나 이에 대하여는 보다 구체적인 검토를 요한다. (협의의) 허가에 있어서도 그 허가에 따라 영업을 할 수 있는 이익 또는 법적 지위가 법적으로 보호되는 것이라는 점에 대하여 의문이 없다고 본다. 여기서 문제로 되고 있는 것은 관계법이 허가의 요건으로 일정 지역에 대한 허가자의 수적 제한 또는 거리제한 규정을 두고 있는 결과 기존업자가 받는 독점적 이익의 성질에 관한 것이다. 이 경우에는 관계규정의 목적·취지가 전적으로 공익만을 위한 것인지, 적어도 부수적으로는 기존업자의 이익보호도 목적으로 하는 것인지에 따라 판단되어야 할 것이고, 허가에 있어서의 당해 이익은 반사적 이익이라고 일률적으로 단언할 수는 없다고 본다. 이와 관련하여서는 거리제한 규정의 결과 기존 목욕장업자가 받는 이익은 반사적 이익이라고 한 대법원의 판례(대판 1963. 8. 31, 63누101; 대판 1984. 11. 13, 84누389)를 들고 있으나, 이 판례는 거리제한이 행정규칙에 규정되고 있었던 사업에 관한 것임을 유의하여야 할 것이다. 주유소간의 거리제한규정을 위반한 신규허가를 기존업자가 다투는 사건에서는 기존업자의 원고적격이 당연히 인정된다고 보는 것이 판례의 입장이다.

이처럼 영업허가의 경우에 그 요건으로서 거리제한규정이 있고 그로부터 받는 이익이 법적으로 보호되는 이익으로 판단되는 경우에 있어서는 당해 허가의 성질이 문제로 될 수 있다. 이 경우 당해 행위는 허가로서의 본질은 변하지 않고, 다만 법률이 예외적으로 그에 대한 보호규정을 둔 것에 그치는

---

1) 김남진, 행정법(Ⅱ), p. 343; 박윤흔, 행정법(하), p. 426.

것으로 보면 충분하다고 본다. 그러나 당해 행위는 허가와 특허의 합성행위라고 보는 입장도 있다.[1] 지나치게 형식논리적인 면이 있으나, 허가와 특허를 엄격히 구별하는 견지에서는 이러한 결론에 도달할 수밖에 없는 것인지도 모른다.

### (2) 기속행위성 여부

1) 허가를 요하는 영업에 있어서는 공공의 질서나 공중위생 등의 견지에서 헌법상의 영업의 자유가 제한되고 있는 것이므로, 그러한 제한사유에 해당하지 않는 경우, 즉 관계법상의 허가요건을 충족하는 경우에도 허가를 거부하는 것은 헌법상 보장되고 있는 영업의 자유를 부당하게 침해하는 것으로서 허용되지 않으므로, 허가를 하여야 할 기속을 받는다고 본다. 즉 영업허가는 기속행위인 것이다.

2) 이에 대하여 특허는 이를 재량행위로 보는 것이 통설·판례의 입장인바, 이러한 통설·판례의 견해는 원칙적으로 타당하다고 본다. 그러나 공익사업의 특허라고 하여 당연히 재량행위라고 할 것은 아니라고 할 것이나, 기본적으로는 다음의 두 가지 측면에서 공익사업의 특허는 재량행위로 인정될 수 있는 소지가 크다고 본다. 즉 특허의 대상사업은 통상 고도의 공익성을 갖춘 사업이라는 점에서는 근거법이 명시적으로 행정청에 재량권을 부여할 수도 있다. 그러하지 아니한 경우에도 당해 사업의 고도의 공익성을 고려하면, 행정청으로 하여금 가장 적정한 사업자를 선정할 수 있도록 한다는 점에서, 근거법상의 인·허가의 일정 요건의 해석·적용에 있어서는 행정청에 판단의 여지가 인정될 수 있는 소지가 크다고 본다.

즉 특허의 대상사업은 통상 고도의 공익성이 요구되는 사업이라는 점에서, 행정청에게 특허 요건에 대한 구체적 판단의 여지가 인정될 소지가 크다고 할 것이며, 이러한 요건의 해석·적용에 있어서 행정청의 판단이 존중되는 한도에서 당해 행위는 재량행위로서의 성질을 가진다고 할 것이다.

### 5. 보호·감독 기타

공익사업(특허기업)에 대하여는 법령상 각종의 보호조치가 규정되고, 그에 대한 국가 등의 특별한 감독수단이 규정되어 있는바, 이러한 점에서 허가를 요하는 영업의 경우와는 다른 것이다. 다음에서 그 내용을 구체적으로 검

---

1) 藤田宙靖, 行政法 I, 1993, p. 184.

토하기로 한다.


## Ⅳ. 특허기업의 법률관계

행정주체의 특허를 받아 관리·경영되는 공익사업의 적정·원활한 수행은 국민의 일상생활에 있어서는 결정적으로 중요한 의미를 가진다. 그에 따라 법률은 이러한 공익사업의 경영에 있어, 그 경영주체에 특별한 권리나 기타 보호조치를 규정하는 동시에, 특별한 의무를 부과하고 국가 등의 감독·통제 등을 규정하고 있다. 그 구체적인 내용은 개개의 법률이 정하는 바에 따라 다른 것이나, 그 일반적인 내용은 다음과 같다.


### 1. 특허기업자의 권리와 특권

#### (1) 기업경영권

특허를 받은 자는 법률 및 특허명령서가 정하는 바에 따라 당해 사업을 경영할 수 있는 권리를 가지는데, 이것을 기업경영권이라 한다. 이러한 기업경영권은 국가에 대한 공권이며 모든 제 3 자에 대항할 수 있는 사권은 아니다. 그러나 관계법에 의하여 일정 한도에서의 독점권이 인정되는 경우가 많다.

특허기업과 제 3 자(이용자 기타)와의 관계는 원칙적으로 사법관계이다. 그러나 법률상 기업자에 부여된 공법상 특권의 행사에 관련된 것은 공법관계이다(예컨대 특허기업에 의한 타인의 토지의 수용·사용).

#### (2) 특허기업자의 특권

특허기업에는 당해 사업의 원활한 수행을 위하여 법률상 각종의 특권·특전이 부여되고 있다. 그 내용은 개개의 법률에 따라 다르나 그 중 중요한 것은 다음과 같다.

1) **공용부담특권**　도지의 수용·사용·출입이나 장애물 제거 등 제 3 자에 특별한 부담을 과할 수 있는 권리가 부여되는 경우가 많다(전기사업법 87 내지 89·92).

2) **공물사용권**　기업경영에 필요한 경우에는 공물사용권이 인정되는 경우가 많다. 다만 그에는 공물관리청의 허가·동의 등의 절차가 요구되는 것이 보통이나, 정당한 사유 없이는 그 사용을 거부하지 못한다고 할 것이다.

3) **경제상의 보호**　특허기업에는 경제상 특별한 보호조치가 부여되는

경우가 많은바, 그 중요한 것으로는 면세·보조금 교부·정부출자 등을 들수 있다.

4) 행정벌에 의한 보호  특허기업에 대하여도 공기업의 경우와 같이 일정한 벌칙에 의하여 그 기업경영을 보호하는 경우가 있다($\frac{\text{도시가스사업}}{\text{법}}$ 48①②).

5) 사업의 독점권의 부여  관계법이 당해 사업의 합리적·계속적 경영을 확보하기 위한 견지에서 일정한 한도에서의 독점권을 인정하는 경우가 있음은 기술한 바 있다.

6) 노동법상의 보호  노동조합 및 노동관계조정법은 공중의 일상생활과 밀접한 관련이 있거나 국민경제에 미치는 영향이 큰 수도·전기·가스·석유정제 및 석유공급사업, 방송·통신사업 등의 공익사업의 특허기업 등의 조정에 관한 별도의 특칙을 두어($\frac{\text{법 71}}{\text{내지 73}}$) 공익사업의 노동쟁의조정을 위한 특별조정위원회의 구성 및 국민의 일상생활을 위태롭게 할 위험이 현존하는 때를 위한 긴급조정의 제도를 마련하여 특허기업을 보호하고 있다($\frac{\text{동법 76}}{\text{내지 80}}$).

## 2. 특허기업자의 의무와 부담

특허기업자에게는 그 사업의 공익성에 기하여 위의 여러 가지 특권·특전이 부여되는 반면, 영업허가와는 다른 특별한 의무나 부담이 부과되고 있다.

### (1) 특허기업자의 의무

1) 기업경영의무

㈎ 사업개시의무  특허기업자에게는 일정한 기간 안에 사업을 개시할의무가 부과되고 있다($\frac{\text{예컨대 전기}}{\text{사업법 9}}$). 이것은 영업허가에 있어서는 원칙적으로 그 개시의무가 없는 것과 대조를 이루는 것으로, 이러한 사업개시의무는 당해사업의 공익성에 기인한 것이다. 이 의무를 이행하지 않을 때에는 특허는 효력을 상실하거나 취소될 수 있다($\frac{\text{예컨대 전기사}}{\text{업법 12}①ii}$).

㈏ 사업의 계속적 시행의무  특허대상인 사업은 국민의 일상생활에 긴요한 재화·역무를 제공하는 공익적 사업이므로 그것은 계속적으로 시행되어야 하는 것이다. 그에 따라 법령상 사업의 양도·폐지·휴지 또는 회사의 합병이나 해산의 자유를 제한하고, 주무관청의 인가를 받거나 일정한 기일 전에 신고하도록 규정하고 있는 경우가 많다($\frac{\text{수도법}}{42}$).

㈐ 이용제공의무  특허기업자는 기업을 일반공중의 이용에 계속적으로 제공할 의무를 지며, 정당한 이유 없이 그 이용을 거절하지 못한다($\frac{\text{수도법 39, 여}}{\text{객자동차운수}}$

사업법<sub>26</sub>).

2) 지휘·감독을 받을 의무　특허기업은 그 사업의 공익성으로 인해 그에 대한 국가 또는 지방자치단체의 특별한 지휘·감독을 받는다.

㈎ 기업의 감시　특허기업의 사업의 감시를 위하여 신고·보고를 받거나 감독상 필요한 경우에는 임검·검사를 행하는 경우가 있다(수도법 66, 전기사업법) 22, 궤도운송법 19).

㈏ 기업의 물적 기초에 대한 감독　주무관청은 특허기업의 사업시설의 개선을 명하고(여객자동차운 수사업법 23), 사업시설을 검사하고, 사업시설을 일정 기술수준에 적합하게 유지할 의무를 과하는 경우가 있다.

㈐ 기업활동에 대한 감독　특허기업의 사업계획에 대한 주무관청의 인가(주택법 16), 공급사업(수도·전기 등)·운송사업의 공급조건·운송조건의 설정·변경에 대한 주무관청의 인가(수도법 38, 전 기사업법 16), 기타 주무관청에 의한 공익상 필요성의 판단에 따른 공급조건·수송조건에 관한 명령 등을 규정하고 있는 경우가 많다. 공급조건·운송조건에 대한 인가 중에서 가장 중요한 것은 요금의 인가이다(수도법 38).

또한 특허기업자가 법령·특허명령서에서 정한 의무를 위반하거나 공익을 해하는 사유가 있는 때에는 처벌, 사업의 정지·변경, 기업의 강제관리, 특허의 철회 등을 규정하고 있는 경우가 많다.

(2) 특허기업자의 부담

당해 사업의 목적달성을 담보하기 위하여 부과되는 부담은 개별법에 따라 다르나 그 중요한 것은 다음과 같다.

1) 기업물건의 불융통성　특허기업자의 사업에 사용되는 토지·물건은 공익사업의 실시에 필요한 것이라는 점에서 공법상 그 융통성이 제한되어, 기업자가 임의로 이를 처분하거나 담보권설정 등을 하지 못한다고 보아야 할 것이다. 그러나 실제 이러한 제한을 규정하고 있는 실정법상의 예는 없다.

2) 특별부담　특허기업자에는 비상시에 다른 수도사업자에게 수돗물을 공급하거나(수도법 41), 국가 등에 의한 기업시설의 이용을 수인할 의무 등이 부과되는 경우가 있다.

(3) 특허료납부의무

특허기업자는 당해 사업의 법적 또는 사실상의 독점으로 받는 이익에 대한 대상으로서 법령 또는 특허명령서에 의하여 금전 또는 물건을 납부하는 의무를 지는데, 이를 공납금 또는 보상금이라고도 한다.

(4) 매수에 응할 의무

당해 사업의 공익성에 따라 법률은 그 기업자에 국가 등의 매수에 응할 의무를 부과할 수도 있을 것이다.

## V. 특허기업의 이전·위탁 및 종료

### 1. 특허기업의 이전

특허기업의 이전이란 특허기업자가 그 기업경영권을 타인에게 이전하는 것을 말한다. 공익사업의 특허는 당사자의 경영능력 기타 인적 사항을 참작하여 행하여지는 것일 뿐만 아니라, 그 성패는 국민의 일상생활에 중대한 영향을 미치는 것이므로, 그 이전성이 제한되는 것이 보통이다. 제한의 양태는 개별법에 따라 다르나, 일반적으로는 이전 자체는 허용하되 주무관청에 신고하게 하거나 인가를 받게 하는 것이 보통이다($\frac{전기사업}{법 10}$).

특허기업의 일반적 이전방법으로는 양도·상속·회사의 합병·매수 및 경락 등을 들 수 있다.

### 2. 특허기업의 위탁

기업경영권은 원래의 기업자가 가지고, 그 실제적인 경영·관리만을 타인에게 위탁하는 것을 말한다. 특허기업의 위탁에는 임의위탁 외에도 강제관리가 있다. 강제관리는 일정한 사유가 발생한 경우에 기업자의 의사에 관계없이 법원 또는 행정청의 결정으로 타인으로 하여금 당해 기업을 경영·관리하게 하는 경우이다.

### 3. 특허기업의 종료

특허기업은 그 사업의 공익성으로 인하여 기업자가 이를 임의로 폐지하지 못하는 것임은 앞에서 본 바와 같다. 또한 국가도 당해 사업의 계속적 시행을 위하여, 보조금의 지급·면세 등의 지원조치 또는 그 강제관리 등의 조치를 강구하는 것이 보통이다. 그러나 이것은 특허기업은 어느 경우에나 존속되어야 하는 것을 의미하는 것은 아니다.

특허기업의 종료사유에는 기업자의 의사에 의하는 임의종료(사업의 폐지·회사의 해산)와 법정종료(특허의 실효·특허기한의 만료·특허의 철회)가 있다.

임의종료의 경우에는 주무관청에 신고하여야 하거나 그 인가가 필요한 것이
보통이다.

## 제 4 절 사회보장법

### 제 1 항 사회보장의 의의

## I. 사회보장의 개념

헌법 제34조 제 1 항은 "모든 국민은 인간다운 생활을 할 권리를 가진
다"라고 하여 국민의 생존권을 규정하고 있고, 동조 제 2 항은 사회보장·사
회복지의 증진에 노력할 국가의 의무를 정하고 있다. 이러한 헌법상의 생존
권과 사회보장에 대한 국가의 의무를 기초로 하여, 사회보장기본법은 사회보
장에 관한 국민의 권리와 국가 및 지방자치단체의 책임을 정하고 또한 사회
보장의 이념과 개념 및 사회보장제도에 관한 기본적인 사항을 정하고 있다.

사회보장기본법은 "사회보장은 모든 국민이 다양한 사회적 위험으로부터
벗어나 행복하고 인간다운 생활을 향유할 수 있도록 자립을 지원하며, 사회
참여·자아실현에 필요한 제도와 여건을 조성하여 사회통합과 행복한 복지사
회를 실현하는 것을 기본이념으로 한다"고 규정하고 있다($\frac{동법}{2}$).

이러한 기본이념을 바탕으로 하는 사회보장은 "출산, 양육, 실업, 노령,
장애, 질병, 빈곤 및 사망 등의 사회적 위험으로부터 모든 국민을 보호하고
국민 삶의 질을 향상시키는 데 필요한 소득·서비스를 보장하는 사회보험,
공공부조, 사회서비스"를 말한다($\frac{동법}{3i}$).

사회보장기본법상 사회서비스는 "국가·지방자치단체 및 민간부문의 도
움이 필요한 모든 국민에게 복지, 보건의료, 교육, 고용, 주거, 문화, 환경 등
의 분야에서 인간다운 생활을 보장하고 상담, 재활, 돌봄, 정보의 제공, 관련
시설의 이용, 역량 개발, 사회참여 지원 등을 통하여 국민의 삶의 질이 향상
되도록 지원하는 제도"를 말한다($\frac{동법}{3iv}$). 이처럼 사회보장기본법은 사회보장법
제를 사회보장에 관한 권리·의무관계에 관한 법체계뿐만 아니라, 사회보장
의 기능을 수행하는 기타의 법영역 및 사회정책까지도 포괄하는 넓은 관념으
로 정의하고 있다. 이러한 입법방식은 사회보장법의 독자성과 사회보장제도

운영주체의 통일성을 저해하는 결과를 초래할 수 있다는 문제가 있으나, 입법자는 엄밀한 의미에서의 사회보장법과 내용적으로 밀접한 관련을 가지고 이를 보완하는 기능을 갖는 법제라면 사회보장의 관념에 포함시키는 것이 타당하다고 판단한 것으로 보인다.

사회보장기본법은 모든 국민이 사회보장의 급여를 받을 권리(사회보장수급권)를 명시적으로 인정하고($\frac{동법}{9}$), 사회보장 급여의 수준도 '건강하고 문화적인 생활유지'라고 하여 일단 그 객관적 기준을 설정하고 있다는 점에서 특히 그 긍정적 측면이 있다.

## Ⅱ. 사회보장의 영역

사회보장기본법상의 사회보장개념에 의하면 사회적 위험으로부터 국민을 보호하고 생존권을 보장하기 위한 사회보장제도의 영역으로서는 사회보험, 공공부조, 사회서비스가 있다.

### 1. 사회보험

사회보험은 국민에게 발생하는 사회적 위험을 보험방식에 의하여 대처함으로써 국민의 건강과 소득을 보장하는 제도이다($\frac{동법}{3 ii}$). 이러한 사회보험은 사회보장제도의 근간을 이루는 것이다.

사회보험은 사회적 위험이라는 공통적 위험에 처하게 되는 자들을 대상으로 하며, 이들에 의한 강제적인 비용부담을 전제로 하고 있다. 사회보험에 관한 실정법으로는 국민건강보험법, 국민연금법, 공무원연금법, 사립학교교직원 연금법, 군인연금법, 산업재해보상보험법, 고용보험법 등이 있다.

### 2. 공공부조

공공부조는 국가 및 지방자치단체의 책임하에 생활유지능력이 없거나 생활이 어려운 국민의 최저생활을 보장하고 자립을 지원하는 제도이다($\frac{동법}{3 iii}$). 이러한 공공부조는 사회보험의 보충제도로서, 현실적으로 생활불능상태에 있거나 생활이 곤궁한 상태에 있는 자에게 국가 또는 지방자치단체가 그 예산으로 최저생활에 필요한 급여를 행하는 제도이다.[1] 공공부조는 개인이 처한 구

---

1) 김유성, 한국사회보장법론, 법문사, 2000, p. 31 참조.

체적인 생활위험의 제거와 그 비용의 무갹출을 원칙으로 하고, 급여지급의 전제조건으로 생활자력조사(means test)를 행한다는 점에서 사회보험과는 다른 특징을 갖는다. 다만, 이러한 공공부조에 있어서는, 그에 대한 수급자의 권리성이 결여되고 그에 따라 국가 등의 급여는 그 재량성에 의하여 특징지어진다.

공공부조에 관한 실정법으로 국민기초생활 보장법과 의료급여법이 있다.

### 3. 사회서비스

사회서비스는 국가·지방자치단체 및 민간부문의 도움이 필요한 모든 국민에게 복지, 보건의료, 교육, 고용, 주거, 문화, 환경 등의 분야에서 인간다운 생활을 보장하고 상담, 재활, 돌봄, 정보의 제공, 관련 시설의 이용, 역량개발, 사회참여 지원 등을 통하여 국민의 삶의 질이 향상되도록 지원하는 제도이다($\frac{동법}{3\,iv}$). 구 사회보장기본법은 사회보장의 개념에 관하여 신체적·정신적·가족적 특수상황에 처한 국민에 대하여 현물서비스에 의하여 생활상의 곤란을 경감시키고 자활을 촉진하는 것을 주된 기능으로 하는 사회복지서비스와 기타 관련 복지제도를 구분하였으나, 현행법은 사회서비스 개념에 양자를 포괄하여 규율하고 있다.

### 4. 평생사회안전망

평생사회안전망이란 생애주기에 걸쳐 보편적으로 충족되어야 하는 기본욕구와 특정한 사회위험에 의하여 발생하는 특수욕구를 동시에 고려하여 소득·서비스를 보장하는 맞춤형 사회보장제도를 말한다($\frac{동법}{3\,v}$).

전술한 바와 같이 사회보장기본법은 본래적 의미에서의 사회보장체계에 포함시키기 어려운 국민의 생존권보장에 관련된 기능을 담당하는 여러 분야의 사회정책적 제도를 사회보장의 영역에 포괄하고 있는바, 사회보장법의 영역이 반드시 사회보장에 관한 권리·의무관계에 관한 법체계에 국한될 것은 아니나, 그 기본적 영역은 사회보험제도와 그 보완적인 것으로서의 공공부조제도인 것으로서, 다음에서는 이들 제도만을 검토하기로 한다.

## 제 2 항  사회보험제도

사회보험은 보험방식에 의하여 사회적 위험으로부터 국민의 건강과 소득을 보장하는 제도로서, 이에 관한 실정법으로서는 국민건강보험법, 국민연금법, 산업재해보상보험법, 고용보험법이 있다.

## Ⅰ. 국민건강보험법

이 법은 기본적으로 질병 부상이라는 사회적 위험에 대한 사회보험, 즉 질병보험을 그 내용으로 하고 있다. 종래 우리나라의 의료보험제도는 공무원·사립학교교직원 및 지역주민을 대상으로 하는 국민의료보험과 그 외의 일반 사업장 근로자를 대상으로 하는 의료보험으로 이원화되어 있었으나, 1999년 2월에 의료보험제도의 통합을 목적으로 국민건강보험법($\frac{법률\ 제}{5854호}$)이 제정되어 2000년 1월 1일부터 시행되고 있다.

### 1. 개  설

국민건강보험법은 국민의 질병·부상에 대한 예방·진단·치료·재활과 출산·사망 및 건강증진에 대하여 보험급여를 실시함으로써 국민보건을 향상시키고 사회보장을 증진함을 목적으로 하고 있다($\frac{법}{1}$).

건강보험은 사회보험 중에서도 모든 국민의 일상적 생활위험인 질병·부상을 보험사고로 하는 질병보험에 해당한다. 산업재해보상보험법은 업무상 부상·질병을 보호대상으로 하고 있는 데 대하여, 건강보험은 업무 외에 발생한 질병·부상을 대상으로 한다. 건강보험은 다른 법률에 의해 의료급여를 받는 자를 제외하고는 그 가입이 강제되는 전국민보험의 성격을 가지는 강제보험이다. 장기보험에 해당하는 국민연금과는 달리 건강보험은 1 회계연도를 기준으로 보험료를 산정하고 급여를 지급하는 단기보험에 해당한다.

### 2. 적용대상

국내에 거주하는 모든 국민은 의료급여법 등에 의하여 의료급여 또는 의료보호를 받는 자를 제외하고는 가입자 또는 피부양자로서 국민건강보험법의 적용대상이 된다($\frac{동법}{5①}$). 다만 국내체류 외국인 등에 대해서는 일정한 특례가 인정된다($\frac{동법}{109}$).

(1) 가 입 자

건강보험의 가입자는 직장가입자와 지역가입자로 구분된다. 직장가입자는 모든 사업장의 근로자(1월 미만의 기간 동안 고용되는 일용근로자 등을 제외)와 그 사용자, 공무원 및 교직원으로 임용 또는 채용된 자이다($\frac{동법}{6②}$). 지역가입자는 가입자 중 직장가입자와 그 피부양자를 제외한 자이다($\frac{동조}{③}$).

(2) 피부양자

건강보험의 적용대상이 되는 피부양자로 인정되기 위해서는 법령이 정하는 부양요건과 소득요건을 충족하여야 한다. 즉 직장가입자에 의하여 주로 생계를 의존하는 자로서 소득 및 재산이 보건복지부령으로 정하는 기준 이하에 해당하는 자이어야 한다. 이러한 피부양자에는 직장가입자의 배우자·직계존속(배우자의 직계존속을 포함), 직장가입자의 직계비속(배우자의 직계비속을 포함) 및 그 배우자, 직장가입자의 형제·자매가 포함된다($\frac{동법}{5②}$). 사실상 혼인관계에 있는 배우자의 경우에도 현실적인 보호의 필요성이 인정되어야 하기 때문에 비록 법령상 명문의 규정이 없다고 하더라도 배우자의 범위에 포함되는 것으로 해석하여야 할 것이다.

## 3. 보 험 자

건강보험의 운영주체는 국민건강보험공단(이하 공단)이다. 공단은 공법인으로 가입자 및 피부양자의 자격관리, 보험료의 부과·징수, 보험급여비용의 지급 등의 업무를 관장한다($\frac{동법}{14}$).

공단의 임원으로 이사장 1인, 이사 14인 및 감사 1인을 두는데, 이사장은 보건복지부장관의 제청에 의하여 대통령이 임명하고 상임이사는 이사장이, 비상임이사는 보건복지부장관이 임명하며, 감사는 기획재정부장관의 제청으로 대통령이 임명한다($\frac{동법}{20}$).

공단의 주요사항은 이사장과 이사로 구성된 이사회에서 심의·의결하며($\frac{동법}{26}$), 공단에는 이사회 외에 요양급여비용의 계약 및 보험료의 결손처분 등 보험재정과 관련된 사항을 심의·의결하기 위한 기구로서 재정운영위원회를 둔다($\frac{동법}{33}$).

## 4. 급      여

국민건강보험법에 의한 보험급여에는 요양급여, 건강검진, 부가급여가 있다. 요양급여와 건강검진은 원칙적으로 현물급여인 데 대하여, 부가급여는 현금급여이다. 법정사유에 해당하는 경우에는 보험급여의 제한이 있게 된다. 요

양급여를 받는 자는 그 비용의 일부를 본인이 부담하여야 한다. 요양급여비
용은 공단과 요양기관간의 계약으로 정해지고 보건복지부장관에 의해 고시
(건강보험진료수가기준)된다.

우리나라의 건강보험은 현물급여만을 지급하고, 요양기간 동안의 소득상
실에 대한 현금급여는 지급하고 있지 않다. 그러한 점에서 건강보험은 외국
의 일반적 질병보험에 비하여 그 제도적 불완전성이 있다.

**(1) 급여의 종류**

**1) 요양급여**　요양급여는 가입자 및 그 피부양자의 부상·질병·출산
등에 대하여 실시하는 ① 진찰·검사, ② 약제·치료재료의 지급, ③ 처치·
수술 기타의 치료, ④ 예방·재활, ⑤ 입원, ⑥ 간호, ⑦ 이송 등의 현물급여
이다($\frac{동법}{41①}$).

요양급여의 방법·절차·범위·상한 등 요양급여의 기준은 보건복지부
령(국민건강보험 요양급여의 기준에 관한 규칙)으로 정한다($\frac{동조}{③}$). 국민건강보험
법은 요양급여의 지급대상이 되는 질병 또는 부상에 대한 제한적 정의규정을
두고 있지 않으며, 보건복지부장관이 비급여대상으로 정한 것을 제외한 것
(약제 이외의 요양급여의 경우) 또는 요양급여대상으로 정한 것(약제의 경우)을
요양급여대상으로 하고 있다($\frac{동조}{②}$). 다만 요양급여를 결정함에 있어 경제성 또
는 치료효과성 등이 불확실하여 그 검증을 위하여 추가적인 근거가 필요하거
나, 경제성이 낮아도 가입자와 피부양자의 건강회복에 잠재적 이득이 있는
등 대통령령으로 정하는 경우에는 예비적인 요양급여인 선별급여로 지정하여
실시할 수 있다($\frac{동법}{41의4}$). 가입자 또는 피부양자가 질병이나 부상으로 거동이 불
편한 경우 등에는 가입자 또는 피부양자를 직접 방문하여 요양급여를 실시할
수 있다($\frac{동법}{41의5}$). 국민건강보험법은 과거와 달리 요양급여의 기간에 대한 제한
을 두고 있지 않다.

요양급여는 요양기관에 의하여 행해지며, 요양기관은 정당한 이유 없이
요양급여를 거부하지 못한다($\frac{동법}{42①⑤}$). 요양기관으로는 ① 의료법에 의하여 개
설된 의료기관, ② 약사법에 의하여 등록된 약국, ③ 약사법 제91조의 규정
에 의하여 설립된 한국희귀·필수의약품센터, ④ 지역보건법에 의한 보건소·
보건의료원 및 보건지소, ⑤ 농어촌 등 보건의료를 위한 특별조치법에 의하
여 설치된 보건진료소 등이 있다($\frac{동법}{42①}$).

가입자 및 피부양자가 긴급 기타 부득이한 사유로 요양기관과 유사한 기
능을 수행하는 기관에서 요양을 받거나 요양기관 외의 장소에서 출산을 한
때에는 그 요양급여에 상당하는 금액을 그 가입자 또는 피부양자에게 요양비

로 지급한다($\substack{동법 \\ 49①}$). 이러한 요양비는 요양기관 외의 기관이나 장소에서 요양을 받거나 출산한 때에 그에 따른 비용을 상환하기 위하여 지급되는 실비변상적 성격의 현금급여이다.

2) 건강검진　질병의 조기발견과 그에 따른 요양급여를 하기 위하여 보험자인 공단은 가입자 및 피부양자에 대하여 건강검진을 실시하는바, 건강검진은 일반건강검진(직장가입자, 세대주인 지역가입자, 20세 이상인 지역가입자 및 20세 이상인 피부양자), 암검진(「암관리법」에 따른 암의 종류별 검진주기와 연령 기준 등에 해당하는 사람), 영유아건강검진(6세 미만의 가입자 및 피부양자)으로 구분되며($\substack{동법 \\ 52①②}$), 건강검진의 횟수·절차 기타 필요한 사항은 대통령령으로 정한다($\substack{동조 \\ ④}$). 보험자가 실시하는 건강검진만이 보험급여의 대상이 되며 가입자 또는 피부양자가 본인의 희망에 의해 받는 건강검진은 급여의 범위에서 제외된다.

3) 부가급여　공단은 요양급여 외에 대통령령으로 정하는 바에 따라 임신·출산·진료비, 장제비·상병수당 그 밖의 급여를 실시할 수 있다($\substack{동법 \\ 50}$).

**(2) 급여의 제한**

보험급여를 받을 수 있는 자가 ① 고의 또는 중대한 과실로 인한 범죄행위에 기인하거나 고의로 사고를 발생시킨 때, ② 고의 또는 중대한 과실로 공단이나 요양기관의 요양에 관한 지시에 따르지 아니한 때, ③ 고의 또는 중대한 과실로 보험급여의 확인에 필요한 문서 기타 물건의 제출을 거부하거나 질문 또는 진단을 기피한 때, ④ 업무상 또는 공무상 질병·부상·재해로 인하여 다른 법령에 의한 보험급여나 보상(報償) 또는 보상(補償)을 받게 되는 때에는, 보험급여를 지급하지 아니한다($\substack{동법 \\ 53①}$).

**(3) 요양급여비용의 본인일부부담**

요양기관에서 요양급여를 받는 자는 대통령령이 정하는 바에 따라 그 비용의 일부(본인일부부담금)를 본인이 부담하여야 한다. 본인부담상한액은 가입자의 소득수준 등에 따라 대통령령으로 정하며, 본인일부부담금이 본인부담상한액을 초과하는 경우에는 공단이 그 초과금액을 부담하여야 한다($\substack{동법 \\ 44}$). 본인일부부담금은 보험료 납부자에게 추가적인 금전적 부담을 과함으로써 요양기회의 상실 등 의료사회보장의 본질에 반한다는 비판이 있으나, 의료비의 상승과 요양수급의 남용에 따른 보험재정의 압박을 억제하고 의료비를 절감하기 위하여 채택되고 있다.

요양급여를 받는 자가 부담하는 요양급여비용의 부담률은 입원진료인가 외래진료인가에 따라 다르다. 또한 외래진료의 경우에도 요양기관의 종류별로 부담률을 차등화하여 제 1 차 요양기관에 해당하는 의원 또는 보건소급 요양기관에서의 수진을 유도하고 있다.

## 5. 재　　정

보험재정은 원칙적으로 보험료 납부의무자가 납부하는 보험료에 의하여 조달되고 있으나, 국가도 재정의 일부를 부담하고 있다.

### (1) 보험료율과 보험료액

직장가입자의 보험료율은 1천분의 80의 범위에서 보건복지부장관 소속의 건강보험정책심의위원회의 의결을 거쳐 대통령령으로 정한다($\frac{\text{동법}}{73①}$). 국외에서 업무에 종사하고 있는 직장가입자에 대한 보험료율은 위의 보험료율의 100분의 50이다($\frac{\text{동조}}{②}$). 지역가입자의 보험료부과점수당 금액은 심의위원회의 의결을 거쳐 대통령령으로 정한다($\frac{\text{동조}}{③}$).

직장가입자의 월별 보험료액은 직장가입자가 지급받은 보수를 기준으로 산정한 보수월액에 법정 보험료율을 곱하여 얻은 보수월액보험료와 소득월액에 법정 보험료율을 곱하여 얻은 소득월액보험료에 따라 산정한다($\frac{\text{동법}}{69④}$). 지역가입자의 월별보험료액은 세대단위로 산정하되, 그 보험료액은 지역가입자의 소득·재산·생활수준·경제활동참가율 등을 고려하여 결정되는 보험료부과점수($\frac{\text{동법}}{72①}$)에 보험료부과점수당 금액을 곱한 금액이다($\frac{\text{동법}}{69⑤}$).

### (2) 보험료의 부담

직장가입자의 보험료는 직장가입자와 사업주(공무원의 경우에는 국가 또는 지방자치단체)가 각각 보험료액의 100분의 50씩 부담한다. 다만, 직장가입자가 교직원으로서 사립학교에 근무하는 교원인 경우에는 직장가입자가 100분의 50, 소속 학교경영기관이 100분의 30, 국가가 100분의 20을 각각 부담한다($\frac{\text{동법}}{76①}$).

지역가입자의 보험료는 그 가입자가 속한 세대의 지역가입자 전원이 연대하여 부담한다($\frac{\text{동조}}{③}$).

### (3) 보험료의 납부

1) 납부의무자　　직장가입자의 보험료는 보수월액보험료는 사용자가, 소득월액보험료는 직장가입자가 납부하되, 사용자는 보수월액보험료 중 직장가입자가 부담하여야 하는 그 달의 보험료액을 그 보수에서 공제하여 납부하여야 한다. 지역가입자의 보험료는 그 가입자가 속한 세대의 지역가입자 전원이 연대하여 납부하되, 다만, 소득 및 재산이 없는 미성년자와 소득 및 재산 등을 고려하여 법정기준에 해당하는 일정 미성년자는 납부의무를 면제한다($\frac{\text{동법}}{①②③}^{77}$).

2) 납부기한　　보험료의 납부의무가 있는 자는 가입자에 대한 해당 월의 보험료를 그 다음달 10일까지 납부하여야 한다. 다만, 직장가입자의 소득월

액보험료 및 지역가입자의 보험료는 보건복지부령이 정하는 바에 의하여 분기별로 납부할 수 있다($\frac{동법}{78}$).

## 6. 권리구제

### (1) 개    설

건강보험의 운영에 있어서는 가입자 및 피부양자 자격의 득실, 표준보수월액, 보험급여의 내용, 보험료의 징수 등에 관하여 피보험자·사용자·공단 등과의 사이에 분쟁이 발생할 소지가 많다. 이러한 경우에 대비하여 간이·신속한 절차에 의하여 분쟁을 해결하고 권리구제를 도모하기 위하여 국민건강보험법은 이의신청 및 심사청구제도를 두고 있다.

### (2) 구제절차

1) 이의신청    가입자 및 피부양자의 자격, 보험료 등, 보험급여 및 보험급여비용에 관한 공단의 처분에 이의가 있는 자는 공단에 이의신청을 할 수 있으며, 요양급여비용 및 요양급여의 적정성에 대한 평가 등에 관한 건강보험심사평가원의 처분에 이의가 있는 공단·요양기관 기타의 자는 건강보험심사평가원에 이의신청을 할 수 있다($\frac{동법}{87①②}$).

이의신청은 처분이 있음을 안 날부터 90일 이내에 문서로 이를 하여야 하며, 처분이 있은 날부터 180일을 경과하면 이를 제기하지 못하지만 정당한 사유에 의하여 그 기간 내에 이의신청을 할 수 없었음을 소명한 때에는 그러하지 아니하다($\frac{동조}{③}$).

2) 심판청구    이의신청에 대한 결정에 불복이 있는 자는 보건복지부장관 소속하의 건강보험분쟁조정위원회에 심판청구를 할 수 있다. 심판청구의 기간과 방법은 이의신청의 경우와 동일하다($\frac{동법}{88①}$).

3) 행정소송    공단 또는 건강보험심사평가원의 처분에 이의가 있는 자 또는 이의신청 또는 심판청구에 대한 결정에 불복이 있는 자는 행정소송법이 정하는 바에 의하여 행정소송을 제기할 수 있다($\frac{동법}{90}$). 그러나 공단 등의 처분에 대하여는 이의신청·심판청구를 거치지 않고 곧바로 행정소송을 제기하여 이를 다툴 수도 있다.

## Ⅱ. 국민연금법

우리나라의 연금제도는 일원화되어 있지 않고 일반 국민을 적용대상으로 하는 국민연금법과 공무원, 군인, 사립학교교직원 등 특수직역에 종사하는 자를 적용대상으로 하는 특수직역연금법(공무원연금법, 사립학교교직원 연금법, 군인연금법 등)으로 구분·실시되고 있으나 여기서는 국민연금법에 의한 국민연금제도만을 검토한다.

## 1. 개    설

국민연금법은 국민의 노령·장애 또는 사망에 대하여 연금급여를 실시함으로써 국민의 생활안정과 복지증진에 이바지하는 것을 목적으로 한다($\frac{법}{1}$). 국민연금은 노령 또는 폐질에 따른 노동능력의 상실, 부양의무자의 사망에 따른 유족의 부양상실에 의해 발생하는 소득상실에 대처할 수 있는 대체소득을 보장하고 있다.

국민연금은 보험료 및 급여의 법정화, 보험가입의 강제원칙, 보험가입기간 및 보험재정운영의 장기성을 특징으로 하는 사회보험에 해당한다.

## 2. 적용대상

국내에 거주하는 18세 이상 60세 미만의 국민은 국민연금의 가입대상이 된다($\frac{동법}{6}$). 국민연금의 가입자는 사업장가입자, 지역가입자, 임의가입자, 임의계속가입자로 구분된다($\frac{동법}{7}$).

### (1) 사업장가입자

사업장가입자는 사업장에 고용된 근로자 및 사용자로서 국민연금에 가입된 자를 말하며 당연적용 사업장가입자와 임의적용 사업장가입자로 구분된다. 1명 이상의 근로자를 사용하는 사업장(당연적용 사업장)의 18세 이상 60세 미만의 근로자와 사용자는 당연히 사업장가입자가 된다($\frac{동법 8①, 동법}{시행령 19①}$).

18세 미만 근로자라도 국민연금에 가입된 사업장에 종사하는 경우 사업장가입자가 되는 것으로 보지만, 본인이 원하지 아니하면 사업장가입자가 되지 아니할 수 있다($\frac{동법}{8②}$).

### (2) 지역가입자

사업장가입자가 아닌 자로서 18세 이상 60세 미만인 자는 당연히 지역가입자가 된다($\frac{동법}{9}$본문). 다만, ① 일정한 자(국민연금 가입대상 제외자, 사업장가입자와 지역가입자 및 임의계속가입자, 노령연금 수급권자 및 퇴직연금 등 수급권자)의 배우자로서 별도의 소득이 없는 자, ② 퇴직연금 등의 수급권자, ③

18세 이상 27세 미만인 자로서 학생이거나 군복무 등으로 소득이 없는 자(연금보험료를 납부한 사실이 있는 자를 제외), ④ 국민기초생활 보장법에 따른 생계급여 또는 의료급여 수급자, ⑤ 1년 이상 행방불명된 자는 제외된다($\frac{동조}{단서}$).

**(3) 임의가입자**

사업장가입자 및 지역가입자 외의 자로서 18세 이상 60세 미만인 자가 보건복지부령이 정하는 바에 따라 국민연금공단에 가입신청을 하는 경우에는 임의가입자가 될 수 있다($\frac{동법}{10}$).

**(4) 임의계속가입자**

국민연금 가입자 또는 가입자였던 자로서 60세가 된 자이거나, 전체 국민연금 가입기간의 5분의 3 이상을 특수직종근로자로서 국민연금에 가입하거나 가입하였던 사람으로서 일정한 요건을 충족하는 사람은 65세가 될 때까지 국민연금공단에 가입을 신청하면 임의계속가입자가 될 수 있다($\frac{동법}{13①}$).

### 3. 보 험 자

국민연금사업은 보건복지부장관이 맡아 주관하나($\frac{동법}{2}$), 실질적인 운영주체는 보건복지부장관의 위탁에 따른 국민연금공단(이하 공단)이다. 공단은 가입자에 대한 기록의 관리 및 유지, 연금보험료의 부과, 급여의 결정 및 지급, 가입자·가입자였던 자 및 수급권자를 위한 자금의 대여 및 복지시설의 설치·운영 등 복지증진사업, 가입자 및 가입자였던 자에 대한 기금증식을 위한 자금의 대여사업 외에 가입자, 가입자이었던 자 및 가입대상과 수급권자를 위한 노후준비서비스 사업 등의 업무를 수행한다($\frac{동법}{25}$).

공단의 임원으로 이사장 1인, 상임이사 4인 이내, 이사 9인 및 감사 1인을 두되, 이사에는 사용자대표, 근로자대표, 지역가입자 대표, 수급자 대표 각 1인 이상과 당연직이사로서 보건복지부의 국민연금업무를 담당하는 3급 국가공무원 또는 고위공무원단에 속하는 일반직 공무원 1인이 포함되어야 한다($\frac{동법}{30}$). 특히 상임이사 중 국민연금기금의 관리·운용에 관한 업무를 담당하는 이사(기금이사)는 경영·경제 및 기금운용에 관한 지식과 경험이 풍부한 자 중에서 선임하여야 한다($\frac{동법}{31}$).

### 4. 급 여

급여에는 노령연금, 장애연금, 유족연금, 반환일시금, 사망일시금이 있다.

연금(노령연금, 장애연금, 유족연금)은 매월 정기적으로 지급되고 일시금(반환일시금, 사망일시금)은 일시에 지급된다.

급여는 그 지급받을 권리를 가지는 자(수급권자)의 청구에 의하여 공단이 지급한다($\frac{동법}{50①}$). 연금액은 그 지급사유에 따라 기본연금액과 부양가족연금액을 기초로 하여 산정된다($\frac{동조}{②}$). 일반적으로 기본연금액의 일정비율에 부양가족연금액을 합산하는 방식이다.

기본연금액은 연금 수급 전 3년간의 전 가입자 평균소득월액(A: 균등부분)[1]과 가입자 개인의 모든 가입기간 평균소득월액(B: 소득비례부분)[2]을 합산한 금액에 1,000분의 1,200을 곱한 금액이다. 다만 가입기간이 20년을 초과하는 경우에는 그 초과하는 1년(1년 미만의 매 1월은 12분의 1년으로 계산)마다 (n: 20년 초과연수) 위 금액에 1,000분의 50을 곱한 금액을 가산한다. 그러나 국민연금의 장기재정안정을 도모하고 자녀세대의 부담을 완화하기 위하여 평균적인 소득이 있는 자가 40년 동안 가입할 경우 지급하는 급여수준을 현행 평균소득액의 60%에서 2028년에는 40%로 인하하되, 기존 수급자 및 기존가입기간에 대하여는 종전대로 지급하여 기득권을 보장하고 있다($\frac{동법부칙}{20\cdot34}$).[3]

이것을 수식으로 표현하면 다음과 같다.

기본연금액 $= 1.2 \times (A+B) \times (1+0.05n)$

이 경우 평균소득월액은 매년 12월 31일 현재 사업장가입자 및 지역가입자 전원의 기준소득월액의 총액을 가입자 전원의 인원수로 나누어 산출한 금액을 말하고($\frac{동법\ 3①iv,}{동법시행령\ 4}$), 기준소득월액이란 연금보험료 및 급여의 산정을 위하여 가입자의 소득월액을 기준으로 하여 대통령령으로 정하는 금액을 말한다($\frac{동법\ 3v,\ 동법시}{행령\ 5\ 별표\ 1}$).

연금은 장기보험으로 물가상승에 따라 수급연금액의 실질적 가치가 하락할

---

1) 균등부분의 평균소득월액(A)은 다음 각 목에 의해 산정한 금액을 합산하여 3으로 나눈 금액을 말한다(동법 51①i).
　가. 연금 수급 3년 전 연도의 평균소득월액을 연금 수급 3년 전 연도와 대비한 연금 수급 전년도의 전국소비자물가변동률에 따라 환산한 금액
　나. 연금 수급 2년 전 연도의 평균소득월액을 연금 수급 2년 전 연도와 대비한 연금 수급 전년도의 전국소비자물가변동률에 따라 환산한 금액
　다. 연금 수급 전년도의 평균소득월액
2) 소득비례부분의 평균소득월액(B)이란 가입자 개인의 가입기간 중 매년의 소득월액을 대통령으로 정하는 바에 따라 보건복지부장관이 고시하는 연도별 재평가율에 의하여 연금 수급 전년도의 현재가치로 환산한 후 이를 합산한 금액을 총 가입기간으로 나눈 금액을 말한다.
3) 강희갑, 사회복지법제론, 2007, p. 164.

수 있기 때문에, 국민연금법은 연금수급권자에게 지급되는 연금액을 매년 전국소비자물가변동률에 따라 조정하는 연금슬라이드제를 채택하고 있다(동법 43; 51② 참조).

연금은 매월 25일에 그 달의 금액이 지급된다(동법 54②). 지급되는 연금액은 그 최고한도가 설정되어 있다. 즉, 연금의 월지급액은 가입기간 최종 5 년간의 기준소득월액의 평균액과 가입기간 전체의 기준소득월액의 평균액을 전국소비자물가변동률을 기준으로 조정한 각각의 금액 중에서 많은 금액을 초과하지 못한다(동법 53 참조).

### (1) 급여의 종류

**1) 노령연금** 노령연금은 수급연령, 소득활동 종류 등을 기준으로 완전노령연금, 조기노령연금으로 구분된다. 최근에 이혼배우자의 연금수급권을 인정하는 분할연금제도가 신설되었다.

⑺ **완전노령연금** 연금가입기간이 10년 이상인 자가 60세(특수직종 근로자의 경우 55세)에 달하고 소득이 있는 업무에 종사하지 않는 경우에 그가 생존하는 동안 지급된다(동법 61①). 연금액은 가입기간이 20년 이상인 경우에는 기본연금액에 부양가족연금액을 합산한 금액이며, 가입기간이 10년 이상 20년 미만인 경우에는 일부 감액된다(종전의 감액노령연금, 동법 63①).

한편 노령연금 수급권자가 대통령령으로 정하는 소득이 있는 업무에 종사하면, 60세 이상 65세 미만(특수직종근로자는 55세 이상 60세 미만)인 기간에는 부양가족연금액을 제외한 노령연금액에서 초과소득월액에 따라 법률이 정한 일정 금액을 뺀 금액을 지급한다. 이 경우 빼는 금액은 노령연금액의 2분의 1을 초과할 수 없다(동법 63의2).

⑷ **조기노령연금** 연금가입기간이 10년 이상이고 55세 이상인 자가 대통령령으로 정하는 소득이 있는 업무에 종사하지 아니하는 경우에 60세에 달하지 아니하더라도 본인의 희망에 의하여 그가 생존하는 동안 조기노령연금을 지급받을 수 있다(동법 61②).

연금액은 가입기간에 따라 노령연금액 중 부양가족금액을 제외한 금액에 수급연령별로 다음 각 호의 구분에 따른 비율을 곱한 금액에 부양가족연금액을 더한 금액이다.

① 55세부터 지급받는 경우에는 1 천분의 700

② 56세부터 지급받는 경우에는 1 천분의 760

③ 57세부터 지급받는 경우에는 1 천분의 820

④ 58세부터 지급받는 경우에는 1천분의 880

⑤ 59세부터 지급받는 경우에는 1천분의 940

㈐ 분할연금   종전에는 국민연금법은 보험가입자인 배우자가 취득하였거나 취득하게 될 노령연금수급권에 대한 이혼배우자의 권리에 대하여 아무런 규정을 두고 있지 않았는데, 1998년 12월 법개정을 통해 분할연금제도를 신설함으로써 이혼배우자의 연금수급권을 인정하게 되었다. 배우자의 가입기간 중의 혼인 기간(별거, 가출 등의 사유로 인하여 실질적인 혼인관계가 존재하지 아니하였던 기간은 제외)이 5년 이상인 자가 ⅰ) 배우자와 이혼하였고, ⅱ) 배우자였던 사람이 노령연금 수급권자이고, ⅲ) 60세가 되었을 때에는 그때부터 그가 생존하는 동안 배우자였던 자의 노령연금을 분할한 일정한 금액의 연금을 받을 수 있다($\frac{동법}{64①}$). 분할연금은 요건을 갖추게 된 때부터 5년 이내에 청구하여야 한다($\frac{동조}{③}$). 다만 60세 이전에 이혼하는 경우에는 이혼의 효력이 발생하는 때부터 분할연금을 미리 청구(분할연금 선청구)할 수 있으며, 분할연금 선청구는 이혼의 효력이 발생하는 때부터 3년 이내에 하여야 한다($\frac{동법}{64의3}$).

분할연금액은 배우자였던 자의 노령연금액(부양가족연금액을 제외) 중 혼인기간에 해당하는 연금액을 균등하게 나눈 금액이다($\frac{동법}{64②}$).

2) 장애연금   가입자 또는 가입자였던 자가 질병이나 부상으로 신체상 또는 정신상의 장애를 입게 된 경우에는 장애 정도를 결정하는 기준이 되는 날(장애결정 기준일)부터 그 장애가 계속되는 기간 동안 장애 정도에 따라 장애연금이 지급된다($\frac{동법}{67①}$). 장애결정 기준일은 초진일부터 1년 6개월이 지나기 전에 완치일이 있는 경우에는 완치일, 초진일부터 1년 6개월이 지날 때까지 완치일이 없는 경우에는 초진일부터 1년 6개월이 되는 날의 다음 날로 하며, 장애등급은 1급에서 4급으로 구분된다($\frac{동조}{②④}$).

장애연금액은 장애등급에 따라 차등지급된다. 장애등급 1급의 경우 기본연금액에 부양가족연금액을 가산한 액, 2급은 기본연금액의 80%에 부양가족연금액을 가산한 액, 3급은 기본연금액의 60%에 부양가족연금액을 가산한 액이다($\frac{동법}{68①}$). 4급의 경우에는 기본연금액의 225%에 해당하는 금액을 일시보상금으로 지급한다($\frac{동조}{②}$).

3) 유족연금   유족연금은 가입자 또는 가입자이었던 자의 사망에 따른 그 유족의 생활을 보장하기 위하여 지급되는 것이다. 노령연금수급권자, 가입기간이 10년 이상인 가입자 또는 가입자였던 자, 연금보험료를 낸 기간이 가입대상기간의 3분의 1 이상인 가입자 또는 가입자였던 자, 장애등급 2급 이

상에 해당하는 장애연금수급권자가 사망한 때 그 유족에게 지급된다($\frac{\text{동법}}{72①}$). 유
족연금을 지급받을 수 있는 유족은 가입자 또는 가입자였던 자가 사망할 당
시 그에 의하여 생계를 유지하고 있던 ① 배우자, ② 자녀(다만 25세 미만이
거나 장애등급 2급 이상인 자에 한정), ③ 부모(배우자의 부모를 포함하나, 60세
이상이거나 장애등급 2급 이상인 자에 한정), ④ 손자녀(다만 19세 미만이거나
장애등급 2급 이상인 자에 한정), ⑤ 조부모(배우자의 조부모를 포함하나, 60세
이상이거나 장애등급 2급 이상인 자에 한정)이다($\frac{\text{동법}}{73①}$).

유족연금액은 가입기간에 따라 다른데, 10년 미만의 경우는 기본연금액
의 40%에 부양가족연금액을 가산한 액, 10년 이상 20년 미만의 경우는 기
본연금액의 50%에 부양가족연금액을 가산한 액, 20년 이상인 경우는 기본연
금액의 60%에 부양가족연금액을 가산한 금액이다. 다만, 노령연금수급권자
가 사망한 경우의 유족연금액은 사망한 자가 지급받던 노령연금액을 초과할
수 없다($\frac{\text{동법}}{74}$).

4) 반환일시금    반환일시금은 소정의 연금수급요건을 충족하지 못한 가
입자의 연금보험료에 해당하는 액수를 본인 또는 그 유족에게 반환하는 제도
이다.[1] 가입기간이 10년 미만인 자로서 60세에 달하거나, 가입자 또는 가입
자이었던 자가 사망하거나 국적상실 또는 국외이주시에 지급된다($\frac{\text{동법}}{77①}$).

반환일시금의 액은 연금보험료에 대통령령이 정하는 바에 의하여 산정한
이자를 합산한 액이다($\frac{\text{동조}}{②}$).

5) 사망일시금    가입자 또는 가입자이었던 자가 사망하였으나 국민연금
법 소정의 유족($\frac{\text{동법}}{73}$)이 없는 경우에 그 배우자·자녀·부모·손자녀·조부모·
형제자매 또는 4촌 이내의 방계혈족으로서 가입자 또는 가입자이었던 자에
의하여 생계를 유지하고 있던 자에게 사망일시금을 지급한다($\frac{\text{동법}}{80①}$).

사망일시금은 가입자 또는 가입자이었던 자의 반환일시금에 상당하는 금
액으로 하되, 그 금액은 사망한 가입자 또는 가입자이었던 자의 최종 기준소
득월액을 사망일시금 수급전년도의 현재가치로 환산한 금액과 가입기간중 기
준소득월액의 평균액 중에서 많은 금액의 4배를 초과하지 못한다($\frac{\text{동조}}{②}$).

(2) 급여의 제한

수급자의 고의행위 등에 의하여 수급사유가 발생하거나 연금보험료의 미
납 등이 있는 경우 수급권에 대한 제한이 있게 된다.

---

1) 김유성, 전게서, p. 184.

가입자 또는 가입자이었던 자가 ① 고의로 질병·부상 또는 그 원인이
되는 사고를 발생시켜 그로 인하여 장애를 입은 경우에는 당해 장애를 지급
사유로 하는 장애연금을 지급하지 아니할 수 있으며, ② 고의 또는 중대한
과실로 요양지시에 따르지 아니하거나 정당한 사유 없이 요양지시에 따르지
아니함으로써 장애·사망 또는 그 원인이 되는 사고를 발생하게 하거나 그
장애를 악화시키거나 회복을 방해한 때에는 대통령령이 정하는 바에 의하여
이를 원인으로 하는 급여의 전부 또는 일부를 지급하지 아니할 수 있다($\frac{동법}{82①②}$).

가입자 또는 가입자였던 자를 고의로 사망하게 한 유족, 유족연금등의
수급권자가 될 수 있는 자를 고의로 사망하게 한 유족, 다른 유족연금등의
수급권자를 고의로 사망하게 한 유족연금등의 수급권자에게 사망에 따라 발
생되는 유족연금, 미지급급여, 반환일시금 및 사망일시금(유족연금등)을 지급
하지 아니한다($\frac{동조}{③}$).

## 5. 재　　정

국민연금사업의 재정은 보험자인 공단이 가입자 및 사용자로부터 가입기
간 동안 매월 징수하는 연금보험료를 주된 재원으로 하는 국민연금기금이다
($\frac{동법}{88·101}$). 국가는 매년 국민연금사업의 관리·운영에 필요한 공단의 관리·운
영비의 전부 또는 일부를 부담한다($\frac{동법}{87}$).

### (1) 보 험 료

사업장가입자의 연금보험료 중 기여금은 사업장가입자 본인이, 부담금은
사용자가 부담하되, 그 금액은 각각 기준소득월액의 1천분의 45에 해당하는
금액으로 하며, 지역가입자, 임의가입자 및 임의계속가입자의 연금보험료는
각각 본인이 부담하되, 그 금액은 기준소득월액의 1천분의 90으로 한다($\frac{동법}{88③④}$).

### (2) 국민연금기금

국민연금기금은 급여에 충당하기 위한 책임준비금으로서 연금보험료, 기
금운용수익금, 적립금 및 공단의 수입지출결산상 잉여금으로 조성된다($\frac{동법}{101}$).
기금의 관리·운영에 관한 책임을 맡고 있는 보건복지부장관은 국민연금재정
의 장기적인 안정유지를 위하여 그 수익을 최대로 증대시킬 수 있도록 국민연
금기금운용위원회가 의결한 바에 따라 기금을 관리·운용하여야 한다($\frac{동법}{102①②}$).
국민연금기금운용위원회는 기금의 운용에 관한 소정의 사항을 심의·의결한다
($\frac{동법}{103①}$).

## 6. 권리구제

가입자의 자격, 기준소득월액, 연금보험료 기타 이 법에 의한 징수금과 급여 등에 관한 공단의 처분에 이의가 있는 자는 그 처분이 있음을 안 날로부터 90일 이내에 문서로 공단에 심사청구를 하고, 심사청구에 대한 결정에 불복이 있는 자는 그 결정통지를 받은 날부터 90일 이내에 보건복지부에 설치된 국민연금재심사위원회에 재심사청구를 할 수 있다(동법 108 내지 110).

공단의 처분에 이의가 있는 자는 위의 심사청구·재심사청구를 거치지 않고 곧바로 행정소송을 제기하여 이를 다툴 수도 있다(동법 112).

## Ⅲ. 산업재해보상보험법

산업재해는 노사간의 근로관계에서 발생하는 전형적인 위험이다. 과실책임주의에 입각한 민사상의 손해배상제도는 재해근로자에 대한 신속하고도 효과적인 보호에 미흡한 것이었다. 그에 따라 무과실책임원칙에 입각한 사회보험으로서 산업재해보험이 선진공업국가에서 성립·발전하였다.

우리나라의 근로기준법에서도 무과실책임을 원칙으로 하는 재해보상을 규정하고 있으나 사용자의 무자력 등으로 보호불능의 사태가 발생할 수 있기 때문에 1963년 산업재해보상보험법을 제정하여 사회보험방식에 의한 산재보험을 실시한 이후 현재에 이르기까지 지속적인 적용대상의 확대와 보호수준의 향상, 보험운영의 합리화를 도모하여 오고 있다.

### 1. 개    설

산업재해보상보험법(이하 산재보험법이라 한다)은 근로자의 업무상의 재해를 신속하고 공정하게 보상하고, 재해근로자의 재활 및 사회복귀를 촉진하기 위하여 이에 필요한 보험시설을 설치·운영하며 재해예방 기타 근로자의 복지증진을 위한 사업을 행함으로써 근로자보호에 이바지함을 목적으로 한다(법 1).

사용자의 무과실책임에 기초한 산재보험은 급여비용의 전액을 원칙적으로 사용자가 부담한다. 따라서 가입자는 사용자이고 급여의 수급자는 업무상 재해를 당한 근로자이다. 급여의 내용도 법에 의해 정액화되어 있고 현실적으로 발생한 손해 전부가 아니다.

산재보험 급여의 대상이 되는 보험사고는 업무상의 재해이고, 업무 이외의 상병은 국민건강보험법에 의해 보호된다.

## 2. 적용대상

사업주는 보험가입자로서 보험료를 부담하고 업무상 재해를 당한 근로자가 보험급여의 수급자가 된다.

### (1) 보험가입자

근로자를 사용하는 모든 사업의 사업주는 당연히 산재보험의 가입자가 되나 사업의 위험률·규모 및 사업장소 등을 참작하여 대통령령으로 정하는 사업의 사업주는 제외하되($\frac{산재보험법}{6}$), 보험자인 근로복지공단의 승인을 얻어 임의가입자가 될 수 있다(고용보험및산업재해보상보험의보험료징수등에관한법률 5④. 이하 "고용보험·산업재해보상보험 보험료징수법"이라 한다).

### (2) 보험급여의 수급권자

보험급여의 수급권자는 업무상의 사유에 의해 부상·질병·신체장해 또는 사망 등 업무상 재해($\frac{업무상 사고, 업무상 질병 및 출}{퇴근 재해; 산재보험법 37①}$)를 당한 근로자이다($\frac{동법}{5 i}$). 근로자라 함은 임금을 목적으로 근로를 제공하는 근로기준법상의 근로자를 말한다($\frac{동법}{5 ii}$).

산재보험법 적용 사업에서 현장실습을 하고 있는 학생 및 직업훈련생(현장실습생) 중 고용노동부장관이 정하는 현장실습생은 당해 사업에 사용되는 근로자로 간주되고, 현장실습생이 실습과 관련하여 입은 재해는 업무상의 재해로 인정된다($\frac{동법}{123}$).

보험가입자로서 대통령령으로 정하는 중·소기업사업주($\frac{근로자를 사용하지}{않는 자를 포함}$)는 공단의 승인을 얻어 자기 또는 유족을 보험급여를 받을 수 있는 자로 하여 보험에 가입할 수 있는바, 이 경우 당해 사업주는 산재보험법의 적용을 받는 근로자로 간주된다($\frac{동법}{124}$).

## 3. 보 험 자

산재보험의 보험자는 고용노동부장관의 위탁을 받아 산재보험사업을 행하는 근로복지공단(이하 공단이라 한다)이다($\frac{동법}{10}$).

공단은 ① 보험가입자 및 수급권자에 관한 기록의 관리·유지, ② 보험료 기타 징수금의 징수, ③ 보험급여의 결정 및 지급, ④ 보험급여에 관한 심사청구의 심리·결정, ⑤ 고용보험료의 징수와 관련하여 고용노동부장관이 위탁하는 업무, ⑥ 산업재해보상보험시설의 설치·운영, ⑦ 근로자의 복지증진을 위한 사업 등을 행한다($\frac{동법}{11}$).

### 4. 급 여

보험급여의 대상이 되는 사고는 근로자의 업무상 재해이다. 이에 대하여는 산업재해보상보험법 시행령이 제27조 이하에서 업무상 재해를 업무상 사고와 업무상 질병으로 구분하여 그 인정기준을 정하고 있다.

#### (1) 급여의 종류

산재보험법상의 급여에는 요양급여, 휴업급여, 장해급여, 간병급여, 유족급여, 상병보상연금, 장의비, 직업재활급여가 있다($\frac{동법}{36①}$).

1) 요양급여  요양급여는 근로자가 업무상의 사유로 부상을 당하거나 질병에 걸린 경우에 그 근로자에게 지급하는 현물급여로서, 산재보험 의료기관에서 요양을 하게 하되, 부득이한 경우에는 요양을 갈음하여 요양비를 지급할 수 있다($\frac{동법}{40①②}$). 다만, 부상 또는 질병이 3 일 이내의 요양으로 치유될 수 있는 때에는 요양급여를 지급하지 아니한다($\frac{동법}{40③}$). 치유 후에도 신체 등에 장애가 있는 경우에는 장해급여가 지급된다.

2) 휴업급여  요양으로 인하여 취업하지 못한 기간에 대하여 지급하는 소득보장급여이다. 지급액은 휴업 1일당 평균임금[1]의 70%에 상당하는 금액이다. 그러나 취업하지 못한 기간이 3 일 이내인 때에는 이를 지급하지 아니한다($\frac{동법}{52}$).

3) 장해급여  근로자가 업무상의 사유에 의하여 부상을 당하거나 질병에 걸려 치유 후 신체 등에 장해가 있는 경우에 그 장해의 정도에 따라 지급되는 급여이다. 이 급여는 대통령령이 정하는 장해등급의 기준에 따라 장해보상연금 또는 장해보상일시금으로 지급된다($\frac{동법}{①②}57$).

4) 간병급여  요양급여를 받은 자가 치유 후 의학적으로 상시 또는 수시로 간병이 필요하여 실제로 간병을 받는 자에게 지급되는 급여이다($\frac{동법}{61}$).

5) 유족급여  유족급여는 근로자가 업무상의 사유에 의하여 사망한 경우에 그 유족의 생활보장을 목적으로 지급되는 급여이다. 유족급여에는 유족보상연금 또는 유족보상일시금이 있으나 유족보상연금의 지급을 원칙으로 하고 있다. 유족보상일시금은 근로자가 사망할 당시 유족보상연금을 받을 수

---

1) 평균임금이라 함은 이를 산정하여야 할 사유가 발생한 날 이전 3 월간에 그 근로자에 대하여 지급된 임금의 총액을 그 기간의 총일수로 나눈 금액을 말한다(근로기준법 2①vi).

있는 자격이 있는 자가 없는 경우에 지급한다($\frac{동법}{62②}$). 다만, 유족보상연금의 수급권자가 원하는 경우에는 유족보상일시금의 50%에 상당하는 금액을 일시금으로 지급하고 유족보상연금은 50%를 감액하여 지급한다($\frac{동조}{③}$).

6) **상병보상연금**　상병보상연금은 장기요양 등에 따른 장기적 노동불능에 대한 생활을 보장하기 위하여 상대적으로 단기적인 노동불능에 대하여 지급되는 휴업급여 대신에 보다 높은 수준의 급여지급을 목적으로 인정되는 급여이다. 요양급여를 받는 근로자가 요양개시 후 2년이 경과된 날 이후에도 당해 부상 또는 질병이 치유되지 아니한 상태이고 그 부상 또는 질병에 따른 중증요양상태의 정도가 대통령령이 정하는 중증요양상태등급 기준에 해당하는 경우에 휴업급여 대신에 지급되는 급여이다($\frac{동법}{66①}$). 재요양의 경우에도 상병보상연금의 지급기준을 충족하는 경우에는 상병보상연금을 지급하나, 다만 노동력을 완전히 상실한 장해등급(1~3급)에 해당하여 장해보상연금을 받는 근로자가 재요양하는 경우에는 상병보상연금을 지급하지 아니한다($\frac{동법\ 69 \cdot 동법}{시행령 53⑤}$).

7) **장 의 비**　근로자가 업무상의 사유에 의하여 사망한 경우에 장제를 지낸 유족에게 평균임금의 120일분에 상당하는 금액이 지급된다($\frac{동법}{71①}$).

8) **직업재활급여**　이 급여에는 ① 장해급여자 중 취업을 위하여 직업훈련이 필요한 자에 대하여 실시하는 직업훈련에 드는 비용과 직업훈련수당 및 ② 업무상의 재해가 발생할 당시의 사업장에 복귀한 장해급여자에 대하여 사업자가 고용을 유지하거나 직장적응훈련 또는 재활운동을 실시하는 경우에 각각 지급하는 직장복귀지원금, 직장적응훈련비 및 재활운동비가 있다($\frac{동법}{72①}$).

**(2) 급여의 제한 등**

요양 중인 근로자가 정당한 이유 없이 요양에 관한 지시를 위반함으로써 부상·질병 또는 신체장해의 상태를 악화시키거나 그 치유를 방해한 경우 등에는 보험급여의 전부 또는 일부를 지급하지 아니할 수 있다($\frac{동법}{83①}$). 그리고 보험급여를 받은 자가 허위 기타 부정한 방법으로 보험급여를 받은 경우에는 그 급여액의 2배에 해당하는 금액을 징수한다($\frac{동법}{84①ⅰ}$).

## 5. 재　　정

산재보험에서는 다른 사회보험과 달리 보험료 전액을 사업주가 부담하여야 한다. 근로자를 사용함으로써 발생할 수 있는 산재위험에 대해서는 사업주가 전적으로 그 보호에 따른 비용을 부담하도록 하고 있는 것이다. 국가는 매회계연도 예산의 범위 안에서 보험사업의 사무집행에 소요되는 비용을 일반회계에서 부담하고, 보험사업에 소요되는 비용의 일부를 지원할 수 있다(동법/3).

보험료는 보험가입자가 경영하는 사업에 종사하는 근로자의 개인별 보수총액에 동종의 사업에 적용되는 보험료율을 곱한 금액으로 한다(고용보험·산업재해보상/보험보험료징수법 13⑤). 보험료율은 매년 6월 30일 현재 과거 3년간의 임금총액에 대한 보험급여총액의 비율을 기초로 하고 보험급여에 소요되는 금액, 재해예방 및 재해근로자의 복지증진 등에 소요되는 비용 기타 사정을 고려하여 고용노동부령이 정하는 바에 의하여 사업종류별로 구분·결정한다(동법/14③). 다만, 보험관계가 성립하여 3년이 되지 아니한 사업에 대한 보험료율은 고용노동부령이 정하는 바에 의하여 사업종류별로 따로 이를 정하게 된다(동조/④).

### 6. 권리구제

보험급여에 관한 결정에 대하여 불복이 있는 자는 보험급여에 관한 결정이 있음을 안 날부터 90일 이내에 공단에 심사청구를 할 수 있다(산재보험/법 103). 그리고 심사청구에 대한 결정에 불복이 있는 자는 고용노동부의 산업재해보상보험재심사위원회에 재심사청구를 할 수 있다(동법/106). 심사청구 및 재심사청구에 관하여 산재보험법에서 정하고 있지 아니한 사항에 대하여는 행정심판법의 규정에 의한다(동법/111③).

심사청구 및 재심사청구의 제기는 시효중단에 관하여 민법 제168조의 규정에 의한 재판상의 청구로 본다(동법/111①).

보험급여의 결정에 대하여는 위의 심사청구·재심사청구를 거치지 아니하고 곧바로 행정소송을 제기하여 이를 다툴 수 있다(동조/②).

## Ⅳ. 고용보험법

우리나라의 고용보험법은 사회보험분야에서는 가장 최근에 제정·시행(1993년 12월 법제정/및 1995년 7월 시행)되었고, 국제금융위기 및 산업구조조정이라는 경제상황하에서 여러 차례에 걸친 법개정을 통해 급속하게 발전하였다.

### 1. 개  설

고용보험법은 실업의 예방, 고용의 촉진 및 근로자의 직업능력의 개발·

향상을 도모하고, 국가의 직업지도·직업소개기능을 강화하며, 근로자가 실업한 경우에 생활에 필요한 급여를 실시함으로써 근로자의 생활의 안정과 구직활동을 촉진하여 경제·사회발전에 이바지함을 목적으로 한다($\frac{법}{1}$).

고용보험은 실직자에 대한 사후적인 생계보장을 목적으로 실업급여를 지급하였던 전통적인 의미에서의 실업보험과는 달리 실업예방, 재취업촉진 등 적극적 고용정책과 연계된 예방적·적극적인 성격의 사회보험제도이다.

## 2. 적용대상

고용보험은 원칙적으로 근로자를 고용하는 모든 사업에 적용되나, 사업의 규모 및 산업별 특성 등을 고려하여 대통령령으로 정하는 사업(임의가입 사업)에는 적용되지 않는다($\frac{동법}{8}$). 당연가입사업의 사업주와 근로자는 당연히 보험의 가입자가 된다($\frac{고용보험·산업재해보상}{보험보험료징수법 5①}$).

보험가입 근로자는 피보험자이다($\frac{고용보험}{법 2i}$).

임의가입 사업의 사업주가 근로자의 과반수의 동의를 얻어 근로복지공단의 승인을 얻은 때에는 당해 사업의 사업주 및 근로자는 보험에 가입(임의가입)할 수 있다($\frac{고용보험·산업재해보상}{보험보험료징수법 5②}$). 당연가입 사업이 사업규모의 변동 등으로 임의가입 사업에 해당하게 된 때에는 당해 사업주 및 근로자는 그 해당하게 된 날부터 보험에 임의가입한 것으로 간주된다($\frac{동법}{6①}$).

① 1개월간 소정근로시간[1]이 60시간 미만인 자(1주간의 소정근로시간이 15시간 미만인 자 포함), ② 국가공무원법과 지방공무원법에 따른 공무원, ③ 「사립학교교직원 연금법」의 적용을 받는 자, ④ 그 밖에 대통령령으로 정하는 자는 고용보험법의 적용대상에서 제외된다($\frac{고용보험법 10①·}{동법시행령 3①·}$). 65세 이후에 고용(65세 전부터 피보험 자격을 유지하던 사람이 65세 이후에 계속하여 고용된 경우는 제외)되거나 자영업을 개시한 사람에게는 실업급여 및 육아휴직 급여 등에 관한 규정을 적용하지 아니한다($\frac{동조}{②}$).

## 3. 보 험 자

고용보험의 보험자는 고용노동부장관이다($\frac{동법}{3}$). 고용노동부장관은 대통령령이 정하는 바에 따라 그 권한의 일부를 직업안정기관의 장에게 위임하거나

---

1) "소정근로시간"이란 법정근로시간의 범위에서 근로자와 사용자 사이에 정한 근로시간을 말한다(근로기준법 2①ⅷ).

대통령령으로 정하는 자에게 위탁될 수 있다$\binom{동법}{115}$.

### 4. 급    여

고용보험법은 그 목적을 달성하기 위한 고용보험사업으로서 고용안정사업, 직업능력개발사업, 실업급여, 육아휴직급여 및 출산전후휴가급여 5 가지 사업을 실시한다$\binom{동법}{4①}$.

#### (1) 급여의 종류

1) **고용안정사업**　　고용안정사업은 국내외 경기의 변동, 산업구조의 변화 기타 경제상의 이유 등으로 인력이 부족하게 되거나 고용기회가 감소하여 고용상태가 불안하게 되는 경우에 실업의 예방, 재취직의 촉진, 고용기회의 확대 기타 고용안정을 위한 사업을 말한다$\binom{동법}{19①}$.

고용안정사업으로는 ① 고용조정의 지원$\binom{동법}{21}$, ② 지역고용의 촉진$\binom{동법}{22}$, ③ 고령자 등의 고용촉진$\binom{동법}{23}$, ④ 건설근로자 등의 고용안정지원$\binom{동법}{24}$, ⑤ 고용촉진시설에 대한 지원$\binom{동법}{26}$ 등이 있다.

2) **직업능력개발사업**　　직업능력개발사업은 피보험자인 근로자 등에게 직업생활의 전 기간을 통하여 자신의 직업능력을 개발·향상시킬 수 있는 기회를 제공하고 직업능력의 개발·향상을 지원하기 위한 사업을 말한다$\binom{동법}{19}$.

직업능력개발사업으로는 ① 사업주에 대한 직업능력개발훈련의 지원$\binom{동법}{27}$, ② 피보험자인 근로자에 대한 직업능력개발의 지원$\binom{동법}{29}$·직업능력개발훈련시설에 대한 지원$\binom{동법}{30}$, ③ 직업능력개발의 촉진$\binom{동법}{31}$, ④ 건설근로자 등의 직업능력개발지원$\binom{동법}{32}$ 등이 있다.

3) **실업급여**　　실업급여는 피보험자인 근로자가 실업을 당한 경우에 그 생활을 일정기간 보장하고 조기재취업을 촉진하기 위하여 지급되는 현금급여이다. 실업급여에는 구직급여와 취업촉진수당이 있다$\binom{동법}{37①}$.

㈎ **구직급여**　　구직급여는 피보험자인 근로자가 이직한 경우 ① 기준기간(원칙적으로 이직일 이전 18개월) 동안의 피보험단위기간이 통산하여 180일 이상일 것, ② 근로의 의사와 능력이 있음에도 불구하고 취업하지 못한 상태에 있을 것, ③ 이직사유가 본인의 중대한 귀책사유로 해고되거나 정당한 사유 없는 자기 사정으로 이직한 경우에 해당하지 아니할 것, ④ 재취업을 위한 노력을 적극적으로 할 것을 요건으로 하여 지급된다$\binom{동법}{40}$.

구직급여를 지급받고자 하는 자는 직업안정기관에 실업을 신고하여야 하고$\binom{동법}{42}$, 직업안정기관장으로부터 구직급여 수급자격 및 실업의 인정을 받아야 한다$\binom{동법}{43\cdot44}$.

구직급여는 원칙적으로 피보험기간 및 연령에 따라 법이 정한 소정의 급여일수를 한도로 지급된다$\binom{동법}{48①}$. 다만, 실업의 신고일부터 실업의 인정을 받은 7일간은 이를 대기기간으로 하여 구직급여를 지급하지 않는다$\binom{동법}{49}$.

㈏ 취업촉진수당　취업촉진수당은 실업자의 조기재취업을 촉진하기 위하여 지급되는 급여로서 이에는 조기재취업수당, 직업능력개발수당, 광역구직활동비, 이주비의 4가지가 있다$\binom{동법}{37②}$.

조기재취업수당은 수급자격자가 안정된 직업에 재취직하거나 스스로 영리를 목적으로 하는 사업을 영위하는 경우로서 12개월 이상 계속하여 고용되거나 사업을 영위한 경우에 지급된다$\binom{동법 64①, 동법}{시행령 84①}$.

직업능력개발수당은 수급자격자가 직업안정기관의 장이 지시한 직업능력개발훈련 등을 받는 경우에 그 직업능력개발훈련 등을 받는 기간에 대하여 지급된다$\binom{동법}{65①}$.

광역구직활동비는 수급자격자가 직업안정기관의 소개에 따라 광범위한 지역에 걸쳐 구직활동을 하는 경우에 지급되고 그 액은 구직활동에 통상 소요되는 비용이다$\binom{동법}{66}$.

이주비는 수급자격자가 취업하거나 직업안정기관의 장이 지시한 직업능력개발훈련 등을 받기 위하여 그 주거를 이전하는 경우에 지급되고 그 액은 수급자격자 및 그 수급자격자에 의존하여 생계를 유지하는 동거 친족의 이주에 일반적으로 드는 비용이다$\binom{동법}{67}$.

4) 육아휴직급여　육아휴직급여는 육아휴직을 30일 이상 부여받은 피보험자 중 육아휴직을 시작한 날 이전에 피보험 단위기간이 통산하여 180일 이상인 피보험자에게 육아휴직 급여를 지급한다. 육아휴직 급여를 지급받으려는 사람은 육아휴직을 시작한 날 이후 1개월부터 육아휴직이 끝난 날 이후 12개월 이내에 신청하여야 한다$\binom{동법}{70①②}$.

5) 출산전후휴가급여　출산전후휴가급여는 피보험자가 출산전후휴가 또는 유산·사산휴가를 받은 경우와 배우자 출산휴가를 받은 경우로서, ① 휴가가 끝난 날 이전에 피보험 단위기간이 통산하여 180일 이상일 것, ② 휴가를 시작한 날 이후 1개월부터 휴가가 끝난 날 이후 12개월 이내에 신청할 것을 조건으로 하여 지급된다$\binom{동법}{75}$.

(2) 급여의 제한

1) 취직거부·훈련거부·직업지도거부　수급자격자가 직업안정기관의 장이 소개하는 직업에 취직하는 것을 거부하거나 직업안정기관의 장이 지시한 직업능력개발훈련 등을 거부하는 경우에는 거부한 날부터의 구직급여의 지급을 정지한다($\frac{동법}{60①}$). 다만, ① 소개된 직업 또는 직업능력개발훈련 등을 받도록 지시된 직종이 수급자격자의 능력에 부적당한 경우, ② 취직하거나 직업능력개발훈련 등을 받기 위하여 주거의 이전이 필요한 경우로서 그 이전이 곤란한 경우, ③ 소개된 직업의 임금의 수준이 동일 지역의 동종의 업무 또는 동일 정도의 기능에 대한 통상의 임금의 수준에 비하여 100분의 20 이상 낮은 경우 등 정당한 사유가 있는 경우에는 그러하지 아니하다($\frac{동항}{단서}$).

수급자격자가 정당한 사유 없이 고용노동부장관이 정한 기준에 따라 직업안정기관의 장이 실시하는 재취직 촉진을 위한 직업지도를 거부한 경우에는 거부한 날부터의 구직급여의 지급이 정지된다($\frac{동조}{②}$).

2) 부정행위　허위 기타 부정한 방법으로 실업급여를 받았거나 받고자한 자에 대하여는 당해 급여를 받은 날 또는 받고자 한 날부터의 구직급여 및 취업촉진수당을 지급하지 아니한다($\frac{동법\,61①·}{68①}$).

## 5. 재　정

고용보험의 재정은 사업주와 피보험자인 근로자로부터 징수되는 보험료 및 이를 주된 재원으로 하는 고용보험기금이다. 국가는 매년 보험사업에 소요되는 비용의 일부를 일반회계에서 부담하여야 한다($\frac{동법}{5}$).

(1) 보 험 료

고용안정사업, 직업능력개발사업을 위한 보험료는 사업주가 전액 부담하고, 실업급여를 위한 보험료는 사업주와 근로자가 각각 반액씩 부담한다.

사업주가 부담하여야 하는 보험료는 당해 사업에 종사하는 피보험자인 근로자의 임금총액에 고용안정사업의 보험료율을 곱한 금액, 직업능력개발사업의 보험료율을 곱한 금액, 실업급여의 보험료율의 1/2을 곱한 금액을 합한 금액이다($\frac{고용보험·산업재해보상}{보험보험료징수법\,13④}$). 피보험자인 근로자가 부담하여야 하는 보험료는 자기의 임금의 총액에 실업급여의 보험료율의 1/2을 곱한 금액이다($\frac{동조}{②}$).

보험료율은 보험수지의 추이와 경제상황 등을 고려하여 1,000분의 30의 범위 내에서 고용안정사업의 보험료율, 직업능력개발사업의 보험료율 및 실업급여의 보험료율로 구분하여 대통령령으로 정한다($\frac{동법}{14①}$). 실업급여의 경우 1천분의 13이고, 고용안정사업의 경우는 상시근로자의 수에 따라 보험료율은 달라지는데, 최저 1만분의 25에서 최고 1만분의 85이다($\frac{동법시행}{령 12①}$).

(2) 고용보험기금

고용보험사업에 필요한 재원에 충당하기 위하여 고용보험기금이 설치되고 이 기금은 보험료와 징수금·적립금·기금운용 수익금 기타의 수입으로 조성된다($\frac{고용보험}{법 78}$).

고용보험기금은 고용노동부장관이 관리·운용하며 ① 고용안정사업 및 직업능력개발사업에 필요한 경비, ② 실업급여의 지급, ③ 육아휴직급여 및 산전후휴가급여의 지급, ④ 보험료의 반환 등의 용도로 사용된다($\frac{동법}{80}$).

## 6. 권리구제

피보험자격의 취득·상실에 대한 확인 또는 실업급여에 관한 처분 또는 육아휴직급여·출산전후휴가급여에 관한 처분에 이의가 있는 자는 고용보험 심사관에게 심사를 청구할 수 있고 그 결정에 이의가 있는 자는 고용노동부의 고용보험심사위원회에 재심사를 청구할 수 있다($\frac{동법}{87}$). 심사의 청구는 위의 확인 또는 처분이 있음을 안 날부터 90일 이내에, 재심사의 청구는 심사청구에 대한 결정이 있음을 안 날부터 90일 이내에 각각 제기하여야 한다($\frac{동조}{②}$).

재심사의 청구에 대한 재결은 행정소송법 제18조를 적용함에 있어서 이를 행정심판에 대한 재결로 보며, 심사 및 재심사의 청구에 관하여 고용보험법에서 정하고 있지 아니하는 사항에 대하여는 행정심판법의 규정에 의한다($\frac{동법}{104}$).

## 제 3 항 공공부조

공공부조는 국가 및 지방자치단체의 책임하에 생활유지능력이 없거나 생활이 어려운 국민의 최저생활을 보장하고 자립을 지원하는 제도이다($\frac{사회보장기}{본법 3 iii}$). 공공부조제도는 무갹출급여제라는 점에서 사회보험과는 기본적으로 다른 특성을 가지며 사회보험에 대한 보완적 제도로서의 의미를 갖는다. 공공부조에 관한 실정법으로서는 국민기초생활 보장법과 의료급여법이 있다.

## I. 국민기초생활 보장법

국민기초생활 보장법은 종전의 생활보호법을 대체하여 1999년 9월 7일에 제정된 법으로서 공공부조제도의 기본법에 해당한다.

### 1. 개 설

국민기초생활 보장법은 생활이 어려운 자에게 필요한 급여를 행하여 이들의 최저생활을 보장하고 자활을 돕는 것을 목적으로 한다($\frac{법}{1}$).

최저생활의 보장은 헌법상의 생존권에 기초한 국민의 권리로 인정되며, 최저생활을 보장할 책임은 국가에 있다. 국민기초생활 보장법은 생활곤궁자에 대한 건강하고 문화적인 최저생활보장을 위한 급여의 지급뿐만 아니라 이들의 자활조성도 법의 기본원리로 하고 있다.

### 2. 적용대상

#### (1) 수급권자의 범위

종전의 생활보호법은 65세 이상의 노쇠자, 18세 미만의 아동 등 노동무능력자를 원칙적인 보호대상자로 하였으나, 국민기초생활 보장법은 이러한 제한을 폐지하여, 수급권자를 '부양의무자가 없거나, 부양의무자가 있어도 부양능력이 없거나 부양을 받을 수 없는 사람으로서 소득인정액이 최저생계비 이하인 사람'으로 하였다($\frac{동법}{5①}$). 그러나 획일적 기준으로 인해 소득인정액이 최저생계비 이하인 경우에는 각종 급여의 지급대상이 되는 반면, 그렇지 못한 경우에는 지원이 전무하게 되는 등 복지 사각지대가 발생하는 문제에 대응하기 위하여 국민기초생활 보장법은 2014. 12. 30. 개정(2015. 7. 1. 시행)을 통하여 수급권자의 범위에 관한 종래 제5조의 규정을 삭제하고, 급여의 기준은 급여의 종류별로 구체적으로 정하도록 하는 한편($\frac{동법}{4,}$), 보건복지부장관 또는 소관 중앙행정기관의 장은 급여의 종류별 수급자 선정기준 및 최저보장수준을 결정하도록 하고 있다($\frac{동법}{6}$). 한편 현행법은 사회보장의 확대를 위하여 각 개별규정에 따른 수급권자에 해당하지 아니하여도 생활이 어려운 사람으로서 일정 기간 동안 급여의 전부 또는 일부가 필요하다고 보건복지부장관 또는 소관 중앙행정기관의 장이 정하는 사람은 수급권자로 보도록 하는 특례규정을 두고 있다($\frac{동법}{14의2}$).

**(2) 수급자의 결정**

수급자(급여를 받는 자)를 결정함에 있어서는 수급권자 등에 의한 급여신청이 있는 경우에, ① 부양의무자의 유무 및 부양능력 등 부양의무자와 관련된 사항, ② 수급권자 및 부양의무자의 소득·재산에 관한 사항, ③ 수급권자의 근로능력·취업상태·자활욕구 등 자활지원계획수립에 필요한 사항, ④ 그 밖에 수급권자의 건강상태·가구특성 등 생활실태에 관한 사항 등에 대한 조사(자력조사)와 의료기관에서의 수급권자의 검진을 전제로 할 수 있다($\frac{동법}{22}$).

## 3. 급    여

**(1) 급여의 기본원칙과 기준**

급여는 수급자가 자신의 생활의 유지·향상을 위하여 그 소득·재산·근로능력 등을 활용하여 최대한 노력하는 것을 전제로 하여 보충적으로 이루어지는 것을 기본원칙으로 한다($\frac{동법}{3①}$). 따라서 부양의무자의 부양과 다른 법령에 의한 보호는 국민기초생활 보장법에 의한 급여에 우선하여 행하여지고, 다른 법령에 의한 보호수준이 동법에서 정한 수준에 미달하는 경우에 그 나머지 부분에 관하여 급여를 받을 권리가 인정된다($\frac{동조}{②}$).

급여는 건강하고 문화적인 최저생활을 유지할 수 있는 수준이어야 하고, 급여의 기준은 수급자의 연령, 가구 규모, 거주지역, 그 밖의 생활여건 등을 고려하여 급여의 종류별로 보건복지부장관이 정하거나 급여를 지급하는 중앙행정기관의 장이 보건복지부장관과 협의하여 정한다($\frac{동법}{4①②}$). 그리고 급여는 개별가구 단위를 원칙으로 하여 이루어지나 특히 필요한 경우에는 개인단위로 하여 실시할 수 있다($\frac{동조}{③}$). 한편 지방자치단체인 보장기관은 해당 지방자치단체의 조례로 정하는 바에 따라 이 법에 따른 급여의 범위 및 수준을 초과하여 급여를 실시할 수 있으나, 이 경우 해당 보장기관은 보건복지부장관 및 소관 중앙행정기관의 장에게 알려야 한다($\frac{동조}{④}$). 이는 사회보장영역에서의 초과조례의 허용성을 명문으로 규정한 것이다.

수급자에 대한 급여는 정당한 사유 없이 이를 불리하게 변경할 수 없다($\frac{동법}{34}$).

**(2) 급여의 종류**

국민기초생활 보장법상 급여의 종류에는 생계급여, 주거급여, 의료급여, 교육급여, 해산급여, 장제급여, 자활급여가 있다($\frac{동법}{7}$).

1) 생계급여    생계급여는 수급자에게 의복·음식물 및 연료비와 그 밖에 일상생활에 기본적으로 필요한 금품을 지급하여 그 생계를 유지하게 하는

것이다$\left(\frac{동법}{8}\right)$.

생계급여는 금전지급, 매월 정기지급, 수급자에 대한 직접지급 및 수급자 주거에서의 지급을 원칙으로 한다$\left(\frac{동법 \ 9①\ 내지}{③ \cdot 10①}\right)$. 그리고 생계급여는 수급자의 소득인정액 등을 감안하여 차등지급할 수 있고, 대통령령으로 정하는 바에 따라 근로능력이 있는 수급자에게는 자활에 필요한 사업에 참가할 것을 조건으로 하여 지급할 수 있다$\left(\frac{동법}{9④⑤}\right)$. 생계급여 수급권자는 부양의무자가 없거나, 부양의무자가 있어도 부양능력이 없거나 부양을 받을 수 없는 사람으로서, 그 소득인정액이 중앙생활보장위원회의 심의·의결을 거쳐 결정하는 금액(생계급여 선정기준) 이하인 사람으로 하며, 생계급여 선정기준은 기준 중위소득의 100분의 30 이상으로 한다$\left(\frac{동법}{8②}\right)$.

2) **주거급여**　주거급여는 수급권자에게 주거 안정에 필요한 임차료, 수선유지비, 그 밖의 수급품을 지급하는 것으로서, 주거급여에 관하여 필요한 사항은 따로 법률에서 정한다$\left(\frac{동법}{11}\right)$.

3) **교육급여**　교육급여는 수급자에게 입학금·수업료·학용품비 그 밖에 수급품을 지원하는 것으로 학교의 종류·범위 등에 관하여 필요한 사항은 대통령령으로 정한다$\left(\frac{동법}{12①}\right)$. 교육급여는 교육부장관의 소관이며, 교육급여 수급권자는 부양의무자가 없거나, 부양의무자가 있어도 부양능력이 없거나 부양을 받을 수 없는 사람으로서, 그 소득인정액이 중앙생활보장위원회의 심의·의결을 거쳐 결정하는 금액(교육급여 선정기준) 이하인 사람으로 한다. 이 경우 교육급여 선정기준은 기준 중위소득의 100분의 50 이상으로 한다$\left(\frac{동조}{②③}\right)$.

4) **의료급여**　의료급여는 수급권자에게 건강한 생활을 유지하는 데 필요한 각종 검사 및 치료 등을 지급하는 것이다. 의료급여 수급권자는 부양의무자가 없거나, 부양의무자가 있어도 부양능력이 없거나 부양을 받을 수 없는 사람으로서 그 소득인정액이 중앙생활보장위원회의 심의·의결을 거쳐 결정하는 금액(의료급여 선정기준) 이하인 사람으로 하며, 이 경우 의료급여 선정기준은 기준 중위소득의 100분의 40 이상으로 한다$\left(\frac{동법}{12의3}\right)$. 의료급여에 필요한 사항은 따로 법률로 정한다.

5) **해산급여**　해산급여는 생계급여, 주거급여, 의료급여 중 하나 이상의 급여를 받는 수급권자에게 조산, 분만 전과 분만 후의 필요한 조치와 보호를 행하는 것이다$\left(\frac{동법}{13①}\right)$.

6) **장제급여**　장제급여는 생계급여, 주거급여, 의료급여 중 하나 이상의 급여를 받는 수급권자가 사망한 경우 사체의 검안·운반·화장 또는 매장

게 보내야 한다($\substack{동법\\38}$).

이의신청을 받은 시·도지사는 30일 이내에 필요한 심사를 하고 이의신청을 각하하거나 해당 처분을 변경 또는 취소하거나 그 밖에 필요한 급여를 명하여야 한다($\substack{동법\\39①}$).

시·도지사의 처분등에 대하여 이의가 있는 사람은 그 처분등의 통지를 받은 날부터 90일 이내에 시·도지사를 거쳐 보건복지부장관에게 서면 또는 구두로 이의를 신청할 수 있고($\substack{동법\\40①}$), 이의신청서를 송부받은 보건복지부장관은 30일 이내에 필요한 심사를 하고 이의신청을 각하하거나 당해 처분의 변경 또는 취소의 재결을 하여야 한다($\substack{동법\\41①}$).

시·도지사 등의 처분등에 대하여는 위의 이의신청절차를 거치지 않고 곧바로 행정소송을 제기하여 이를 다툴 수도 있다.


## Ⅱ. 의료급여법

### 1. 개    설

의료급여법은 생활이 어려운 자에게 의료급여를 실시함으로써 국민보건의 향상과 사회복지의 증진에 이바지함을 목적으로 한다($\substack{법\\1}$).

의료급여는 공공부조의 원리에 따라 국가 및 지방자치단체가 원칙적으로 그 비용을 부담한다는 점에서 본인이 비용의 일부를 부담하는 국민건강보험법상의 급여와는 다르다.

### 2. 수급권자

의료급여의 수급권자는 ① 국민기초생활 보장법에 의한 의료급여수급자, ② 재해구호법에 따른 이재민으로서 보건복지부장관이 의료급여가 필요하다고 인정한 자, ③ 의사상자 등 예우 및 지원에 관한 법률에 따라 의료급여를 받는 자, ④ 입양특례법에 따라 국내에 입양된 18세 미만의 아동, ⑤ 독립유공자예우에 관한 법률 및 국가유공자 예우 및 지원에 관한 법률 및 보훈대상자 지원에 관한 법률의 적용을 받고 있는 자와 그 가족으로서 국가보훈처장이 의료급여가 필요하다고 추천한 자 중 보건복지부장관이 의료급여가 필요하다고 인정한 자, ⑥ 무형문화재 보전 및 진흥에 관한 법률에 따라 지정된 국가무형문화재의 보유자 및 그 가족으로서 문화재청장이 의료급여가 필요하다고 추천한 자 중 보건복지부장관이 의료급여가 필요하다고 인정한 자, ⑦ 북한이탈주민의 보호 및 정착지원에 관한 법률의 적용을 받고 있는 자와 그 가족으로서 보건복지부장관이 의료급여가 필요하다고 인정한 자, ⑧ 5·18민주화운동 관련자 보상 등에 관한 법률 제 8 조의 규정에 의하여 보상금 등을 받은 자와 그 가족으로서 보건복지부장관이 의료급여가 필요하다고 인정한 자, ⑨ 노숙인 등의 복지 및 자립지원에 관한 법률에 따른 노숙인 등으로서 보건복지부장관이 의료급여가 필요하다고 인정한 자, ⑩ 그 밖에 생활유지의 능력이 없거나 생활이 어려운 자로서 대통령령이 정하는 자이다($\frac{동법}{3①}$).

수급권자가 다른 법령에 따라 의료급여를 받고 있는 경우에는 의료급여법에 의한 의료급여를 행하지 아니한다($\frac{동법}{4}$).

### 3. 의료급여의 내용·방법 및 제한

#### (1) 의료급여의 내용 및 방법

수급권자의 질병·부상·출산 등에 대한 의료급여의 내용은 ① 진찰·검사, ② 약제·치료재료의 지급, ③ 처치·수술과 그 밖의 치료, ④ 예방·재활, ⑤ 입원, ⑥ 간호, ⑦ 이송과 그 밖의 의료목적의 달성을 위한 조치이다($\frac{동법}{7①}$).

수급권자에 대한 의료급여는 의료급여기관에서 행해지는바, 의료급여기관에는 ① 의료법에 따라 개설된 의료기관, ② 지역보건법에 따라 설치된 보건소·보건의료원 및 보건지소, ③ 농어촌 등 보건의료를 위한 특별조치법에 따라 설치된 보건진료소 및 ④ 약사법에 따라 개설등록된 약국 및 같은 법에 따라 설립된 한국희귀·필수의약품센터가 있다($\frac{동법}{9①}$). 의료급여법은 의료급여기관을 제 1 차 의료급여기관(의료법에 따라 시장·군수·구청장에게 개설신고를 한 의료기관 및 위의 ② 내지 ④의 의료급여기관), 제 2 차 의료급여기관(의료법에 따라 시·도지사가 개설허가를 한 의료기관), 제 3 차 의료급여기관(제 2 차 의료급여기관 중에서 보건복지부장관이 지정하는 의료기관)으로 구분하고 있다($\frac{동조}{②}$).

의료급여는 단계별로 실시하는 것을 원칙으로 한다. 즉 수급권자가 의료급여를 받고자 할 때에는 원칙적으로 제 1 차 의료급여기관에 의료급여를 신청하여야 하고, 진찰결과 또는 진료중에 상급의료급여기관(제 2 차 또는 제 3 차 의료급여기관)의 진료가 필요하다고 진단된 경우에 비로소 상급의료기관의 의료급여를 받을 수 있다($\frac{동법 시행규칙}{3·16·17}$).

의료급여기관은 정당한 이유 없이 의료급여를 거부하지 못한다$\left(\substack{동법\\9③}\right)$.

**(2) 의료급여의 제한**

의료급여의 수급권자가 ① 자신의 고의 또는 중대한 과실로 인한 범죄행위에 기인하거나 고의로 사고를 발생시켜 의료급여가 필요하게 된 경우, ② 정당한 이유 없이 의료급여법의 규정이나 의료급여기관의 진료에 관한 지시에 따르지 아니한 경우에는 원칙적으로 의료급여를 행하지 아니한다$\left(\substack{동법\\15①}\right)$.

## 4. 책임주체

의료급여업무는 수급권자의 거주지를 관할하는 특별시장·광역시장·도지사와 시장·군수·구청장(자치구의 구청장)이 행한다. 주거가 일정하지 아니한 수급권자에 대하여는 그가 실제 거주하는 지역을 관할하는 시장·군수·구청장이 한다$\left(\substack{동법\\5①②}\right)$.

의료급여사업의 실시에 관한 사항을 심의하기 위한 기관으로서 보건복지부와 시·도 및 시·군·구에 의료급여심의위원회를 둔다$\left(\substack{동법\\6}\right)$.

## 5. 재　　정

의료급여에 소요되는 비용은 대통령령이 정하는 바에 따라 그 전부 또는 일부를 의료급여기금에서 부담한다$\left(\substack{동법\\10}\right)$. 시·도에 설치되는 의료급여기금은 국고보조금, 지방자치단체의 출연금, 상환받은 대지급금$\left(\substack{동법\\21}\right)$, 부당이득금$\left(\substack{동법\\23}\right)$, 과징금$\left(\substack{동법\\29}\right)$과 이 기금의 결산상의 잉여금 및 그 밖의 수입금으로 조성한다$\left(\substack{동법\\25②}\right)$.

# 제4장 공용부담법

## 제1절 개 설

### I. 공용부담의 개념

공용부담이란 특정 공익사업이나 특정 공익목적을 위하여 또는 특정물건의 효용을 보존하기 위하여 개인에게 강제적으로 부과되는 경제적 부담을 말한다.

전통적으로 공용부담은 "특정 공익사업의 수요를 충족시키거나 특정 물건의 효용을 보존하기 위하여 개인에 부과되는 경제적 부담"으로 정의되고 있었으며, 도로·철도 등의 건설·유지와 같은 구체적 공익사업 수요와의 관련에서 그 이론이 정립·발전되어 왔다. 그러나 오늘날에는 공용부담이 특정 공익사업을 위한 것에 한정되지 않고, 행정계획에 의거한 합리적인 국토(그 전부 또는 일부)의 이용·개발 등을 위하여서도 빈번히 사용되고 있는 추세에 있다. 국토계획법에 의하여 광범한 지역의 토지이용을 제한하거나 또는 용도지역·용도지구의 지정으로 당해 지역의 토지의 이용이나 거래를 제한하는 것 등이 그 예이다. 이러한 경우는 엄격한 의미에서는 특정 공익사업을 위한 것이 아니라, 국토(전부 또는 일부)의 합리적 이용을 위한 재산권의 제한인 것이나, 이들도 공공복리의 증진을 위하여 개인에게 강제적으로 가하여지는 부담이라는 점에서는 공용부담의 새로운 형태로 보아야 할 것이다.

위에서 공용부담의 전통적 정의방식에 「특정 공익목적을 위하여」라는 부분을 추가한 것은 이러한 공용부담법제의 새로운 발전 추세를 반영하기 위한 것이다.[1]

---

1) 현재 국토의 합리적 이용을 위하여 국민의 재산권에 과하여지는 부담이 공용부담에 포함되는 점에 대하여는 이론이 없는 것으로 보인다. 다만 이러한 현상을 포괄적으로

다음에 그 내용을 부연한다.

## 1. 성    질

(1) 공용부담은 성질상 그 자체 독자적 목적을 가진 행정작용은 아니고, 국토개발행정·환경보전행정·공공시설의 설치·관리 등의 목적을 달성하기 위한 수단에 그친다.

(2) 공용부담은 특정 공익사업이나 특정 공익목적을 위한 수단이라는 점에서 재정목적을 위한 조세의 부과 등은 공용부담이 아니다. 또한 공용부담은 적극적으로 공공복리를 증진하기 위한 공익사업(광의)을 위한 부담이라는 점에서 경찰목적을 위한 부담이나 군정목적을 위한 부담과 구별된다.

## 2. 수    단

공용부담은 공법적인 권력적 작용이다. 국토개발사업, 공공시설의 설치·정비 등을 위하여 토지 기타 물건, 노동력 등이 필요한 경우 사업자는 계약 등에 의하여 이들을 취득하고 사용하는 것이 보통이다. 그러나 권리자의 동의를 얻기 어렵거나 긴급을 요하는 경우에는, 그 의사에 불구하고 강제적으로 이들을 취득하는 등의 방법으로 공익사업(광의)을 실시하게 되는바, 이것이 공용부담인 것이다. 따라서 이른바 임의적 공용부담은 엄격한 의미에서의 공용부담은 아니다.

---

표현하기 위한 공용부담의 정의방식에 대해서는 어느 정도 견해의 차이를 보이고 있다. 김도창 박사는 「환경정서·공공시설 운영 등 공익 사업 기타 복리행정상의 수요를 충족하기 위한 수단으로서, 법규에 의거하여 강제적으로 국민에게 과하는 공법상의 인적·물적 부담」으로 정의하고 있다(행정법(하), p. 578). 「특정한 공익사업 기타 복리행정상의 목적을 위하여 또는 물건의 효용을 보존하기 위하여 개인에게 강제적으로 과하는 공법상의 경제적 부담」이라는 공용부담의 정의(박윤흔, 행정법(하), p. 615)도 내용상으로는 차이가 없는 것으로 보인다.

이에 대하여 「일정한 행정계획에 의거하여 토지이용의 합리화를 도모하거나, 공익상 필요한 사업(공익사업)의 수요를 충족시키거나 특정 물건의 효용을 보존하기 위하여 국민에 강제적으로 과하는 경제적 부담」이라는 정의(小高 剛, 行政法各論, p. 210)는 위에 든 공용부담의 새로운 경향을 보다 구체적으로 그 개념에 반영한 것이라 할 수 있다.

이 관념을 「특정 공익사업을 위하여 국민에 권력적으로 부과되는 경제적 부담」이라고 하여, 전통적 정의방식을 취하면서도, 내용적으로 특정 공익사업에는 국토개발사업도 당연히 포함되는 것으로 보는 입장도 있다(彬村敏正, 行政法槪說(各論), p. 133).

### 3. 주체 및 객체

국가가 공용부담의 주체인 것은 물론이나 그 외에도 법률상 공공단체나 특정 공익사업을 행하는 사인에게도 공용부담을 과할 수 있는 권리가 부여되는 경우가 있다. 이러한 권리를 공용부담특권이라 한다.

공용부담의 객체 또는 상대편은 국민이다. 따라서 자치단체에 과하는 자치부담(유지부담·유지비부담)은 공용부담이 아니다.

### 4. 공용부담의 근거

공용부담은 개인에 강제적으로 부과되어 그 재산권을 침해하거나 제한하는 것이므로, 당연히 법률상의 근거가 있어야 한다. 헌법은 "공공필요에 의한 재산권의 수용·사용 또는 제한 …은 법률로 정한다"($\binom{헌법}{23③}$)고 하여 이를 명시하고 있다.

공용부담에 관한 일반적인 법률로는 공익사업을 위한 토지 등의 취득 및 보상에 관한 법률 및 지방자치법이 있으나, 그 외에도 국토계획법·도로법·도시공원 및 녹지 등에 관한 법률·하천법·전기사업법 등 다수의 개별법이 있다.

## II. 공용부담의 종류

공용부담은 여러 기준에 따라 분류할 수 있으나 중요한 것으로는 다음의 두 가지가 있다.

### 1. 내용에 따른 분류

공용부담은 그 내용에 따라 인적 공용부담과 물적 공용부담으로 나눌 수 있다.

#### (1) 인적 공용부담

특정 공익사업의 수요를 충족시키기 위하여 특정인에게 작위·부작위 또는 급부의무를 과하는 것을 말하며, 그 의무는 공법상 채무의 성질을 가진다. 인적 공용부담은 특정인에 대한 부담이라는 점에서 특정 권리에 대하여 과하여지는 물적 공용부담과는 다르다.

인적 공용부담에는 부담금, 부역·현품, 노역·물품 등이 있다.

### (2) 물적 공용부담

특정 공익사업의 수요를 충족시키거나 특정 공익목적을 위하여 국민의 특정 재산권에 부착하여 강제적으로 부과되는 경제적 부담이다. 당해 재산권에 부착되어 물권적 변동을 야기한다는 점에서 단순한 채권적 성질을 가지는 인적 공용부담과는 구별된다.

물적 공용부담에는 공용제한(공용사용을 포함), 공용수용 및 공용환지·공용환권이 있다.

## 2. 발생원인에 따른 분류

공용부담은 그 발생원인에 따라 강제적 부담과 임의적 부담으로 나눌 수 있다. 다만 임의적 공용부담이 엄격한 의미의 공용부담에는 해당하지 않음은 기술한 바와 같다.

### (1) 강제적 부담

강제부담이란 부담의무자의 의사와는 관계 없이 일방적으로 과하여지는 공용부담이다. 이러한 강제부담은 직접 법률의 규정에 의하여 성립하는 경우(법정 부담이라 한다), 법률에 의거한 행정행위에 의하여 성립하는 경우 및 이러한 행정행위에 의한 부담의 부과에 앞서 부담권리자와 의무자가 협의(토지수용절차에 있어서의 협의)를 하게 하는 경우가 있다.

### (2) 임의적 부담

임의적 부담은 부담이 의무자의 자유의사에 의하여 성립하는 경우인바, 보통 부담권리자와 의무자간의 합의에 의하여 성립하나, 예외적으로는 부담의무자의 일방적 의사에 의하여 성립하는 경우도 있다.

이러한 임의적 공용부담에 법적 근거가 필요한지에 대하여는 견해가 갈릴 수 있으나, 조건부임의부담에 있어 당해 조건이 행정청에 특정 행위의무(일정 공적 시설의 설치 또는 지정용도에의 사용의무)를 부과하는 것인 때에는 법률의 근거가 필요하다고 할 것이다.

임의적 부담의 대표적인 예는 국유재산법에 의한 기부채납이다(법13).

# 제 2 절  인적 공용부담

## Ⅰ. 의  의

인적 공용부담은 특정 공익사업의 수요를 충족시키기 위하여 법률에 의거하여 국민에게 과하여지는 작위·부작위·급부의무를 말한다. 그 의무는 공법상의 의무이므로 그 불이행에는 행정상의 강제집행이, 그 위반에 대하여는 행정벌이 과하여지는 것이 보통이다.

## Ⅱ. 인적 공용부담의 종류

인적 공용부담은 여러 기준에 따라 분류할 수 있다.

### 1. 부과방법에 의한 분류

#### (1) 개별부담

개별부담은 각 개인에 대하여 개별적으로 과하여지는 부담이다. 따라서 부담의무자가 다수인 경우에도 각자는 자기의 부담분에 대하여만 책임을 진다.

#### (2) 연합부담

부담의무자인 개인의 총합체에 대하여 공동의 부담으로 과하여지는 부담을 말한다(농업생산기반정비사업의 부담). 연합부담은 당해 부담이 개별적으로 분할되지 않고 총합체에 대하여 부과되는 것이므로, 그 전체의 이행이 있어야 비로소 공용부담이 이행된 것으로 되며, 각 부담의무자는 공용부담의 전체에 대하여 책임을 진다.

그러나 연합부담에 있어서도 공용부담의 의무자는 총합체 자체는 아니고, 각 개인이라는 점에서는 개별부담과 같다.

### 2. 부담근거에 의한 분류

#### (1) 일반부담

일반부담은 일정 범위의 개인 일반(국민·지방자치단체의 주민)에 대하여 그 능력에 따라 과하여지는 부담이다. 그 점에서 특정한 공익사업과 특별한 관계가 있는 자에 대하여 부과되는 특별부담이나 우연히 특정 공익사업의 수요를 충족시킬 수 있는 위치에 있는 자에게 부과되는 우발부담 등과는 다르다.

일반부담은 그 대상의 일반성이라는 점에서 보면 국방의무나 납세의무와 유사하나, 이들과는 그 목적에 있어서 차이가 있다. 즉 일반부담은 특정 공익사업의 수요를 충족시키기 위한 것이나, 국방의무는 병력의 유지를 위한 것이고, 납세의무는 재력의 취득을 위한 것이라는 점에서 이들은 상호 구별된다.

일반부담을 과할 수 있는 주체는 그 성질상 국가나 지방자치단체에 한정되며, 그 내용은 금전급부 이외의 것에 한정되는 것이 원칙이다. 구지방자치법은 비상재해 등의 복구를 위하여 주민에게 부역·현품을 과할 수 있는 것으로 규정하고 있었다($\frac{법}{129①}$). 그러나 현행 지방자치법은 이 제도를 폐지하였다.

### (2) 특별부담

특정 공익사업과 특별한 관계에 있는 자에 과하여지는 것으로, 당해 관계의 성질·내용에 따라 수익자부담·원인자부담·손괴자부담 등으로 나눌 수 있다.

특별부담을 과할 수 있는 자는 국가·공공단체이며, 보통 금전지급의무를 그 내용으로 한다.

### (3) 우발부담

우연히 당해 사업의 수요를 충족시킬 수 있는 자에 과하여지는 부담으로, 그 정도는 사업의 필요에 따라 결정된다.

우발부담은 그 성질상 금전지급 이외의 것을 내용으로 하는 것이 원칙이다(예컨대, 수상에서의 수색·구조 등에 관한 법률에 의한 수난구호업무 종사명령·토지의 일시사용($\frac{법}{29①}$), 농어업재해대책법에 의한 지역주민에 대한 응급조치에의 종사명령($\frac{법 7}{① 등}$) 등).

우발부담은 위의 특별부담과는 달리 공익적 필요에 기하여 그 의무자에게 불평등하게 과하여지는 것이므로, 그로 인한 특별한 손실은 보상되어야할 것이다.

**3. 내용에 의한 분류**

인적 공용부담은 그 내용에 따라 부담금, 부역·현품, 노역·물품, 시설
부담, 부작위부담 등으로 분류할 수 있다.

## Ⅲ. 인적 공용부담의 내용

**1. 부 담 금**

**(1) 성    질**

부담금이란 특정 공익사업과 특별한 이해관계에 있는 자에 대하여 그 사
업에 필요한 경비의 전부 또는 일부를 부담시키기 위하여 과하는 공법상의
금전급부의무를 말한다. 경비의 일부를 부담시키는 경우를 특히 분담금이라
고도 한다.

부담금은 공법상의 금전급부의무라는 점에서는 조세 또는 수수료·사용
료와 비슷하나, 이들 사이에는 다음과 같은 차이가 있다.

**1) 조세와의 구별**    양자는 목적·대상자 및 부과의 정도에 있어 차이가
있다.

㈎ 부담금은 특정 공익사업의 경비에 충당하기 위한 것이나, 조세는 국
가 또는 지방자치단체의 일반수입을 목적으로 한다.

㈏ 부담금은 특정 공익사업과 특별한 이해관계가 있는 자에게만 과하는
것이나, 조세는 국민 또는 주민 일반에 과한다. 다만 목적세 중 당해 사업과
특별한 관계가 있는 자에 대하여 부과되는 지역자원시설세($\frac{지방세법}{141\ 이하}$)는 부담금
과 그 성질이 유사하다.

㈐ 조세는 개인의 담세력을 표준으로 하여 과하는 데 대하여, 부담금은
사업소요경비, 사업과의 관계 등을 종합적으로 고려하여 과한다.

**2) 사용료·수수료와의 구별**    사용료 등은 당해 사업의 개개의 이용행
위에 대한 대가·반대급부의 성질을 가지는 데 대하여, 부담금은 사업 자체
의 경영에 소요되는 경비의 부담이라는 성질을 가진다. 따라서 부담금은 사
업 자체에 특별한 이해관계를 가지는 사람에게 과하여지는 데 대하여, 사용
료는 이용자에게 과하여진다.

### (2) 종  류

부담금은 그 원인에 따라 다음의 3가지 종류가 있다.

1) 수익자부담금   당해 사업으로부터 특별한 이익을 받는 사람에 대하여 그 수익의 한도 안에서 사업경비의 일부를 부담시키는 것을 말한다(지방자치법 138).

2) 원인자부담금   당해 사업이 필요하게 된 원인을 조성한 자에 대하여 그 공사비용의 전부 또는 일부를 부담시키는 것을 말한다(도로법 91, 하천법 29).

3) 손괴자부담금   당해 사업시설을 손상한 자에 대하여 그 시설의 유지·수선비 등의 전부 또는 일부를 부담시키는 것을 말한다.

### (3) 부과·징수

1) 부    과   부담금의 부과권은 당해 사업주체에 있는 것이 원칙이나, 국영공비사업의 경우에는 이 권리는 경제주체인 공공단체에 속한다.

부담금이 부과될 수 있는 공익사업의 내용에 대하여는 도로·하천·도시계획사업과 같이 사업을 명시하는 것이 보통이나, 추상적인 근거만을 두고 있는 경우도 있다(지방자치 법 138).

부담금의 한도액은 부담금의 종류에 따라 다르다.

2) 징    수   부담금은 조세와 같이 공법상의 금전지급의무이므로 부담의무자가 이를 이행하지 않는 경우에는 행정상 강제징수절차에 의한 강제집행이 인정된다(도로법 69, 하천법 67). 지방자치단체에 의하여 과하여지는 부담금의 징수를 사기 기타 부정한 방법으로 면한 자에 대하여는 그 면한 금액의 5배 이내의 과태료에 처할 수 있다(지방자치법 139②).

부담금의 부과·징수에 대하여 이의가 있는 때에는 행정쟁송절차에 의하여 이를 다툴 수 있다.

## 2. 부역·현품부담

### (1) 성    질

특정 공익사업의 수요를 충족시키기 위하여 부과되는 것으로서, 노역 또는 물품과 금전과의 선택적 급부의무를 내용으로 하는 것을 부역·현품이라 한다. 이 중에서 노역과 금전과의 선택적 급부의무를 내용으로 하는 것을 부역이라 한다.

부역은 금전으로 대체하여 납부할 수 있는 것이라는 점에서 특별한 기술을 요하지 않고 누구나 감당할 수 있는 단순한 노역이어야 하고, 또한 현품도 특수한 주관적 가치나 예술적 가치를 지닌 것이 아닌 대체적 성질을 가지는 것이어야 한다.

부역이나 현품은 모두 특정사업의 경비가 부족한 경우에 부과되는 것이다. 이러한 부역·현품은 조세나 부담금과 같이 재산상의 수입을 목적으로 하는 것이고, 노역이나 물품의 취득 자체를 목적으로 하는 것은 아니다.

이 제도는 화폐경제가 발달하지 못한 농촌지역에서 금전에 의한 납부 보다는 그에 상당한 부역 또는 현품으로 납부시키는 것이 편리하기 때문에 채택된 것이었는바, 오늘날 그 의의는 거의 없다고 할 것이다.

**(2) 종   류**

부역·현품은 부담의무자의 성질을 기준으로 하여, 일정한 범위 내의 개인 일반에 그 부담능력을 표준으로 하여 일반적으로 과하는 일반부담인 것과 당해 사업과 특별한 관계가 있는 자에게만 부과되는 특별부담인 것으로 나눌 수 있다.

구지방자치법은 일반부담으로서의 부역·현품을 규정하고 있었으나, 현행 지방자치법이 이를 폐지한 결과, 현행법상으로는 그 예가 없다.

### 3. 노역·물품부담

**(1) 성   질**

특정한 공익사업을 위하여 필요한 노역 또는 물품 그 자체를 급부할 의무를 말하며, 그 점에서 위의 부역·현품부담과 다르다. 노역·물품은 비상재해의 복구 기타 목전에 급박한 필요가 있는 경우에 달리 그 수요를 충족시킬 방법이 없을 때에 한하여, 예외적으로만 인정된다.

**(2) 노역부담**

공익사업을 위하여 필요한 노역은 사법상의 방법에 의하여 취득하는 것이 원칙이나, 일반적 방법으로는 목적을 달성할 수 없는 급박한 경우에 응급부담으로서 예외적으로 인정되고 있는 것이 노역부담이다($\frac{도로법}{83}$).

**(3) 물품부담**

불특정한 동산의 급부를 그 의무의 내용으로 하는 것이다. 물품부담도 예외적으로 급박한 경우에만 인정되는 것이나 그 예는 별로 없다.

물품부담은 내용적으로는 당해 물품의 소유권을 부담권리자에게 이전할 의무를 지는 경우($\frac{수도법}{41}$)와 단순히 부담권리자로 하여금 당해 물품을 사용하게 하는 경우($^{도로법}_{83}$)가 있다.

물품부담은 우발부담·특별부담의 성질을 가지는 것이므로, 그로 인한 특별한 손실은 보상되어야 할 것이다.

### 4. 시설부담

(1) 공익사업의 수요를 충족하기 위하여, 그 사업과 특별한 관계에 있는 사람 또는 우발적으로 그 수요를 충족시킬 수 있는 지위에 있는 사람에게 과하여지는 공사 기타 일정한 시설을 할 공법상 의무를 말한다. 당해 공익사업에 필요한 일정한 공사·시설을 완성할 의무인 점에서는 민사상의 도급과 같으나, 그 의무는 공법상 의무이고 또한 반드시 유상이 아닌 점에서 도급과 구별된다.

(2) 시설부담의 예로서는 도로부담·하천부담 등을 들 수 있는데, 내용적으로는 수익자부담인 것과 원인자부담인 것이 있다. 도로·하천부속물이 다른 공작물의 효용을 겸하는 경우에 다른 공작물의 소유자가 지는 도로·하천부속물에 관한 설비공사나 그 유지를 위한 공사를 행할 의무($^{도로법}_{33}$)는 전자에 해당하고, 다른 공사 또는 행위로 인하여 도로·하천부속물에 관한 공사가 필요하게 된 경우에 그 원인제공자가 부담하는 하천·도로에 관한 공사를 할 의무($^{동법}_{35}$)는 후자에 해당한다.

(3) 부담의무자가 의무를 이행하지 않을 경우 대체적 의무에 대하여는 대집행으로 그 이행을 강제할 수 있으나, 그 이외의 의무의 불이행에 대한 행정상 강제집행수단은 없다. 설비부담의 불이행에 대하여는 행정벌이 과하여지는 경우가 많다.

### 5. 부작위부담

(1) 특정한 공익사업을 위하여 일정한 부작위의무를 과하는 인적 공용부담을 말한다. 이것은 내용적으로는 경찰금지나 재정금지와 비슷하나, 그 목적에 있어 이들과 차이가 있다.

(2) 부작위의무는 직접 법령에 의하여 부과되는 것이 보통이나, 행정처분으로 과하여지는 경우도 있다($^{우편법}_{48}$).

부작위의무의 위반에 대하여는 그로 인하여 발생한 위법한 상태의 제거를 명하고, 그 불이행에 대하여는 대집행에 의하여 그 이행을 확보할 수 있을 것이다.


## 제 3 절  공용제한

### Ⅰ. 공용제한의 개념

공용제한이란 특정 공익사업이나 특정 공익목적을 위하여, 또는 특정 물건의 효용을 보존하기 위하여 개인의 재산권에 과하여지는 공법상의 제한을 말한다.

여기서 특정 공익목적을 위한 제한은 국토의 합리적 이용이나 도시의 건전한 발전(국토의 계획 및 이용에 관한 법률)을 도모하기 위한 용도지역제 등에 의한 제한 등을 말한다. 이러한 제한은 그 대상지역 및 인적 범위의 광범성을 특징으로 한다.

다음에 그 내용을 분설한다.

(1) 공용제한은 특정 공익사업이나 특정 공익목적을 위하여 또는 특정 물건의 효용을 보존하기 위하여 과하는 제한이다. 이 점에서 같은 공법상의 제한이라도 경찰목적을 위한 제한(위험건축물의 사용금지)이나 재정목적을 위한 제한(체납처분을 위한 재산압류) 등과는 구별된다.

(2) 공용제한은 특정한 재산권에 과하는 제한이다. 공용제한은 특정재산권에 고착하여 과하여지는 제한이라는 점에서, 사람에 대하여 일정한 의무를 과하는 인적 공용부담과는 다르다. 공용제한은 이처럼 재산권에 고착된 물상 부담이므로, 그 권리의 이전과 함께 공용제한의 효과도 당연히 이전된다.

공용제한의 대상인 재산권에는 동산, 부동산 및 무체재산권이 포함되나, 이 중에서 토지에 대한 공용제한이 가장 중요한 것으로, 이것을 특히 공용지역이라고도 한다.

(3) 공용제한은 재산권에 대한 제한이다. 공용제한은 개인의 재산권에 대하여 일정한 제한을 가하는 데 그치는 것이다. 따라서 재산권을 강제적으로 취득하는 공용수용이나 강제적으로 교환·분합하는 공용환지 및 공용환권과는 다르다.

(4) 공용제한은 재산권에 대한 공법상의 제한이다. 이 점에서 재산권에 대한 사법상의 제한(민법상의 상린관계·지역권)과 구별된다. 공법상의 제한이므로, 그 불이행 또는 위반은 행정상 강제집행 또는 행정벌의 대상이 된다.

## Ⅱ. 공용제한의 근거

공용제한은 개인의 재산권의 침해를 가져오므로, 반드시 법률의 근거가 있어야 한다.

## Ⅲ. 공용제한의 종류

공용제한은 그 제한을 필요로 하는 공익사업의 수요 또는 공익상 필요의 내용에 따라 계획제한·보전제한·사업제한·공물제한 및 사용제한으로 나눌 수 있다.

### 1. 계획제한

국토의 합리적 이용이나 도시의 건전한 발전을 위하여 일정한 행정계획(도시·군관리계획, 수도권정비계획 등)에 의거한 지역·지구 등의 지정에 따른 제한을 말한다.

(1) 도시·군관리계획에 의한 국토의 용도구분

국토계획법은 이른바 용도지역지구제(Zoning)를 채택하여 행정계획(도시·군관리계획)에 의하여 국토를 각각 일정한 특성을 가지는 지역·지구로 구분할 수 있도록 하였다.

1) **용도지역**　용도지역이란 토지의 이용 및 건축물의 용도·건폐율·용적률·높이 등을 제한함으로써 토지를 경제적·효율적으로 이용하고 공공복리의 증진을 도모하기 위하여 서로 중복되지 아니하게 도시·군관리계획으로 결정하는 지역을 말한다($^{국토계획}_{법\ 2\ xv}$).

국토교통부장관, 시·도지사 또는 대도시 시장은 ① 도시지역, ② 관리지역, ③ 농림지역, ④ 자연환경보전지역을 도시·군관리계획으로 지정하며, 이들 지역을 다시 세분하여 지정할 수 있다($^{동법}_{36}$).

2) **용도지구**　용도지구란 토지의 이용 및 건축물의 용도·건폐율·용

적률·높이 등에 대한 용도지역의 제한을 강화 또는 완화하여 적용함으로써 용도지역의 기능을 증진시키고 미관·경관·안전 등을 도모하기 위하여 도시·군관리계획으로 결정하는 지역을 말한다($\frac{동법}{2xvi}$). 이에는 ① 경관지구, ② 고도지구, ③ 방화지구, ④ 방재지구, ⑤ 보호지구, ⑥ 취락지구, ⑦ 개발진흥지구, ⑧ 특정용도제한지구, ⑨ 복합용도지구, ⑩ 그 밖에 대통령령이 정하는 지구 등이 있다($\frac{동법\ 37,\ 동법}{시행령\ 31}$).

   3) 용도구역    용도구역이란 토지의 이용 및 건축물의 용도·건폐율·용적률·높이 등에 대한 용도지역 및 용도지구의 제한을 강화 또는 완화하여 정함으로써 시가지의 무질서한 확산방지, 계획적이고 단계적인 토지이용의 도모, 토지이용의 종합적 조정·관리 등을 위하여 도시·군관리계획으로 결정하는 지역을 말한다($\frac{동법}{2xvii}$). 이에는 개발제한구역($\frac{동법\ 38\ 및\ 개발제한구역의지}{정및관리에관한특별조치법}$), 도시자연공원구역($\frac{동법}{38의2}$), 시가화조정구역($\frac{동법}{39}$), 수산자원보호구역($\frac{동법}{40}$), 입지규제최소구역($\frac{동법}{40의2}$)이 있다

   (2) 토지이용 등의 제한

   도시·군관리계획은 대외적 효력을 가지는 구속적 계획으로서, 용도지역·지구 또는 구역이 도시·군관리계획으로 결정되면 그 안에서 건축물의 건축, 토지의 형질변경 등의 개발행위를 하고자 하는 자는 개발허가를 받아야 하는바, 그러한 개발행위허가는 도시·군관리계획에 적합한 경우에만 받을 수 있다($\frac{동법\ 56\ ·}{58①②}$).

   위에서 본 바와 같이 국토계획법은 도시지역은 물론이고 비도시지역에도 도시·군관리계획(이전의 도시계획)을 수립하도록 하고, 그에 합치되는 경우에만 건축, 토지형질변경 등의 개발행위를 허가할 수 있도록 하여 종전의 준농림지역에서의 난개발의 문제를 방지하도록 한 점에 그 기본적 특징이 있다.

   **2. 보전제한**

   자연·자원·문화재 등의 보전을 위하여 사권에 가하여지는 제한으로 이에는 다음과 같은 것이 있다.

   (1) 용도지역의 지정에 의한 제한

   국토계획법에 의한 용도지역의 지정에 의하여 토지 등에 가하여지는 행위제한이다.

**(2) 자연보전제한**

공원 내에서의 토지 등에 대한 제한($^{자연공원법\ 23\cdot27,\ 도시공원}_{및녹지등에관한법률\ 24\cdot38}$)이 이에 해당한다.

**(3) 자원보전제한**

산림보호구역 내에서의 제한($^{산림보}_{호법\ 9}$), 야생생물특별보호구역에서의 행위제한($^{야생생물보호및관}_{리에관한법률\ 28}$) 등이 이에 해당한다.

**(4) 문화재보호제한**

국보·고적·천연기념물 등 공적보존물에는 그 보존에 필요한 한도에서 소유권에 대한 제한이 따른다($^{문화재보호}_{법\ 35\cdot39}$). 사찰·향교재산에 대하여도 보존상의 제한이 있다($^{전통사찰의보존및지원}_{에관한법률\ 9\cdot9의2}$).

**(5) 농지 등의 전용제한**

농지전용제한($^{농지법}_{제4장}$), 보전산지전용제한($^{산지관리}_{법\ 12}$) 등이 있다.

**3. 사업제한**

공익사업(도로·하천·사방사업·도시계획사업 등)을 원활하고 안전하게 수행하기 위하여 그 사업과 관계가 있는 타인의 재산권에 대하여 가하여지는 제한이다. 즉 당해 공익사업의 사업지·인접지역 또는 사업예정지에서 가하여지는 제한으로서, 이러한 사업제한은 그 내용에 따라 부작위·작위 및 수인부담으로 나누어진다.

**(1) 부작위의무**

사업시행에 장해가 되는 일정한 행위를 제한·금지하는 부담이다. 예컨대 접도구역·연안구역 등에 있어서의 건축·토지의 형질변경·식수 등의 행위의 제한·금지($^{도로법\ 40,}_{하천법\ 38}$)가 그것이다.

**(2) 작위의무**

시설설치·공작물개축의무 기타 작위의무가 있다($^{도로법}_{40④}$).

**(3) 수인의무**

당해 공익사업을 위하여 사업자에 의한 토지형질의 변경, 공작물제거 기타 재산권 침해행위를 수인하여야 하는 의무이다($^{전기사업법}_{87\ 내지\ 89}$).

**4. 공물제한**

사유재산인 특정한 토지·물건이 공공목적에 제공되고 있기 때문에 그 목적에 필요한 한도에서 그 소유권에 가하여지는 제한을 말한다.

(1) 사유공물에 대한 제한

사유재산이 공용 또는 공공용에 제공되고 있기 때문에 그 소유권에 가하여지는 공법상의 제한이다. 사유토지가 도로의 부지로 사용되고 있기 때문에 그에 대한 사권행사가 제한되는 경우가 그 예이다(도로법 4).

(2) 특허기업용물건에 대한 제한

특허기업용 물건은 사기업의 물건이므로 공법상 제한을 받지 않는 것이 원칙이다. 그러나 그 사업의 공익성으로 인하여, 법률이 그 기업의 토지 기타 물건에 대하여 저당권설정을 제한하거나 기타 그 융통성을 제한하는 경우가 있다.

**5. 공용사용**(사용제한)

(1) 공용사용의 의의

특정한 공익사업을 수행하는 과정에서 그 사업자가 타인의 소유에 속하는 토지 기타 물건의 재산권에 대하여 공법상의 사용권을 설정하고, 그 사용기간중에 그를 방해하는 권리행사를 금지하는 것을 말한다. 이러한 공용사용은 특정한 재산권을 타인(사업주체)이 사용하는 것을 수인시키는 점에서 다른 공용제한과는 다르다.

(2) 공용사용의 내용

공용사용은 그 내용에 따라 일시적 사용과 계속적 사용으로 나누어진다.

1) 일시적 사용　　공익사업의 주체가 일시적으로 타인의 토지·건물 기타 재산을 사용하는 것을 말한다. 측량·실지조사·공사 등을 위하여 타인의 토지에 출입하여 사용하는 경우(도로법 81·82, 자연공원법 72, 전기사업법 88 이하), 또는 비상재해의 경우에 위험의 방지 등을 위하여 타인의 토지나 물건 등을 사용하는 것이 그 예이다(도로법 83). 이러한 타인의 토지의 일시적 사용은 법률의 규정에 의하거나(도로법 81·82, 자연공원법 72), 법률에 근거한 행정청의 허가(전기사업법 88)에 의하여 그 사용권이 설정되는 것이 보통이다.

일시적 사용으로 인한 손실에 대하여도 보상규정을 두고 있는 경우가 많다.

2) 계속적 사용　　이것은 개인의 재산권에 대한 중대한 제한이므로 공용수용과 동일한 신중한 절차에 따라 그 사용권이 설정되는 것이 원칙이다(토지보상법 3 이하). 그러나 권리자가 받는 손실이 비교적 경미한 것인 때에는 보다 간이한

절차에 의하도록 하고 있는 예도 적지 않다($\frac{전기사업}{법\ 57}$).

공용사용은 개인의 재산권에 대한 사용권을 강제로 설정하는 것이므로, 그에는 법률의 근거가 있어야 하고 또한 정당한 보상이 지급되어야 한다. 토지보상법은 공용사용에 대한 보상을 규정하고 있고, 개별법도 원칙적으로 보상규정을 두고 있다. 예컨대 지하철 건설 등을 위하여 타인의 토지의 지하부분을 사용하는 경우에도 보상하되, 그 보상액은 당해 토지의 이용가치, 지하의 깊이 및 토지이용이 방해되는 정도 등을 참작하여 결정하도록 하고 있다($\frac{도시철}{도법\ 9}$).

## Ⅳ. 공용제한과 손실보상

공용제한에 의한 재산권의 이용·행사에 대한 제한이 사회생활상 당연히 수인하여야 할 한도를 넘어, 개인에게 「특별한 손실」을 과하는 것인 때에는 정당한 보상을 하여야 한다($\frac{헌법}{23③}$). 그러나 어떠한 경우에 「특별한 손실」이 있다고 볼 것인지가 문제인바, 이에 관한 입법례는 그 내용상 반드시 통일성이 있는 것으로는 보이지 않는다.

(1) 공용제한 중 공물제한·사용제한 및 사업제한의 경우에는 기본적인 문제는 없는 것으로 보인다.

공물제한과 사용제한은 그 사례도 별로 많지 않거니와 보상법제도 일반적으로 잘 정비되어 있다.[1]

사업제한에 있어서는 한정적인 경우에 대하여만 보상규정을 두고 있다($\frac{사방사업}{법\ 10}$). 이 경우의 보상 여부의 판단기준으로서는 그 제한이 당해 토지의 자연적 조건으로 보아 당연히 수인하여야 할 것인가 아니면 당해 제한이 인위적 사업으로 인한 것인지에 따라 전자에 대하여는 보상을 요하지 않고, 후자에 대하여는 보상을 요한다고 보는 것이 유력한 견해인 것으로 보인다.

(2) 가장 문제가 되는 것은 계획제한의 경우이다. 현재 국토의 합리적 이용이나 도시의 건전한 발달을 도모하기 위하여 부과되는 토지 기타 사유재산의 이용제한에 대하여는 법률이 거의 보상규정을 두고 있지 않다($\frac{국토계획법}{등\ 참조}$).

그러나 국토계획법상의 지역·지구 또는 구역에서의 행위제한의 대부분은 그 부담의무자에게 실질적인 재산상의 희생을 부과하고 있음은 이를 부인할

---

1) 박윤흔, 행정법(하), p. 635.

수 없다 할 것으로서, 이것은 대부분의 도시·군관리계획결정($^{국토계획법}_{30 \text{ 내지 } 40}$), 그 중에서도 특히 개발제한구역의 지정($^{개발제한구역의지정및}_{관리에관한특별조치법 3}$)으로 인하여 당해 지역 주민이 현실적으로 받는 손실을 상기하면 쉽게 납득할 수 있을 것이다.[1]

(3) 계획제한이 손실보상을 요하는지의 여부는 그것이 내용상 재산권의 내재적 한계 안의 것인가, 아니면 그를 넘어서서 개인에 특별한 희생을 가하는 것인지의 여부에 따라 판단되어야 할 것임은 물론이다. 이 문제는 손실보상의 원인에 관한 일반론과 계획제한의 특수성을 공히 검토하여 결정되어야 할 것이나, 학설은 아직도 정리되지 못한 상태에 있다.

그러나 보상 여부에 대하여는 대체로 다음의 기준을 제시하는 것이 보통이다. 즉 ① 공용제한으로 인하여 토지이용이 제한되더라도 종전 방법에 의한 토지이용의 계속이 가능하고, 또한 그 제한이 객관적으로 보아 당해 토지의 본래의 기능에 반하지 않는 경우에는 보상을 요하지 않으나, ② 그 제한이 토지본래의 기능을 침해하는 것이거나 이미 객관적으로 현실화된 개발행위를 저해하는 것일 때에는 보상을 요한다.[2]

(4) 특정한 공용제한으로 인하여 개인에 그 귀책사유 없이 특별한 손실이 가하여지는 경우에는 그러한 손실은 보상되어야 할 것이나($^{헌법}_{23③}$), 관계법에 보상규정이 없는 경우에는 구체적인 구제수단의 문제가 제기된다.

종래 통설은 위헌무효설의 입장에서 이 경우 손실보상은 청구할 수 없고, 국가배상법에 기하여 손해배상만을 구할 수 있다고 한다. 그러나 이 경우 관계 공무원에게는 과실이 없다고 할 것이므로, 손해배상도 청구할 수 없다고 본다.

이러한 문제점을 감안하여 이 경우는 이른바 수용유사침해의 법리에 따라 국가 등에 손해의 배상을 청구할 수 있다고 보는 견해도 있다. 이 법리가 불문 법적 원리로 인정된다고 하면, 관계인은 그에 따라 피해의 보상을 청구할 수 있을 것이다. 대법원은 문화방송주식의 국가에의 강제귀속조치에 따른 손해배상청구소송에서 이 법리의 내용에 대하여 일단 언급하면서도, "우리 법제하에서 그와 같은 이론을 채택할 수 있는가는 별론"이라 하여 그 채택 여부에 대한 명시적 입장을 유보하였다($^{대판 \ 1993. \ 10. \ 26,}_{93 \text{다} 6409}$). 그러나 이후의 판례에서 위법·무

---

1) 구역의 지정에 따르는 손실보상 여부에 대하여는 뒤의 도시계획법의 내용으로서의 개발제한구역에 관한 검토 부분을 참조하시오.
2) 김도창, 행정법(하), p. 590; 이상규, 행정법(하), p. 564; 박윤흔, 행정법(하), p. 637; 이명구, 행정법원론, p. 765.

과실의 경우에는 여전히 국가의 배상책임이 부인되고 있고 보면,[1] 이 이론은 우리 판례상으로는 채택되고 있지 않다고 볼 것이다.

헌법 제23조 제3항은 "공공필요에 의한 재산권의 수용·사용 또는 제한 및 그에 대한 보상은 법률로써 하되, 정당한 보상을 지급하여야 한다"고 규정하고 있다. 이 헌법 규정은 공공필요에 의한 법률에 기한 재산권의 수용·사용 또는 제한에는 정당한 보상이 지급되어야 한다는 것을 기본취지로 한다는 점에는 의문이 없다고 본다. 그에 따라 법률이 개인의 재산권에 대한 공용침해를 규정하면서 그에 대한 보상을 규정하고 있지 아니한 경우 당사자는 헌법 제23조 제3항에 기하여 직접 보상을 청구할 수 있다고 본다.[2]

(5) 계획제한으로 인한 손실을 보상하는 경우에도, 계획제한은 재산의 장래에 있어서의 사용·수익을 제한하는 데 그치고 재산권을 박탈하는 것은 아니므로, 구체적인 보상액의 산정은 매우 어렵다. 이와 관련하여서는 다음의 세 가지 견해가 제시되고 있다.

㈎ 적극적 실손보상설　　이 설은, 특정의 토지이용행위가 제한 또는 금지됨에 따라 그 토지소유자가 현실적으로 예기할 수 없었던 지출을 하여야 하는 경우에, 그와 같은 적극적이고 현실적인 출연만을 보상하여야 한다고 보고 있다.

㈏ 지가저락설　　이 설은, 토지의 이용제한에 의하여 야기된 토지이용가치의 객관적 저하가 지가의 저락으로 나타난다고 보아, 이 지가저락분을 보상하여야 한다고 본다.

㈐ 상당인과관계설　　이 설은 토지의 이용방법의 제한으로 인하여 토지소유자가 받는 손실 중에서 이용제한과 상당인과관계가 있다고 인정되는 모든 손실을 보상하여야 한다고 보고 있다.[3]

---

1) 대판 1994. 5. 27, 94다12708; 대판 1994. 11. 8, 94다26141 참조.
2) 구체적인 내용은 「행정법 Ⅰ」의 '손실보상' 부분 참조.
3) 小高 剛, 行政法各論, 1990, pp. 229~230; 박윤흔, 행정법(하), p. 637.

## 제 4 절  공용수용

### 제 1. 개    설

## I. 공용수용의 개념

공용수용이란 공익사업을 위하여 법률에 의거하여 타인의 토지 등의 재산
권을 강제적으로 취득하는 것을 말한다. 공용징수라고도 한다.

공익사업(도로·철도 등의 공공시설의 건설, 주택단지·공업단지의 정비 등)
을 위하여 타인의 토지 등이 필요한 경우에는 민사상의 매매계약 등에 의하여
이를 취득하는 것이 원칙이다. 그러나 그 재산권의 소유자가 그 매도를 원하지
않는 경우에는 민사상의 방법으로는 당해 재산권을 취득할 수 없게 된다. 이
경우에도 당해 사업은 그 공익상 필요로 인하여 반드시 실시되어야 하는 것이
므로, 그에 필요한 재산권은 강제적으로라도 취득하여야 할 것인바, 이를 위한
법제가 공용수용제도이다.

다음에 그 내용을 부언한다.

### 1. 수용적격사업

공용수용은 공공의 이익을 위한 사업, 즉 공익사업을 위한 재산권의 강제
적 취득작용이다.[1] 공용수용은 공익사업용에 제공하기 위하여 특정 재산을 취

---

1) 토지보상법 제 4 조는 토지수용이 가능한 사업으로서 다음 사업을 들고 있다. ①
국방·군사에 관한 사업, ② 관계법률에 의하여 허가·인가·승인·지정 등을 받아
공익을 목적으로 시행하는 철도·도로·공항·항만·주차장·공영차고지·화물터미
널·궤도·하천·제방·댐·운하·수도·하수도·하수종말처리·폐수처리·사방·
방풍·방화·방조(防潮)·방수·저수지·용배수로·석유비축 및 송유·폐기물처리·
전기·전기통신·방송·가스 및 기상관측에 관한 사업, ③ 국가 또는 지방자치단체가
설치하는 청사·공장·연구소·시험소·보건 또는 문화시설·공원·광장·운동장·
시장·묘지·화장장·도축장 그 밖의 공공용 시설에 관한 사업, ④ 관계법률에 의하
여 허가·인가·승인·지정 등을 받아 공익을 목적으로 시행하는 학교·도서관·박
물관 및 미술관의 건립에 관한 사업, ⑤ 국가·지방자치단체·공공기관·지방공기업
또는 국가나 지방자치단체가 지정한 자가 임대나 양도의 목적으로 시행하는 주택의
건설 또는 택지의 조성에 관한 사업, ⑥ ① 내지 ⑤의 사업을 시행하기 위하여 필요
한 통로·교량·전선로·재료적치장 그 밖의 부속시설에 관한 사업, ⑦ ① 내지 ⑤의
사업을 시행하기 위하여 필요한 주택·공장 등의 이주단지조성에 관한 사업, ⑧ 그
밖에 별표에 규정된 다른 법률에 의하여 토지 등을 수용 또는 사용할 수 있는 사업.

득하는 것이라는 점에서 재정목적이나 경찰목적을 위한 재산권의 제한·박탈
(몰수·수거·조세징수)과는 구별된다.

공용수용을 할 수 있는 공익사업은 토지보상법에 일반적으로 열거되어 있
는 외에($\substack{법 \\ 4}$) 다수의 개별법이 이를 규정하고 있는데, 개별법에서 공용수용을 할
수 있는 공익사업을 규정하는 때에는 미리 토지보상법 별표에 이를 추가하여
야 한다($\substack{법 \\ 4의2}$).

종래 공용수용을 할 수 있는 공익사업은 도로·철도 등 공공시설의 건설
과 같은 구체적인 공익사업에 한정되고 있었다. 그러나 오늘날에는 사회경제
현상의 변화로 인한 행정기능의 질적·양적 확대에 따라 공익사업의 개념도
점차 완화되고 확대되는 추세에 있다. 산업단지개발 또는 택지확보 목적을 위한
대단위 토지의 수용 등이 그 예이다($\substack{산업입지및개발에 \\ 관한법률 22}$).

## 2. 수　　단

공용수용은 법률에 의거한 재산권의 강제적 취득이다. 공용수용에 있어서
는 사업주체가 법률에 의거하여 권리자의 의사 여하를 불문하고 재산권을 직
접적·원시적으로 취득하고, 그에 따라 종래의 권리자의 재산권이 소멸하게
된다. 즉 공용수용에 있어서는 종전의 권리자에게 당해 재산권을 제공할 의무
를 부담시키고 그 이행의 결과로 당해 재산권을 취득하는 것이 아니라, 그 재
산권은 피수용자의 제공을 기다릴 것 없이 당연히 취득되는 것이다.

현실적으로는 공익사업에 필요한 토지 등의 재산권은 대부분 계약에 의한
임의매수 방식에 의하여 취득되고 있는 것이 사실이다. 그러나 이 경우에도 임
의매수는 공용수용이 그 배경을 이루고 있으므로, 상대방의 완전한 자유의사
에 의한 매매라고 보기 어렵다.

## 3. 목 적 물

공용수용의 목적물은 특정한 재산권이다. 가장 대표적인 것은 토지소유권
이나, 토지에 관한 소유권 이외의 권리(지상권·전세권·임차권 등), 입목·건
물 기타 토지에 정착한 권리, 광업권·어업권·양식업권이나 물의 사용에 관
한 권리 등도 그 목적물이 된다($\substack{토지보 \\ 상법 3}$).

종래 토지수용에 있어서는 수용대상인 토지는 개별적으로 파악되고 있었
으나, 오늘날 대규모 토지이용계획이 늘어나면서 이와 관련된 토지수용에 있

어서는 광범한 토지가 일체적·총합적으로 파악되어, 재산권의 특정성이라는
요소는 완화되는 추세에 있다.

### 4. 주　체

공용수용의 주체는 당해 공익사업의 주체이다. 공익사업의 주체는 국가일
때도 있고, 공공단체 또는 사인일 때도 있다. 후자의 경우에는 수용권의 주체
와 관련하여 견해가 갈리고 있는바, 이 문제는 뒤에서 검토한다.

### 5. 손실보상

공용수용은 공익사업을 위하여, 환언하면 국민 전체의 이익을 위한 사업을
위하여 특정인의 재산권을 강제적으로 취득함으로써 그 권리자에게 특별한 희생
을 가하는 것이므로, 그로 인한 「특별한 희생」은 당연히 보상되어야 한다($\frac{헌법}{23③}$).
　이러한 공용수용으로 인한 보상에 대하여는 그 내용·방법 등에 관하여
토지보상법이 매우 상세한 규정을 두고 있다.

## Ⅱ. 공용수용법제의 최근경향

공용수용제도는 근대 자유주의적 법치국가의 기본원리 중 하나인 재산권
보장에 대한 예외적 법제로서 성립한 것이다. 즉 개인의 재산권보장을 기본
원칙으로 하면서도 특정 공익사업의 수행을 위하여 토지 등 재산권의 취득이
불가결한 경우에 그 강제적 취득을 인정한 것이 공용수용의 법제인 것이다.
이러한 공용수용은 개인의 재산권에 대한 중대한 침해이므로, 그 초기에 있
어서는 공용수용을 정당화하는 공익사업은 공공성·공익성이 강한 개개의 사
업에 한정되고, 공용수용의 절차도 매우 엄격하게 규제되고 있었다.

오늘날도 공용수용의 법제는 기본적으로 이러한 전통적 원리에 입각하고
있다고 할 수 있다. 그러나 고도의 산업화, 도시화 등에 의하여 특징지어지는
현대 사회에서는 균형있는 도시의 발전, 토지의 합리적 이용, 산업발전을 위
한 기반조성 등이 행정의 중요한 책무로 되어 있는바, 공용수용은 이러한 행
정책무의 수행을 위한 중요한 수단으로서 등장하게 되었다. 즉 공용수용은
종래의 개개의 구체적인 공익사업을 위한 제도로서뿐만 아니라, 보다 광범위
한 공익사업을 위한 수단으로서도 인정되게 되었던 것이다.

이러한 공용수용법제의 새로운 발전추세에 따라 종래의 공용수용의 법제에는 다음의 여러 가지 점에서 수정이 가하여지고 있다.

### 1. 공익사업의 범위확대

오늘날에는 공익사업에 관한 종래의 관념이 점차 완화·확대되는 추세에 있다. 위에 적은 대로 종래 공용수용제도는 주로 도로·철도 등과 같은 개개의 공공시설의 건설·유지와 관련하여 정립된 것으로, 그 특정성이나 공익성은 엄격하게 해석되고 있었다.

그러나 오늘날에는 공업단지의 조성이나 정비사업의 예에서 보는 바와 같이 그 정비·조성은 공적 기관이 행하나, 그에 따라 조성된 토지는 상점·사업소·공장 등 사인의 수익적·영리적 사업에 공용되는 경우에도 당해 토지의 수용이 인정되고 있다. 또한 택지조성사업과 같이 사업자가 광대한 토지를 정비·조성한 후 그 소유권을 사인에 양도하는 경우에도 수용이 인정되며, 더 나아가 사인인 건설업자가 아파트건설을 하는 경우에까지 수용이 인정되는 경우도 있다.

이들 사업에 있어서는 효과적인 공업발전을 위한 공업단지의 조성, 시가지의 정비, 도시기능의 유지·증진, 부족한 주택의 공급 등의 공익성이 인정되고 있기 때문이다.

### 2. 수용제도의 종합화·객관화

현행 토지보상법은 공익사업에 대한 개별적인 사업인정에 기하여 각 공익사업별로 그 절차를 진행하는 구조를 취하고 있다.

그러나 국토 또는 일정 지역의 전체적 관점에서의 토지의 합리적·효율적 이용을 위하여 광범한 토지 등의 취득이 필요한 경우에는 개별 사업을 위한 취득의 경우와는 달리 당해 토지를 일괄하여 취득할 필요가 있다. 우리나라에서는 이러한 수용제도는 아직 채택되고 있지 않으나, 토지이용계획과 관련하여 앞으로 신중히 검토되어야 할 것으로 본다.

### 3. 생활보상 및 개발이익환수의 문제

수용의 범위가 종래의 점·선적 수용에서 면적 수용으로 확대되어 감에 따라 당해 토지의 객관적 가치의 보상의 문제를 넘어선 생활보상의 문제가 제기되고 있다. 또한 공익사업으로 인한 인근토지의 가격이 상승하게 되는 결과로 받는 개발이익의 환수도 공용수용과 관련하여 하나의 중요한 문제로 부각되고 있다.

## Ⅲ. 공용수용의 근거

공용수용은 공익사업을 위하여 타인의 재산권을 강제적으로 취득하는 것이므로, 당연히 법률상의 근거가 있어야 한다. 이와 관련하여 헌법은 "공공필요에 의한 재산권의 수용·사용 또는 제한 및 그에 대한 보상은 법률로써 하되, 정당한 보상을 지급하여야 한다"고 규정하고 있는바, 그 근거법으로서 일반법인 토지보상법 외에도 다수의 개별법이 제정되어 있다.

### 1. 일 반 법

공용수용의 일반법은 공익사업을 위한 토지 등의 취득 및 보상에 관한 법률(토지보상법)이다. 동법은 공용수용의 목적물($\frac{법}{3}$), 공용수용을 할 수 있는 공익사업($\frac{법}{4}$) 및 공용수용의 절차와 효과에 관하여 일반적인 규정을 두고 있다.

### 2. 특 별 법

국토계획법·도로법·하천법·택지개발촉진법 등 다수의 법률이 있다. 이러한 특별법은 그 내용상 ① 공용수용을 할 수 있는 공익사업으로 토지보상법이 규정한 것 이외의 새로운 사업을 정한 것($\frac{도시및주거환경정비}{법 38, 광업법 71}$), ② 공용수용을 할 수 있는 목적물로 토지보상법이 규정한 것 이외의 새로운 재산권을 정한 것($\frac{특허법}{106}$), ③ 토지보상법이 규정한 절차에 대하여 특별한 절차를 규정한 것($\frac{도로법 82②,}{광업법 72 이하}$) 등이 있다.

그러나 이들 개별법은 공용수용에 관한 특칙을 규정함에 그치고, 그 이외의 사항은 토지보상법을 준용하도록 하고 있다.

## 제 2. 공용수용의 당사자 및 목적물

## Ⅰ. 공용수용의 당사자

공용수용권의 주체인 수용자와 수용권의 객체인 피수용자를 말한다.

## 1. 수 용 자

공익사업을 위하여 공용수용을 할 수 있는 공익사업의 주체를 말한다. 토지보상법은 공익사업의 주체를 사업시행자라고 하고 있다($_2^{별}_{iii}$).

수용자는 공익사업의 주체로서 그 사업을 위하여 필요한 목적물인 재산권을 취득할 권리를 가지고, 또한 그와 관련하여 수용의 목적달성을 위한 여러 권리(타인의 토지에의 출입·측량·조사권, 수용절차상의 권리, 확장수용청구권)를 가진다. 이 권리는 사업주체로서 가지는 것이므로, 사업이 이전되면 사업과 함께 승계인에게 이전된다($_5^{통법}$).

## 2. 수용권의 주체에 관한 학설

수용권자가 누구인가에 대하여는 사업시행자가 국가인 경우에는 문제가 없으나, 국가 이외의 공공단체 또는 사인인 경우에는 견해가 갈리고 있다.

### (1) 국가수용권설

이 설은 공용수용권의 본질을 수용의 효과를 야기할 수 있는 능력으로 보아, 공용수용의 주체는 국가이며, 사업주체는 수용청구권을 가지고 있음에 불과하다고 본다.[1]

### (2) 사업시행자수용권설

이 설은 공용수용권을 수용의 효과를 향수할 수 있는 능력이라고 보아, 공용수용의 주체는 그 효과를 향수할 수 있는 사업주체라고 한다.

이러한 학설의 대립은 토지보상법이 사업시행자를 수용자로 규정하면서도 공용수용의 효과를 야기할 수 있는 자, 즉 수용재결을 할 수 있는 자는 국가로 하고 있다는 사실에 기인하는 것이다.

수용의 관념에는 재산권을 획득하기 위한 행위와 그에 따른 재산권취득의 두 가지 요소가 모두 포함되어 있다. 그러나 전자는 후자를 위한 원인행위에 불과한 것이며, 수용의 본체는 그 효과의 향수로서의 재산권취득에 있다 할 것이므로, 그러한 효과를 향수할 수 있는 지위에 있는 자인 사업시행자를 수용권의 주체로 보아야 할 것이다. 이것이 현재의 통설이다.[2]

---

1) 윤세창, 행정법(하), 1983, p. 343.
2) 이상규, 행정법(하), pp. 583~584; 박윤흔, 행정법(하), p. 655; 김남진, 행정법(Ⅱ), p. 446.

### 3. 피수용자

수용의 목적물인 재산권의 주체, 즉 수용할 토지·물건의 소유자와 그 토지·물건에 대하여 소유권 이외의 권리를 가진 자(관계인)이다($_2^{동법}$). 다만 국토교통부장관의 사업인정의 고시가 있은 후에 그 토지·물건에 대하여 새로운 권리를 취득한 자는 기존권리를 승계한 자를 제외하고는 피수용자에 포함되지 아니한다($_2^{동법}$). 이처럼 피수용자의 판정기준을 사업인정 이전으로 한정한 것은 수용절차를 간소화하기 위한 목적에 따른 것이다.

피수용자는 손실보상청구권 및 이를 실현하기 위한 절차상의 권리를 가지며, 수용의 목적물이 공익사업을 위하여 불필요하게 된 때에는 환매권을 가진다.


## Ⅱ. 공용수용의 목적물

공용수용의 목적물이란 독립하여 수용의 대상으로 취급되는 물건 또는 권리를 말한다. 공용수용은 타인의 권리를 그 의사에 반하여 강제적으로 취득하는 것이므로, 그 목적물은 당해 수용인정사업에 필요한 범위에 한정되는 것이 원칙이다.

### 1. 목적물의 종류

이에 관하여는 공용수용에 관한 일반법인 토지보상법과 각 단행법에서 정하고 있다. 토지보상법이 정하고 있는 수용의 목적물은 ① 토지소유권, ② 토지에 관한 소유권 이외의 권리, ③ 토지와 함께 공익사업을 위하여 필요한 입목·건물 기타 토지에 정착한 물건 및 이에 관한 소유권 이외의 권리, ④ 광업권·어업권·양식업권 또는 물의 사용에 관한 권리, ⑤ 토지에 속한 흙·돌·모래 또는 자갈에 관한 권리이다($_3^{동법}$).

각 개별법이 정하는 수용의 목적물은 토지로부터 분리되어 있는 토석·죽목·운반기구 기타의 동산이나, 특허권·실용신안권·의장권과 같은 무체재산권($_{실용신안법 28}^{특허법 106,}$) 등이다.

## 2. 목적물의 제한

공용수용의 목적물이 될 수 있다고 하여 그에 대한 공용수용이 제한없이 허용되는 것은 아니고, 공용수용은 공익사업을 위하여 필요한 최소한도에 그쳐야 한다.

이와 같은 일반적 제한 외에도 물건 자체의 성질상 수용이 불가능하거나 제한되는 것이 있다.

① 사업시행자 자신의 토지는 수용의 목적물이 되지 아니한다. 이것은 사업시행자가 그가 시행하는 공익사업을 위하여 자신의 토지를 수용한다는 것은 논리에 맞지 않기 때문이다.

② 치외법권이 있는 외국대사관·공사관 등의 부지·건물은 수용의 목적물이 되지 아니한다($\binom{외교관계에 관한}{비엔나조약 22③}$).

③ 공익사업에 수용 또는 사용되고 있는 토지가 다른 목적을 위한 수용의 목적물이 될 수 있는가의 문제가 있는바, 이것은 이른바 수용권의 충돌의 문제로서, 공익사업에 제공되고 있는 토지는 현재의 용도에 계속 공용되어야 하는 것이므로, 해당 토지는 수용의 목적물이 되지 아니하는 것이 원칙이다. 그러나 이러한 토지도 경제·사회의 발전이나 기타 여건의 변화로 이를 다른 공익사업에 제공하는 것이 그 토지의 보다 적정하고 합리적인 이용에 기여하게 되는 경우도 있을 수 있다. 토지보상법은 공익사업에 수용되거나 사용되고 있는 토지 등은 특별히 필요한 경우가 아니면 다른 공익사업을 위하여 수용하거나 사용할 수 없다고 규정하고 있다($\binom{법}{19②}$).

이와 관련하여서는 공물(행정재산)이 수용의 대상이 될 수 있는지의 문제가 학설상 다투어지고 있다. 부정설은 공물을 수용에 의하여 다른 행정목적에 제공하는 것은 공물 본래의 목적에 배치되는 것이어서 허용되지 아니한다고 하고 있다. 이에 대하여 긍정설은 공물은 현재의 용도를 유지하기 위하여 수용할 수 없는 것이 원칙이나, 보다 더 중요한 공익사업에 제공할 필요가 있는 경우에는 예외적으로 그 수용이 허용된다고 보고 있다. 판례는 적극설에 입각하고 있다($\binom{대판 1996.4.26,}{95누13241}$).[1]

---

1) 이 문제에 대하여는 공물법 부분에서의 공용수용의 제한에 관한 검토 부분을 참조하시오.

### 3. 목적물의 확장

공용수용은 당해 공익사업에 필요한 최소한도에 그쳐야 하는 것이 원칙이나, 예외적으로 그 필요 한도를 넘어서 수용하는 것이 피수용자의 권리보호를 위하여, 또는 사업의 목적달성상 필요한 때가 있다. 이러한 필요에 부응하는 것이 확장수용 또는 지대수용제도이다.

(1) 확장수용

확장수용으로는 다음의 세 가지를 들 수 있다.

1) **잔여지수용**　　이것은 동일한 소유자에 속하는 일단의 토지의 일부가 수용됨으로 인하여 그 잔여지를 종래의 이용목적에 따라 사용하는 것이 현저히 곤란하게 된 경우에, 그 토지소유자의 청구에 의하여 그 잔여지도 포함하여 수용하는 것을 말한다($\frac{\text{동법}}{74 ①}$). 전부수용이라고도 한다.

2) **완전수용**　　이것은 토지를 사용하는 경우에 ① 그 사용이 3년 이상이거나, ② 사용으로 인하여 토지의 형질이 변경될 때, ③ 또는 사용하고자 하는 토지에 토지소유자의 건축물이 있는 경우에 그 토지소유자의 청구에 의하여 해당 토지를 수용하는 것을 말한다($\frac{\text{동법}}{72}$).

3) **이전에 갈음하는 수용**　　수용·사용할 토지 위에 있는 물건은 이전료를 보상하고 이전시키는 것이 원칙이나($\frac{\text{동법}}{75 ①}$), 물건의 이전이 어렵거나 이전으로 인하여 종래의 목적대로 사용할 수 없게 되는 때 및 그 이전비가 그 물건의 가격을 넘을 때에는 사업시행자가 그 물건의 수용을 청구할 수 있다($\frac{\text{동법}}{75 ⑤}$).

(2) 지대수용

토지 또는 건축물을 조성·정리하기 위하여 본래 자기 사업에 필요한 토지 이외에 그에 인접하는 일대의 토지수용이 인정되는 경우가 있는바, 이것을 지대수용이라 한다. 조성·정리가 완성된 후에는 타인에게 매각 또는 임대하여 조성·정리에 소요된 비용의 일부에 충당하는 것이 보통이다. 이러한 지대수용을 규정하고 있는 실정법상의 예는 없는데, 국토계획법 제95조 제2항은 지대수용 대신에 그 일시 사용을 인정하는 데 그치고 있다.

# 제 3. 공용수용의 절차

## Ⅰ. 개    설

공용수용절차는 대체로 다음의 두 가지로 나눌 수 있다. ① 그 하나는 공용수용권이 직접 법률에 의하여 설정되고 별도로 특별한 행정처분을 요하지 않는 경우이다. 이것은 국가·공공단체가 수용권자인 경우에 한하여, 또한 비상재해 등의 긴박한 필요가 있는 때에 예외적으로 인정되고 있다($\frac{\text{도로법}}{83}$). 이 경우에는 아무런 절차가 필요 없고, 수용권자인 행정청의 일정 조치(수용 통지)에 의하여, 무조건 또는 보상을 조건으로 하여 즉시 수용의 효과가 발생한다. ② 그 다른 하나는 공용수용권이 법률에 정한 일련의 절차를 거쳐, 특별한 행정처분에 의하여 설정되는 경우로서, 이것은 다시 소정의 절차를 모두 거치는 보통절차와 그 중 일부 절차를 생략하는 약식절차로 나누어진다.

## Ⅱ. 공용수용의 보통절차

공용수용의 보통절차로서는 사업의 준비절차(수용대상인 토지의 측량·조사, 장해물제거 등)도 이에 포함시킬 수 있으나, 그 내용적 절차로서 ① 사업인정, ② 토지조서·물건조서의 작성, ③ 협의 및 ④ 재결·화해의 4단계에 한정하는 것이 보통이다.

### 1. 사업인정

이것은 공용수용절차의 시발점이 되는 것으로, 사업인정이란 특정사업이 토지보상법 제4조상의 토지 등의 취득 또는 사용을 할 수 있는 공익사업에 해당하고 관련 토지 등의 수용이나 사용의 필요성을 인정하여, 사업시행자에게 일정 절차의 이행을 조건으로 당해 토지 등의 수용 또는 사용권을 설정하여 주는 행위이다($\frac{\text{토지보상}}{\text{법 2vii}}$).

(1) 사업인정의 성격

1) 사업인정에 의하여 사업시행자와 토지소유자 사이에는 구체적인 권리의무관계가 형성되므로, 사업인정은 행정행위의 성질을 가진다.

2) 행정행위로서의 사업인정의 성질에 대하여는 공용수용을 할 수 있는

공익사업에의 해당 여부를 확인·판단하는 행위라고 보는 확인행위설과 이행위를 적극적으로 사업시행자에게 일정한 절차를 거칠 것을 조건으로 하여 수용권을 설정하여 주는 형성행위라고 보는 형성행위설이 대립하고 있으나, 사업인정에 의하여 비로소 사업시행자에 수용권이 부여된다 할 것이므로($\frac{동법}{20}$), 이 행위는 형성행위로 보아야 할 것이며, 판례도 같은 입장이다.[1]

(2) 사업인정권자

토지보상법은 사업인정을 국토교통부장관이 하도록 하였으나($\frac{동법}{20}$), 그 밖의 자에 사업인정권이 부여되어 있는 경우도 있다($\frac{광업법}{72}$). 국토교통부장관이 사업인정을 한에 있어서는 관계기관 및 중앙토지수용위원회와의 협의와 이해관계자의 의견청취 등의 절차를 거쳐야 한다($\frac{토지보상}{법\,21①}$).

또한 동법 별표에 규정된 법률에 따라 사업인정이 있는 것으로 의제되는 공익사업의 허가·인가·승인권자 등은 사업인정이 의제되는 지구지정·사업계획승인 등을 하려는 경우에도 중앙토지수용위원회 및 이해관계가 있는 자의 의견을 들어야 한다($\frac{토지보상}{법\,21②}$). 사업인정에 있어서는 당해 사업이 공용수용을 할 수 있는 공익성을 가지는 사업인지 여부를 구체적으로 판단하여야 하므로, 사업인정권자에게는 일정 한도에서 독자적 판단권이 인정된다고 할 것이며, 그 한도에서 사업인정행위는 재량행위의 성질을 가진다고 할 것이다.

(3) 사업인정의 고시

국토교통부장관이 사업인정을 한 때에는 그 뜻을 사업시행자, 토지소유자 및 관계인, 관계 시·도지사에게 통지하고, 사업시행자의 성명·명칭, 사업의 종류, 사업지역 및 수용 또는 사용할 토지의 세목을 관보에 고시한다($\frac{동법}{22①}$).

고시는 사업인정의 효력발생요건으로서, 사업인정은 고시일부터 효력이 발생한다.

(4) 사업인정의 고시의 효과

사업인정을 고시하게 되면 수용할 목적물의 범위가 확정되고, 수용의 목

---

1) 판례

"공익사업을 위한 토지 등의 취득 및 보상에 관한 법률의 규정에 의한 사업인정처분이라 함은 공익사업을 토지 등을 수용 또는 사용할 사업으로 결정하는 것으로서(같은 법 제2조 제7호) 단순한 확인행위가 아니라 형성행위이므로, 당해 사업이 외형상 토지 등을 수용 또는 사용할 수 있는 사업에 해당한다 하더라도 행정주체로서는 그 사업이 공용수용을 할 만한 공익성이 있는지의 여부와 공익성이 있는 경우에도 그 사업의 내용과 방법에 대하여 사업인정처분에 관련된 자들의 이익을 공익과 사익 간에서는 물론, 공익 상호간 및 사익 상호간에도 정당하게 비교·교량하여야 하고, 그 비교 교량은 비례의 원칙에 적합하도록 하여야 한다"(대판 2005. 4. 29, 2004두14670).

적달성을 원활하게 하기 위하여 수용권자에게는 그 목적물에 관한 현재 및 장래의 권리자에게 대항할 수 있는 일종의 공법상 물권이 발생하게 된다.[1] 즉 ① 사업인정의 고시 후 토지 등에 관하여 새로운 권리를 취득한 사람에 대하여는, 기존의 권리를 승계한 사람을 제외하고는 피수용자(관계인)로서의 권리를 인정하지 않으며($\frac{동법}{2v}$), ② 고시 후에는 토지 등의 보전을 위하여, 피수용자뿐만 아니라 누구든지 그 토지 등에 대하여 사업에 장해가 될 형질변경이나 토지정착물 등의 손괴·수거 등 행위를 하는 것이 금지되고, 고시 후그 토지 등에 공작물을 신축·개축·증축·대수선 등을 할 때에는 특별자치도지사, 시장·군수 또는 구청장의 허가를 받아야 한다($\frac{동법}{25①②}$). 허가 없이 이러한 행위를 하였을 때에는 보상하지 않으며($\frac{동조}{③}$), ③ 수용에 따른 보상액은 사업인정 당시의 공시지가를 기준으로 하여, 그에 재결시까지의 통상적인 지가상승분을 더하여 산정하게 되어 있으므로, 사업인정의 고시는 보상액을 고정하는 효과를 가진다.

　판례는 사업인정과 수용재결 간에 하자의 승계를 인정하지 아니하고 있다.[2] 따라서 사업인정처분에 불가쟁력이 발생한 경우에는 수용재결의 단계에서 무효사유에 해당하지 아니하는 사업인정처분의 (단순)위법사유를 근거로 수용재결의 위법을 주장할 수는 없다. 판례는 사업인정이 있었다는 사실을 현실적으로 알았는지 여부에 상관없이 고시의 효력이 발생하는 날에 처분이 있었음을 알았다고 보아 고시일부터 60일($\frac{현행법상}{은\ 90일}$)이 지나면 불가쟁력이 발생한다고 보고 있다($\frac{대판\ 1995.8.22,94}{누5694\ 전원합의체}$).

**(5) 사업인정의 실효**

　1) 재결신청해태로 인한 실효　　사업시행자가 사업인정의 고시일부터 1년 이내에 토지수용위원회에 대한 재결을 신청하지 않을 때에는 그 기간만료일의 다음 날에 사업인정은 효력을 상실한다($\frac{동법}{23}$).

---

1) 판례
　　"구토지수용법 제14조에 따른 사업인정은 그 후 일정한 절차를 거칠 것을 조건으로 하여 일정한 내용의 수용권을 설정해 주는 행정처분의 성질을 띠는 것으로서, 그 사업인정을 받음으로써 수용할 목적물의 범위가 확정되고 수용권으로 하여금 목적물에 관한 현재 및 장래의 권리자에게 대항할 수 있는 일종의 공법상의 권리로서의 효력을 발생시킨다고 할 것이다"(대판 1987.9.8, 87누395).
2) 판례
　　"사업인정처분 자체의 위법은 사업인정단계에서 다투어야 하고 이미 그 쟁송기간이 도과한 수용재결단계에서는 사업인정처분이 당연무효라고 볼 만한 특단의 사정이 없는 한 그 위법을 이유로 재결의 취소를 구할 수는 없다"(대판 1992.3.13, 91누4324).

2) 사업의 폐지·변경으로 인한 실효    사업인정의 고시 후 그 사업의 전
부 또는 일부를 폐지·변경함으로써 토지수용의 필요가 없게 된 경우에는 시·
도지사가 사업시행자의 신고 또는 직권으로 이를 고시하여야 하며, 그 고시
일부터 사업인정은 그 전부가 효력을 상실한다($\frac{동법}{24}$).

## 2. 토지·물건의 조서작성

사업시행자는 토지조서·물건조서의 작성의무를 지며($\frac{동법}{14}$), 이를 위하여
토지 또는 공작물에 출입하여 측량하고 조사할 수 있는 권리를 가진다($\frac{동법}{9}$).

조서의 작성에는 원칙적으로 토지소유자 및 관계인을 입회시켜 그 서명날
인을 받아야 한다($\frac{동법 14}{① 본문}$). 다만 토지소유자 및 관계인이 정당한 이유 없이 서명
또는 날인을 거부하거나 토지소유자 및 관계인을 알 수 없거나 그 주소·거소
등을 알 수 없는 등의 사유로 서명 또는 날인을 할 수 없는 경우에는 그러하지
아니하되, 사업시행자는 해당 토지조서 및 물건조서에 그 사유를 기재하여야
한다($\frac{동법 14}{① 단서}$). 구토지수용법에서는 토지·물건조서 작성 후 토지소유자가 서명
날인을 거부하는 경우에는 입회공무원의 날인을 받도록 되어 있었으나, 절차
진행의 지체 등 부작용이 많아 토지보상법에서는 이를 폐지하였다.

토지물건조서를 작성하는 이유는 이후의 재결절차를 위하여 미리 사업시
행자에게 토지·물건의 필요사항을 확인시키고, 토지소유자 및 관계인에게도
이를 확인시킴으로써, 토지수용위원회에 있어서의 심리의 전제사실을 명확히
하고 심리를 신속하고 원활하게 하려는 데에 있다.

따라서 사업시행자·토지소유자 및 관계인이 서명날인한 조서는 진실한
것으로 추정되어, 이의를 부기한 경우를 제외하고는 조서에 대하여 이의를
진술할 수 없다. 다만 조서의 기재가 진실에 반하는 것임을 입증할 때에는
예외로 한다($\frac{동법}{27③}$).

판례는 사업시행자에 의한 토지조서의 작성이 정당한 사유 없이 토지소
유자의 입회와 서명날인 없이 행해진 경우에도, 그것은 그 기재내용의 증거
력에 관한 문제이고 그것만으로 수용재결의 취소사유로 되지는 아니한다고
하고 있다($\frac{대판 1993. 8.}{13, 93누2148}$).

## 3. 협    의

사업인정의 고시가 있은 후 사업시행자는 그 토지에 관하여 권리를 취득

하거나 소멸시키기 위하여 토지소유자 및 관계인과 협의하여야 한다($\frac{동법}{26①}$). 협의절차는 의무적인 것으로, 협의를 거치지 않고 수용재결을 신청하는 것은 위법한 것으로 된다. 그러나 사업인정 이전에 동법 제14조 내지 제16조에 따른 토지·물건조서의 작성, 보상계획의 열람 및 협의절차를 거쳤으나 협의가 성립되지 아니하고, 사업인정을 받은 사업으로서 토지·물건조서의 내용에 변동이 없을 때에는 앞의 절차를 거치지 아니할 수 있다. 다만 사업시행자, 토지소유자 또는 관계인이 다시 협의를 요구할 때에는 협의하여야 한다($\frac{동법}{26②}$).

(1) 협의의 성질

1) 협의는 수용할 토지의 범위, 수용시기, 손실보상 등에 관한 사업시행자와 피수용자 사이의 교섭행위이다. 따라서 협의는 쌍방의 합의에 의하여 이루어지며, 사업시행자의 일방적 행위에 의하여 이루어질 수는 없다.

2) 협의의 결과 성립하는 합의의 법적 성질에 대하여는 사법상계약설과 공법상계약설의 대립이 있다. ① 사법상계약설은 사업시행자가 토지소유자 및 관계인과 법적으로 대등한 지위에서 행하는 임의적인 합의이고 수용권의 행사는 아니므로, 사법상의 매매계약과 성질상 차이가 없다고 본다. ② 이에 대하여 공법상계약설은, 협의는 수용권의 주체인 사업시행자가 그 토지 등의 권리를 취득하기 위하여 기득의 수용권을 실행하는 방법에 불과한 것이므로 공법상계약이라고 본다.

공법상계약설이 통설이나 실무상으로는 합의를 사법상계약으로 보고 있으며, 판례도 같은 입장이다.[1] 다만 실정법상으로는 협의성립에 대한 확인절차가 규정되고 있어서, 협의성립에 대한 토지수용위원회의 확인이 있으면 그 확인을 재결로 보고 있는 결과($\frac{동법}{29}$), 그에 따라 확인의 대상인 합의(협의성립)는 재결로 전환된다고 볼 수 있으므로, 확인을 받은 합의(협의성립)를 공법상

---

1) 판례

"행정대집행법상 대집행의 대상이 되는 대체적 작위의무는 공법상 의무이어야 할 것인데, 구 공공용지의 취득 및 손실보상에 관한 특례법(2002. 2. 4. 법률 제6656호 공익사업을 위한 토지 등의 취득 및 보상에 관한 법률 부칙 제2조로 폐지)에 따른 토지 등의 협의취득은 공공사업에 필요한 토지 등을 그 소유자와의 협의에 의하여 취득하는 것으로서 공공기관이 사경제주체로서 행하는 사법상 매매 내지 사법상 계약의 실질을 가지는 것이므로, 그 협의취득시 건물소유자가 매매대상 건물에 대한 철거의무를 부담하겠다는 취지의 약정을 하였다고 하더라도 이러한 철거의무는 공법상의 의무가 될 수 없고, 이 경우에도 행정대집행법을 준용하여 대집행을 허용하는 별도의 규정이 없는 한 위와 같은 철거의무는 행정대집행법에 의한 대집행의 대상이 되지 않는다"(대판 2006. 10. 13, 2006두7096).

계약 또는 사법상계약으로 볼 것인지에 대한 논의는 실익이 없다 할 것이다.[1] 따라서 합의의 법적 성질에 관한 논의는 확인을 받지 않은 것에 관한 것이라 할 것이다.

**(2) 협의의 효과**

협의가 성립되면 공용수용절차는 종결되고 수용의 효과가 발생한다. 즉 사업시행자는 수용의 개시일까지 보상금을 지급 또는 공탁하고($\frac{동법}{40}$), 피수용자는 그 시기까지 토지·물건을 사업시행자에게 인도 또는 이전함으로써($\frac{동법}{43}$), 사업시행자는 목적물에 관한 권리를 취득하고 피수용자는 그 권리를 상실한다($\frac{동법}{45}$). 즉 이 경우 사업시행자가 토지·물건을 취득하는 것은 재결에 의한 취득과는 달리 원시취득이 아니라 승계취득이다. 따라서 종전의 소유자의 권리 위에 존재하던 부담·제한은 모두 사업시행자에게 그대로 승계된다.

**(3) 협의성립의 확인**

사업시행자는 협의가 성립된 경우에 사업인정의 고시가 있은 날부터 1년 이내에 그 토지소유자 및 관계인의 동의를 얻어, 관할 토지수용위원회에 협의성립의 확인을 신청할 수 있다($\frac{동법}{29①}$). 사업시행자는 또한 당해 협의확인신청서에 기재할 사항과 첨부할 사항에 대하여 공증인의 공증을 받아 관할 토지수용위원회에 이를 제출할 수도 있다($\frac{동조}{③}$).

토지수용위원회에 의한 협의의 확인 또는 공증인의 공증을 받은 협의확인신청서의 수리는 재결로 간주되며, 사업시행자·토지소유자 및 관계인은 협의의 성립이나 내용에 대하여 다툴 수 없다($\frac{동조}{④}$). 토지수용위원회에 의한 협의성립의 확인에 있어서는, 그에 앞서 2주간 관계서류를 일반에 열람시키고 토지소유자 등에게 의견진술의 기회를 주는 등, 확인에는 재결에 관한 다수의 규정이 준용되고 있다($\frac{동조}{②}$).

**4. 재결·화해**

**(1) 재　결**

1) 재결의 성질　재결은 협의의 불성립 또는 협의 불능시에 행하여지는 공용수용의 종국적 절차인바, 이러한 재결은 수용권 자체의 행사가 아니라, 사업시행자에게 부여된 수용권의 구체적인 내용을 결정하고 그 실행을 완성시키는 형성적 행정처분이다.

---

1) 박윤흔, 행정법(하), p. 663; 이상규, 행정법(하), p. 598.

즉 재결은 사업시행자가 보상금을 지급할 것을 조건으로 하여 토지 등에 대한 권리를 취득하고, 피수용자는 그 권리를 상실하게 되는 것을 결정하는 형성적 행정처분이다.

재결은 사업인정의 고시가 있은 날부터 1년 이내에 사업시행자의 신청에 따라 한다($\frac{동법\ 23}{① \cdot 30①}$).

**2) 재결기관**   공용수용의 재결기관은 토지수용위원회인데, 토지보상법에 따라 국토교통부에 중앙토지수용위원회가, 시·도에 각각 지방토지수용위원회가 설치되어 있다($\frac{동법}{49}$).

중앙토지수용위원회는 국가 또는 시·도가 사업시행자인 사업과 수용목적물이 2 이상의 시·도에 걸쳐 있는 사업에 관한 것을 관할하고, 그 이외의 사업에 관한 것은 지방토지수용위원회가 관할한다($\frac{동법}{51}$). 토지수용위원회는 수용재결이라는 행정처분에 관한 권한을 가지고 있는 행정위원회형의 행정청이다. 중앙토지수용위원회와 지방토지수용위원회는 각각 위원장 1명을 포함한 20명 이내의 위원으로 구성하며 그 임기는 3년이고, 중앙토지수용위원회 및 지방토지수용위원회의 회의는 위원장을 포함한 위원 9인으로 구성한다. 중앙토지수용위원회의 위원 중 대통령령으로 정하는 수의 위원은 상임으로 한다($\frac{동법}{52 \cdot 53}$).

**3) 재결신청 · 재결신청의 청구**

㈎ **재결신청**   사업시행자는 사업인정의 고시가 있은 날부터 1년 이내에 재결을 신청할 수 있으며, 이 기간 안에 신청하지 않으면 사업인정은 고시가 된 날부터 1년이 되는 날의 다음 날에 그 효력을 상실한다($\frac{동법\ 23}{① \cdot 28①}$).

㈏ **재결신청의 청구**   재결신청은 사업시행자만이 할 수 있도록 되어 있으나, 수용절차의 조속한 종결은 피수용자에게도 중요한 것이므로, 토지취득보상법은 재결신청의 청구제도를 두어, 당사자 간에 협의가 성립되지 않은 때에는[1] 토지소유자 및 관계인은 사업시행자에게 재결신청을 조속히 청구할 수 있게 하고 있다($\frac{동법}{30①}$).[2] 이 경우 사업시행자는 청구일부터 60일 안에 관할

---

1) 판례
  "토지보상법 제30조 제1항에서 말하는 '협의가 성립되지 아니한 때'라 함은 사업시행자가 토지소유자 등과 사이에 (토지보상법) 제26조 소정의 협의절차는 거쳤으나 그 보상액 등에 관하여 협의가 성립되지 아니한 경우는 물론 토지소유자 등이 손실보상 대상에 해당한다고 주장하며 보상을 요구함에도 불구하고 사업시행자가 손실보상대상에 해당하지 아니한다고 보아 보상대상에서 이를 제외하고 협의를 거치지 않아 결국 협의가 성립하지 않는 경우도 포함한다"(대판 2011. 7. 14, 2011두2309).
2) 판례
  "구토지수용법이 재결신청의 청구권을 토지소유자 등에게 부여한 이유는, 시행자는

토지수용위원회에 재결신청을 하여야 한다. 사업시행자가 위 기간을 경과하여 재결을 신청한 때에는 그 경과한 기간에 대하여 소송촉진 등에 관한 특례법 제 3 조의 규정에 의한 법정이율을 적용하여 산정한 금액을 관할 토지수용위원회에서 재결한 보상금에 가산하여 지급하여야 한다($\frac{동조}{②③}$).

4) 재결의 절차·형식·내용

㈎ 재결의 절차    토지수용위원회가 재결신청을 받은 때에는 지체없이 그 뜻을 공고하고, 공고한 날부터 14일 이상 관계서류의 사본을 일반인에게 열람시키고, 그 기간 중에 토지소유자 및 관계인에 의견진술의 기회를 주어야 한다($\frac{동법}{31①}$). 이러한 관계 서류의 열람기간 중에 토지소유자 또는 관계인은 의견을 제시할 수 있다($\frac{동조}{②}$).

열람기간이 경과한 후 위원회는 지체없이 조사 및 심리를 하여야 하며($\frac{동법}{32}$), 심리개시일부터 14일 이내에 재결을 하여야 한다. 다만 특별한 사유가 있을 때에는 1 차에 한하여 14일의 범위에서 연장할 수 있다($\frac{동법}{35}$). 위원회는 심리상 필요한 경우에는 사업시행자·토지소유자 및 관계인을 출석시켜 그 의견을 진술하게 할 수 있다($\frac{동법}{32②}$).

㈏ 재결의 형식    재결은 문서(재결서)로 하되, 주문·이유·재결일자를 기입하고, 위원회의 위원장과 출석위원이 서명날인한 후에 사업시행자·토지소유자 및 관계인에게 송달한다($\frac{동법}{34}$).

5) 경정재결    토지수용위원회는 그 재결에 오산·오기 기타 이와 비슷한 오류가 있는 것이 명백한 때에는 직권 또는 당사자의 신청에 의하여 경정재결을 할 수 있다($\frac{동법}{36}$).

6) 재결의 효과    토지수용위원회의 재결이 있으면 공용수용의 절차는 종결되고, 일정한 조건 아래 수용의 효과가 발생한다. 즉 사업시행자는 보상금의 지급 또는 공탁을 조건으로 수용의 개시일에 토지에 관한 권리를 원시취득하며, 피수용자가 의무를 이행하지 않은 경우에는 대집행신청권이 발생한다.

피수용자는 수용의 목적물을 인도 또는 이전할 의무를 지는 반면에, 손실보상청구권 및 환매권을 취득한다.

재결은 사업시행자가 보상금을 수용의 개시일까지 지급하거나 공탁하지

---

사업인정의 고시 후 1 년 이내에는 언제든지 재결을 신청할 수 있는 반면에 토지소유자 및 관계인은 재결신청권이 없으므로, 수용을 둘러싼 법률관계의 조속한 확정을 바라는 토지소유자 및 관계인의 이익을 보호하고 수용 당사자간의 공평을 기하기 위한 것이다"(대판 1997. 10. 24, 97다31175).

않으면 그 효력을 상실한다($\frac{동법}{42①}$).

7) **재결에 대한 불복** 토지수용위원회의 재결도 행정처분이므로, 그에 대하여 불복하는 자는 행정상 쟁송절차에 따라 그 취소 등을 구할 수 있는 것임은 물론이다. 그러나 현행의 토지보상법은 재결의 취소·변경을 구하는 행정상 쟁송에 대하여 행정심판법 및 행정소송법에 대한 약간의 특례를 규정하고 있다.

재결에 대한 불복절차로서 토지보상법은 행정심판인 이의신청과 행정소송에 대하여 정하고 있는바, 종전 토지수용법에서는 재결에 대하여 행정소송을 제기하여 이를 다투기 위하여는 먼저 이의신청절차를 거치도록 되어 있었다. 그러나 토지보상법은 이의신청을 임의절차로 하여, 재결에 대하여 이의신청을 거쳐 행정소송을 제기할 수도 있고, 이를 거치지 않고 곧바로 행정소송을 제기할 수도 있게 하였다.

㈎ **이의신청** 중앙토지수용위원회의 재결에 대하여 이의가 있는 자는 재결서의 정본을 받은 날부터 30일 이내에 중앙토지수용위원회에 이의를 신청할 수 있고($\frac{동법}{83①}$), 지방토지수용위원회의 재결에 대하여 이의가 있는 자는 같은 기간 내에 당해 지방토지수용위원회를 거쳐 중앙토지수용위원회에 이의를 신청할 수 있다($\frac{동조}{②}$).

재결에 대한 이의신청은 사업의 진행 및 토지의 수용 또는 사용을 정지시키지 아니한다($\frac{동법}{88}$). 이것은 행정심판 일반의 경우와 같이 이의신청의 집행부정지원칙을 정하고 있는 것이나, 이것이 행정심판법이 정하고 있는 예외적인 집행정지제도를 배제하는 것은 아니다.

이의신청된 재결이 위법 또는 부당하다고 인정되는 때에는 중앙토지수용위원회는 그 재결의 전부 또는 일부를 취소하거나 보상액을 증액 또는 감액할 수 있다($\frac{동법}{84①}$). 보상액이 증액된 경우에는 사업시행자는 그 증액된 보상금을 지급하거나 당해 금액을 공탁한 후 행정소송을 제기할 수 있다($\frac{동조}{②}$).

㈏ **행정소송** 지방토지수용위원회 또는 중앙토지수용위원회의 재결은 행정처분에 해당하고 보면, 그에 불복하는 경우에는, 그 하자의 내용에 따라 행정소송을 제기하여 그 취소를 구하거나 또는 그 무효확인을 구할 수 있을 것이다. 토지보상법은 이외에 보상금의 증감에 관한 소송에 관하여도 규정하고 있다.

⒤ **취소소송** 사업시행자·토지소유자 또는 관계인은 토지수용위원

회의 재결에 불복이 있는 때에는 재결서를 받은 때부터 90일 이내에, 이의신청을 거친 때에는 이의신청에 대한 재결서를 받은 날부터 60일 이내에 각각 행정소송을 제기할 수 있다(동법 85①).

여기서 말하는 행정소송이 취소소송에 해당하는 점에는 의문이 없다고 할 것인바, 이러한 취소소송을 이의신청을 거치지 않고 제기하는 경우 그 대상은 수용위원회의 원재결이 되는 것임은 물론이다. 이에 대하여 이의신청을 거쳐 행정소송을 제기하는 경우에 그 대상이 원재결처분이 되는 것인지 또는 이의신청에 대한 재결이 되는 것인지에 대하여는 견해가 갈리고 있다. 행정소송법은 취소소송은 원칙적으로 원처분을 대상으로 하여야 하고, 재결 자체에 고유한 위법이 있는 경우에 한하여 재결을 대상으로 할 수 있는 것으로 규정하고 있다(법 19). 앞에서 본 바와 같이 토지보상법은 재결에 불복이 있는 때에는 곧바로 취소소송을 제기하여 이를 다투거나 이의신청을 거쳐 다툴 수 있도록 규정하고 있으나, 후자의 경우에도 이의신청의 재결 그 자체를 취소소송의 대상으로 하여야 한다고 규정하고 있지는 아니하다. 그런데 행정소송법은 취소소송의 대상에 대하여 원처분주의를 규정하고 있고 보면, 수용재결에 대하여 이의신청을 거쳐 취소소송을 제기하는 경우에도 그 대상은 원처분에 해당하는 원래의 수용재결이 된다 할 것이다(대판 2010. 1. 28., 2008두1504).

토지보상법은 이의신청이나 취소소송의 제기기간을 일반적 제기기간 보다 단기로 규정하고 있으나, 그것은 공공사업을 신속하게 수행하여야 할 필요성에 기인한 것으로서, 그것이 행정심판법이나 행정소송법의 관련규정의 취지에 어긋나거나 헌법 제27조에 위배된 것이라고는 할 수 없다(대판 1992. 8. 18, 91누9312).

(ii) 무효확인소송    토지보상법은 무효확인소송에 대하여는 특별한 규정을 두고 있지 아니하다. 그러나 수용재결도 행정처분이고 보면, 그에 중대·명백한 하자가 있는 경우에는 무효확인소송을 제기하여 그 무효확인을 구할 수 있는 것임은 물론이다(대판 1993. 1. 19, 91누8050).

(iii) 보상금증감청구소송    재결에 불복하여 제기하는 행정소송이 보상금의 증감에 관한 소송인 경우 당해 소송을 제기하는 자가 토지소유자 또는 관계인인 때에는 사업시행자를, 사업시행자인 때에는 토지소유자 또는 관계인을 피고로 한다(토지보상 85②). 이 소송도 재결에 대한 취소소송과 마찬가지로 재결서를 받은 날부터 90일 이내에, 이의신청을 거친 때에는 이의신청에 대한 재결서를 받은 날부터 60일 이내에 이를 제기하여야 한다(동조 ①).

사업시행자와 토지소유자가 다투는 것은 토지 등의 수용재결 그 자체인 경우도 있으나, 보상금의 다과가 그 다툼의 대상인 경우가 적지 아니하다. 이러한 경우는 공익적 문제가 아니라 토지 등에 대한 경제적 평가가 그 다툼의 대상이 되고 있다는 점에서는, 그것은 당해 법률관계의 실질적 당사자라고 할 수 있는 토지소유자와 사업시행자가 각각 원·피고로 되어 이를 해결하도록 하는 것이 바람직한 해결방안이라 할 수 있다. 토지보상법 제85조 제 2 항이 정하고 있는 보상금의 증감에 관한 소송이 이러한 취지에 입각하고 있는 것임은 물론이다. 전술한 바와 같이 이 소송에서는 당해 법률관계의 실질적 당사자라고 할 수 있는 토지소유자와 사업시행자가 각각 원·피고로 되어 당해 법률관계를 다투도록 되어 있다는 점에서, 그것은 당사자소송의 성격을 가지나, 다른 한편 이 소송에서 다투고 있는 것은 수용재결의 일부라는 점에서, 이 소송을 형식적 당사자소송이라고 하는 것이다.

**(2) 화  해**

토지수용위원회는 그 재결이 있기 전에는 언제든지 그 위원 3 인으로 구성되는 소위원회로 하여금 사업시행자·토지소유자·관계인에게 화해를 권고하게 할 수 있다($\frac{동법}{33①}$).

화해가 성립되면 토지수용위원회는 화해조서를 작성하여, 화해에 참여한 위원회의 위원·사업시행자·토지소유자·관계인이 서명날인하여야 한다($\frac{동조}{②}$). 이와 같이 화해조서에 서명날인이 된 경우에는 당사자간에 화해조서와 같은 내용의 협의가 성립된 것으로 본다($\frac{동조}{③}$).

# Ⅲ. 공용수용의 약식절차

공용수용은 보통절차에 의하여 하는 것이 원칙이며, 예외적인 경우 약식절차에 의할 수도 있으나, 토지보상법은 공용사용에 대해서만 다음과 같은 약식절차를 규정하고 있다.

## 1. 천재·지변시의 공용사용

천재·지변 기타 사변에 있어서 공공의 안전을 위한 공익사업을 긴급히 시행할 필요가 있을 때에는 사업시행자는 특별자치도지사·시장·군수 또는 구청장의 허가를 받아 즉시 타인의 토지를 사용할 수 있다. 그러나 사업시행자가 국가·도(특별시·광역시 포함)일 때에는 그 사업에 관하여 권한 있는 행정기관의 장이 특별자치도지사·시장·군수 또는 구청장에게 통지하여 이를 사용한다. 이 경우 사용기간은 6 개월을 초과하지 못한다($\substack{동법 38① \\ 내지 ③}$).

이러한 토지사용으로 인하여 생긴 손실의 보상은 사업시행자와 피해자가 협의하여 결정하며, 협의가 성립하지 않으면 토지수용위원회에 재결을 신청할 수 있다($\substack{동법 38 \\ ⑤·80①}$).

### 2. 급시를 요하는 토지사용

재결신청을 받은 토지수용위원회는 그 재결이 지연됨으로써 재해방지가 곤란하거나 기타 공익에 현저한 지장을 초래할 우려가 있다고 인정할 때는, 사업시행자의 신청에 의하여 담보를 제공하게 한 후에 즉시 그 토지의 사용을 허가할 수 있다($\substack{동법 \\ 39①}$). 그 사용기간은 6 개월을 초과할 수 없다($\substack{동조 \\ ②}$).

이러한 토지사용의 경우에 토지수용위원회의 재결이 있기 전에 토지소유자 또는 관계인의 청구가 있을 때에는 사업시행자는 자기가 산정한 보상금을 지급하여야 하며($\substack{동법 \\ 41①}$), 보상금의 지급시기까지 지급하지 않을 때에는 토지소유자나 관계인은 전기한 담보물의 전부 또는 일부를 취득한다($\substack{동조 \\ ②}$).

## Ⅳ. 공용수용의 효과

공용수용의 효과는 사업시행자는 수용의 개시일에 수용목적물에 대한 권리를 원시취득하고, 피수용자는 수용목적물의 인도·이전의무를 지고, 손실보상청구권과 환매권을 가지는 데 있다. 이러한 수용의 효과는 그 발생시기를 달리 하는 것으로, 손실보상 및 수용목적물의 인도·이전의 효과는 재결이 성립됨으로써 발생하고, 수용목적물에 대한 권리의 득실 및 피수용자의 환매권에 관한 효과는 수용의 개시일에 발생한다.[1] 이러한 공용수용의 효과 중에서 중심적인 것은 수용목적물에 대한 권리득실의 효과임은 물론이다.

### 1. 사업시행자의 권리취득

사업시행자는 수용의 개시일에 수용목적물인 토지·물건 기타의 소유권을 취득한다.

---

1) 이상규, 행정법(하), pp. 606~607.

(1) 수용의 효력발생시기

수용절차는 재결시에 완료되나, 권리득실의 효과는 그 즉시 발생하지 않고, 따로 정하여진 수용의 개시일에 발생한다. 이것은 재결시부터 수용의 개시일까지 사업시행자에 의한 보상금의 지급 또는 공탁 및 피수용자에 의한 수용목적물의 인도·이전을 완료하게 하려는 데에 있다.

(2) 수용의 대물적 효과

사업시행자는 수용의 개시일에 그 수용목적물에 대한 소유권을 취득하는데, 이 권리취득은 원권리자의 권리의 승계적 취득이 아니라 원시적 취득이며, 수용의 개시일에 수용목적물에 대한 종래의 모든 권리는 소멸함과 동시에 사업시행자에게 새로운 소유권이 발생한다($^{동법}_{45①}$). 그 효과는 대물적으로 모든 권리자에게 발생한다. 따라서 이 경우에 사업시행자가 취득하는 소유권은 아무런 부담이나 하자도 없는 완전한 소유권이므로, 사법상 매매에 있어서의 매도인의 하자담보책임의 문제 등은 생기지 않는다.

(3) 등    기

사업시행자가 취득하는 토지소유권은 민법상의 권리이나, 민법상의 형식주의는 공용수용과 같은 '법률의 규정에 의한 부동산에 관한 물권취득'에는 적용되지 않으므로($^{법}_{187}$), 등기를 하지 않아도 수용의 개시일에 권리를 취득한다. 다만 취득한 소유권을 타인에게 처분하기 위하여는 등기가 필요하다($^{동조}_{단서}$).

(4) 피수용자의 토지·물건의 인도·이전의무

토지소유자 및 관계인 기타 토지소유자나 관계인에 포함되지 않는 자로서 수용 또는 사용할 토지나 그 토지에 있는 물건에 관하여 권리를 가진 자는 수용 또는 사용의 개시일까지 당해 토지나 물건을 사업시행자에게 인도하거나 이전하여야 한다.

1) 인도의무의 이행과 수용의 효과발생    인도의무의 이행은 권리취득소멸(수용)의 효과발생의 조건이 아니다. 즉 피수용자가 인도의무를 이행하지 아니하는 경우에도 수용의 개시일이 도래하면 수용의 효과는 발생한다.

2) 사업시행자의 보상금지급의무    피수용자가 인도의무를 이행하지 아니할 경우에도 사업시행자는 수용의 개시일까지 보상금을 지급하여야 하며, 그러하지 아니하면 재결의 효력은 상실된다($^{토지보상법}_{40·42}$).

3) 인도·이전의무의 대행    특별자치도지사·시장·군수 또는 구청장은 다음의 경우에는 사업시행자의 청구에 의하여 물건의 인도 또는 이전을 대행

하여야 한다. 그것은 ① 토지나 물건을 인도 또는 이전하여야 할 자가 고의나 과실 없이 그 의무를 이행할 수 없는 때, ② 사업시행자가 과실 없이 토지나 물건을 인도 또는 이전하여야 할 의무가 있는 자를 알 수 없는 때이다($\frac{동법}{44①}$).

4) 대 집 행    토지 등의 인도의무자가 그 의무를 이행하지 아니하거나 기간 내에 완료할 가망이 없을 경우 또는 의무자로 하여금 이를 이행하게 함이 현저히 공익을 해한다고 인정되는 사유가 있을 때에는 관할 특별시장·광역시장·도지사나 시장·군수 또는 구청장이 사업시행자의 신청에 의하여 행정대집행법이 정하는 바에 의하여 대집행할 수 있다($\frac{동법}{89①}$). 사업시행자가 국가나 지방자치단체일 경우에는 직접 대집행을 할 수 있다($\frac{동조}{②}$).

앞에서 본 바와 같이 토지보상법 제89조는 토지의 이전이나 인도의무의 불이행에 대하여는 대집행의 수단에 의하여 그 이행을 확보하도록 하고 있다. 이러한 토지보상법 제89조의 규정은 그에 의하여 확보하려는 의무의 내용과의 관련에서는 그 타당성의 문제가 제기될 수 있다. 즉 물건의 이전의무는 별론으로 하고, 토지의 인도의무의 확보는 실력으로 점유를 풀어 강제적으로 인도의무를 실현시키는 것으로서, 그것은 대집행이 아니라[1] 직접강제에 해당하는 것이다.[2] 그러한 점에서는 대집행에 의한 당해 의무의 이행확보는 곤란하다는 결론에 도달할 수도 있으나, 이것은 토지보상법 제89조의 규정을 전적으로 무의미하게 하는 것이라는 점에서 타당한 것이라고 보기는 어렵다 할 것이며, 그러한 점에서는 이 규정의 합리적 또는 목적론적 해석이 필요하다고 할 것이다. 이 규정은 토지 등의 소유자가 그 인도의무를 이행하지 아니하는 경우에 시장·군수 등의 행위에 의하여 본인이 당해 토지를 인도한 것과 같은 법적 효과를 발생시키는 것을 인정한 데에 그 기본적 취지가 있는 것이고 보면, 그 실현수단은 반드시 실력에 의한 점유의 배제를 그 내용으로 하는 것은 아니라고 할 것이다. 그러한 점에서는 예컨대 구청장이 당해 토지에서 사업시행자에 대한 당해 토지의 인도를 선언하고 이를 표시하는 문서에 조인하고 그러한 내용을 기재한 표시판을 설치하는 것이 동조의 목적을 달성하는 하나의 방안이 된다고 본다.

---

1) 판례
    "명도의무는 그것을 강제적으로 실현하면서 직접적인 실력행사가 필요한 것이지 대체적 작위의무라고 볼 수 없으므로 특별한 사정이 없는 한 행정대집행법의 대상이 될 수 있는 것이 아니다"(대판 2005. 8. 19, 2004다2809).
2) 박윤흔, 행정법(상), pp. 508~509.

(5) 위험부담의 이전

토지수용위원회의 재결이 있은 후 수용 또는 사용할 토지나 물건이 토지소유자 또는 그 관계인의 고의나 과실 없이 멸실 또는 훼손된 경우 그로 인한 손실은 사업시행자의 부담으로 한다(동법 46). 이것은 보상금을 지급받을 토지소유자 등의 권리를 멸실 또는 훼손의 위험부담으로부터 보호하려는 것이다.

## 2. 손실보상

공용수용은 공공의 이익으로 되는 사업, 즉 공익사업의 수요를 충족하기 위하여 타인의 토지 등의 재산권을 강제로 취득하는 것이므로, 그로 인한 피수용자의 손실에는 당연히 정당한 보상을 지급하여야 한다.

헌법 제23조 제3항은 "공공필요에 의한 재산권의 수용·사용 또는 제한 및 그에 대한 보상은 법률로써 하되, 정당한 보상을 지급하여야 한다"고 규정하여, 공용수용으로 인한 재산권의 침해에 대한 보상원칙을 명시하고 있다.

이러한 헌법규정에 의거하여 공용수용에 관한 일반법인 토지보상법은 손실보상에 관하여 일정한 기본원칙을 정하고, 다시 손실보상의 내용에 관하여도 구체적인 규정을 두고 있다.

토지보상법은 손실보상의 전통적 법리에 따라 원칙적으로 수용 또는 사용할 토지 등의 객관적 가치를 보상하는 대물적 보상에 대하여 규정하고, 이른바 생활보상에 대하여는 직접적으로 규정하고 있지 않다. 그러나 동법 제79조 제4항은 생활보상의 일반적 근거로 해석될 수 있을 것으로 보인다. 왜냐하면 동조는 "공익사업의 시행으로 인하여 발생하는 손실의 보상 등에 대하여는 국토교통부령으로 정하는 기준에 따른다"고 규정하고 있는데, 생활보상도 공익사업의 시행으로 인하여 발생하는 손실로 파악될 수 있기 때문이다. 실제 동법의 시행령 및 시행규칙은 다수의 생활보상적 보상규정을 두고 있다(그 구체적 내용은 「행정법 Ⅰ」의 관련 부분 참조).

다음에서는 토지보상법을 중심으로 하여 공용수용에 따른 손실보상의 원칙이나 내용 등에 대하여서만 살펴보기로 한다.

## 3. 손실보상에 관한 원칙

토지보상법은 토지 등의 수용·사용에 따른 손실보상에 관하여 다음의 몇 가지 원칙을 정하고 있다.

### (1) 사업시행자보상의 원칙

손실보상은 사업시행자가 행한다($\substack{동법 \\ 61}$). 수용권의 주체에 관한 학설상의 대립과는 관계 없이 수용의 효과를 향수하는 자는 사업주체로서의 사업시행자이므로, 이러한 사업시행자가 보상주체가 되는 것은 당연하다.

### (2) 현금보상의 원칙

손실보상은 다른 법률에 특별한 규정이 있는 경우를 제외하고는 현금으로 지급한다($\substack{동법 63 \\ ① 본문}$). 다만 건축법 제57조 제 1 항에 따른 대지의 분할제한 면적 이상의 토지를 사업시행자에게 양도한 자에게는 그 공익사업으로 조성한 토지로 보상할 수 있다($\substack{동항 \\ 단서}$). 이 경우 토지로 보상하는 면적은 주택용지는 990제곱미터, 상업용지는 1,100제곱미터를 초과할 수 없다($\substack{동조 \\ ②}$).

토지보상법은 현금보상을 원칙으로 하면서도, 그 예외로서 다음의 두 가지 경우에는 채권에 의한 보상을 정하고 있다. 먼저, 사업시행자가 국가·지방자치단체 또는 한국토지주택공사·한국산업단지공단 등의 공공기관인 경우로서, ① 토지소유자 또는 관계인이 원하거나, ② 해당 지역에 부재하는 토지소유자의 토지에 대한 보상금이 일정 금액을 초과하는 경우에 그 초과하는 금액에 대하여는 채권으로 보상할 수 있다($\substack{동조 ⑦, 동법 \\ 시행령 25}$). 다음에, 토지투기가 우려되는 지역으로서 대통령령으로 정하는 지역 안에서, ① 택지개발촉진법에 의한 택지개발사업, ② 산업입지 및 개발에 관한 법률에 의한 산업단지개발사업, ③ 그 밖에 대규모 개발사업으로서 대통령령이 정하는 사업을 시행하는 자 중 대통령령으로 정하는 공공기관의 운영에 관한 법률에 따라 지정·고시된 공공기관 및 공공단체는 1억원 이상의 일정 금액을 초과하는 보상금 부분에 대하여는 그 사업시행자가 발행하는 채권으로 지급하여야 한다($\substack{동조 ⑧, 동법시 \\ 행령 27의2②}$).

채권의 상환기간은 5 년 이내이다($\substack{동조 \\ ⑨}$).

### (3) 사전보상의 원칙

사업시행자는 원칙적으로 당해 공익사업을 위한 공사에 착수하기 이전에 토지소유자 및 관계인에 대해 보상금의 전액을 지급해야 하며($\substack{동법 \\ 62}$), 그 때까지 지급하거나 공탁하지 않으면 재결은 효력을 상실한다($\substack{동법 \\ 42①}$).

### (4) 개별불의 원칙

보상은 피보상자에게 개별적으로 지급하여야 한다($\substack{동법 \\ 64}$). 다만 보상금을 개인별로 산정할 수 없는 경우에는 그 중의 1 인에 대한 일괄급이 허용된다

($\frac{\text{동조}}{\text{단서}}$). 공유지의 수용에 있어 지분에 관한 다툼이 있는 경우가 그 예에 해당
한다.

(5) 일괄보상의 원칙

사업시행자는 동일한 상업지역에 보상시기를 달리하는 동일인 소유의 토
지 등이 여러 개 있는 경우 토지소유자나 관계인이 요구할 때에는 한꺼번에
보상금을 지급하도록 하여야 한다($\frac{\text{동법}}{65}$).

(6) 사업시행이익과의 상계금지의 원칙

사업시행자는 동일한 토지소유자에 속하는 일단의 토지의 일부를 취득
또는 사용하는 경우 해당 공익사업의 시행으로 인하여 잔여지의 가격이 증가
하거나 기타의 이익이 발생한 때에도 그 이익을 취득 또는 사용으로 인한 손
실과 상계할 수 없다($\frac{\text{동법}}{66}$).

(7) 시가보상·개발이익의 배제 및 공시지가제도

1) 손실보상의 산정은 협의의 경우에는 협의성립 당시의 가격을 기준으
로 하고, 재결의 경우에는 수용·사용의 재결 당시의 가격을 기준으로 한다
($\frac{\text{동법}}{67①}$). 즉 토지보상법은 시가보상의 원칙을 취하고 있다.

2) 구체적인 보상액의 산정에 있어서는 공시지가를 기초로 하고 있다.
즉 토지보상법은 "협의취득 또는 수용하여야 할 토지에 대하여는 공시지가를
기준으로 한다"고 규정하고 있는데($\frac{\text{동법}}{70①}$), 여기서의 공시지가는 사업인정고시
일 전의 시점을 공시기준일로 하는 공시지가로서, 당해 토지의 협의성립 또
는 재결 당시 공시된 공시지가 중 당해 사업인정고시일에 가장 근접한 시점
에 공시된 공시지가이다($\frac{\text{동조}}{③④}$).

공시지가를 기준으로 하는 구체적인 토지의 보상액은 '그 공시지가 기준
일부터 협의성립시 또는 재결시까지의 당해 토지의 이용계획 또는 공익사업
으로 인한 지가의 변동이 없는 지역의 지가변동률, 생산자물가상승률 그 밖
에 당해 토지의 위치·형상·환경·이용상황 등을 참작'하여 결정하여야 한
다($\frac{\text{동법}}{70①}$).

이러한 토지보상법 제70조 제1항 내지 제4항의 규정에 의하여 당해 공
익사업으로 인한 이른바 개발이익은 보상액의 산정에서 배제되고 있다.

위의 규정에서 '당해 토지의 위치·형상·환경·이용상황 등을 참작'한
다고 하는 부분은 수용할 토지의 지가산정에 있어 지가가 공시된 표준지로서
의 인근의 토지와 비교할 경우에 고려할 사항들을 열거한 것이다.

3) (표준지)공시지가는 부동산 가격공시에 관한 법률이 정한 절차에 따라 국토교통부장관이 매년 조사·평가하여 공시한 표준지의 단위면적당 적정가격을 말한다(법③①). 이러한 공시지가는 아직까지 당해 토지 등의 시장가격을 완전히 반영하고 있는 것은 아니기 때문에, 그 한도에서는 공용수용에 있어서의 시가보상의 원칙 내지 완전보상의 원칙은 실질적인 제한을 받고 있다고 할 수 있다.

### (8) 완전보상의 원칙

공용수용으로 인하여 피수용자에게 부과되는 특별한 손실은 그 귀책사유 없이 공익을 위하여 부과되는 것이므로, 이러한 손실은 완전히 보상되어야 함이 원칙이다. 토지보상법은 이러한 완전보상원칙을 실현하기 위하여 시가보상·사전보상·잔지보상·영업손실의 보상·이전료보상 등에 관하여 규정하고 있다.

## 4. 손실보상의 내용

### (1) 개    설

공용수용으로 인한 손실보상은 공익사업의 수요를 충족시키기 위하여 개인의 토지 등의 소유권을 강제적으로 취득함으로써 개인에게 발생한 특별한 손실을 보상하여 주는 것이다. 이 경우 당사자의 의사에도 불구하고 그 소유권을 강제적으로 취득하거나 사용하는 것은 그것이 공익사업에 필요하다는 점에 그 정당성의 근거가 있다. 그러나 이 경우 그 개인에게는 공익사업, 즉 국민 전체를 위한 사업을 위하여 특별한 희생이 부과되는 것으로서, 그것은 「공공부담 앞의 평등원칙」에 반하는 것임은 물론이다. 이것은 공익사업으로 인하여 개인의 재산권에 발생하는 간접적 손실의 경우에도 마찬가지라 할 것이다. 그에 따라 공익사업으로 인하여 개인이 받는 특별한 손실은 이를 전체의 부담하에서 보상하여 불평등한 부담을 평등한 부담으로 전환시켜야 한다.

전술한 바에 따라 공익사업으로 인한 손실의 보상은 개인에 발생한 특별한 손실의 전부에 대한 완전한 보상을 그 내용으로 하는 것이어야 한다고 본다.

### (2) 토지 기타 물건의 수용보상

토지보상법은 토지의 수용에 있어서는 협의성립 또는 재결 당시의 가격을 기준으로 한다고 규정하여(동법67①), 시가보상의 원칙을 규정하고 있다. 그러나 보상액의 산정에 있어 현재로는 토지의 시가를 완전히 반영하지 못하고 있는 공시지가를 그 기준으로 하고 있는 결과, 시가보상 내지 완전보상의 원칙이 내용적으로 어느 정도 제한되고 있는 것임은 위에서 지적한 바 있다.

**(3) 잔여지보상**

잔여지보상에는 잔여지수용보상, 잔여지가격하락보상 및 잔여지공사비보상이 있다.

**1) 잔여지수용보상**  동일한 소유자에 속하는 일단의 토지의 일부를 수용함으로 인하여 그 잔여지를 종래의 목적에 사용하는 것이 현저히 곤란할 때에는 토지소유자의 청구에 의하여 수용·보상한다($\frac{동법}{74}$).[1]

**2) 잔여지가격하락보상**  동일한 소유자에 속하는 일단의 토지의 일부를 수용함으로 인하여 그 잔여지의 가격이 감소하거나 기타 손실이 있을 때에는 이를 보상하여야 한다($\frac{동법}{73}$).

**3) 잔여지공사비보상**  동일한 소유자에 속하는 일단의 토지의 일부를 수용함으로 인하여 그 잔여지에 통로·도랑·담장 등의 신설, 그 밖의 공사가 필요한 때에는 그 비용을 보상하여야 한다($\frac{동법}{73}$).

**(4) 지상물건의 이전보상**

지상물건이란 수용할 토지 위에 있는 건물·공작물·과수 기타 입목 등을 말한다.

지상물건의 이전에는 그 이전료를 지급하나, 물건의 이전이 현저히 곤란하거나 이전으로 인하여 종래의 목적에 사용할 수 없게 된 때에는 소유자는 그 물건의 수용을 청구할 수 있다. 또한 사업시행자도 이전료가 당해 물건의 가격을 초과할 때에는 그 물건의 수용을 청구할 수 있다($\frac{동법}{75}$).

**(5) 농작물 등에 대한 손실 및 광업권·어업권에 대한 손실의 보상**

토지보상법은 농작물에 대한 손실은 그 종류와 성장의 정도 등을 종합적으로 참작하여 보상하고($\frac{법}{75②}$), 광업권·어업권 및 물(용수시설을 포함) 등의 사용에 대한 권리에 대하여는 투자비용·예상수익 및 거래가격 등을 참작하

---

[1] 판례

  "구 '공익사업을 위한 토지 등의 취득 및 보상에 관한 법률(2007. 10. 17. 법률 제 8665호로 개정되기 전의 것) 제74조 제 1 항에 규정되어 있는 잔여지 수용청구권은 손실보상의 일환으로 토지소유자에게 부여되는 권리로서 그 요건을 구비한 때에는 잔여지를 수용하는 토지수용위원회의 재결이 없더라도 그 청구에 의하여 수용의 효과가 발생하는 형성권적 성질을 가지므로, 잔여지 수용청구를 받아들이지 않은 토지수용위원회의 재결에 대하여 토지소유자가 불복하여 제기하는 소송은 위 법 제85조 제 2 항에 규정되어 있는 '보상금의 증감에 관한 소송'에 해당하여 사업시행자를 피고로 하여야 한다"(대판 2010. 8. 19, 2008두822).

여 평가한 적정가격으로 보상한다고 규정하고 있다. 이들 규정에 따른 보상의 내용은 동법의 시행규칙에서 매우 구체적으로 규정하고 있다($_{76①}^{동법}$).

(6) 측량·조사로 인한 손실보상

사업시행자는 사업의 준비 또는 사업인정이 있은 후에 타인의 토지에 출입하여 측량·조사하고 장해물을 제거하거나 토지에 시굴 등을 할 수 있으나 그로 인한 손실은 보상하여야 한다($_{9④ \cdot 27③}^{동법}$).

(7) 일실손실의 보상

이것은 토지 등의 재산권의 수용에 따라 사업을 폐지 또는 휴업하게 되는 경우에 입게 되는 손실의 보상을 그 내용으로 한다.

1) 영업의 폐지·휴업에 따르는 손실의 보상  영업의 폐지·휴업에 따르는 영업손실은 영업이익과 시설의 이전비용 등을 참작하여 보상한다($_{77①}^{동법}$). 영업의 폐지의 경우에는 2년간의 영업이익에 영업용 고정자산·원재료·제품 및 상품 등의 매각손실액을 더한 금액으로 보상한다($_{규칙 46}^{동법시행}$). 휴업의 경우에는 휴업기간에 해당하는 영업이익에, 휴업기간중의 영업용자산의 감가상각비·유지관리비와 휴업기간중에도 정상적으로 근무하여야 하는 최소인원에 대한 인건비 등 고정적 비용, 영업시설·원재료·제품이전에 소요되는 비용 및 그 이전에 따른 감손상당액 및 이전광고비·개업비 등 영업장소를 이전함으로 소요되는 부대비용을 합한 금액이다. 휴업기간은 원칙적으로 4월 이내이다($_{칙 47①②}^{동법시행규}$).

2) 농업의 폐지·이전에 따르는 보상  농업을 폐지·이전하는 경우에는 농작물 등에 대하여 보상하는 외에 폐지·이전에 따르는 전업기간 또는 휴업기간중의 일실손실을 축산업·잠업·일반농업별로 보상한다($_{48 내지 50}^{동법시행규칙}$).

영농손실액은 공익사업시행지구에 편입되는 농지에 대하여는 그 면적에 도별 연간 농가평균 단위경작면적당 농작물총수입의 직전 3년간 평균의 2년분을 곱하여 산정한 금액이다($_{칙 48①}^{동법시행규}$).

3) 근로자에 대한 보상  영업의 폐업시에는 3월 이상 근무한 실직근로자에 대하여 120일분의 평균임금을 실직보상으로, 휴업시에는 최장 120일분의 평균임금의 100분의 70을 휴직보상으로 지급한다($_{규칙 51}^{동법시행}$).

(8) 생활(권)보상

도로 등을 신설 또는 확장하는 경우 그에 소요되는 토지가 수용되는 경우에는 완전보상이 이루어지는 경우에는 피수용자는 종래의 토지에 상응하는

새로운 토지의 취득에는 별다른 기본적인 어려움은 제기되지 아니할 것으로
보인다. 그러나 예컨대 댐의 건설의 경우에는 다수의 마을의 주민이 이주해
야 하는 문제점이 발생하는 것으로서, 이 경우 생활의 기초를 박탈당한 사람
들에 있어서의 손실은 일반적으로 개개의 재산권의 상실에 따르는 손실총액
보다는 큰 것으로서, 그 격차는 실비변제적 보상이나 일실소득의 보상 등으
로는 보전되지 아니하는 것이 실제이다. 따라서 이러한 전통적 손실보상으
로는 메워지지 아니하는 손실에 대한 보상이 이른바 생활보상의 법리인 것
이다.

　　이러한 생활보상에 대하여는 토지보상법이나 기타 어느 개별법에도 이에
관한 일반적 규정은 없고, 생활비보상, 주거이전비보상 등에 대하여 단편적으
로 규정하고 있음에 그치고 있다.[1]


## V. 환 매 권

### 1. 환매권의 의의

　　환매권이란 수용의 목적물인 토지가 공익사업의 폐지·변경 기타의 사유
로 불필요하게 되거나 수용 후 오랫동안 그 공익사업에 현실적으로 이용되지
않은 경우에, 수용 당시의 토지소유자 또는 그 포괄승계인이 보상금에 상당
하는 금액을 지급하고 원소유권을 다시 취득할 수 있는 권리를 말한다.

### 2. 환매권의 근거

　　환매권의 근거에 대하여는 일단 견해가 갈리고 있다.

　　종래 학설은 공용수용은 공익사업에 제공하기 위하여 강제적으로 타인의
재산권을 취득하는 것인데, 그 수용목적물의 전부 또는 일부가 공익사업에
불필요하게 되었을 때에는 원소유자 등에게 그 소유권을 회복할 수 있는 기
회를 부여하는 것이 피수용자의 감정의 존중이나 공평의 견지에 합당한 것이
라고 하여, 환매권의 근거를 기본적으로 피수용자의 감정의 존중에서 이를
찾고 있었다.

　　이에 대하여 헌법재판소는 환매권을 헌법이 보장하는 재산권의 내용에
포함되는 권리로 보고 있다. 즉 헌법재판소는 (토지수용법 제71조 소정의) "환

---

1) 생활보상에 대하여는 「행정법 Ⅰ」에서 구체적으로 검토하고 있으니 그 부분을 참조하시오.

매권은 헌법상의 재산권보장규정으로부터 도출되는 것으로 헌법이 보장하는 재산권의 내용에 포함되는 권리이며, 피수용자가 손실보상을 받고 소유권의 박탈을 수인할 의무는 그 재산권의 목적물이 공공사업에 이용되는 것을 전제로 하기 때문에 위 헌법상 권리는 피수용자가 수용 당시 이미 정당한 손실보상을 받았다는 사실로 말미암아 부인되지 않는다(헌재결 1994. 2. 24, 92헌가 14 내지 17, 20 내지 24)"고 선언하였다.

### 3. 환매권의 성질

환매권의 성질에 대하여는 공권설과 사권설로 견해가 갈리고 있다. 공권설은 환매제도는 공법적 수단에 의하여 상실된 권리를 회복하는 제도로서, 환매권은 공법상 주체에 대하여 가지는 공법상 권리라고 한다.[1] 이에 대하여 사권설은 환매권은 피수용자가 자기의 이익을 위하여 일방적으로 행사함으로써 환매의 효과가 발생하는 형성권으로서 사업시행자의 동의를 요하지 않고, 이 권리는 공용수용의 결과로 발생하기는 하나 사업시행자에 의한 공용수용의 해제처분을 요하지 않고 직접 매매의 효과를 발생하는 것이므로 사법상의 권리로 보아야 한다고 한다.[2] 판례는 사권설을 취하고 있다.[3] 헌법재판소도 사권설의 입장에서, 환매권의 행사는 환매권자의 일방적 의사표시만으로 성립하고 상대방인 사업시행자의 동의를 얻어야 하거나 그 의사 여하에 따라 그 효과가 좌우되는 것은 아닌 것으로서, 따라서 사업시행자가 환매권의 행사를 부인하는 어떤 의사표시를 하였다 하더라도, 그것은 사법관계의 다툼을 둘러싸고 상대방의 주장을 부인하는 데 그치고, 헌법재판소법상의 「공권력의 행사」로 볼 수는 없다고 하였다(헌재결 1994. 2. 24, 92헌마283).

### 4. 환매권자

환매권을 가지는 자는 협의취득일 또는 수용 당시의 당해 토지의 소유자 또는 그 포괄승계인이다(토지보상법 91①). 따라서 지상권자나 기타 소유권자 아닌 권리

---

1) 류지태, 행정법, p. 900; 홍정선, 행정법(상), p. 407.
2) 박윤흔, 행정법(하), p. 689; 유상현, 행정법(하), pp. 335~336.
3) 판례
  "징발재산정리에관한특별조치법 제20조 소정의 환매권은 일종의 형성권으로서 그 존속기간은 제척기간으로 보아야 할 것이며, 위 환매권은 재판상이든 재판외이든 그 기간 내에 행사하면 이로써 매매의 효력이 생기고, 위 매매는 같은 조 제1항에 적힌 환매권자와 국가간의 사법상의 매매라 할 것이다"(대판 1992. 4. 24, 92다4673).

자는 환매권이 없다. 이 권리는 양도될 수 없다.[1]

환매권은 부동산등기법이 정하는 바에 의하여 수용의 등기가 되어 있을 때에는 제 3 자에게 대항할 수 있다($\frac{동법}{91⑤}$).

### 5. 환매의 목적물

환매의 목적물은 토지소유권이다($\frac{동법}{91①}$). 따라서 토지에 관한 소유권 이외의 권리 및 토지 이외의 물건 등은 환매의 대상이 되지 않는다.

### 6. 환매의 요건

(1) 환매는 다음의 두 가지 요건 중 어느 하나에 해당하면 이를 할 수 있다. ① 협의취득일 또는 수용개시일부터 10년 이내에 사업의 폐지·변경 기타의 사유로 인하여 수용한 토지의 전부 또는 일부가 불필요하게 되었을 때이다($\frac{동법}{91①}$). 이 경우 당해 토지의 필요성 여부는 객관적으로 판단되어야 하는 것임은 물론이다.[2] 확장수용의 청구에 의하여 수용된 잔여지에 대하여는

---

1) 판례

"공공용지의취득및손실보상에관한특례법이 환매권을 인정하고 있는 입법취지는 토지 등의 원소유자가 사업시행자로부터 토지 등의 대가로 정당한 손실보상을 받았다고 하더라도 원래 자신의 자발적인 의사에 따라서 그 토지 등의 소유권을 상실하는 것이 아니어서 그 토지 등을 더 이상 공공사업에 이용할 필요가 없게 된 때에는 원소유자의 의사에 따라 그 토지 등의 소유권을 회복시켜 주는 것이 원소유자의 감정을 충족시키고 동시에 공평의 원칙에 부합한다는 데에 있는 것이며, 이러한 입법취지에 비추어 볼 때 특례법상의 환매권은 제 3 자에게 양도할 수 없고, 따라서 환매권의 양수인은 사업시행자로부터 직접 환매의 목적물을 환매할 수 없으며, 다만 환매권자가 사업시행자로부터 환매한 토지를 양도받을 수 있을 뿐이라고 할 것이다"(대판 2001. 5. 29, 2001다11567).

2) 판례

"구 '공공용지의 취득 및 손실보상에 관한 특례법'(2002. 2. 4. 법률 제6656호로 폐지되기 전의 것)상 환매권은 당해 공공사업의 폐지·변경 기타의 사유로 인하여 취득한 토지 등의 전부 또는 일부가 필요 없게 된 때에 행사할 수 있다. 여기서 '당해 공공사업'이란 협의취득의 목적이 된 구체적인 특정 공공사업을 가리키는 것으로, '취득한 토지가 필요 없게 되었을 때'라 함은 사업시행자가 위 특례법 소정의 절차에 따라 취득한 토지 등이 일정한 기간 내에 그 취득의 목적이 된 사업인 공공사업의 폐지·변경 등의 사유로 공공사업에 이용할 필요가 없어진 경우를 의미하고, 협의취득된 토지가 필요 없게 되었는지의 여부는 당해 도시계획사업의 목적, 도시계획과 사업실시계획의 내용, 협의취득의 경위와 범위, 당해 토지와 도시계획 및 실시계획과의 관계, 용도 등 제반 사정에 비추어 객관적 사정에 따라 합리적으로 판단하여야 한다"(대판 2009. 10. 15, 2009다43041).

한국농어촌공사가 영산강 유역 농업개발사업을 위하여 협의취득한 토지 중 일부 토지에 관하여 환매가 청구된 사안에서, 그 일부 토지에 설치하기로 예정하였던 시설물이 다른 곳에 설치되었다고 하여 그와 같은 구체적인 토지이용계획의 변경이 그 토지

그에 접속된 부분이 불필요하게 된 경우가 아니면 환매하지 못한다. ② 협의취득일 또는 수용개시일부터 5년을 경과하여도 수용한 토지의 전부를 사업에 이용하지 않을 때에도 환매할 수 있다(동조②). 여기서 말하는 사업에 이용되지 아니하였을 때란 현실적으로 이용되지 않는 것을 말하는 것으로, 사업이 폐지·변경된 것을 요하지 아니하고 그 실시가 지연되어 사업에 이용되지 아니한 경우도 그에 해당한다. 다만 국가·지방자치단체·공공기관의 운영에 관한 법률 제 4 조에 따른 공공기관이 사업인정을 받아 토지를 협의취득 또는 수용한 후, 그 공익사업을 다른 공익사업으로 변경한 경우에는 그것을 관보에 고시한 날부터 위의 기간을 기산한다(동조⑥).

특정 공익사업을 다른 공익사업으로 변경한 때, 즉 공익사업의 변환시에는 앞의 사업을 위하여 수용된 토지는 원칙적으로 환매권자로 하여금 환매하게 한 후에 새로운 공익사업을 위하여 다시 수용하는 것이 원칙이라 할 것이나, 토지보상법 제 4 조 제 1 호 내지 제 5 호에 규정된 다른 공익사업으로 변경된 경우에 환매와 수용이라는 무용한 절차를 피하기 위하여, 당해 토지는 새로운 공익사업을 위하여 수용된 것으로 하고, 당해 공익사업의 변경을 관보에 고시한 날부터 새로이 기산하도록 한 것이다.

위의 요건에 관하여는 이를 환매권의 성립요건으로 보는 견해와 그 행사요건으로 보는 견해가 있으나, 환매권은 수용의 효과로서 수용의 개시일에 법률상 당연히 성립된다고 할 것이므로, 제 2 설이 타당하며, 이것은 판례의 입장이기도 하다(대판 1989. 12. 12, 89다카9675).

(**2**) 환매권의 행사에는 제척기간이 있어서 위의 ①의 경우에는 그 토지가 공익사업에 불필요하게 된 때부터 1년, 협의취득일 또는 수용일부터 10년 이내에 매수하여야 한다. 이 경우 어느 기간에 따라야 하는지의 문제가 제기될 수 있는데, 양자 중에서 환매권자에게 유리한 기간으로 결정할 수 있을 것으로 본다.[1) ②의 경우에는 협의취득일 또는 수용일부터 6년 이내에 매

---

가 위 사업에 이용될 필요 없어지게 하는 공공사업의 변경에 해당한다고 단정할 수 없고, 그 토지의 일부를 일시적으로 다른 사람에게 임대하였다는 사정만으로 그 토지가 위 사업에 필요 없게 되었다고 보기도 어렵다고 한 사례.

1) 판례
  "'공익사업을 위한 토지 등의 취득 및 보상에 관한 법률'제91조 제 1 항에서 환매권의 행사요건으로 정한 '당해 토지의 전부 또는 일부가 필요 없게 된 때로부터 1년 또는 그 취득일로부터 10년 이내에 그 토지를 환매할 수 있다'라는 규정의 의미는 취득일로부터 10년 이내에 그 토지가 필요 없게 된 경우에는 그때로부터 1년 이내에 환매권을 행사할 수 있으며, 또 필요 없게 된 때로부터 1년이 지났더라도 취득일로부터

수하여야 한다. 전술한 바와 같이 ①의 경우와 ②의 경우는 환매권 발생요건을 달리하고 있으며, ②의 경우는 그 제척기간이 보다 짧다. 그 결과 사안에 따라서는 양쪽의 요건에 모두 해당되는 경우도 있을 수 있는바, 이러한 경우 ②의 제척기간이 도과하였다 하여도 그것이 ①에 따른 환매권의 행사기간 내에서 환매권행사를 방해하는 것은 아니라고 보는 것이 판례의 입장이다.[1]

(3) 환매가격은 원칙적으로 토지 및 토지에 관한 물건 이외의 권리에 대하여 지급한 보상금에 상당한 금액이다. 그러나 토지가격이 수용 당시에 비하여 현저히 변경되었을 때에는 사업시행자 또는 환매권자는 그 금액의 증감을 법원에 청구할 수 있다($\frac{동법}{91④}$).

(4) 환매권은 수용의 개시일에 법률상 당연히 성립되고 취득된다고 할 것이므로, 이상의 요건은 환매권을 현실적으로 행사하기 위하여 필요한 요건이라 할 것이다.

## 7. 사업시행자의 통지의무와 환매권의 소멸

사업시행자는 환매할 토지가 생겼을 때에는 지체없이 이를 환매권자에게 통지하여야 한다. 다만 사업시행자가 과실 없이 환매권자를 알 수 없을 때에는 공고한다($\frac{동법}{92①}$).

환매권은 그 제척기간의 경과로 소멸하는 외에 위의 통지를 받은 날 또는 공고한 날부터 6개월이 경과함으로써 소멸한다($\frac{동조}{②}$).

---

10년이 지나지 않았다면 환매권자는 적법하게 환매권을 행사할 수 있다는 의미로 해석함이 옳다"(대판 2010. 9. 30, 2010다30782).

1) 판례
　"공공용지의취득및손실보상에관한특례법 제9조 제1항과 제2항은 환매권발생요건을 서로 달리하고 있으므로 어느 한쪽의 요건에 해당되면 다른 쪽의 요건을 주장할 수 없게 된다고 할 수는 없고, 양쪽의 요건에 모두 해당된다고 하여 더 짧은 제척기간을 정한 제2항에 의하여 제1항의 환매권 행사가 제한된다고 할 수도 없을 것이므로 제2항의 규정에 의한 제척기간이 도과되었다 하여 제1항의 규정에 의한 환매권행사를 할 수 없는 것도 아니다"(대판 1993. 8. 13, 92다50652).

## 제 5 절 공용환지·공용환권

## 제 1. 개 설

### I. 공용환지·공용환권의 의의

도시개발법에 의한 도시개발사업,[1] 도시 및 주거환경정비법에 의한 주거환경개선사업·재개발사업 및 재건축사업과 농어촌정비법에 의한 농어촌정비사업을 실시하기 위하여 마련된 것이 공용환지·공용환권의 제도이다.

공용환지·공용환권은 행정계획에 따라 토지의 합리적인 이용을 증진하기 위하여 일정 지구 내의 토지의 구획·형질을 변경하고, 권리자의 의사를 불문하고 토지 등의 소유권 등을 강제적으로 교환·분합하는 것을 내용으로 하는 공용부담의 일종이다. 권리자는 종전의 토지·건물에 관한 권리를 상실하고, 그에 상당한 토지·건물에 관한 권리를 다른 곳에 새로이 취득하게 된다.

이 중에서 평면적인 토지정리에 그치고 토지와 토지를 교환·분합하는 것을 공용환지라 하고, 토지·건물에 관한 권리를 토지정리 후에 새로이 건축된 건축물과 그 부지에 관한 권리로 변환·이행시키는 입체적 환지의 수법을 공용환권이라 한다. 도시개발사업 및 농어촌정비사업은 공용환지 방식에 의하고, 주거환경개선사업·재개발사업은 공용환지 또는 공용환권방식에 의하며 재건축사업은 공용환권 방식에 의하여 시행되고 있다.

---

1) 도시개발은 종래 주택단지개발, 산업단지개발 등과 같은 단일 목적의 개발방식으로 추진되어 왔기 때문에, 신도시의 개발 등 복합적 기능을 갖는 도시를 종합적·체계적으로 개발하는 데는 한계가 있었다. 그에 따라 종합적·체계적인 도시개발을 위한 법적 기반을 마련하기 위하여 구도시계획법의 도시계획사업(시가지조성사업·주택지조성사업·공업용지조성사업)에 관한 부분과 토지구획정리사업법을 통합·보완하여 도시개발에 관한 기본법으로서 도시개발법이 제정·시행되게 되었다(2000. 1. 28 제정; 동년 7.1 시행). 이 법의 제정으로 토지구획정리사업법은 2000년 7월 1일에 폐지되고, 이 법의 규정은 도시개발법에 흡수되게 되어, 공용환지도 이 법에서 규율하고 있다.

## Ⅱ.  공용환지 · 공용환권의 특징

공용환지 · 공용환권도 공용부담의 일종이나, 다른 공용부담에 비하여 다음의 몇 가지 특징이 있다.

(1) 공용환지 · 공용환권의 경우에는 현재 소유권 등의 대상이 되고 있는 토지의 합리적 이용을 위하여 당해 토지에 대하여 사업이 시행되는 것이므로, 권리자는 직접 사업에 의한 개발이익을 향수할 수 있다. 이 점에서 전면 매수방식인 공용수용과는 다르다.

(2) 공용수용 · 공용사용 및 공용제한에 있어서 재산권상의 쟁점은 보상의 요부 및 그 내용이 된다. 이에 대하여 공용환지 · 공용환권의 경우는 권리의 교환 · 분합이므로 손실보상의 문제는 생기지 않고, 여기서의 쟁점은 종전의 토지 내지는 건물과 환지 · 환권 후의 토지 · 건물이 상호 조응하고 있는지 여부가 문제된다.

(3) 공용환지 · 공용환권에 있어서는 공공시설의 정비에 필요한 용지를 사업지 안의 전체 토지의 감보에 의하여 취득하게 된다. 또한 전체의 사업비도 감보에 의하여 작출되는 체비지의 매각에 의하여 조달된다. 이러한 감보는 공용환지 · 공용환권제도의 가장 특징적인 것이며, 동시에 재산권 보호의 측면에서 가장 문제가 되고 있는 것이기도 하다.

## 제 2. 공용환지

### Ⅰ.  개    설

공용환지란 토지의 구획 · 형질의 변경, 공공시설의 정비 등에 의해 토지의 이용가치를 증진시키기 위하여 특정 토지에 관한 소유권 기타의 권리를 권리자의 의사 여하를 불문하고 교환 · 분합하는 것을 말한다. 종전의 토지에 있어서의 권리관계는 그대로 새로운 환지로 이전된다.

공용환지에 관한 근거법으로서는 ① 농지에 관하여 그 이용증진과 농지확대를 위한 농어촌정비법이 있고, ② 도시개발사업을 위한 도시개발법이 있다.

공용환지는 보통 환지계획, 환지예정지의 지정, 환지처분, 청산금의 징수

등의 절차를 거쳐 행하여지는바, 다음에서는 도시개발사업에 있어서의 환지제도를 검토한다.

## Ⅱ. 도시개발법상의 환지제도

도시개발법은 동법상의 도시개발사업의 시행방식으로서 ① 토지의 사용·수용방식, ② 환지방식, ③ 양자의 혼용방식을 규정하고($_{21①}^{동법}$), 개발계획의 내용으로 시행방식을 정하도록 하고 있다($_{5①v}^{법}$). 도시개발사업이란 도시개발구역 안에서 주거·상업·산업·유통·정보통신·생태·문화·보건 및 복지 등의 기능을 가지는 단지 또는 시가지를 조성하기 위하여 시행하는 사업을 말한다($_{2①ⅱ}^{동법}$).

다음에서는 이러한 도시개발법상의 환지방식에 대하여 검토한다.

### 1. 도시개발구역의 지정

위에 적은 대로 도시개발법은 도시개발구역에 있어서의 도시개발사업의 시행방식의 하나로서 환지방식을 정하고 있으므로, 이 방식에 의한 도시개발사업을 시행하기 전에 도시개발구역이 먼저 지정되어야 한다.

#### (1) 도시개발구역의 지정권자

도시개발구역의 지정권자는 시·도지사 또는 인구 50만 이상의 대도시의 시장이다($_{3①}^{동법}$). 그러나 도시개발사업이 필요한 지역이 2 이상의 특별시·광역시·도·특별자치도 또는 대도시의 행정구역에 걸치는 경우에는 예외적으로 관계 시·도지사 또는 대도시 시장이 협의하여 이 구역을 지정할 자를 정한다($_②^{동조}$). 다만, ① 국가가 도시개발사업을 실시할 필요가 있는 경우, ② 중앙행정기관의 장이 요청하는 경우, ③ 앞의 관계 시·도지사의 협의가 성립하지 아니하는 경우 등에는 국토교통부장관이 이 구역을 지정할 수 있다($_③^{동조}$).

#### (2) 개발계획의 수립

도시개발구역을 지정할 때에는 개발사업의 계획을 수립하여야 하는바, 이 경우 개발사업을 환지방식으로 하고자 하는 경우에는 그 적용지역의 토지면적의 3 분의 2 이상에 해당하는 토지소유자와 그 지역의 토지소유자 총수의 2 분의 1 이상의 동의를 얻어야 한다($_{4①④}^{동법}$).

## (3) 지정절차

지정권자가 도시개발구역을 지정함에 있어서는 당해 지역의 기초조사를 하고($\frac{통법}{6}$), 공청회를 열어 주민 및 관계전문가 등의 의견을 청취하고($\frac{통법}{7}$), 중앙도시계획위원회 또는 시·도의 도시계획위원회의 심의를 거쳐야 한다.

지정권자가 위의 절차를 거쳐 도시개발구역을 지정할 때에는 이를 관보 또는 공보에 공시하고, 당해 개발구역을 관장하는 시장·군수 또는 구청장에게 송부하여 이를 일반에 공람시켜야 한다($\frac{통법}{9}$).

## 2. 시 행 자

도시개발사업의 시행자는, ① 국가·지방자치단체, ② 일정 공공기관, ③ 일정 정부출연기관, ④ 지방공사, ⑤ 도시개발구역 안의 토지소유자, ⑥ 토지소유자가 도시개발을 위하여 설립한 조합, ⑦ 과밀억제권역에서 수도권 외의 지역으로 이주하는 법인, ⑧ 주택법 제9조의 규정에 따라 등록한 자 중 도시개발사업을 시행할 능력이 있다고 인정되는 자로서 일정요건에 해당하는 자, ⑨ 건설산업기본법에 의한 토목공사공사업 또는 토목건축공사업의 면허를 받는 등 개발계획에 적합하게 도시개발사업을 시행할 능력이 있다고 인정되는 자로서 일정 요건에 해당하는 자, ⑩ 부동산개발업의 관리 및 육성에 관한 법률에 따라 등록한 부동산개발업자로서 일정 요건에 해당하는 자, ⑪ 부동산투자회사법에 따라 설립된 자기관리부동산투자회사 또는 위탁관리부동산투자회사로서 일정 요건에 해당하는 자, ⑫ ① 내지 ⑨ 그리고 ⑩, ⑪에 해당하는 자가 도시개발사업을 시행할 목적으로 투자에 참여하여 설립한 법인으로서 일정 요건에 해당하는 법인이다($\frac{통법}{11①}$).

국가·지방자치단체·공공기관·정부출연기관 또는 지방공사 등 도시개발법에 의한 도시개발사업의 시행자와 관련하여서는 이들 시행자가 매우 다양화되어 있다는 점과 민간인(토지소유자·그 조합, 수도권 이전 법인, 건설업자 등)도 시행자로 참여할 수 있다는 점을 그 특징으로 들 수 있을 것이다.

## 3. 환지계획

### (1) 의    의

환지계획이란 도시개발사업이 완료된 경우에 행할 환지처분의 계획을 말하는 것으로서, 환지처분의 내용은 이 환지계획에서 정하여진다.

환지계획에는 환지설계, 필지별로 된 환지명세, 필지별·권리별로 된 청산대상토지명세, 체비지 또는 보류지의 명세 등을 정하여야 한다($\frac{동법}{28①}$).

**(2) 환지계획의 기준**

**1) 환지계획 일반**　환지계획은 종전의 토지 및 환지의 위치·지목·면적·토질·수리·이용상황·환경 기타의 사항을 종합적으로 고려하여 합리적으로 정하여야 한다($\frac{동조}{②}$). 다만 공공시설용지의 경우에는 그 위치·면적 등에 대하여 앞의 기준을 적용하지 아니할 수 있다($\frac{동법}{33①}$).

환지계획은 위의 기준에 따라 행하여져야 하나, 토지면적의 규모를 조정할 특별한 필요가 있는 때에는 면적이 작은 토지에 대하여는 과소토지가 되지 아니하도록 면적을 증가하여 환지를 정하거나, 환지대상에서 제외할 수 있고, 면적이 넓은 토지에 대하여는 그 면적을 감소하여 환지를 정할 수 있다($\frac{동법}{31①}$).

**2) 입체환지**　시행자는 도시개발사업을 원활히 시행하기 위하여 특히 필요한 경우에는 토지 또는 건축물 소유자의 신청을 받아 건축물의 일부와 그 건축물이 있는 토지의 공유지분을 부여할 수 있다($\frac{동법}{32①}$). 이것을 입체환지라 하나($\frac{동법}{32}$), 도시개발법상의 입체환지에 있어서는 토지소유자의 신청을 요한다는 점에서 그 의사를 불문하고 행하여지는 환권과 다르다. 종전의 입체환지제도에 있어서는 토지소유자의 동의를 받아 이를 시행할 수 있도록 하고 있었으나, 2011. 9. 30.의 도시개발법의 개정에 따라 토지소유자 또는 건축물 소유자의 신청을 받아 이를 시행할 수 있도록 하고 있다. 이러한 입체환지제도는 토지소유자들 중의 일부에 아파트를 공급하는 중요한 수단으로서 기능하고 있었던 것이어서, 2011년의 도시개발법 개정에서는 종전에 비하여 입체환지의 실시계획의 공고, 토지소유자 등의 신청 등에 관한 구체적 규정을 두고 있다.

입체환지의 경우 시행자는 동법 제28조에 따른 환지계획의 작성 전에 실시계획의 내용, 환지계획 기준, 환지 대상 필지 및 건축물의 명세, 환지 신청기간 등에 관한 사항을 토지소유자에게 통지하고 해당 지역에서 발간되는 일간신문에 공고하여야 한다($\frac{동조}{③}$).

입체환지의 신청 기간은 그 통지일부터 30일 이상 60일 이하로 하여야 한다. 다만, 시행자는 환지계획의 작성에 지장이 없다고 판단하는 경우에는 20일의 범위에서 그 기간을 연장할 수 있다($\frac{동조}{④}$).

## (3) 환지계획의 결정절차

행정청이 아닌 시행자가 환지계획을 작성한 때에는 특별자치도지사·시장·군수 또는 구청장의 인가를 받아야 한다($\frac{동법}{29①}$).

행정청인 시행자가 환지계획을 정하고자 하는 때 또는 행정청이 아닌 시행자가 환지계획의 인가를 신청하고자 하는 때에는, 토지소유자와 해당 토지에 대하여 임차권·지상권 기타 사용 또는 수익할 권리를 가진 자에게 이를 통지하고 관계서류의 사본을 일반에게 공람시켜야 한다($\frac{동조}{③}$). 이 경우 토지소유자 또는 임차인 등은 시행자에게 의견서를 제출할 수 있으며, 시행자는 그 의견이 타당하다고 인정하는 때에는 환지계획에 이를 반영하여야 한다($\frac{동조}{④}$). 대법원은 이해관계인이 제시한 의견에 따라 환지계획을 수정하고자 할 때에는 다시 공람절차를 거쳐야 하는 것으로서, 이를 거치지 않은 환지예정지의 지정처분은 무효라고 하였다.[1]

## (4) 청 산 금

환지계획에는 필별·권리별로 된 청산금의 명세를 정하여야 하는데, 청산금은 환지를 정하거나 그 대상에서 제외한 경우에 생기는 과부족분에 대하여 그 가치상의 차이를 청산하기 위하여 교부 또는 징수하는 금액이다($\frac{동법}{41}$).

## (5) 체비지·보류지

시행자는 도시개발사업에 필요한 경비에 충당하거나 규약·정관·시행규정 또는 실시계획이 정하는 목적을 위하여 일정한 토지를 환지로 정하지 아니하고 이를 체비지 또는 보류지로 정할 수 있다($\frac{동법}{34}$).

이러한 체비지·보류지의 지정에 따르는 종전의 토지의 감소를 감보라고 하는데, 감보에는 공공감보와 체비지 또는 보류지감보가 있다. 공공감보란 도시개발사업에 따라 신설되거나 확장된 공공용지에 상당하는 지적의 감소를 말하며, 체비지 또는 보류지감보란 도시개발사업에 의하여 정비된 택지 중 일부를 환지로 정하지 않고 보류지로 지정하여 도시개발사업의 비용에 충당함에 따라 발생하는 지적상의 감소를 말한다. 이러한 감보에 따른 손실보상의 문제는 원칙적으로 제기되지 않는다. 왜냐하면 도시개발사업에 의하여 공

---

1) 판례

"환지계획 인가 후에 당초의 환지계획에 대한 공람과정에서 토지소유자 등 이해관계인이 제시한 의견에 따라 수정하고자 하는 내용에 대하여 다시 공람절차 등을 밟지 아니한 채 수정된 내용에 따라 한 환지예정지 지정처분은 환지계획에 따르지 아니한 것이거나 환지계획을 적법하게 변경하지 아니한 채 이루어진 것이어서 당연무효라고 할 것이다"(대판 1999. 8. 20, 97누6889).

공시설이 정비·개선되고 택지가 정비·구획됨으로써 당해 토지의 단위 면적
당 이용가치는 종전의 토지보다 증진되기 때문이다.

　(6) 환지예정지의 지정

　1) 환지예정지지정의 의의　　환지처분은 종전의 토지상의 권리관계에 변
동을 가져오는 것으로서, 이것은 도시개발사업이 완료된 후에 관계토지의 전
부에 대하여 행하는 것이 원칙이다. 그러나 공사가 완료되기까지는 상당한
시일이 걸리는 것이 보통이므로, 도시개발사업이 완료되기 전이라도 환지처
분이 있은 것과 같은 상태를 형성할 필요가 생기는바, 이러한 요청에 부응하
는 것이 환지예정지의 지정제도이다. 이 제도는 사업이 완료되기 전에 환지
처분이 행해진 것과 같이 새로운 토지에 대하여 권리를 행사할 수 있게 함으
로써 권리관계의 불안정한 상태를 해소하려는 것이다. 이러한 환지예정지의
지정행위는 그 시행자가 누구이든 공권적 행위로서 행정쟁송의 대상인 행정
처분으로서의 성질을 가지는 것이며($^{대판\ 1962.\ 5.}_{17,\ 62누10}$), 이것은 도시개발사업의 완료
와 그에 따른 환지처분이 있으면 그 효력이 소멸된다.[1]

　2) 환지예정지의 지정절차　　시행자는 도시개발사업의 시행을 위하여 필
요한 때에는 도시개발구역 안의 토지에 대하여 환지예정지를 지정할 수 있
다. 이 경우 종전의 토지에 대한 임차권자 등이 있는 경우에는 당해 환지예
정지에 대하여 당해 권리의 목적인 토지 또는 그 부분을 아울러 지정하여야
한다($^{동법}_{35①}$). 시행자는 또한 환지예정지의 지정에 있어서는 관계 토지소유자와
임차권자 등에게 환지예정지의 위치·면적과 환지예정지 지정의 효력발생시
기를 통지하여야 한다($^{동조}_{③}$).

　3) 환지예정지지정의 효과　　환지예정지가 지정된 때에는 종전의 토지에
대한 토지소유자 및 임차권자 등은 환지예정지지정의 효과발생일부터 환지처
분의 공고가 있는 날까지 환지예정지 또는 당해 부분에 대하여 종전과 동일
한 내용의 권리를 행사할 수 있으며 종전의 토지에 대하여는 이를 사용하거
나 수익할 수 없다($^{동법}_{36①}$). 다만 특별한 사유(환지예정지 위에 사용·수익상 장애

---

　1) 판례
　　"토지구획정리사업법에 의한 토지구획정리는 환지처분을 기본적 요소로 하는 것으
　로서 환지예정지지정처분은 사업시행자가 사업시행지구 내의 종전 토지소유자로 하여
　금 환지예정지지정처분의 효력발생일로부터 환지처분의 공고가 있는 날까지 당해 환
　지예정지를 사용수익할 수 있게 하는 한편 종전의 토지에 대하여는 사용수익을 할 수
　없게 하는 처분에 불과하고 환지처분이 일단 공고되어 효력을 발생하게 되면 환지예
　정지지정처분은 그 효력이 소멸되는 것이다"(대판 1999. 10. 8, 99두6873).

가 되는 물건이 있는 경우 등)가 있을 때에는 권리행사의 개시일을 따로 정할 수 있다($\frac{동조}{②}$).

환지예정지의 지정이 있어도 그로써 곧 소유권의 변동이 생기는 것은 아니고, 종전 토지소유자는 지정된 환지예정지에 대하여 사용·수익권을 취득할 뿐이다. 따라서 종전의 토지소유자는 그 토지를 처분할 수 있다($\frac{대판\ 1963.\ 5.}{15,\ 63누21}$).

### 4. 환지처분

#### (1) 환지처분의 성질과 절차

1) 환지처분의 성질　환지처분은 종전의 토지에 대하여 소유권을 가진 자에게 종전의 토지에 갈음하여 환지계획에 정하여진 토지를 할당하여 종국 적으로 이를 귀속시키는 처분으로 형성적 행정행위의 성질을 가진다.

환지처분의 내용은 이미 환지계획에 정하여져 있는 것이고, 환지처분은 그 내용을 그대로 실현하는 작용이므로, 환지계획에 의하지 않은 환지처분은 무효이다.[1]

2) 환지처분의 절차　환지처분은 시행자가 도시개발사업에 관한 공사를 완료한 후에 한다. 시행자는 공사를 완료한 때에는 ① 지체없이 이를 공고하 고, ② 관계서류를 일반에 공람시켜 의견서를 제출받아 공사결과와 실시계획 내용과의 적합 여부를 확인하여 필요한 조치를 하여야 하고, ③ 공람기간 내 에 의견서의 제출이 없거나 제출된 의견서에 따라 필요한 조치를 한 때에는 준공검사를 신청하여야 한다($\frac{동법\ 40\ ①}{내지\ ③}$).

시행자는 지정권자에 의한 준공검사를 받은 때(지정권자가 시행자인 경우 에는 공사완료공고가 있는 때)에는 환지계획에서 정한 사항을 토지소유자에게 통지하고 이를 공고함으로써 환지처분을 한다($\frac{동조}{④⑤}$).

도시개발사업에 있어서의 환지처분은 환지교부와 환지청산을 내용으로 한다.[2] 환지교부란 환지계획으로 정하여진 환지를 종전의 토지에 갈음하여 교부하는 것이며, 환지청산은 환지교부로 종전의 토지와의 사이에 과부족이

---

1) 판례

　　"환지처분의 내용은 모두 환지계획에 의하여 미리 결정되는 것이며, 환지처분은 다 만 공사가 완료되기를 기다려서 환지계획에 정하여져 있는 바를 토지소유자에게 통지 하고 그 뜻을 공고함으로써 효력이 발생되는 것이다. 따라서 환지계획과는 별도의 내 용을 가진 환지처분은 있을 수 없는 것이며, 환지계획에 의하지 아니하고 환지계획에 도 없는 사항을 내용으로 하는 환지처분은 그 효력을 발생할 수 없다"(대판 1993. 5. 27, 92다14878).

2) 김도창, 행정법(하), pp. 554~555; 이상규, 행정법(하), p. 631.

있는 경우에 그 차액을 금전으로 교부 또는 징수하는 것을 말한다$\left(\substack{동법 \\ 41}\right)$.

환지처분에 있어 종전의 일부 토지에 대하여 환지도 지정하지 않고 청산금도 지급하지 않은 위법이 있는 경우에도, 환지처분이 공고되어 그 효력을 발생하고 있는 한, 그 일부만에 대한 취소청구를 할 수는 없고, 손해배상을 청구할 수밖에 없다고 보는 것이 판례의 입장이다.

> "환지처분이 일단 확정되면 환지 전체의 절차를 처음부터 다시 밟지 않는 한 그 일부만을 떼어 변경할 길이 없으므로 그 환지처분의 일부에 위법이 있다면 민사상의 손해배상청구를 할 수 있을 뿐이고 행정소송으로써 그 취소를 구할 수는 없다"$\left(\substack{대판 1985. 4. 23, \\ 84누446}\right)$.

**(2) 환지처분의 효과**

1) **환지교부 등**　환지처분이 있으면 환지계획에서 정하여진 환지는 그 환지처분 공고의 다음날부터 종전의 토지로 간주되어, 종전의 토지에 대한 모든 권리는 환지 위로 옮겨지며, 환지를 정하지 아니하는 종전의 토지에 대한 권리는 공고일이 종료할 때에 소멸한다$\left(\substack{동법 \\ 42①}\right)$.

다만 행정상 또는 재판상의 처분으로서 종전의 토지에 전속하는 것은 영향을 받지 않고$\left(\substack{동조 \\ ②}\right)$, 지역권도 그 성질상 종전의 토지에 그대로 존속한다$\left(\substack{동조 \\ ③}\right)$.

또한, 환지계획에 정하여진 체비지는 시행자가, 보류지는 환지계획에 정한 자가 공고 다음 날에 각각 소유권을 취득한다$\left(\substack{동조 \\ ⑤}\right)$.

환지교부에 따르는 등기는 시행자의 신청 또는 촉탁에 의하여 일괄적으로 행하여진다. 시행자는 환지처분의 공고를 한 후 14일 이내에 그 내용을 관할등기소에 통지하고, 시행지구 안의 토지나 건물에 관한 권리에 변동이 있을 때에는 그에 관한 등기를 신청 또는 촉탁하여야 한다$\left(\substack{동법 \\ 43①②}\right)$. 환지처분의 공고 후에는 시행지구 안에 있는 토지 또는 건물에 관하여 시행자의 신청 또는 촉탁에 의한 등기를 한 후가 아니면 다른 등기를 하지 못한다$\left(\substack{동조 \\ ③}\right)$.

2) **환지청산**　환지를 정하지 아니하거나, 종전의 토지와 환지와의 사이에 그 위치·면적 등에 있어 상계할 수 없는 과부족분이 있는 때에 이를 금전으로 청산함을 말한다. 환지의 가격이 종전 토지의 가격보다 큰 경우에는 토지소유자로부터 청산금을 징수하고, 반대의 경우에는 토지소유자에게 청산금을 교부한다. 환지계획에 정하여진 청산금은 환지처분의 공고가 있은 날의 다음 날에 확정된다$\left(\substack{동법 41· \\ 42⑥}\right)$.

청산금을 납부할 자가 이를 불이행할 때에는 국세 또는 지방세 체납처분의 예에 따라 이를 징수한다($\frac{동법}{46③}$).

## 제 3. 도시 및 주거환경정비법에 의한 공용환권

공용환권은 토지의 효용을 증진하기 위하여 일정한 지구 내의 토지의 구획·형질을 변경하여 권리자의 의사를 불문하고 종전의 토지·건축물에 관한 권리를 토지정리 후에 새로 건축된 건축물 및 토지에 관한 권리로 강제로 변환시키는, 토지의 입체적 변환방식을 말한다.

도시 및 주거환경정비법[1]이 정비사업의 일환으로 이 제도를 채택하고 있는바, 이것이 실정법상의 공용환권의 대표적 예이다. 다음에 동법상의 공용환권제도에 관하여 검토한다.

## I. 정비사업의 개념

정비사업이란 동법에서 정한 절차에 따라 도시기능을 회복하기 위하여 정비구역에서 정비기반시설(도로·상하수도·공원·공원주차장·공동구 그밖에 주민의 생활에 필요한 가스 등의 공급시설로서 대통령령으로 정하는 시설)을 정비하거나 주택 등 건축물을 개량하거나 건설하는 사업을 말하며, 주거환경개선사업·재개발사업 및 재건축사업으로 나누어 시행한다($\frac{동법}{2 ii}$).

## II. 도시·주거환경정비기본계획

### 1. 도시·주거환경정비기본계획의 수립

기본계획은 정비계획의 바탕이 되는 행정계획의 일종으로, 특별시장·광역시장·특별자치시장·특별자치도지사 또는 시장(대도시가 아닌 경우 도지사가 기본계획 수립의 필요성을 인정한 경우에만 의무적임)은 기본계획을 수립한 후 국토교통부장관에게 보고하여야 한다. 이러한 기본계획에는 ① 정비사업

---

1) 동법은 종전의 도시재개발법 및 도시저소득주민의주거환경개선을위한임시조치법을 폐지하고 이를 대체하여 일관성 있고 체계적인 단일·통합법으로서 2002년 12월 30일 제정되어 2003년 7월 1일부터 시행되고 있다.

의 기본방향, ② 계획기간, ③ 인구· 건축물·토지이용·정비기반시설·지형 및 환경 등의 현황, ④ 주거지 관리계획, ⑤ 토지이용계획·정비기반시설계 획·공동이용시설설치계획 및 교통계획, ⑥ 녹지·조경·에너지공급·폐기 물처리 등에 관한 환경계획, ⑦ 사회복지시설 및 주민문화시설 등의 설치계 획, ⑧ 도시의 광역적 재정비를 위한 기본방향, ⑨ 정비구역으로 지정할 예정 인 구역의 개략적 범위, ⑩ 단계별 정비사업추진계획, ⑪ 건폐율·용적률 등 에 관한 건축물의 밀도계획, ⑫ 세입자에 대한 주거안정대책 등이 포함되어 야 한다($\substack{\text{도시및주거환} \\ \text{경정비법 5①}}$).

기본계획을 수립 또는 변경하고자 할 때에는 14일 이상 주민에게 공람하 고 지방의회의 의견을 들은 후 지방도시계획위원회의 심의를 거쳐야 하고, 대도시의 시장이 아닌 시장은 도지사의 승인을 얻어야 하며, 도지사가 이를 승인함에 있어서는 지방도시계획위원회의 심의를 거쳐야 한다($\substack{\text{동법} \\ 6.7}$). 시·도지 사 또는 대도시의 시장은 지방도시계획위원회의 심의를 거치기 전에 관계 행 정기관의 장과 협의하여야 한다($\substack{\text{동법} \\ 7①③}$). 이러한 기본계획은 행정기관 사이에서 는 일정한 효력이 있으나, 외부적 구속력은 인정되지 않는다.

## 2. 정비계획의 수립 및 정비구역의 지정

(1) 정비구역은 정비사업을 계획적으로 시행하기 위하여 지정·고시된 구역을 말한다($\substack{\text{동법} \\ 2 i}$).

(2) 특별시장·광역시장·특별자치시장·특별자치도지사·시장 또는 군 수(광역시의 군수는 제외)는 기본계획에 적합한 범위에서 노후·불량건축물이 밀집하는 등 대통령령으로 정하는 요건에 해당하는 구역에 대하여 정비계획 을 결정하여 정비구역을 지정·변경할 수 있다($\substack{\text{동법} \\ 8①}$). 자치구의 구청장 또는 광역시의 군수는 정비계획을 입안하여 특별시장·광역시장에게 정비구역 지 정을 신청하여야 하며, 필요한 경우 정비구역의 지정권자는 직접 정비계획을 입안할 수 있다($\substack{\text{동조} \\ ④⑤}$). 토지등소유자는 일정한 경우에 정비계획의 입안권자에 게 정비계획의 입안을 제안할 수 있다($\substack{\text{동법} \\ 14①}$).

(3) 정비계획에는 정비사업의 명칭, 정비구역 및 그 면적, 공동이용시설 설치계획, 세입자 주거대책 등이 포함되어야 하며($\substack{\text{동법} \\ 9①}$), 정비계획의 입안권자 는 정비계획을 입안하거나 변경하려면 주민에게 서면으로 통보한 후 주민설 명회 및 30일 이상 주민에게 공람하여 의견을 들어야 하며, 지방의회의 의견

을 들어야 한다$\left(\substack{동법\\15①②}\right)$.

(4) 정비구역으로 지정·고시되면 정비구역에서 건축물의 건축, 공작물의 설치, 토지의 형질변경, 토석의 채취, 토지분할, 물건을 쌓아 놓는 행위 등을 하려는 자는 시장·군수등의 허가를 받아야 한다$\left(\substack{동법\\19①}\right)$.

## Ⅲ. 정비사업의 시행절차 및 시행자

정비사업의 시행절차는,

이루어진다. 다만 주거환경개선사업의 경우 조합설립절차가 없다.

### 1. 시 행 자

(1) 정비사업의 시행자는 다음과 같다$\left(\substack{동법\\24·25}\right)$.

1) **주거환경개선사업**　정비구역에서 정비기반시설 및 공동이용시설을 새로 설치하거나 확대하고 토지등소유자가 스스로 주택을 보전·정비하거나 개량하는 방법으로 시행하는 주거환경개선사업은 시장·군수등이 직접 시행하되, 토지등소유자의 과반수의 동의를 받아 토지주택공사등을 사업시행자로 지정하여 시행하게 할 수 있다. 주거환경개선사업을 수용방식, 환지방식 또는 관리처분계획에 따라 공급하는 방식으로 시행하려는 경우에는 해당 정비예정구역의 토지 또는 건축물의 소유자 또는 지상권자의 3분의 2 이상의 동의와 세입자 세대수의 과반수의 동의를 각각 받아야 하며, 이 경우 시장·군수등이 직접 시행하거나 토지주택공사등을 사업시행자로 지정할 수 있다.

2) **재개발사업**　조합이 시행하거나 조합이 조합원의 과반수의 동의를 받아 시장·군수등, 토지주택공사등, 건설업자 등과 공동으로 시행할 수 있으며, 토지등소유자가 20인 미만인 경우에는 조합을 설립하지 않고 시행할 수 있다.

3) 재건축사업　　재건축사업은 조합이 시행하거나 조합이 조합원의 과반수의 동의를 받아 시장·군수등, 토지주택공사등, 건설업자 또는 등록사업자와 공동으로 시행할 수 있다.

(2) 정비사업의 직접시행·사업대행자의 지정 등

시장·군수는 장기간 정비사업이 지연되거나 권리관계에 대한 분쟁 등으로 인하여 해당 조합 또는 토지소유자가 정비사업을 계속 추진하기 어렵다고 인정하는 때에는 해당 조합 또는 토지소유자를 대신하여 직접 정비사업을 시행하거나 토지주택공사등 또는 지정개발자에게 당해 조합 토지등소유자를 대신하여 정비사업을 시행하게 할 수 있다($\frac{동법}{28①}$).

(3) 조합의 구성·인가 등

시장·군수등, 토지주택공사등 또는 지정개발자가 아닌 자가 정비사업을 시행하려는 경우에는 토지등소유자로 구성된 조합을 설립하여야 한다(20인 미만의 토지등소유자가 재개발사업을 시행하는 경우는 예외)($\frac{동법}{35①}$). 조합을 설립하려는 경우에는 정비구역 지정·고시 후 추진위원장을 포함한 5명 이상의 추진위원 및 운영규정에 대하여 토지등소유자 과반수의 동의를 받아 조합설립을 위한 추진위원회를 구성하여 시장·군수등의 승인을 받아야 한다($\frac{동법}{31①}$). 재개발사업의 추진위원회가 조합을 설립하려면 토지등소유자의 4분의 3 이상 및 토지면적의 2분의 1 이상의 토지소유자의 동의를 받아 시장·군수등의 인가를 받아야 하며, 재건축사업의 추진위원회가 조합을 설립하려는 때에는 주택단지의 공동주택의 각 동별 구분소유자의 과반수 동의(공동주택의 각 동별 구분소유자가 5 이하인 경우는 제외)와 주택단지의 전체 구분소유자의 4분의 3 이상 및 토지면적의 4분의 3 이상의 토지소유자의 동의를 받아 시장·군수등의 인가를 받아야 한다($\frac{동법}{35②③}$). 이 경우 시장·군수의 조합설립인가는 단순히 사인들의 조합설립행위에 대한 보충행위의 성질을 갖는 데 그치지 않고 도시 및 주거환경정비법상 주택재건축사업을 시행할 수 있는 권한을 갖는 행정주체로서의 지위를 부여하는 설권적 처분의 성질을 갖는다. 따라서 조합설립결의는 조합설립인가처분에 필요한 요건에 그치는 것으로서 그에 하자가 있다면 이를 이유로 직접 조합설립인가처분의 취소 또는 무효확인을 구하여야 한다($\frac{대판\ 2009.\ 9.\ 24,}{2008다60568}$).

## 2. 사업시행계획인가

(1) 사업시행자는 정비사업을 시행하고자 하는 경우에는 사업시행계획서에 정관 등을 첨부하여 시장·군수에게 제출하고 사업시행계획인가를 받아야 한다($\frac{동법}{50①}$).

(2) 사업시행자는 사업시행계획인가를 신청하기 전에 미리 총회의 의결을 거쳐야 한다($\frac{동조}{③}$). 다만 20인 미만의 토지등소유자가 재개발사업을 시행하려는 경우에는 신청하기 전에 사업시행계획서에 대하여 토지등소유자의 4분의 3 이상 및 토지면적의 2분의 1 이상의 토지소유자의 동의를 받아야 하며, 지정개발자가 정비사업을 시행하려는 경우에는 사업시행계획인가를 신청하기 전에 토지등소유자의 과반수의 동의 및 토지면적의 2분의 1 이상의 토지소유자의 동의를 받아야 한다($\frac{동조}{④⑤}$).

(3) 사업시행의 인가는 정비사업조합의 사업시행계획에 대한 법률상의 효력을 완성시키는 보충행위에 해당한다($\frac{대판 2008. 1. 10,}{2007두16691}$).

## 3. 사업시행을 위한 조치

(1) 사업시행자는 주거환경개선사업 및 재개발사업의 시행으로 철거되는 주택의 소유자 또는 세입자에 대하여 당해 정비구역 내·외에 소재한 임대주택 등의 시설에 임시로 거주하게 하거나 주택자금의 융자알선 등 임시수용에 상응하는 조치를 하여야 한다. 이 경우 사업시행자는 국가·지방자치단체 그 밖의 공공단체 또는 개인의 시설이나 토지를 일시 사용할 수 있다($\frac{동법}{61}$).

(2) 임시수용시설의 설치를 위하여 공공단체 또는 개인의 시설이나 토지를 일시 사용함으로써 손실을 받은 자가 있는 경우에는 사업시행자는 그 손실을 보상하여야 한다($\frac{동법}{62}$).

(3) 사업시행자는 정비구역 안에서 정비사업을 시행하기 위하여 필요한 경우에는 토지·물건 그 밖의 권리를 수용·사용할 수 있다($\frac{동법}{63}$).

## 4. 환권계획(관리처분계획)

환권계획이란 정비사업이 완료된 후에 행할 분양처분 및 청산 등에 관한 계획을 말한다. 환권처분의 내용은 환권계획으로 정하여진다. 동법은 이를 관리처분계획이라고 하고 있다. 환권계획은 시행자가 분양설계·분양대상자·분양예정목적물추산액 및 종전토지·건축물의 명세·가격·권리명세 등을 정하여 시장·군수의 인가를 받고 그 인가가 고시됨으로써 효력을 발생한다($^{동법}_{①·78④}$). 조합이 시행자인 경우에는 관리처분계획은 조합총회의 의결을 거쳐야 한다($^{동법}_{45①x}$).

**(1) 환권계획의 기준**

환권계획의 내용은 ① 종전의 토지·건축물의 면적·이용상황·환경 그 밖의 사항을 종합적으로 고려하여 대지 또는 건축물이 균형 있게 분양신청자에게 배분되고 합리적으로 이용되도록 할 것, ② 지나치게 좁거나 넓은 토지·건축물에 대하여 필요한 경우에는 이를 증가하거나 감소시켜 대지·건축물이 적정규모가 되도록 할 것, ③ 너무 좁은 토지·건축물이나 정비구역 지정 후 분할된 토지를 취득한 자에 대하여는 현금으로 청산할 수 있을 것, ④ 재해 또는 위생상의 위해를 방지하기 위하여 토지의 규모를 조정할 특별한 필요가 있는 때에는 너무 좁은 토지를 증가시키거나 토지에 갈음하여 보상을 하거나 건축물의 일부와 그 건축물이 있는 대지의 공유지분을 교부할 수 있을 것 등을 기준으로 한다($^{동법}_{76①}$).

**(2) 환권계획의 인가**

사업시행자는 사업시행계획인가의 고시가 있은 날부터 120일 이내에 분양신청기간 등의 사항을 토지등소유자에게 통지하여야 하고, 대지 또는 건축물에 대한 분양을 받으려는 토지등소유자는 분양신청기간에 사업시행자에게 대지 또는 건축물에 대한 분양신청을 하여야 한다($^{동법}_{72①③}$). 사업시행자는 관리처분계획이 인가·고시된 다음 날부터 90일 이내에 분양신청을 하지 아니한 자, 관리처분계획에 따라 분양대상에서 제외된 자 등과 토지, 건축물 또는 그 밖의 권리의 손실보상에 관한 협의를 하여야 하며, 협의가 성립되지 아니하면 그 기간의 만료일 다음 날부터 60일 이내에 수용재결을 신청하거나 매도청구소송을 제기하여야 한다($^{동법}_{73①②}$).

사업시행자는 위의 분양신청기간이 종료된 때에는 분양신청의 현황을 기초로 환권계획(관리처분계획)을 수립하여 시장·군수의 인가를 받아야 하며, 환권계획을 변경·중지 또는 폐지하고자 하는 경우에도 같다. 환권계획에는 ① 분양설계, ② 분양대상자의 주소 및 성명, ③ 분양대상자별 분양예정인 대지 또는 건축물의 추산액, ④ 보류지 등의 명세와 추산액 및 처분방법, ⑤

종전의 토지 또는 건축물의 명세 및 사업시행인가의 고시가 있은 날을 기준으로 한 가격, ⑥ 정비사업비의 추산액 및 그에 따른 조합원 부담규모 및 부담시기, ⑦ 분양대상자의 종전의 토지 또는 건축물에 관한 소유권 외의 권리명세 등을 포함하여야 한다($\frac{동법}{74①}$).

시장·군수는 환권계획을 인가한 때에는 그 내용을 당해 지방자치단체의 공보에 고시하여야 한다($\frac{동법}{78④}$). 이 경우 사업시행자는 분양신청을 한 자에게 지체없이 환권계획의 인가내용을 통지하여야 한다($\frac{동조}{⑤}$).

환권계획의 인가고시가 있으면 종전의 토지등의 소유자·지상권자·전세권자·임차권자 등은 사업시행자의 동의가 있거나 손실보상이 완료되지 아니한 경우가 아니면 대지 또는 건축물의 소유권이전고시가 있는 날까지 종전의 토지등을 사용·수익할 수 없다($\frac{동법}{81①}$).

환권계획의 인가는 정비사업조합의 환권계획에 대한 법률상의 효력을 완성시키는 보충행위에 해당한다($\frac{대판\ 2001.\ 12.\ 11,}{2001두7541}$).

**(3) 환권계획의 법적 성질 및 쟁송수단**

이 문제에 대해서는 대법원의 2009. 9. 17. 선고 2007다2428 판결이 관리처분계획의 법적 성질이나 그와 관련된 쟁송수단을 구체적으로 밝히고 있어 그 의의가 매우 크다.

이 판결은 먼저 도시 및 주거환경정비법의 관리처분계획은 주택재건축조합이 행정주체의 지위에서 정비사업의 시행결과 조성되는 대지 또는 건축물의 권리귀속에 관한 사항과 조합원의 비용분담에 관한 사항 등을 정함으로써 조합원의 재산상 권리·의무 등에 구체적이고 직접적인 영향을 미치게 되므로, 이는 구속적 행정계획으로서 재건축조합이 행하는 독립된 행정처분에 해당한다고 하였다.

이 판결은 이러한 관리처분계획안에 대한 총회결의의 효력을 다투는 소송은 행정처분에 이르는 절차적 요건의 존부나 효력 유무에 관한 소송으로서 행정처분의 위법 여부에 직접 영향을 미치는 공법상 법률관계에 관한 것이므로, 이는 행정소송법상의 당사자소송에 해당한다고 하고 있다. 이 소송은 분쟁의 신속한 해결의 관점에서 관리처분계획의 인가·고시가 있기 전에는 그 필요성이 인정되나, 인가·고시 이후에는 관리처분계획은 행정처분으로서 효력을 발생하므로 그 경우에는 총회결의의 하자를 이유로 하여 행정처분의 효력을 다투는 취소소송 또는 무효확인소송으로 그 취소 또는 무효확인을 구하여야 하고, 당해 처분에 이르는 절차적 요건에 그치는 총회결의 부분만을 따로 떼어 그 효력 유무를 다투는 확인의 소를 제기하는 것은 허용되지 아니한다고 판시하였다. 이와 관련하여 이 판결은 총회결의무효확인소송을 민사소송으로 보고 또 관리처분계획의 인가·고시가 있은 후에도 그 무효확인을 구할 수 있다는 취지로 판시한 대법원 2004다13694 판결을 변경하였다.

### (4) 체비지·보류지

체비지는 사업비의 일부를 충당하기 위하여 매각할 목적으로 분양에서 제외하는 대지나 건축시설을 말하고, 보류지는 사업시행자가 그 정관 등 또는 사업시행계획이 정하는 목적에 공용하기 위하여 분양에서 제외한 대지나 건축시설을 말하는데, 사업시행자는 환권계획을 정함에 있어 대지 또는 건축시설의 일부를 이러한 체비지 또는 보류지로 정할 수 있다($\frac{동법}{79④}$).

### 5. 환권처분

#### (1) 환권처분의 성질

재개발사업의 완료로 사업시행자가 환권계획에 따라 분양처분 및 청산을 하는 형성적 행정행위이다.[1]

#### (2) 환권처분의 절차

시장·군수가 아닌 사업시행자는 정비사업에 관한 공사를 완료한 때에는 시장·군수의 준공인가를 받아야 하는바, 시장·군수는 효율적인 준공검사를 위하여 필요한 때에는 관계행정기관·정부투자기관·연구기관 그 밖의 전문기관 또는 단체에 준공검사의 실시를 의뢰할 수 있다. 시장·군수는 준공검사의 실시결과 정비사업이 인가받은 사업시행계획대로 완료되었다고 인정하는 때에는 준공인가를 하고 공사의 완료를 당해 시·군의 공보에 고시하여야 한다($\frac{동법 83①}{내지 ③}$).

사업시행자는 이 고시가 있은 때에는 지체없이 대지확정측량을 하고 토지의 분할절차를 거쳐 환권계획에 정한 사항을 분양받을 자에게 통지하고 대지 또는 건축물의 소유권을 이전하여야 한다($\frac{동법}{86①}$).

사업시행자는 대지 및 건축물의 소유권을 이전한 때에는 그 내용을 지방자치단체의 공보에 고시한 후 이를 시장·군수에게 보고하여야 한다($\frac{동조}{②}$).

---

1) 대판 1989. 9. 12, 88누9763.

### (3) 환권처분의 효과

대지 또는 건축물을 분양받을 자에게 소유권을 이전한 경우 종전의 토지 또는 건축물에 설정된 지상권·전세권·저당권·임차권·가등기담보권·가압류 등 등기된 권리 및 주택임대차보호법 제3조 제1항의 요건을 갖춘 임차권은 소유권을 이전받은 대지 또는 건축물에 설정된 것으로 본다($\frac{동법}{87①}$). 분양처분에 의하여 취득하는 대지 또는 건축물 중 토지등소유자에게 분양하는 대지 또는 건축물은 도시개발법의 규정에 의하여 행하여진 환지로 본다($\frac{동조}{②}$).

정비사업을 시행하는 지역 안에 있는 토지 또는 건축물에 저당권을 설정한 권리자는 저당권이 설정된 토지 또는 건축물의 소유자가 지급받을 청산금에 대하여 청산금을 지급하기 전에 압류절차를 거쳐 저당권을 행사할 수 있다($\frac{동법}{91}$).

### (4) 청 산 금

대지 또는 건축물을 분양받은 자가 종전에 소유하고 있던 토지 또는 건축물의 가격과 분양받은 대지 또는 건축물의 가격 사이에 차이가 있는 경우에는 사업시행자는 소유권이전의 고시가 있은 후에 그 차액에 상당하는 금액(청산금)을 분양받은 자로부터 징수하거나 분양받은 자에게 지급하여야 한다($\frac{동법}{89①}$).

### (5) 등 기

사업시행자는 소유권이전의 고시가 있은 때에는 지체없이 대지 및 건축물에 관한 등기를 지방법원지원 또는 등기소에 촉탁 또는 신청하여야 하며, 정비사업에 관하여 소유권이전의 고시가 있은 날부터 위의 촉탁 또는 신청에 의한 등기가 있을 때까지는 다른 등기는 이를 하지 못한다($\frac{동법}{88①③}$).

# 제 5 장   지역개발·환경행정법

## 제 1 절   지역개발행정법[1]

### 제 1 항 총   설

우리나라의 국토는 협소한 편이다. 이러한 협소한 국토의 이용실태도 다수의 지역은 저개발상태에 있는 데 비하여, 한정된 도시나 그 주변지역에 산업·인구가 집중되어 있어서 지역에 따른 인구의 과밀·과소 또는 생활수준의 격차, 무질서한 시가지의 확대나 도시 및 그 주변지역에 있어서의 지가의 폭등이나 그에 따르는 토지의 투기사태, 주택부족, 교통량의 폭주, 산업입지의 부적정성으로 인한 공해현상 등 허다한 문제가 제기되고 있다. 따라서 국가 등의 행정주체는 장래전망적인 장기적 관점에서 종합적·계획적인 국토의 이용·개발을 도모하고 토지이용에 합리적인 질서를 정립하고 토지의 이용·거래를 규제하는 등의 조치에 의하여 이러한 부정적인 사태에 대처하고 이를 시정하여 국민의 일상생활이나 산업활동이 합리적인 지역구조 위에서 영위되도록 하지 않으면 안된다.

일반적으로 국토의 균형있는 개발이나 합리적 토지이용질서를 정립하기 위한 종합적 시책을 내용으로 하는 행정분야를 지역개발행정이라 할 수 있을 것인데, 이러한 의미의 지역개발·정비행정은 우리나라와 같이 비교적 국토가 협소한 국가에서는 그 의미나 중요성이 보다 부각된다고 하겠다.

---

[1] 이 행정분야에 대하여 학자들이 사용하는 명칭은 매우 다양하다. 실제 여기서 검토되고 있는 내용은 국토의 정비·개발 및 토지이용규제에 관한 것이라는 점에서는, 국토개발·토지이용규제행정법이라는 명칭이 가장 그 실질에 적합한 것으로 보인다. 이 판에서도 이 용어의 사용을 신중히 고려하여 보았으나, 이 용어는 그 내용상의 적절성에도 불구하고 다소 번잡한 측면이 있는 것으로 보여, 일단 종래의 명칭을 그대로 사용하기로 하였다.

## 제2항 지역개발행정의 의의 및 특징

### 1. 지역개발행정의 의의

대체로 전술한 것과 같은 내용의 지역개발행정은 비교적 최근에 등장한 행정영역이므로, 그 범위나 의의 등에 대하여 현재로는 상당히 의견이 갈리고 있다.[1] 여기서는 지역개발행정을 「적극적·계획적으로 국토 및 미이용자원을 효율적으로 이용함으로써 국민의 생활을 향상시키기 위하여 일정지역의 물적 환경을 정비·형성하는 행정작용」으로 정의하여 둔다.

지역개발행정은 국토의 전부 또는 일부 지역을 여하히 정비할 것인가라는 관점에서 행하여지는 지역의 물적 환경의 정비형성작용이나, 그것은 단순히 토지의 개발·이용에 그치는 것은 아니고, 그 궁극적 목적은 지역의 자연적·사회적·경제적 조건을 정비하고 개발함으로써 지역주민의 생활수준을 향상시키는 데에 있다.

지역개발행정은 일정한 계획에 따라 공공시설의 정비, 토지이용의 규제·사업유도 등의 여러 행정수단을 종합하여 하나의 목적을 지향하여 행하여지는 전형적인 계획행정으로서의 성질을 가진다. 이러한 지역개발행정은 적극적으로 국토나 미이용자원의 이용을 도모하는 측면과 계획적·합리적인 국토이용을 위하여 난개발을 규제하는 측면을 모두 포함하고 있다.

### 2. 지역개발행정의 특징

지역개발행정의 특징으로서는 대체로 다음의 몇 가지를 들 수 있을 것이다.

#### (1) 물적 환경의 정비

지역개발행정은 국민의 보다 나은 생활을 위하여 일정 지역의 물적 환경을 정비·형성하는 행정작용이다. 그 점에서 생산·소득의 증대를 직접 목적으로 하는 경제개발, 또는 공중위생, 사회복지, 교육 등 직접 사람의 능력·복지의 향상을 목적으로 하는 사회개발 등과는 일단 구별된다. 그러나 지역개발행정의 이념이 국민의 생활수준의 향상에 있다는 점에서 볼 때, 이러한

---

1) 지역개발행정은 금세기에 들어서의 급격한 산업화·도시화로 인하여 교통문제·주택문제·공간보존문제 등이 등장하여 그에 대처하기 위한 다수의 법률이 제정됨에 따라 등장하기 시작한 행정영역으로서, 행정법상 이 문제는 대체로 1950년 이후에 비로소 본격적으로 검토되기 시작한 것이다.

경제개발이나 사회개발과의 관련성은 무시할 수 없는 것이다.

(2) 계획행정

지역개발행정은 국토의 장래에 대한 예견적 계획에 의거하여 적극적으로 지역을 정비·형성하는 행정작용이다. 그 궁극적 목적은 국민의 보다 나은 생활환경을 조성하는 데에 있는 것이며, 개발행정에 있어서는 이를 위하여 공공시설의 정비, 토지이용의 규제·사업유도 등의 종합적 수단을 사용하게 된다.

(3) 지역개발행정의 적극목적성

지역개발행정의 목적은 단순한 질서유지나 현상보전에 있는 것이 아니라, 적극적으로 지역의 물적 환경을 정비·형성하여 국민의 보다 나은 생활환경을 조성하려는 데에 있다.

이러한 지역개발행정은 생활환경에 관한 행정작용이라는 점에서는 환경보전행정과 공통성이 있으나, 환경보전행정은 일정 지역의 토지·공간 또는 물건을 현상유지적으로 보전함을 그 주된 목적으로 하는 점에서는 지역의 물적 환경의 적극적 정비·형성을 내용으로 하는 지역개발행정과는 일단 구별된다. 그러나 이들은 모두 국민의 생활환경의 향상에 기여하는 행정작용으로서 실제로는 양자를 구별하기 어려운 경우도 적지 않다.

## 제 3 항  지역개발행정의 수단

### 1. 행정계획

지역개발행정은 위에 적은 바와 같이 국민의 생활환경 향상이라는 궁극적 목적을 위하여 공공시설의 정비나 기타 사업, 토지이용의 규제 또는 유도적 조치 등의 종합적 수단에 의하여 지역의 물적 환경을 정비·형성하는 작용이므로, 행정계획이 그 기본적 수단이 되고 있다.

우리나라에도 환지계획이나 도시계획 등은 오래 전부터 있었다. 그러나 이들 계획은 개별적인 공공사업의 실시계획에 지나지 않았고, 장기적 전망에 기한 지역 또는 도시의 형성·발전방향이나 목표 등을 제시한 계획은 존재하지 않았던바, 이러한 계획이 등장하게 된 것은 대체로 1970년대 이후이다.

현재의 대표적인 지역개발계획으로서는 국토기본법에 의한 국토종합계획, 국토계획법에 의한 도시·군관리계획, 수도권정비계획법에 의한 수도권정비계획 등을 들 수 있는데, 이들 계획에는 일정한 법적 효력이 부여되어 있고 그 상호간에는 상위·중위·하위계획의 관계에 있다.

## 2. 공용수용 및 공용환지·공용환권

토지개발행정에 있어 공공시설의 설치나 시가지의 재정비·농지개량 등을 위한 수단으로서 공용수용, 공용환지·공용환권 등의 수단이 사용되고 있다. 공용수용이란 주로 공공시설의 설치를 위하여 개인의 토지 등의 소유권을 강제적으로 취득하는 작용을 말한다.

독일·「프랑스」 등에서는 공용수용 외에도 토지의 취득방법으로서 선매권제도가 채택되고 있다. 이 제도는 지역계획이 수립된 지역 안의 토지를 유상으로 양도하고자 하는 경우에는 이를 지방자치단체 등에 통지하게 하고, 이 경우 당해 지방자치단체 등이 공익상의 필요에 따라 그 토지를 매수할 의사를 알린 때에는 당해 토지소유권자와 자치단체 사이에 그 토지의 매매계약이 성립한 것으로 보는 것을 그 내용으로 하는 것이다.[1] 우리나라에서는 이러한 선매권제도는 채택되지 않고 다만 선매협의제도만이 인정되고 있다 (부동산 거래신고 등에<br>관한 법률 15 참조).

공용환지·공용환권이란 토지의 합리적 이용을 증진하기 위하여 일정지역 안의 토지의 구획·형질을 변경하고 권리자의 의사를 불문하고 토지 등의 소유권을 강제적으로 교환·분합하는 작용을 말한다. 이 중에서 토지와 토지의 교환에 그치는 것을 공용환지라 하고, 토지와 건축물을 모두 교환·분합하는 입체적 환지방식을 공용환권이라 한다.[2]

## 3. 토지의 이용·처분의 규제 및 이용의무의 부과

지역개발행정의 목적을 위하여 법령에 의하여 사인의 토지 등에 대한 사용·수익의 자유 또는 그 처분권이 일정한 한도에서 제한되고, 또한 일정한 토지에 대하여는 그 이용의무가 부과되고 있다.

### (1) 토지의 이용·수익행위의 제한

국토계획법에 의한 개발행위제한(동법 56<br>내지 65) 또는 동법상의 용도지역·용도지구 또는 용도구역 안에서의 행위제한(동법 76<br>내지 84) 등이 그 예이다.

---

1) 독일연방건설법전 제24조 내지 제28조 참조.
2) 자세한 내용은 본서의 '공용부담' 부분 참조.

### (2) 토지의 처분의 제한

토지거래계약허가제가 그 예이다(부동산 거래신고 등 에 관한 법률 11).

## 4. 개발이익의 환수

개발이익이란 개발사업을 시행함으로써 정상지가상승분을 초과하여 개발시행자에게 귀속되는 토지가격의 증가분과 공공사업의 시행 등으로 토지소유자에게 귀속되는 토지가격의 증가분을 말하는바, 개발이익 환수에 관한 법률은 이러한 개발이익의 환수를 위한 개발부담금의 법제를 규정하고 있다.

## 제 4 항  지역개발행정의 법제

헌법 제120조 제2항은 "국토와 자원은 국가의 보호를 받으며, 국가는 그 균형 있는 개발과 이용을 위하여 계획을 수립한다"고 하고, 동법 제122조는 "국가는 국민 모두의 생활 및 생활의 기반이 되는 국토의 효율적이고 균형있는 이용·개발과 보전을 위하여 법률이 정하는 바에 의하여 그에 관한 필요한 제한과 의무를 과할 수 있다"고 규정하여, 지역개발행정에 관한 근거를 마련하고 있다.

이러한 헌법적 근거에 따라 대체로 1970년대 이후의 지역개발정책 내지는 토지정책의 활발한 전개와 더불어 다수의 법률이 제정되어 지역개발행정에 관한 법제가 일단 정비되게 되었다. 다만 비교적 단기에 다수의 법률이 제정된 결과, 현재의 지역개발행정 법제는 법률 상호간의 유기적 관련이나 전체로서 통일적 체계성이 상당히 결여되어 매우 복잡한 양상을 노정하고 있는 것이 사실이다.

지역개발행정에 관한 법률로서는 ① 국토개발에 관한 법률로서 국토기본법, 연안관리법, 수도권정비계획법, ② 산업입지에 관한 법률로서 산업입지 및 개발에 관한 법률, 산업집적활성화 및 공장설립에 관한 법률, ③ 도시·군계획에 관한 법률로서 국토계획법, 도시개발법, 도시 및 주거환경정비법 등을 들 수 있다.

다음에서는 국토개발 내지 토지이용규제에 관하여 기본법적 성격을 가지는 국토기본법·토지이용규제 기본법 및 국토계획법의 내용을 검토하고 이어서 토지이용규제의 대표적 수단으로서의 토지거래계약허가제, 지가공시제 및 개발이익환수제에 대하여 살펴보기로 한다.

## 제 1. 국토기본법

### 1. 개     설

이 법은 종전의 국토건설종합계획법의 미비점을 보완하기 위하여 이를 대체하는 법으로서 제정된 것이다. 즉 이전의 국토건설종합계획법은 국토계획의 수립절차에 관하여만 규정하고 국토관리의 기본이념과 제도에 관한 규정이 결여되어 있었다. 따라서 국토기본법은 국토에 관한 계획 및 정책을 수립·시행함에 있어 지향하여야 할 이념과 기본방향을 명시하고 국토계획의 수립과 그 체계적인 실천을 위한 제도적 장치를 마련하고 있는 것으로서, 이법은 국토의 계획 및 이용에 관한 최상위의 법이다.

이 법은 국토관리의 기본이념으로서 "국토는 모든 국민의 삶의 터전이며 후세에 물려줄 민족의 자산이므로, 국토에 관한 계획 및 정책은 개발과 환경의 조화를 바탕으로, 국토를 균형있게 발전시키고 국가의 경쟁력을 높이며, 국민의 삶의 질을 개선함으로써 국토의 지속가능한 발전을 도모할 수 있도록 수립·집행하여야 한다"고 하고 있다($\frac{법}{2}$). 즉 동법은 국토관리의 기본이념으로서, 국토는 모든 국민의 삶의 터전이고 후세에 물려줄 민족의 자산이라는 인식하에서, 국토에 관한 계획과 정책은 ① 개발과 환경의 조화, ② 국토의 균형발전과 국가경쟁력의 제고, ③ 국토의 지속가능한 발전을 지향하여야 한다고 선언하고 있다. 이러한 기본이념은 국토정책이나 계획의 수립 및 집행에 있어 가장 중시하여야 할 가치개념이라 할 것이다.[1]

### 2. 국토계획

#### (1) 의     의

국토계획이란 국토를 이용·개발 및 보전함에 있어서 미래의 경제적·사회적 변동에 대응하여 국토가 지향하여야 할 발전방향을 설정하고 이를 달성하기 위한 계획을 말한다($\frac{동법}{6①}$).

#### (2) 국토계획의 종류

국토계획은 다음과 같이 구분된다($\frac{동조}{②}$).

---

1) 류해웅·김승종, 국토기본법과 국토계획법, 국토개발원, 2002, p. 5.

1) **국토종합계획**    국토 전역을 대상으로 하여 국토의 장기적인 발전방향을 제시하는 종합계획이다. 국토종합계획은 국토교통부장관이 수립하고 국무회의의 심의를 거쳐 대통령의 승인을 받아야 한다($\frac{동법 9①·}{12①}$).

2) **도종합계획**    도 또는 특별자치도의 관할구역을 대상으로 하여 당해 지역의 장기적인 발전방향을 제시하는 종합계획이다. 도종합계획은 도지사가 수립하여 도시계획위원회의 심의를 거쳐 국토교통부장관의 승인을 받아야 한다($\frac{동법}{13·15}$).

3) **시·군종합계획**    특별시·광역시·시 또는 군(광역시의 군을 제외)의 관할구역을 대상으로 하여 당해 지역의 기본적인 공간구조와 장기발전방향을 제시하고, 토지이용·교통·환경·안전·산업·정보통신·보건·후생·문화 등에 관하여 수립하는 계획으로서 국토계획법에 의하여 수립되는 도시·군계획이다.

4) **지역계획**    특정한 지역을 대상으로 특별한 정책목적을 달성하기 위하여 수립하는 계획이다. 중앙행정기관의 장 또는 지방자치단체의 장은 지역 특성에 맞는 정비나 개발을 위하여 필요하다고 인정하는 경우에는 관계 중앙행정기관의 장과 협의하여 관계 법률이 정하는 바에 따라 수도권발전계획(수도권에 과도하게 집중된 인구와 산업의 분산 및 적정배치를 유도하기 위하여 수립하는 계획), 지역개발계획(성장 잠재력을 보유한 낙후지역 또는 거점지역 등과 그 인근지역을 종합적·체계적으로 발전시키기 위하여 수립하는 계획) 및 그 밖에 다른 법률에 따라 수립하는 지역계획을 수립할 수 있다($\frac{동법}{16①}$).

5) **부문별계획**    국토 전역을 대상으로 하여 특정부문에 대한 장기적인 발전방향을 제시하는 계획이다.

**(3) 국토계획 상호간 및 다른 계획과의 관계**

국토종합계획은 도종합계획 및 시·군종합계획의 기본이 되며, 부문별계획은 국토종합계획과 조화를 이루어야 한다($\frac{동법}{7①}$). 국토종합계획은 다른 법령에 의하여 수립되는 국토에 관한 계획에 우선하며 그 기본이 된다($\frac{동법}{8}$).

중앙행정기관의 장 및 시·도지사는 국토종합계획의 내용을 소관업무와 관련된 정책 및 계획에 반영하여야 하며, 국토종합계획을 실행하기 위한 소관별 실천계획을 수립하고, 그 추진실적서를 작성하여 국토교통부장관에게 제출하여야 한다($\frac{동법}{18}$).

위에서 본 바와 같이 국토종합계획은 국토계획의 가장 기본이 되는 것이며, 행정조직 내부에서는 절차 및 실체법적 측면에서 일정한도의 구속력이 인정된다. 그러나 이 계획은 뒤에서 검토하는 국토계획법에 의한 도시·군관리계획과는 달리 국민에 대하여는 구속력이 없다.

**(4) 국토계획 간 조정 및 국토계획에 관한 처분의 조정**

국토교통부장관은 도종합계획·시·군종합계획·지역계획 및 부문별계획이 서로 상충되거나 국토종합계획에 부합하지 아니하다고 판단되는 경우 등에는 중앙행정기관의 장 또는 지방자치단체의 장에게 당해 계획을 조정할 것을 요청할 수 있고, 이러한 조정을 요청받은 중앙행정기관의 장 또는 지방자치단체의 장이 특별한 사유 없이 이를 반영하지 아니하는 경우에는 국토교통부장관이 이를 조정할 수 있다($\frac{동법}{20①②}$).

국토교통부장관은 중앙행정기관의 장 또는 지방자치단체의 장이 행하는 국토계획에 따른 처분이나 사업이 서로 상충되어 국토계획의 원활한 실시에 지장을 초래할 우려가 있다고 인정하는 때에는 그 처분이나 사업을 국토정책위원회의 심의를 거쳐 조정할 수 있다($\frac{동법}{21①}$).

# 제 2. 토지이용규제 기본법

## Ⅰ. 개   설

이 법은 토지이용과 관련된 지역·지구 등의 지정과 관리에 관한 기본적인 사항을 규정함으로써 토지이용규제의 투명성을 확보하여 국민의 토지이용상의 불편을 줄이는 것을 그 목적으로 하고 있다($\frac{법}{1}$).

## Ⅱ. 토지이용규제의 투명성 확보

지역·지구 등을 규정하는 법령 또는 자치법규는 그 지정목적, 지정기준, 행위제한내용 등을 구체적이고 명확하게 규정하여야 한다.

여기서의 '지역·지구 등'은 지역·지구·구역·권역·단지·도시·군계획시설 등 명칭에 관계없이 개발행위를 제한하거나 토지이용과 관련된 인가·허가 등을 받도록 하는 등 토지의 이용 및 보전에 관한 제한을 하는 일단의 토지를 말하며, 토지와 연접한 해수면이 토지와 같이 제한을 받는 경우에는 그 해수면을 포함한다($\frac{동법}{2}$).

## Ⅲ. 지역·지구 등의 신설·세분 또는 변경의 제한

### (1) 신설·세분 또는 변경의 대상 지역

지역·지구 등의 신설·세분 또는 변경은 다음의 지역·지구 등에 한한다($\frac{동법}{5}$).

① 토지이용규제 기본법 [별표]에 규정된 지역·지구 등. 국토의 계획 및 이용에 관한 법률에 의한 용도지역·용도지구·용도구역, 도시계획시설부지, 지구단위계획구역, 개발행위허가제한구역, 개발밀도관리구역, 도시개발법에 의한 도시개발구역, 도시 및 주거환경정비법에 의한 정비구역, 건축법에 의한 건축허가·착공제한지역, 농지법에 의한 농업진흥지역, 산지관리법에 의한 보전산지 등이 모두 이에 해당한다.

② 다른 법률의 위임에 의하여 대통령령에 규정된 지역·지구 등으로서 토지이용규제 기본법 시행령에 규정된 지역·지구 등

③ 다른 법령의 위임에 의하여 총리령·부령 및 자치법규에 규정된 지역·지구 등으로서 국토교통부장관이 관보에 고시하는 지역·지구 등

### (2) 토지이용규제위원회의 사전심의절차

중앙행정기관의 장이나 지방자치단체의 장은 지역·지구 등이 신설되는 법령이나 자치법규를 제정 또는 개정하고자 하는 경우에는 그 법령안 또는 자치법규안을 입법예고하기 전에 국토교통부장관에게 지역·지구 등의 신설·세분 또는 변경이 다음의 기준에 부합하는지에 대한 토지이용규제심의위원회의 심의를 요청하여야 한다($\frac{동법}{6①}$).

① 기존의 지역·지구 등의 지정목적 또는 명칭과 유사하거나 중복되지 아니할 것

② 지역·지구 등의 신설이 명확한 목적을 가질 것

③ 지역·지구 등의 지정기준과 요건 등이 구체적이고 명확할 것

④ 지역·지구 등 안에서의 행위제한내용이 그 지정목적에 비추어 다른 지역·지구 등과 균형을 유지할 것

⑤ 그 밖에 대통령령으로 정하는 사항

### (3) 행위제한 강화시 토지이용규제심의위원회의 사전심의

토지이용규제 기본법은 지역·지구 등에 설정된 행위제한이 무분별하게 강화되는 것을 막기 위하여 지역·지구 등에 설정된 행위제한을 강화하는 법

령안 또는 자치법규안을 입법예고하기 전에 토지이용규제심의위원회의 심의를 거치도록 의무화하고 있다($\frac{동법}{6의2}$). 국토교통부장관은 심의 요청 없이 행위제한 강화등을 한 경우 직권으로 위원회가 심의하게 할 수 있고, 심의 결과에 따라 필요한 조치를 권고할 수 있다($\frac{동법}{6의3}$).

## Ⅳ. 사업지구 안에서의 행위제한

사업지구(개발사업을 시행하기 위한 지역·지구등으로서 대통령령으로 정하는 지역·지구등)를 규정하는 법령 또는 자치법규는 그 사업지구 안에서 개발사업에 지장을 초래할 수 있는 다음의 행위로서 관계 행정기관의 장의 허가 또는 변경허가를 받아야 하는 사항을 구체적으로 정하여야 한다($\frac{동법}{7①}$).

① 건축물의 건축
② 공작물의 설치
③ 토지의 형질변경
④ 토석의 채취
⑤ 토지분할
⑥ 물건을 쌓아놓는 행위
⑦ 그 밖에 위와 유사한 행위로서 개발사업에 지장을 초래할 수 있는 행위

## Ⅴ. 지역·지구 등의 지정 및 변경절차

### 1. 주민의 의견청취

중앙행정기관의 장 또는 지방자치단체의 장이 지역·지구 등을 지정·변경 또는 해제하고자 하는 때에는 미리 주민의 의견을 들어야 한다. 다만, 다음 사항의 경우에는 그러하지 아니하다($\frac{동법}{8①}$).

① 별도의 지정절차 없이 법령 또는 자치법규에 따라 지역·지구 등의 범위가 직접 지정되는 경우
② 다른 법령 또는 자치법규에 주민의 의견을 듣는 절차가 규정되어 있는 경우
③ 국방상 기밀유지가 필요한 경우
④ 그 밖에 대통령령으로 정하는 경우

## 2. 지형도면 고시

중앙행정기관의 장 또는 지방자치단체의 장이 지역·지구 등을 지정 또는 변경하는 때에는 지형도면(지적이 표시된 지형도에 지역·지구 등을 명시한 도면)을 작성하여 관보 또는 공보에 고시하여야 한다. 다만, 대통령령으로 정하는 경우에는 지형도면을 작성·고시하지 아니하거나 지적도 등에 지역·지구 등을 명시한 도면을 작성하여 고시할 수 있다($\frac{동법}{8②}$).

지형도면 등을 고시하여야 하는 지역·지구 등을 지정하는 때에 지형도면 등을 고시하기 곤란한 경우에는 지역·지구 등의 지정일부터 2년이 되는 날까지 지형도면 등을 고시하여야 하며, 이 고시가 없는 경우에는 그 2년이 되는 날의 다음 날부터 그 지정의 효력을 잃는다. 지역·지구 등의 지정이 효력을 잃은 때에는 당해 지역·지구 등의 지정권자는 지체없이 그 사실을 관보 또는 공보에 고시하고 이를 관계 시장·군수 또는 자치구청장에게 통보하여야 하며, 시장·군수 또는 자치구청장은 그 내용을 국토이용정보체계상에 등재하여 일반 국민이 이를 볼 수 있도록 하여야 한다($\frac{동법 8 ③}{내지 ⑤}$).

중앙행정기관의 장이나 지방자치단체의 장은 지형도면 등을 고시하고자 하는 때에는 관계 시장·군수 또는 자치구청장에게 관련 서류와 고시예정일 등을 미리 통보하여야 한다. 다만, 지형도면 등을 작성·고시하지 아니하는 경우에는 지역·지구 등을 지정하는 때에, 지역·지구 등을 지정한 후에 지형도면 등을 고시하는 경우에는 지역·지구 등을 지정하는 때와 지형도면 등을 고시하는 때에 그 사항을 미리 통보하여야 한다. 시장·군수 또는 자치구청장은 그 내용을 국토이용정보체계상에 등재하여 지역·지구 등의 지정 효력발생일(지역·지구 등을 지정한 후에 지형도면 등의 고시를 하는 경우에는 지형도면 등을 고시한 날)부터 일반 국민이 볼 수 있도록 하여야 한다($\frac{동법}{8⑧⑨}$).

## 3. 다른 법률과의 관계

지역·지구 등의 지정과 운영 등에 관하여 다른 법률에 토지이용규제 기본법 제8조의 규정과 다른 규정이 있는 경우에는 토지이용규제 기본법의 규정에 따른다($\frac{동법}{3}$).

## Ⅵ. 지역·지구 등의 지정 및 행위제한내용의 제공

국토교통부장관 및 지방자치단체의 장은 국토이용정보체계를 이용하여 필지별로 지역·지구 등의 지정 여부 및 행위제한내용을 일반국민에게 제공하여야 한다. 중앙행정기관의 장은 지역·지구 등이 신설되거나 지역·지구 안에서의 행위제한내용이 변경되는 경우에는 이를 국토교통부장관에게 통보하여야 하고, 이 경우 국토교통부장관은 국토이용정보체계를 통하여 제공되는 내용을 변경하여야 한다($\frac{동법}{9①②}$).

## Ⅶ. 토지이용계획확인서의 발급 등

시장·군수 또는 자치구청장은 다음 사항을 확인하는 토지이용계획확인서의 발급신청이 있는 경우에는 이를 발급하여야 한다($\frac{동법}{10①}$).

① 지역·지구 등의 지정내용

② 지역·지구 등의 행위제한 내용

③ 그 밖에 대통령령으로 정하는 사항

## Ⅷ. 규제안내서

국토교통부장관은 국민이 주택·공장 등의 설치를 위하여 관계 법령 또는 자치법규에 따라 받아야 하는 인가·허가 등의 기준, 절차, 구비서류 등을 기재한 규제안내서를 작성할 수 있다($\frac{동법 2}{11①}$).

국토교통부장관이 규제안내서를 작성하고자 할 때에는 관계 행정기관의 장과 미리 협의하여야 한다. 이 경우 협의를 요청받은 관계 행정기관의 장은 특별한 사유가 없는 한 그 요청을 받은 날부터 30일 이내에 의견을 제시하여야 한다($\frac{동법}{11②}$).

국토교통부장관이 규제안내서를 작성한 경우에는 이를 관보에 고시하여야 하며, 국토이용정보체계를 이용하여 이를 일반 국민에게 제공하여야 한다($\frac{동법}{11③}$).

중앙행정기관의 장이 규제안내서에 포함된 내용을 변경하는 경우에는 관계법령의 공포일에 규제안내서의 내용이 변경된 사실과 그 효력발생일을 함

께 관보에 고시하여야 하며, 고시를 하기 전에 고시예정일 등을 국토교통부
장관에게 통보하여야 한다. 이 경우 국토교통부장관은 국토이용정보체계를
이용하여 제공되는 규제안내서를 변경하여 그 효력이 발생할 날부터 일반 국
민이 볼 수 있도록 하여야 한다(동법⑥).

# 제 3. 국토의 계획 및 이용에 관한 법률

## I. 개    설

이 법은 내용적으로는 종전의 국토이용관리법과 도시계획법을 통합한 법
으로서, 이 법의 제정에 따라 앞의 2 개 법률은 폐지되었다. 종전에는 국토를
도시지역과 비도시지역으로 나누어 도시지역에는 도시계획법, 비도시지역에
는 국토이용관리법이 적용되고 있었다. 그런데 2000년대에 들어 특히 비도시
지역으로서의 준농림지역에서의 난개발의 문제가 심각하게 제기되었던 것으
로, 국토계획법은 비도시지역에도 도시계획기법을 도입함으로써 전국토에 대
한 「선계획 후개발」의 원칙을 채택하게 되었다.

이 법률이 정하고 있는 기본적 제도는 다음과 같다.

## II. 국토의 용도구분

국토는 토지의 이용실태 및 특성, 장래의 토지이용 방향 등을 고려하여
다음의 용도지역으로 구분한다(법⑥).

(1) 도시지역

인구와 산업이 밀집되어 있거나 밀집이 예상되어 당해 지역에 대하여 체
계적인 개발·정비·관리·보전 등이 필요한 지역.

(2) 관리지역

도시지역의 인구와 산업을 수용하기 위하여 도시지역에 준하여 체계적으
로 관리하거나 농림업의 진흥, 자연환경 또는 산림의 보전을 위하여 농림지
역 또는 자연환경보전지역에 준하여 관리가 필요한 지역.

(3) 농림지역

도시지역에 속하지 아니하는 농지법에 의한 농업진흥지역 또는 산지관리

법에 의한 보전산지 등으로서 농림업의 진흥과 산림의 보전을 위하여 필요한 지역.

### (4) 자연환경보전지역

자연환경, 수자원·해안·생태계·상수원 및 문화재의 보전과 수산자원 의 보호·육성 등을 위하여 필요한 지역.

## Ⅲ. 도시·군계획

도시·군계획이란 특별시·광역시·특별자치시·특별자치도·시 또는 군(광역시의 관할 구역에 있는 군을 제외)의 관할구역에 대하여 수립하는 공간구조와 발전방향에 대한 계획으로서 도시·군기본계획과 도시·군관리계획이 있다($\frac{동법}{2ii}$). 국토계획법상의 도시계획은 광의로는 앞의 협의의 도시·군계획 외에 광역도시계획을 포함하는 의미로 사용되기도 한다. 광역도시계획과 도시·군기본계획은 다른 도시계획에 대한 지침이 되는 계획으로서 관계 행정기관을 구속하기는 하나, 국민에 대한 법적 구속력은 인정되지 아니한다. 이에 대하여 도시·군관리계획은 국민에 대하여 직접적으로 법적 구속력을 가지는 행정계획이다($\frac{동법}{2}$).

### 1. 광역도시계획

광역도시계획이란 광역계획권(2 이상의 특별시·광역시·시 또는 군의 관할구역의 전부 또는 일부를 포괄하는 지역)의 장기발전방향을 제시하는 계획을 말한다($\frac{법}{2i}$).

#### (1) 광역계획권의 지정

국토교통부장관 또는 도지사는 둘 이상의 특별시·광역시·특별자치시·특별자치도·시 또는 군의 공간구조 및 기능을 상호 연계시키고 환경을 보전하며 광역시설을 체계적으로 정비하기 위하여 필요한 경우에는 다음 각호의 구분에 따라 인접한 둘 이상의 특별시·광역시·특별자치시·특별자치도·시 또는 군의 관할구역의 전부 또는 일부를 대통령령으로 정하는 바에 따라 광역계획권으로 지정할 수 있다($\frac{동법}{10①}$).

① 광역계획권이 둘 이상의 특별시·광역시·도 또는 특별자치도("시·도")의 관할 구역에 걸쳐 있는 경우: 국토교통부장관이 지정

② 광역계획권이 도의 관할 구역에 속하여 있는 경우: 도지사가 지정

**(2) 광역도시계획의 수립권자**

국토교통부장관, 시·도지사, 시장 또는 군수는 다음 각호의 구분에 따라 광역도시계획을 수립하여야 한다($^{동법}_{11①}$).

① 광역계획권이 같은 도의 관할 구역에 속하여 있는 경우: 관할 시장 또는 군수가 공동으로 수립

② 광역계획권이 둘 이상의 시·도의 관할 구역에 걸쳐 있는 경우: 시·도지사가 공동으로 수립

③ 광역계획권을 지정한 날부터 3년이 지날 때까지 관할 시장 또는 군수가 광역도시계획의 승인을 신청하지 아니한 경우: 관할 도지사가 수립

④ 국가계획과 관련된 광역도시계획의 수립이 필요한 경우나 광역계획권을 지정한 날부터 3년이 지날 때까지 관할 시·도지사로부터 광역도시계획의 승인 신청이 없는 경우: 국토교통부장관이 수립

국토교통부장관은 시·도지사가 요청하는 경우와 그 밖에 필요하다고 인정되는 경우에는 위의 내용에도 불구하고 관할 시·도지사와 공동으로 광역도시계획을 수립할 수 있다($^{동조}_{②}$).

**(3) 광역도시계획의 내용**

광역도시계획에는 ① 광역계획권의 공간구조와 기능분담에 관한 사항, ② 광역계획권의 녹지관리체계와 환경보전에 관한 사항, ③ 광역시설의 배치·규모·설치에 관한 사항, ④ 경관계획에 관한 사항 등에 관한 사항 중 당해 광역계획권의 지정목적을 달성하는 데 필요한 사항에 대한 정책방향이 포함되어야 한다($^{동법}_{12①}$).

**(4) 광역도시계획의 수립절차**

광역도시계획의 수립에 있어서는 기초조사를 하여야 하고, 공청회를 개최하여 주민 및 관계 전문가 등의 의견을 듣고, 관계 지방자치단체의 장과 그 의회의 의견을 청취하여야 한다.

국토교통부장관은 광역도시계획을 승인하거나 직접 광역도시계획을 수립 또는 변경(시·도지사와 공동으로 수립하거나 변경하는 경우를 포함한다)하려면 관계 중앙행정기관과 협의한 후 중앙도시계획위원회의 심의를 거쳐야 한다($^{동법}_{16②}$).

협의 요청을 받은 관계중앙행정기관의 장은 특별한 사유가 없는 한 그 요청을 받은 날부터 30일 이내에 국토교통부장관에게 의견을 제시하여야 한

다($\frac{동조}{③}$).

국토교통부장관은 직접 광역도시계획을 수립·변경하거나 승인하였을 때에는 관계중앙행정기관의 장과 시·도지사에게 관계 서류를 송부하여야 하며, 관계 서류를 받은 시·도지사는 대통령령으로 정하는 바에 따라 그 내용을 공개하고 일반이 열람할 수 있도록 하여야 한다($\frac{동조}{④}$).

시장 또는 군수가 광역도시계획을 수립하거나 변경하려면 도지사의 승인을 받아야 한다. 도지사에 의한 승인의 경우도 절차는 국토교통부장관의 승인 때와 같다($\frac{동조}{⑤⑥}$).

**(5) 광역도시계획의 조정**

광역도시계획을 공동으로 수립하는 경우에 그 내용에 관하여 협의가 이루어지지 아니하는 때에는 공동 또는 단독으로 국토교통부장관에게 조정을 신청할 수 있다. 이 경우 광역도시계획의 수립권자는 그 조정결과를 광역도시계획에 반영하여야 한다($\frac{동법}{17①④}$).

## 2. 도시·군기본계획

**(1) 도시·군기본계획의 의의**

도시·군기본계획이란 특별시·광역시·특별자치시·특별자치도·시 또는 군의 관할구역에 대하여 기본적인 공간구조와 장기발전방향을 제시하는 종합계획으로서 도시·군관리계획의 지침이 되는 계획을 말한다($\frac{동법}{2ⅲ}$). 도시·군관리계획은 도시·군기본계획에 부합되어야 한다($\frac{동법}{25①}$). 그러나 도시·군기본계획은 도시개발의 가이드라인을 정함에 그치고 그 자체에 직접적인 구속력은 없는 것이므로, 도시·군관리계획이 도시·군기본계획과 다른 내용을 가진다고 하여도 그것만으로 당해 계획이 위법한 것으로 되지는 아니한다.[1]

특별시장·광역시장·특별자치시장·특별자치도지사·시장 또는 군수(광역시의 관할 구역에 있는 군수는 원칙적으로 제외)가 관할구역에 대하여 다른 법률에 의한 환경·교통·수도·하수도·주택 등에 관한 부문별 계획을 수

---

1) 판례

"도시계획법은 … 시장 또는 군수는 그 관할 도시계획구역 안에서 시행할 도시계획을 도시기본계획의 내용에 적합하도록 입안하여야 한다고 규정하고 있으나, 도시기본계획이라는 것은 도시의 장기적 개발방향과 미래상을 제시하는 도시계획 입안의 지침이 되는 장기적·종합적인 개발계획으로서 직접적인 구속력은 없는 것이므로, 도시계획시설결정 대상면적이 도시기본계획에서 예정했던 것보다 증가하였다 하여 그것이 도시기본계획의 범위를 벗어나 위법한 것은 아니다"(대판 1998. 11. 27, 96누13927).

립하는 때에는 도시·군기본계획의 내용과 부합되게 하여야 한다($\frac{\text{동법}}{4④}$).

　(2) 도시·군기본계획의 수립권자

　도시·군기본계획은 특별시장·광역시장·특별자치시장·특별자치도지사·시장 또는 군수가 그 관할구역에 대하여 수립한다. 다만, 시 또는 군의 위치, 인구의 규모, 인구감소율 등을 감안하여 다음의 시 또는 군은 도시·군기본계획을 수립하지 아니할 수 있다($\frac{\text{동법 18①,}}{\text{동법시행령 14}}$).

　① 수도권정비계획법에 의한 수도권에 속하지 아니하고 광역시와 경계를 같이 하지 아니한 시 또는 군으로서 인구 10만명 이하인 시 또는 군

　② 관할구역 전부에 대하여 광역도시계획이 수립되어 있는 시 또는 군으로서 당해 광역도시계획에 도시·군기본계획에 포함되어야 할 정책방향이 모두 포함되어 있는 시 또는 군

　(3) 도시·군기본계획의 내용

　도시·군기본계획에는 ① 지역적 특성 및 계획의 방향·목표에 관한 사항, ② 토지의 용도별 수요 및 공급에 관한 사항, ③ 환경의 보전 및 관리에 관한 사항, ④ 기반시설에 관한 사항, ⑤ 공원·녹지에 관한 사항, ⑥ 경관에 관한 사항 등이 포함되어야 한다($\frac{\text{동법}}{19①}$).

　광역도시계획이 수립되어 있는 지역에 대하여 수립되는 도시·군기본계획은 당해 광역도시계획에 부합되어야 하며, 양 계획의 내용이 다른 때에는 광역도시계획의 내용이 우선한다($\frac{\text{동법}}{4③}$).

　(4) 도시·군기본계획의 수립절차

　도시·군기본계획을 수립함에 있어서는 기초조사를 하여야 하고, 공청회를 개최하여 주민 및 관계 전문가 등으로부터 의견을 들어야 하고($\frac{\text{동법}}{20}$), 지방의회의 의견을 청취하여야 한다($\frac{\text{동법}}{21}$). 도시·군기본계획의 수립을 위한 기초조사의 내용에는 토지의 토양, 입지, 활용가능성 등 토지의 적성에 대한 평가(토지적성평가)와 재해 취약성에 관한 분석이 포함되어야 한다($\frac{\text{동법}}{20②}$).

　도시·군기본계획을 수립하거나 변경하려면 특별시장·광역시장·특별자치시장 또는 특별자치도지사는 관계 행정기관의 장(국토교통부장관을 포함)과 협의한 후 지방도시계획위원회의 심의를 거쳐야 하며, 이를 공고하고 일반인이 열람할 수 있도록 하여야 한다($\frac{\text{동법}}{22}$). 시장 또는 군수는 도지사의 승인을 받아야 하며, 이를 공고하고 일반인이 열람할 수 있도록 하여야 한다($\frac{\text{동법}}{22의2}$).

**3. 도시·군관리계획**

(1) 도시·군관리계획의 의의

도시·군관리계획은 도시·군기본계획을 집행하기 위한 구체적인 계획으로서 국민에 대하여 직접적으로 구속력을 가지는 행정계획이다. 이러한 도시·군관리계획은 종전의 도시계획법상의 도시계획에 해당하는 것으로 행정쟁송법상의 처분의 성질을 가진다.[1]

국토계획법에 있어서의 도시·군관리계획은 특별시·광역시·특별자치시·특별자치도·시 또는 군의 개발·정비 및 보전을 위하여 수립하는 토지이용·교통·환경·경관·안전·산업·정보통신·보건·후생·안보·문화 등에 관한 다음의 계획을 말한다($\frac{동법}{2\,iv}$).

① 용도지역·용도지구의 지정 또는 변경에 관한 계획

② 개발제한구역·도시자연공원구역·시가화조정구역·수산자원보호구역의 지정 또는 변경에 관한 계획

③ 기반시설의 설치·정비 또는 개량에 관한 계획

④ 도시개발사업 또는 정비사업에 관한 계획

⑤ 지구단위계획구역의 지정 또는 변경에 관한 계획과 지구단위계획

⑥ 입지규제최소구역의 지정 또는 변경에 관한 계획과 입지규제최소구역계획

(2) 도시·군관리계획의 입안권자 및 결정권자

1) 도시·군관리계획의 입안권자　　도시·군관리계획은 원칙적으로 특별시장·광역시장·특별자치시장·특별자치도지사·시장 또는 군수가 입안한다($\frac{동법}{24①}$). 시장·군수 등은 ① 지역여건상 필요하다고 인정하여 미리 인접한 특별시장·광역시장·시장 또는 군수와 협의한 경우, ② 인접한 특별시·광역시·시 또는 군의 관할구역을 포함하여 도시·군기본계획을 수립한 경우에

---

1) 판례

　"구도시계획법(2002. 2. 4. 제정된 국토의계획및이용에관한법률 이전의 것) 제12조 소정의 도시계획결정이 고시되면, 도시계획구역 안의 토지나 건물소유자의 토지형질변경, 건축물의 신축·개축 또는 증축 등 권리행사가 일정한 제한을 받게 되는바, 이런 점에서 볼 때 고시된 도시계획결정은 특정 개인의 권리 내지 법률상의 이익을 개별적이고 구체적으로 규제하는 효과를 가져오게 하는 행정청의 처분이라 할 것이고, 이는 행정소송의 대상이 되는 것이라 할 것이다"(대판 1988. 5. 24, 87누388).

는 인접한 시·군 등의 관할구역의 전부 또는 일부를 포함하여 도시·군관리계획을 입안할 수 있으며, 그 경우에는 관계 시장·군수 등이 협의하여 공동으로 입안하거나 입안할 자를 정한다(동조②③).

전술한 원칙에 대한 예외로서, ① 입안할 계획이 국가계획과 관련된 경우, ② 2 이상의 시·도에 걸쳐 지정되는 용도지역·용도지구 또는 용도구역과 2 이상의 시·도에 걸쳐 이루어지는 사업의 계획 중 도시·군관리계획으로 결정하여야 할 사항이 있는 경우, ③ 시장·군수 등이 국토교통부장관의 조정요구에 따라 도시·군관리계획을 정비하지 아니한 경우에는 국토교통부장관이 직접 또는 관계 중앙행정기관의 장의 요청에 따라 도시·군관리계획을 입안할 수 있다. 이러한 경우에는 관할 시·도지사 및 시장·군수의 의견을 들어야 한다(동조⑤). 마찬가지로 도지사는 다음의 경우에는 직접 또는 시장이나 군수의 요청에 따라 도시·군관리계획을 입안할 수 있다. 즉 ① 2 이상의 시·군에 걸쳐 지정되는 용도지역·용도지구 또는 용도구역과 2 이상의 시·군에 걸쳐 이루어지는 사업의 계획 중 도시·군관리계획으로 결정하여야 할 사항이 포함되어 있는 경우, ② 도지사가 직접 수행하는 사업의 계획으로서 도시·군관리계획으로 결정하여야 할 사항이 포함되어 있는 경우이다. 이 경우에는 도지사는 시장 또는 군수의 의견을 들어야 한다(동조⑥).

2) 도시·군관리계획의 결정권자   도시·군관리계획은 시·도지사가 직접 또는 시장·군수의 신청에 의하여 이를 결정한다(동법29①). 다만, 서울특별시와 광역시 및 특별자치시를 제외한 인구 50만 이상의 대도시("대도시")의 경우에는 해당 시장("대도시 시장")이 직접 결정한다(동조①). 또한 ① 국토교통부장관이 입안한 도시·군관리계획, ② 개발제한구역의 지정 및 변경에 관한 도시·군관리계획, ③ 국가계획에 연계된 시가화조정구역의 지정 및 변경에 관한 도시·군관리계획은 국토교통부장관이 결정하고, 수산자원보호구역의 지정 및 변경에 관한 도시·군관리계획은 해양수산부장관이 결정한다(동조②).

(3) 도시·군관리계획의 수립

도시·군관리계획은 광역도시계획 및 도시·군기본계획에 부합되어야 한다(동법25①). 이러한 도시·군관리계획은 다음의 여러 단계, 절차를 거쳐 수립(입안 및 결정)된다.

1) 도시·군관리계획의 입안

㈎ 도시·군관리계획의 입안의 제안   주민(이해관계자를 포함)은, ①
기반시설의 설치·정비 또는 개량에 관한 사항, ② 지구단위계획구역의 지정
및 변경에 관한 사항, ③ 공업기능 또는 유통물류기능 등을 집중적으로 개발·
정비하기 위한 개발진흥지구의 지정 및 변경에 관한 사항, ④ 해당 용도지구
에 따른 건축물이나 그 밖의 시설의 용도·종류 및 규모 등의 제한을 지구단
위계획으로 대체하기 위한 용도지구의 지정 또는 변경에 관한 사항에 대한
도시·군관리 계획의 입안을 제안할 수 있다(동법<br>26①). 이와 관련하여 판례는 주
민은 도시계획의 입안을 요구할 수 있는 법규상 또는 조리상의 신청권이 있
다고 하고 있다(대판 2004. 4. 28,<br>2003두1806).

㈏ 기초조사   광역도시계획의 수립을 위한 기초조사에 관한 규정(동법<br>13)
은 도시·군관리계획의 입안에도 준용된다. 다만 경미한 사항을 입안하는 경
우에는 그러하지 아니하다(동법<br>27①). 입안권자가 실시하는 이러한 기초조사에는
도시·군관리계획이 환경에 미치는 영향 등에 대한 환경성 검토 및 토지적성
평가와 재해취약성분석을 포함하여야 한다(동조<br>②③).

㈐ 주민의견 및 지방의회의 의견의 청취   국토교통부장관, 시·도지사
등이 도시·군관리계획을 입안하는 때에는 주민의 의견을 들어야 하고, 그
의견이 타당하다고 인정되는 때에는 이를 도시·군관리계획안에 반영하여야
한다. 다만, 국방상 또는 국가안전보장상 기밀을 요하는 사항이거나 대통령령
으로 정하는 경미한 사항인 경우에는 그러하지 아니하다(동법<br>28①).

국토교통부장관, 시·도지사 등에 의한 도시·군관리계획의 입안에 있어서
는, 용도지역·용도지구 또는 용도구역의 지정 또는 변경지정, 광역도시계획에
포함된 광역시설의 설치·정비 또는 개량에 관한 도시·군관리계획의 결정 또
는 변경결정 등의 사항에 대하여 지방의회의 의견을 들어야 한다(동법 28⑤,<br>동법시행령 22⑦).

㈑ 도시·군관리계획의 입안의 특례: 상위계획과의 동시입안   국토교
통부장관, 시·도지사 등은 도시·군관리계획을 조속히 입안하여야 할 필요가
있다고 인정되는 때에는 광역도시계획 또는 도시·군기본계획을 수립하는 때
에 도시·군관리계획을 함께 입안할 수 있다(동법<br>35①).

2) 도시·군관리계획의 결정절차

㈎ 협의 및 심의절차   시·도지사는 도시·군관리계획을 결정하고자
하는 때에는 관계 행정기관의 장과 미리 협의하여야 하며, 국토교통부장관이

결정하는 때에는 관계 중앙행정기관의 장과 미리 협의하여야 한다.

시·도지사는 국토교통부장관이 입안하여 결정한 도시·군관리계획을 변경하거나, 광역도시계획과 관련하여 시·도지사가 입안한 도시·군관리계획, 개발제한구역이 해제되는 지역에 대하여 해제 이후 최초로 결정되는 도시·군관리계획 등에 대한 결정에 있어서는 미리 국토교통부장관과 협의하여야 한다($\frac{동법}{30}$).

도시·군관리계획을 결정하고자 하는 때에는 도시계획위원회의 심의를 거쳐야 한다. 다만, 지구단위계획 중, ① 건축물의 높이의 최고한도 또는 최저한도에 관한 사항, ② 건축물의 배치·형태·색채 또는 건축선에 관한 계획의 사항, ③ 경관계획에 관한 사항에 대하여는 건축법에 의한 건축위원회와 도시계획위원회가 공동으로 하는 심의를 거쳐야 한다($\frac{동조}{③}$).

(내) 협의 및 심의의 생략  국토교통부장관 또는 시·도지사는 국방상 또는 국가안전보장상 기밀을 요한다고 인정되는 때에는 그 도시·군관리계획의 전부 또는 일부에 대하여 협의 및 도시계획위원회의 심의절차를 생략할 수 있다($\frac{동조}{④}$).

(다) 도시·군관리계획의 고시  국토교통부장관 또는 시·도지사는 도시·군관리계획을 결정한 때에는 이를 고시하고, 관계 서류를 관계 특별시장·광역시장·특별자치시장·특별자치도지사·시장 또는 군수에게 송부하여 일반이 열람할 수 있도록 하여야 하며, 특별시장·광역시장·특별자치시장·특별자치도지사는 관계 서류를 일반이 열람할 수 있도록 하여야 한다($\frac{동조}{⑥}$).

**(4) 지형도면의 작성고시와 도시·군관리계획결정의 효력발생**

특별시장·광역시장·특별자치시장·특별자치도지사·시장 또는 군수는 도시·군관리계획 결정의 고시가 있은 때에는 지적이 표시된 지형도에 도시·군관리계획에 관한 사항을 자세히 밝힌 도면("지형도면")을 작성하여야 한다($\frac{동법}{32①}$). 시장(대도시 시장은 제외한다)이나 군수가 지형도면을 작성한 때에는 도지사의 승인을 얻어야 한다($\frac{동조}{②}$). 국토교통부장관 또는 도시사는 도시·군관리계획을 직접 입안한 경우에는 특별시장·광역시장·특별자치시장·시장 또는 군수의 의견을 들어 직접 지형도면을 작성할 수 있다($\frac{동조}{③}$).

국토교통부장관, 시·도지사, 시장 또는 군수는 지형도면을 작성하거나 지형도면을 승인한 경우에는 이를 고시하여야 한다($\frac{동조}{④}$).

도시·군관리계획결정의 효력은 지형도면을 고시한 날부터 발생한다($\frac{동법}{31①}$).

## Ⅳ. 용도지역제

### 1. 용도지역제의 의의

용도지역제는 도시와 그 주변지역의 자연환경 및 토지이용현황을 감안하여 각 토지에 그 특성에 따른 용도를 부여하고 그 토지에 건축할 건축물의 용도·높이·밀도 등을 규제함으로써 토지의 합리적 이용과 도시기능의 향상 및 양호한 도시환경을 조성하려는 제도이다. 용도지역제에서는 그 지정목적에 따라 건축물의 용도·건폐율·용적률 및 높이 등을 각각 달리 규제하는바, 그것은 입지조건이 비슷하고 함께 설치할 경우 서로의 효용이 증가되는 건축물은 같은 지역에 입지시키고, 입지조건이 상반되거나 함께 설치할 경우 서로의 효용이 감소되는 건축물은 다른 지역에 입지시키기 위한 것이다.

용도지역제는 초기에는 민법상의 상린관계가 확대·발전된 것으로 이해되고 있었으나, 현재는 개인의 토지이용행위를 계획적으로 규제·조정함으로써 국가 등의 행정주체가 도시형성에 적극적으로 관여하는 수단으로 파악되고 있다. 그러한 점에서 지역·지구제는 일종의 공용제한에 해당한다. 그러나 용도지역제는 지정목적에 부적합한 토지이용을 규제하는 소극적 방법에 불과하고, 규제대상도 건축행위에 한정되어 있어서 적극적으로 지정목적에 적합한 토지이용을 유도하는 기능이 부족하고 건축물이 아닌 시설에 대하여는 규제가 불가능하다는 한계가 있다.

종전의 도시계획법은 토지이용을 그 성질과 목적에 따라 지역·지구·구역으로 구분하고 있었던바, 이를 용도지역제라 총칭하였다. 다른 한편 국토건설·토지이용에 관한 다른 하나의 기본법으로서의 국토이용관리법도 전체 국토에 대하여 용도를 구분하는 국토이용계획제를 정하여 용도지역제는 비도시지역으로 확대되었으며, 그 밖에도 다수의 개별법들이 정책목적에 따라 토지이용을 규제하기 위하여 여러 종류의 지역·지구·구역을 지정할 수 있도록 하고 있다.

종전의 도시계획법과 국토이용관리법의 통합법으로서 이들 법을 대체한 국토계획법은 종전의 법률들과 같이 용도지역제를 채택하여, 도시·군관리계획에 의하여 용도지역·용도지구 및 용도구역을 지정할 수 있도록 하고 있다.

## 2. 용도지역

### (1) 의    의

용도지역이란 토지의 이용 및 건축물의 용도·건폐율(건축법에 의한 건폐율을 말함)·용적률(건축법에 의한 용적률을 말함)·높이 등을 제한함으로써 토지를 경제적·효율적으로 이용하고 공공복리의 증진을 도모하기 위하여 서로 중복되지 아니하게 도시·군관리계획으로 결정하는 지역을 말한다($\frac{동법}{2xv}$).

이러한 용도지역은 뒤에서 검토하는 용도지구 및 용도구역과는 다음의 점에서 다르다. 먼저 용도지역과 용도지구는 규제방식이 건축제한이라는 점에서 공통점이 있으나, 용도지역은 용도지구와는 달리 서로 중복 지정되지 아니한다. 용도지역과 용도구역은 중복지정이 허용되지 아니한다는 점에서는 공통점이 있으나, 용도지역은 그 규제대상이 건축제한에 한정된다는 점에서 용도구역과 다르다.

### (2) 용도지역의 지정

1) **용도지역의 지정**    국토교통부장관, 시·도지사 또는 대도시 시장은 다음과 같은 용도지역의 지정 또는 변경을 도시·군관리계획으로 결정한다($\frac{동법}{36①}$).

⑺ **도시지역**    다음과 같이 구분하여 지정한다.

(i) **주거지역**    거주의 안녕과 건전한 생활환경의 보호를 위하여 필요한 지역

(ii) **상업지역**    상업 그 밖에 업무의 편익증진을 위하여 필요한 지역

(iii) **공업지역**    공업의 편익증진을 위하여 필요한 지역

(iv) **녹지지역**    자연환경·농지 및 산림의 보호, 보건위생, 보안과 도시의 무질서한 확산을 방지하기 위하여 녹지의 보전이 필요한 지역

⑻ **관리지역**    다음과 같이 구분하여 지정한다.

(i) **보전관리지역**    자연환경보호, 산림보호, 수질오염방지, 녹지공간 확보 및 생태계보전 등을 위하여 보전이 필요하나, 주변의 용도지역과의 관계 등을 고려할 때 자연환경보전지역으로 지정하여 관리하기가 곤란한 지역

(ii) **생산관리지역**    농업·임업·어업생산 등을 위하여 관리가 필요하나, 주변의 용도지역과의 관계 등을 고려할 때 농림지역으로 지정하여 관리하기가 곤란한 지역

(iii) **계획관리지역**    도시지역으로의 편입이 예상되는 지역 또는 자연

환경을 고려하여 제한적인 이용·개발을 하려는 지역으로서 계획적·체계적인 관리가 필요한 지역

(다) 농림지역

(라) 자연환경보전지역

2) 용도지역의 세분   국토교통부장관, 시·도지사 또는 대도시 시장은 도시·군관리계획결정으로 주거지역·상업지역·공업지역 및 녹지지역을 다음과 같이 세분하여 지정할 수 있다(동법 36②, 동법시행령 30).

(가) 주거지역

(i) 전용주거지역   제 1 종전용주거지역, 제 2 종전용주거지역

(ii) 일반주거지역   제 1 종일반주거지역, 제 2 종일반주거지역, 제 3 종일반주거지역

(iii) 준주거지역

(나) 상업지역   중심상업지역, 일반상업지역, 근린상업지역, 유통상업지역

(다) 공업지역   전용공업지역, 일반공업지역, 준공업지역

(라) 녹지지역   보전녹지지역, 생산녹지지역, 자연녹지지역

3) 용도지역지정의 의제   다음의 구역 등으로 지정·고시된 지역은 국토계획법에 의한 도시지역으로 결정된 것으로 본다: ① 항만구역으로서 도시지역에 연접된 공유수면, ② 어항구역으로서 도시지역에 연접된 공유수면, ③ 국가산업단지, 일반산업단지 및 도시첨단산업단지, ④ 택지개발지구, ⑤ 전원개발사업구역 및 예정구역(수력발전소 또는 송·변전시설비만을 설치하기 위한 전원개발사업구역 및 예정구역을 제외)(동법 42①).

(3) 용도지역 안에서의 행위제한

1) 건축제한   용도지역 안에서의 건축물 그 밖의 시설의 용도·종류 및 규모 등의 제한은 국토계획법 제76조 제 1 항 등에서 규정하고 있다.

2) 건 폐 율   용도지역 안에서 건폐율의 최대한도는 관할구역의 면적 및 인구규모, 용도지역의 특성 등을 감안하여 건폐율의 최대한도 안에서 특별시·광역시·시 또는 군의 조례로 정한다.

3) 용 적 률   용도지역 안에서 용적률의 최대한도는 관할구역의 면적 및 인구규모, 용도지역의 특성 등을 감안하여 용적률의 최대한도의 범위 안에서 특별시·광역시·시 또는 군의 조례로 정한다.

### 3. 용도지구

#### (1) 의  의

용도지구란 토지의 이용 및 건축물의 용도·건폐율·용적률·높이 등에 대한 용도지역의 제한을 강화 또는 완화하여 적용함으로써 용도지역의 기능을 증진시키고 미관·경관·안전 등을 도모하기 위하여 도시·군관리계획으로 결정하는 지역을 말한다.

이러한 용도지구는 용도지역의 기능을 보완하는 기능을 수행하는 것이며, 따라서 용도지구는 용도지역 위에 지정된다.

용도지구는 용도지역과 달리 국토 전체에 대하여 지정되어야 하는 것은 아니고, 동일 지역에 대하여 서로 양립하지 아니하는 지구가 아닌 한 2 이상의 용도지구가 중복 지정될 수 있다.

#### (2) 용도지구의 지정

국토교통부장관, 시·도지사 또는 대도시 시장은 다음과 같은 용도지구의 지정 또는 변경을 도시·군관리계획으로 결정한다($\frac{동법}{37①}$).

㈎ 경관지구   경관의 보전·관리 및 형성을 위하여 필요한 지구

㈏ 고도지구   쾌적한 환경 조성 및 토지의 효율적 이용을 위하여 건축물 높이의 최고한도를 규제할 필요가 있는 지구

㈐ 방화지구   화재의 위험을 예방하기 위하여 필요한 지구

㈑ 방재지구   풍수해, 산사태, 지반의 붕괴, 그 밖의 재해를 예방하기 위하여 필요한 지구

㈒ 보호지구   문화재, 중요 시설물(항만, 공항 등 대통령령으로 정하는 시설물을 말한다) 및 문화적·생태적으로 보존가치가 큰 지역의 보호와 보존을 위하여 필요한 지구

㈓ 취락지구   녹지지역·관리지역·농림지역·자연환경보전지역·개발제한구역 또는 도시자연공원구역의 취락을 정비하기 위한 지구

㈔ 개발진흥지구   주거기능·상업기능·공업기능·유통물류기능·관광기능·휴양기능 등을 집중적으로 개발·정비할 필요가 있는 지구

㈕ 특정용도제한지구   주거 및 교육 환경 보호나 청소년 보호 등의 목적으로 오염물질 배출시설, 청소년 유해시설 등 특정시설의 입지를 제한할 필요가 있는 지구

㈜ 복합용도지구    지역의 토지이용 상황, 개발 수요 및 주변 여건 등을 고려하여 효율적이고 복합적인 토지이용을 도모하기 위하여 특정시설의 입지를 완화할 필요가 있는 지구

㈒ 그 밖에 대통령령으로 정하는 지구

### (3) 용도지구의 세분지정

국토교통부장관, 시·도지사 또는 대도시 시장은 필요하다고 인정되면 도시·군관리계획결정으로 경관지구·방재지구·보호지구·취락지구 및 개발진흥지구를 다음과 같이 세분하여 지정할 수 있다(동법 37②, 동법 시행령 31②). 시·도지사 또는 대도시 시장은 지역여건상 필요한 때에는 해당 도시·군계획조례로 경관지구를 추가적으로 세분(특화경관지구의 세분을 포함)하거나 중요시설물보호지구 및 특정용도제한지구를 세분하여 지정할 수 있다(동법시행령 31③).

㈎ 경관지구    자연경관지구, 시가지경관지구, 특화경관지구

㈏ 방재지구    시가지방재지구, 자연방재지구

㈐ 보호지구    역사문화환경보호지구, 중요시설물보호지구, 생태계보호지구

㈑ 취락지구    자연취락지구, 집단취락지구

㈒ 개발진흥지구    주거개발진흥지구, 산업·유통개발진흥지구, 관광·휴양개발진흥지구, 복합개발진흥지구, 특정개발진흥지구

### (4) 조례에 의한 용도지구의 지정

시·도지사 또는 대도시 시장은 지역여건상 필요한 때에는 당해 시·도 또는 대도시의 조례로 용도지구의 명칭 및 지정목적과 건축 그 밖의 행위의 금지 및 제한에 관한 사항 등을 정하여 국토계획법 및 그 시행령에 규정된 용도지구 외의 용도지구의 지정 또는 변경을 도시·군관리계획으로 결정할 수 있다(동법 37③). 이러한 조례에 의한 용도지구의 신설은, 법에서 정하고 있는 용도지역·용도지구 또는 용도구역만으로는 효율적인 토지이용을 달성할 수 없는 부득이한 사유가 있는 경우에 한하여야 하고, 당해 용도지역 또는 용도구역의 행위제한을 완화하는 용도지구는 신설하지 아니한다는 기준을 준수하여야 한다(동법시행령 31④).

### (5) 용도지구 안에서의 행위제한

용도지구 안에서의 건축물 그 밖의 시설의 용도·종류 및 규모 등의 제한에 관한 사항은 국토계획법 또는 다른 법률에 특별한 규정이 있는 경우를 제외하

고는 대통령령으로 정하는 기준에 따라 특별시·광역시·특별자치시·특별자치
도·시 또는 군의 조례로 정할 수 있다($\frac{동법}{76②}$).

위의 규정에 의한 건축물 그 밖의 시설의 용도·종류 및 규모 등의 제한은
당해 용도지구의 지정목적에 적합하여야 한다($\frac{동조}{③}$).

## 4. 용도구역

### (1) 의    의

용도구역이란 토지의 이용 및 건축물의 용도·건폐율·용적률·높이 등
에 대한 용도지역 및 용도지구의 제한을 강화 또는 완화하여 정함으로써 시
가지의 무질서한 확산방지, 계획적이고 단계적인 토지이용의 도모, 토지이용
의 종합적 조정·관리 등을 위하여 도시·군관리계획으로 결정하는 지역을
말한다($\frac{동법}{2\,xvii}$).

산업·경제의 발달에 따른 급격한 도시화현상, 특히 대도시화에 따르는
인구·산업의 도시에로의 집중은 도시의 무질서한 팽창과 평면확산(sprawl)
을 거듭함으로써 도로, 상·하수도 등의 시설의 설비가 매우 불충분한 불량시
가지·불량주택지가 도시 주변에 확산되어, 무질서한 토지이용, 관련 지방자
치단체의 과중한 재정부담, 녹지나 전답의 훼손 및 불량대지화 등의 부정적
사태를 야기한다. 또한 도심부에의 고층빌딩 기타 거대시설의 설립은 도시의
인구증가를 가중시키고 도시의 위생환경, 교통환경 기타 생활환경을 악화시
키는 요인이 되고 있다.

용도구역제는 기본적으로 이러한 도시의 무계획한 발전이나 그 과대화·
과밀화에 따르는 폐해를 방지하고, 그 균형있는 발전을 도모하기 위하여 도
시계획적 측면에서 토지이용에 제한을 가하는 제도이다. 이러한 구역제는 위
에서 본 지역·지구와는 어느 정도 성질이 다르나, 넓은 의미에서는 이것도
하나의 지역제(zoning)에 속하는 것으로 볼 수 있을 것이다.

국토계획법은 용도구역으로서 개발제한구역·도시자연공원구역·시가화
조정구역·수산자원보호구역 및 입지규제최소구역을 정하고 있는바, 다음에
서 개발제한구역에 대하여는 어느 정도 구체적으로 살펴보기로 한다.

### (2) 용도구역의 지정

1) 개발제한구역의 지정    국토교통부장관은 도시의 무질서한 확산을 방
지하고 도시주변의 자연환경을 보전하여 도시민의 건전한 생활환경을 확보하

기 위하여 도시의 개발을 제한할 필요가 있거나 국방부장관의 요청이 있어 보안상 도시의 개발을 제한할 필요가 있다고 인정되는 경우에는 개발제한구역의 지정 또는 변경을 도시·군관리계획으로 결정할 수 있다($\frac{동법}{38①}$).

2) **도시자연공원구역의 지정**    시·도지사 또는 대도시 시장은 도시의 자연환경 및 경관을 보호하고 도시민에게 건전한 여가·휴식공간을 제공하기 위하여 도시지역 안의 식생이 양호한 산지의 개발을 제한할 필요가 있다고 인정되는 경우에는 도시자연공원구역의 지정 또는 변경을 도시·군관리계획으로 결정할 수 있다($\frac{동법}{38의2}$).

3) **시가화조정구역의 지정**    시·도지사는 직접 또는 관계 행정기관의 장의 요청을 받아 도시지역과 그 주변지역의 무질서한 시가화를 방지하고 계획적·단계적인 개발을 도모하기 위하여 5년 이상 20년 이내의 기간 동안 시가화를 유보할 필요가 있다고 인정되는 경우에는 시가화조정구역의 지정 또는 변경을 도시·군관리계획으로 결정할 수 있다. 다만 국가계획과 연계하여 시가화조정구역의 지정 또는 변경이 필요한 경우에는 국토교통부장관이 직접 도시·군관리계획으로 결정할 수 있다($\frac{동법\ 39①,\ 동}{법시행령\ 32①}$).

4) **수산자원보호구역의 지정**    해양수산부장관은 직접 또는 관계 행정기관의 장의 요청을 받아 수산자원의 보호·육성을 위하여 필요한 공유수면이나 그에 인접된 토지에 대한 수산자원보호구역의 지정 또는 변경을 도시·군관리계획으로 결정할 수 있다($\frac{동법}{40}$).

5) **입지규제최소구역의 지정**    도시·군관리계획의 결정권자는 도시지역에서 복합적인 토지이용을 증진시켜 도시 정비를 촉진하고 지역 거점을 육성할 필요가 있다고 인정되면 도시·군기본계획에 따른 도심·부도심 또는 생활권의 중심지역의 지역과 그 주변지역의 전부 또는 일부를 입지규제최소구역으로 지정할 수 있다. 입지규제최소구역의 지정 및 변경과 입지규제최소구역계획은 도시·군관리계획으로 결정한다($\frac{동법}{40의2}$).

(3) **개발제한구역**

이것은 보통 「그린벨트」로 불리는 구역으로서, 도시의 무질서한 확산을 방지하고 도시주변의 자연환경을 보전하여 도시시민의 건전한 생활환경을 확보하기 위하여, 또는 국방부장관의 요청에 따라 보안상 도시의 개발을 제한할 필요가 있다고 인정되는 때에 지정되는 지역이다($\frac{개발제한구역의지정및관}{리에관한특별조치법\ 3①}$).

개발구역이 지정되면, 이 구역에서는 그 지정목적에 위배되는 건축물의 건축 및 용도변경, 공작물의 설치, 토지의 형질변경, 죽목의 벌채, 토지의 분할, 물건을 쌓아놓는 행위 등은 이를 할 수 없다($\frac{동법\ 12}{①\ 본문}$).

1) 손실보상의 문제 　위에 적은 대로 개발제한구역이 지정되면 개인의 재산권의 행사에는 매우 실질적인 제한이 가하여지고 있다. 2000년 1월 28일에 전면개정되기 이전의 도시계획법도 대체로 위의 특별조치법과 같은 내용의 개발제한구역에 있어서의 행위제한에 관한 규정을 두고 있었으나, 어느 경우에도 손실보상에 관한 규정을 두고 있지 않았다. 그에 따라 개발제한지역에 있어서의 재산권에 관한 제한으로 인한 손실에 대한 보상의 인정 여부가 최근 심각한 논쟁의 대상이 되고 있었고, 헌법재판소에 이 구역에 관한 구도시계획법 규정의 합헌성 여부의 심사를 청구하는 헌법소원이 다수 제기된 바 있다.[1]

개발제한구역 등에 있어서의 재산권에 대한 제한에 대하여 손실보상을 요하는 것인지의 문제는 그 제한이 재산권의 내재적 제약인지, 아니면 그를 넘어서는 특별한 희생에 해당하는지의 여부에 따라 결정되어야 하는 것임은 물론이다.

대법원은 구도시계획법 제21조에 기하여 토지소유자에게 가하여지는 제한은 재산권의 사회적 구속 내의 것으로 보아, 동조가 보상규정을 두고 있지 않아도 위헌은 아니라고 판시하였다.

"도시계획법은 제21조 제 1 항, 제 2 항의 규정에 의하여 개발제한구역 안에 있는 토지의 소유자는 재산상의 권리행사에 많은 제한을 받게 되고 그 한도 내에서 일반토지소유자에 비하여 불이익을 받게 되어 있음은 명백하지만 '도시의 무질서한 확산을 방지하고 도시주변의 자연환경을 보전하여 건전한 생활환경을 확보하기 위하여, 또는 국방부장관의 요청이 있어 보안상 도시의 개발을 제한할 필요가 있다고 인정되는 때'에 한하여 가하여지는 위와 같은 제한은 공공복리에 적합한 합리적인 제한이라고 볼 것이고, 그 제한으로 인한 토지소유자의 불이익은 공공의 복리를 위하여 감수하지 아니하면 안될 정도의 것이라고 인정되므로 이에 대하여 손실보상의 규정을 하지 아니하였다 하여 도시계획법 제21조 제 1 항, 제 2 항의 규정을 헌법 제23조 제 3 항이나 제37조 제 2 항에 위배되는 것이라고 할 수 없다"($\frac{대판\ 1990.5.8,}{89부2}$).

개발제한구역의 지정과 같이 행정계획으로서의 지역·지구 등의 지정에 의한 재산권의 제한에 따른 손실보상 여부의 문제에 대하여는 학설상 보통 다

---

1) 89헌마214, 90헌바16, 97헌바78 등.

음의 기준이 제시되고 있었다. 즉 ① 당해 계획으로 인하여 토지이용이 제한되더라도 종래의 방법에 의한 토지의 이용이 계속 가능하고, 또한 그 제한이 당해 토지의 본래의 기능에 반하지 아니하는 경우에는 보상을 요하지 않으나, ② 그 제한이 토지 본래의 기능을 저해하거나 이미 객관적으로 현실화된 개발행위를 저지하는 것인 때에는 보상을 요한다.[1]

헌법재판소는 1998. 12. 24. 선고 89헌마214, 90헌바16, 97헌바78(병합) 결정에서 구도시계획법 제21조에 의한 개발제한구역의 지정으로 예외적으로 토지소유자에 가혹한 부담이 가해지는 경우가 있는 것으로서, 그러한 한도에서는 보상규정을 두고 있지 아니한 동조는 헌법에 합치되지 아니한다고 선언하였다. 이 결정의 내용을 어느 정도 보다 구체적으로 살펴보면 다음과 같다.

이 결정에서 헌법재판소는 먼저 "토지의 개발이나 건축은 합헌적 법률로 정한 재산권의 내용과 한계 내에서만 가능할 뿐만 아니라 토지재산권의 강한 사회성 내지는 공공성으로 말미암아 이에 대하여는 다른 재산권에 비하여 보다 강한 제한과 의무가 부과될 수 있다"고 하고 있다. 그러나 동 재판소는 이어서 "토지재산권에 대한 제한입법 역시 다른 기본권을 제한하는 입법과 마찬가지로 과잉금지의 원칙(비례의 원칙)을 준수해야 하고, 재산권의 본질적 내용인 사용·수익권과 처분권을 부인해서는 아니 된다"고 하고 있다.

이러한 기본원칙에 따라 동 재판소는 개발제한구역의 지정으로 인한 개발가능성의 소멸과 그에 따른 지가의 하락이나 지가상승률의 상대적 감소는 토지소유자가 감수해야 하는 사회적 제약의 범주에 속한다고 하고 있다. 그에 따라 동 재판소는 토지소유자가 종래의 목적대로 토지를 이용할 수 있는 한, 개발제한구역의 지정에 따른 위와 같은 제한으로 인하여 토지재산권의 내재적 제약의 한계를 넘는 가혹한 부담이 가해졌다고는 할 수 없다고 하고 있다.

이에 대하여 개발제한구역의 지정으로 인하여 예외적으로 토지를 종래의 목적으로도 사용할 수 없거나 또는 법률상으로 허용된 토지이용의 방법이 없기 때문에 실질적으로 토지의 사용·수익권이 폐지된 경우에는 재산권의 사회적 기속성에 의하여도 정당화될 수 없는 가혹한 부담을 토지소유자에게 부과하는 것이므로, 그러한 부담의 부과는 관계법에 보상규정을 두어야만 비로소 헌법상으로 허용된다고 하고 있다.

동 재판소는 그러한 사례로서 나대지와 사정변경으로 인한 용도의 폐지의

---

1) 김도창, 행정법(하), 1993, p. 590; 박윤흔, 행정법(하), 1997, p. 641.

경우를 들고 있다. 나대지에 대하여는, 동 재판소는 토지관련 공부에 나대지로 되어 있어 개발제한구역의 지정 이전에 대지로서 이용할 수 있는 권리가 발생 하였고, 구역의 지정 당시 이미 나대지 상태로 형성되어 있었다면, 그 용도에 관하여 그 소유자에게는 보상 없이는 박탈할 수 없는 재산권적 지위가 인정된 다고 하고 있다. 이어서 사정변경으로 인한 용도폐지와 관련하여서는, 동 재판 소는 종래 농지 등으로 사용되었으나 개발제한구역의 지정 후에 주변지역의 도시과밀화로 농지가 오염되었거나 수로가 차단되는 등으로 인해 당해 토지를 더 이상 종래의 목적대로 사용할 수 없는 경우를 들면서, 이러한 경우에도 토 지소유자에게는 가혹한 부담이 부과되는 것이므로, 그 경우에는 관계법률에 보 상규정을 두어야 한다고 하고 있다.

2) 개발제한구역의 지정 및 관리에 관한 특별조치법    전술한 개발제한구역 에 관한 구도시계획법 제21조에 대한 헌법재판소의 헌법불합치결정에 따라 개 발제한구역의 지정에 따르는 위헌의 소지를 해소하고 국민의 재산권을 보호하 려는 취지에서 개발제한구역의 지정 및 관리에 관한 특별조치법이 제정·시행 되고 있다($^{2000.\ 1.\ 28\ 제정,}_{2000.\ 7.\ 1\ 시행}$). 이 법률은 개발제한구역의 지정·절차 등을 구도시계 획법에서 분리하여 이 법에 규정함으로써 이 구역을 종합적으로 규율하고 있 는데, 그 주요 내용은 대체로 다음과 같다.

개발제한구역을 종합적으로 관리하기 위하여 시·도지사는 개발제한구역의 토지이용·보전, 건축물의 건축·관리, 주민지원사업의 시행 등에 관한 개발제 한구역관리계획을 5년 단위로 수립하여야 한다($^{법}_{11}$).

종전에 대통령령 등 하위법령에 규정되고 있던 개발제한구역 안에서의 행 위허가의 근거와 허용되는 행위의 범위를 이 법에서 직접 규정하고, 이 구역을 도시민의 휴식공간으로 이용할 수 있도록 실외체육시설, 여가활용을 위한 시설 등의 설치를 허용하고 있다($^{동법\ 12}_{①\ 단서}$). 다만 시·도지사는 개발제한구역의 보전 및 관리를 위하여 특히 필요하다고 인정되는 경우에는 시장·군수·구청장의 행위허가를 제한할 수 있다($^{동법\ 12}_{의2\ ①}$).

시·도지사는 일정 호수 이상의 취락이 형성되어 있는 지역을 취락지구로 지정할 수 있는바, 그 경우 이 지구에서의 건축규제가 완화되고 그 건축에 있 어서는 시·도지사는 주택도시기금법에 의한 주택도시기금을 우선하여 지급할 수 있다($^{동법}_{16③}$).

개발제한구역의 해제대상지역을 개발하는 사업자 중 훼손지 복구계획을 제시하지 않거나 복구를 하지 않는 자에 대하여 개발제한구역보전부담금을 부과 · 징수한다. 이 부담금은 개발제한구역의 보전 및 관리를 위한 것이다($\substack{동법 21\\ 내지 26}$).

개발제한구역의 지정으로 인하여 이 구역 안의 토지를 종래의 용도로 사용할 수 없어 그 효용이 현저히 감소된 토지 또는 당해 토지의 사용 및 수익이 사실상 불가능한 토지("매수대상토지")의 소유자로서, ① 개발제한구역의 지정 당시부터 당해 토지를 계속 소유한 자, ② 토지의 사용 · 수익이 사실상 불가능하게 되기 전에 당해 토지를 취득하여 계속 소유한 자 및 ③ 위의 자격에 해당하는 자로부터 당해 토지를 상속받아 계속 소유한 자는 국토교통부장관에게 그 매수를 청구할 수 있다. 이 경우 국토교통부장관은 당해 토지가 대통령령으로 정하는 기준에 해당하는 때에는 이를 매수하여야 한다($\substack{동법17①\\ 내지 ③}$).

## V. 도시 · 군계획시설

### 1. 의  의

도시 · 군계획시설이란 기반시설 중 도시 · 군관리계획으로 결정된 시설을 말하며($\substack{국토계획\\ 법 2 ⅶ}$), 기반시설이란 ① 교통시설: 도로 · 철도 · 항만 · 공항 · 주차장 등, ② 공간시설: 광장 · 공원 · 녹지 · 유원지 등, ③ 유통 · 공급시설: 유통업무설비, 수도 · 전기 · 가스 · 열공급설비 · 방송 · 통신시설 등, ④ 공공 · 문화체육시설: 학교 · 운동장 · 공공청사 · 문화시설 · 공공필요 등이 인정되는 체육시설 · 도서관 등을 말한다($\substack{동법 2ⅵ, 동법\\ 시행령 2①}$).

### 2. 도시 · 군계획시설결정에 의한 기반시설의 설치

지상 · 수상 · 공중 · 수중 또는 지하에 기반시설을 설치하고자 하는 때에는 그 시설의 종류 · 명칭 · 위치 · 규모 등을 미리 도시 · 군관리계획으로 결정하여야 한다($\substack{동법\\ 43①}$). 다만, 용도지역 · 기반시설의 특성 등을 감안하여 대통령령이 정하는 경우에는 그러하지 아니하다($\substack{동조 동\\ 항 단서}$).

### 3. 도시 · 군계획시설의 공중 · 수중 · 지하 등에의 설치기준 및 손실보상

도시 · 군계획시설을 공중 · 수중 · 수상 또는 지하에 설치함에 있어서 그 높이 또는 깊이의 기준과 그 설치로 인하여 토지나 건물에 대한 소유권의 행사에 제한을 받는 자에 대한 보상 등에 관하여는 따로 법률로 정한다($\substack{동법\\ 46}$).

그러나 이와 관련된 일반적 성격의 법률은 제정되어 있지 않고, 단지 전기사업법, 도시철도법 등의 개별법에서 공중 및 지하사용에 관하여 단편적으로 규율하고 있는 데 그치고 있다.

### 4. 광역시설의 설치 및 관리

광역시설이란 2 이상의 특별시·광역시·특별자치시·특별자치도·시 또는 군의 관할구역에 걸치거나 이들이 공동으로 이용하는 기반시설을 말하는데, 이러한 광역시설의 설치 및 관리는 일반적인 도시·군계획시설의 예에 의한다. 다만, 당해 관계 특별시장·광역시장·특별자치시장·특별자치도지사·시장 또는 군수는 협약을 체결하거나 협의회 등을 구성하여 광역시설을 설치·관리할 수 있다. 협약의 체결이나 협의회 등의 구성이 불가능한 때에는, 당해 시 또는 군이 동일한 도에 속하는 때에는 관할 도지사가 광역시설을 설치·관리할 수 있다($\frac{동법}{45①②}$).

### 5. 도시·군계획시설 부지의 매수청구

도시·군계획시설에 대한 도시·군관리계획의 결정("도시·군계획시설결정")의 고시일부터 10년 이내에 당해 도시·군계획시설의 설치에 관한 도시·군계획시설사업이 시행되지 아니하는 경우(실시계획의 인가 또는 그에 상당하는 절차가 행해진 경우를 제외) 당해 도시·군계획시설의 부지로 되어 있는 토지 중 지목이 대(垈)인 토지(당해 토지에 있는 건축물 및 정착물을 포함)의 소유자는 특별시장·광역시장·특별자치시장·특별자치도지사·시장 또는 군수에게 당해 토지의 매수를 청구할 수 있다($\frac{동법}{47①}$).

매수의무자는 매수청구가 있은 날부터 6개월 이내에 매수 여부를 결정하여 토지소유자와 특별시장·광역시장·특별자치시장·특별자치도지사·시장 또는 군수(매수의무자가 특별시장·특별자치시장·특별자치도지사·시장 또는 군수인 경우는 제외)에게 통지하여야 하며, 매수하기로 결정한 토지는 매수결정을 통지한 날부터 2년 이내에 매수하여야 한다($\frac{동조}{⑥}$).

도로·광장 등 도시·군계획시설이 설치되기로 결정된 토지에 대하여는 당해 시설의 설치에 지장이 되는 건축물의 건축이나 공작물의 설치는 원칙적으로 허용되지 아니한다. 그럼에도 주로 재정사정으로 도시·군계획시설의 설치사업이 장기간 미집행상태로 방치되어 있는 경우가 적지 아니하였다. 이것은 해당 토지소유자의 재산권에 대한 과도한 침해로 되는 것임은 물론이나, 종래 도시계획법 등은 이러한 경우에 대비한 보상규정을 두고 있지 않았다. 이 문제에 대하여 헌법재판소는 1999. 10. 21. 선고 97헌바26 결정에서 "도시계획시설로 지정된 토지가 나대지인 경우, 토지소유자는 더 이상 그 토지를 종래 허용된 용도(건축)대로 사용할 수 없게 됨으로써 토지의 매도가 사실상 거의 불가능하고 경제적으로 의미있는 이용가능성이 배제된다. 이러한 경우, 사업시행자에 의한 토지매수가 장기간 지체되어 토지소유자에게 토지를 계속 보유하도록 하는 것이 경제적인 관점에서 보아 더 이상 요구될 수 없다면, 입법자는 매수청구권이나 수용신청권의 부여, 지정의 해제, 금전적 보상 등 다양한 보상가능성을 통하여 재산권에 대한 가혹한 침해를 보상하여야" 한다. "토지재산권의 강화된 사회적 의무와 도시·군계획의 필요성이란 공익에 비추어 일정한 기간까지는 토지소유자가 도시계획시설결정의 집행지연으로 인한 재산권의 제한을 수인해야 하나 어떠한 경우라도 토지의 사적 이용권이 배제된 상태에서 토지소유자로 하여금 10년 이상 아무런 보상 없이 수인하도록 하는 것은 공익실현의 관점에서도 정당화될 수 없는 과도한 제한으로서 헌법상의 재산권보장에 위배된다"고 선언하였다.

이러한 헌법재판소의 97헌바26의 결정 취지에 따라 2000년에 도시계획법을 개정하여 10년이 경과될 때까지 도시계획시설사업이 시행되지 아니하는 경우에는 토지소유자에 관련 토지의 매수청구권을 인정하고, 아울러 20년이 경과될 때까지 당해 사업이 시행되지 아니하는 경우에는 도시계획시설결정 자체가 실효되는 것으로 규정하였다. 이들 제도는 국토이용관리법과 도시계획법의 통합법인 국토계획법에 계승되고 있다.

### 6. 도시·군계획시설결정의 실효

도시·군계획시설결정이 고시된 도시·군계획시설에 대하여 그 고시일부터 20년이 경과될 때까지 당해 시설의 설치에 관한 도시·군계획시설사업이 시행되지 아니하는 경우에는 그 도시·군계획시설결정은 그 고시일부터 20년이 되는 날의 다음 날에 그 효력을 상실한다($\frac{동법}{48①}$).

시·도지사 또는 대도시 시장은 도시·군계획시설결정의 효력이 상실된 때에는 지체없이 그 사실을 고시하여야 한다($\frac{동조}{②}$).

## Ⅵ. 지구단위계획

### 1. 의    의

지구단위계획이란 도시・군계획 수립대상 지역의 일부에 대하여 토지이용을 합리화하고 그 기능을 증진시키며 미관을 개선하고 양호한 환경을 확보하며, 당해 지역을 체계적・계획적으로 관리하기 위하여 수립하는 도시・군관리계획을 말한다($\frac{동법}{2v}$).

지구단위계획은 용도지역제에 의한 도시・군계획만으로는 토지의 합리적 이용, 기반시설의 확보 및 양호한 환경의 보호 등의 목표를 달성할 수 없기 때문에 도시・군계획수립대상 지역 안의 소규모의 지역에 대하여 보다 구체적인 토지이용계획을 수립하여 보다 체계적이고 구체적인 도시개발을 도모하기 위하여 수립되는 것이다. 지구단위계획은 종전의 도시계획법에 의한 상세계획과 건축법에 의한 도시설계를 통합한 것이다.[1]

### 2. 지구단위계획구역의 지정

#### (1) 임의적 지정지역

국토교통부장관, 시・도지사, 시장 또는 군수는 다음 하나에 해당하는 지역의 전부 또는 일부에 대하여 지구단위계획구역을 지정할 수 있다($\frac{동법}{51①}$): ① 용도지구, ② 도시개발법에 의하여 지정된 도시개발구역, ③ 도시 및 주거환경정비법에 의하여 지정된 정비구역, ④ 택지개발촉진법에 의하여 지정된 택지개발지구, ⑤ 주택법에 의한 대지조성사업지구, ⑥ 산업입지 및 개발에 관한 법률에 의한 산업단지 및 준산업단지, ⑦ 관광진흥법에 의하여 지정된 관광단지 및 관광특구, ⑧ 개발제한구역・도시자연공원구역・시가화조정구역 또는 공원에서 해제되는 구역, 녹지지역에서 주거・상업・공업지역으로 변경되는 구역과 새로이 도시지역으로 편입되는 구역 중 계획적인 개발 또는 관리가 필요한 지역, ⑨ 도시지역 내 주거・상업・업무 등의 기능을 결합하는 등 복합적인 토지 이용을 증진시킬 필요가 있는 지역으로서 일정 요건에 해당하는 지역, ⑩ 도시지역 내 유휴토지를 효율적으로 개발하거나 교정시설, 군사시설, 그 밖에 일정 시설을 이전 또는 재배치하여 토지이용을 합리화하

---

1) 정태용, 국토계획법, p. 346.

고, 그 기능을 증진시키기 위하여 집중적으로 정비가 필요한 지역으로서 일정 요건에 해당하는 지역, ⑪ 도시지역의 체계적·계획적인 관리 또는 개발이 필요한 지역, ⑫ 그 밖에 양호한 환경의 확보 또는 기능 및 미관의 증진을 위하여 필요한 지역으로서 대통령령이 정하는 지역.

**(2) 필수적 지정지역**

국토교통부장관, 시·도지사, 시장 또는 군수는 다음 하나에 해당하는 지역에 대하여는 이를 지구단위계획구역으로 지정하여야 한다. 다만, 관계 법률에 의하여 그 지역에 토지이용 및 건축에 관한 계획이 수립되어 있는 때에는 그러하지 아니하다($\frac{동법}{51②}$): ① 정비구역 또는 택지개발지구에서 시행되는 사업이 완료된 후 10년이 경과된 지역, ② 체계적·계획적인 개발 또는 관리가 필요한 다음의 지역으로서 그 면적이 30만m² 이상인 지역: ㉮ 시가화조정구역 또는 공원에서 해제되는 지역, ㉯ 녹지지역에서 주거지역·상업지역 또는 공업지역으로 변경되는 지역.

**(3) 지구단위계획구역의 지정에 관한 도시관리계획의 실효**

지구단위계획구역의 지정에 관한 도시관리계획결정의 고시일부터 3년 이내에 당해 지구단위계획구역에 관한 지구단위계획이 결정·고시되지 아니하는 경우에는 그 3년이 되는 날의 다음 날에 당해 지구단위계획구역의 지정에 관한 도시관리계획결정은 그 효력을 상실한다($\frac{동법}{53①}$).

주민이 입안을 제안한 지구단위계획의 경우, 도시·군관리계획결정의 고시일부터 5년 이내에 허가·인가·승인 등을 받아 사업이나 공사에 착수하지 아니하면 그 5년이 된 날의 다음날에 그 지구단위계획에 관한 도시·군관리계획결정은 효력을 상실한다($\frac{동조}{②}$).

## 3. 지구단위계획의 내용

지구단위계획구역의 지정목적을 달성하기 위하여 지구단위계획에는 다음 중 ②와 ④의 사항을 포함한 둘 이상의 사항이 포함되어야 한다($\frac{동법}{52①}$): ① 용도지역 또는 용도지구를 대통령령으로 정하는 범위 안에서 세분하거나 변경하는 사항, ② 대통령령이 정하는 기반시설의 배치와 규모, ③ 도로로 둘러싸인 일단의 지역(街區) 또는 계획적인 개발·정비를 위하여 구획된 일단의 토지(劃地)의 규모와 조성계획, ④ 건축물의 용도제한·건축물의 건폐율 또는 용적률·건축물의 높이의 최고한도 또는 최저한도, ⑤ 건축물의 배치·형태·

색채 또는 건축선에 관한 계획, ⑥ 환경관리계획 또는 경관계획, ⑦ 교통처리계획, ⑧ 그 밖에 토지이용의 합리화, 도시나 농·산·어촌의 기능증진 등에 필요한 사항으로 대통령령이 정하는 사항.

지구단위계획은 도로, 상·하수도 등 대통령령이 정하는 도시·군계획시설의 처리·공급 및 수용능력이 지구단위계획구역 안에 있는 건축물의 연면적, 수용인구 등 개발밀도와 적정한 조화를 이룰 수 있도록 하여야 한다(동조②).

### 4. 지구단위계획구역 안에서의 건축제한 및 건축기준의 완화적용

#### (1) 건축제한

지구단위계획구역 안에서 건축물을 건축하거나 그 용도를 변경하고자 하는 경우에는 그 지구단위계획에 적합하게 하여야 한다. 다만, 지구단위계획이 수립되어 있지 아니한 경우에는 그러하지 아니하다(동법54).

#### (2) 건축기준의 완화적용

지구단위계획구역 안에서는 대통령령이 정하는 바에 따라 다음의 규정을 지구단위계획이 정하는 바에 따라 완화하여 적용할 수 있다.

① 법 제76조(용도지역 및 용도지구 안에서의 건축제한)·제77조(건폐율제한)·제78조(용적률제한)

② 건축법 제42조(대지 안의 조경)·제44조(대지와 도로와의 관계)·제43조(공개공지 및 공개공간)·제60조(건축물의 높이제한)·제61조(일조 등의 확보를 위한 높이제한)

③ 주차장법 제19조(부설주차장의 설치)·제19조의2(부설주차장 설치계획서)

## Ⅶ. 개발행위허가제

### 1. 의    의

개발행위허가제는 국토계획법에서 정하는 "개발행위"에 대하여 사전에 허가를 받도록 하는 제도를 말한다.

종래 도시계획구역 안에서는 소규모의 난개발을 방지하기 위하여 일정행위는 시장·군수의 허가를 받도록 하고 있었으나, 이 제도는 허가대상이 포괄적이고 허가기준이 모호하고 허가절차가 불투명하다는 등의 문제점이 있다. 따라서 2000년 도시계획법의 전문개정에 따라 개발행위허가제도로 전환

함으로서 허가대상을 명확히 한정하고 허가기준을 구체적으로 정하도록 하였다. 이러한 구도시계획법상의 개발행위허가제는 국토계획법에 승계되고 있다. 다만 이 법은 난개발의 방지를 위하여 이 허가제를 도시지역만이 아니라 비도시지역으로까지 확대하고 있다.

## 2. 개발행위허가의 대상

### (1) 허가를 받아야 하는 행위

다음 하나에 해당하는 행위("개발행위")를 하고자 하는 자는 특별시장·광역시장·특별자치시장·특별자치도지사·시장 또는 군수의 허가("개발행위허가")를 받아야 한다. 다만, 도시·군계획사업에 의한 행위는 그러하지 아니하다($\frac{동법\ 56①,}{동법시행령\ 51}$).

(카) 건축물의 건축　건축법에 의한 건축물의 건축($\frac{건축법\ 2①}{ii의\ 건축물}$)

(나) 공작물의 설치　인공을 가하여 제작한 시설물($\frac{건축법\ 2①\ ii에\ 의}{한\ 건축물을\ 제외}$)의 설치

(다) 토지의 형질변경　절토·성토·포장 등의 방법으로 토지의 형상을 변경하는 행위(경작을 위한 토지의 형질변경을 제외)와 공유수면의 매립

(라) 토석의 채취　흙·모래·자갈·바위 등의 토석을 채취하는 행위

(마) 토지분할　도시지역에서 다음의 토지의 분할(건축법에 의한 건축물이 있는 대지를 제외)

① 녹지지역 안에서 관계법령에 의한 허가·인가를 받지 아니하고 행하는 토지의 분할

② 건축법에 의한 분할제한면적($\frac{건축법\ 57}{①의\ 규정}$) 미만으로 분할하는 토지의 분할

③ 관계 법령에 의한 허가·인가 등을 받지 아니하고 행하는 너비 5m 이하로의 토지분할

(바) 물건을 쌓아놓는 행위　녹지지역·관리지역 또는 자연환경보전지역 안에서 건축물의 울타리 안에 위치하지 아니한 토지에 물건을 1월 이상 쌓아놓는 행위

### (2) 개발행위허가를 받지 아니하여도 되는 경우

다음의 행위는 개발행위허가를 받지 아니하고 이를 할 수 있다($\frac{동조}{④}$): ① 재해복구 또는 재난수습을 위한 응급조치, ② 건축법에 의하여 신고하고 설치할 수 있는 건축물의 개축·증축 또는 재축과 이에 필요한 범위 안에서의 토지의 형질변경, ③ 그 밖에 대통령령으로 정하는 경미한 행위. 다만 ①의

행위를 한 경우에는 1월 이내에 특별시장·광역시장·시장·군수에게 이를 신고하여야 한다.

### 3. 개발행위허가의 기준과 개발행위허가의 제한

#### (1) 개발행위허가의 기준

특별시장·광역시장·특별자치시장·특별자치도지사·시장 또는 군수는 개발행위허가의 신청이 다음의 기준에 적합한 경우에 한하여 개발행위허가를 하여야 한다(동법 58①).

① 용도지역별 특성을 감안하여 개발행위의 규모가 적합할 것

② 도시·군관리계획의 내용에 배치되지 아니할 것

③ 도시·군계획사업의 시행에 지장이 없을 것

④ 주변지역의 토지이용실태 또는 토지이용계획, 건축물의 높이, 토지의 경사도, 수목의 상태, 물의 배수, 하천·호소·습지의 배수 등 주변환경 또는 경관과 조화를 이룰 것

⑤ 해당 개발행위에 따른 기반시설의 설치 또는 그에 필요한 용지의 확보계획이 적정할 것

#### (2) 개발행위허가의 제한

1) 도시·군관리계획상의 필요에 의한 제한　　국토교통부장관, 시·도지사, 시장 또는 군수는 다음 하나에 해당되는 지역으로서 도시·군관리계획상 특히 필요하다고 인정되는 지역에 대하여는 도시계획위원회의 심의를 거쳐 1회에 한하여 3년 이내의 기간 동안 개발행위허가를 제한할 수 있다. 다만, ③부터 ⑤에 해당하는 지역에 대하여는 1회에 한하여 2년 이내의 기간 동안 개발행위허가의 제한을 연장할 수 있다(동법 63①).

① 녹지지역 또는 계획관리지역으로서 수목이 집단적으로 생육되고 있거나 조수류 등이 집단적으로 서식하고 있는 지역 또는 우량농지 등으로 보전할 필요가 있는 지역

② 개발행위로 인하여 주변의 환경·경관·미관·문화재 등이 크게 오염되거나 손상될 우려가 있는 지역

③ 도시·군기본계획 또는 도시·군관리계획을 수립하고 있는 지역으로서 당해 도시·군기본계획 또는 도시·군관리계획이 결정될 경우 용도지역·용도지구 또는 용도구역의 변경이 예상되고 그에 따라 개발행위허가의 기준

이 크게 달라질 것으로 예상되는 지역

　④ 지구단위계획구역으로 지정되어 지구단위계획을 수립하고 있는 지역

　⑤ 기반시설부담구역으로 지정된 지역

　2) **도시·군계획시설 부지에서의 개발행위허가**　　특별시장·광역시장·특별자치시장·특별자치도지사·시장 또는 군수는 도시·군계획시설의 설치장소로 결정된 지상·수상·공중·수중 또는 지하에 대하여는 당해 도시·군계획시설이 아닌 건축물의 건축이나 공작물의 설치를 허가하여서는 아니 된다. 다만 다음의 요건을 모두 갖춘 경우는 그러하지 아니하다($\binom{동법 64①,}{동법시행령 61}$): ① 지상·수상·공중·수중 또는 지하에 일정한 공간적 범위를 정하여 도시·군계획시설이 결정되어 있을 것, ② 그 도시·군계획시설의 설치·이용 및 장래의 확장가능성에 지장이 없는 범위 안일 것, ③ 도시·군계획시설이 아닌 건축물 또는 공작물을 당해 도시·군계획시설인 건축물 또는 공작물의 상부 또는 하부에 설치하는 경우일 것.

　　특별시장·광역시장·특별자치시장·특별자치도지사·시장 또는 군수는 도시·군계획시설결정의 고시일부터 2년이 경과할 때까지 당해 시설의 설치에 관한 사업이 시행되지 아니한 도시·군계획사업 중 단계별집행계획에 포함되지 아니한 도시·군계획시설의 부지에 대하여는 다음의 개발행위를 허가할 수 있다($\binom{동법}{64②}$): ① 가설건축물의 건축과 이에 필요한 범위 안에서의 토지의 형질변경, ② 도시·군계획시설의 설치에 지장이 없는 공작물의 설치와 이에 필요한 범위 안에서의 토지의 형질변경, ③ 건축물의 개축 또는 재축과 이에 필요한 범위 안에서의 토지의 형질변경($\binom{동법 56④ ii에 해당}{하는 경우를 제외}$).

### 4. 개발행위허가의 절차

#### (1) 허가신청

　개발행위를 하고자 하는 자는 당해 개발행위에 따른 기반시설의 설치 또는 그에 필요한 용지의 확보·위해방지·환경오염방지·경관·조경 등에 관한 계획서를 첨부한 신청서를 개발행위허가권자에게 제출하여야 한다. 이 경우 개발밀도관리구역 안에서는 기반시설의 설치 또는 그에 필요한 용지의 확보에 관한 계획서를 제출하지 아니한다. 다만 건축법의 적용을 받는 건축물의 건축 또는 공작물의 설치를 하려는 자는 건축법에서 정하는 절차에 따라 신청서류를 제출하여야 한다($\binom{동법}{57①}$).

### (2) 처리기간

특별시장·광역시장·특별자치시장·특별자치도지사·시장 또는 군수는 위의 개발행위허가 신청에 대하여 특별한 사유가 없는 한 15일(도시계획위원회의 심의를 거쳐야 하거나 관계행정기관의 장과 협의를 하여야 하는 경우에는 심의 또는 협의기간은 제외) 이내에 허가 또는 불허가의 처분을 하여야 한다($\frac{\text{동법 }57②,}{\text{동법시행령 }54①}$).

### (3) 도시·군계획사업시행자의 의견청취

특별시장·광역시장·특별자치시장·특별자치도지사·시장 또는 군수는 개발행위를 하고자 하는 때에는 그 개발행위가 도시·군계획사업의 시행에 지장을 주는지의 여부에 관하여 그 지역 안에서 시행되는 도시·군계획사업의 시행자의 의견을 들어야 한다($\frac{\text{동법}}{58②}$).

### (4) 개발행위에 대한 도시계획위원회의 심의

관계 행정기관의 장은 다음의 행위를 이 법에 의하여 허가하거나 다른 법률에 의하여 인가·허가·승인 또는 협의를 하고자 하는 경우에는 도시계획위원회의 심의를 거쳐야 한다($\frac{\text{동법 }59①,}{\text{동법시행령 }57①}$): ① 건축물의 건축 또는 공작물의 설치를 목적으로 하는 토지의 형질변경으로서 허가기준면적 이상인 경우, ② 부피 3만m² 이상의 토석채취.

### (5) 조건부허가

특별시장·광역시장·특별자치시장·특별자치도지사·시장 또는 군수는 개발행위를 허가하는 경우에는 당해 개발행위에 따른 기반시설의 설치 또는 그에 필요한 용지의 확보·위해방지·환경오염방지·경관·조경 등에 관한 조치를 할 것을 조건으로 개발행위허가를 할 수 있다($\frac{\text{동법}}{57④}$). 이 경우에는 시장 등은 미리 개발행위허가를 신청한 자의 의견을 들어야 한다.

## 5. 다른 법률에 의한 인·허가의 의제

개발행위허가를 함에 있어 특별시장·광역시장·특별자치시장·특별자치도지사·시장 또는 군수는 당해 공유수면매립면허·농지전용허가·입목벌채허가·보전산지전용허가·채굴계획인가 등 다른 법률에 의한 인·허가 등에 관하여 미리 관계 행정기관의 장과 협의한 사항에 대하여는 당해 인·허가 등을 받은 것으로 본다($\frac{\text{동법}}{61①}$).

## 6. 개발행위허가의 법적 성격

위에서 본 바와 같이 국토계획법은 건축물의 건축·공작물의 설치, 토지의 형질변경, 토석의 채취, 토지분할 등의 행위에 대하여는 미리 관할 시장 등의 허가를 받도록 하고 있으며, 이러한 개발행위허가제는 종전의 도시계획법과는 달리 도시지역에 한정되지 아니하고 비도시지역에도 적용되는 것으로 되어 있는바, 이러한 개발행위허가의 법적 성격, 보다 구체적으로는 이 행위가 기속행위인지 재량행위인지의 문제가 제기된다.

개발행위허가는 이를 기속행위로 볼 수도 있을 것인바, 그 논거는 대체로 다음과 같다. 먼저 실질적 논거로서, 개발행위허가는 토지재산권의 행사와 관련된 것으로서, 그것은 내용적으로는 공익상의 관점에서 그 재산권의 행사를 제한하고 있는 것에 다름 아니다. 그러한 점에서는 건축 등의 행위가 이 법에서 정하고 있는 허가요건을 충족하고 있는 경우에는, 그것은 당해 건축행위에 대하여는 더 이상 당해 행위를 금지하여야 하는 공익상의 이유는 없는 것을 의미하며, 따라서 그 경우에는 당해 건축행위를 허가하여야 한다는 결론에 도달할 수 있는 것이다. 다음에 형식적인 것으로서, 국토계획법은 제58조에서는 동조에서 들고 있는 개발행위의 허가기준에 적합한 경우에 시장·군수 등은 "개발행위허가를 하여야 한다"고 규정하고 있는바, 이 규정의 문구적 해석에 따르면, 개발행위허가는 기속행위라는 결론에 도달하게 된다고 본다. 한편 동법 제57조 제 4 항은 개발행위허가에는 기반시설의 설치, 환경오염방지, 경관·조경 등에 관한 조치를 할 것을 조건으로 할 수 있도록 규정하고 있다. 재량행위에는 법령상 명시적 규정이 없음에도 조건, 부담 등의 부관을 붙일 수 있는 것이고 보면, 개발행위허가는 기속행위이나 이 규정에 따라 동조가 정하고 있는 일정한 조건을 그에 부과할 수 있는 것으로 해석할 수도 있을 것이다.

전술한 바에 따라 개발행위허가는 일단 기속행위의 성질을 가진다고 할 수 있다. 그럼에도 국토계획법의 관계 규정이나 이 허가의 대상인 개발행위의 다양한 내용 등에 비추어 볼 때에는, 당해 허가행위를 일률적으로 기속행위로 보는 것은 타당하지 아니하다고 할 것으로서, 적어도 다음의 몇 가지 경우에는 시장·군수 등은 허가 여부의 결정에 있어서는 일정 한도의 독자적 판단권 즉 재량권을 가진다고 본다. 그 전형적인 경우는 개발제한구역에서의 개발행위허가의 경우이다. 이러한 경우에는 당해 허가는 예외적 허가의 성질을 가지는 것으로서, 그러한 한도에서는 행정청은 그 허가 여부에 대하여 재량권을 가진다고 보는바, 이것은 판례의 입장이기도 하다.[1] 판례는 구도시계획법상의 토지형질변경허가도 재량행위로 보고 있었다($^{\text{대판 1999. 2. 23,}}_{98두17845}$). 다음에 개발행위허가의 요건이나 기준 등이 불확정개념으로 규정되어 있는 경우, 그것이 고도의 기술적·전문적 판단을 요하는 경우에는 제한적이나마 당해 불확정개념의 적용에 있어서는 행정청에 일정 한도의 판단여지가 인정될 수 있다고 보는바, 그 대표적인 예로서 토지형질변경허가를 들 수 있을 것이다.[2] 위에서 본 바와 같이 국토계획법은 동법에 의한 개발행위허가가 있으면, 시장·군수 등의 관계 행정기관의 장과의 협의절차를 거친 것을 조건으로 하여 다른 법에서 정하고 있는 인가, 허가 등을 받은 것으로 의제되는 경우를 다수 규정하고 있다. 이러한 경우 시장·군수 등은 개발행위허가 자체에 대

---

1) 판례

"구도시계획법(2000. 1. 18. 법률 제6243호로 전문 개정되기 전의 것) 제21조와 같은법 시행령 제20조 제 1 항·제 2 항 및 같은법 시행규칙 제 7 조 제 1 항 제 6 호 (다)목 등의 규정을 살펴보면, 도시의 무질서한 확산을 방지하고 도시주변의 자연환경을 보전하여 도시민의 건전한 생활환경을 확보하기 위하여 지정되는 개발제한구역 내에서는 구역 지정의 목적상 건축물의 건축이나 그 용도변경은 원칙적으로 금지되고, 다만 구체적인 경우에 위와 같은 구역 지정의 목적에 위배되지 아니할 경우 예외적으로 허가에 의하여 그러한 행위를 할 수 있게 되어 있음이 위와 같은 관련 규정의 체제와 문언상 분명한 한편, 이러한 건축물의 용도 변경에 대한 예외적인 허가는 상대방에게 수익적인 것에 틀림이 없으므로, 이는 그 법률적 성질이 재량행위 내지 자유재량행위에 속하는 것이라고 할 것이고, 따라서 그 위법 여부에 대한 심사는 재량권 일탈·남용의 유무를 그 대상으로 한다"(대판 2001. 2. 9, 98두17593).

2) 판례

"도시계획법 제 4 조 제 1 항 제 1 호는 '도시계획구역 안에서 토지의 형질변경행위 등은 시장 또는 군수의 허가 없이 행할 수 없다'고 규정하고, 같은법시행령 제 5 조의2는 '시장·군수는 법 제 4 조 제 1 항의 규정에 의한 허가를 함에 있어서 당해 토지의 합리적인 이용이나 도시계획사업에 지장이 될 우려가 있는 것으로서 건설부령이 정하는 기준에 적합하지 아니한 경우에는 이를 허가하여서는 아니된다'고 규정하고 있으며, 그 위임에 따른 건설부령인 토지의형질변경등행위허가기준등에관한규칙(이하 '규칙'이라 한다) 제 5 조는 '시장 또는 군수는 법 제 4 조 제 1 항의 규정에 의한 허가를 함에 있어서 공익상 또는 이해관계인의 보호를 위하여 필요하다고 인정할 때에는 조건을 붙일 수 있다'고 규정하고 있는바, 이들 규정의 형식이나 문언 등에 비추어 볼 때, 형질변경의 허가가 신청된 당해 토지의 합리적인 이용이나 도시계획사업에 지장이 될 우려가 있는지 여부와 공익상 또는 이해관계인의 보호를 위하여 부관을 붙일 필요의 유무나 그 내용 등을 판단함에 있어서 행정청에 재량의 여지가 있으므로 그에 관한 판단 기준을 정하는 것 역시 행정청의 재량에 속하고, 그 설정된 기준이 객관적으로 합리적이 아니라거나 타당하지 않다고 볼 만한 특별한 사정이 없는 이상 행정청의 의사는 가능한 한 존중되어야 할 것이다"(대판 1999. 2. 23, 98두17845 형질변경불허가처분취소).

하여는 일단 이를 허가하도록 기속되는 경우에도 이러한 개발행위허가에 따라 허가를 받은 것으로 의제되는 다른 법률상의 인가, 허가 등의 요건은 충족하지 못한 것으로 보이는 경우에는 당해 개발행위허가를 거부할 수 있을 것이다. 이러한 경우에는 시장·군수 등에게는 당해 개발행위허가에 대하여 일정한 판단의 여지가 인정되는 것과 같은 결과로 되는 것이다.

### 7. 개발행위허가의 이행담보

#### (1) 이행보증금

특별시장·광역시장·특별자치시장·특별자치도지사·시장 또는 군수는 기반시설의 설치 또는 그에 필요한 용지의 확보·위해방지·환경오염방지·경관·조경 등을 위하여 필요하다고 인정되는 경우에는 이의 이행을 담보하기 위하여 개발행위허가를 받는 자로 하여금 이행보증금을 예치하게 할 수 있다. 다만, 국가, 지방자치단체, 공공기관, 그리고 지방자치단체의 조례가 정하는 공공단체가 개발행위를 하는 경우에는 그러하지 아니하다($\substack{동법\\60①}$).

#### (2) 원상회복과 대집행

1) 원상회복　　특별시장·광역시장·특별자치시장·특별자치도지사·시장 또는 군수는 개발행위허가를 받지 아니하고 개발행위를 하거나 허가내용과 다르게 개발행위를 하는 자에 대하여는 원상회복을 명할 수 있다($\substack{동조\\③}$).

2) 대 집 행　　특별시장·광역시장·특별자치시장·특별자치도지사·시장 또는 군수는 원상회복의 명령을 받은 자가 원상회복을 하지 아니하는 때에는 행정대집행법에 의한 행정대집행에 의하여 원상회복을 할 수 있다. 이 경우 행정대집행에 필요한 비용은 개발행위를 받은 자가 예치한 이행보증금을 사용할 수 있다($\substack{동조\\④}$).

## Ⅷ. 기반시설연동제

### 1. 의　　의

2000년도에 준농림지역의 난개발이 사회문제로 된 것은 대부분 기반시설부족, 학교부족 등에 의한 주민불편이 원인이었다. 기반시설은 국가 또는 지방자치단체가 종합적 계획에 따라 개발이 이루어지기 전에 설치하는 것이 바람직하다. 그러나 기반시설이 설치되지 아니한 상태에서 개발이 이루어져

사회문제화하기에 이르렀던 것으로, 그 원인은 제도적 측면과 재정적 측면에서 찾을 수 있다.

먼저 제도적 측면에서는, 용도지역제를 채택하고 있는 우리나라의 토지이용제도하에서는 당해 용도지역의 지정목적에 위배되지 않는 개발이 허용됨으로써 기반시설이 설치되지 않은 개발이 자행될 소지가 있었던 것이다. 한편 주택법 등 개별법에서 개발에 따른 기반시설설치를 규정하고 있으나, 기반시설설치의무를 회피하기 위하여 사업을 나누어 추진하는 사례가 빈번하였던 것이다.

재정적 측면에서는 개발압력이 높은 지역은 개발속도가 빨라 기반시설을 계획적으로 설치하는 것이 어려울 뿐만 아니라 대부분 지방재정이 빈약하여 한정된 지역에 충분한 재정을 투입할 여력이 없었던 것이다.

기반시설은 근본적으로 국가나 지방자치단체의 재정부담에 의하여 이루어지는 것이 마땅하다. 그러나 재정부담의 한계와 개발로 인하여 야기되는 기반시설의 불충분성의 문제를 해결하기 위하여 국토계획법에서는 기반시설연동제를 도입하게 되었던바, 이것은 기반시설의 설치가 가능한 신규개발지역에는 기반시설부담구역을, 기반시설의 설치가 어려운 도심 등 기존시가지에는 건폐율·용적률을 강화하는 개발밀도관리구역을 지정함을 그 내용으로 한다.

### 2. 개발밀도관리구역

개발밀도관리구역이란 개발로 인하여 기반시설이 부족할 것이 예상되나 기반시설의 설치가 곤란한 지역을 대상으로 건폐율 또는 용적률을 강화하여 적용하기 위하여 지정하는 구역을 말한다($\text{2xviii}^{\text{동법}}$).

특별시장·광역시장·특별자치시장·특별자치도지사·시장 또는 군수는 주거·상업 또는 공업지역에서의 개발행위로 인하여 기반시설의 처리·공급 또는 수용능력이 부족할 것으로 예상되는 지역 중 기반시설의 설치가 곤란한 지역을 개발밀도관리구역으로 지정할 수 있다($66①^{\text{동법}}$).

특별시장·광역시장·특별자치시장·특별자치도지사·시장 또는 군수는 개발밀도관리구역 안에서는 당해 용도지역에 적용되는 용적률의 최대한도의 50%를 강화하여 적용한다($\substack{\text{동법 66②, 동법} \\ \text{시행령 62①}}$).

### 3. 기반시설부담구역

기반시설부담구역이란 개발밀도관리구역 외의 지역으로서 개발로 인하여 도로, 공원, 녹지 등 대통령령으로 정하는 기반시설의 설치가 필요한 지역을 대상으로 기반시설을 설치하거나 그에 필요한 용지를 확보하게 하기 위하여 지정·고시하는 구역을 말한다($^{동법}_{2xix}$).

특별시장·광역시장·특별자치시장·특별자치도지사·시장 또는 군수는 다음의 지역, 즉 ① 이 법 또는 다른 법령의 제정·개정으로 인하여 행위제한이 완화되거나 해제되는 지역, ② 이 법 또는 다른 법령에 따라 지정된 용도지역 등이 변경되거나 해제되어 행위제한이 완화되는 지역 또는 ③ 개발행위허가가 현황 및 인구증가율 등을 고려하여 대통령령으로 정하는 지역을 기반시설부담구역으로 지정한다($^{동법}_{67①}$). 다만, 개발행위가 집중되어 특별시장·광역시장·특별자치시장·특별자치도지사·시장 또는 군수가 해당 지역의 계획적 관리를 위하여 필요하다고 인정하면 위의 지역에 해당하지 않는 경우에도 기반시설부담구역으로 지정할 수 있다($^{동항}_{단서}$).

기반시설부담구역에서 200제곱미터를 초과하는 건축물을 신축 또는 증축하는 자는 기반시설부담금을 납부하여야 한다($^{동법}_{68①}$).

## 제 4. 토지의 거래규제 등 조치

산업이 발달하고 도시화가 진전되면서 산업입지·택지·공공용지 등의 수요가 증가함에 따라 지가가 상승하게 되는 것은 일반적·자연적 현상으로서 이것은 규제할 필요도 또한 규제할 수도 없는 것이라 할 것이다. 그러나 지가의 상승은 이러한 자연스러운 경우 외에도 특정 지역에 있어서의 토지의 투기적 거래로 인하여 발생하는 경우도 적지 않은 것이 실제이다.

이러한 토지의 투기적 거래는 당해 지역의 지가를 부당하게 앙등시킬 뿐만 아니라, 국토의 합리적·효율적 개발을 저해하는 요소가 된다. 따라서 이러한 토지의 투기적 거래를 제거하고 합리적인 토지의 이용·거래질서를 확립하는 것은 국토개발행정에 있어 매우 중요한 과제가 된다고 할 것이다.

그에 따라 지역개발관계법은 토지거래계약허가제, 지가공시제 등의 규제제도를 규정하여 놓고 있다.

## Ⅰ. 토지거래계약허가제

### 1. 의    의

토지의 투기적 거래로 인한 급격한 지가의 상승을 억제하기 위하여 국토교통부장관이 지정한 구역 안에서의 토지 등의 거래계약에 대하여 시장·군수 또는 구청장의 허가를 받도록 하는 제도이다(부동산 거래신고 등에 관한 법률 제 4 장).[1]

토지거래계약허가제는 그 "허가구역"에서만 적용되는바, 국토교통부장관 또는 시·도지사는 국토의 이용 및 관리에 관한 계획의 원활한 수행 및 집행, 합리적 토지이용 등을 위하여 토지의 투기적인 거래가 성행하거나 지가가 급격히 상승하는 지역과 그러한 우려가 있는 지역으로서 대통령령으로 정하는 지역에 대하여는 5 년 이내의 기간을 정하여 토지거래계약에 관한 허가구역("허가구역")으로 지정할 수 있다(동법 10①).

국토교통부장관 또는 시·도지사에 의한 허가구역의 지정은 이를 공고한 날부터 5 일 후 그 효력이 발생한다(동법 10⑤).

토지거래계약허가제는 위에서 본 바와 같이 토지투기를 억제하여 불합리한 지가상승을 막고 토지이용·거래질서를 확립함으로써 토지이용을 합리화·효율화하기 위한 개발행정의 한 수단으로서의 의미를 가진다.

### 2. 성    질

토지거래계약허가는 토지거래계약이 관할 시장·군수·구청장의 허가를 받아야 법적 효력이 발생한다는 점에서 보면 학문상의 인가로서의 성질을 가진다고 할 수 있다. 그러나 이 허가제는 무허가계약을 일반적으로 금지하고, 허가 없이 거래계약을 체결한 경우에 형사처벌을 과하고 있는 점에서 보면 학문상의 허가로서의 성질도 아울러 가지는 것이다. 따라서 토지거래계약허가는 인가와 허가의 합성행위로 볼 수도 있겠으나, 기본적으로는 학문상의 인가에 해당하고, 부동산 거래신고 등에 관한 법률이 그 실효성을 담보하기 위하여 그 위반에 대하여 형사벌을 규정하고 있다고 보는 것이 보다 현실적

---

[1] 토지거래계약허가제는 2016. 1. 19. 부동산 거래신고 등에 관한 법률이 제정되면서(시행 2017. 1. 20.) 그 법적 근거가 국토계획법에서 부동산 거래신고 등에 관한 법률(이하 "부동산거래신고법"이라 한다)로 변경되었으나, 제도의 내용은 기본적으로 동일하다.

인 해석이라고 생각된다.[1]

### 3. 합헌성 여부

부동산 거래신고 등에 관한 법률상의 토지거래계약허가제는 종전의 국토이용관리법 및 국토계획법상의 같은 제도를 계승한 것인데, 후자의 합헌성에 대하여는 견해가 갈리고 있었다.

#### (1) 위 헌 설

이 견해는 대체로 ① 토지거래계약허가제에 의하여 토지의 처분권을 제한하는 것은 토지소유권을 형해화하고, 사유재산제를 유명무실하게 하여 토지소유권의 본질적 내용을 침해할 뿐만 아니라, 자유경제질서를 위태롭게 하고, ② 국토이용관리법은 허가처분을 받지 못한 토지소유자가 적정한 값으로 환가할 수 있는 구제수단, 즉 완전한 매수청구권을 인정하지 않기 때문에 이 제도는 위헌이라고 본다.[2]

#### (2) 합 헌 설

이 견해는 대체로 ① 헌법 제23조에서 재산권의 내용과 한계는 법률로 정한다고 규정하고 있고, ② 토지거래계약허가제는 토지소유권의 내용 중의 하나인 처분권을 제한하는 데 그치는 것이고, ③ 토지는 다른 재산권과는 본질적인 차이가 있어 수요에 따라 생산 · 공급될 수 없는 것이고, ④ 헌법상의 사회복지국가의 이념을 실현하기 위하여서는 재산권 특히 토지소유권에 대한 제한이 불가피하고, ⑤ 이 제도는 헌법상의 비례원칙 등에 반하지 않는다는 점 등을 들고 있다.

헌법재판소도 이 제도를 합헌으로 결정한 바 있다.

"구국토이용관리법 제21조의3 제 1 항의 토지거래허가제는 사유재산제도의 부

---

1) 판례
　"토지거래허가가 규제지역 내의 모든 국민에게 전반적으로 토지거래의 자유를 금지하고 일정한 요건을 갖춘 경우에만 금지를 해제하여 계약체결의 자유를 회복시켜 주는 성질의 것이라고 보는 것은 위 법의 입법취지를 넘어선 지나친 해석이라고 할 것이고, 규제지역 내에서도 토지거래의 자유가 인정되나 다만 위 허가를 허가 전의 유동적 무효상태에 있는 법률행위의 효력을 완성시켜 주는 인가적 성질을 띤 것이라고 보는 것이 상당하다"(대판 1991. 12. 24, 90다12243).
2) 허영, 토지거래허가제의 헌법상 문제점, 고시연구, 1989/8; 구국토이용관리법 제21조의3 제 1 항 및 제31조의2의 위헌여부심판(헌재결 1989. 12. 22, 88헌가13)에서의 최광률 · 김문희 재판관의 소수의견 등 참조.

정이 아니라 그 제한의 한 형태이고 토지의 투기적 거래의 억제를 위하여 그 처분을 제한함은 부득이한 것이므로 재산권의 본질적인 침해가 아니며, 헌법상 의 경제조항에도 위배되지 아니하고 현재의 상황에서 이러한 제한수단의 선택 이 헌법상의 비례원칙이나 과잉금지의 원칙에 위배된다고 할 수도 없다"($\genfrac{}{}{0pt}{}{\text{헌재결}}{\substack{1989.\\12.22,\\88헌가13}}$).

### 4. 토지거래계약허가제의 내용

#### (1) 허가대상

국토교통부장관 또는 시·도지사가 정하는 허가구역 안에 있는 토지에 관 한 소유권·지상권(이러한 권리의 취득을 목적으로 하는 권리를 포함)을 이전 또는 설정(대가를 받고 이전 또는 설정하는 경우에 한정)하는 계약(예약을 포함) 을 체결하고자 하는 당사자는 공동으로 시장·군수·구청장의 허가를 받아야 한다. 허가받은 사항을 변경하고자 하는 때에도 또한 같다($\genfrac{}{}{0pt}{}{\text{부동산 거래신고 등}}{\text{에 관한 법률 11①}}$).

#### (2) 허가기준 및 허가절차

부동산 거래신고 등에 관한 법률은 다음의 경우에는 토지거래계약의 허 가를 할 수 없다고 규정하고 있다($\genfrac{}{}{0pt}{}{\text{동법}}{12}$). ① 토지거래계약의 대상인 토지의 이 용목적이 동법이 정하는 사항에 해당하지 않는 경우, ② 당해 토지 이용목적 이 도시·군계획 그 밖에 토지의 이용 및 관리에 관한 계획에 적합하지 않거 나 주변의 자연환경 또는 생활환경 보호에 중대한 위해를 초래할 우려가 있 는 경우, ③ 그 면적이 토지의 이용목적으로 보아 적합하지 않다고 인정되는 경우.

시장·군수 등이 토지거래계약의 허가신청서를 받은 때에는 민원 처리에 관한 법률에 따른 처리기간 내에 허가 또는 불허가의 처분을 하고, 그 신청 인에게 허가증을 교부하거나 불허가처분사유를 서면으로 통지하여야 한다. 다만 선매협의절차가 진행중인 때에는 위의 기간 내에 그 사실을 신청인에게 통지하여야 한다($\genfrac{}{}{0pt}{}{\text{동법}}{11④}$).

위의 기간 내에 허가증의 교부 또는 불허가처분사유의 통지가 없거나 선 매협의사실의 통지가 없는 때에는 당해 기간이 만료한 날의 다음 날에 위의 허가가 있는 것으로 보며, 이 경우 시장·군수 등은 지체없이 신청인에게 허 가증을 교부하여야 한다($\genfrac{}{}{0pt}{}{\text{동조}}{⑤}$).

### 5. 선매협의

시장·군수·구청장은 허가신청이 있는 경우에 당해 토지에 대하여 국가·지방자치단체·한국토지주택공사 기타 공공기관 및 공공단체가 공익사업에 사용하기 위한 공공용지를 확보하기 위하여 또는 토지거래계약허가를 받아 취득한 토지를 그 이용 목적대로 이용하고 있지 아니한 토지를 매수하기를 원하는 때에는, 이들 중에서 매수할 자를 지정하여 당해 토지를 협의매수하게 할 수 있다($\frac{동법}{15}$). 다만, 공공토지의 비축에 관한 법률 제20조에서는 시장·군수·구청장은 토지거래계약에 관한 허가신청이 있는 경우 해당 토지에 대하여 토지은행사업(여기서 토지은행이란 공공토지의 비축을 위하여 한국토지주택공사에 설치하는 토지은행계정이고, 토지은행사업이란 한국토지주택공사가 토지은행을 운용하여 수행하는 사업으로서 비축대상 토지의 비축 등을 말한다)을 수행하는 한국토지주택공사가 그 매수를 원하는 때에는 한국토지주택공사가 해당 토지를 우선 협의매수하게 할 수 있다고 규정하고 있다.

### 6. 허가의 효과

토지 등의 거래계약은 허가를 받아야 효력을 발생하며, 허가를 받지 않고 체결한 거래계약은 효력을 발생하지 않는다($\frac{동법}{11⑥}$). 이와 관련하여 판례는 실제의 토지거래관행을 고려하여, 거래계약의 무효를 그 내용에 따라 확정적 무효와 유동적 무효로 나누고 있다.

"토지의 소유권 등 권리를 이전 또는 설정하는 내용의 거래계약은 관할관청의 허가를 받아야만 그 효력이 발생하고 허가를 받기 전에는 물권적 효력은 물론 채권적 효력도 발생하지 아니하여 무효라고 보아야 할 것이다. 다만 허가를 받기 전의 거래계약이 처음부터 허가를 배제하거나 잠탈하는 내용의 계약일 경우에는 확정적으로 무효로서 유효로 될 여지는 없으나, 이와 달리 허가받을 것을 전제로 한 거래계약일 경우에는 허가를 받을 때까지는 법률상 미완성의 법률행위로서 소유권의 이전 또는 설정에 관한 거래의 효력이 전혀 발생하지 않음은 위의 확정적 무효의 경우와 다를 바 없지만, 일단 허가를 받으면 그 계약은 소급하여 유효한 계약이 되고 이와 달리 불허가가 된 때에는 무효로 확정되므로 허가를 받기까지는 유동적 무효의 상태에 있다고 보는 것이 타당하다"($\frac{대판 1991.12.24,}{90다12243}$).

"허가 없이 토지거래계약을 체결하는 자에 대한 형사벌도, 추후에 허가받을 것

을 전제로 하여 계약을 체결한 자에게는 과할 수 없으며, 처음부터 허가를 배제하
거나 잠탈하는 내용의 계약을 체결하는 자에게만 과할 수 있다"($\binom{대판\ 1992.1.21,}{91도2912}$).

## 7. 불허가처분에 대한 구제

### (1) 이의신청

토지거래계약허가신청에 대한 관계기관의 처분에 대하여 이의가 있는 자
는 그 처분을 받은 날부터 1개월 이내에 시장·군수·구청장에 이의를 신청
할 수 있다($\frac{동법}{13}$). 이의신청의 결정에 대하여 불복하는 경우에는 행정소송을 제
기하여 불허가결정을 다툴 수 있다.

### (2) 매수청구권

토지거래계약 허가신청이 거부되는 때에는 토지 등의 소유자는 이를 현
금화할 수 있는 기회를 상실하여 상당히 곤란한 입장에 처할 수도 있다. 그
에 따라 부동산 거래신고 등에 관한 법률은 허가신청자에게 당해 토지 등의
매수청구권을 인정하여, 매수청구가 있으면 시장·군수·구청장은 국가·지
방자치단체·한국토지주택공사 기타 대통령령으로 정하는 공공기관 및 공
공단체 중에서 매수할 자를 지정하여 당해 토지를 예산의 범위에서 공시지
가를 기준으로 하여 매수하도록 하고 있다($\frac{동법}{16}$). 그러나 이러한 매수의무는
예산의 범위 내에서 인정되는 것으로, 예산이 없으면 매수하지 않을 수도
있다는 점에서는 이 법상의 토지소유자 등의 매수청구권제도는 불완전한
구제제도라 할 것이다.

## 8. 거래허가제의 특례

1) 허가대상에서 제외되는 일정 토지의 거래계약　　허가구역 안에 있어서
도 일반경제 및 지가의 동향과 거래단위면적 등을 종합적으로 고려하여 대통
령령이 정하는 용도별면적 이하의 토지에 대한 토지 등의 거래계약에 대하여
는 허가를 요하지 아니한다($\frac{동법}{11②}$).

2) 국가 등이 행하는 거래계약의 특례　　토지 등의 거래계약의 일방 또는
쌍방이 국가·지방자치단체·한국토지주택공사 기타 대통령령이 정하는 공공
기관 및 공공단체인 경우에는 당해 기관의 장이 시장·군수·구청장과 서면
으로 협의하고, 그 협의가 성립된 때에는 그 토지 등의 거래계약에 대한 허
가를 받은 것으로 본다($\frac{동법}{14①}$).

3) 토지보상법에 의한 토지의 수용, 민사집행법에 의한 경매 그 밖에 대통령령이 정하는 경우에는 토지거래허가제가 적용되지 않는다($\substack{동조 \\ ②}$).

## Ⅱ. 지가공시제

구 국토이용관리법은 기준지가제를 규정하고 있었다($\substack{구법 \\ 29 이하}$). 이러한 기준지가제는 이후 제정된 지가공시 및 토지 등의 평가에 관한 법률($\substack{1989. 4. 1, \\ 법률 제4120호}$)에서 정하고 있던 지가공시제로 대체되었다. 이 법률은 2005. 1. 4.에 전면 개정되어 그 적용대상이 토지 외에 건물 등의 부동산으로 확대되었고, 그 명칭도 부동산가격공시 및 감정평가에 관한 법률로 개칭되었는데, 2016. 1. 19. 동법은 부동산 가격공시에 관한 법률(이하 "부동산공시법"이라 한다)·감정평가 및 감정평가사에 관한 법률과 한국감정원법(현재는 한국부동산원법)으로 분리되었다.

부동산공시법에 의하여 국토교통부장관은 매년 전국에 걸쳐 일정수의 표준지에 대한 지가를 결정·공시하여야 하고("표준지공시지가"), 또한 시장·군수 또는 구청장은 매년 공시지가를 기초로 하여 개별토지의 지가("개별공시지가")를 결정·공시하여야 한다. 지가공시제는 협의로는 표준지지가공시만을 지칭하나, 광의로는 개별토지의 지가공시도 포함한다($\substack{법 3①, \\ 10①}$).

### 1. 표준지공시지가

**(1) 의 의**

표준지공시지가란 부동산공시법에 따라 국토교통부장관이 조사·평가하여 공시한 표준지의 단위면적당 가격을 말한다($\substack{부동산공 \\ 시법 3①}$).

**(2) 지가의 조사·평가 및 공시**

1) 조사·평가    국토교통부장관은 토지이용상황이나 주변환경 기타 자연적·사회적 조건이 일반적으로 유사하다고 인정되는 일단의 토지 중에서 선정한 표준지에 대하여 매년 공시기준일 현재의 단위면적당 적정가격을 조사·평가하여야 한다($\substack{동법 \\ 3①}$). 표준지의 가격을 조사·평가함에 있어서는 유사인근토지의 거래가격·임료 및 당해 토지와 유사한 이용가치를 지닌다고 인정되는 토지의 조성에 필요한 비용추정액, 인근지역 및 다른 지역과의 형평성·특수성, 표준지공시지가 변동의 예측 가능성 등 제반사항을 종합적으로 참작하여야 한다($\substack{동법 \\ 3④}$). 국토교통부장관은 그 조사·평가에 있어서는 2 인 이상의 감

정평가법인등(사무소 개설신고를 한 감정평가사와 설립인가를 받은 감정평가법인을 말한다)에게 의뢰하여야 한다(동조⑤).

이처럼 국토교통부장관의 표준지에 대한 감정·평가는 감정평가업자에 의뢰하여 행하여야 하는 것이기는 하나, 그에 대한 최종적 평가는 국토교통부장관에게 유보되어 있다 할 것이다.

2) 공  시  국토교통부장관은 조사·평가한 표준지의 단위면적당 가격을 중앙부동산가격공시위원회의 심의를 거쳐 공시하여야 한다(동법3①). 이 경우 국토교통부장관은 그 내용을 시·도지사를 거쳐 시장·군수 및 구청장에게 송부하여 일반에게 열람시키게 하고, 이를 도서·도표로 작성하여 관계행정기관 등에 공급하여야 한다(동법6).

**(3) 이의신청**

표준지공시지가에 대하여 이의가 있는 자는 공시일부터 30일 이내에 서면으로 국토교통부장관에게 이의를 신청할 수 있다. 국토교통부장관은 이 경우 이의신청기간이 만료된 날부터 30일 이내에 이의신청을 심사하여 그 결과를 신청인에게 서면으로 통지하여야 한다. 이 이의신청이 타당하다고 인정될 때에는 국토교통부장관은 당해 공시지가를 조정하여 다시 공시하여야 한다(동법7). 이러한 이의신청은 국토교통부장관의 공시지가결정에 대한 행정심판절차로서의 성격을 가진다. 이의신청에 대한 국토교통부장관의 결정에 대하여 불복이 있는 때에는 행정소송을 제기하여 공시지가결정의 취소를 구할 수 있다.[1]

**(4) 표준지공시지가의 효력**

표준지공시지가는 일반적인 토지거래의 지표가 되며, 국가·지방자치단체 등의 기관이 그 업무와 관련하여 지가를 산정하거나, 감정평가법인등이 개별적으로 토지를 감정평가하는 경우에 그 기준이 된다(동법9).

1) 일반적인 토지거래상의 지표  표준지공시지가는 일반적인 토지거래에 있어 그 가격결정에 있어 지표가 되는 것이기는 하나(동법9) 법적 구속력을 가

---

1) 판례

"지가공시및토지등의평가에관한법률 제4조 제1항의 규정에 의하여 표준지로 선정되어 공시지가가 공시된 토지의 공시지가에 대하여 불복을 하기 위하여는 같은 법 제8조 제1항의 소정의 이의절차를 거쳐 처분청인 건설교통부장관을 피고로 하여 위 공시지가결정의 취소를 구하는 행정소송을 제기하여야 한다"(대판 1994. 3. 8, 93누10828).

지는 것은 아니다.

　2) 감정평가법인등의 개별토지에 대한 감정평가기준　　공시지가는 감정평가법인등에 의한 개별토지의 감정평가의 기준이 된다. 감정평가법인등이 토지를 감정평가하는 경우에는 그 토지와 이용가치가 비슷하다고 인정되는 표준지공시지가를 기준으로 하여야 하나, 다만 적정한 실거래가가 있는 경우에는 이를 기준으로 할 수 있다(감정평가 및 감정평가<br>사에 관한 법률 3①).

　3) 국가 등의 기관의 업무와 관련된 지가산정의 기준　　국가·지방자치단체·공공기관 등의 공공단체에 의한 공공용지의 협의매수시 또는 토지수용시의 보상액, 토지의 과세시가표준액의 산정(지방세법 151①,<br>동법시행령 4·42) 등에 있어서는 표준지공시지가를 기준으로 하여 그 가액이 산정된다(부동산공<br>시법 8①). 다만 필요하다고 인정할 때에는 산정된 지가를 각각의 목적에 따라 가감조정하여 적용할 수 있다(동조<br>단서).

　종래 국가 등의 업무와 관련하여 지가를 산정함에 있어서는 공공용지의 협의매수 또는 수용에 대한 보상액산정 및 토지거래허가에 있어서의 표준지가의 책정 등은 국토이용관리법이 정하고 있던 기준지가를 기준으로 하고, 재산세 등의 과세표준액산정은 지방세법에 의한 과세시가표준액에 의하고(지방세법<br>110·151①), 양도소득세의 양도소득산정은 소득세법에 의한 기준시가에 따라 행하도록 되어 있어서, 지가산정의 기준이 다원화되어 있었다.

　부동산공시법에 의한 지가공시제도는 이와 같이 다원적으로 되어 있던 지가산정의 기준을 표준지공시지가(내지 그에 기한 개별공시지가)로 일원화하는 것을 그 기본적 목적으로 하고 있다.

　(5) 표준지공시지가의 법적 성질

　1) 학　　설　　이 문제에 대한 학설은 견해가 갈리고 있다.

　㈎ 행정계획설　　이 설은 표준공시지가는 지가체계의 일원화를 기하여 일반적인 토지거래의 지표가 되고, 국가·지방자치단체 등의 행정주체가 그 업무와 관련하여 지가를 산정하거나 감정평가자가 개별적으로 토지를 감정·평가하는 경우에 그 기준이 된다는 점에서 행정계획으로 본다.[1]

　㈏ 행정규칙설　　이 설은 표준지공시지가는 개별공시지가 산정을 통하여 개발부담금 등의 부과에 있어 그 산정기준이 되는 것으로서, 여기서 기준이 된다는 것은 일반적·추상적 규율을 의미하는 것이므로, 따라서 표준지공

---

1) 강구철, 강의행정법, 1998, p. 711; 류지태, 행정법신론, 1995, p. 918.

시지가에는 행정행위의 요소인 개별성과 구체성이 결여되어 있다고 본다.[1]

   ㈐ 사실행위설   이 설은 표준지공시지가는 현실적으로 존재하는 정상지가를 조사하여 공시함으로써 지가정보를 제공하는 의사작용을 요소로 하는 사실행위로서 그 자체로서는 어떠한 법적 효과도 발생하지 아니한다고 본다.[2]

   ㈑ 행정행위(처분)설   이 설은, 표준지공시지가는 토지초과이득세 또는 개발부담금 등의 산정기준이 되고, 국민의 구체적인 권리·의무 내지 법률상 이익에 영향을 미치며, 그 공시에 대하여 이의신청을 할 수 있다는 것은 그것이 행정행위의 성질을 가지는 것으로 보아야 한다고 본다.[3]

   2) 판   례   이에 관한 대법원의 전형적인 판례 2개를 인용하여 보면 다음과 같다.

> "표준지로 선정된 토지의 공시지가에 불복하기 위하여는 구지가공시및토지등의평가에관한법률 제8조 제1항 소정의 이의절차를 거쳐 처분청인 건설부장관을 상대로 그 공시지가결정의 취소를 구하는 행정소송을 제기하여야 하는 것이지 그러한 절차를 밟지 아니한 채 그 표준지에 대한 조세부과처분의 취소를 구하는 소송에서 그 위법성을 다툴 수는 없다"(대판 1997. 2. 28, 96누10225).

> "표준지로 선정된 토지의 공시지가에 불복하기 위하여는 구지가공시및토지등의평가에관한법률 제8조 제1항 소정의 이의절차를 거쳐 처분청을 상대로 그 공시지가결정의 취소를 구하는 행정소송을 제기하여야 하는 것이고, 그러한 절차를 밟지 아니한 채 개별토지 가격결정의 효력을 다투는 소송에서 그 개별토지 가격산정의 기초가 된 공시지가의 위법성을 다툴 수는 없다"(대판 1998. 3. 24, 96누6851).

위의 판례 중 첫째 판결은 표준지로 선정되어 공시지가가 공시된 자신의 토지에 이 공시지가를 기초로 하여 토지초과이득세가 부과되자, 그 취소를 구한 사건에 관한 것이다. 둘째 판례는 자신의 토지에 대한 개별공시지가 결정이 위법하다고 하여 그 취소를 소구한 사건에서 원고가 그 위법사유로서 그 기준이 된 표준지의 공시지가 결정이 위법하다고 주장한 사건이다. 이처럼 위의 2개 판례는 구체적 사안을 달리하고 있는 것이나, 어느 경우에도 대법원은 그 구체적 이유는 제시하고 있지 않으나 관련공시지가는 행정소송의

---

1) 석종현, 공시지가의 공시절차 및 법적 성질, 월간고시, 1993/8, p. 54.
2) 이춘섭, 공시지가, 개별지가는 행정소송의 대상인가?, 사법행정, 1992/12, p. 62.
3) 김완석, 토지와 관련한 조세와 공시지가와의 관계에 관한 연구, 감정평가논집, 1997, pp. 82~83; 조용호, 개별공시지가의 제문제, 사법논집 제25집, 1994, pp. 660~663.

대상인 '처분'에 해당한다는 전제에 입각하고 있다.

**3) 종합적 검토**  이 문제의 검토에 있어서는 표준지공시지가의 상이한 두 가지 기능 또는 성질을 고려하여야 할 것으로 본다. 먼저 토지소유자에 대하여는 공시지가는 동시에 개별공시지가의 성질도 아울러 가지고 있는 것으로서(부동산공시법 10② 단서), 이러한 측면에서는 표준지공시지가는 다른 개별공시지가와 마찬가지로 당해 토지의 소유자에 대한 개발부담금 등의 부과에 있어 그 산정기초로 된다. 이러한 경우에는 당해 표준지공시지가의 법적 성질은 개별공시지가의 법적 성질에 따른 논의에 귀결된다. 이에 대하여는 뒤에서 구체적으로 논할 것이나, 적어도 표준지공시지가가 개별공시지가로서의 성질도 아울러 가지는 한도에서는, 그것은 행정소송의 대상으로서의 처분성이 인정된다고 보며, 그 성질상으로는 토지의 등급 또는 성질을 확정하는 것으로서 물적 행정행위에 해당한다고 본다.

표준지공시지가는 일반적으로는 토지거래에 있어서의 가격결정의 지표가 되거나, 토지수용 등에 있어서의 관련토지의 가격결정의 기준이 되거나, 또는 개별공시지가 결정에 있어 그 기준이 된다(동법). 공시지가가 일반적인 토지거래의 지표로서의 의미를 가지는 한에서는, 그에 처분성을 인정할 여지는 없다고 할 것이다.

이에 대하여 표준지공시지가가 개별공시지가의 기준으로 되는 경우에는 문제상황은 다르다고 할 것으로서, 개별공시지가는 기본적으로 표준지공시지가에 국토교통부장관이 작성한 토지가격비준표상의 비준율을 곱한 가액이 되는 것이기 때문이다. 즉 관계인의 토지의 개별공시지가는 인근의 표준지공시지가 결정시에 그 가액이 이미 실질적으로 결정되는 것이라고 볼 수 있는 것으로서, 그러한 점에서는 표준지공시지가의 결정은 인근의 개별토지소유자의 권리·의무에 직접적인 영향을 미치는 것으로서 행정소송의 대상인 처분성을 인정할 수 있는 소지도 있다고 할 것이다.

표준지공시지가가 토지수용 등에 있어서의 보상액산정을 위한 관련토지가격의 결정에 있어 기준이 되는 경우에 있어서도, 그것이 단순한 기준에 그치지 아니하고 사실상 한정액으로 작용하여 구속적인 기능을 가지는 경우에는 그에는 처분성이 인정된다고 할 것이다.[1] 판례는 표준지공시지가결정에 대하여 그 인근 토지의 소유자는 행정소송을 제기하여 이를 다툴 수 있을 뿐

---

1) 박윤흔, 행정법(하), p. 582.

만 아니라, 수용보상금의 증액을 구하는 소송에서도 수용대상 토지 가격 산정의 기초가 된 비교표준지공시지가결정의 위법을 독립한 사유로 주장할 수 있다고 하고 있다(대판 2008. 8. 21, 2007두13845).

이러한 경우에는 표준지공시지가는 내용적으로는 물적 행정행위로서의 성질을 가진다고 할 것이다.

### 2. 개별공시지가제도

#### (1) 개    념

전국의 토지는 약 3,300만 개의 필지로 되어 있고, 이 중에서 지가산정이 필요한 토지는 사유지와 국·공유지 중 잡종지를 포함하여 약 2,500만 개의 필지에 이르고 있다. 이러한 토지 중에서 일정수의 표준지(약 45만 개)에 대하여는 2인 이상의 감정평가법인등에 의뢰하여 그 가격을 조사·평가하게 한 후에 국토교통부장관이 그 가격을 결정·공시하고 있는바, 이것이 위에서 검토한 표준지공시지가이다.

여타의 개별 필지의 지가는 이러한 표준지공시지가를 기준으로 국토교통부장관이 작성한 이른바 「토지가격비준표」에 의거하여 시장·군수 또는 구청장이 매년 표준지공시지가의 공시일 현재 관할구역 안의 개별토지의 단위면적당 가격을 결정·공시하는바, 이것을 개별공시지가라 한다. 다만, 표준지로 선정된 토지 및 개발부담금 등의 부과대상이 아닌 토지 등에 대하여는 개별공시지가를 결정·공시하지 않을 수 있다. 이 경우 표준지에 대하여는 그 공시지가를 개별공시지가로 본다(동법 10②).

이러한 개별공시지가는 개발이익환수에 관한 법률에 의한 개발부담금의 부과 기타 다른 법령이 정하는 목적을 위한 지가산정의 기초가 된다(동법 10①).

#### (2) 결정절차 등

시장 등이 개별공시지가를 결정·공시하는 경우에는, ① 당해 토지와 유사한 이용가치를 지닌다고 인정되는 하나 또는 둘 이상의 표준지의 공시지가를 기준으로 토지가격비준표를 사용하여 지가를 산정하되, 당해 토지의 가격과 표준지의 공시지가가 균형을 유지하도록 하여야 하고(동조 ④), ② 앞의 절차에 따라 산정된 개별토지의 가격에 대하여는 그 타당성에 대하여 감정평가업자의 검증을 받고 또한 토지소유자 그 밖의 이해관계인의 의견을 들어야 하는바(동조 ⑤), ③ 시·군·구부동산가격공시위원회의 심의를 거쳐야 한다(동조 ①).

### (3) 개별공시지가의 효력

개별공시지가는 이후 부담금이나 일정 조세의 산정에 있어 그 기준이 되나, 내용상으로는 그 기속 정도에 따라 다음의 두 가지 경우로 나누어진다. 즉 ① 개별지가가 이후의 부담금 등의 가액산정을 위한 기준이 되기는 하나, 소관행정청이 이를 감액할 수 있는 경우(개발부담금·농지보전부담금 등), ② 행정청에 의한 가액의 증감없이 개별지가가 직접 조세 등의 산정기초가 되는 경우(양도소득세·상속세 등).

### (4) 개별공시지가결정에 대한 구제수단

개별공시지가결정에 이의가 있는 자는 그 결정·공시일부터 30일 이내에 시장 등에게 이의를 신청할 수 있다. 이 경우 시장 등은 이의신청의 내용이 타당하다고 인정될 때에는 당해 개별공시지가를 조정하여 다시 공시하여야 한다($\binom{동법}{11①②}$). 뒤에서 보는 바와 같이 개별지가결정은 행정소송법상의 '처분'의 성격을 가지는 것이므로, 여기서의 이의신청은 특별행정심판에 해당한다 할 것이다. 이의신청에서 그 청구가 인용되지 않는 경우에는 관계인은 행정소송을 제기하여 개별공시지가의 취소 등을 구할 수 있을 것이다.

### (5) 개별공시지가에 관한 문제점

전술한 내용의 개별공시지가와 관련하여서는 그 구체적 결정 등 절차를 정하고 있던 조사지침의 법규성 및 이 지가결정행위의 행정행위성 또는 처분성 여부의 문제가 제기된 바 있다.

1) 개별토지가격합동조사지침의 법규성의 문제    개별공시지가의 결정·공시나 그에 대한 이의제기 등은 종래 국무총리훈령인 「개별토지가격합동조사지침」에서 정하는 바에 따라 행하여지고 있었던 결과, 이 지침의 법적 성격이 문제되고 있었다. 이들 문제는 현재는 부동산공시법에서 규정하고 있는 결과, 이제는 더 이상 이를 검토할 실익은 없는 것인지도 모른다. 그러나 이에 관한 대법원의 판례와 관련하여서는 적어도 이론적 측면에서는 이 문제는 여전히 검토의 실익이 있는 것으로 보인다. 대법원은 위의 지침은 구 지가공시 및 토지 등의 평가에 관한 법률 제10조의 내용을 보충하는 것으로서의 집행명령에 해당한다고 하여, 그 법규성을 인정한 바 있다.[1]

---

1) 판례
 "개별토지가격합동조사지침(1990. 4. 14. 국무총리훈령 제241호로 제정되어 1991. 4. 2. 국무총리훈령 제248호로 개정된 것) 제 6 조는 개별토지가격결정절차를 규정하고

이러한 대법원의 견해에는 기본적으로 다음의 문제점이 있는 것으로 보인다. 이 지침을 위 규정의 내용을 보충하는 성질의 것으로 본다고 한다면, 그것은 위임명령에 해당한다고 할 것이다. 그런데 위임명령의 제정에 있어서는 법률의 명시적 수권이 필요한 것이나, 위 규정은 수권규정을 두고 있지 아니하다. 그러한 점에서는 이 지침을 집행명령으로 보아야 할 것이나, 훈령 등의 형식에 의한 집행명령은 원칙적으로 인정되지 않는다고 할 것이며, 또한 집행명령에는 단지 법률의 집행을 위한 구체적·세부적 규정만을 둘 수 있는 것인 데 대하여, 이 지침에는 이의신청 등 내용적으로 법률보충적인 규정을 두고 있다는 점에서는 이를 집행명령으로 보기도 어렵다 할 것이다.

실제 이 지침에서는 개별지가결정에 대한 이의신청 등 관계인의 권익구제를 위한 실질적인 절차가 규정되어 있다는 점을 고려하여, 실질적 관점에서 대법원은 이 지침에 법규성을 인정한 것인지 모른다. 그러나 이론적 관점에서는 전술한 문제점이 제기되는 것이다.

2) 개별공시지가의 법적 성질  개별공시지가의 법적 성질에 대하여도 표준지공시지가의 경우와 같이 4개 설로 견해가 나누어져 있으나, 이 문제에 대하여는 행정행위설이 다수설이라고 할 수 있다.

이 문제에 대하여 ① 행정계획설은 개별공시지가는 대내적으로 행정기관에 대하여서만 법적 의무를 부과하는 구속적 계획에 해당한다고 보고,[1] ② 행정규칙설은 개별공시지가는 개발부담금 등의 산정기준이 되는 것이나, 그것은 일반적·추상적 규율의 성질을 가지는 것으로서, 행정행위의 요소인 개별성·구체성이 결여되어 있다고 보고, ③ 사실행위설은 개별공시지가는 현실적으로 존재하는 정상지가를 조사하여 공시함으로써 지가정보를 제공하는 의사작용을 요소로 하는 사실행위라고 보고, ④ 행정행위(처분)설은 개별공시지가는 개발부담금 등의 산정기초로 되어 국민의 권리·의무에 구체적 영향을 미치는 것으로서 행정행위 또는 행정처분에 해당한다고 본다.[2]

---

있으면서 그 중 제3호에서 산정된 지가의 공개열람 및 토지소유자 또는 이해관계인의 의견접수를 절차의 하나로 규정하고 있는데, 위 지침은 지가공시및토지등의평가에관한법률 제10조의 시행을 위한 집행명령으로서 법률보충적인 구실을 하는 법규적 성격을 가지고 있는 것으로 보아야 할 것이므로 위 지침에 규정된 절차에 위배하여 이루어진 지가결정은 위법한 것으로 보아야 할 것이다"(대판 1994. 2. 8, 93누111; 동지 대판 1994. 6. 14, 93누19566).

1) 강교식, 임호정, 공시지가 및 개별공시지가결정이 행정소송의 대상인지, 감정평가논집, 1999/2, p. 15.
2) 김철용, 개별공시지가공시처분의 법적 성질, 감정평가논집, 1993, pp. 49~54; 김용섭, 행정행위의 하자승계론의 재검토, 판례월보, 1998/4, p. 38; 류지태, 전게서, p.

위에서 본 바와 같이 개별공시지가는 현재는 폐지된 것으로서의 종전의 토지초과이득세, 택지초과소유부담금이나 현행의 개발부담금, 농지보전부담금 등의 부과에 있어 그 산정기초로서의 당해 토지의 가격으로 인정되고 있는 것으로서, 그에 따라 개별공시지가의 결정에 의하여 당해 토지의 소유자 등의 구체적인 권리·의무가 확정되는 것이라 할 것이므로, 이 행위는 행정행위 또는 행정소송의 대상인 처분에 해당한다고 할 것이다. 이것은 판례의 입장이기도 하다.

즉 대법원은

"시장, 군수 또는 구청장의 개별토지가격결정은 관계법령에 의한 토지초과이득세, 택지초과소유부담금 또는 개발부담금 산정의 기준이 되어 국민의 권리나 의무 또는 법률상 이익에 직접적으로 관계되는 것으로서 행정소송법 제 2 조 제 1 항 제 1 호 소정의 행정청이 행하는 구체적 사실에 관한 법집행으로서 공권력의 행사이므로 항고소송의 대상이 되는 행정처분에 해당한다"(대판 1994. 2. 8, 93누111)

라고 판시하였다.

다만 이러한 개별공시지가결정의 규율내용은 개별토지의 성질 또는 등급인 것으로서 토지소유자 등의 권리·의무는 이러한 토지에 대한 규율을 통하여 결정된다는 점에서, 당해 행위는 물적 행정행위에 해당한다 할 것이다.[1]

### 3. 개발이익환수제도

개발이익환수제도는 구국토이용관리법 제 3 조에 규정되어 있었으나, 그 적극적 시행은 보류되어 오다가 토지공개념법제의 일환으로 개발이익환수에 관한 법률(1989. 12. 30)이 제정됨으로써 시행되기에 이른 것이다. 종래 법제는 개발부담금을 국가가 부과·징수하였으나, 현행법제는 특별자치시장·특별자치도지사·시장·군수 또는 구청장이 부과·징수한다(법 3).

#### (1) 개발이익의 의의

개발이익이란 개발사업의 시행 또는 토지이용계획의 변경 기타 사회·경제적 요인에 의하여 정상지가상승분을 초과하여 개발사업을 시행하는 자 또

---

920; 조용호, 전게논문, pp. 660~663.

1) 류지태, 행정법, p. 921. 류 교수는 개별지가결정행위를 물적 행정행위로서의 일반처분으로 보고 있다. 그러나 개별지가는 개별토지에 대하여 결정되는 것으로서, 그 법적 효과는 각 토지 및 그 소유자에 대하여 개별적으로 발생하는 것이라는 점에서는, 이 행위를 일반처분으로 보기는 어렵다 할 것이다(동지 조용호, 개별공시지가의 제문제, 사법논집 제 2 집, 1994. 12).

는 토지소유자에게 귀속되는 토지가액의 증가분을 말한다(개발이익환수에/관한법률 2i).

이러한 개발이익으로서 토지소유자가 받는 이익은 자신의 정당한 노력의 대가가 아닌 불로소득이라 할 것이므로, 이를 환수하여 사회에 환원시키는 것이 마땅한 것이다. 또한 스스로의 개발사업으로 인하여 당해 토지가액이 상승하는 경우에도, 그것이 부당하게 과도한 것인 때에는 그 한도에서의 이익은 사회에 환원시키는 것이 마땅한 것이다. 기본적으로 이러한 이념에 입각한 것이 개발이익환수제도인 것이다. 이와 관련하여 개발이익 환수에 관한 법률은 이 제도의 목적을 "개발이익의 적정한 배분, 토지에 대한 투기방지 및 토지의 효율적 이용의 촉진"에 두고 있다(동법1).

개발이익의 환수는 과세적 방법과 비과세적 방법으로 행하는데, 과세적 방법에는 재산세·종합토지세·양도소득세 등이 있고, 비과세적 방법으로는 개발부담금이 있다. 다음에서는 개발부담금에 대하여만 살펴보기로 한다.

### (2) 개발부담금

1) 의    의    개발부담금이란 개발사업시행자에게 귀속되는 전체 개발이익 중에서 사회에 환원되는 금액, 즉 개발이익환수에 관한 법률에 의하여 국가가 부과·징수하는 금액을 말한다.

이러한 개발부담금은 토지개발에 따르는 부당한 토지가액증가분에 대한 조세 또는 준조세적 성질의 것으로 보는 견해와[1] 인적 공용부담의 일종으로 보는 견해가 있다. 후자의 견해는 개발부담금은 전통적인 부담금과는 달리 특정한 공익사업의 수요에 충당하기 위하여 부과하는 것이 아니라 전국토의 균형 있는 개발을 위하여 부과되는 것으로서 공용부담의 발전된 형태로 보고 있다.[2]

2) 개발사업    개발부담금이 부과되는 개발사업은 국가·지방자치단체로부터 인·허가를 받아 시행하는 사업으로서, 택지개발사업·산업단지개발사업·관광단지조성사업·도시개발사업, 지역개발사업 및 도시환경정비사업·교통시설 및 물류시설 용지조성사업·체육시설 부지조성사업 등이다(동법5①).

---

1) 박윤흔, 행정법(하), p. 595; 이태로 교수는 개발부담금은 그 명칭에도 불구하고 실질적인 조세라고 보고 있다. 이와 관련하여 이 교수는 "행정법상의 부담금은 공익사업으로부터 이익을 받거나 또는 공익사업을 필요하게 하는 행위를 하는 자로부터 사업비용의 일부 또는 전부를 징수하는 것을 말한다. (개발)부담금은 여기에 해당하지 않으며 그 명칭은 통상의 징세관서가 아닌 건설교통부가 관장하는 데 연유하는 것으로 짐작한다"고 기술하고 있다(조세법강의, 1998, pp. 5~6).
2) 김홍대, 토지공개념법제, 1992, p. 172.

**3) 부과기준 및 부담률**　개발부담금은 개발이익에 부과되는데, 여기서 개발이익이란 "개발사업을 시행함으로써 정상지가상승분을 초과하여 개발사업시행자에게 귀속되는 토지가액의 상승분"을 말한다($\frac{동법}{2 i}$).

보다 구체적으로는 개발부담금은 개발사업 완료시점의 대상토지의 가액에서 개발사업 착수지점의 대상토지의 가액·사업시행 기간중의 정상지가상승분 및 개발비용을 공제한 금액(개발이익)을 말한다($\frac{동법}{8}$).

납부의무자가 납부하여야 할 개발부담금은 개발사업의 종류에 따라 상이한바, 개발이익의 100분의 20 또는 100분의 25이다($\frac{동법}{13}$).

**4) 부과·징수**　개발부담금은 시장·군수 또는 구청장이 부과 종료시점부터 5개월 내에 부과하여야 한다($\frac{동법}{14}$). 이 경우 납부의무자는 부과일부터 6개월 이내에 개발부담금을 납부하여야 하며($\frac{동법}{18①}$), 납기일까지 납부하지 않는 때에는 「지방행정제재·부과금의 징수 등에 관한 법률」에 따라 징수할 수 있다($\frac{동법}{22}$).

**5) 징수금의 배분**　징수된 개발부담금의 100분의 50에 상당하는 금액은 개발이익이 발생한 토지가 속하는 지방자치단체에 귀속하고, 나머지 부담금은 지역발전특별회계에 귀속된다($\frac{동법}{4①}$).


# 제 2 절　환경행정법

## 제 1 항　환경문제의 대두와 환경행정법의 전개

### 1. 환경문제와 행정법

발전과 성장의 이데올로기가 지배하던 시기에는 쾌적한 환경 또는 환경보전의 문제는 문명비판론적 차원 또는 성장의 한계요인으로서의 자원·에너지의 고갈문제 등과의 관련에서 제기되는 부차적인 문제에 불과하였다.

그러나 오늘날 인류는 생존의 문제로서 환경문제를 직시하지 않으면 안될 상황에 직면하고 있다. 오늘날 환경문제는 더 이상 '성장의 부수비용'이아니라 '생존의 조건'의 문제인 것이다.[1] 이처럼 환경문제가 국가의 최우선과

---

1) 각국은 나름대로의 환경문제에 당면하고 있음은 물론이나, 대체로 선진국의 경우는 환경문제는 공업화·도시화 또는 고도의 소비형문화 등에 기인하는 것인 데 대하여, 후진국의 경우는 경제적 후진성으로 인한 빈곤과 그에 따른 무분별한 환경자원의 남

제이자 지구 전체의 문제로서 대두되고 있는 상황에 있어 환경의 법적 보호의 문제는 환경문제의 해결에 있어 하나의 중요한 요소를 이루는 것임은 물론이다. 이러한 법적 보호에 있어서는 공법적 또는 행정법적 측면에서의 환경보호가 그 주류를 이루고 있다.

## 2. 환경행정법의 전개

환경행정법의 초기에 있어서 그 규율의 주된 대상을 이루고 있었던 것은 공해문제이었다. 그러나 이러한 공해문제에 관한 공법적 규율은 경찰법적 관점에서 행하여졌던 결과, 공해에 대한 소극적 규제의 범위를 벗어나지 못하고 있었다.

경찰법은 사인의 자유 특히 기업활동의 자유는 최대한 존중되어야 하고 공권력의 행사는 '필요악'으로 인식되었던 자유주의 토양 위에서 생성되었으므로, 경찰작용은 공공의 안녕과 질서를 유지하기 위하여 필요한 최소한도에 그쳐야 하는 것으로 이해되고 있다. 공해에 대한 규제도 경찰작용의 하나로서 파악되고 있었던 결과, 공해행정법에도 경찰법에 특유한 소극성의 원리가 상당히 지배하고 있었다.[1]

그러나 이러한 소극적 규제만으로는 환경행정에 있어 공해의 방지차원을 넘어서서, 자연환경·생활환경을 유지하고 보전하기는 어렵다. 따라서 환경행정은 환경자원의 유한성을 전제로 하여 환경 그것을 양호한 상태로 보존하여 이를 다음 세대에 물려주기 위하여 환경을 관리하고 그 이용·조정을 도모하는 적극적 내용의 총합행정으로 이행되게 되었다. 따라서 오늘날의 환경행정은 규제적·조성적 기타 수단을 총합적으로 사용하여 공해나 환경파괴에서 사람의 건강·생명을 보호함과 동시에, 적극적으로 건강하고 문화적인 생활을 영위할 수 있도록 양호한 환경을 보존·조성함을 목적으로 하여 수행되는

---

후진국의 경우는 경제적 후진성으로 인한 빈곤과 그에 따른 무분별한 환경자원의 남획 또는 단축된 발전전략의 무리한 수행에 따르는 생태계의 파괴 등으로 인하여 발생하는 경향을 보인다. 우리나라의 경우는 60년대부터 추진된 성장드라이브정책을 통하여 공해다발성 기업이 수출전략사업으로 대거 도입되었을 뿐만 아니라, 특히 1970년대 중반 이후부터 추진된 중화학공업 집중투자정책으로 말미암아 환경파괴의 요인이 구조적으로 조성되었으며, 이러한 산업발전정책의 실행에 따라 산업화·도시화가 급격히 진행되었으나, 그에 따른 적절한 환경대책을 강구하지 않았거나, 그 대책이 적절한 시기에 취하여지지 못하였다는 사실 등이 현재의 심각한 환경문제의 요인을 이루고 있다(이상돈, 환경정책기본법과 환경대책개별법, 사법행정, 1992/3, p. 32 등 참조).

1) 原田尚彦, 環境權と裁判, 1977, p. 26.

행정활동이라고 할 수 있다.

### 3. 환경문제의 국제화

환경문제에 있어 오늘날의 특징적인 현상의 하나는 환경보호가 점차 국제적 문제로서의 성격을 띠어가고 있다는 것이다. 이것은 환경문제가 이제는 국내적 문제에 한정되지 아니하고, 인류 전체의 차원에서 다루어져야 할 인류생존의 문제라는 인식을 바탕으로 하는 것이다.

1972년의「스톡홀름인간환경선언(Declaration on the Human Environment)」이 환경이 더 이상 파괴된다면 인류의 멸망을 초래할 것이라고 경종을 발한 이래, 다수의 환경에 관한 국제조약이 체결되었다. 특히 1992년에「리우데자네이루」에서 각국의 정상 및 전문가들이 참석한 가운데 개최된「환경과 개발에 관한 UN회의」에서는 지구환경을 보전하기 위한 27개 항의「환경과 개발에 관한 리우선언」,「21세기를 위한 세부실천강령」,「기후변화협약」,「생물다양성협약」및「산림원칙협약」이 채택된 바 있다. 이러한 환경보호를 위한 국제적 활동은 앞으로도 계속 활발하게 전개될 것으로 보인다.

이러한 환경보호를 위한 국제적 노력은 환경문제가 지역적·국내적 차원에서 뿐만 아니라 국제적 차원에서도 동시에 해결되어야 한다는 인식을 새롭게 하였다는 점에서 기본적 의의가 있다. 이러한 환경관계 국제조약에 우리나라가 가입함에 따라, 국내법적으로 환경보호법의 범위가 확대될 것임은 물론이다. 예컨대「오존」층보호를 위한 특정물질의 제조규제등에 관한 법률은 관계국제조약에의 가입에 따른 시행조치를 위하여 제정된 것이다.

「리우」환경회의에 따라 우리의 환경법·환경정책·환경기구 등 전반에 걸친 광범한 조정작업이 행하여져야 할 것으로 보인다.

## 제 2 항   환경행정법의 기초

## I. 환경권의 헌법적 보장 및 국가의 환경보호의무

### 1. 환경권의 헌법적 보장

1) 우리의 환경행정법상 특기할 만한 것은 환경권이 헌법에 의하여 보장되고 있다는 것이다. 환경권이 헌법상의 기본권으로 보장됨에 있어서는 1960

년대 이후의 고도경제성장정책하에서 생산력 증대만을 추구한 기업활동이나
무질서한 지역개발 등으로 심각한 공해·환경문제가 야기되었다는 사실상의
요인과 종래와 같이 소극적인 공해규제만으로는 오늘날의 심각한 환경문제에
적절히 대응할 수 없다는 인식이 점차 보편화되었다는 법적 측면이 기본적
요인으로 작용하였다고 본다. 헌법상 환경권에 관한 규정은 1980년의 제5공
화국 헌법에 처음 도입되었으며($_{33}^{헌법}$), 현행 헌법도 "모든 국민은 건강하고 쾌
적한 환경에서 생활할 권리를 가지며, 국가와 국민은 환경보전을 위하여 노
력하여야 한다"고 하여 이를 명시하고 있다($_{35①}^{동법}$). 다만 그 내용과 행사에 관
한 사항은 법률에 유보하고 있다($_{②}^{동조}$).

2) 우리 헌법상의 환경권의 의의나 법적 성질에 관하여는 현재 논란이
많으나 대체로 '건강하고 쾌적한 환경에서 생활할 권리'로서 자유권적 성질뿐
만 아니라 인간의 존엄과 가치·행복추구권에서 도출되는 생존권 또는 사회
적 기본권으로서의 성질도 아울러 가지는 종합적 기본권으로 보는 것이 일반
적 견해라 할 수 있다.

3) 그러나 이러한 환경권조항의 효력에 대하여는 ① 방침규정설: 헌법규
정만으로는 구체적 권리로서 행사될 수 없고, 입법·행정의 지침이 되는 데
불과하다는 견해,[1] ② 추상적 권리설: 과거의 통설로서 헌법상의 환경권은
환경보전입법을 요구할 수 있는 권리에 불과하다는 견해, ③ 구체적 권리설:
환경권은 환경침해행위의 배제·예방청구를 할 수 있는 구체적 권리라고 보
는 견해,[2] ④ 양면적 권리설: 환경권은 자유권적 측면에서는 구체적 권리로
서 환경침해배제청구권이고, 생존권적 측면에서는 추상적 권리로서의 환경보
호조치청구권으로서의 양면성을 가지고 있다고 보는 견해 등이 있다. 이것이
현재의 다수설이다.[3] 판례는 헌법상의 환경권의 구체적 권리성에 대하여는
소극적인 입장인 것으로 보인다. 대법원은 새만금사건에서 헌법 제35조 제1
항에서 정하고 있는 환경권에 관한 규정만으로는 그 권리의 주체·대상·내
용·행사방법 등이 구체적으로 정립되어 있다고 볼 수 없다고 하여 헌법상의
환경권만에 근거하여서는 공유수면매립면허처분 등에 대하여 그 무효확인을

---

1) 서원우, 환경권이론비판, 고시연구, 1984/5, p. 83 이하 참조.
2) 권영성, 헌법학원론, p. 696.
3) 구병삭, 신헌법원론, 1988, p. 582; 김철수, 헌법학개론, p. 496 이하; 김영훈, 환경
   권에 관한 연구 ― 공법상의 법리와 구제를 중심으로 ― (박사학위논문), 1981, p. 79;
   이상규, 행정법(하), p. 528.

구할 원고적격이 없다고 판시하였다(대판 2006.3.16, 2006/두330 전원합의체).

## 2. 국가의 환경보호의무

헌법 제35조 제1항 후단은 "국가와 국민은 환경보전을 위하여 노력하여야 한다"고 규정하고 있다. 위에서 본 바와 같이 동조 전단의 환경권에 관한 규정이 단순한 방침규정에 불과한 것은 아니라고 한다면, 동조 후단의 국가의 환경보호임무도 입법·행정에 대한 지침에 불과한 것은 아니고 규범적 효력을 가진다고 할 것이다.

국가의 환경보호임무의 이행을 위한 기본적 수단은 입법이라 할 것이며, 그러한 점에서 헌법 제35조 제2항은 입법자에게 입법의무를 부과한 것이라고 해석할 수 있을 것이다. 그에 따라 실제 환경입법의 시기나 내용에 관하여는 입법자에게 광범한 입법재량이 인정될 수 있을 것이나, 구체적인 상황과의 관련에서는 당해 상황에 따라 요청되는 입법조치를 취하지 않는 것이 위헌적인 입법부작위로 판단될 수도 있을 것이다.


# Ⅱ. 우리 환경보호입법의 전개·발전

## 1. 공해방지법의 제정 및 개정

환경보전에 관한 초기의 대표적 입법으로서는 1963년에 제정된 공해방지법을 들 수 있다. 이 법은 전문 21개 조로 대기오염·하천오염 및 소음·진동을 규제하는 단일법주의에 입각한 위생법적 성격의 법이었다. 동법은 공해방지구역의 지정, 공해안전기준의 설정 등과 동법 위반시의 개선명령·조업정지명령 등에 관하여 규정하고 있었으나, 환경문제를 전담할 행정기관의 부재, 예산의 부족 등으로 사문화된 상태이었다.

이 법은 이후 1971년에 대폭 개정되어 전문 27개 조로서 공해법적인 법으로 변모되었다. 이 개정 법률은 이전의 법에 비하여 강력한 배출규제수단을 도입하여, 공해물질 배출시설의 설치허가 및 취소, 그 이전명령 등의 제도가 신설되고, 오염실태조사 및 공해에 관한 사전정책에 관하여도 규정하고 있었다.

그러나 이 법은 기본적으로는 사후구제에 중점을 둔 것이었으며, 그 규제대상도 한정적이었던 것으로, 자동차배기가스, 해양오염 등의 문제는 그 대상에 포함되지 않았다.

## 2. 환경보전법·해양오염방지법의 제정

1977년에 공해방지법을 대체하여 환경보전법이 제정되었다. 이 법은 환경입법에 있어 종래의 경찰법적 소극적 규제를 탈피하여 적극적으로 공공복리의 유지·증진을 위한 환경입법 방향의 전환점을 이룬 최초의 입법으로 평가되고 있다. 이 법은 이후 환경처의 신설에 따른 사항을 정하기 위하여 1979년에 개정된 바 있다.

1977년에는 다시 해양오염방지법이 제정되었던바, 이 법은 환경입법에 있어 복수법주의로 추이하는 전기를 이룬 것이라는 점에서 특히 중요한 의미가 있다.

## 3. 환경정책기본법 및 환경분야별 개별법의 제정

1990년에는 환경보전시책의 기본이념과 방향을 제시하고 환경관계법 상호간의 합리적 체계를 정립하기 위한 환경입법의 기본법으로서 환경정책기본법($\substack{1990. 8. 1, \\ 법률 제4257호}$)이 제정되어 위의 환경보전법을 대체하게 되었다. 이러한 환경정책기본법의 제정을 계기로 하여 환경보전법에 의하여 통합적으로 규제되고 있던 대기·수질·소음·진동 등 여러 분야가 대기환경보전법, 물환경보전법, 소음·진동관리법으로 분리되었다(1990).

현행의 환경법제는 환경정책기본법을 기본으로 하고, 위의 법률 외에도 화학물질 관리법(1990), 폐기물관리법(1991), 가축분뇨의 관리 및 이용에 관한 법률(2006), 해양환경관리법(2007), 오존층보호를 위한 특정물질의 제조규제 등에 관한 법률(1991), 환경오염시설의 통합관리에 관한 법률(2015), 자연환경보전법(1991), 토양환경보전법(1995), 환경보건법(2008) 등의 다수의 실체법적 환경관계법, 도시개발·수자원개발 등의 개발행위 등의 환경에 대한 영향의 평가에 관한 환경영향평가법(2011), 환경오염·파괴행위의 처벌에 관한 특별법으로서의 환경범죄 등의 단속 및 가중처벌에 관한 법률(2013) 및 환경오염으로 인한 피해의 구제와 분쟁처리를 위한 환경오염피해 배상책임 및 규제에 관한 법률(2014)로 구성되어 있다. 이러한 우리나라의 환경법제는 헌법상의 환경권과 더불어 제도적으로는 선진국에 못지않은 면모를 갖추고 있다고 할 수 있다.

## Ⅲ. 환경행정법의 목적과 기본원리

### 1. 환경행정법의 목적

환경보전에 관한 공법적 법제는 위에서 본 바와 같이 다수의 환경분야에 걸친 여러 개별법으로 구성되는바, 구체적 목적은 개별법에 따라 다른 것임은 물론이다.

기본법으로서의 환경정책기본법은 "이 법은 환경보전에 관한 국민의 권리·의무와 국가의 책무를 명확히 하고 환경정책의 기본이 되는 사항을 정하여 환경오염과 환경훼손을 예방하고 환경을 적정하고 지속가능하게 관리·보전함으로써 모든 국민이 건강하고 쾌적한 삶을 누릴 수 있도록 함을 그 목적으로 한다"고 규정하고 있다($\frac{법}{1}$).

이러한 환경정책기본법의 목적에 관한 규정과 환경권에 관한 헌법 제35조의 규정을 종합하면, 환경행정법의 일반적 목적은 환경오염으로 인한 위해를 예방하고 자연환경 및 생활환경을 적정하게 관리·보전하여 모든 국민에게 건강하고 쾌적한 환경을 보장하는 데에 있다고 할 수 있다.

### 2. 환경행정의 기본원칙

헌법은 국가에 "환경보전을 위하여 노력하여야 할" 일반적 의무를 부과하고 있고($\frac{법 35①}{후단}$), 이러한 헌법 규정을 받아 환경정책기본법은 "국가는 환경오염 및 환경훼손과 그 위해를 예방하고 환경을 적정하게 관리·보전하기 위하여 환경보전계획을 수립하여 이를 시행할 책무를 진다"고 규정하고 있다($\frac{법}{4①}$).

이러한 환경보전을 위한 책무의 수행에 있어서 그 기초를 이루는 기본원리로서는 다음의 몇 가지를 들 수 있다.[1] 이들 원리는 헌법상의 환경권에 관

---

1) 김남진 교수는 환경보호의 일반원리로서 사전배려의 원칙·존속보호의 원칙·공동부담의 원칙·협동의 원칙 등을 들고 있다. 그러나 독일에서는 1976년에 정부가 제출한 환경보고서의 편별에 따라 사전배려의 원칙·원인자책임의 원칙·협동의 원칙을 환경보호의 3 대 원리로 드는 것이 일반적이며(M. Kloepfer, Umweltrecht in: Achterberg/Püttner, Besonderes Verwaltungsrecht, 1992, p. 588; H. P. Prümm, Umweltschutzrecht, 1989, p. 64; R. Schmidt/H. Müller, Einführung in das Umweltrecht, 1989), 여타 원리들은 그 구체화 또는 이들 원리에 대한 예외로서의 성격을 가진다고 보고 있다(Kloepfer, ibid. 예컨대 공동부담의 원칙은 원인자책임의 원칙의 예외라고 볼 수 있다). 물론 학자들에 따라서는 이들 원리 외에도, 환경상태의 미래지향적 개선

한 규정 및 기본권존중주의와 환경보호에 관한 기본법인 환경정책기본법에서 도출될 수 있는 것이다. 그러나 이들 원리는 법률에 명시적으로 규정되어 있지 않은 한 단지 환경행정 내지는 환경정책상의 행위준범(Handlungsmaxime)에 그치는 것이라는 점에 유의하여야 할 것이다.[1]

### (1) 지속가능한 발전의 원칙

지속가능한 발전이란 "미래의 세대가 그들의 필요를 충족시킬 수 있는 능력을 저해하지 않으면서 현재의 필요를 충족시키는 개발"을 말한다.

환경정책기본법은 그 목적의 하나로서 환경의 적정하고 지속가능한 관리·보전을 들면서($\frac{동법}{1}$), 지구의 환경상 위해를 예방하기 위한 공동의 노력을 강구함으로써 현재의 국민으로 하여금 그 혜택을 널리 향유할 수 있게 함과 동시에 미래의 세대에게 계승될 수 있도록 함을 그 기본이념으로 규정하고 있다($\frac{동법}{2}$).

이러한 환경정책기본법의 이념을 보다 구체화한 입법으로서 지속가능발전법은 그 목적으로서 지속가능발전을 이룩하고, 이를 위한 국제사회의 노력에 동참하여 보다 나은 삶의 질을 누릴 수 있도록 함을 들고 있다($\frac{동법}{1}$).

동법은 '지속가능성'을 현세대의 필요를 충족시키기 위하여 미래 세대가 사용할 경제·사회·환경 등의 자원을 낭비하거나 여건을 저하시키지 아니하고 서로 조화와 균형을 이루는 것이라고 하면서, '지속가능발전'을 이러한 지속가능성에 기초하여 경제의 성장, 사회의 안정과 통합 및 환경의 보전이 균형을 이루는 발전으로 정의하고 있다($\frac{동법}{2}$).

지속가능한 발전은 1992년의 UN 환경개발회의에서 채택된 환경과 개발에 관한 리우선언, 의제(Agenda) 21, 기후변화협약, 생물의 다양성에 관한 조약 등에서 지구환경보호의 중심적 개념으로 되었다.

---

이 아니라 단지 기성상태의 보호를 목표로 하는 존속보호의 원칙(Rehbinder, in: Salzwedel, Allgemeines Umweltrecht, p. 81), 원인자책임원칙의 보충적 원리의 의미를 가지는 공동부담의 원칙(R. Breuer, in: Ingo von Münch, Besonderes Verwaltungsrecht, 1992, p. 398 et ss.), 또는 지속성의 원칙, 즉 「회복될 수 있는 자연자원은 장래에 있어 그 이용가능성이 보장되는 범위 내에서만 사용될 수 있으며 그러한 장래의 이용가능성이 보장될 수 있도록 관리되어야 한다」는 원칙을 추가하는 입장(Rehbinder, ibid., p. 89), 또는 위험방지의 원칙을 추가하는 입장(Bender/Sparwasser, ibid., p. 15 et ss) 등 다양한 견해가 제시되고 있는 것은 사실이다. 김남진 교수의 견해는 대체로 Breuer의 견해를 따른 것으로 보인다.

1) B. Bender/R. Sparwasser, Grundzüge des öffentlichen Umweltschutzrechts, 1990, Rn. 44, p. 15.

리우선언은 개발의 권리는 현세대와 차세대의 요구를 공평하게 충족할 수 있도록 행사되어야 한다고 천명하고 있다(동선언/제3원칙).

지속가능한 개발의 원칙은 환경행정의 원칙 내지는 그 기본이념으로서 매우 중요한 의의가 있는 것이다. 그러나 이 원칙은 법적 측면에서는 단지 입법부와 행정부에 대한 지침에 그친다는 비판이 제기되고 있다.

**(2) 사전배려의 원칙(Vorsorgeprinzip)**

환경보호를 위하여는 단지 발생우려가 있는 위험을 방지하거나 또는 이미 발생한 위해를 제거하는 것만으로는 불충분하고, 적극적으로 자연적 기반을 보호할 것이 요청된다. 환경정책기본법은 "이 법은 환경보전에 관한 국민의 권리·의무와 국가의 책무를 명확히 하고 환경정책의 기본이 되는 사항을 정하여 환경오염과 환경훼손을 예방하고 환경을 적정하고 지속가능하게 관리·보전함으로써 모든 국민이 건강하고 쾌적한 삶을 누릴 수 있도록 함을 목적으로 한다"(동법/1)고 규정하고 있는바, 이 규정의 내용·취지에 비추어 보아 동법은 사전배려의 원칙을 그 기본원리로 하고 있다고 할 수 있을 것이다.

사전배려의 원칙이란 미래예측적이고 형성적인 계획의 책정에 의하여 행정청 기타 행위주체들이 환경보호의 차원에서 행동하고 그 결정과정에 있어 최대한 환경영향을 고려하도록 함으로써 자연환경을 보호하여야 한다는 원칙으로서,[1] 특히 안전확보의 관점에서 위험에 대비한 사전배려(Risiko-Gefahrenabwehr) 및 자원관리의 관점에서 자원의 관리·보전을 위한 사전배려(Ressourcesvorsorge)를 요구하는 원칙으로 해석되고 있다.[2]

환경보호의 기본원리인 사전배려의 원칙이 환경법제에 구체화된 것으로서는 ① 보다 양호한 상태의 환경의 조성·유지(동법/2), ② 환경이용에 있어 환경보전의 우선적 고려(동법/2), ③ 국가·지방자치단체의 환경보전계획의 수립·시행의무(동법/4), ④ 새로운 과학기술의 사용으로 인한 환경위해의 예방, ⑤ 환경영향평가 등을 들 수 있다.

**(3) 존속보호의 원칙(Bestandsschutzprinzip)**

이것은 환경보호의 목표를 현상의 유지·보호에 두는 것으로, 그런 점에서 악화금지의 원칙(Verschlechterungsverbot)이라고도 한다. 이 원칙에는 위의 사전

---

1) Breuer, op. cit., p. 398; Schmidt-Müller, op. cit., p. 7; Bender-Sparwasser, op. cit., p. 16.
2) Kloepfer, Umweltrecht, p. 589.

배려의 원칙의 내용으로 되어 있는 미래지향적 또는 형성적 요소가 결여되어 있다. 따라서 이 원칙은 환경상태의 개선을 요구하는 것은 아니다. 이러한 존속보호의 원칙은 특히 환경오염 및 파손행위의 금지 내지는 그 해제(허가)에 있어 중요한 의미를 가지는 것이다.

### (4) 원인자책임의 원칙(Verursachersprinzip)

원인자책임의 원칙은 자기의 영향권 내에 있는 자의 행위 또는 물건의 상태로 인하여 환경오염발생의 원인을 제공한 자는 그 환경오염의 방지·제거 또는 손해전보에 관하여 책임을 져야 한다는 것을 말한다. 이 원칙은 환경정책기본법 제 7 조, 대기환경보전법 및 물환경보전법상의 배출부과금, 환경개선비용 부담법상의 환경개선부과금 등에 의하여 구체화되고 있다.

원인제공자의 책임은 오염원인자의 비용부담책임을 규정한 환경정책기본법 제 7 조와 같이 비용부담 또는 비용의 귀속이라는 형태로 부과되는 것이 보통이나, 명령·금지 또는 기타 행위제한의 형태로도 부과될 수 있다.

원인자에 대하여 부과되는 비용부담은 그 내용 또는 범위에 따라 현실비용(Ist-Kosten)과 당위비용(Soll-Kosten)으로 나누어지는데, 전자는 직접 원인자의 책임으로 돌릴 수 있는 오염의 방지·제거를 위한 비용이며, 후자는 그를 넘어서는 것으로서의 적극적인 환경관리를 위한 비용을 말한다.

원인자책임의 원칙은 국가·공공단체가 환경오염의 방지·제거를 위한 비용을 부담하도록 하는 공동부담의 원칙(Gemeinlastprinzip)에 우선하는 성격을 가진다고 본다. 그러나 이 원칙의 적용에 있어서의 원인확정의 곤란성, 책임귀속 및 양정상의 난점 및 국가 등의 환경보호책무를 고려하면 실제로는 공동부담원칙이 적용되어야 하는 경우도 적지 않을 것으로 본다.

### (5) 협동의 원칙(Kooperationsprinzip)

협동의 원칙이란 환경보전을 위하여 국가와 사회가 협동하여야 한다는 원칙을 말한다. 환경보호는 현대국가의 기본적 책무이기는 하나 그 전담영역은 아니고, 국가, 국민, 사업자 등의 협력에 의하여 비로소 달성될 수 있는 것이다. 왜냐하면 오늘날의 법치주의하에서 국가는 환경보호를 위하여 국민의 모든 관련 생활영역에 있어 전능적인 기능을 수행할 수 있는 것도 아니고, 그러한 수단을 갖추고 있지도 않기 때문이다.

환경정책기본법은 헌법 제35조 제 1 항에 따라 환경보전을 위하여 노력해야 할 국가·지방자치단체의 책무($^{법}_4$), 사업자의 책무($^{동법}_5$) 및 국민의 권리·의무($^{동법}_6$)를 규정하고, 사업자와 국민이 국가·지방자치단체의 환경보전시책에 협력하여야 한다고 규정하여, 환경보전상의 협동원칙을 명시하고 있다. 협동의 원칙은 환경정책상의 의사형성 및 결정과정에 있어 이해관계인의 참여를 보장하여 환경보전에 관한 국가책임의 원칙과 그에 있어서의 개인의 자유와 사회적 요청 사이의 적정한 관계를 정립하여 주는 규준으로서의 의미를 가진다.

이러한 협동의 원칙은 행정과정·입법과정 등 환경정책의 형성과정에 국민·주민의 참여기회가 부여되고 이들 정책결정에 관련된 정보에 대한 자유로운 접근이 보장되는 경우에 비로소 그 실질적 의미를 갖게 될 것이다.

## Ⅳ. 환경행정법의 지위

환경행정법은 헌법 제35조 제 1 항의 국가의 환경보전을 위하여 노력하여야 할 의무에 입각한 입법으로서, 환경행정에 관한 공법이다. 이러한 환경행정법은 환경오염의 규제는 물론이고, 환경의 적극적인 보호·개선을 위한 각종의 규제나 조성조치에 관한 법규를 포함한다.

환경행정법은 모든 국민에게 「건강하고 쾌적한 환경에서 생활할 권리」 즉 환경권을 보장하고 자연환경과 생활환경을 그 침해·훼손으로부터 보호하고, 환경침해로 인한 피해를 전보하기 위한 공법적 법규의 총체이다.

환경행정법은 형식적으로는 환경보호법의 일부를 이루며, 환경보호법은 공법적 법규뿐만 아니라, 사법적 법규도 포함하고 있다. 그러나 환경보호법제에 있어 사법적 법규는 환경오염으로 인한 민사상의 구제나 조정 등에 관한 것에 그치고, 환경오염의 규제나 환경의 적극적 조성·개선 등에 관한 공법적 규율이 환경보호법제의 주된 내용을 구성하고 있는 것이 실제이다. 그러한 점에서는 대부분의 경우 환경보호법은 환경보호행정법규의 의미로 파악하여도 별다른 무리는 없다고 본다.

## 제 3 항 환경보호행정의 특징과 유형

### Ⅰ. 환경보호행정의 특징

환경보호행정은 다른 행정영역과의 대비에서 다음의 몇 가지 특징이 있다.

#### 1. 계획행정

환경보호행정은 소극적인 질서유지를 그 내용으로 하는 경찰작용과는 달리, 적극적으로 자연환경·생활환경을 개선·조성하여 건강하고 쾌적한 생활환경을 창조한다는 적극적 행정활동으로서의 성질을 가진다. 즉, 환경행정에 있어서는 종합적이고 장래예측적인 형성적 활동이 중요한 의미를 가지며 그에 따라 행정계획이 큰 비중을 차지한다.

환경정책기본법이 환경부장관으로 하여금 종합적·기본적 장기계획으로서 국가환경종합계획을 매 20년마다 수립하도록 하고 있는 것($\frac{동법}{14①}$)이나, 자연환경보전법이 자연환경보전기본방침($\frac{법}{6①②}$)이나, 전국에 대하여 자연환경보전기본계획($\frac{동법}{8}$)을 수립하도록 규정하고 있는 것 등은 환경행정의 이러한 특징을 보여 주는 예이다.

#### 2. 생활배려·이해조정행정

환경행정은 인간의 생활공간으로서의 지역의 환경조건을 유지·정비·개선하고 미래를 향하여 창조하여 가는 행정이라는 점에서 특정인에 대한 급부활동은 아니나, 국민에게 건강하고 쾌적한 환경을 조성하여 주는 생활배려 (Daseinsvorsorge) 행정활동으로서의 성격을 가진다.

환경행정은 또한 환경보전문제를 둘러싸고 대립·충돌하는 이해관계를 조정하는 활동으로서의 성격이 부각된다.

#### 3. 환경행정의 형식·수단의 다양성

환경행정은 그 전문성·기술성으로 인하여 공식적 내지는 정형적인 법적 규율만에 의하여는 그 목적을 효율적으로 달성하기 어렵다는 특성을 가지고 있다. 예컨대 고도의 전문기술적 판단을 요하는 환경영향에 대한 평가나 환경기준의 설정 등과 같이 계속 발전하는 환경기술에 크게 의존하는 사항에

있어서는, 상황에 부응하는 탄력적인 대응이 필요한 것이어서, 전통적인 행정
작용형식에 의하여서는 그 책무를 적절하게 수행할 수 없는 경우가 적지 않
다. 환경행정에 있어서는 실제 행정규칙이나 비공식적인 행정작용형식에 의
존하는 경우가 적지 않은 것은 환경행정의 이러한 특성에 기인하는 것이다.
법령이 환경행정에 있어서의 각종 기준을 스스로 구체화하지 못하고 이를 행
정규칙으로 정하는 경우나,[1] 전문분야의 환경보호를 위한 공적 책무가 제 3
자에 의하여 대행되는 경우(예컨대 환경영향평가자에 의한 환경영향평가의 대
행), 또는 행정행위나 공법상 계약 등의 형식 대신에 이해관계인과의 협의·
협상 등과 같은 비공식적인 행위형식이 사용되는 경우 등이 그 실례이다.

### 4. 지 역 성

환경오염이나 환경파괴현상은 지역 또는 생활권에 따라 각기 다르게 나
타나므로, 환경행정에 있어서도 전국 일률적인 것이 아니라 지역적 특성이
부각되는 경우가 적지 않다. 환경정책기본법 제 4 조 제 2 항이 지방자치단체
에 '관할구역의 지역적 특성을 고려하여' 국가의 환경보전계획에 따라 당해
자치단체의 계획을 수립하여 이를 수행할 의무를 부과하고, 동 제12조 제 3
항 및 제 4 항이 "시·도는 지역환경의 특수성을 고려하여 필요하다고 인정할
때에는 해당 시·도의 조례로 제 1 항에 따른 환경기준보다 확대·강화된 별도
의 환경기준(지역환경기준)을 설정할 수 있으며, 시·도지사는 제 3 항에 따라
지역환경기준이 설정되거나 변경된 때에는 이를 지체없이 환경부장관에게 보
고하여야 한다"고 규정하고 있는 것 등은 그 예이다.

환경문제의 지역적 특수성에 따른 지방자치단체의 조례에 의한 환경보전
에 관한 규율권과 국가의 환경입법과의 조정의 문제는 앞으로 환경행정의 전
개에 있어 하나의 중요한 쟁점이 될 것으로 본다.

## Ⅱ. 환경행정의 유형

환경행정은 여러 관점에 따라 분류될 수 있다.

---

1) 핵발전소에서 방사능방출기준을 행정규칙으로 정한 사안을 내용으로 하는 「빌
(Wyhl)」판결에서 독일의 연방행정재판소는 그 법규성을 제한적으로 인정한 바 있다.
이것이 이른바 규범구체화규칙(normkonkretisierende Vorschrift)의 문제이다.

환경정책기본법은 동법상의 환경은 자연환경과 생활환경을 말한다고 하고 있으므로($\frac{\text{동법}}{3}$), 그에 따라 환경행정은 지하·지표(해양을 포함) 및 지상의 모든 생물과 그 주변의 비생물적인 것을 포함한 자연의 상태로서의 자연환경을 보호하기 위한 자연환경행정과 대기·물·폐기물·소음·악취 등 사람의 일상생활과 관계되는 생활환경을 보호하기 위한 생활환경행정으로 나눌 수 있을 것이다.

아래에서는 환경행정을 환경매체 또는 대상, 환경오염·침해의 원인, 환경보전의 직접적 목적 등에 따라 분류하기로 한다.

## 1. 대상에 따른 분류

환경행정은 일정한 대상에 대하여 행하여지는 것이거니와 이 관점에서는 환경행정은 대체로 지표환경보전, 수자원·수질환경보전 및 대기환경보전행정으로 나눌 수 있다.

### (1) 지표환경보전행정

이것은 지표면에 있어서의 자연환경과 생태계를 보전하는 것을 말한다. 그러나 여기에는 엄격한 의미의 지표면에서의 보호의 범위를 넘어서는 자연환경의 질서와 균형, 자연자원의 이용가능성, 풍경 등의 보호와 야생동·식물 등의 보호와 같은 이른바 육생적(育生的) 보호도 포함된다고 할 것이다.

### (2) 수자원·수질보호행정

이것은 물의 질적·양적 이용 또는 관리를 위하여 수자원과 수질을 보호하는 것을 내용으로 한다. 물환경보전법은 "수질오염으로 인한 국민건강 및 환경상의 위해를 예방하고 하천·호소 등 공공수역의 물환경을 적정하게 관리·보전"하도록 규정하고 있으며($\frac{\text{법}}{1}$), 해양에 관하여는 해양환경관리법이 이를 정하고 있다.

### (3) 대기환경보전행정

대기환경보전이란 대기의 오염으로 인한 국민건강 및 환경상의 위해를 예방하고 대기환경을 적정하게 관리·보전하려는 것이다. 이 영역은 대기환경보전법이 규율하고 있다.

## 2. 환경오염의 원인에 따른 분류

환경행정은 환경오염 또는 환경침해의 원인에 따라 분류할 수도 있는데,

여기서는 환경오염의 소재(소음·진동, 오수, 방사능 등)가 기준이 된다. 다만
가축분뇨의 관리 및 이용에 관한 법률의 경우와 같이 오염원에 대한 규제와
오염대상, 즉 하천 등의 오염방지라는 목적이 동시에 고려될 수도 있으므로,
위의 대상에 따른 분류와 엄격히 구별할 수 없는 경우가 적지 않다.

　환경오염 또는 환경침해의 원인을 기준으로 하여 환경행정은 ① 핵 및
방사능오염의 방지(원자력안전법 등), ② 화학물질에 의한 오염의 방지(화학물
질 관리법 등), ③ 생필품·사료·의약품 오염의 방지(식품위생법·비료관리법·
농약관리법·약사법 등), ④ 유전공학 등의 규제, ⑤ 소음·진동의 규제(소음·
진동관리법), ⑥ 폐기물 등의 관리(폐기물관리법) 등으로 나누어진다.

### 3. 생태계보호를 위한 환경보호행정

　이것은 육생적 환경행정으로서 주로 자연환경보전법의 규율대상이 되고
있다. 이것은 인간의 건강을 그 직접적인 보호목적으로 하지 않고, 동식물의
자연적 생태계를 보호함을 직접적 목적으로 하는 점에서 다른 환경행정과는
일단 구별된다. 이 부문은 자연환경보전법 외에도 야생생물 보호 및 관리에
관한 법률·수산업법·산림자원의 조성 및 관리에 관한 법률에 의하여도 규
제되고 있다.

## 제 4 항　환경행정의 주체

### Ⅰ. 국가·지방자치단체

　(1) 환경행정의 대표적인 주체는 국가이다. 헌법 제35조는 환경보전을
위하여 노력하여야 할 국가의 의무를 규정하고 있고, 그에 의거하여 환경정
책기본법은 "국가는 환경오염 및 환경훼손과 그 위해를 예방하고 환경을 적
정하게 관리·보전하기 위하여 환경보전계획을 수립하여 시행할 책무를 진
다"고 하여($^{별}_{4①}$), 국가의 일반적 환경보전의무를 규정하고 있다.

　이러한 일반적 환경보전의무 외에 개별법이 환경분야별로 국가의 구체적
인 의무를 규정하고 있는 경우도 있는바, 예컨대 자연환경보전법은 국토개발
등 자연환경에 영향을 미치는 시책을 수립·시행함에 있어 자연환경의 보전
을 위한 적절한 조치를 취하고, 조사·연구·기술개발·전문인력양성 등 자

연환경의 보전을 위한 과학기술의 진흥에 필요한 시책을 강구하며 자연환경 보전에 대한 홍보·교육활동을 통하여 국민의 자연환경보전 의식을 제고함으로써 자연환경보전에 자발적인 참여·협조가 이루어지도록 노력하여야 할 국가의 책무를 규정하고 있다($\frac{\text{법}}{4①}$).

(2) 한편 환경정책기본법은 "지방자치단체는 관할구역의 지역적 특성을 고려하여 국가의 환경보전계획에 따라 그 지방자치단체의 계획을 수립하여 이를 시행할 책무를 진다"고 규정하여($\frac{\text{법}}{4②}$), 지방자치단체에도 또한 환경행정에 대한 책무를 부과하고, 환경기준에 관하여도 "특별시·광역시·도·특별자치도(이하 "시·도"라 한다)는 지역환경의 특수성을 고려하여 필요하다고 인정하는 때에는 당해 시·도의 조례로 확대·강화된 별도의 환경기준을 설정할 수 있다($\frac{\text{동별}}{12③}$)" 그리고 "특별시장·광역시장·도지사·특별자치도지사는 지역환경의 특수성을 고려하여 필요하다고 인정하는 때에는 별도의 지역환경기준을 설정하거나 변경하고, 이를 지체없이 환경부장관에게 보고하여야 한다"고 규정하여($\frac{\text{동조}}{④}$), 지역적 특수성에 따른 환경자치행정을 인정하고 있다.

자연환경보전법도 지방자치단체에 그 관할구역 안에서의 각종 개발사업을 계획·시행함에 있어 해당 사업이 지역의 자연환경을 훼손하지 않도록 노력하여야 할 의무를 부과하고 있다($\frac{\text{법}}{4①}$).


## Ⅱ. 기타 공공단체

국가·지방자치단체 이외의 국가 또는 지방의 공사·공단 등도 관계법이 정하는 바에 따라 일정 한도의 환경행정의 임무를 수행할 수 있다. 예컨대 물환경보전법은 "환경부장관 또는 시·도지사는 이 법에 따른 업무의 일부를 대통령령으로 정하는 바에 따라 관계전문기관에 위탁할 수 있다"고 규정하고 있다($\frac{\text{법}}{74③}$).


## Ⅲ. 사적 환경문제전문기관·환경보호단체 등

(1) 환경정책기본법은 환경보전에 관한 조사연구, 기술개발 및 교육·홍보 등을 위한 기구로서 민법상 사단법인의 지위를 가지는 환경보전협회를 두도록 규정하고($\frac{\text{법}}{59}$), 자연환경보전법도 유사한 성질의 한국자연환경보전협회의

설치에 관하여 규정하고 있다($^{별}_{55}$). 이러한 환경보호단체는 환경보호라는 공익적 업무를 수행하기는 하나, 환경행정의 주체로서의 지위는 인정되지 않는다고 할 것이다.

(2) 환경정책기본법 제60조 제2항은 환경부장관은 동법에 의한 업무의 일부를 대통령령으로 정하는 바에 의하여 관계전문기관의 장에게 위임할 수 있다고 규정하고 있고, 개별법도 이와 유사한 규정을 두고 있다($^{물환경보전}_{법 74③}$). 이 경우 관계전문기관은 공공기관일 수도 있겠으나, 또한 환경문제에 관한 사적 전문기관도 될 수 있을 것이다($^{정부조직법}_{6③ 참조}$).

그에 따라 사적인 환경문제전문기관이나 환경보호단체가 환경부장관의 위탁에 기하여 그 업무의 일부를 처리하는 경우 이들 단체는 행정주체의 지위에 선다고 할 것이다.

## 제 5 항 환경행정의 수단

환경행정은 여러 가지 다양한 수단과 법형식에 의하여 수행된다. 환경행정의 행정수단으로서는 행정계획, 환경기준의 설정, 규제적 조치, 공과금이나 조세에 의한 조치, 환경보전을 위한 지역·지구의 지정, 자금지원 등 조성조치, 행정지도 기타 비권력적 행정작용 등을 들 수 있을 것이다. 환경정책기본법은 환경기준의 설정·유지, 상시조사, 특별대책구역의 지정, 사업자에 대한 감독, 배출부과금·비용부담 등에 관하여 정하고 있다.

### 1. 행정계획에 의한 환경행정

환경행정은 복합적 책무이므로 명령·금지 등의 개별적인 조치에 의하여서는 그 목적을 달성할 수 없는 경우가 적지 않다. 환경행정의 수단이 개별적 조치에 한정되는 경우는 환경피해가 단지 지연되는 데 그치거나, 더 나아가서는 효율적인 환경보호조치를 위한 기회를 놓칠 수도 있다. 그에 따라 환경행정에 있어서는 행정계획이 중요한 수단으로 등장하고 있다.

현행법상 환경계획으로서는 환경보호만을 위하여 수립되는 것으로서 종합적 계획, 영향권별환경관리계획, 분야별환경보전계획 등이 있다.

환경보전은 또한 다른 계획의 일환으로 행하여지기도 하는데, 종합적인 지역개발행정계획으로서의 시·군계획이나, 산림계획·하천정비계획과 같은 부문계획이 환경보전에 관하여 정하는 경우가 그에 해당한다.

### (1) 환경보전을 위한 장기종합계획

환경부장관은 매 20년마다 환경보전을 위한 정부의 장기종합계획을 수립하여야 한다($\frac{환경정책기}{본법 14①}$). 이것은 국무회의의 심의를 거쳐 확정되는데($\frac{동조}{②}$), 이 계획은 ① 인구·산업·경제·토지 및 해양의 이용 등 환경변화 여건에 관한 사항, ② 환경오염원·환경오염도 및 오염물질 배출량의 예측과 환경오염 및 환경훼손으로 인한 환경의 질의 변화전망, ③ 환경의 현황 및 전망, ④ 환경보전목표의 설정과 그 달성을 위한 단계별 대책 및 사업계획 등에 관한 사항을 포함하여야 한다($\frac{동법}{15}$).

이러한 장기종합계획은 환경보전에 관한 「마스터플랜」으로서 행정기관 상호간의 관계에 있어서는 일정한 법적 구속력을 가지나($\frac{동법 16}{② 참조}$), 국민에 대한 직접적인 법적 효력은 없다고 할 것이다.

### (2) 영향권별·분야별 환경보전계획

행정계획에 의한 환경보전은 영향권별 환경관리계획이나 개별분야에 따른 계획에 의하여도 시행된다.

환경정책기본법 제39조 제 1 항은 환경부장관에게 "환경오염의 상황을 파악하고 그 방지대책을 마련하기 위하여 대기오염의 영향권별 지역 및 수질오염의 수계별 지역 및 생태계 권역 등에 대한 환경의 영향권별 관리"를 하여야 할 의무를 부과하고 있는데, 그에 따라 지방환경청장 및 환경부장관은 중·대권역으로 구분된 영향권별 환경관리계획을 수립하여야 한다($\frac{동법시행령}{14 \cdot 15}$).

분야별 환경보전계획으로서는 자연환경보전법이 정하는 계획을 들 수 있다. 동법은 환경부장관으로 하여금 자연환경보전기본방침을 수립·시행하도록 하고($\frac{법}{6}$), 생태·경관보전지역의 관리기본계획을 수립·시행하고($\frac{동법}{14}$), 또한 자연유보지역의 종합계획 또는 방침을 수립하도록 하고 있다($\frac{동법}{22}$).

### (3) 개발행정계획에 있어서의 환경보전

1) 환경보전은 전국토 또는 그 일부 지역의 이용계획의 일부로서도 수행된다. 국토기본법에 기한 국토종합계획은 국토의 종합적·효율적 이용을 위하여 수립되는 것이기는 하나, 지속가능한 국토발전을 위한 국토환경의 보전 및 개선에 관한 사항도 그 내용의 일부를 이루고 있다($\frac{법}{2}$).

이 계획은 국토이용계획의 「마스터플랜」으로서 전체 국토이용계획 체계 중에서 가장 상위에 있는 것이기는 하나 대국민적 효력은 없다.

2) 국토계획법에 기한 용도지역에 관한 도시·군관리계획은 위의 국토종합계획과는 달리 행정기관에 대하여 뿐만 아니라, 국민에 대하여도 법적 구속력을 가지는 것으로, 도시·군관리계획에는 도시지역·관리지역·농림지역·자연환경보전지역의 지정에 관한 계획이 포함되어 있다($\frac{법}{6}$). 이러한 용도지역에 있어서는 그 효율적인 이용·관리를 위하여 국가는 그 개발·정비 및 보전에 필요한 조치를 취하여야 할 의무를 진다. 또한 그 지역 내의 토지소유자에게는 그 지정목적에 따른 토지이용의무가 부과되고, 그 지정목적에 위배되는 행위는 금지·제한되고 있다($\frac{동법}{56}$).

부동산 거래신고 등에 관한 법률이 정하고 있는 토지거래계약허가제에 있어서도 환경보전의 문제가 고려되고 있는 것으로, 토지거래에 있어 당해 토지의 이용목적이 "생태계 보전 및 주민의 건전한 생활환경보호에 중대한 위해를 초래할 우려가 있는 경우"에는 이를 허가할 수 없도록 되어 있다($\frac{동법 12}{11나}$).

3) 국토계획법은 용도지역·용도지구 및 용도구역을 도시·군관리계획으로 지정할 수 있도록 하고 있는데, 이들 중에서 특정 용도지역·용도지구 또는 용도구역에 있어서는 환경보전의 목적이 동시에 추구되고 있으며, 그 비중은 위의 국토종합계획의 경우보다 크다.

동법에 따라 지정되는 용도지역·용도지구에는 주거지역, 녹지지역, 경관지구, 보호지구 등이 있다. 이러한 용도지역·용도지구에서의 토지이용 등에 대하여는 동법 및 시·군의 조례를 통하여 일정한 행위제한의무가 부과되고 있다.

환경보호와 관련하여 특히 중요한 것은 개발제한구역의 지정 및 관리에 관한 특별조치법 제 3 조에 따라 지정되는 개발제한구역(이른바 「그린벨트」)으로서 이 구역의 지정은 개발행정의 관점에서 도시의 무질서한 확산(sprawl)을 방지하기 위한 것이기는 하나, 실질적으로는 도시주변의 녹지환경의 보전을 위한 가장 실효적인 법제로서 기능하고 있다.

이러한 개발제한구역에 있어서는 그 지정목적에 반하는 건축행위나 토지의 형질변경 등은 원칙적으로 금지되고, 다만 제한적 조건하에서만 허용된다($\frac{동법}{12}$).

종전의 개발제한구역의 근거법이었던 구도시계획법은 구역에 있어서의 행위제한과 관련하여 보상규정을 두고 있지 않았으므로, 보상의 인정 여부가 중요한 쟁점이 되고 있었으나, 이 문제는 지역개발행정법의 관련 부분에서 검토하였다.

### (4) 분야별 전문계획에 의한 환경보전

환경보전은 분야별로 수립되는 전문계획에 의하여도 수행된다. 그 대표적인 예로서는 하천법상의 하천기본계획($\frac{법}{25}$)과 폐기물관리법상의 생활계 유해폐기물 처리계획($\frac{법}{의4}$14) 등을 들 수 있다.

폐기물관리법 제14조의4는 특별자치시장, 특별자치도지사, 시장·군수·구청장은 관할구역의 생활폐기물 중 질병 유발 및 신체 손상 등 인간의 건강과 주변환경에 피해를 유발할 수 있는 폐기물(생활계 유해폐기물)을 안전하고 적정하게 처리하기 위하여 생활계 유해폐기물 처리계획을 수립·시행하도록 하고 있다. 이러한 폐기물처리에 관한 계획은 행정기관 사이에서만 효력을 가지고 직접 국민에 대해서는 구속력이 없다.

### 2. 환경기준의 설정

#### (1) 개    념

환경기준이란 쾌적한 환경을 조성·보전하고 인간의 건강을 보호하기 위하여 확보될 것이 요청되는 환경상의 조건을 말한다. 환경정책기본법은 환경기준을 정부가 설정하고 환경여건의 변화에 따라 그 적정성이 유지되도록 노력하여야 한다고 규정하고 있다($\frac{법}{12①}$).

이러한 환경기준은 사회적 규제의 수단으로 보편화되고 있는 기준설정(Standard Setting)의 방법을 환경행정에 도입한 것이다.[1] 여기서 기준이란 바람직한 사회생활질서의 형성을 위하여 요구되는 개인이나 기업의 최소한의 행동기준을 말하는 것으로, 환경기준 외에도 안전기준·위생기준 등이 그 예가 된다.

환경정책기본법은 종래의 환경행정의 기본이 되었던 배출기준 중심의 접근방법을 지양하여 환경기준의 설정을 규정하고 있는바, 이것은 환경행정의 질적 변화를 보여 주고 있는 예라 할 것이다.

---

1) 환경관계기준은 그 성질에 따라 ① 환경오염 방지시설 또는 처리시설, 자동차의 배기가스를 줄이기 위한 「엔진」 규격이나 기타 부착장치, 공해발생제품의 생산과정에 소요되는 원료나 중간재의 성분·재질 등에 관한 기준 등, 환경오염을 방지·제거하기 위한 기술과 관련된 기술수준(technology or design standard)과, ② 각종 배출기준이나 수질오염에 관한 생물학적 산소요구량(biological oxygen demand: BOD)의 기준 등과 같이 피규제자가 궁극적으로 달성해야 할 목표만을 설정하고, 그 달성방법은 기업이나 개인에게 맡기는 성과기준(performance standard)으로 구분할 수 있다(기준설정에 관하여는 Stephen Breyer, Regulation and its Reform, 1982, p. 96 이하 참조).

종래의 공해대책은 오염물질 발생원에 대한 농도규제를 중심으로 실시되었던바, 이에 의하여는 개별적인 발생원으로부터의 오염물질의 발생은 적정하게 규제된다고 하여도, 발생원의 규모·수의 증대와 그 집적으로 인한 오염물질의 총량의 증대현상을 막을 수는 없었다. 또한 환경오염은 개별적 오염물질의 발생원에서 뿐만 아니라, 인간의 일상활동, 부적절한 토지이용, 불충분한 하수도시설 등도 그 원인이 되는 것이다.

따라서 환경행정도 총합적인 내용의 것이어야 하는 것으로서, 자연적 정화력을 넘어서는 오염물질의 배출을 금지할 뿐만 아니라, 자연적 정화력의 감소를 방지하기 위한 방법을 강구하는 것이 환경정책의 기본이 되어야 하는 것이다.

환경정책기본법이 정하는 환경기준은 이러한 환경조건의 유지라는 환경행정의 목표를 수량화한 것이라 할 수 있다.

### (2) 환경기준의 구체화

환경정책기본법이 정하고 있는 환경기준은 대통령령으로 정하도록 되어 있고$\binom{동법}{12②}$, 그에 따라 동시행령 제 2 조가 별표 제 1 에서 대기·수질 및 수생태계·소음의 3 개 분야에 있어서의 기준을 구체적 수치로 설정하여 놓고 있다.

적정한 환경기준을 설정·유지하기 위하여는 정확한 환경상태의 측정·파악이 필요한 것으로서, 이를 위한 것이 환경오염의 상시측정망의 설치·운영제도이다. 환경정책기본법은 국가 및 지방자치단체는 환경오염상황을 상시 조사하여야 하고, 이를 위하여 환경오염의 감시·측정체제를 유지하여야 한다고 규정하고 있으며$\binom{동법}{22①②}$, 또한 이를 규정하고 있는 개별법도 적지 않다$\binom{대기환경보전}{법 3 · 4 등}$.

현재 환경오염의 상시측정은 4 대강 유역환경청과 3 대 지방환경관리청, 수도권대기환경청과 시·도의 보건환경연구소에서 실시하고 있다.

### (3) 환경기준과 배출허용기준

환경기준을 달성하기 위한 가장 대표적인 수단은 배출시설에서의 오염물질의 배출을 일정한 기준에 따라 규제하는 것이며, 이 경우 그 허용기준을 배출허용기준이라 한다. 이러한 배출허용기준을 초과할 경우에는 행정청은 배출시설의 개선·대체 등의 개선명령을 발하거나$\binom{물환경보}{전법 39}$, 과징금$\binom{가축분뇨의관리및이}{용에 관한 법률 33}$을 부과하는 등의 규제조치를 취할 수 있다. 이러한 배출허용기준은 배출오염물질의 최대 허용농도로서, ① 법적 구속력이 있는 규제기준이고, ② 사업장의 경영자 또는 관리자를 수범자로 하여, ③ 그 위반시에는 제재가 가하여진다.

이에 대하여 환경기준은 단지 행정목표에 그친다고 보는 것이 일반적 견해이다. 그러나 환경기준은 다음의 몇 가지 경우에는 규범적 의미를 가진다고 본다. 첫째 환경기준은 환경영향평가에 있어 평가기준으로 작용할 수 있다고 본다. 둘째, 환경기준은 개별법상의 허가기준에 있어 환경배려조항이 있는 경우에는 그 허가기준으로 고려될 수 있다고 본다. 셋째, 환경기준은 총량규제의 기준 또는 근거가 될 수 있을 것이다. 넷째, 환경기준은 환경오염으로 인한 민사상의 손해배상청구나 유지청구소송에 있어 수인한도의 판단기준이 될 것으로 본다.

환경정책기본법도 그러한 관점에서 환경부장관에게 환경기준 및 그 설정 근거를 공표하여야 할 의무를 부과하고 있으며($\genfrac{}{}{0pt}{}{\text{법}}{\text{의}2}^{12}$), 환경기준의 적정성 유지를 위하여 5년의 범위에서 환경기준에 대한 평가를 실시하도록 하고 있다($\genfrac{}{}{0pt}{}{\text{법}}{\text{의}3}^{12}$).

(4) 환경기준의 구체적 실현

행정청은 이러한 환경기준을 실현하기 위한 구체적인 시책을 강구하여야 하는바, 그러한 것으로서는 배출기준의 설정, 토지이용규제, 공공시설의 정비·확보조치 등이 상정될 수 있다.

환경정책기본법은 포괄적으로 국가·지방자치단체는 위의 환경기준이 유지되도록 환경에 관련되는 법령의 제정과 환경계획의 수립 및 사업을 집행할 경우에는 ① 환경악화의 예방 및 그 요인의 제거, ② 환경오염지역의 원상회복, ③ 새로운 과학기술의 사용으로 인한 환경오염 및 환경훼손의 예방, ④ 환경오염방지를 위한 재원의 적정 배분 등의 사항이 고려되어야 한다고 규정하고 있다($\genfrac{}{}{0pt}{}{\text{법}}{13}$).

현재 성과기준의 성질을 가지는 구체적인 환경기준이 설정되어 있는 분야는 대기오염(배출허용기준), 수질오염(하천·호소·지하수·해역별 배출허용기준), 소음(지역별 배출허용기준) 등이다.

특히 대기환경보전법과 물환경보전법은 전통적인 농도규제에 입각한 오염물질의 배출허용기준에 관하여 정하고 있는 외에도, 대기환경 또는 수질오염상태가 환경정책기본법상의 환경기준을 초과하여 주민의 건강·재산이나 동·식물의 생육에 중대한 위해를 가져올 우려가 있다고 인정되는 구역 또는 특별대책지역 중 사업장이 밀집되어 있는 구역에 있어서는, 당해 구역의 사업장에서 배출되는 오염물질을 총량으로 규제할 수 있도록 하고 있다($\genfrac{}{}{0pt}{}{\text{대기환경보전법 22,}}{\text{물환경보전법 4}}$).

개별 환경관계법상의 배출허용기준은 환경부령으로 정하는바, 환경정책기본법 제38조의 규정에 기한 특별대책지역에 대하여는 환경부장관이 일반적 기준보다 엄격한 기준을 설정할 수 있다($\substack{\text{대기환경보전법 16⑤,}\\\text{물환경보전법 32⑤}}$). [1)]

### (5) 지역적 환경기준의 설정

특별시·광역시·도(이하 "시·도"라 한다)는 지역환경의 특수성을 고려하여 필요하다고 인정하는 때에는 당해 시·도의 조례로 확대·강화된 별도의 환경기준을 설정할 수 있다($\substack{\text{환경정책기}\\\text{본법 12③}}$).

이러한 점에서 환경정책법상의 환경기준이나 개별법상의 배출허용기준은 전국적인 최저기준으로서의 성질을 가지는 것으로서, 지방자치단체가 그 지역적 특수성에 따라 보다 엄격한 기준을 설정하는 것을 막는 것은 아닌 것으로 해석된다.

## 3. 환경영향평가제도

### (1) 의    의

환경영향평가란 일반적으로 개간·개발 등의 사업을 시행함에 있어, 그것이 환경에 미치는 영향의 정도나 그 방지대책 등에 대하여, 대체안과의 비교검토를 포함하여 사전에 예측과 평가를 하는 것을 말한다.

환경영향평가법은 "환경영향평가"를 "환경에 영향을 미치는 실시계획·시행계획 등의 허가·인가·승인·면허 등("승인등")을 할 때에 해당 사업이 환경에 미치는 영향을 미리 조사·예측·평가하여 해로운 환경영향을 피하거나 제거 또는 감소시킬 수 있는 방안을 마련하는 것"이라고 정의하고 있다($\substack{\text{별}\\\text{2ⅱ}}$).

환경영향평가제의 적극적 기능으로서는 대체로 ① 환경보전수단으로서의 기능, ② 개발과 보전 사이의 조절기능 및 ③ 주민에 대한 이해조정기능을 들 수 있다. 이에 대하여 그 문제점으로서는 ① 과다한 비용과 시간의 소요, ② 주민 반대운동의 야기 위험성, ③ 환경영향평가를 둘러싼 다수의 쟁송의 제기 위험성 등을 들 수 있다.

---

1) 배출허용기준은 흔히 ppm으로 표현되는 농도기준이다. 총리령으로 정하도록 되어 있는 이러한 배출허용기준은 산업시설과 발전시설 그리고 유류보일러가 설치된 빌딩과 사업시설 대부분에 대하여 적용된다. 이러한 배출허용기준의 설정은 실제로는 환경부장관에 위임되어 있다고 하여도 과언이 아닌 것으로, 그러한 점에서도 위임입법에 대한 절차적 통제가 긴요하다 할 것이다. 특별대책지구 안의 사업장에 대하여는 총량규제를 할 수 있도록 되어 있으나, 시행상의 문제점으로 아직 실시되지 못하고 있다.

환경영향평가제는 연혁적으로 1969년 미국의 국가환경정책법(National Environmental Policy Act: NEPA)에서 처음 도입된 것이다.

우리나라에서는 환경정책기본법이 이 제도에 관하여 정하고 있었으나, 보다 구체적인 법제의 필요성에 따라 1993년 6월 11일에 환경영향평가법이 제정되어 동법이 이를 규율하고 있었다. 그러나 이 법 아래에서는 환경·교통·재해·인구에 관한 영향평가가 각각 다른 법률에 의하여 별도로 시행됨으로써 절차가 중복되고 사업자에게 과도한 경제적 부담을 준다는 문제점이 제기되고 있었다. 따라서 각종 영향평가의 실시에 있어 주민의 의견수렴절차를 일괄적으로 거치게 하는 등 통합영향평가의 기반을 마련하기 위하여 환경영향평가법을 폐지하고 그에 대신하여 환경·교통·재해등에관한영향평가법이 제정되어 2001. 1. 1.부터 시행되었다. 그러나 이 법률은 다시 분법되어 환경에 관한 사항은 환경영향평가법에서 규정하고, 교통·재해에 관한 사항은 다른 법률에서 규정하게 되었다.

환경영향평가법은 환경영향평가등이라 하여 위의 통상적 의미의 "환경영향평가" 외에도 "소규모환경영향평가"(환경보전이 필요한 지역이나 난개발이 우려되어 계획적 개발이 필요한 지역에서 개발사업을 시행할 때에 입지의 타당성과 환경에 미치는 영향을 미리 조사·예측·평가하여 환경보전방안을 마련하는 것)와 "전략환경영향평가"(환경에 영향을 미치는 상위계획을 수립할 때에 환경보전계획과의 부합여부 확인 및 대안의 설정·분석 등을 통하여 환경적 측면에서 해당계획의 적정성 및 입지의 타당성 등을 검토하여 국토의 지속가능한 발전을 도모하는 것)($\frac{\text{동법}}{\text{i}\cdot\text{iii}}2$)에 관하여도 규정하고 있으나, 이하에서는 "환경영향평가"에 한정하여 검토하기로 한다.

(2) 환경영향평가제도의 개요

환경영향평가법이 정하고 있는 환경영향평가제도는 대체로 다음과 같다.

1) 환경영향평가 대상사업    환경영향평가법이 정하고 있는 환경영향평가 대상사업은, ① 도시의 개발, ② 산업입지 및 산업단지의 조성, ③ 에너지개발, ④ 항만의 건설, ⑤ 도로의 건설, ⑥ 수자원의 개발, ⑦ 철도(도시철도를 포함)의 건설, ⑧ 공항의 건설, ⑨ 하천의 이용 및 개발, ⑩ 개간 및 공유수면의 매립, ⑪ 관광단지의 개발, ⑫ 산지의 개발, ⑬ 특정 지역의 개발, ⑭ 체육시설의 설치사업, ⑮ 폐기물처리시설의 설치, ⑯ 국방·군사시설의 설치, ⑰ 토석·모래·자갈·광물 등의 채취 및 ⑱ 환경에 영향을 미치는 시설로서

대통령령으로 정하는 시설의 설치사업이다($_{22①}^{동법}$). 다만, 동법은 ① 재난 및 안전관리기본법 제37조에 따른 응급조치를 위한 사업, ② 국방부장관이 군사상의 기밀을 보호하거나 군사작전을 긴급히 수행하기 위하여 필요하다고 인정하여 환경부장관과 협의한 사업, ③ 국가정보원장이 국가안보를 위하여 필요하다고 인정하여 환경부장관과 협의한 사업은 평가대상사업에서 제외하고 있다($_{23}^{동법}$).

다른 한편 위의 대상사업의 범위에 해당하지 아니하는 사업에 대하여도 특별시·광역시·도·특별자치도 또는 인구 50만 이상의 시("시·도")는 지역적 특수성을 고려하여 환경영향평가를 실시하여야 할 필요가 있는 때에는 대통령령이 정하는 범위 안에서 시·도의 조례가 정하는 바에 의하여 환경영향평가를 할 수 있다($_{42①}^{동법}$).

2) **환경영향평가서의 작성**   환경영향평가서는 환경영향평가의 대상이 되는 사업의 주체(사업자)가 이를 작성하여야 한다($_{22①}^{동법}$). 승인 등을 받지 아니하여도 되는 사업자는 환경영향평가를 실시하기 전에 평가준비서를 작성하여 대통령령으로 정하는 기간 내에 환경영향평가협의회의 심의를 거쳐 ① 환경영향평가 대상지역, ② 환경보전방안의 대안, ③ 평가 항목·범위·방법 등을 결정하여야 한다($_{24①}^{동법}$). 승인 등을 받아야 하는 사업자는 환경영향평가를 실시하기 전에 평가준비서를 작성하여 승인기관의 장에게 환경영향평가항목 등을 정하여 줄 것을 요청하여야 한다($_{②}^{동조}$). 환경부장관은 ① 승인등을 받지 아니하여도 되는 사업자가 필요하다고 인정하여 환경영향평가항목등을 정하여 줄 것을 요청한 경우, ② 승인등을 받아야 하는 사업자가 승인기관의 장과 협의한 후 승인기관을 거쳐 환경영향평가항목등을 정하여 줄 것을 요청한 경우에는 환경영향평가항목등을 결정할 수 있다($_{③}^{동조}$).

사업자는 환경영향평가등의 평가서 초안 및 평가서, 사후영향조사 및 약식평가서의 작성을 제54조 제 1 항에 따라 환경영향평가업의 등록을 한 자("환경영향평가업자")에게 대행하게 할 수 있다($_{53①}^{동법}$).

3) **주민의견의 수렴**   사업자는 위의 절차에 따라 결정된 환경영향평가항목 등에 따라 환경영향평가서 초안을 작성하여 주민 등의 의견을 수렴하여야 한다($_{25①}^{동법}$).

주민의견수렴에 앞서 작성되어야 하는 환경영향평가서 초안에는 사업의 개요, 사업평가대상지역의 설정, 환경현황의 조사내용, 사업계획에 대한 대안이 있는 경우 그에 관한 분석 및 평가, 환경에 미치는 불가피한 영향에 관한 분석 및 피해에 대한 대책 등이 포함되어야 한다($\frac{\text{동조 ⑥}}{\text{동법시행령 34}}$).

사업자는 주민의견 수렴 절차를 거친 후 환경부장관으로부터 협의 내용을 통보받기 전까지 환경영향평가 대상사업의 변경 등 대통령령으로 정하는 중요한 사항을 변경하려는 경우에는 환경영향평가서 초안을 다시 작성하여 주민 등의 의견을 재수렴하여야 한다($\frac{\text{동법}}{26}$).

### 4) 환경영향평가서에 대한 협의 및 검토

㈎ 환경영향평가서에 대한 협의　환경영향평가 대상사업을 승인하여야 하는 승인기관의 장은 그 승인을 하기 전에 환경부장관에게 협의를 요청하여야 하며, 이 경우 사업자는 환경영향평가서를 작성하여 승인기관의 장에게 제출하여야 한다. 승인을 받지 아니하여도 되는 사업자의 경우에는 환경영향평가 대상사업을 확정하기 전에 환경영향평가서를 작성하여 환경부장관에게 협의를 요청하여야 한다($\frac{\text{동법}}{27①②}$).

㈏ 환경영향평가서의 검토　환경영향평가서가 제출되면 환경부장관은 이를 검토하게 되는데, 당해 사업이 환경보전에 지장을 초래할 위험이 있어 사업계획의 조정이 필요하다고 인정할 때에는, 사업자 또는 승인기관의 장에게 사업계획의 조정과 보완 등 필요한 조치를 할 것을 요청할 수 있다. 이 경우 사업자 또는 승인기관의 장은 특별한 사유가 없는 한 그에 응하여야 한다($\frac{\text{동법}}{28①③}$). 환경부장관이 환경영향평가서를 검토할 때에 필요하면 환경영향평가에 필요한 전문성을 갖춘 기관 또는 관계 전문가의 의견을 듣거나 현지조사를 의뢰할 수 있고, 사업자 또는 승인기관의 장에게 관련자료의 제출을 요청할 수 있다. 다만 환경정책·평가연구원과 해양수산부장관(해양환경에 영향을 미치는 사업으로서 대통령령으로 정하는 사업에 한정)의 의견은 반드시 들어야 한다($\frac{\text{동조}}{②}$).

### 5) 협의내용의 통보

㈎ 환경부장관은 평가서의 검토가 완료된 때에는 그 결과('협의내용')를 45일(협의기관의 장이 부득이한 사유로 그 기간을 연장한 경우에는 60일) 이내에 승인기관의 장(승인을 받지 아니하여도 되는 경우에는 사업자)에게 통보하여야 한다($\frac{\text{동법}}{29①}$).

협의내용을 통보받은 승인기관의 장은 이를 지체없이 사업자에게 통보하여 협의내용에 따른 필요한 조치를 하도록 하여야 하며, 사업자는 협의내용에 따른 조치를 하여야 한다($\frac{\text{동법}}{30①}$).

⒁ 협의내용의 반영여부에 대한 확인·통보　사업계획 등에 대하여 승인등을 하려면 승인기관의 장은 협의내용이 사업계획 등에 반영되었는지의 여부를 확인하고, 반영되지 않은 때에는 이를 반영하도록 한 후에 그 계획을 승인하며, 그 결과를 환경부장관에게 통보하여야 한다($\frac{동조}{③}$). 환경부장관은 통보받은 결과에 협의내용이 반영되지 아니한 경우 승인기관의 장등에게 이를 반영하도록 요청할 수 있으며, 이 경우 승인기관의 장은 특별한 사유가 없으면 이에 따라야 한다($\frac{동조}{④}$).

⒂ 협의내용의 조정신청　사업자나 승인기관의 장은 제29조에 따라 통보받은 협의내용에 대하여 이의가 있으면 환경부장관에게 그 내용을 조정하여 줄 것을 요청할 수 있는바, 이 경우 사업자에 의한 조정 요청은 승인기관의 장을 거쳐야 한다($\frac{동법}{31①}$). 이 경우 환경부장관은 대통령령으로 정하는 기간 이내에 환경영향평가협의회의 심의를 거쳐 조정 여부를 결정하고 그 결과를 사업자나 승인기관의 장에게 통보하여야 한다. 승인기관의 장은 협의내용의 조정을 요청하였을 때에는 위의 통보를 받기 전에 그 사업계획 등에 대하여 승인등을 하거나 확정을 하여서는 아니된다($\frac{동조}{②③}$).

6) 평가서의 재협의　승인기관의 장은 ① 대통령령으로 정하는 기간 내에 사업에 착공하지 아니한 경우, ② 환경영향평가 대상사업의 면적·길이 등을 대통령으로 정하는 규모 이상으로 증가시키는 경우, ③ 제29조 또는 제31조에 따라 통보받은 협의내용에서 원형대로 보전하거나 제외하도록 한 지역을 대통령령으로 정하는 규모 이상으로 개발하거나 그 위치를 변경하는 경우, ④ 대통령령으로 정하는 사유가 발생하여 협의 내용에 따라 사업계획 등을 시행하는 것이 맞지 아니하는 경우에는 환경부장관에게 재협의를 요청하여야 한다($\frac{동법}{32①}$).

재협의대상에는 해당하지 않으나 협의내용의 변경을 가져오는 사업계획의 변경에 있어서는 사업자는 그에 따른 환경보전방안을 강구하여 이를 사업계획에 반영하여야 하며, 이 경우 승인을 요하는 사업계획에 있어서는 당해 방안에 관한 승인기관의 장의 사전검토를 받아야 한다($\frac{동법}{33①}$).

7) 사전공사의 금지　사업자는 환경영향평가서에 대한 협의·재협의 또는 변경협의의 절차를 거치지 아니하거나 절차가 끝나기 전에 환경영향평가 대상사업의 공사를 하여서는 아니 된다. 다만 ① 환경영향평가서에 대한 협의를 거쳐 승인등을 받은 지역으로서 재협의나 변경협의의 대상에 포함되지 아니한 지역에서 시행되는 공사, ② 착공을 준비하기 위한 현장사무소

설치 공사 또는 다른 법령에 따른 의무를 이행하기 위한 공사 등 경미한 사항에 대한 공사의 경우에는 그러하지 아니하다($\frac{동법}{34①}$). 승인기관의 장은 승인 등을 받아야 하는 사업자가 제 1 항을 위반하여 공사를 하였을 때에는 해당 사업의 전부 또는 일부에 대하여 공사중지를 명하여야 한다($\frac{동조}{③}$).

8) **협의내용의 이행 등**   환경영향평가법은 환경영향평가제에 따른 협의 내용의 이행을 위한 일련의 조치를 규정하고 있다.

㈎ 사후환경영향조사   사업자는 해당 사업을 착공한 후에 그 사업이 주변 환경에 미치는 영향을 조사("사후환경영향조사")하고 그 결과를 승인기관의 장과 환경부장관에게 통보하여야 한다($\frac{동법}{36①}$).

㈏ 협의내용의 관리·감독   ① 승인기관의 장은 승인 등을 받아야 하는 사업자가 협의내용을 이행하였는지를 확인하여야 한다($\frac{동법}{39①}$).

② 환경부장관과 승인기관의 장은 사업자에게 협의내용의 이행에 관련된 자료를 제출하게 하거나, 사업장에 대한 현지조사·확인을 할 수 있다($\frac{동조}{②}$).

③ 승인기관의 장은 사업자가 협의내용을 이행하지 않은 때에는 필요한 조치를 하여야 하는데, 그럼에도 불구하고 협의내용을 이행하지 않아 환경에 중대한 영향을 미치는 때에는 공사중지를 명하여야 한다($\frac{동법}{40①②}$).

④ 환경부장관은 협의내용의 이행관리를 위하여 필요하다고 인정하는 경우에는 승인 등을 받지 아니하여도 되는 사업자에게 공사중지 등 필요한 조치를 할 것을 요청하거나 승인기관의 장에게 공사중지명령 등 필요한 조치명령을 할 것을 요청할 수 있다. 이 경우 승인기관장등은 특별한 사유가 없으면 이에 따라야 한다($\frac{동조}{④}$).

**(3) 환경영향평가제와 주민의 원고적격**

환경영향평가대상사업과 관련하여 환경영향평가법상의 환경영향평가제에 의하여 보호되는 주민의 환경상의 이익은 행정소송법 제12조상의 '법률상 이익'에 해당하는 것으로서, 그에 따라 위법한 대상사업의 승인 등에 대하여는 당해 지역의 주민은 취소소송 등을 제기하여 이를 다툴 수 있다고 보는 것이 판례의 입장이다.

즉 대법원은,

"전원(電源)개발사업실시계획승인처분의 근거법률인 전원개발에관한특례법령, 구환경보전법령, 구환경정책기본법령 및 환경영향평가법령 등의 규정취지는

환경영향평가대상사업에 해당하는 발전소건설사업이 환경을 해치지 아니하는
방법으로 시행되도록 함으로써 당해 사업과 관련된 환경공익을 보호하려는 데
그치는 것이 아니라 당해 사업으로 인하여 직접적이고 중대한 환경피해를 입
으리라고 예상되는 환경영향평가대상지역 안의 주민들이 전과 비교하여 수인
한도를 넘는 환경침해를 받지 아니하고 쾌적한 환경에서 생활할 수 있는 개별
적 이익까지도 이를 보호하려는 데에 있으므로, 주민들이 위 승인처분과 관련
하여 갖고 있는 위와 같은 환경상의 이익은 단순히 환경공익 보호의 결과로서
국민 일반이 공통적으로 갖게 되는 추상적·평균적·일반적 이익에 그치지 아
니하고 환경영향평가지역 안의 주민 개개인에 대하여 개별적으로 보호되는 직
접적·구체적 이익이라고 보아야 하고, 따라서 위 사업으로 인하여 직접적이
고 중대한 환경침해를 받게 되리라고 예상되는 환경영향평가대상지역 안의 주
민에게는 위 승인처분의 취소를 구할 원고적격이 있다"(대판 1998. 9.<br>22, 97누19571)

라고 판시하였다.

이러한 판례에 따라 적어도 환경법분야에서는 취소소송 등의 원고적격이
현저히 확대되었다고 할 수 있다.

(4) 환경영향평가의 하자

위에서 본 바와 같이 환경영향평가법에 따라 동법상의 환경영향평가업의
대상사업으로서 그 사업계획에 대한 승인·인가·허가 등을 얻어야 하는 사
업자는 그 영향평가서를 작성하여 승인기관에 제출하고, 이 경우 승인기관의
장은 당해 사업계획의 승인에 앞서 환경부장관과 협의하여야 한다. 이러한
환경영향평가제의 시행상의 하자는 대체로 다음의 세 가지로 구분할 수 있을
것이다.

1) 전혀 환경영향평가가 행해지지 아니한 경우   환경영향평가 대상사업이
환경영향평가 절차를 거치지 아니하였음에도 그에 대한 승인처분 등이 행해
진 경우에는, 당해 처분은 무효라고 보는 것이 판례의 입장이다.[1]

---

1) 판례

"환경영향평가를 거쳐야 할 대상사업에 대하여 환경영향평가를 거치지 아니하였음에
도 불구하고 승인 등 처분이 이루어진다면, 사전에 환경영향평가를 함에 있어 평가대
상지역 주민들의 의견을 수렴하고 그 결과를 토대로 하여 환경부장관과의 협의내용을
사업계획에 미리 반영시키는 것 자체가 원천적으로 봉쇄되는바, 이렇게 되면 환경파괴
를 미연에 방지하고 쾌적한 환경을 유지·조성하기 위하여 환경영향평가제도를 둔 입
법 취지를 달성할 수 없게 되는 결과를 초래할 뿐만 아니라 환경영향평가대상지역 안
의 주민들의 직접적이고 개별적인 이익을 근본적으로 침해하게 되므로, 이러한 행정처
분의 하자는 법규의 중요한 부분을 위반한 중대한 것이고 객관적으로도 명백한 것이
라고 하지 않을 수 없어, 이와 같은 행정처분은 당연무효이다"(대판 2006. 6. 30, 2005
두14363).

2) 환경영향평가에 이은 그 시행절차상의 하자  이 경우의 절차상 하자
는 여러 형태로 나타날 수 있으나, 여기서는 다음의 두 가지 경우만을 검
토하기로 한다. 먼저 승인기관이 환경부장관 등에 대한 협의절차를 거치지
아니하고 당해 사업에 대한 승인을 한 경우이다. 이 경우는 환경영향평가
법상 승인기관에 의한 승인에 있어서는 사전에 환경부장관에 대한 협의절
차를 거치도록 되어 있으므로, 협의절차를 전혀 거치지 아니하고 행한 승
인처분은 절차상의 하자 있는 위법한 처분이 된다. 다음에 환경부장관에
대한 협의절차를 거치는 경우, 승인기관이 환경부장관의 반대의견에도 불
구하고 당해 사업계획을 승인한 경우, 당해 승인처분의 적법성 여부의 문
제가 제기되는바, 이것은 환경부장관의 협의의견의 구속력 여부의 문제이
다. 이 문제에 대하여 판례는 이 경우의 환경부장관의 협의는 동의는 아니
라는 입장에서, 승인기관의 장이 환경부장관과의 협의를 거친 이상 그 의
견에 반하는 처분을 하였다고 하여 그 처분이 위법하다고 할 수는 없다고
하였다(대판 2001. 7. 27, 99두2970).

3) 내용상 하자  이것은 환경영향평가서의 내용상 흠결이 있는 경우이
다. 이 문제에 대하여 판례는 내용상의 흠결 또는 부실의 정도에 따라 그 법
적 효과를 달리 인정하고 있다. 즉 ① "그 부실의 정도가 환경영향평가제도
를 둔 입법취지를 달성할 수 없을 정도이어서 환경영향평가를 하지 아니한
것과 다를 바 없는 정도의 것인 경우"에는 그것은 당해사업계획 승인처분의
위법사유가 되나, ② 그 정도의 것이 아닌 부실의 경우에는 그것은 "당해 승
인 등 처분에 재량권 일탈·남용의 위법이 있는지 여부를 판단하는 하나의
요소로 됨에 그칠 뿐, 그 부실로 인하여 당연히 당해 승인 등 처분이 위법하
게 되는 것은 아니다"(대판 2001. 6. 29, 99두9902)라고 판시하고 있다.

(5) 환경영향평가제의 문제점

위에서 검토한 환경영향평가제는 민간인에 의한 사업에도 영향평가서
를 작성하도록 한 점, 또한 주민의견의 수렴제도를 두고 있다는 점에서는
초기의 법제에 비하여 상당히 개선되었다고 할 수 있다. 그러나 이 제도는
여전히 적지 않은 문제점을 내포하고 있는바, 특히 ① 환경영향평가의 대
상사업이 여전히 제한되어 있고, ② 환경영향평가서에 대한 협의내용을 주
민에게 통보하는 절차가 없고, ③ 공청회제도의 미발전 및 행정기관의 편
의주의적 발상으로 인한 주민의견 수렴의 불충분성, ④ 환경영향평가 대행

의 일반적 관행 및 부조리,[1] ⑤ 이 제도가 본래의 취지와는 다르게 환경침해의 합리화문서 또는 면죄부로 변질될 위험성 등의 문제점이 지적되고 있다.

## 4. 직접적 규제수단

위에서 본 환경기준·환경계획 및 환경영향평가제는 환경행정의 특유한 수단으로서 그 중요성이 부각되는 것이나, 환경행정에 있어서도 전통적인 경찰법적인 규제수단이 여전히 높은 비중을 점하고 있다. 이러한 직접적 규제수단으로서는 등록·신고의무·인허가제 및 배출규제를 위한 처분, 제재조치 등을 들 수 있다.

### (1) 신 고 제

1) 의    의    신고제는 환경보전을 위한 가장 완화된 규제수단이다. 본래적 의미의 신고제에 있어서는, 관계인은 신고의무로 되어 있는 사실을 행정청에 통고함으로써 그 의무를 이행한 것으로 된다. 사인(자연인·법인)에 의한 일정한 행위, 활동 등이 행정청의 허가 등을 필요로 하지 않고, 사인이 이를 적법하게 행할 수는 있으나, 적정한 행정의 관점에서는 행정청이 관계 사실을 정확히 파악하고 있어야 하는 경우가 있다. 이러한 경우에는 관계법은 사인의 행정청에 대한 당해 행위 등의 통고의무를 부과하게 되는 것으로서, 이것이 본래적 의미의 신고이다.

이에 대하여, 관계법의 규정방식에 따라서는 동법상의 신고에 대하여 행정청은 실체법적 관점에서도 그 수리를 거부할 수 있는 것으로 판단되는 경우도 있는데, 이러한 경우에는 신고는 완화된 인가·허가 등의 의미를 가진다.

2) 구체적인 예    이러한 신고제는 허가제에 비하여 간편한 절차이어서, 환경에 대한 영향이 비교적 적은 사업·공사 등의 경우에 채택되고 있다. 소음·진동관리법이 환경에 대한 영향의 정도를 감안하여 채택하고 있는 신고제가 그 예이다.

### (2) 인·허가제

인·허가제는 환경보전을 위한 행정규제수단 중에서 중심적 위치를 차지하고 있다. 이러한 인·허가제도는 환경과 관련되는 일정 공사·사업의 시행

---

1) 이와 관련하여서는 「덤핑」입찰에 의한 부실평가서의 작성이나, 사업의 계획 또는 설계를 담당하는 용역업체가 환경영향평가를 대행하고 있는 현상과 관련하여, 스스로의 사업의 환경영향평가를 정당하게 할 것을 기대하기는 어렵다는 등의 문제점이 지적되고 있다(최병선, 정부규제론, p. 716 참조).

에는 환경보전의 관점에서 일정한 조건을 설정하고, 그러한 조건을 충족하는 것만을 허용함으로써 환경을 적정한 수준으로 보전하려는 데에 그 의의가 있는 것이다.

그에 따라 환경보전에 관한 개별법은 환경에 영향을 미치는 일정 규모 이상의 배출시설의 설치 또는 변경은 환경부장관의 허가를 받도록 하고 있다(대기환경보전법 23①, 물환경보전법 32①② 등).

하천법은 그 자체가 직접 환경보전관계법은 아니지만, 제33조 제 2 항에서 하천의 점용허가에는 하천의 오염으로 인한 공해 기타 보건위생상의 위해를 방지함에 필요한 부관을 붙일 수 있다고 하여 점용허가에 있어 환경보호를 고려하고 있다. 산지관리법은 제25조 이하에서 토석채취허가 및 토석채취 제한지역에 관하여 규정하고 있는바, 동법은 토석채취제한구역으로서 산림생태계의 보호, 자연경관의 보전 및 역사적·문화적 가치가 있어 보호할 필요가 있는 산지로서 산림청장이 지정하여 고시한 지역의 산지를 들고 이 지역에서의 토석채취를 원칙적으로 금하고 있다(동법 25의3①, v·25의4).

원자력안전법은 발전용 원자로 및 관계시설을 건설하고자 하는 자는 대통령령이 정하는 바에 따라 원자력안전위원회의 허가를 받아야 하고, 방사선환경영향평가서의 제출을 허가신청의 요건으로 하고 있다(법10①②).

(3) 배출규제조치 및 그 위반에 대한 제재

1) 배출규제조치　환경행정은 위의 신고제·인허가제 외에 보다 직접적인 규제수단으로서의 작위·부작위·수인 등의 의무를 부과하는 하명처분에 의하여서도 수행된다. 법령상의 배출허용기준에 의거하여 상대방에게 적극적으로 일정한 행위의무를 부과하는 배출규제조치가 그 전형적인 예이다. 대기환경보전법, 물환경보전법 등은 사업자에게 당해 사업의 배출시설에서 나오는 오염원이 배출허용기준에 적합하도록 배출시설·방지시설을 운영할 의무를 부과하고, 배출허용기준을 초과하는 때에는 환경부장관은 개선명령(방지시설의 개선·대체·기타 조치)을 명할 수 있다고 규정하고 있다(대기환경보전법 33, 물환경보전법 39). 환경부장관은 또한 사업자에게 배출시설·방지시설의 정상운영 여부를 확인할 수 있는 기기의 부착 등 이들 시설의 운영에 있어 필요한 조치를 명할 수 있다(물환경보전법 38의2 내지 38의4).

이 외에도 환경부장관은 공공수역이나 하천·호소 등이 오염될 우려가 있다고 인정될 때에는 그에 수질유해물질, 폐기물, 축산폐수 등을 투기하거나 토사를 유출하는 등의 행위를 하는 자에게 당해 물질을 제거하는 등 오염의 방지·제거를 위한 조치("방제조치")를 명할 수 있다($\frac{동법}{15③}$).

2) 제재적 명령·조치  위의 환경행정상의 규제조치나 명령의 위반 또는 불이행에 대하여는 일정한 제재조치가 관계법에 규정되어 그 실효성이 확보되고 있다. 예컨대 대기환경보전법은 동법에 기한 규제명령위반에 대하여 조업정지명령($\frac{법}{34①}$)·허가취소($\frac{동법}{36}$)·위법한 시설의 폐쇄조치($\frac{동법}{38}$) 등을 규정하고 있다. 물환경보전법($_{40\cdot\frac{법}{42}\cdot44}$), 소음·진동관리법($_{16\cdot\frac{법}{17}\cdot18}$), 가축분뇨의 관리 및 이용에 관한 법률($\frac{법}{35}$) 등에서도 유사한 조치들을 규정하고 있다.

이러한 제재적 조치에 있어서는 상대방에 대하여 사전적인 청문 등 의견청취절차가 일반적으로 마련되어 있다. 예컨대 대기환경보전법($\frac{법}{85}$)·폐기물관리법($\frac{법}{61}$) 등은 환경부장관 또는 시장 등이 조업정지명령·시설이전명령·허가취소·폐쇄조치·영업정지 등의 처분을 하고자 하는 경우에는 미리 그 상대방 또는 대리인에게 의견을 진술할 기회를 주어야 한다고 정하고 있다. 이것은 불이익처분의 상대방에 대한 절차적 보장을 위한 것으로, 행정절차법도 의견제출·청문 등을 내용으로 하는 의견청취절차에 관하여 규정하고 있다.

3) 배출부과금·과징금 및 공급거부  환경행정법상의 의무이행을 확보하기 위한 현행법상의 수단으로서는 위의 제재적 조치 외에도 배출부과금·과징금 및 공급거부가 있다.

㈎ 배출부과금  배출부과금은 일정한 환경기준을 초과하는 오염원의 배출량이나 그 잔류량에 대하여 과하여지는 부과금으로서 환경오염방지를 그 목적으로 하는 것이다. 대기환경보전법($\frac{법}{35}$), 물환경보전법($\frac{법}{41}$) 등은 환경부장관이 오염물질을 배출하는 사업자에 대하여 배출허용 기준의 초과 여부, 오염물질의 종류, 배출기간, 배출량 등을 기준으로 하여 배출부과금을 부과할 수 있도록 규정하고 있다. 종래에는 배출부과금은 농도규제제도에 따라 배출허용기준을 초과하는 경우에만 부과되었으나, 기술한 바와 같이 대기환경보전법 및 물환경보전법은 총량규제제도를 채택하여, 배출부과금은 배출허용기준을 초과하는 경우뿐만 아니라('초과배출부과금'($\frac{대기환경보전법\ 35①i}{물환경보전법\ 41①ii}$)), 배출허용기준을 초과하지 않는 경우에도, 그 배출량에 따라 부과하도록 하고 있다('기본배출부과금'($\frac{대기환경보전법\ 35①ii}{물환경보전법\ 41①i}$)). 따라서 이들 법령상의 배출부과금은 기본부과금과 초

과부과금을 합산한 금액이 된다.

배출부과금은 금전적 급부의무의 부과라는 점에서는 조세와 비슷하여 속칭 공해배출세로도 불린다. 그러나 그것은 일정한 환경기준을 초과하는 오염물질의 배출사실에 대한 제재로서 부과되는 것이라는 점에서는 조세와 다르다. 이러한 배출부과금은 의무위반에 대한 제재로서 부과되는 것이라는 점에서는 벌금과 다르지 않지만, 행정청에 의하여 부과되는 것이라는 점에서 행정제재금의 성질을 가지며, 징수된 부과금은 당해 행정분야의 목적을 위하여서만 사용되어야 한다는 점에서 그 특수성이 있다.

(나) 과 징 금    환경부장관은 배출허용기준을 초과하는 배출시설의 사업자에 대하여는 개선명령을 발할 수 있는바, 당해 사업자가 이를 이행하지 않거나 일단 이를 이행했음에도 당해 시설에서 배출되는 오염물질의 정도가 배출허용기준을 초과할 때에는, 당해 배출시설의 전부 또는 일부의 조업정지처분을 할 수 있다($\binom{\text{대기환경보전법 34,}}{\text{물환경보전법 40}}$). 그러나 (i) 당해 배출시설이 ① 의료법에 의한 의료기관의 배출시설, ② 사회복지시설·공동주택의 냉난방 시설, ③ 발전소의 발전시설, ④ 집단에너지사업법에 의한 집단에너지시설, ⑤ 교육법에 의한 학교의 배출시설, ⑥ 제조업의 배출시설 등에 해당하고, (ii) 그 조업정지가 주민의 생활, 대외적인 신용·고용·물가 등 국민경제, 그 밖에 공익에 현저한 지장을 초래할 우려가 있다고 인정되는 경우에는, 조업정지처분에 갈음하여 2억원 이하의 과징금을 부과할 수 있다($\binom{\text{대기환경보전법 37①; 물환경보전법 43①도 같은}}{\text{취지로 3억원 이하의 과징금을 규정하고 있다}}$). 이 경우 징수된 과징금은 환경개선특별회계법에 의한 환경개선특별회계의 세입으로 되는바($\binom{\text{동조}}{⑤}$), 이를 납부하지 않을 때에는 국세체납처분의 예에 따라 강제징수된다($\binom{\text{동조}}{④}$).

이러한 과징금제는 당해 시설의 계속적 조업이 국민의 일상생활 기타 경제·사회적 관점에서 긴요한 것이라는 점을 고려하여 허용기준을 초과하는 오염물질배출시설의 조업 자체는 허용하면서, 그러한 위법한 조업행위로 인하여 생기는 이득을 박탈함으로써 궁극적으로 사업자가 개선명령에 따르게 하고, 그 과징금은 바로 환경개선대책사업의 재원에 충당하려는 것이다.

그러나 이러한 과징금은 그 금액이 낮게 책정될 경우에는 소기의 규제효과를 거둘 수 없고, 최소한의 부담에 의한 합법적인 환경오염행위를 조장할 수도 있다는 기본적 문제점이 있다.

(다) 공급거부    공급거부는 행정법상의 의무위반에 대하여 행정상의 역

무·재화의 공급을 거부하는 내용의 행정제재의 수단이다. 구수질환경보전
법($\frac{법}{21②}$)·구대기환경보전법($\frac{법}{21②}$)은 환경부장관에게 오염물질 배출시설의 사용
금지 또는 폐쇄명령에 불응하는 사업장에 대하여 전기·수도의 설치나 공급
을 중단하도록 관계기관의 장에게 요청할 수 있도록 하고, 당해 기관의 장은
특별한 사유가 없는 한 이에 응하도록 정하고 있었다.

　이러한 공급거부는 행정의무의 위반 또는 불이행에 대하여 그 이행을 확보
할 수 있는 효과적인 수단으로 최근에 특히 활발히 거론되고 있다. 그러나 공급
거부는 다른 법상의 의무위반행위에 대하여, 수도·전기 등의 공급을 거부하
거나 중단하는 것으로, 이러한 공급거부는 수도법이나 전기사업법상의 의무
위반과는 무관한 것이라는 점에서는 부당결부금지원칙과의 관련에서 그 합법
성의 문제가 있는 것이었다.

### (4) 행 정 벌

　환경행정의 환경보전목적을 관철하기 위하여 징역·벌금과 같은 행정형
벌과 과태료와 같은 행정질서벌을 부과할 수도 있다. 물환경보전법·대기환
경보전법 등이 동법상의 의무위반에 대하여 행정벌을 과하도록 하고, 환경범
죄 등의 단속 및 가중처벌에 관한 법률이 환경오염에 관한 과실범을 처벌하
도록 규정하고 있는 것은 그 대표적 예이다.

### 5. 공과금·조세에 의한 규제

### (1) 공과금에 의한 규제

　일정한 한도에서는 공과금의 부과도 환경행정의 목적을 위한 수단으로
사용될 수 있다.[1] 위에서 본 배출부과금·과징금은 단지 제재로서의 성질뿐

---

1) 전형적인 예로서는 독일의 폐수공과금법(Abwasserabgabengesetz)에 의하여 공공수
　역으로의 생활폐수, 공업·농업폐수나 오수, 잔류수 등과 같은 폐수방출행위에 대하여
　부과되는 배출공과금을 들 수 있는바, 이것은 일종의 환경정책적 통제수단으로서, 사
　용료나 기여금 또는 조세와는 다른 특별공과금으로 파악되고 있다. 이것은 폐수처리시
　설의 설치, 폐수처리기술의 향상, 폐수발생을 저감·제거한 생산공정의 개발, 그리고
　폐수다발제품의 사용의 절감 등을 유도하기 위한 방안으로 채용된 정책수단이며, 그에
　의하여 공공수역의 오염에 수반되는 비용을 사업자 등이 부담하게 함으로써 그 오염
　행위자의 경제상의 이익을 박탈할 수 있는 효과가 기대되고 있다. 배출공과금의 액은
　배출량 및 수질에 의하여 판정되는 배출폐수의 유해성에 의하여 결정된다. 이러한 배
　출공과금은 원인자책임의 원리를 실현하기 위한 수단이라는 점에서 부분적으로는 우
　리의 배출부과금과 공통성이 있으나 폐수배출의 허용성 여부와 무관하게 사실상의 폐
　수배출만으로 공과금의무가 발생하는 점에서, 배출허용기준을 초과한 오염물질의 배출
　에 대하여만 부과되는 배출부과금과는 차이가 있다.

만 아니라, 시장유인적 규제로서의 의미도 가지는 것이므로, 부분적으로는 공과금부과에 의한 규제수단으로서의 성질도 가진다 할 것이다.

공과금부과에 의한 규제는 기본적으로는 원인자책임의 원칙에 의거한 환경행정의 수단으로서, 환경정책기본법은 "자기의 행위 또는 사업활동으로 환경오염 또는 환경훼손의 원인을 발생시킨 자는 그 오염·훼손을 방지하고 오염·훼손된 환경을 회복·복원할 책임을 지며, 환경오염 또는 환경훼손으로 인한 피해의 구제에 드는 비용을 부담함을 원칙으로 한다"고 하여($^{법}_{7}$), 이러한 규제수단의 일반적 근거를 마련하고 있다. 환경개선비용 부담법에 의하여 환경부장관이 그 유통·소비 과정에서 환경오염물질의 다량배출로 인하여 환경오염의 직접적인 원인이 되는 건물 기타 시설물의 소유자와 자동차의 소유자에 부과·징수하는 환경개선부담금이 이에 해당한다($^{법}_{9}$).

(2) 조세에 의한 규제

조세는 적극적으로 환경보호적인 시설이나 사업을 조장하기 위한 수단으로서도, 그 반대로 환경오염적인 공사나 사업의 억제적 수단으로서도 활용될 수 있을 것이나, 현재로서는 이러한 세제는 없고, 또한 환경세와 같은 일반적인 목적세도 마련되어 있지 않다.

그러나 환경매체로서의 토지에 대한 세제는 간접적으로 환경보전의 기능도 수행할 수 있을 것으로 본다.

### 6. 환경보전 지역·지구의 지정

지역·지구제는 기본적으로는 개발행정의 수단으로서의 성질을 가진다. 그러나 국토계획법상의 지역·지구는 토지의 효율적 이용뿐만 아니라, 환경보전의 기능도 동시에 수행하고 있는 것임은 앞에서 지적한 바와 같다.

환경보전법제상으로는 다수의 개별법이 환경보전을 위한 지역·지구의 지정과 그에서 취하여야 할 환경보전 조치 등에 관하여 규정하고 있다. 먼저 자연환경보전법은 핵심보전구역, 완충보전구역, 전이보전구역 등을 내용으로 하는 생태·경관보전지역을 지정하고($^{법}_{12}$), 그 관리기본계획을 수립·시행하도록 하고 있다($^{동법}_{14}$). 자연공원법은 국가·지방자치단체 및 국민은 자연공원을 보호하며 자연의 질서를 유지하고 회복하는 데 정성을 다 하여야 하고, 국가 및 지방자치단체는 자연생태계가 우수하거나 경관이 아름다운 지역을 자연공원으로 지정하고 이를 보전·관리하여 지속적으로 이용할 수 있도록 하여야 한다고 규정하고 있다($\frac{동법}{3①②}$). 동법은 자연공원의 보호조치로서, 공원구역에서는 공원사업 이외의 건축물 그 밖의 공작물을 신축·증축·개축·재축 또는 이축, 광물을 채굴하거나 흙·돌·모래·자갈을 채취하는 행위, 개간 그 밖의 토지의 형질변경을 하는 행위, 수면을 매립하거나 간척하는 행위, 하천 또는 호소의 물높이나 수량을 늘거나 줄게 하는 행위, 야생동물을 잡는 행위, 나무를 베거나 야생식물을 채취하는 행위 등은 공원관리청의 허가를 받도록 하고 있다. 다만 대통령령이 정하는 경미한 사항에 대하여는 공원관리청에 신고를 하거나 신고를 생략할 수 있다($\frac{동법}{23①}$).

토양환경보전법은 토양보전대책지역, 즉 토양오염대책기준을 넘는 지역이나 토양보전이 특히 필요하다고 인정하여 시장·군수·구청장의 요청에 따라 환경부장관이 지정·고시한 지역($\frac{동법}{17}$)에서는 ① 특정수질유해물질, 폐기물, 유해화학물질, 오수·분뇨 또는 축산폐수를 토양에 버리는 행위, ② 당해 대책지역 안에서 지정목적을 해할 우려가 있다고 인정되는 대통령령이 정하는 시설을 설치하는 행위가 금지되고 있다($\frac{동법}{21}$). 이 지역에서는 또한 그 지정목적을 해할 우려가 있다고 인정되는 토지의 이용 또는 시설의 설치를 제한할 수 있다($\frac{동법}{20}$).

수도법에 따라 환경부장관은 상수원의 확보와 수질보전상 필요하다고 인정되는 지역을 상수원보호구역으로 지정할 수 있는바, 이 지역에서는 오수·분뇨, 기타 축산폐수를 버리는 행위, 기타 상수원을 오염시킬 명백한 위험이 있는 행위는 금지되며, 건축물의 신축·개축 등의 행위, 토지의 굴착·성토 등의 행위는 시장·군수·구청장의 허가를 받아야 한다($\frac{동법 7}{①③④}$).

환경정책기본법은 이러한 환경보호에 있어서의 일반적인 지역·지구제의 지정과는 별도로 환경상태의 현저한 악화에 대응하기 위하여 특별대책지역을 지정할 수 있도록 하고 있다. 즉 환경부장관은 환경오염·환경훼손 또는 자연생태계의 변화가 현저하거나 현저하게 될 우려가 있는 지역과 환경기준을 자주 초과하는 지역을 환경보전을 위한 특별대책지역으로 지정·고시하고, 해당 지역 안의 환경보전을 위한 특별종합대책을 수립하여 관할시·도지사에게 이를 수행하게 할 수 있다($\frac{법}{38①}$). 특별대책지역 안의 환경개선을 위하여 필요한 때에는 환경부장관은 대통령령이 정하는 바에 따라 그 지역 안의 토지이용과 시설설치를 제한할 수 있다($\frac{동조}{②}$).

이러한 특별대책지역에서는 개별법상 일반배출허용기준보다 엄격한 배출허용 기준을 정하도록 하고($\frac{대기환경보전법 16③,}{물환경보전법 32⑤}$), 또한 이 지역 안의 사업장에 대하여는 총량규제를 할 수 있도록 하고 있다$\left(\genfrac{}{}{0pt}{}{\text{대기환경보전법 22①,}}{\text{물환경보전법 4①}}\right)$.

## 7. 비권력적 수단

종래의 소극적인 공해방지에서 적극적인 환경보전에로 이동하고 있는 오늘날의 환경행정에 있어서는 권력적인 규제뿐만 아니라, 비권력적 수단도 중요한 환경행정의 수단으로 등장하고 있다. 이러한 비권력적 수단으로서는 자금지원, 행정지도 기타 비공식적 행정작용 등이 있다.

### (1) 자금지원

비권력적 수단의 하나인 자금지원 또는 재정지원은 환경보전을 위한 유력한 행위유인적 수단으로서, 다수의 개별법이 이에 관한 규정을 두고 있다. 그 대표적인 예로서는 환경보전을 위한 시책·사업 등에 대한 재정적 지원을 규정하고 있는 환경정책기본법 제32조 및 제55조 내지 제57조 등을 들 수 있다. 이 밖에 폐기물관리법은 폐기물처리시설 또는 재활용시설을 설치하고자 하는 자에 대한 재정적 지원을 정하고$\left(\genfrac{}{}{0pt}{}{\text{별}}{\text{57}}\right)$, 자연환경보전법은 자연환경·자원보존사업자에 대한 국고보조를$\left(\genfrac{}{}{0pt}{}{\text{별}}{\text{54}}\right)$, 물환경보전법은 지방자치단체의 수질보전사업의 소요경비에 대한 국가의 보조를 정하고 있다$\left(\genfrac{}{}{0pt}{}{\text{별}}{\text{57}}\right)$.

이러한 자금 또는 보조금의 직접적 지원 외에 조세감면에 의한 간접적 지원방법도 채택되고 있다. 특정지구의 개발을 촉진하거나 공업시설의 지방분산 등을 위한 조세감면조치$\left(\genfrac{}{}{0pt}{}{\text{산업입지및개발}}{\text{에관한법률 45}}\right)$는 환경보전 목적을 위한 수단으로서의 의미를 아울러 가지는 것이라 할 것이다.

### (2) 행정지도·비공식적 행정작용

행정지도란 행정주체가 그 의도하는 바를 실현하기 위하여 상대방의 임의적 협력을 기대하여 행하는 비권력적 사실행위를 말한다. 환경오염 기타 환경파괴에 대한 대책은 사전적·예방적으로 행하여지는 것이 보다 바람직한 것이라는 점에서, 행정지도는 매우 효율적인 환경행정이 수단으로 기능할 수도 있다고 본다.

행정지도는 구체적으로는 오염물질처리시설 또는 기술의 개선, 오염물질발생을 저감 내지는 배제하는 대체적 생산공정의 개발, 오염다발제품사용 등의 억제 등을 위한 권고·요망·지도 등의 형식으로 행하여질 수 있을 것인데, 이러한 행정지도에는 내용적으로는 규제적·조정적 및 조성적인 것이 있을 수 있다. 이러한 행정지도는 구체적인 작용법상의 근거 없이도 조직법상의 소관사항에 대하여는 이를 행할 수 있다고 보는 것이 일반적 견해이다.

환경행정은 행정지도 외에도 경고(Warnung)·상담(Beratung)·협상(Abspräche) 등과 같은 이른바 비공식적 행정작용에 의하여도 수행될 수 있다. 대규모의 오염물질배출시설이나 폐기물처리시설 또는 핵발전소와 같은 광범한 환경영향을 초래하는 시설의 설치 등에 있어서는 이해관계가 대립되게 되고, 이 경우 환경침해의 불확정성·광역성·잠재적 심각성 등으로 그 대립 현상이 증폭되는 경우가 적지 않다. 이러한 사태에 대하여는 행정청에 의한 임기적·탄력적인 대응이 필요하지만, 행정행위·행정계약 등의 전통적인 행위형식은 그 적절한 수단이 되지 못하고 있다. 그에 따라 행정청이 조정·협의·협상(폐기물처리장설치에 관한 환경행정청과 주민의 협상) 등의 비전형적인 행위형식을 이용하는 경우가 적지 않은 것이다.[1]

비공식적 행정작용은 비구속적인 행위로서 국민에 대하여 계몽·홍보·설득 등의 목표를 가지고 행하여지는 사실행위이므로, 원칙적으로 그에 있어서는 법적 근거가 필요한 것은 아니라고 본다. 그러나 이들 작용이 때로는 경쟁관계에 있는 자에 대한 실질적인 침익적 결과나 사실상의 기본권침해적 효과를 야기할 수 있다는 점 등은 특히 유의하여야 할 것이다. 예컨대 적법한 제품이나 행위에 대하여 단순한 사실통보의 차원을 넘어서 환경상의 위험에 대한 개별구체적인 평가를 내용으로 하는 행정상 경고나 권고는 헌법상의 영업의 자유에 대한 침해적 효과를 가져오는 것으로서 이러한 경우에는 예외적으로 법률의 근거를 요한다고 본다.[2]

## 제 6 항   환경행정과 권리·이익구제제도

### I. 환경법상의 권리구제와 행정구제법

환경오염의 방지 및 환경보전이 환경행정의 중요한 과제라고 한다면, 이

---

1) 행정지도와 비공식적 행정작용의 관계는 현재 불확실한 점이 적지 않다. 이론상으로는 비공식적 행정작용을 보다 상위개념으로 보아 행정지도는 그 대표적 유형의 하나로 파악할 수도 있을 것이다. 그러나 우리 행정법학에서 행정지도는 일반적으로 인정되고 있으나, 비공식적 행정작용이라는 용어는 아직까지 생소한 개념이다. 그러한 점에서 보면 행정지도를 광의로 비공식적 행정작용 전반을 포괄하는 개념으로 파악할 수 있을지도 모르나, 이 경우에는 행정지도의 동질성의 측면에서 문제가 제기될 수 있을 것이다. 여기서는 일단 문제를 제기하는 정도에 그치기로 한다.

2) Breuer, op. cit., p. 436; Kloepfer, op. cit., p. 509.

러한 환경행정과 관련하여 야기되는 국민의 권익침해의 구제는 환경행정법의 중요한 측면을 구성한다.

환경오염 및 환경행정과 관련된 조치로 인하여 발생한 사인의 권리·이익침해에 대한 구제제도는 그 내용상 다음의 두 가지 제도로 나누어진다. 그 하나는 환경오염으로 인한 분쟁이 사법적 분쟁의 성격을 띠는 것으로서, 이 경우의 구제는 원칙적으로 민법에 따르게 된다. 그러나 환경오염피해의 특수성을 고려하여 환경정책기본법은 무과실책임, 사업자의 연대책임 등 피해자 구제를 위한 특별규정을 두고 있고, 그에 따라 최근에는 사업자의 무과실책임, 환경오염시설과 환경오염피해 사이의 인과관계 추정 등의 제도를 도입한 환경오염피해 배상책임 및 구제에 관한 법률(2014)이 제정되었다.

환경행정과 관련된 권익침해에 대한 행정법상의 구제제도로서는 다른 행정분야와 마찬가지로, 행정쟁송제도(행정심판·행정소송) 및 국가보상제도(손해배상·손실보상)가 있다. 이러한 일반적 구제제도 외에 환경행정법상의 특유한 구제제도로서 환경정책기본법은 환경분쟁조정제도를 두고 있다.

## Ⅱ. 행정쟁송제도

### 1. 개　설

환경행정으로 인한 개인의 권리·이익침해가 행정청의 작위(위법한 배출시설의 허가, 위법한 개선명령) 또는 부작위(환경규제조치의 해태)로 인하여 발생하는 경우에는 취소심판·취소소송, 의무이행심판·부작위위법확인소송 등에 의하여 권리·이익구제를 받을 수 있다.

환경행정으로 인한 권리·이익침해에 있어서는 행정청의 위법한 처분으로 인한 피해의 구제에 못지않게 행정청의 환경오염에 대한 규제행위의 해태로 인한 피해의 구제가 중요한 비중을 차지하고 있다는 점에 환경행정의 특수성이 있다. 또한 행정청의 작위로 인한 권리·이익침해의 경우에 있어서도 그로 인한 처분의 상대방에 대한 권리·이익침해의 구제보다는, 위법한 배출시설의 허가에 있어서의 인근주민의 권리·이익침해의 구제와 같이 제3자의 권리·이익침해의 구제가 중요한 문제로 되고 있다. 나아가 환경오염의 대규모성·광역성 등으로 인한 피해자의 집단성으로 인하여 지역주민 또는 일정 이익집단의 집단적 이익의 보호가 중요한 쟁점으로 부각되고 있다.

다음에서는 이러한 환경쟁송상의 특징적인 측면에 초점을 맞추어 검토하기로 한다.

## 2. 환경행정상의 분쟁구조 및 쟁송제도

### (1) 환경행정상의 분쟁구조

환경행정에 있어서도 행정청의 처분(개선명령, 허가·규제조치의 거부 등)의 위법을 이유로 그 상대방이 이를 다툴 수 있는 것임은 물론이다. 그러나 환경행정과 관련되어 제기되는 전형적인 분쟁형태는 오염물질의 배출시설 등의 설치허가와 관련하여 그 인근주민 등이 그 위법을 이유로 취소 등을 구하는 경우이다. 이 경우의 분쟁은 허가청·허가의 상대방인 사업자 및 그로 인하여 위법하게 권익이 침해되고 있다고 주장하는 인근주민의 3자가 3각관계를 이루고 전개되는 것이다.

이러한 분쟁의 3각관계는 위와 같이 인근주민 등이 적극적 처분의 취소를 구하는 것이 아니라, 행정청이 공해배출시설에 대한 규제조치를 해태한 경우에 그 부작위가 위법하다고 하여 그 이행을 구하는 쟁송의 경우에도 또한 마찬가지이다.

이러한 경우의 취소쟁송 또는 이행쟁송은 그 처분의 상대방이 아니라 실체법관계에서는 제3자의 지위에 있는 자가 이를 다투고 있다는 점에 그 기본적 특징이 있다.

### (2) 제3자의 취소심판·취소소송

1) 인근주민 등이 배출시설의 허가 등의 취소를 구하는 쟁송은 취소심판과 취소소송이다. 이 경우는 전술한 바와 같이 처분의 상대방이 아니라 제3자가 당해 허가처분의 취소를 구하는 것이므로, 그 허가처분이 위법하여도 제3자인 인근주민이 그 취소를 구할 수 있는 청구인적격 또는 원고적격을 가지는지의 문제가 다시 제기되고, 대부분의 경우는 이 점이 보다 중요한 문제점으로 부각되고 있다.

2) 행정심판법과 행정소송법은 청구인적격 또는 원고적격을 '법률상 이익이 있는 자'에 한정하고 있다(행정심판법 13, 행정소송법 12). 이러한 행정심판법 및 행정소송법의 규정과의 관련에서 제3자의 청구인적격 또는 원고적격의 판정문제에 관하여는, 위법한 연탄공장의 허가로 그 생활상의 이익이 침해되었다고 주장하여 그 취소를 구한 사건에서, 그 원고적격을 인정한 대법원의 판례는 하나의

중요한 전기를 이루었다고 본다.

이 사건에서는 관계법상의 연탄공장의 면적에 관한 규정을 위반한 연탄 공장의 설치허가로 생활상의 심각한 피해를 보고 있던 인근주민이 그 취소소 송을 제기하였는바, 이에 대하여 관할고등법원은 "원고가 주거지역에서 건축 법상 건축물에 대한 제한규정이 있음으로 말미암아 현실적으로 어떤 이익을 받고 있다 하더라도, 이는 그 지역 거주의 개개인에게 보호되는 개인적 이익 이 아니고, 다만 공공복리를 위한 건축법상의 제약의 결과로서 생기는 반사 적 이익에 불과한 것이다"라고 하여 당해 소를 각하하였다.

그러나 대법원은 "주거지역 내에서 일정한 건축을 금지하고 또한 제한하 고 있는 것은 … 공공복리의 증진을 도모하는 데 그 목적이 있는 동시에 주 거지역 내에 거주하는 사람의 주거의 안녕과 생활환경을 보호하고자 하는 데 도 그 목적이 있다고 해석된다. 따라서 주거지역 내에 거주하는 사람이 받는 이 익은 단순한 반사적 이익이나 사실상의 이익이 아니라, 법률에 의하여 보호되 는 이익"이라고 판시하여($\frac{대판\ 1974.\ 5.\ 13.}{73누96\cdot97}$), 이 소를 적법하다고 판시하였다.

이 사건에 대한 고등법원의 판결과 대법원의 판결은 다음의 점에서 기본 적인 차이점을 보이고 있다. 즉 고등법원은 건축법상의 건축물에 대한 제한규 정은 오로지 공공복리, 환언하면 공익을 위한 제한이므로, 그에서 지역주민이 받는 이익은 다만 반사적 이익에 불과하다고 판정하였던 데 반해, 대법원은 건축법상의 제한이 공공복리의 증진을 도모함과 동시에 주거지역 내에 거주 하는 사람의 주거의 안녕과 생활환경을 보호하고자 하는 데도 그 목적이 있 다고 보아, 지역주민이 받는 이익은 단순한 반사적 이익 또는 사실상의 이익 이 아니라 법률에 의하여 보호되는 이익이라고 판정하고 있다. 이처럼 대법원 은 관계규정이 공익과 동시에 (부수적이나마) 특정사익도 동시에 보호하는 취 지라고 판단함으로써 당해 이익을 법적으로 보호되는 이익으로 판정하고 있 는바, 이 판례는 관계규정의 이중적 성격을 인정하고 그에 따라 당해 이익을 법적으로 보호되는 이익으로 판정한 것으로서, 원고적격의 실질적 확대에 있 어 결정적 전기를 이룬 것이라 할 수 있다. 즉 대법원은 행정심판법·행정소 송법에서 정하는 '법률상 이익'의 관념은 여전히 법적으로 보호되는 이익으로 보면서도, 관계규정의 판단에 있어서는 관계법 전체의 취지·목적과의 관련 에서 그에 공익보호적 성격과 사익보호적 성격을 동시에 인정함으로써, 그러 한 규정의 결과로 받는 이익을 법적으로 보호되는 이익으로 판정한 것이다.

대법원은 이후에도 주유소설치허가·LPG충전소건설허가 등에서 관계규정의 이중적 성격을 인정하여, 기존업자 또는 인근주민의 원고적격을 인정한 바 있다.

3) 이러한 대법원의 판례는 환경행정과 관련된 취소심판·취소소송에 있어서도 중요한 의미를 가지는 것이다. 예컨대 수질 및 수생태계 보전에 관한 법률상의 폐수배출시설의 허가로 인하여 피해를 받고 있는 인근주민이 당해 허가는 관계규정에 반하는 것이라고 하여 다투는 경우에 있어서는, 위의 판례에 따라 수질 및 수생태계 보전에 관한 법률상의 폐수배출시설에 관하여 제한적 규정을 두고 있는 취지는 인근주민의 이익도 보호하려는 데에 있다고 해석하여 그 원고적격을 인정할 수 있을 것이기 때문이다.

환경영향평가법에 따른 환경영향평가대상사업의 승인 등과 관련하여서는, 이 법에 의하여 보호되는 대상지역의 주민의 이익은 행정소송법상의 '법률상 이익'에 해당하는 것으로서, 그에 따라서 당해 사업의 승인처분 등이 위법한 경우에는 관련주민은 취소소송 등의 제기에 의하여 이를 다툴 수 있다고 보는 것이 우리 판례의 입장이라는 점은 환경영향평가제와 관련하여 기술한 바 있다.

그러나 환경행정과 관련된 인근주민의 취소쟁송에 있어서는 관계규정의 해석에 따른 원고적격의 인정과정을 거칠 필요도 없이 그 원고적격이 인정될 수 있는 소지도 있다. 왜냐하면 우리 헌법 제35조에 규정되어 있는 환경권은 적어도 소극적 방어권으로서는 그 실질적 권리성이 인정된다고 보는 것이 헌법학자들의 일반적 견해이기 때문이다. 그러나 대법원은 새만금사건에 관한 판결에서 헌법 제35조상의 환경권에 관한 규정만으로는 공유수면매립처분 등의 무효확인을 구할 원고적격이 인정되지 아니한다고 판시하였다(대판 2006. 3. 16, 2006두 330 전원합의체).

### (3) 환경규제조치발동청구권 및 관계쟁송

1) 개    설    환경부장관 기타 행정청은 환경관계법의 기준에 미달하거나 이를 위반하는 사업장 또는 사업자 등에게 개선명령·조업정지명령·시설이전명령 등을 발할 수 있다. 예컨대 물환경보전법 제39조에 따라 환경부장관은 특정 배출시설에서 배출되는 오염물질의 정도가 그 허용기준을 초과하는 때에는, 사업자에게 그 수질오염물질의 정도가 배출허용기준 이하로 내려가도록 필요한 조치를 취할 것(개선명령)을 명할 수 있다.

특정 배출시설에서 배출되는 오염물질의 정도가 그 허용기준을 초과하는 데도 조치를 취하지 않는 경우에, 그로 인하여 피해를 받는 인근주민 등이 개선명령의 발동을 청구할 수 있을 것인지의 문제 및 이러한 청구권이 인정 되는 경우에 그를 관철하기 위한 현행법상의 쟁송수단이 무엇인지가 문제된 다. 이것이 행정개입청구권 및 그 관철을 위한 쟁송수단의 문제이다. 다음에 서는 이 문제를 물환경보전법이 정하는 경우에 한정하여 검토하기로 한다.

2) 인근주민 등의 환경규제조치발동청구권의 인정문제　　인근주민 등이 물 환경보전법이 정하는 개선명령을 취할 것을 환경부장관에게 청구할 수 있는 지의 문제를 먼저 검토한다.

이러한 환경개선명령의 발동청구권은 보다 일반적인 행정개입청구권 (Anspruch auf behördliches Einschreiten)의 한 형태인바, 행정개입청구권이 인 정되기 위하여는 ① 행정청에게 법률상 특정의무가 부과되어 있어야 하고, ② 그러한 의무를 부과한 취지가 개인의 이익도 보호하기 위한 것이어야 한 다. 따라서 인근주민의 개선명령발동청구권이 인정되기 위하여는 이러한 두 가지 요건이 충족되어야 할 것이다.

㈎ 특정처분의무의 존재　　물환경보전법 제39조는 배출시설에서 배출 되는 오염물질이 그 허용기준을 초과한다고 인정하는 때에 환경부장관은 사 업자에게 당해 배출시설 또는 방지시설의 개선·대체 기타 필요한 조치(개선 명령)를 '명할 수 있다'고 규정하고 있는바, 여기서 '명할 수 있다'의 의미가 문제된다.

먼저 '명할 수 있다'라는 의미는 환경부장관에게 행위여부에 대한 판단권 을 인정한 것은 아니고, 다만 이들 규제조치를 취할 수 있는 권한의 소재를 정한 것으로 볼 수도 있다. 이러한 관점에서는 물환경보전법 제39조상의 규 제권 발동의 요건이 충족되는 경우에는 환경부장관은 반드시 배출시설의 개 선·대체 기타 필요한 조치를 내용으로 하는 개선명령을 발하여야 하는 것으 로 된다.

한편 '명할 수 있다'라는 규정은 개선명령의 발동 여부에 관한 판단권을 환경부장관에게 부여한 것으로 해석할 수도 있다. 환언하면 물환경보전법 제 39조에 의한 개선명령의 발동은 환경부장관의 재량처분으로 볼 수도 있는 것 이다. 이러한 견지에서는 환경부장관은 동법 제39조상의 개선명령의 발동요건이 충족되는 경우에도 개선명령을 발동할 법률상 의무는 없는 것으로 보게 된다. 다만 이 경우에도 허용기준을 초과하여 다량의 오염물질이 방출되고 그로 인하여 인근주민의 건강 내지는 생명이 중대한 위협을 받고 있는 예외 적 상황에서는 개선명령의 발동만이 의무에 합당한, 즉 적법한 재량권의 행 사로 인정될 수도 있을 것이다. 이것이 재량권의 영으로의 수축이론임은 물 론이거니와 이처럼 재량권이 영으로 수축되어 개선명령의 발동 그 자체가 의 무화되는 경우에도, 그 구체적 내용에 대하여는 행정청에 최소한의 판단 여 지가 인정되는 것이 일반적이라 할 것이다.

   ㈏ 관계규정의 사익보호성    위에서 본 바와 같이 물환경보전법 제39 조상의 환경부장관의 개선명령발동은 기속행위로도, 재량행위로도 해석될 여 지가 있으나, 재량행위로 해석하는 경우에도 예외적인 경우 환경부장관은 개 선명령을 발동할 의무를 지며, 그러한 한도에서는 행정청에게 개선명령을 발 동할 법적 의무가 인정된다 할 것이다.

   전술한 바에 따라 개선명령발동청구권에 관한 제 1 요건은 충족되는 것이 나, 다음에 이 청구권인정의 제 2 요건으로서 이러한 의무를 부과한 수질 및 수생태계 보전에 관한 법률의 취지가 전체 공익뿐만 아니라, 인근주민 개개 인의 이익도 보호하기 위한 것으로 볼 수 있겠는가가 문제된다.

   이 문제는 물환경보전법 전체구조와의 관련에서 관계규정의 목적·취지 를 구체적으로 판단하여 결정되어야 할 것이다. 관계규정은 환경기준을 초과 하는 오염물질의 배출을 방지하여 적정한 수질을 보전함으로써 국민 전체의 이익을 보호하려는 것임은 물론이나, 동시에 당해 오염물질의 배출로 특히 피해를 받고 있는 인근주민의 이익보호도 고려되고 있다고 해석할 수 있을 것으로 본다. 이러한 해석은 또한 국민의 기본권으로서 환경권을 규정하고 있는 헌법 제35조의 규정에도 합치한다고 본다.

   따라서 인근주민은 물환경보전법 제39조에 기하여 일정한 요건하에서는 환경부장관에게 개선명령을 발동할 것을 청구할 수 있다고 본다.

   3) 규제조치발동청구권의 관철을 위한 쟁송수단    상술한 바와 같이 물환 경보전법 제39조에 기하여 인근주민 등은 동조에 규정되어 있는 개선명령을 발할 것을 관계 행정청에 청구할 수 있다고 본다. 그에 따라 허용기준을 초 과하는 오염물질을 배출하는 사업자에 대하여 인근주민이 환경부장관에 대하 여 배출시설의 개선·대체 등을 내용으로 하는 개선명령을 발할 것을 청구한

경우에, 관계행정청이 이를 방치하거나(부작위) 거부할 수도 있을 것이다. 이러한 경우에는 그 청구권을 관철할 수 있는 쟁송수단이 문제되는바, 이 경우 다툼의 대상이 거부처분인가 부작위인가에 따라 그 쟁송수단은 달라지게 된다.

위에서 개선명령의 발동은 기속행위로도, 재량행위로도 볼 수 있는 측면이 있다고 하였으나, 다음에서는 이를 재량행위라고 상정하고 문제를 검토한다.

㈎ 거부처분에 대한 쟁송수단  거부처분에 대한 쟁송수단으로서는 행정심판으로서 의무이행심판과 행정소송으로서 취소소송이 있다.

(i) 의무이행심판  환경행정청의 개선명령발동 신청에 대한 거부처분에 대하여는 의무이행심판을 제기하여 그 발동을 구할 수 있다($\scriptsize{행정심판법 \atop 5iii}$).

그러나 개선명령의 발동은 재량처분이라는 점에서 원칙적으로 그 발동의 거부는 위법한 것은 아니다. 다만 다량의 공해물질이 방출되고 그로 인하여 인근주민의 건강 내지는 생명에 대한 심각한 위험이 야기되는 때에는 예외적으로 개선명령의 발동만이 적법한 재량권의 행사로 인정될 수도 있을 것이다 (재량권의 영으로의 수축). 이러한 경우 그 발동거부는 위법한 것이므로, 위원회는 스스로 개선명령을 발하거나 처분을 할 것을 피청구인에게 명할 수 있다($\scriptsize{동법 \atop 43⑤}$).

(ii) 취소소송  거부처분에 대하여는 취소소송을 제기할 수 있을 것이다. 개선명령의 발동은 재량처분이므로 재량의 일탈·남용에 해당하는 경우가 아니라면 당해 거부처분을 취소할 수는 없을 것이다. 그러나 재량권이 영으로 수축되는 것으로 인정되는 예외적인 경우에는 당해 거부처분은 위법한 것으로 취소될 수 있을 것이며, 이 경우 처분청은 행정소송법이 정하는 재처분의무($\scriptsize{법 \atop 30②}$)에 따라 개선명령을 발하여야 할 것이다. 이처럼 거부처분의 취소판결의 기속력으로서 처분청에 재처분의무가 규정되어 있는 결과, 거부처분에 대하여는 취소소송에 의하여 당해 처분의 의무이행을 확보할 수 있다.

㈏ 행정청의 부작위에 대한 쟁송수단  환경행정청의 부작위에 대한 쟁송수단으로서는 행정심판으로서 의무이행심판이 있고, 소송으로서는 부작위위법확인소송이 있다.

(i) 의무이행심판  환경행정청이 인근주민 등의 허용기준을 초과하는 배출시설에 대한 개선명령의 발동신청에 대하여 이를 방치하고 있는 경우에

는, 그러한 부작위의 위법 또는 부당을 이유로 개선명령의 발동을 구하는 의무이행심판을 제기할 수 있다($^{행정심판법}_{5iii}$).

환경행정청은 인근주민의 신청에 대하여 처분(인용 또는 거부)을 할 의무는 있는 것이므로, 위원회는 피청구인에게 인근주민의 신청에 대하여 처분을 할 것을 명하는 재결을 할 수 있다($^{통법}_{43⑤}$). 그러나 이 경우의 환경행정청의 처분의무는 특정처분, 환언하면 인근주민의 신청을 인용하여야 할 의무는 아니므로 위원회는 피청구인에게 그 신청에 따른, 환언하면 신청대로의 처분을 할 것을 명할 수는 없다.

그러나 재량권이 영으로 수축되어 신청에 따른 처분을 하는 것만이 적법한 재량권의 행사로 인정되는 경우에는 재결청이 당해 처분을 할 것을 명할 수 있음은 물론이다.

위에서 검토한 것은 부작위의 위법을 이유로 하는 경우이다. 그러나 의무이행심판에서 부당도 그 통제사유가 되는 것이므로, 재결청은 당해 사건에서 개선명령의 발동이 가장 적정한 재량권의 행사로 판단하는 경우에는 신청에 따라 개선명령을 발할 것을 명하는 재결을 할 수 있다.

(ii) 부작위위법확인소송　환경행정청의 부작위에 대한 쟁송수단으로서 행정소송법은 부작위위법확인소송을 규정하고 있다($^{별}_{4iii}$).

부작위에 대한 실효적인 소송은 의무이행소송이나 행정소송법은 이에 관하여 규정하고 있지 않다. 항고소송의 종류에 관하여 정하고 있는 행정소송법 제 4 조에 대하여는 일반적으로 이를 열거규정이 아니라 예시규정으로 보고 있으므로, 의무이행소송이 이른바 무명항고소송으로 인정될 수 있는 소지는 있다. 그러나 이러한 소송유형은 인정되지 않는다고 보는 것이 우리 대법원의 일관된 판례이다.[1]

부작위위법확인소송은 행정청의 부작위가 위법하다는 것을 확인하는 소송이다. 이 소송에서의 소송물은 부작위의 위법성이므로, 법원의 심리범위도 부작위의 위법성 여부의 확인에 그치는 것이다. 그에 따라 이 소송에서는 행정청에 부과된 처분의무가 기속적 처분인 경우에도, 법원은 단지 당해 처분을 하지 않은 것이 위법한 것임을 확인할 수 있음에 그치고, 그 이상으로 특정처분을 하지 않은 것이 위법함을 확인할 수는 없다.

이러한 부작위위법확인소송의 판결에 대하여는 취소판결의 기속력으로서

---

1) 대판 1986. 8. 19, 86누223; 대판 1989. 9. 12, 87누868.

의 재처분의무가 준용되는 것이므로($\binom{행정소송법}{38②\cdot30②}$), 처분청은 '판결의 취지에 따라' 당해 신청에 대한 처분을 하여야 한다($\binom{동법}{30②}$). 그러나 부작위위법확인소송의 (인용)판결의 취지는 행정청의 부작위, 즉 상대방의 신청에 대하여 처분을 하지 않은 것이 위법임을 확인하는 데 그치는 것이므로, 행정청으로서는 기속행위의 경우에도 그 거부처분을 한다 하여 판결의 기속력에 반하는 것은 아니다.

현안의 문제와 관련하여서는 환경행정청이 개선명령을 발동할 의무가 인정되는 데도 이를 방치한 경우에 있어, 그러한 부작위가 부작위위법확인소송에서 위법한 것으로 확인되어도, 환경행정청은 신청에 대한 거부처분을 할 수 있는 것이다.

이러한 점에서 부작위위법확인소송은 권리구제제도로서는 매우 불완전한 것이다. 그럼에도 불구하고 이 소송이 의미가 없는 것이 아님은 물론이다. 왜냐하면 이 소송에 의하여 행정청으로 하여금 상대방의 신청에 대한 방치, 즉 부작위상태를 종식시키고 적어도 처분을 하게 할 수 있는 것이며, 그러한 처분이 위법으로 판단되는 경우에는 그에 대한 취소소송을 제기하여 궁극적으로는 권리구제를 받을 수 있게 되기 때문이다.

## Ⅲ. 환경행정과 국가보상

환경행정작용과 관련하여서도 개인에게 손해가 발생할 수 있는 것임은 물론이거니와, 이러한 손해는 위법한 행정작용에 기인한 경우와 적법한 작용으로 인한 경우가 있을 수 있다. 이러한 손해는 국가보상(손해배상·손실보상)제도의 일반법리에 따라 구제되는 것이나, 환경행정상의 특수성이 고려되어야 하는 경우도 있을 수 있다.

### 1. 손해배상

국가 또는 지방자치단체의 환경행정작용으로 인하여 손해를 받은 자는 국가배상법이 정하는 바에 따라 그 손해의 배상을 청구할 수 있다. 환경행정과 관련된 국가배상의 경우에는 환경행정의 특수성으로 인하여 과실책임주의를 엄격하게 적용하는 경우에는 피해자의 구제를 부정하게 되는 부당한 결과가 발생할 가능성이 적지 않다.

그에 따라 「객관적으로 누구에게 손해의 전보책임을 부담시키는 것이 공평할 것인가」라는 손해부담에 있어서의 「배분적 정의」를 기준으로 하여 피해자 구제에 만전을 기하여야 한다는 이념을 배경으로 하는 「과실관념의 객관화」나 「입증책임의 전환」 등이 보다 강하게 요청된다고 하겠다. 환경정책기본법 제44조가 사업자 등에서 발생되는 환경오염으로 인한 피해에 대하여 사업자의 무과실책임을 규정하고 있는 것은 이러한 취지에 기한 것이라 하겠다.

국가의 배상책임이 문제로 되는 경우는 ① 위법한 배출시설 등에서 배출되는 오염물질로 인하여 피해를 받은 자가 당해 시설의 설치허가의 위법을 이유로 국가에 배상을 청구하는 경우 및 국가의 기관이 환경관계법규가 정하는 감독조치나 개선조치를 취하지 않은 결과 피해가 발생한 경우, ② 국가 등이 운영하는 폐기물처리시설 등의 공공시설에서 배출되는 오염물질로 인하여 피해가 발생한 경우의 두 가지 유형으로 나눌 수 있을 것이다. 제 2 유형은 국가배상법 제 5 조의 적용에 관한 것이나, 그에 있어서는 특별한 문제는 제기되지 않는 것이므로, 다음에서는 제 1 유형에 관하여서만 이를 행정청의 행위에 기인한 경우와 부작위에 기인한 경우로 나누어 검토한다.

(1) 위법한 배출시설의 허가로 인한 피해에 대한 국가책임

국가배상법 제 2 조 제 1 항은 "국가나 지방자치단체는 공무원 또는 공무를 위탁받은 사인이 그 직무를 집행하면서 고의 또는 과실로 법령을 위반하여 타인에게 손해를 입(힌) 때에는 이 법에 따라 그 손해를 배상하여야 한다"고 규정하고 있다.

위법한 배출시설의 허가가 동법상의 직무집행행위에 해당하는 점에 대하여는 의문이 없다. 다만 동조에 기한 국가의 배상책임이 인정되기 위하여는 배출허가의 위법성 외에 그러한 위법한 행위를 함에 있어서 공무원의 과실이 인정되어야 한다. 이와 관련하여서는 전술한 바와 같이 환경행정에 있어서는 다수의 경우 과실의 입증이 매우 어렵다는 점과 환경정책기본법은 사업자의 무과실책임을 규정하고 있는 점 등을 감안하여, 이 경우는 과실과 위법성이 융합되어 당해 작용이 위법한 경우는 그 한도에서 과실은 당연히 인정된다는 이론(「과실관념의 객관화」)을 적용할 수 있는 소지도 있다 할 것이다.

(2) 환경규제조치 등의 불행사·해태로 인한 피해에 대한 국가책임

행정청의 환경오염행위의 규제조치·개선명령 등의 발동 등의 해태 또는

불행사로 인하여 피해가 발생한 경우에 국가의 배상책임이 인정될 수 있는지의 문제는, 달리 표현하면 행정청의 부작위로 인한 국가배상책임의 인정 여부의 문제이다.

일반적으로 공무원의 직무집행행위에는 적극적 행위뿐만 아니라, 부작위도 포함된다고 보는 데에는 이론이 없는 것으로 보인다. 따라서 환경행정상의 환경규제권의 불행사나 해태가 국가배상법 제 2 조상의 직무행위에 해당하는 점에 대하여는 문제가 없다고 본다. 그러나 이 경우에도 국가의 배상책임이 인정되기 위하여는 당해 부작위가 근거법령에 의하여 부과되고 있는 작위의무에 위반한 위법한 것이어야 할 뿐만 아니라, 이러한 작위의무를 부과하고 있는 근거법령의 취지가 공공일반의 이익(공익)뿐만 아니라, 인근주민의 이익도 보호하기 위한 것이어야 한다.[1]

당해 규제조치의 행사나 개선명령의 발동이 재량처분으로 인정되는 한도에서는 행정청이 이를 행사하지 않아도 그것이 위법한 것으로 되지 않아서, 국가의 배상책임은 인정되지 않을 것이나, 이 경우에도 재량권이 영으로 수축되는 경우에는 그 불행사는 위법한 것이 됨은 물론이다. 이 경우 당해 (재량)처분의무를 규정한 근거법의 취지가 인근주민의 이익도 보호하려는 것인지 여부의 문제는 근거법규정의 구체적 판단에 관한 문제이기는 하나, 위에서도 적은대로 우리 헌법이 환경권을 규정하고 있는 점과의 관련에서도 환경관계법상의 환경오염행위의 규제조치에 관한 규정은 그 대부분의 경우 공익뿐만 아니라, 인근주민 등 관계인의 특정 이익도 보호하는 취지로 해석될 수있다고 본다.

## 2. 손실보상

환경행정상 손실보상의 문제는 환경보전을 위한 각종 계획이나 규제·명

---

1) 판례

　"공무원이 법령에서 부과된 직무상 의무를 위반한 것을 계기로 하여 제 3 자가 손해를 입은 경우에 제 3 자에게 손해배상청구권이 발생하기 위하여는 공무원의 직무상 의무위반행위와 제 3 자의 손해 사이에 상당인과관계가 있지 아니하면 아니 되는 것이고, 상당인과관계의 유무를 판단함에 있어서는… 직무상 의무를 부과한 법령 기타 행동규범의 목적(을)… 고려하여야 할 것인바, 공무원에게 직무상 의무를 부과한 법령의 보호목적이 사회구성원 개인의 이익과 안전을 보호하기 위한 것이 아니고 단순히 공공일반의 이익이나 행정기관 내부의 질서를 규율하기 위한 것이라면, 가사 공무원이 그 직무상 의무를 위반한 것을 계기로 하여 제 3 자가 손해를 입었다 하더라도 공무원이 직무상 직무를 위반한 행위와 제 3 자가 입은 손해 사이에는 상당인과관계가 있다고 할 수 없다"(대판 1994. 6. 10, 93다30877).

령 등에 의하여 개인의 재산권에 부과되는 '특별한 희생'과 관련하여 제기되다.

이와 관련하여 환경관계법률은 개별적인 토지의 수용·사용 또는 제한에 대하여는 일반적으로 보상규정을 두고 있다. 자연환경보전법 제53조가 자연환경조사를 위한 타인의 토지에의 출입에 따른 손실에 대한 보상에 대하여, 대기환경보전법 제5조가 대기오염의 실태를 파악하기 위한 측정망 설치를 위한 토지·건물 등의 수용·사용으로 인한 손실에 대한 보상에 대하여 규정하고 있는 것이 그 예이다.

이에 대하여 토지이용의 제한에 있어 그 제한의 인적 범위가 일반적인 경우에는 토지관련법률(국토계획법 등)과 마찬가지로 환경법규도 보상규정을 두고 있지 않은 것이 일반적인바, 환경정책기본법상의 특별대책지역에서의 토지이용제한이 그 대표적 예이다. 즉 동법 제38조는 환경부장관은 환경의 오염 또는 자연생태계의 변화가 현저하거나 현저하게 될 우려가 있는 지역을 특별대책지역으로 지정하고, 이 지역 안에서의 토지이용과 시설설치를 제한할 수 있도록 하고 있으나, 이러한 토지이용의 제한에 대하여는 보상규정을 두고 있지 않은바, 이것은 토지 등 재산권의 수용·사용·제한에 대한 정당한 보상을 정하고 있는 헌법 제23조 제3항과의 관련에서 문제가 있는 것으로 보인다. 그러나 이러한 경우의 토지이용의 제한은 잠정적 성질의 것이고 또한 그 내용에 있어서도 관계 토지의 효용성을 유지 또는 증진하기 위한 것이라는 점에서, 당해 제한은 보상을 요하는 '특별한 희생'에는 해당하지 않는다고 할 것이다.

## Ⅳ. 환경분쟁조정제도

### 1. 개 설

환경분쟁조정제도는 환경오염피해로 인한 분쟁을 신속하게 해결하기 위한 제도이다. 즉 환경오염으로 인한 피해로 인한 분쟁에 대하여 민사소송을 제기하여 법원의 판단을 구하기 전에, 행정적 단계에서의 신속·간편·공정한 분쟁의 조정제도를 마련하려는 데에 이 제도의 취지가 있다.

환경정책기본법은 환경오염으로 인한 분쟁이 발생한 경우에 신속·공정한 해결을 위하여 필요한 시책($^{법}_{42}$)과 환경오염으로 인한 피해의 원활한 구제를 위하여 필요한 시책($\substack{동법 \\ 43}$)을 강구할 의무를 정부에 부과하고 있다.

그러나 종전의 환경보전법에 의한 분쟁조정제도는 그 내용상 적지 않은 문제점이 있는 것이었다.[1) 그에 따라 환경오염으로 인한 피해를 조사하고 그로 인한 분쟁을 신속·공정하게 해결할 수 있게 하기 위하여 환경오염피해분쟁조정법($\substack{1990. \\ 8.1}$)이 제정되었고, 이 법은 1997년 8월 28일에 환경분쟁조정법으로 전문 개정되어($\substack{법률 \\ 제5393호}$) 종래의 조정절차를 보완하고 개선하게 되었던 것이다.

환경분쟁조정제도는 민사소송에 의한 환경피해분쟁의 해결방식에 비하여 대체적으로 다음의 장점이 있는 것으로 보고 있다. 즉 ① 민사소송에 있어서는 그 절차가 엄격하고 많은 비용과 기간이 소용되는 데 대하여, 환경분쟁조정제도는 그 절차가 간편한 것이어서 신속하고 능률적인 분쟁해결을 도모할 수 있고, ② 환경분쟁조정제도에서는 직권주의가 인정되어 직권에 의한 증거조사·자료수집이 가능하며, 그 과정상 전문지식이 활용될 수 있으며, ③ 환경분쟁조정은 행정기관이 행하는 것이므로, 분쟁의 실질적 해결을 위한 행정적 조치와 쉽게 연계될 수 있다($\substack{동법 \\ 18}$).[2)

## 2. 환경분쟁조정제도의 내용

### (1) 담당기구 및 관할범위

환경분쟁조정기능의 담당기관으로서 환경부에 중앙환경분쟁조정위원회를, 특별시·광역시·도 또는 특별자치도에 지방환경분쟁조정위원회를 설치하도록 되어 있다($\substack{환경분쟁 \\ 조정법 4}$). 중앙위원회는 대통령이 임명하는 위원장 1명을 포함한 30명 이내의 위원으로 구성되고, 이 중 3명은 상임위원으로 한다($\substack{동법 \\ 7①}$). 지방위원회는 위원장을 포함한 20명 이내의 위원으로 구성하되, 이 중 1명을 상임위원으로 할 수 있으며($\substack{동법 \\ 7②}$), 지방위원회 위원은 공익을 대표할 수 있는 자와 환경, 산업 또는 공중보건에 관한 학식과 경험이 있는 자 중에서 시·도지사가 임명 또는 위촉한다($\substack{동법 \\ 8③}$).

---

1) 이전의 환경보전법상의 분쟁조정제도의 기본적 문제점으로서는 ① 분쟁조정위원이 비상근으로 되어 있어 전문성·독자성을 담보할 수 없는 까닭에 공신력이 인정되지 않았고, ② 환경분쟁의 특성상 제 3 자 전문가의 지원을 가능하게 하는 기구가 없었고, ③ 분쟁처리방식이 소극적·피동적이었으며, ④ 분쟁조정신청절차가 불필요하게 복잡하였다는 점 등이 지적된다(전병성, 사법행정, 1992/2 참조).
2) 류지태, 행정법, p. 979.

중앙위원회는 ① 분쟁의 재정 및 중재, ② 국가 또는 지방자치단체를 당사자로 하는 분쟁의 조정, ③ 2 이상의 시·도의 관할구역에 걸치는 분쟁의 조정 및 ④ 직권조정, ⑤ 기타 대통령령이 정하는 분쟁의 조정을 그 관할사항으로 한다. 이에 대하여 지방위원회는 그 관할구역 안에서 발생한 분쟁의 조정사무 중 중앙위원회의 사무 외의 사무를 관할한다($\frac{동법}{6①②}$).

**(2) 분쟁조정절차**

동법은 분쟁조정방법으로 알선·조정·재정 및 중재의 네 가지 종류를 규정하고 있다.

1) 알    선    알선은 중앙 또는 지방위원회의 3명 이내의 위원이 이를 행한다($\frac{동법}{27①}$). 알선위원은 쌍방이 주장하는 요점을 확인하여 사건이 공정하게 해결되도록 노력하여야 한다($\frac{동법}{28}$). 이러한 알선은 분쟁의 관계자의 신청에 따라 행하는 것이나, 알선으로서는 분쟁의 해결가능성이 없다고 인정되는 때에는 이를 중단할 수 있고, 또한 알선중인 분쟁에 대하여 조정 또는 재정신청이 있는 때에는 알선은 중단된 것으로 본다($\frac{동법}{29①②}$).

2) 조    정    조정은 당사자의 신청에 따라 개시되는 것이 원칙이나($\frac{동법}{16①}$), 중대한 환경피해가 발생하여 이를 방치하면 사회적으로 중대한 영향을 미칠 우려가 있다고 인정되는 것으로서 대통령령이 정하는 분쟁에 대하여는 예외적으로 중앙조정위원회가 직권으로 조정절차를 개시할 수 있다($\frac{동법}{30}$).

조정은 3 인의 위원으로 구성되는 위원회("조정위원회")에서 행한다. 조정위원회는 필요하다고 인정하는 때에는 조정위원회의 위원 또는 조사관으로 하여금 당사자가 점유하고 있는 공장·사업장 기타 사건과 관련이 있는 장소에 출입하여 관계문서 또는 물건을 조사·열람 또는 복사하도록 하거나 참고인의 진술을 듣게 할 수 있다($\frac{동법}{32①}$).

조정위원회는 조정안을 작성하여 이를 당사자에게 통지하여, 30일 이상의 기간을 정하여 당사자에게 그 수락을 권고할 수 있다. 조정은 당사자가 조정안을 수락하고 그 사실을 조서에 적음으로써 성립되며, 이 경우 조정조서는 재판상 화해와 동일한 효력이 있다. 다만, 당사자가 임의로 처분할 수 없는 사항에 관한 것은 그러한 효력이 발생하지 않는다($\frac{동법}{33}$). 그러나 조정위원회는 당해 분쟁의 성질상 조정을 하는 것이 적당하지 아니하다고 인정하거나 당사자가 부당한 목적으로 조정을 신청한 것으로 인정되는 때에는 조정을 하지 아니할 수 있다($\frac{동법}{34}$).

당해 사건에 관하여 당사자간에 합의가 성립될 가능성이 없다고 인정하는 때에는 조정위원회는 조정을 종결시킬 수 있다. 또한 조정위원회의 조정안의 수락권고가 있은 후 지정된 기간 내에 그 수락통지가 없는 때에도 조정은 종결된다($\frac{동법}{35①②}$).

3) 재　정　환경피해에 따른 손해배상책임에 관한 재정은 당사자의 신청에 따라 개시된다($\frac{동법}{16①}$). 재정이 신청된 사건에 대하여 소송이 진행중인 때에는 수소법원은 재정이 있을 때까지 소송절차를 중지할 수 있다. 그러나 이러한 소송의 중지가 없는 경우에는 당해 사건의 재정절차를 중지하여야 한다($\frac{동법}{45}$).

재정은 5 인의 위원으로 구성되는 위원회("재정위원회")에서 행한다. 재정위원회는 심문기일을 정하여 당사자에게 의견진술을 하게 하여야 하는바, 이러한 심문은 원칙적으로 공개적으로 행해진다($\frac{동법}{37}$).

재정위원회는 분쟁의 재정을 위하여 필요하다고 인정하는 때에는 당사자의 신청 또는 직권으로, ① 당사자 또는 참고인에 대한 출석요구·질문 및 진술청취, ② 감정인의 출석 및 감정요구, ③ 사건과 관계 있는 문서 또는 물건의 열람·복사·제출요구 및 유치, ④ 사건과 관계 있는 장소의 출입·조사 등의 행위를 할 수 있다($\frac{동법}{38①}$).

당사자는 위의 재정위원회의 조사 등에 참여할 수 있으며, 위원회가 직권으로 이러한 조사 등을 한 경우에는 그 결과에 대하여 당사자의 의견을 들어야 한다($\frac{동조}{②③}$).

재정위원회는 환경피해의 복구를 위하여 원상회복이 필요하다고 인정하는 경우에는, 원칙적으로 손해배상에 갈음하여 당사자에게 원상회복을 명하는 재정을 하여야 한다($\frac{동법}{41}$).

재정위원회가 재정을 행한 경우 재정문서의 정본이 당사자에게 송달된 날부터 60일 이내에 당사자 쌍방 또는 일방으로부터 당해 재정의 대상인 환경피해를 원인으로 하는 소송이 제기되지 아니하거나 그 소송이 철회된 때에는 그 재정문서는 재판상 화해와 동일한 효력이 있다. 다만, 당사자가 임의로 처분할 수 없는 사항에 관한 것은 그러한 효력이 발생하지 않는다($\frac{동법}{42②}$).

4) 중　재　중재는 3명의 위원으로 구성되는 위원회("중재위원회")에서 하며, 중재위원회의 위원은 사건마다 분쟁조정위원회 위원 중에서 분쟁조정위원회의 위원장이 지명하되, 당사자가 합의하여 위원을 선정한 경우에는

그 위원을 지명한다($\frac{동법}{①②}$45의2). 중재위원회의 회의는 구성원 전원의 출석으로 개의하고, 구성원 과반수의 찬성으로 의결한다.

중재위원회의 심문, 조사권, 증거보전, 중재의 방식 및 원상회복 등에 관하여는 재정에 관한 규정이 준용되며($\frac{동법}{45의3}$), 중재는 양쪽 당사자 간에 법원의 확정판결과 동일한 효력이 있다($\frac{동법}{45의4}$). 중재에 대한 불복과 중재의 취소에 관하여는 중재법 제36조를 준용한다($\frac{동법}{45의5}$).

### 3. 환경분쟁조정제도의 평가

위와 같은 내용의 조정제도는 내용상으로는 불완전한 것이기는 하나, 준사법적 기능을 가지는 행정위원회에 의하여 환경오염으로 인한 분쟁을 소송외적 방법으로 신속·공정하게 해결하도록 하려는 데에 그 취지가 있는 것이라 할 것이다. 이것은 종전에는 공해피해로부터의 구제라는 형태로 분쟁을 해결하는 것이 중심과제였다면, 오늘날에는 사회의 제이익과 환경이익간의 조정이라는 형태의 분쟁처리가 중심과제로 되어 있다는 의미에서 「구제에서 조정으로」라는 인식의 전환에 따른 것이라 할 수 있다.

분쟁조정제도는 피해자의 신청이 있으면, 국가가 모든 비용을 부담하고, 현장조사, 당사자심문, 전문가의 의견청취 등을 통하여 정확한 사실조사를 기하고 인과관계의 규명까지 하도록 하고 있다. 손해의 판단에 있어서는 개연성원칙이나 무과실책임원칙에 입각하고 있어 피해자에게는 상당히 유리한 제도라고 할 수 있다. 따라서 그 실제 운영상의 적정성·공정성이 담보되는 경우, 이 제도는 신속한 피해자구제 내지는 기업의 환경오염유발행위를 억제할 수 있는 실효적인 제도로서 작동할 수도 있을 것으로 본다.

## Ⅴ. 환경오염피해에 대한 민사상 손해배상의 특례

환경법상 환경오염피해는 기본적으로 환경오염물질의 배출·처리 등의 시설의 설치·운영으로 인하여 발생하는 것으로서, 이러한 환경피해는 원칙적으로 민법에 따라 구제되게 된다. 그러나 이러한 민사상의 구제방식에 있어서는 환경오염사고의 피해자가 사업자의 고의·과실이나 사고와 피해 간의 인과관계를 제대로 입증하지 못하여 손해배상을 받지 못하거나, 소송이 장기화되는 경우가 적지 않다. 이러한 민사구제의 문제점과 관련하여 환경오염피해 배상책임 및 구제에 관한 법률에서는 환경오염 위험도가 높은 시설에 의한 환경오염피해의 경우에는 무과실책임을 도입하고 인과관계를 추정하여 피해자의 입증책임을 완화하는 한편, 환경책임보험에 의무적으로 가입하게 하여 배상책임 이해에 필요한 재무적 수단을 확보하도록 하고 있다.

(1) 환경오염피해에 대한 무과실책임

대기오염물질배출시설, 배출시설 또는 폐수무방류배출시설, 가축분뇨배출시설, 토양오염관리대상시설, 유해화학물질취급시설, 소음·진동배출시설, 잔류성유기오염물질 배출시설 등 환경오염 위험도가 높은 시설의 설치·운영과정에서 발생되는 환경오염으로 인하여 타인에게 피해가 발생한 경우에는 과실 여부를 불문하고 해당 시설의 사업자가 그 손해를 배상하여야 한다. 다만, 그 피해가 전쟁·내란·폭동 또는 천재지변, 그 밖의 불가항력으로 인한 경우에는 그러하지 아니하다($\frac{동법}{6①}$ 3,).

(2) 환경오염피해에 대한 배상책임한도

사업자의 환경오염피해에 대한 배상책임한도는 2,000억원의 범위에서 시설의 규모 및 발생될 피해의 결과 등을 감안하여 정한다. 다만, 환경오염피해가 사업자의 고의 또는 중대한 과실로 발생하거나, 사업자가 법령을 준수하지 아니하였거나, 환경오염피해의 방제를 위한 적정한 조치를 하지 아니한 경우에는 배상책임한도를 적용하지 아니한다($\frac{동법}{7}$).

(3) 인과관계의 추정

환경오염시설이 환경오염피해 발생의 원인을 제공할 것으로 볼 만한 상당한 개연성이 있는 때에는 그 시설로 인하여 환경오염피해가 발생한 것으로 추정한다($\frac{동법}{9}$).

(4) 환경책임보험 가입의무

특정대기유해물질 배출시설, 특정수질유해물질 배출시설, 지정폐기물 처리시설 등의 시설은 환경책임보험에 의무적으로 가입하여야 하며, 환경책임보험에 가입한 후가 아니면 이러한 시설을 설치·운영할 수 없다($\frac{동법}{17①③}$).

# 제 6 장 경제행정법

## 제 1 절 경제행정과 경제행정법 총설

### 제 1 항 경제행정의 의의 및 내용

## Ⅰ. 경제행정의 의의

경제행정이란 국가 또는 지방자치단체 등의 공공주체가 그 경제정책을 실현하기 위하여 일정 계획에 의거하거나 또는 개별·구체적인 방법에 의하여 적극적으로 생산·유통·소비 등의 경제과정에 직접 참여하거나 또는 이에 관여하여, 경제주체의 활동을 규제·유도 또는 조장하여 경제질서를 형성하는 행정작용을 말한다. 따라서 경제행정은 어떠한 방식으로든 경제활동에 대하여 영향력을 행사하려는 때에만 문제된다. 오늘날 국가는 정도와 방식에 차이가 있을 뿐 경제에 대하여 영향력을 행사한다. 뒤에서 보는 바와 같이 우리 헌법도 영업의 자유·기업활동의 자유를 기본원칙으로 하면서도$\left(\substack{\text{헌법 } 23 \cdot 15 \cdot \\ 119① \cdot 126}\right)$, 동 제119조 제 2 항은 "국가는 균형 있는 국민경제의 성장 및 안정과 적정한 소득의 분배를 유지하고, 시장의 지배와 경제력의 남용을 방지하며 경제주체 간의 조화를 통한 경제의 민주화를 위하여 경제에 관한 규제와 조정을 할 수 있다"고 하여 경제과정에 대한 국가개입의 헌법적 근거를 마련하고 있으며, 제120조 이하에서 주요 부문별 국가의 임무를 규정하고 있다.

## Ⅱ. 경제행정의 종류와 내용

### 1. 경제행정의 현상형태

행정은 경제영역에서 다양한 형태로 등장한다. 한편으로 국가는 경제주체의 하나인 생산자 또는 소비자로 등장하며, 다른 한편으로는 경제주체가 아닌 제3자로서 경제과정 혹은 경제구조에 영향력을 행사하는 규제자로서 등장한다. 국가가 경제과정에 하나의 독립된 생산주체로서 등장하여 독자적 경제활동(eigenwirtschaftliche Betätigung)을 수행하는 것을 널리 공기업(öffentliche Unternehmen)으로 이해할 수 있다. 또한 조달행정(Beschaffungsverwaltung) 내지 공공위탁(öffentliche Aufträge)을 통하여 자신의 경제적 수요를 충족하는 때에는 국가는 소비자로서 등장하는 것이다.

이에 대하여 생산자나 소비자와 같은 경제주체가 아니라 제3자로서 국가가 다른 경제주체들의 행동에 개입하여 영향력을 행사하는 경우가 있다. 이를 넓은 의미에서 규제(Regulierung, regulation)라고 할 수 있다. 이러한 점에서 대륙법학에서 말하는 경제공법 내지 경제행정법은 공기업법분야를 제외하면 영미의 경제규제론(economic regulation)과 그 연구대상 및 범위에서 거의 일치한다고 볼 수 있다.

## 2. 경제행정의 임무에 따른 분류

경제행정의 임무의 분류방법에 대하여는 확립된 견해는 없다. 혹자는 ① 경제의 감독·감시(Wirtschaftsaufsicht), ② 경제의 유도·조종(Wirtschaftslenkung·Wirtschaftssteuerung) 및 ③ 경제의 조장·촉진(Wirtschaftsförderung)의 세 가지 형태로 구분하기도 하고,[1] 혹자는 이 중 경제조장도 경제유도의 일종으로 보아 경제유도와 경제감독으로 분류하기도 한다.[2] 또한 경제감독, 경제유도, 경제조장 이외에 사회간접자본시설확충, 경제정보수집제공, 경제계획 등을 경제행정의 임무로 파악하는 입장도 있다.[3] 현대경제의 복잡성·동태성 등을 고려하면 마지막의 입장이 타당하나 지면관계상 본서에서는 경제행정의 주요임무로 볼 수 있는 감독·유도·조장을 중심으로 경제행정법의 주요내용을 서술할 것이다. 이들 작용의 개념을 간단히 정의하면 다음과 같다.

경제의 감시·감독은 국가가 기업 등을 감독·규제함으로써 경제영역에서의 위험을 방지하고 제거하는 행정작용이며, 경제의 유도·조종은 국가가

---

1) Püttner, Wirtschaftsverwaltungsrecht, 1989, p. 26.
2) Jarass, Wirtschaftsverwaltungsrecht und Wirtschaftsverfassungsrecht, 2. Aufl., 1984, pp. 107 ff.
3) Stober, Allgemeines Wirtschaftsverwaltungsrecht, 13. Aufl., 2002, pp. 226 ff.

사경제활동을 일정한 방향으로 유도·향도하는 행정작용이다. 이에 대하여 경제의 조장·촉진은 국가가 기업에 대하여 직접 재정적 급부 또는 의무의 면제 등을 통하여 경제활동을 조장하고 촉진하는 행정작용이다.

**3. 규제대상·방식에 따른 분류 —— 경제질서규제와 경제활동규제**

경제행정은 그 대상 내지 방식에 따라, 경제질서 내지 경제구조 혹은 경제의 틀을 규율하는 경제질서규제와 경제과정에서 경제주체의 경제행위를 규율하는 경제활동규제로 구분할 수 있다.

경제질서규제란 시장경제질서 아래에서 경제주체간의 자유롭고 공정한 경쟁질서를 확립하고 건전한 경제질서의 기반을 형성하기 위한 규제행정을 말하는 것으로서, 시장의 기능 자체를 유지하려는 것이다. 경제질서규제는 경제의 각 분야에 있어서의 구체적인 경제활동에 대한 규제와는 달리, 이들 경제활동의 기반이 되는 경제질서의 정립을 위한 것이라는 점에 그 특색이 있다. 경제질서규제의 대표적인 예가 독과점규제이다. 현행 독점규제 및 공정거래에 관한 법률이 그 기본법적인 성격을 갖는다.

이에 대하여 경제활동규제란 경제활동의 일정 국면이나 개별적 사업활동에 대한 행정규제를 말한다. 즉 이 경우에는 시장에서 활동하는 경제주체의 개별적 행위를 특정한 목적을 위하여 규제하는 것이다. 경제활동규제의 예로는 시설기준에 따른 진입규제, 가격규제, 물자규제 등을 들 수 있다. 그 밖에 각 산업분야별 전문적·기술적 규제들이 모두 여기에 포함된다.

## 제 2 항  경제행정법의 기초

### I. 경제행정법의 의의

#### 1. 경제행정법의 개념 및 필요성

국가 또는 민족의 생존과 발전에 있어서 경제는 결정적으로 중요한 의미를 가진다. 어느 사회에서나 재화와 용역은 희소하며, 이러한 수요를 충족시키기 위하여 그리고 그러한 수요충족을 위해 필요한 사회경제적 기반을 마련하기 위하여 모든 공동체는 노력을 기울여야 하기 때문이다. 따라서 어느 국가도 경제행정을 포기하거나 소홀히 하지 않으며, 오히려 오늘날 행정의 중심은 경제문제로 이동하여 왔다고 할 수도 있다. 당해 공동체가 어떠한 경제질서 내지 경제체제를 지향하는가에 따라 경제에 대한 국가개입의 범위와 정도의 차이는 있지만, 경제행정은 국가의 중심적인 임무로 되고 있다. 순수한 자유주의를 지향하는 국가에서조차도 개인의 경제활동을 보장하고 시장이 기능할 수 있게 하기 위해서는 이를 가능케 하는 법적 틀을 제공해 주어야 한다. 따라서 경제행정법은 모든 국가의 법질서의 일부를 구성하고 있다. 다만 경제행정법이 학문적으로 독자적인 법분야로 정립되어 있느냐는 별개의 문제이다.[1]

경제행정법은 최근에 들어서 비로소 독립된 법역으로 등장하였다. 경제행정법의 개념이나 연구대상 및 영역에 대하여도 아직 확립된 견해는 없다. 특히 특별경제행정법의 연구대상이나 그 체계에 대하여는 논자에 따라 큰 차이를 보이고 있다. 그것은 경제행정법이 가지는 복합성·역동성 및 학제적 성격 등에 기인하는 것이다.[2] 그러나 다른 법영역과의 한계를 명확히 설정하고 독자적인 내용과 적용원리를 해명하기 위해서는 그 개념의 정의가 필요한 것임은 물론이다.

경제행정법에 관한 가장 간명한 정의는 「경제행정에 관한 법, 즉 경제행정조직 및 경제행정작용에 관한 법」이라는 형식적 정의방식이다. 이에 대하여 실체적 내용에 따라 이를 보다 구체적으로 정의하여 보면, 경제행정법이란 「사회간접자본의 확충, 정보제공, 경제활동의 보장·계획·감독·지휘·조장을 위한 행정기관의 설치와 그 활동 및 경제생활에 참여하는 자와 행정권 사이의 관계를 규율하는 법규범 및 법제도의 총체」라고 할 수 있다.[3]

이러한 의미의 경제행정법은 사경제주체간의 관계를 규율하는 데 그치는 경제사법에 비하여, 국가 등 행정주체의 경제에 대한 관여 내지는 참여를 규율하는 법이므로 경제공법으로서의 성격을 가진다.

## 2. 경제헌법과 경제행정법

경제헌법의 관념에 대하여는 이를 「경제에 관한 헌법규정」이라고 협의로 파악하는 입장도 있고, 그에 한정하지 않고 「경제의 조직과 과정을 기본적으

---

1) 각국에 있어서 경제행정법의 독자성에 대하여는 Ibid., pp. 5 f.
2) Ibid., pp. 7 f.
3) Ibid., p. 13.

로 규율하는 법규의 총체」라고 하여 광의로 파악하는 입장도 있다.[1] 여기서
는 경제헌법의 관념을 일단 협의로 파악하기로 한다.

우리 헌법은 독립된 장($^{제9}_{장}$)을 두어 경제에 관하여 정하고 있다. 그러나
경제헌법을 협의로 파악한다고 하여도, 그것은 헌법상의 경제에 관한 장에
규정된 조항에 한정되는 것은 아니고, 경제적으로 의미 있는 모든 헌법규정
들을 포함하는 것이다. 따라서 재산권의 보장・직업선택의 자유에 관한 규정
등은 우리 경제의 기본적 질서를 형성하여 주는 규정으로서 당연히 경제헌법
의 일부를 이루는 것이고, 그 밖에도 인간의 존엄과 가치, 행복추구권, 평등
권, 인간다운 생활을 할 권리, 노동기본권 등 대부분의 헌법규정과 헌법규정
들로부터 도출되는 법치국가원리, 사회국가원리, 민주주의원리 등 헌법원리들
도 경제질서에 대하여 중요한 의미를 가진다.

경제헌법과 경제행정법의 관계에 관한 문제는 헌법과 행정법의 관계에
관한 일반론의 문제, 경제관련헌법규정의 성격 등의 문제 등 여러 가지 어려
운 문제를 제기하고 있다. 경제헌법조항에 관하여는 뒤에서 구체적으로 검토
하기로 하고, 여기서는 행정법은 헌법의 구체화규범으로서의 성격을 띠는 것
이므로, 경제헌법을 도외시한 경제행정법의 관념은 상정될 수 없는 것이라는
점만을 강조하여 두기로 한다.

### 3. 경제법과 경제행정법

경제법의 개념에 대하여는 다양한 입장이 있으나 그 기능을 중심으로 하
면서 「국민경제 전체를 정당하게 질서지우기 위하여 경제를 규제하는 법」이
라고 정의하는 것이 유력한 견해이다.[2] 이러한 경제법은 내용적으로는 경제
생활에 참여하는 자 상호간 및 이들과 국가간의 법률관계를 규율하는 공・사
법적 규범 및 법제도를 모두 포함하며,[3] 그러한 범위에서 경제행정법과 중첩
된다. 다만 「국민경제 전체를 정당하게 질서지우기 위하여」라는 관념을 어떻
게 이해하느냐에 따라 경제법의 범위가 축소될 수도 있다.

---

1) Püttner, op. cit., p. 17.
2) 권오승, 경제법, 제 4 판, 2002, pp. 5～15 참조.
3) Stober, op. cit., p. 13.

## Ⅱ. 경제행정법의 법원

(1) 경제행정법의 법원의 문제는 행정법의 법원의 일반론과 본질적인 차이는 없다. 따라서 경제행정법의 법원으로서도 성문법원으로서 헌법·법률·명령 및 자치입법이, 그리고 불문법원으로서는 관습법·판례법·조리법이 검토될 수 있을 것이다. 이와 관련하여서는 행정규칙의 법규성의 문제도 제기되는 것임은 물론이다.

(2) 그러나 경제법은 그 역사가 짧고 또한 경제현상은 매우 가변적인 것이라는 점에서, 경제법영역에서 관습법이 형성될 소지는 거의 없다고 본다. 이에 반하여 조리법 또는 행정법의 일반원리는 경제행정에 있어서 매우 중요한 의미를 가진다. 동태적인 경제현상의 특성상 경제행정에 대한 규율을 형식적 의미의 법률에 의해 직접 규율하기 어려운 경우가 많고, 특히 우리나라에서는 경제정책이 구체적인 법적 근거 없이 행해지는 경우가 많은데, 이러한 경우에도 실질적 법치주의의 원리 내지 이념은 실현되어야 하기 때문이다. 같은 이유에서 행정규칙의 성질이나 기능의 문제 등에 대한 논의의 중요성이 다른 행정영역에 비하여 보다 부각된다고 하겠다. 그것은 근거법이 없는 경우에도 행정권은 관련행정작용의 일반적 기준을 설정한 행정규칙에 따라(예컨대 보조금지급준칙) 당해 경제행정작용을 수행하는 경우가 적지 않기 때문이다.

(3) 헌법상의 경제에 관한 규정 또는 경제헌법 규정은 예외적인 경우를 제외하고는 그 자체가 직접 경제행정의 근거가 되는 것은 아니다. 그러나 경제헌법규정은 경제질서 및 경제행정의 기본원리를 형성하는 근본규범으로서, 또는 그에서 경제행정에 관한 불문법적 원리를 도출할 수 있는 근거규범으로서 중요한 의의를 가지고 있다.

(4) 경제행정에 있어서도 법률이 가장 중요한 법원이 되고 있으나, 행정법 일반의 경우와 마찬가지로, 경제행정에 관한 일반법은 없고 다수의 개별법이 다양한 경제행정작용을 규율하고 있다. 그 대표적인 것으로는 독점규제 및 공정거래에 관한 법률·물가안정에 관한 법률·부정경쟁방지 및 영업비밀보호에 관한 법률·행정규제기본법·기업활동 규제완화에 관한 특별조치법·식품위생법·공중위생관리법·광업법·수산업법·공유수면 관리 및 매립에 관한 법률·금융위원회의 설치 등에 관한 법률·은행법·한국은행법·보험업법·국유재산법·국가재정법·공공기관의 운영에 관한 법률·보조금 관리

에 관한 법률·사회기반시설에 대한 민간투자법·국토기본법·국토계획법·중소기업기본법·소비자기본법·대외무역법 등을 들 수 있다.

## Ⅲ. 경제행정법의 역사적 발전

경제행정법은 역사적으로 경제에 대한 국가의 태도가 변화함에 따라 변화·발전하였다. 오늘날의 경제행정법은 이러한 역사적 발전의 산물로서, 그에 대한 역사적 고찰은 오늘과 내일의 좌표를 객관적으로 조명해 주는 지표가 된다고 할 것이다.

### 1. 서구제국에 있어서 경제행정의 전개[1]

서구의 근대국가에서 주장된 자유주의국가관 또는 야경국가관은 특히 경제과정에 대한 국가 또는 행정권의 불간섭을 원칙으로 하고 있었던 것으로, 그것은 헌법상의 재산권의 보장 및 영업의 자유에 조응하는 것이었다. 이 시기의 경제행정은 경제적 평등의 창출, 경제적 자유권의 부여, 중상주의적 규제의 철폐 등 소극적인 형태로 전개되었으나, 경제발전을 위한 사회간접자본시설에 관련된 부문에서는 큰 역할을 수행하였다. 그러나 이러한 자유주의국가관이 전제로 하고 있었던 자본주의경제의 자동조절작용은 19세기 말엽의 경제공황의 발발과 함께 그 내재적 결함·모순을 노정하게 되었다.

그에 따라 국가는 자본주의경제체제 그 자체는 유지하면서 그에 내재하는 여러 결함·모순에 기인하는 국민생활에 대한 불안정성을 극복하기 위하여 경제과정에 적극적으로 개입하게 되었던바, 이것은 아담 스미스의 이른바 '보이지 않는 손(invisible hand)'이 경제에 대하여 수행해 오던 자율적 조절작용이 무력화됨에 따라 이에 대응하여 국가의 '보이는 손'이 경제에 대하여 인위적 조절기능을 담당하게 된 것을 의미한다. 즉 시장실패를 교정하기 위해 국가의 적극적 경제개입이 정당화되게 되었다. 이러한 국가의 경제에 대한 적극적 간섭현상은 현대국가의 공통적 현상으로서, 「복리국가」, 「개입주의국가」 등의 용어는 이러한 현상을 단적으로 표현하는 것이라 할 것이며, 경제

---

1) 경제행정의 역사적 발전에 대하여 상세한 것은 Stober, 최송화/이원우 역, 독일경제행정법, 1996, pp. 35~55 참조.

행정은 그 내용·범위에 있어 모두 확대추세에 있었다.

그러나 시장실패를 교정하기 위한 정부의 개입은 이른바 정부실패를 야기하게 되었고 1980년대 이후에는 정부부문의 실패를 교정하기 위해 시장메커니즘을 도입·확대하려는 노력이 광범위하게 진행되어 이른바 민영화와 규제완화가 경제행정의 핵심과제로 등장하기에 이르렀다.

## 2. 우리나라의 경제행정·경제행정법

서구제국에서의 경제정책의 전개과정은 위에 기술한 바와 같으나, 제3세계의 저개발국가들은 자본축적·기술발전 등과 같은 경제발전을 위한 기본여건을 갖추지 못하고 있었다. 그에 따라 이들 국가는 국민경제의 기초를 확립하면서 동시에 국가가 경제발전을 선도하여야 하는 이중적 과제에 봉착하게 되었고, 그에 따라 경제과정에 대한 국가의 주도적 역할 및 적극적 개입의 필요성을 강조하는 경제간섭주의가 처음부터 지배적 경향으로 나타나게 되었다.

우리나라도 이러한 일반적 경향의 예외가 아니었던바, 건국헌법 이래 우리 헌법의 경제에 대한 기본적 입장은 일관하여 경제에 대한 국가의 개입·간섭을 정당화하는 것이었다. 즉 건국헌법은 중요한 자원·자연력의 원칙적 국유화($^{법}_{85}$), 중요한 공공기업의 원칙적 국영·공영과 대외무역의 통제($^{법}_{87}$) 등 생산수단의 국유화 또는 사회화를 포함한 국가의 강력한 통제경제체제를 규정하고 있었다.

1960년대 이후 강력한 행정부에 의하여 실시된 수차의 경제개발계획 및 그에 기하여 추진된 정부주도의 경제성장·발전정책단계에 이르러서는 우리나라의 경제행정의 국가간섭주의적 성격이 극도로 부각되게 되었다.

1980년대에 들어서면서 정부의 정책은 시장기능의 활성화와 민간부문의 활력신장에 역점을 두면서 경제에 대한 정부의 규제완화의 방향으로 정책전환이 시도되었다. 그러나 이러한 규제완화정책은 주로 인·허가요건의 완화, 또는 인·허가제의 등록 또는 신고제로의 전환이나 그 부분적 폐지, 과도한 시설기준요건의 완화 등 기술적·지엽적인 성과를 거두는 데 그쳤고, 이러한 부분적·제한적인 규제완화시책으로 종래의 경제에 대한 국가의 적극적 개입·간섭정책의 본질적 전환이 이루어지지는 못하였다.

1990년대에는 1980년대에 추진되었던 시장주의적 경제정책이 세계화의 압력하에서 확대·강화되어 오고 있다. 특히 1997년 외환위기 이후에는 국가 경쟁력강화와 각 부문의 구조조정의 필요성이라는 내부적 요구와 IMF 구제 금융지원에 따른 협약의 이행요구라는 외부적 요구에 의해 경제행정은 전환 기를 맞게 되었으며, 이것은 경제행정관련 각종 법령의 제정 및 개정을 통해 실정법제로서 구체화되고 있다. 그러나 무분별한 규제완화가 사회·경제적 위험을 야기하는 경우가 있어, 다른 한편에서는 규제강화에 대한 요구도 동 시에 제기되고 있다. 예컨대 외환위기의 주된 원인이 금융규제의 무분별한 완화에서 기인하였다는 반성에 기초하여 금융감독부문에서는 건전성규제가 강화되었다. 요컨대 오늘날 경제행정에 있어서는 정부냐 시장이냐의 양자택 일이 아니라, 시장과 정부의 조화를 통하여 효율적이고 정의로운 경제질서를 형성하려는 경향이 지배적이라고 할 것이다.

## 제 2 절  경제행정의 헌법적 기초

### Ⅰ. 헌법상 경제질서에 관한 규정의 개관

경제에 관한 헌법규범은 경제의 기본질서를 설정하고, 경제행정의 범위 와 한계를 확정하여 주는 결정적 의미를 가진다. 따라서 이러한 헌법규정의 경제적 의미를 밝히는 것은 경제행정과 경제행정법의 기본틀을 규명하는 데 중요한 의미를 가진다. 여기서는 우리 헌법상 경제질서를 검토하여 경제행정 법의 헌법적 기초를 명확히 하기로 한다.

위에서 기술했듯이 헌법의 대부분의 규정들이 경제관련성을 가지고 있으 며, 따라서 헌법상의 경제질서의 파악에 있어서는 모든 관련헌법규범들에 대 한 면밀한 검토가 필요한 것임은 물론이다. 그러나 여기서는 일단 경제적 기 본질서에 관한 헌법의 중요 규정에 한정하여 이를 개관하여 보면 대체로 다 음과 같다. 헌법은 그 전문에서 모든 영역에 있어서의 각자의 기회균등과 국 민생활의 균등한 향상을 국가적 목표로 규정하고 있고, 제10조는 인간으로서 의 존엄과 가치 그리고 행복추구권을 규정하여 이른바 일반적 행동자유권을 보장하고 있다. 경제생활의 기초를 형성하는 계약자유의 원칙과 경쟁의 자유 등이 이로부터 도출될 수 있다. 제23조는 재산권보장을, 제15조는 직업선택의 자유를 규정하고 있으며, 제14조는 거주·이전의 자유, 제18조는 통신의 자유, 제21조는 언론·출판·집회·결사의 자유에 관하여 규정하고 있다. 제22조가 보장하는 지식재산권 등 이른바 무체재산권도 자유로운 경제활동을 통한 경제질서의 형성에 결정적인 역할을 한다. 또한 제34조상의 인간다운 생활을 할 권리를 비롯해 제32조와 제34조에서 정하고 있는 노동과 관련된 기본권, 그리고 제35조의 환경권 등도 헌법상 경제질서를 규율하는 중요한 규범들이다. 특히 경제에 관한 제 9 장($^{119 \text{ 내}}_{\text{지 } 127}$)은 우리나라의 경제질서의 기본원칙과 자연자원·농지·국토이용·농수산업 및 중소기업보호·소비자보호·대외무역·과학기술 및 국가표준화제도 등 각종 경제부문에 관한 국가의 임무를 규율하고 있다.

이러한 헌법규정 중에서 경제적 기본질서에 관한 원칙을 정하고 있는 것은 제119조 제 1 항과 제 2 항인바, 동 제 1 항은 "대한민국의 경제질서는 개인과 기업의 경제상의 자유와 창의를 존중함을 기본으로 한다"고 규정하고 있으며, 동 제 2 항은 "국가는 국민경제의 성장 및 안정과 적정한 소득의 분배를 유지하고, 시장의 지배와 경제력의 남용을 방지하며, 경제주체간의 조화를 통한 경제의 민주화를 위하여 경제에 관한 규제와 조정을 할 수 있다"고 규정하여 제 1 항의 원칙에 대하여 일정한 수정의 가능성을 열어 놓고 있다.

## Ⅱ. 헌법상 경제질서

위에서 열거한 헌법규정을 근거로 하여 우리나라 헌법은 사회적 시장경제를 경제질서로 채택하고 있다고 보는 것이 지배적 견해이며,[1] 헌법재판소도 최근의 결정에서 이를 명시적으로 밝힌 바 있다. 즉 이 결정에서 헌법재판소는 "우리나라 헌법상의 경제질서는 사유재산제를 바탕으로 하고 자유경쟁을 존중하는 자유시장경제질서를 기본으로 하면서도 이에 수반되는 갖가지 모순을 제거하고 사회복지·사회정의를 실현하기 위하여 국가적 규제와 조정을 용인하는 사회적 시장경제질서로서의 성격을 띠고 있다"고 선언하고 있다.[2]

그러나 여기서 사회적 시장경제질서의 성격을 띠고 있다는 것이 엄밀한

---

1) 권영성, 헌법학원론, 1998, p. 162; 김철수, 헌법학개론, 1998, p. 208; 허영, 한국헌법론, 1998, p. 160.
2) 헌재결 1996. 4. 25, 92헌바47.

의미에서 사회적 시장경제를 경제헌법상 경제질서로 채택하고 있다는 의미로
이해되어서는 안될 것이다. 헌법이 일정 경제질서를 규정하고 있는 경우 그
것은 경제정책상 입법형성권의 한계로 작용할 것임은 물론이다. 그러한 점에
서는 사회적 시장경제원리에 반하는 경제정책이나 입법은 헌법에 반하게 될
것이다. 우리나라의 학설과 판례가 사회적 시장경제를 헌법상 경제질서로 본
다고 하는 경우에도, 이러한 경제헌법의 규범력을 명확히 인식하고 있는 것
같지는 않다. 경제질서 또는 경제체제에는 시장경제질서와 계획경제를 양대
극단으로 하는 다양한 스펙트럼이 존재한다. 사회적 시장경제질서는 거시조
종적 시장경제(globalgesteuerte Marktwirtschaft), 계획적 시장경제(Planifika-
tion), 사회주의적 시장경제(sozialistische Marktwirtschaft) 등과 함께 그러한
중간유형 중의 하나일 뿐이다.[1] 독일 헌법상 경제질서에 관한 논의에서 판례
와 통설이 특정한 경제질서의 헌법적 수용을 부인하고 이른바 경제헌법의 상
대적 개방성(relative Offenheit) 내지 중립성(Neutralität)을 주장하는 것[2]도
이러한 관점에서 이해될 수 있다. 우리 헌법도 어떠한 순수한 경제질서에 관
한 결단을 내리고 있다기보다는 오히려 일응 상반적인 경제적 「이데올로기」
및 경제적 이익들 사이의 조화를 도모하기 위한 헌법적 양해에 입각하고 있
다고 보는 것이 타당할 것이다. 그러므로 입법자는 헌법상 기본권이나 국가의
경제적 임무에 관한 여러 규범을 준수하는 한 다양한 경제질서를 형성할 자유
를 가지고 있다. 지배적 견해나 판례가 사회적 시장경제의 개념을 널리 시장경
제와 사회적 정의의 조화라는 관점에서 파악하는 한 큰 무리는 없다고 본다.

여하튼 국가는 경제정책을 입안하고 시행함에 있어서 경제적 의미를 가
지는 헌법규범에 반해서는 안되고 또한 헌법규범에서 도출되는 원칙을 준수
하여야 한다. 경제질서라는 차원에서 가장 중요한 규범은 헌법 제119조 제 1
항이다. 따라서 우리나라의 경제체제에 있어서는 경제주체의 경제활동의 자
유가 기본원칙으로 되어 있다. 그러나 그것은 자유방임주의 아래에서의 고전
적 자유는 아니고, 그에는 경제정의, 즉 경제에 있어서의 사회정의에 입각한
경제질서형성을 위한 목적과 관련하여, 실질적인 제한·수정이 가하여질 수
있으며, 이러한 원칙을 천명한 것이 바로 헌법 제119조 제 2 항이다. 다만 이

---

1) 경제체제유형에 대하여 상세한 내용은 Stober, 최송화/이원우 역, 독일경제행정법,
   법문사, 1996, pp. 56~71 참조.
2) Reiner Schmidt, Öffentliches Wirtschaftsrecht, 1990, pp. 68 ff.

조항은 국가의 규제가능성과 그 근거를 규정할 뿐 국가의 의무 내지 임무를 규정하는 것은 아니다.

국가의 의무는 헌법상의 다른 규정들로부터 도출된다. 예컨대 사회적 기본권에 관한 규정이나 헌법 제120조 이하의 규정들로부터 경제행정의 임무들이 도출된다. 헌법상 국가의 경제관련임무를 수행하기 위하여 국가는 다양한 방식을 채택할 수 있다. 입법자의 경제정책형성의 자유는 여기서 발휘된다. 시장경제원칙을 강조하는 방식에 의할 수도 있고, 국가의 개입과 통제에 의존하는 방식을 택할 수도 있다. 그것은 당시의 구체적인 정치·경제·사회·문화적 상황에 따라 입법자가 어떠한 정책수단을 가장 합목적적이라고 판단하느냐에 따라 달라진다.

경제에 관한 장에서 헌법이 정하고 있는 대표적인 국가의 임무와 이에 근거하여 제정된 현행 경제행정관련법률을 예시하면 다음과 같다.

## 1. 시장의 지배 및 경제력의 남용방지

헌법 제119조 제 2 항은 국가는 "시장의 지배와 경제력의 남용을 방지하며"라고 규정하여 독과점 등 대기업에 의한 시장지배와 경제력남용을 규제할 수 있도록 하고 있다. 이에 관한 일반법으로서는 독점규제 및 공정거래에 관한 법률이 있다.

## 2. 자연자원 등의 국유화·특허

헌법은 "광물 기타 중요한 지하자원·수산자원·수력과 경제상 이용할 수 있는 자연력은 법률이 정하는 바에 의하여 일정한 기간 그 채취·개발 또는 이용을 특허할 수 있다"고 규정하고 있다($\frac{헌법}{120}$). 이러한 자연자원 등의 채취·개발 등의 특허제도는 이들 자원의 국유를 전제로 하는 것임은 물론이다. 관계법으로서는 광업법·수산업법·공유수면 관리 및 매립에 관한 법률 등이 있다.

## 3. 국토·자원의 균형 있는 개발·이용·보전

헌법 제120조 제 2 항 후단은 "국가는 국토와 자원의 균형 있는 개발과 이용을 위하여 필요한 계획을 수립한다"고 하고, 동 제122조는 "국민 모두의 생산 및 생활의 기반이 되는 국토의 효율적이고 균형 있는 이용·개발과 보

전을 위하여 법률이 정하는 바에 의하여 그에 관한 필요한 제한과 의무를 과
할 수 있다"고 하여, 국토의 균형 있는 개발·이용에 관한 국가의 권한과 의
무를 천명하고 있다. 그 관계법으로서는 국토기본법·국토계획법 등이 있다.

### 4. 대외무역의 육성 · 규제 등

수출의존형의 경제구조 및 국내자본의 부족현상을 감안한 국제수지상의
역조를 시정하고 외환을 적정하게 관리하기 위한 취지에서 헌법 제125조는
"국가는 대외무역을 육성하며, 이를 규제·조정할 수 있다"고 규정하고 있는
바, 그 일반법으로는 대외무역법·외국환거래법 등이 있다.

### 5. 지역경제의 육성

헌법 제123조 제 2 항은 "국가는 지역간의 균형 있는 발전을 위하여 지
역경제를 육성할 의무를 진다"고 규정하여, 경제발전에 있어 지역간의 불균
형을 시정할 책무를 국가에 부과하고 있다. 지역개발 및 지원에 관한 법률은
이를 위한 대표적인 법률이다.

### 6. 중소기업의 보호육성

헌법 제123조 제 3 항은 "국가는 중소기업을 보호·육성하여야 한다"고
하고, 동 제 5 항은 "국가는 …중소기업의 자조조직을 육성하여야 하며, 그
자율적 활동과 발전을 보장한다"고 규정하여, 중소기업의 보호·육성에 의한
산업구조의 내실화의 책무를 국가에 부과하고 있다. 그 관계법으로서는 중소
기업기본법, 대·중소기업 상생협력 촉진에 관한 법률이 있다.

### 7. 농·어민의 보호육성

헌법 제121조 제 1 항은 "국가는 농지에 관하여 경자유전의 원칙이 달성
될 수 있도록 노력하여야 하며, 농지의 소작제도는 금지된다"고 하고, 동 제
2 항은 "농업생산성의 제고와 농지의 합리적인 이용을 위하거나 불가피한 사
정으로 발생하는 농지의 임대차와 위탁경영은 법률이 정하는 바에 의하여 인
정된다"고 규정하여, 농지에 대한 농민의 지위를 보호하고, 농업생산성의 제
고 및 농지이용의 합리화를 고려하여 예외적인 농지임대차와 위탁경영을 허
용하고 있다.

또한 헌법 제123조 제 1 항은 "국가는 농업 및 어업을 보호·육성하기 위하여 농어촌종합개발과 그 지원 등 필요한 계획을 수립·시행하여야 한다"고 규정하여, 동 제 2 항상의 균형 있는 지역개발·지역경제의 육성과 함께 농·어촌의 보호·육성의 의무를 국가에 부과하고 있다. 이러한 헌법규정은, 도·농간의 생활 및 소득격차가 이농현상을 가속화하고, 그에 따라 격증한 도시영세민이 소외 계층으로 전락하여 심각한 도시문제와 정치·사회문제를 야기하였던 사실에 비추어, 농·어촌의 소득을 향상시켜 이들을 농·어촌에 정착시키려는 사회·경제적 목표를 표현한 것이다.

그 밖에 헌법 제123조 제 4 항은 "국가는 농수산물의 수급균형과 유통구조개선에 노력하여 가격안정을 도모함으로써 농·어민의 이익을 보호한다"고 규정하여 농수산물에 대한 적극적 개입정책에 의하여 농·어민을 보호하려는 의지를 표명하고 있다.

이상의 국가임무수행을 위해 농업·농촌 및 식품산업 기본법, 수산업·어촌 발전 기본법, 농촌진흥법, 수산업법, 농어업인 삶의 질 향상 및 농어촌지역 개발촉진에 관한 특별법 등이 제정되어 있다.

## 8. 경제적 약자의 자조조직의 육성

헌법은 자본주의의 발달에 따라 점차 약세에 처하고 있는 농민·어민·상인·중소기업자들과 같은 경제적 약자의 자조조직을 육성하고, 그 자율적 활동과 발전을 보장하고 있다($_{123⑤}^{헌}$). 그 관계법으로서는 농업협동조합법·수산업협동조합법·중소기업협동조합법 등이 있다.

## 9. 소비자의 권익보호

헌법 제124조는 "국가는 건전한 소비행위를 계도하고 생산품의 품질향상을 촉구하기 위한 소비자보호운동을 법률이 정하는 바에 의하여 보장한다"고 규정하고 있는바, 동조에 따라 소비자기본법·약관의 규제에 관한 법률·할부거래에 관한 법률·방문판매 등에 관한 법률 등이 제정되어 있다. 그 밖에 개별경제영역에 대한 법률에 소비자보호를 위한 특별규정들이 존재한다. 예컨대 전기통신사업법은 통신이용자보호를 위하여 통신역무제공의무($_{3①}^{법}$), 보편적 역무의 제공의무($_4^{동법}$), 요금규제기준($_{3③}^{동법}$), 약관위반금지 및 이용자이익저해행위금지($_{50①ⅳ}^{동법}$), 손해배상의 특칙($_{33}^{동법}$) 등 특별한 보호를 규정하고 있다.

# 제 3 절  경제행정의 임무와 법적 수단

## 제 1 항  경제감독

### I. 의의 및 보호법익

경제행정의 고전적 임무는 영업경찰상의 위험제거인데, 이것이 바로 경제감독의 핵심부분이라 할 수 있다. 행정청이 경제행정법상 임무를 효과적으로 달성하기 위해서는 경영감독·생산감독·시설감독 등을 통해 개개 경제분야를 감독하고 여기서 개개 경제주체들이 경제행정법규를 준수하는지의 여부를 통제하여야 한다. 다른 행정법영역에서와 마찬가지로 경제감독을 위한 일반법은 존재하지 않으며, 경제상의 감독을 위한 많은 개별적 수권규정들이 개별법령에 분산되어 규정되어 있다. 이러한 점에서 경제감독은 하나의 동질적 법제도가 아니라, 상이한 규범복합체 내의 상이한 규정들에서 추출된 복합적 수단체계라 할 수 있다.

경제감독을 영업경찰상 위험제거라는 고전적 임무에만 국한시켜서는 안되며, 사인의 경제적 활동에 대한 국가의 포괄적 감독이라는 넓은 의미로 이해하는 것이 타당할 것이다. 그러나 이에 관한 논의는 경제감독의 본래 핵심문제였던 영업경찰상 위험제거를 엄밀하게 규명하는 작업으로부터 시작하여야 할 것이다. 그것은 산업화 및 기술화시대에 있어서 영업경찰상 위험제거가 가지는 중요성이 새로이 증가하고 있기 때문이다.

따라서 우선 위험(Gefahr)의 개념을 명확히 할 필요가 있다. 위험은 보통 가까운 장래에 공공의 안전과 질서에 대한 손해를 야기할 개연성이 충분한 상태로 정의되고 있다.[1] 개연성이 충분하다 함은 미미하지 않은 손해발생의 모든 가능성을 말한다. 위험으로부터의 보호는 전통적인 위험제거(Gefahrenabwehr)에 그치지 않고, 위험회피(Gefahrenvermeidung) 내지 위험감소(Gefahrenverminderung) 등을 포함하는 위험예방(Gefahrenvorsorge)에까지 미쳐야 한다. 위험이 현실화된 결과는 손해(Schaden)로 나타난다. 이것은 공공

---

1) Stober, op. cit., p. 242.

의 안전과 질서라는 개념에 해당하는 규범·법익·권리 등에 대한 모든 침해를 의미한다. 단순한 부담(Belästigung)이나 불이익(Nachteil)은 손해와 구별된다.

경제감독은 언제나 일정한 법익의 보호를 목적으로 한다. 일반적으로 "공공의 안전과 질서"라는 불확정개념으로 표현될 수 있지만, 경제행정법상 이러한 일반조항적 표현은 예외적으로만 사용된다. 개별법령에서 각각의 경우에 보호되어야 할 권리 및 법익이 구체적으로 규정되는 것이 일반적이다. 소비자·종업원·이웃·공중일반의 건강·생명·풍속·경제적 이익 등에 대한 위험예방이 대표적인 예이다.

## Ⅱ. 경제감독을 위한 법적 수단

위험제거와 위험예방을 위한 수단으로는 기본적으로 두 가지 방식이 있다. 첫째 영업활동의 개시 내지 시설사용의 개시를 위하여는 일정한 요건이 충족될 것을 요구할 수 있다. 둘째 일단 시작한 경제활동의 수행을 제한할 수 있다.

### 1. 진입규제

어떤 직업이나 영업을 허가함에 있어서 혹은 시설을 감독함에 있어서 입법자는 여러 행정법적 규율수단을 사용하는데, 이들 수단들은 규범을 통해 추구하는 예방이익(Präventionsanliegen)을 어느 만큼 높이 평가하느냐에 따라 그 개입의 정도를 달리한다. 완전한 자유와 절대적 금지를 양 극단으로 하여 다양한 중간단계의 규제방식이 고려될 수 있다.

신고유보부금지(Verbot mit Anzeigevorbehalt)는 가장 약한 개입효과를 가진다. 이 경우 영업활동은 허가 없이도 시작할 수 있기 때문이다. 그러나 신고를 하지 않는 경우에는 위법한 행위로 된다. 신고의무는 위험이 발생할 경우 개입할 수 있도록 행정에 대하여 관련정보를 제공하게 하기 위한 것이다.

허가유보부금지(Verbot mit Erlaubnisvorbehalt)에 있어서는, 영업활동의 개시는 소관 행정관청에 의해 허가가 발급된 경우에 비로소 가능하다. 예방적 효과를 가지고 있다는 점과 당해 행위는 원칙적으로는 허용되는 것이라는

점에서는 신고유보부금지와 비슷하다. 문제되는 활동이 그 자체로서는 사회
적으로 바람직한 것으로서 허용되어야 하지만, 그러한 행위가 위험을 수반할
수 있으므로, 근거법에서는 이러한 위험을 방지하기 위해 일단 당해 행위
를 금지하고, 당해 활동에는 일정한 요건을 충족하도록 규정함으로써, 개별
적 심사를 통해 위해요소가 없는 경우에 이를 허용해 주려는 것이 이 법제의
기본적 구조이다. 따라서 소관 행정청은 국민이 법령상의 모든 요건을 갖
추어 허가를 신청하는 경우 허가를 발급할 의무를 진다. 현행법상 식품접객
업이나 공중위생업 등 상당수의 영업활동의 규제가 허가유보부금지에 해당
한다.

예외적 승인유보부금지(Verbot mit Befreiungsvorbehalt)는 근거법에서 당
해 행위를 사회 경제적으로 유해한 행위로서 원칙적으로 금지하고 특별히 필
요한 경우에 한하여 예외적으로만 허용하기 위한 때에 채택된다. 예컨대 복
표발행, 현상 기타의 방법에 의한 사행행위영업에 대한 영업허가가 이에 해
당한다($\binom{\text{사행행위등규제}}{\text{및처벌특례법 5}}$). 예외적 승인이 유보된 금지행위에 대하여 국민이 그 허가
를 신청한 경우, 행정청은 독자적 판단으로 정책적 고려에 따라 금지를 해제
하여 줄 것인지의 여부를 결정할 수 있다. 따라서 국민은 허가발급청구권을
가지지 아니한다.

이러한 금지의 해제를 독일행정법에서는 예외적 허가(Ausnahmebewilli-
gung) 또는 면제(Befreiung, Dispens)라고 하는데, 이것은 우리 행정법에서 말
하는 면제와는 다른 개념이다. 독일에서는 허가와 특허 등을 '금지의 해제'라
는 점에서 동일한 성질을 가지는 것으로 파악하고, 이들 양자를 넓은 의미의
허가라고 하며, 이들은 모두 형성적 행정행위로 보고 있다. 이렇게 파악한 넓
은 의미의 허가 내지 금지의 해제를 금지의 목적을 기준으로 "예방적 금지
(präventives Verbot)의 해제"와 "제재적 금지(repressives Verbot)의 해제"로
구별하게 되는데, 예외적 승인이란 바로 제재적 금지의 해제를 말한다.

## 2. 행태규제

위험이나 장해는 일정한 경제활동을 현실적으로 수행함으로써 비로소 나
타난다. 이에 대하여 관계행정청은 다양한 예방적 및 진압적 개입수단들을
사용할 수 있다. 대표적인 수단으로서 신고 및 보고의무, 경제활동의 금지(내
지 허가의 취소 또는 철회, 조업중지), 표시의무(제품의 특성표시, 경고표시), 생

산・가공・거래・사용 등의 금지, 불량품회수처리의무 등을 들 수 있다.

경제감독의 목적을 달성하기 위해서는 다수의 사업체 및 시설에 대하여 지속적인 감독・관찰권한을 행사해야 하기 때문에, 직업의 개시나 시설의 가동개시에 있어서의 예방적 수단이라든가 경제활동 수행시의 단발적인 법률상 혹은 행정상 명령만으로는 불충분하다. 따라서 이른바 정보요구 및 출입권, 열람 및 제출요구권(조사권), 시료채취권 등이 부여되기도 한다.

## 제 2 항 경제유도

## Ⅰ. 경제유도의 의의

경제행정은 경제현상에 대한 사전예방이나 혹은 사후대처만으로는 그 목적을 달성할 수 없는 경우가 많다. 경제행정은 의도하는 일정한 경제상태에 도달하기 위하여 또는 이를 유지하기 위하여, 장래예측적으로 그리고 능동적으로 방향을 제시하거나 일정부문을 강조하는 방식으로 경제현상에 영향력을 행사한다. 경제에 대한 이러한 방식의 작용을 경제유도 또는 경제조정이라 한다.[1] 이것은 경제계획과 중복되기도 하나, 경제유도의 수단과 조종방식은 더욱 포괄적이다. 따라서 경제유도는 특정한 경제목표를 달성・유지하기 위하여 직접 혹은 간접으로 경제과정에 작용하는 데 사용되는 작용(예컨대 법률・법규명령・행정행위・법률행위 등)을 총칭하는 것이다. 경제유도를 거시조종(Globalsteuerung)에만 국한시키는 견해도 있으나,[2] 그것은 경제유도를 지나치게 좁게 파악하는 것이라고 본다.

우리 헌법 제119조 제 2 항에서는 "국가는 균형 있는 국민경제의 성장 및 안정과 적정한 소득의 분배를 유지하고, 시장의 지배와 경제력의 남용을 방지하며, 경제주체간의 조화를 통한 경제의 민주화를 위하여 경제에 관한 규제와 조정을 할 수 있다"고 규정하는바 이는 경제유도의 헌법적 근거로 볼 수 있다.

---

1) Stober, op. cit., p. 258.
2) Püttner, op. cit., pp. 106, 229 ff.

## Ⅱ. 경제유도를 위한 법적 수단

경제유도를 위한 법적 수단은 직접적 유도수단과 간접적 유도수단으로 구별할 수 있다. 직접적 유도수단이란 국가가 명령·금지·의무부과 등과 같은 강제적 수단에 의하여 일방적으로 개입하는 것을 말한다. 간접적 유도수단이란 국가의 조치가 일정한 유인체계를 매개로 하여 시장참여자에 영향을 미쳐 시장행위를 변화시키도록 하는 것을 말한다.

### 1. 직접적 경제유도수단

직접적 경제유도수단은 경제주체의 자유로운 결정을 국가에 의한 결정으로 대체한다. 경제력간의 자유경쟁이라는 자연적 유도수단 대신에 국가가 기업과 소비자의 계획 및 수요에 관한 일정 사항을 결정하며, 이를 통해 바람직한 경제목표를 달성하고자 한다. 직접적 경제유도는 주로 경제통제규정(Bewirtschaftungsvorschriften)에 의해 수행된다. 경제통제규정이란 상품과 용역의 획득·생산·저장·배분·수입·수출·신고 혹은 금지 등에 대한 규정들을 말한다. 예컨대 특정한 사업자에 대하여 부과되는 계약강제($\binom{전기통신사}{업법 3①}$)나 물품의 비축의무($\binom{석유및석유대체}{연료사업법 17}$), 할당제에 의한 진입통제, 가격규제 등이 이에 해당한다. 경제통제규정이 강력하고 응집된 형태로 나타난 것이 이른바 시장규율(Marktordnung)이라는 것이다. 시장규율이란 생산자의 적정한 생활유지, 시장의 안정, 공급의 보장, 적정한 소비자가격 등을 보장하기 위하여, 관계 생산물시장을 고권적 감독에 의해 규제하는 법적 수단의 총체를 말한다. 물가규제·물자규제·자원규제 등에서 그 예를 많이 볼 수 있다.[1]

### 2. 간접적 경제유도수단

국가의 경제에 대한 간섭은 간접적인 것으로 그칠 수도 있다. 간접적 유도에 의할 경우, 국민은 법적으로는 결정의 자유를 가지지만, 그 자유의사는 일정한 유인체계에 의해 조종된다. 이와 관련하여 국가는 거시적 유도수단과 부분적 유도수단을 모두 사용할 수 있다.

간접적 경제유도수단은 주로 거시경제정책의 수행에 사용된다. 거시적 경제조종은 "전체국민경제의 균형"을 목적으로 하며, 재정정책과 금융정책을

---

1) 이에 대하여 상세한 내용은 뒤의 제 6 절 제 3 항 참조.

중심도구로 한다.[1] 재정정책의 중요한 수단의 하나는 조세정책이다. 세입에 관한 한 조세법정주의의 특성상 우리나라에서도 상대적으로 엄격한 법적 규제를 받고 있다. 각종 조세관련법률과 조세특례제한법이 그 주요한 근거법이다. 그 밖의 거시경제조정을 위한 재정정책수단들은 국가재정법, 조달사업에 관한 법률, 국가를 당사자로 하는 계약에 관한 법률 등에 의거하고 있으나 이들 법률들은 매우 간략하고 기본적인 내용만을 규율하고 있어, 구체적인 유도수단의 법적 근거가 미약하거나 전혀 없는 경우도 많다. 금융정책은 한국은행법과 외국환거래법에 의거하고 있으나, 국민의 기본권에 직접 제한을 가하는 규제를 훈령, 고시 등(금융위원회규정, 외국환거래규정)에 의해 행하는 경우가 많고, 이른바 창구지도라는 행정지도에 많이 의존하고 있다.

특히 경제위기시에는 국가의 적극적 경제개입이 불가피하게 요청된다. 국가의 경제유도수단이 명확한 법적 근거에 따르는 경우에만 경제정책의 투명성과 공정성이 확보될 수 있고, 그렇지 못하면 경제유도가 또 다른 실패(정부실패)를 야기하게 된다는 것이 지난 우리 경제의 경험이었다. 따라서 거시경제유도를 위한 법적 수단에 관한 법령을 체계적으로 정비하는 작업이 긴요하다고 하겠다.

## 제 3 항 경제조장

### I. 의 의

경제조장이란 국가나 지방자치단체가 특정한 경제정책적 목적 내지 행위를 위하여, 스스로 혹은 제 3 자를 통하여, 직접적 또는 간접적으로, 총체적 혹은 국부적으로, 또한 물질적 혹은 비물질적 수단에 의하여 사인을 지원하기 위하여 행하는 모든 조치를 말한다.

경제감독이 공공의 안전과 질서를 위하여 경제생활 참여자의 권리를 제한하는 이른바 침해행정의 대표적인 분야이고, 경제유도가 기본적으로 전체경제 혹은 일정한 경제부문과 관련하여 국민에게 일정한 행위준칙의 준수를 강제 또는 유인하거나 행정기관의 행위규범으로서의 성질을 가지는 데 대하

---

1) 거시경제정책의 의의, 종류 및 그 법적 근거에 대하여는 이원우, 거시경제정책에 대한 법적 통제와 그 한계에 관한 연구, 행정법연구 제 7 호, 2001, p. 257 이하 참조.

여, 경제조장은 적극적인 급부에 의하여 국민의 권리를 확장시키는 이른바 급부행정에 속한다. 즉 경제조장은 기업에게 "이익"을 제공함으로써 그 수익자가 일정한 행위를 하도록 하는 것이다. 경제유도와 경제조장은 부분적으로 중첩되는 경우도 있으나, 경제유도의 중점은 부담의 부과에 있다.[1]

경제조장책무는 헌법과 다수의 개별법에서 규정하고 있다. 헌법 제123조 제 1 항은 농·어업의 보호·육성을, 동조 제 2 항은 지역경제의 균형발전을 위한 지역경제육성을, 그리고 동조 제 3 항에서는 중소기업의 보호육성을 경제행정의 임무로 규정하고 있다. 이러한 경제조장의 근거는 사회국가원리로부터도 도출할 수 있다.

농어업인 삶의 질 향상 및 농어촌지역 개발촉진에 관한 특별법, 쌀가공산업 육성 및 쌀 이용 촉진에 관한 법률, 중소기업진흥에 관한 법률, 중소기업제품 구매촉진 및 판로지원에 관한 법률, 보조금 관리에 관한 법률 등에 근거규정을 두고 있다.

중소기업의 진흥이나 농수산업진흥 등의 형태로 수행되는 경제조장이 헌법상의 요구이자 경제적으로도 정당성을 지니고 있는 것은 사실이나, 다른 한편으로 경제조장이 가져오는 경쟁왜곡효과도 고려되어야 한다.[2] 특히 부실기업의 유지를 국가의 임무라고 할 수는 없을 것이다. 이러한 경제조장은 경쟁을 왜곡시켜 경쟁기업의 부담이 되며, 구조적 전환을 저해한다.

## Ⅱ. 경제조장을 위한 법적 수단

### 1. 경제조장수단의 체계

국가와 지방자치단체가 민간경제의 지원을 위하여 사용하는 수단들은 경제조장의 임무와 목표만큼이나 다양하다. 경제조장의 수단은 직접적 수단과 간접적 수단으로 분류될 수 있다. 직접적 수단이란 공공주체가 기업의 재산 상태에 즉각적인 이익을 가져오는 유인을 제공하고 그 대신 특정한 경제적 행위를 요구하는 것을 말한다. 간접적 수단이란 사경제의 경제적 행위에 긍정적으로 작용하도록 하는 유리한 기본조건을 설정하는 것을 의미한다. 이하에서는 직접적 경제조장수단에 대하여만 설명한다. 직접적 경제조장은

---

1) Stober, op. cit., p. 261.
2) Dickertmann/Diller, WiSt 1989, pp. 166 ff., 594 ff. 참조.

기본적으로 다음의 형태로 행해진다. 첫째는 공공급부의 제공(이른바 급부적 자금지원)이고, 둘째는 사인의 급부의무의 감면(이른바 감면적 자금지원)이다.

## 2. 급부제공에 의한 경제조장[1]

### (1) 소비적 보조금(Verlorene Zuschüsse, Zulagen, Beihilfen)

소비적 보조금의 수혜자는 특정한 경제적 행위를 하거나 혹은 특정행위를 중지할 것이 요구되며, 그 보조금은 원칙적으로 반환되지 않는다. 이것은 여러 가지 상이한 형태로 거의 모든 경제조장사업에서 나타난다. 투자보조금이 그 대표적인 예이다.

### (2) 장려금(Prämien)

장려금은 이미 완결된 경제적 행위에 기초하여 당해 지원대상 기업에게 지급된다. 따라서 이는 "사후적 자금지원(Ex-Post-Subvention)"의 고전적인 예라 할 수 있다. 문화예술진흥법 제11조에 의한 장려금지급이 이에 해당한다.

### (3) 저리융자(Zinsgünstige Darlehen)

저리융자는 자금지원대상자에 대하여 일반적인 시장조건보다 유리한 조건으로 금전적 이익을 제공하는 것을 말한다. 자금지원을 목적으로 하는 융자는 경제조장의 가장 보편적인 형태이다. 이것은 대부분의 경우 공법상의 신용기관을 통해 제공되거나 혹은 지원대상자의 주거래은행이 공공재원으로 융자하는 형식으로 행해진다.

### (4) 보증(Bürgerschaft)

보증을 통한 자금지원의 경우 지원자는 지원대상자가 지급능력이 없는 경우 그 채무에 대한 책임을 진다. 이를 통해 피지원자의 신용도가 높아지고 경제적 위험부담이 감소된다.

### (5) 위험보장(Garantie)

위험보장의 경우 자금지원자는 그 지원대상자가 위험부담 있는 행위를 하는 경우에 그에 따라 발생하는 재정적 손실을 보상해 줄 의무를 진다. 위험보장은 여러 관점에서 보증과 유사성을 지닌다. 이것은 공공예산에 거의 부담을 부과하지 않으며, 위험에 기초한 제도로서 보증과 동일한 목표를 지향하고 있다.

---

1) Stober, op. cit., pp. 270 ff.

### (6) 물적 지원(Naturalsubventionen)

물적 지원이란 실질적 조장(Realförderung)의 가장 대표적인 예로서, 자금지원의 주체가 피지원자에 대하여 일반적인 시장조건보다 유리한 조건으로 물건을 제공할 의무를 지는 것을 말한다. 기업의 새로운 유치나 기업의 존속 보호를 위한 영업장·산업기술개발단지를 저가로 임대하는 것이라든가 영업 용지나 산업시설부지의 할인매각 등이 이에 해당한다.

### (7) 공공위탁에 있어서의 **특혜조치**(Bevorzugung bei der öffentlichen Auftragsvergabe)

공공위탁에 있어서의 특혜조치도 일종의 자금지원이다. 왜냐하면, 이 경우 관계인은 시장여건을 모두 고려했다면 채택될 수 없었을 조건(정상보다 비싼가격의 책정)하에 공공사무의 위탁을 받기 때문이다. 이러한 공공위탁상의 특혜조치는 영세한 중소기업체 혹은 지역적 공급업자의 조장 등을 위한 수단으로 사용되는 경우가 적지 않다.

### 3. 급부의무의 감면에 의한 경제조장

가장 대표적인 방식은 조세감면(Steuervergünstigungen)이다. 조세특례제한법이 그 일반법이다. 이것은 국가가 조세징수를 포기하는 것으로서 예산법적 측면에서는 수입감소를 야기하는 것이다. 감면 및 조장의 목표는 다양하다. 그 밖에 수수료감면과 부담금감면도 조세감면과 동일한 효과를 가져온다.

## 제 4 절  경제행정조직법

## Ⅰ. 경제행정주체의 의의와 종류

경제행정은 다양한 행정기관의 소관하에 실시되고 있다. 그러나 경제행정조직에 대한 규정이 별도로 존재하는 것은 아니다. 따라서 경제영역과 관련된 특수성을 제외하면 행정조직법의 일반이론이 여기에도 그대로 타당하다. 행정조직법의 일반론에 따르면, 우선 경제행정의 주체로는 국가, 지방자치단체, 그 밖의 공공단체 그리고 경제행정임무를 수행하는 사인 등이 있다.

그 밖의 공공단체는 다시 공법상의 단체, 공법상의 영조물, 공법상의 재단으로 구별된다. 국가가 직접 경제행정을 수행하는 경우를 직접국가경제행정이라 하고, 국가가 다른 공공단체 또는 공법인을 통하여 간접적으로 수행하는 경우를 간접국가경제행정이라 한다. 후자는 국가가 경제행정임무를 수행하기 위하여 독립된 법인격을 가진 공법상 주체를 사용하는 것이다. 이 경우 당해 경제행정임무는 당해 공법인에 의하여 자치적으로 수행된다. 국가는 감독권 ─ 대부분의 경우 법적 감독권만을 보유한다 ─ 을 통해 간접적으로 임무수행에 간여할 뿐이다.

## Ⅱ. 국가경제행정조직

### 1. 개    관

국가는 가장 대표적인 경제행정의 주체이다. 경제활동은 전국적 차원에서 행하여지는 것이 보통이므로, 경제활동에 대한 규제조치도 국가의 경제정책에 입각하여 전국적으로 행하여지는 것이 원칙이다.

헌법은 "국가는 균형있는 국민경제의 성장 및 안전과 적정한 소득의 분배를 유지하고, 시장의 지배와 경제력의 남용을 방지하며, 경제주체간의 조화를 통한 경제의 민주화를 위하여 경제에 관한 규제와 조정을 할 수 있다"고 하여($\frac{법}{119②}$), 국가의 경제행정권을 명시적으로 규정하고 있다.

국가의 경제행정조직으로서는 대통령, 국무총리, 기획재정부장관 및 경제관계장관(산업통상자원부장관·국토교통부장관·농림축산식품부장관 등) 및 국무회의를 들 수 있다. 이 밖에 기획재정부·농림축산식품부 등 각부에 소속되어 있으나, 행정청의 지위를 가지는 것으로서 조달청·특허청·국세청·관세청·산림청 등의 청도 경제행정조직으로서 중요한 역할을 수행하고 있다. 특히 국무총리 직속기관인 공정거래위원회와 금융위원회는 시장경제질서의 근간을 형성하는 경제행정정책의 집행기관이자 경제경찰로서 매우 중요한 기능을 수행한다.

### 2. 독임제행정청과 합의제행정청

경제행정도 일반행정과 마찬가지로 장관·청장 등 독임제행정청에 의하여 수행되는 것이 보통이나, 합의제행정기관이 그 업무를 수행하는 경우도 적지 않다. 이는 경제행정의 적절한 수행을 위해서는 전문적 지식과 경험이 전제되어야 하고, 또한 경제행정이 다수당사자의 복잡한 이해와 직접 관련되어 있기 때문에, 공정하고 중립적인 판단이 내려져야 하기 때문이다. 공정거래위원회, 금융위원회, 방송통신위원회, 무역위원회, 전기위원회 등은 바로 이러한 필요에 의하여 설치된 합의제경제행정조직이다. 합의제경제행정기관은, 그 제도적 취지에 비추어, 구성에 있어서 전문성과 독립성이 보장되고, 업무처리절차에 있어서 공정성·중립성과 투명성이 특별히 요구된다.

### 3. 일반경쟁규제기관과 전문규제기관

시장경제를 근간으로 하는 경제질서를 형성·유지하기 위해서는 시장에서의 경쟁질서를 보호하기 위한 경쟁규제기관의 존재가 필수적이다. 우리나라의 공정거래위원회나 미국의 연방거래위원회(FTC), 독일의 연방카르텔규제청(Bundeskartelamt) 등이 이에 해당한다. 이에 대하여 개별 경제영역의 특수성을 고려하여 해당분야에 대한 특별한 규제를 목적으로 별도의 규제기관이 설치되기도 한다. 예컨대 통신시장의 규제를 위해 설치된 우리나라의 방송통신위원회나 미국의 연방통신위원회(FCC), 독일의 연방통신우편규제청(Regulierungsbehörde für Telekommunikation und Post) 등이 그 예이다. 금융감독위원회, 전기위원회 등도 이러한 전문규제기관에 속한다.

그런데 전문규제기관이 설치되는 경우, 일반경쟁규제기관과의 관계에서 관할권 중복의 문제가 제기된다. 예컨대 현행 통신관련법상 방송통신위원회는 통신사업자의 불공정행위 등의 조사 및 시정조치권한을 가지고 있다. 한편 독점규제법의 적용대상인 사업자는 원칙적으로 모든 업종의 사업자이다$\binom{법}{2 1}$. 따라서 공정거래위원회는 전기통신사업자에 대하여도 동법상의 기업결합 및 경제력집중의 억제$\binom{제 3}{장}$, 부당한 공동행위의 제한$\binom{제 4}{장}$, 불공정거래행위의 금지$\binom{제 5}{장}$, 사업자단체에 대한 규제$\binom{제 6}{장}$ 등 경쟁법적 규제권한을 행사할 수 있다. 요컨대 현행법령상 전기통신사업자의 불공정거래행위에 대한 규제권한은 상당부분 공정거래위원회 및 방송통신위원회에게 중첩적으로 부여되어 있다. 이는 규제권한행사의 혼선으로 인한 정책의 일관성상실, 책임귀속의 불명확 등 행정조직법상의 문제뿐 아니라, 규제권한의 중복행사로 인하여 피규제자의 법적 지위에도 불이익을 줄 우려가 있다. 입법에 의한 명확한 관할배분이 바람직하겠지만, 명문규정이 없는 경우에는 법해석의 일반원칙에 따라 해결하여야 할 것이다. 일반적으로 전문규제권한의 근거규정은 일반경쟁규제권한의 근거규정에 대하여 특별법의 지위를 가진다는 점, 전문규제기관의 설치라는 입법목적에 비추어 전문성을 구비한 규제기관에게 규제권한이 부여되어야 한다는 점에서 전문규제기관에게 규제권한이 적어도 우선적으로 부여되어 있다고 해석된다. 이는 규제권한행사의 시너지효과라는 점에서도 정당화된다.

### 4. 공정거래위원회

국가경제행정조직 가운데, 시장경제질서의 존속·유지를 위해 핵심적인 경쟁규제를 담당하는 일반경쟁규제기관이자, 합의제경제행정기관의 형식으로 조직된 공정거래위원회에 대하여 간략히 검토한다.

(1) 공정거래위원회의 법적 지위

공정거래위원회는 정부조직법상 국무총리에 소속하나 독점규제 및 공정거래에 관한 법률(이하 독점규제법)이 정하는 업무의 전담기구로서 그 한도에서는 상급기관의 지휘감독을 받지 않고 독립하여 의사결정을 할 수 있는 합의제행정청의 지위를 가진다.

(2) 공정거래위원회의 구성

공정거래위원회는 위원장 1 인과 부위원장 1 인을 포함한 9 인의 위원으로 구성되며, 그 중 4 인은 비상임위원으로 한다(독점규제법 37①). 이들 위원은 ① 독점규제 및 공정거래에 관하여 경험이 있는 2급 이상의 공무원의 직에 있던 자, ② 판사·검사 또는 변호사의 직에 15년 이상 있던 자, ③ 법률·경제·경영 또는 소비자 관련 분야 학문을 전공하고 대학이나 공인된 연구기관에서 부교수 이상 또는 이에 상당하는 직에 15년 이상 있던 자, ④ 기업경영 및 소비자보호활동에 15년 이상 종사한 경력이 있는 자 중에서 임명하되 위원장과 부위원장은 국무총리의 제청으로, 기타 위원은 위원장의 제청으로 대통령이 임명 또는 위촉한다(동조②).

위원장과 부위원장은 정무직으로 하고, 기타 상임위원은 고위공무원단에 속하는 일반직공무원으로서 임기제공무원으로 보한다(동조③).

위원은 신분이 보장되나(동법 40) 정치활동은 금지된다(동법 41).

(3) 공정거래위원회의 임무

공정거래위원회는 다음의 임무를 수행한다.

① 시장지배적 지위의 남용행위 규제

② 기업결합의 제한 및 경제력집중의 억제

③ 부당한 공동행위 및 사업자단체의 경쟁제한행위 규제

④ 불공정거래행위 및 재판매가격 유지행위 규제

⑤ 경쟁제한적인 법령 및 행정처분의 협의·조정 등 경쟁촉진정책에 관한 사항

⑥ 기타 법령에 의하여 공정거래위원회 소관으로 규정된 사항($\frac{동법}{36}$)

## Ⅲ. 간접경제행정조직

### 1. 지방자치단체에 의한 경제행정

#### (1) 개    설

경제행정은 지방자치단체에 의하여도 수행된다. 경제에 대한 권력적 규제에 관한 한 그 대부분은 국가의 기관위임사무로서 행하여지고 있으나, 지방자치단체의 고유사무에 대하여는 지역적인 경제행정이 행하여질 수 있는 것임은 물론이다. 이 경우 조례와 법률과의 관계, 구체적으로는 조례에 의한 당해 경제사항에 대한 규제가능성·규제의 범위 등의 문제가 제기될 수 있을 것이다.

지방자치단체의 경제행정도 국가의 경우와 마찬가지로 지방자치단체가 이를 직접 행하는 경우(직접지방경제행정조직)와 기타 공법인 또는 공공단체를 통하여 행하는 경우(간접지방경제행정조직)로 나누어진다.

#### (2) 직접지방경제행정조직

1) 지방자치단체는 헌법과 법률상 인정된 자치권의 범위 내에서 경제행정을 수행할 수 있는 권한을 가지며, 지방자치단체는 그에 따라 경제과정에 대한 감독·조장 등의 경제행정을 행할 수 있을 것이다. 이러한 지방행정은 법령과 조례의 범위 안에서 지방자치단체의 장과 그 소속 행정기관이 이를 수행하게 된다.

2) 경제활동은 일반적으로 전국적 규모로 행하여지는 것이고, 이러한 경제활동에 대한 규제도 국가의 경제정책에 입각하여 행하여져야 할 것이므로, 지방자치단체에 의한 경제에 대한 권력적 규제행정은 국가의 기관위임사무가 그 대부분을 차지할 것으로 본다. 그러나 지역적 특수성을 감안한 소비자보

호나 경제에 대한 비권력적인 유도·향도, 특히 보조금과 같은 조장조치 등은 지방자치단체의 적절한 경제행정분야가 될 수 있을 것이다.

3) 지방공기업 중 지방직영기업은 지방자치단체의 직접경제행정조직으로 중요한 의미를 가진다. 지방직영기업이란 지방자치단체가 조례에 의하여 자기의 경제적 부담에 의하여 직접 관리·경영하는 사업으로서, 수도사업·궤도사업(도시철도사업을 포함)·자동차운수사업·주택사업 등이 그 대상이 된다($\frac{지방공기업법}{1\cdot2\cdot5}$). 이러한 지방공기업에 있어서는 지방자치단체는 경제에 대한 규제자로서가 아니라 스스로 경제주체로서 경제과정에 참여하는 것이다.

**(3) 간접지방경제행정조직 — 지방공사·지방공단**

지방자치단체는 법인을 설립하여 일정한 경제행정임무를 수행할 수도 있다. 이를 지방자치단체의 간접경제행정조직이라 칭할 수 있을 것이다. 현행법상 지방자치단체는 지방공사·지방공단 등을 설치·운영할 수 있다($\frac{지방자치법}{146,\ 지방공}$ $\frac{기업법}{49\cdot76}$). 서울특별시지하철공사, 서울특별시시설관리공단, 서울특별시농수산물도매시장관리공사 등이 그에 해당한다.

## 2. 전문기능적 자치행정조직(funktionale Selbstverwaltung)에 의한 경제행정

간접경제행정이 지역을 기초로 하지 아니하고, 일정한 기능을 기초로 하는 경우를 기능적 자치행정이라고 한다. 국가의 경제행정도 이러한 기능적 자치행정에 의하여 수행될 수 있다. 오늘날의 행정은 전문화·분권화의 추세를 보이고 있는바, 행정조직도 이에 부응하여 전통적 국가행정조직이 아닌 다양한 자치행정조직의 형식으로 조직되고 있다.[1] 특히 경제행정에 있어서는 이러한 간접행정조직의 비중이 계속 증대되고 있다. 이러한 간접경제행정조직으로서는 공법상단체(공공조합), 공법상재단, 공법상영조물법인 등을 들 수 있다.

**(1) 공법상단체(공공조합)**

공법상단체란 공법상의 사단법인이다. 국가는 일정한 경우 공법상의 사단법인을 통하여 경제행정임무를 수행하게 할 수 있다. 각종 협회조직을 통한 경제감독행정임무의 수행이 가장 대표적인 예이다. 자본시장과 금융투자

---

1) 기능적 자치행정조직에 대하여 상세한 것은 이원우, 항고소송의 대상인 처분의 개념요소로서 행정청, 저스티스, 2002/8, pp. 168~181, 187~198 참조.

업에 관한 법률에 의한 한국거래소는 유가증권의 매매에 대한 심리 및 감리를 행함으로써, 금융규제행정조직의 일부를 구성한다. 한국금융투자협회의 법적 성격에 대하여는 논란이 있으나,[1] 이를 공법상법인으로 보는 견해에 따르면, 공법상단체에 의한 경제행정의 대표적인 예에 속한다고 볼 것이다.

### (2) 공법상재단(공단)

국가행정의 일부를 수행하기 위하여 독립법인으로서 재단을 설립하여 일정한 경제행정임무를 부여할 수 있다. 공법상재단에 대하여는 특별한 규정이 없는 한 민법상재단에 관한 규정을 준용한다. 실정법상 각종 공단이 여기에 해당한다. 경제행정분야의 공단으로서는 중소기업진흥공단, 에너지관리공단 등을 들 수 있다. 이들 공단은 그 업무수행에 있어서 주무부장관의 지휘·감독을 받고($\frac{중소기업진흥에관한법률 78,}{에너지이용합리화법 62}$), 그 임원은 대통령 또는 주무부장관이 임면하는 등($\frac{중소기업진흥에}{관한법률 72}$) 공법적 특수성이 인정되고 있다.

그 밖에 공단이라는 명칭을 사용하지 아니하는 공법상재단도 존재한다. 대표적인 것으로는 한국소비자원을 들 수 있는데, 이 기구는 소비자권익증진시책의 효과적인 추진을 위하여 정부의 출연으로 설립된 특수공익법인으로서 공정거래위원회의 감독을 받는 공법상 재단법인의 일종이다($\frac{소비자기본법}{33·35·41·42}$).

한국소비자원은, ① 소비자의 권익과 관련된 제도와 정책의 연구 및 건의, ② 소비자의 권익증진을 위하여 필요한 경우 물품등의 규격·품질·안정성·환경성에 관한 시험·검사 및 가격 등을 포함한 거래조건이나 거래방법에 대한 조사·분석, ③ 소비자의 권익증진·안전 및 소비생활의 향상을 위한 정보의 수집·제공 및 국제협력, ④ 소비자의 권익증진·안전 및 능력개발과 관련된 교육·홍보 및 방송사업, ⑤ 소비자의 불만처리 및 피해구제, ⑥ 소비자의 권익증진 및 소비생활의 합리화를 위한 종합적인 조사·연구, ⑦ 국가 또는 지방자치단체가 소비자의 권익증진과 관련하여 의뢰한 조사 등의 업무, ⑧ 공정거래위원회로부터 위탁받은 동의의결의 이행관리, ⑨ 그 밖에 소비자의 권익증진 및 안전에 관한 업무를 수행한다($\frac{동법}{35①}$).

원장은 공정거래위원회 위원장의 제청으로, 감사는 기획재정부장관의 제청으로 대통령이 임명하고, 부원장·상임이사는 원장이, 비상임이사는 공정거

---

1) 사법인설(서울고등법원 2001. 11. 16.자 2001루100 결정), 공무수탁사인설(서울행정법원 2001. 9. 18.자 2001아1428 결정), 공법인설(이원우, 항고소송의 대상인 처분의 개념요소로서 행정청, 저스티스, 2002/8, pp. 161~167, 189~199) 등으로 견해가 대립한다.

래위원회 위원장이 임명하는바($\frac{동법}{내지}\frac{38③}{⑥}$), 이들 임원은 형법 제129조 내지 제132조의 적용에 있어서는 공무원으로 간주된다($\frac{동법}{43}$).

한국소비자원은 그 업무수행에 있어 공정거래위원회의 지휘·감독을 받는바, 공정거래위원회는 한국소비자원에 대하여 그 사업에 관한 지시·명령을 할 수 있다($\frac{동법}{42①}$). 공정거래위원회는 또한 한국소비자원의 예산·결산, 업무·회계 및 재산에 관한 감독·감시권을 가지고 있다($\frac{동조}{②③}$).

### (3) 공법상영조물법인(공사)

사법상법인은 사단과 재단으로 구분하지만, 공법상법인은 이에 더하여 영조물법인의 형식을 취할 수도 있다. 영조물법인이란 공적 목적에 제공된 인적·물적 결합체로 정의되는 것이 보통이다. 실정법상 공사가 여기에 해당한다. 그러나 공사라는 명칭을 가지지 아니하는 영조물법인도 다수 존재한다. 한국도로공사·한국산업은행·한국수출입은행·한국토지주택공사 등이 공법상 영조물법인으로서의 성질을 가진다.

### (4) 공법상특수법인

공법상특수법인이라는 용어가 사용되는 경우도 있다. 공법상특수법인이라는 용어는 일본에서 유래한 용어로서, 일본에서는 특별법에 의하여 설립된 법인을 총칭하여 특수법인이라 한다. 이러한 이해에 따를 때, 특수법인은 공공조합, 공단, 공사 등 공법상법인을 총칭하는 것으로서, 법리적으로 독자적인 의미는 없다고 하겠다. 요컨대 특수법인은 그것이 인적 결합체인 경우 공공조합, 재산에 법인격을 부여한 경우 공법상재단, 그 밖의 경우에는 영조물법인으로 파악될 수 있다.

### (5) 사 법 인

국가는 공법상의 경제조직 외에도 사법상의 조직을 설치하여 경제행정의 임무를 수행하게 할 수도 있다. 이들 사법인의 소유주체가 비록 국가이기는 하지만, 법형식에 있어서는 사인이므로, 이러한 경제행정은 행정조직형식상 아래에서 살피는 사인의 행정의 한 유형으로 이해될 수 있다.

## Ⅳ. 경제행정을 수행하는 사인(私人)

경제행정은 일정한 조건하에서는 사인에 의해서도 수행될 수 있다. 이러한 경우 공공주체의 경제행정기능의 일부가 민간으로 이양될 수도 있다. 이

러한 경우에는 사인에 의한 경제행정은 이른바 민간위탁 내지 공공기능의 민
영화를 위한 법적 수단으로 사용되며,[1] 오늘날 민영화정책과 관련하여 경제
행정법상 하나의 중요한 문제로 부각되고 있다.

## 1. 공무수탁사인(Beliehene)

### (1) 의  의

공무수탁사인이란 특정의 개별적인 고권적 권한을 자신의 이름으로 행사
할 권능이 부여된 사법상의 자연인 또는 법인을 말한다. 공무수탁사인의 결
정적인 징표는 위탁된 당해 공임무의 수행과 관련하여 사인이 고권적 권한
(hoheitsrechtliche Befugnisse)을 행사할 수 있다는 것이다.[2] 따라서 사인에 대
한 공무위탁에 있어서는 법적 근거를 요한다. 사인에 대한 공무위탁은 법률
이나 법률에 근거한 행정행위 혹은 공법상계약을 통해 행해진다.

사인에 대하여는 개별적인 권한만이 위탁될 수 있다. 따라서 공무수탁사
인의 법률관계는 특정 권한에만 관련되는 것이며, 당해 사인의 모든 법적 지
위에 대하여 그러한 지위가 인정되는 것은 아니다.

### (2) 공무수탁사인의 법률관계

공무수탁사인은 국민에 대하여 독립된 권리주체로서 등장하며, 공임무의
수행을 위하여 자신의 이름으로 고권적 권한을 행사한다. 따라서 이 양자간에
는 직접적인 법률관계가 형성된다. 공무수탁사인은 원칙적으로 스스로 행정
처분을 하거나 공법상 계약을 체결할 수 있다. 그러한 한도에서 공무수탁사
인과 그 상대방인 사인간에는 공법상의 법률관계가 형성된다. 이 경우 공무
수탁사인은 행정소송법상 행정청의 지위를 가지며, 따라서 상대방인 국민은
공무수탁사인을 상대방으로 하여 행정소송을 제기할 수 있다. 행정심판법 제
2 조 제 2 항과 행정소송법 제 2 조 제 2 항도 이를 예정하고 있다. 그러나 양자
간의 법률관계가 모두 공법적으로 형성되는 것은 아니며, 그것이 특별히 공
법적 법규에 기초하지 않은 경우에는, 그 법률관계는 사법상의 법률관계이다.[3]

공무수탁사인과 공공주체 상호간의 관계는 원칙적으로 공법관계이다. 공

---

1) 이에 대하여 상세한 것은 이원우, 정부기능의 민영화를 위한 법적 수단에 대한 고
   찰, 행정법연구 제 3 호, 1998, p. 108 이하 참조.
2) 이것이 독일의 통설이자 판례의 입장이다. Wolff/Bachof/Stober, Verwaltungs-
   recht Ⅱ, 1987, p. 415.
3) Wolff/Bachof/Stober, op. cit., 1987, p. 418.

무수탁사인은 공공주체의 하나로 되고, 이러한 한도에서 기본권주체성이 제한된다. 공무수탁사인은 관리운영권과 관리운영의 의무를 동시에 가진다. 공공주체는 사인에게 고권을 부여하고 또한 당해 공무수탁사인에 대하여 감독권을 가진다. 공무수탁사인과 공공주체 상호간의 법률관계를 공의무부담으로 파악하는 견해도 일부 있으나,[1] 다음에서 보는 바와 같이 공의무부담은 그 법리상 독자적인 법제도로서 공무수탁사인과 구별되어야 하는 것이다.

### 2. 공의무부담(Inpflichtnahme) · 공의무부담사인(Inpflichtgenommene)

#### (1) 의    의

이른바 공의무부담이란 공적 책무의 수행을 위하여 사인에게 특정한 의무가 부과되는 것을 말한다. 이 경우 관계사인은 자신의 의사와 관계 없이 의무를 부담한다. 석유 및 석유대체연료 사업법 제17조에 의한 석유정제업자 등의 석유비축의무가 그 예에 속한다.

공무수탁사인과 달리 공의무가 부과된 사인은 고권적 권한을 행사할 수 없다. 또한 공무수탁사인에 있어서는 위탁되는 고권적 권한에 경제적 이익이 결합되어 당해 사인이 공무수탁사인이 되고자 하는 수익적 계기가 있는 데 대하여, 공의무부과의 경우에는 공공주체가 임무수행의 부담을 사인에게 일방적으로 부과하는 부담적 계기가 성립의 동인이다. 아래에서 보는 바와 같이 양자의 경우에 그 법률관계는 각각 다르게 형성된다.

공의무부담은 직접 법률에 의하여 혹은 법률에 근거한 행정행위에 의하여 행해질 수 있다. 이것이 행정계약에 의해서도 가능한지에 대하여는 일단 논란이 있으나, 공의무부담에 있어서 의무란 사인에게 강제적으로 부과된 의무만을 의미하며, 대가적 급부로서 임의로 부담하는 의무는 제외된다.

#### (2) 공의무부담에 있어서의 법률관계

공공주체와 공의무부담자인 사인 사이에는 직접 법률에 의하여 혹은 법률에 근거한 행정행위에 의하여 공법상 법률관계가 형성된다. 공의무부담사인은 일정한 행위나 급부를 할 공법상의 의무를 부담한다. 그러나 공의무부담사인은 국가조직에 편입되지 않으며 국가에 대하여 주관적 공권을 가진다. 따라서 공의무부담사인은 완전한 범위에서 기본권보장을 받는다. 공의무부담사인이 입게 되는 손실의 보상청구권(공공주체에 대한 청구권)은 이를 공중일

---

1) W. Brohm, Strukturen der Wirtschaftsverwaltung, 1969, pp. 205 ff.

반에 전가시킬 수 없는 경우에만 예외적으로 인정된다.

공의무부담사인의 행위나 급부가 제 3 자와 관계되는 경우에는 이 제 3 자와 공의무부담사인 상호간, 그리고 제 3 자와 공공주체 상호간의 법률관계의 성질이 문제된다.

공의무부담사인은 공무수탁사인과 달리 공법상의 권한을 행사할 수 없기 때문에, 공의무부담사인과 제 3 자 사이의 법률관계는 원칙적으로 사법적으로 형성된다.[1] 공의무부담사인은 제 3 자에 대하여 독립된 사법상의 권리주체로 등장한다.

공공주체와 제 3 자 사이의 법률관계와 관련하여서는 공법상의 효과가 이들 사이의 관계에까지 미치는가를 검토해 보아야 한다. 특히 공의무부담사인이 당해 의무를 수행하는 과정에서 제 3 자에게 손해를 야기한 경우 이 제 3 자가 국가 등에 대하여 국가배상법상의 손해배상을 청구할 수 있는지 여부가 그 하나의 중요한 문제이다. 결국 여기서는 공의무부담사인의 의무이행을 공무원의 직무수행에 해당하는 것으로 볼 수 있는지가 문제의 기본적 초점이 된다. 우리 판례는 "널리 공무를 위탁받아 실질적으로 공무에 종사하고 있는 자"도 공무원에 포함되는 것으로 보고 있으므로[2] 공무수탁사인이 여기에 포함된다고 보는 데는 견해가 일치하고 있으나, 이를 공의무부담사인에까지 당연히 확대할 수 있는지는 의문이다. 왜냐하면, 전자의 경우에는 공법상의 주체로 인정되므로 문제가 없으나, 후자의 경우에는 관계사인은 공법상의 의무를 부담함에 그치고, 원칙적으로는 사법상의 주체로서 활동하기 때문이다.[3] 따라서 이 경우에는 관계인은 제한적으로만 '공무원'으로 인정될 수 있다고 할 것인바, 그 구체적 판단에 있어서는 독일의 판례와 학설에 의해 정립·발전된 이른바 "도구이론(Werkzeugtheorie)"이 하나의 유용한 기준이 될 수 있는 것으로 보인다. 그런데 이 이론에 따르면 공의무부담사인이 공공주체의 지시나 기타 다른 영향력행사에 복종 내지 종속되어 그 공공주체의 "도구"로 인정되는 경우에는, 당해 의무수행의 실체를 기능적으로 파악하여,[4] 이 경우 관계인의 행위는 공무원의 직무수행으로 파악된다고 본다.

---

1) E. Forsthoff, Lehrbuch des Verwaltungsrechts, 1973, p. 180; Steiner, öffentliche Verwaltung durch Private, 1975, p. 185.
2) 대판 1970. 11. 24, 70다2253.
3) 대법원 판례도 기본적으로 이러한 입장에 있는 것으로 보인다. 대판 1990. 3. 22, 89누4789.
4) 이러한 입장으로 홍정선, 행정법(상), 1998, p. 509, 옆번호 1495a.

### 3. 행정보조자(Verwaltungshelfer)

#### (1) 의 의

공공주체는 공임무를 수행하기 위하여 다양한 형태로 사인을 이용할 수 있는데, 이 중에서 사인이 당해 공공주체를 위하여 비독립적으로 활동하고 단순히 도구로서 공임무수행에 동원되는 경우를 행정보조자라고 한다. 따라서 행정보조자는 공무수탁사인과는 달리 자신의 이름으로 활동하지 않으며, 공공주체의 위임에 의하고 또한 그 지시에 따라 활동한다.

이러한 행정보조자에 관하여는 개별법이 명문의 규정을 두고 있는 경우도 있으나, 행정보조자 법제는 공무수탁사인과는 달리 명문의 규정이 없는 경우에도 원칙적으로 허용된다고 본다. 따라서 공공주체는 명문의 수권 없이도 자신의 공임무를 수행하기 위하여 행정보조자로서 사인을 이용할 수 있다.[1]

#### (2) 행정보조자 모델에 있어서의 법률관계

행정보조자는 기능민영화의 수단으로도 활용될 수 있는바, 이 경우 그 법률관계는 통상 계약에 의하여 이루어진다. 따라서 공공주체와 행정보조자 사이의 법률관계는 원칙적으로 사법 내지 행정사법적으로 형성된다. 그러나 공공주체는 사인에게 일정한 임무수행(사실상의 임무수행)을 위탁함에 있어서는 공공위탁(공공발주 öffentliche Aufträge)에 관한 관계법의 규정(예컨대 국가를 당사자로 하는 계약에 관한 법률, 계약사무처리규칙 등)을 준수하여야 하는 것임은 물론이다.

협의의 공공발주에 있어서는 행정보조자로서의 사인이 제공하는 급부는 공공주체에 대한 것이어서 제 3 자인 국민이 법률관계의 당사자로 등장할 여지는 없고, 따라서 공공주체와 행정보조자로서의 사인간의 법률관계만이 문제되나, 그 밖의 경우에는 급부가 제공되는 제 3 자인 국민도 법률관계의 당사자로 등장한다.

행정보조자의 기본적인 개념징표는 그 비독립성이다. 국민에 대한 급부는 사실상 행정보조자인 사인이 제공하지만, 법적인 관점에서는 그 급부제공

---

1) 이러한 독일의 통설적 견해에 대하여는, Stober, in: Tettinger(Hg.), Rechtlicher Rahmen für Public-Private-Partnerships auf dem Gebiet der Entsorgung, 1994, p. 25, 34; v. Arnim, Rechtsfragen der Privatisierung, 1995, pp. 15 f.; Peine, in: Hoffmann-Riem/Schneider(Hg.), Verfahrensprivatisierung im Umweltrecht, 1996, pp. 95, 107 등 참조.

의 책임을 지는 것은 공공주체이다. 행정보조자와 급부의 수혜자인 국민과의 사이에는 어떠한 직접적 법률관계도 개재하지 아니하며, 따라서 행정보조자는 자신의 급부에 대한 대가를 실제 수혜자인 국민이 아니라 당해 공공주체로부터 받는다.

행정보조자의 활동은 당해 공공주체에게 귀속되며, 그와 관련된 법률관계도 공공주체와 제3자인 국민 사이에 형성된다. 행정보조자의 활동으로 제3자인 국민에게 손해가 발생한 경우의 책임에 대하여는 앞서 공의무부담사인과 관련하여 기술한 도구이론이 역시 적용될 수 있는바, 이 경우에는 도구성이 인정되는 경우가 보다 많을 것이다.

# 제 5 절 경제행정작용법

경제행정의 수단과 관련하여서는 경제행정의 목적을 달성하기 위하여 국가·지방자치단체 등의 행정주체는 어떠한 수단들을 사용할 수 있는가, 그러한 수단들은 어떠한 내용과 효과가 있고, 그 한계는 어떠한 것인가 등의 문제가 제기된다.

다음에서는 먼저 경제행정의 수단을 분류하고, 이어서 각 수단을 개별적으로 검토한다.

## 제 1 항 경제행정작용의 분류

경제행정에 있어서는 그 목적달성을 위하여 내용적으로 매우 다양한 수단이 사용되고 있는바, 이러한 경제행정의 수단은 여러 기준에 따라 분류될 수 있다.

### 1. 경제행정의 임무에 따른 분류

경제행정의 수단은 그 임무의 내용에 따라 분류될 수 있다. 그에 따라 경제행정의 수단은 경제영역에 있어서의 위험의 방지 및 제거를 위한 경제감시·감독수단, 경제활동을 일정한 방향으로 유도하는 경제지도·향도수단 및 기업에 대하여 보조금의 제공 또는 의무의 면제 등을 통하여 그 경제활동을

조장·촉진하는 경제조장수단 등으로 대별할 수 있다.[1]

## 2. 행정개입의 내용에 따른 분류 ── 권력적 규제와 비권력적 규제

경제에 대한 행정개입은 그 형식에 따라 권력적 수단에 의한 개입과 비권력적 수단에 의한 개입으로 구분할 수 있다. 경제행정은 일정한 경제정책에 따른 경제과정에의 개입을 통하여 사적 자치에 기초한 경제질서에 대하여 제한·수정을 가하는바, 경제에 대한 국가의 개입은 권력적 수단에 의하는 경우가 많다. 이러한 권력적 수단에 의한 개입은 하명, 금지, 인·허가, 등록, 신고 등의 형식으로 행하여진다.

비권력적 수단에 의한 개입은 국가 등이 공권력의 발동, 즉 권력적 수단 이외의 방법에 의하여 경제활동에 개입하여 국민경제를 일정한 방향으로 향도하는 것을 말한다. 이러한 비권력적 행정개입의 수단으로서는 공기업의 형식에 의한 경제활동에의 직접참여, 공법상 계약, 행정사법적 활동, 일정한 행정계획, 행정지도를 비롯한 사실행위 등을 들 수 있다.

## 3. 행위형식에 따른 분류

경제행정의 수단은 행정의 행위형식의 관점에서도 분류할 수 있다. 이러한 관점에서의 경제행정수단의 분류방식은 경제행정의 목적이나 내용에 구애되지 아니하고, 경제행정을 위하여 사용될 수 있는 각종의 법적 수단들을 총체적·체계적으로 분석하고 정리할 수 있다는 점에서 그 기본적 유용성이 있다.

경제행정의 행위형식은 먼저 이를 법률과 행정작용(Verwaltungshandeln)으로 대별할 수 있다. 경제행정에 있어서의 행정작용형식에 관하여는 일반행정작용론이 원칙적으로 그대로 타당하게 적용된다.

행정작용 일반을 체계적으로 분류하는 것은 그 내용의 다양성과 특히 현재도 새로운 행위유형이 계속 등장하고 있다는 사실 등으로 인하여, 그에 있어서는 여러 가지 어려움이 있다. 그러나 대체로 행정작용은 그것이 귀속되는 법영역을 기준으로 하여 공법행위와 사법행위로 나누고, 공법행위는 다시 법적 효과의 발생 여부 및 양태에 따라 법적 행위와 사실행위로 구분하고, 법적 행위는 그것이 외부관계에 대한 것인가에 따라 구체적으로 분류할 수 있을 것이다. 이를 도식화하면 다음과 같다.

---

1) 앞의 제 3 절 '경제행정의 임무와 법적 수단' 참조.

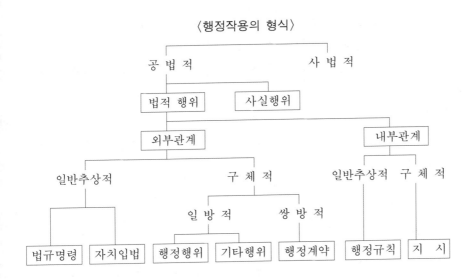

〈행정작용의 형식〉

## 제 2 항  경제행정작용의 행위형식 및 그 구체적 내용

위에 적은 대로 경제행정의 수단으로서는 법률과 다양한 행정작용형식이 있는데, 법규명령이나 자치입법은 형식적으로는 행정작용에 속한다. 그러나 경제행정의 관점에서 이들은 실질적으로 법률과 같은 기능을 수행하는 것이므로, 다음에서는 법률과 행정입법을 하나의 경제행정의 수단으로서 검토한다.

## Ⅰ. 법령·자치법규에 의한 직접적 규제

### 1. 개    설

경제에 대한 국가 또는 지방자치단체의 개입은 행정의 구체적 조치를 통하지 않고 법령에 의하여 직접 행하여질 수도 있다. 법령이 직접 일정한 행위를 금지 또는 명하는 경우 등이 그것이다.

여기서 법령이란 법률과 법규명령을 말한다. 법규명령이란 국가의 행정권이 정립하는 일반·추상적인 규정으로서 법규적 효력, 즉 행정내부적 효력뿐만 아니라 국민에 대하여도 구속력을 가지는 것을 말한다. 그러한 점에서 행정규칙은 그에 포함되지 않는다. 행정규칙의 법규성에 대하여는 논란이 있기는 하나, 그 일정 유형(재량준칙·법률대위적 규칙)에 대하여는 평등원칙 또는 신뢰보호원칙과의 관계에서 법규에 준하는 효력이 인정될 수도 있을 것이나, 그 자체에 법규적 효력을 인정할 수는 없다고 본다.[1][2]

자치법규란 지방자치단체가 그 자치입법권에 의하여 법령의 범위 안에서 제정하는 자치에 관한 법규($\substack{\text{헌법 117①},\\ \text{지방자치법 22}}$)로서, 지방의회가 제정하는 조례와 자치단체의 장이 제정하는 규칙이 그것이다. 지방자치단체도 경제행정의 주체로서 이러한 조례・규칙에 의하여 경제에 대한 규제와 조정을 행할 수 있음은 물론이다.[3]

## 2. 법령 등에 의한 직접적 규제의 내용

### (1) 경제활동에 관한 의무부과

법령에 의하여 사경제주체에 대하여 작위・부작위(금지)・수인의 의무가 부과되는 경우가 있다. 독점규제법에 의한 시장지배적 사업자의 지위남용행위의 금지($\substack{\text{법}\\\text{3의2}}$)나 불공정거래행위의 금지($\substack{\text{동법}\\\text{23}}$), 물가안정에 관한 법률(이하 물가안정법이라 한다)에 의한 폭리를 위한 매점매석행위의 금지($\substack{\text{법}\\\text{7}}$) 등이 그 예이다. 이러한 법령에 의한 의무부과나 금지에 대하여는 통상 그 의무이행을 확보하는 수단으로서 벌칙이 규정되어 있는 것으로서, 시장지배적 사업자의 지위남용금지위반에 대한 벌칙($\substack{\text{독점규제}\\\text{법 66}}$)이나 불공정행위금지 위반에 대한 벌칙($\substack{\text{동법}\\\text{67}}$) 등이 그 예이다.

### (2) 신고제・등록제 등

후술하는 인・허가제보다는 그 개입의 정도가 약한 것이나, 법령이 신고 또는 등록・표시 등의 의무를 부과하는 경우가 있다.

1) 신 고 제    독점규제법 제12조에 규정되어 있는 신고의무가 그 예로서, 신고제의 기능은 기본적으로 다음의 두 가지로 요약될 수 있다.

신고제는 먼저 경제활동에 대한 사전적 통제기능을 수행한다. 즉 신고제에 있어서도 관계법령상의 요건이 충족되어 있지 않음을 이유로 그 수리거부

---

1) 판례

　　"이른바 행정규칙은 일반적으로 대외적 구속력을 갖는 것이 아니며, 다만 행정규칙이 행정관청에 법령의 구체적 내용을 보충할 권한을 부여한 경우 또는 평등의 원칙이나 신뢰보호의 원칙에 따라 행정기관이 규칙에 따라야 할 자기구속을 당하는 경우에는 대외적 구속력을 갖게 된다"(헌재결 1990. 9. 3, 90헌마13).

2) 상세한 내용은 「행정법 Ⅰ」의 '행정규칙'에 관한 부분 참조.

3) 위헌 여부에 대하여 논란이 있었던 담배자동판매기설치금지에 관한 조례가 그 대표적 예이다. 헌재결 1995. 4. 20, 92헌마264 참조.

가 인정되는 경우가 있는데, 이러한 경우에는 신고제는 허가제와 같은 의미를 가진다. 다만 이러한 내용의 신고제는 그 대상업종의 영세성을 고려한 규제완화의 취지에서, 일종의 완화된 인·허가제로서 활용되고 있는 경우가 적지 않다.

다음에 신고제는 그 대상인 행위에 대한 지속적 통제수단(Befolgungs-kontrolle)으로서의 의미를 가진다. 각종의 영업양도 등에 있어서의 신고의무 부과가 그 예이다($\binom{식품위생법}{39\ 등}$).

2) 등록제·표시제  경제관계법령이 사업자·관리인 등의 등록의무나 일정한 표시의무를 정하고 있는 경우가 있다. 물가안정법 제 3 조에 의한 가격표시의무가 그 예이다.


## Ⅱ. 행정행위

행정행위는 경제행정법에 있어서도 중심적인 행위형식으로 되고 있다. 행정행위는 주로 경제감독의 수단으로 되고 있으나, 일정한 경우에는 경제의 향도·조장의 목적을 위하여서도 활용되고 있다.

### 1. 경제행정법상 하명·금지

하명이란 작위·부작위·수인·급부를 명하는 행정행위를 말하며, 그 중에서 부작위를 내용으로 하는 하명을 특히 금지라고 하고 그 밖의 경우를 명령이라 한다. 소비자기본법에 기하여 중앙행정기관의 장이 일정 물품·용역이 생명·신체 및 재산상의 안전에 현저한 위해를 끼칠 우려가 있다고 판단하는 경우에 그 사업자에게 발하는 수거·파기명령(작위하명) 또는 당해 물품 등의 제조·수입·판매 또는 제공의 금지명령(부작위하명)($\binom{법}{50①}$)이나, 식품위생법에 기하여 시·도지사가 공익상 또는 선량한 풍속의 유지를 위하여 식품접객업자에게 발하는 영업시간 및 영업행위의 제한처분($\binom{법}{38}$)을 하는 것 등이 그 예이다.

하명의 대상인 행위는 사실행위인 것이 보통이나 법률행위가 될 수도 있으며, 그 상대방은 특정인인 것이 보통이나, 불특정다수인이 될 수도 있다(일반처분).

## 2. 경제행정법상 허가

### (1) 의    의

경제행정법상 허가란 행정법 일반에서와 마찬가지로 법령에 의한 일반적·
상대적 금지를 특정한 경우에 해제하여, 적법하게 당해 경제활동을 할 수 있
게 하여 주는 행정행위를 말한다.[1] 영업의 자유는 헌법상 기본권으로 보장되
어 있으나, 경제행정상의 목적을 위하여 법률에 의하여 그 행사에 일정한 제
한을 가할 수 있는 것으로, 허가는 이러한 근거법상의 제한규정에 부합되는
지의 여부에 대한 심사절차 또는 사전통제절차로서의 의미를 가지는 것이다.
그러한 점에서 경제법상의 허가는 특정 경제활동이 근거법상의 제한규정에
배치되지 않는다고 판단되는 경우에 헌법상의 영업의 자유(권)를 적법하게
행사할 수 있게 하여 주는 행위인 것이다.

### (2) 법적 성질

1) 재량행위성 여부    허가는 금지의 해제로서 수익적 행위의 성질을 가
지므로, 재량행위에 관한 효과재량설의 입장에서 이를 재량행위로 보는 것이
종래의 입장이었다. 그러나 허가신청이 있는 경우 행정청은 그 신청대상이
관계법상 개인의 영업의 자유에 대하여 부과되어 있는 제한요건으로서의 허
가조건을 충족하는 것인지 여부를 심사하게 되는바, 관계법상의 허가요건을
충족하는 경우, 환언하면 관계법상의 제한요건에 해당하지 않는 경우에도 당
해 행위를 불허하는 것은 헌법상의 영업의 자유(권)를 부당하게 침해하는 것
으로서 허용되지 않는다고 할 것이다. 따라서 허가는 기속행위로서의 성질을
가진다고 본다. 판례도 같은 입장이다.

---

1) 허가의 경우는 그 대상인 행위 자체는 사회적으로 바람직한 것으로서, 다만 그 행위
가 일정한 경우에 경찰행정 또는 경제행정상의 위해를 가져올 수도 있으므로, 사전에
일정한 요건을 정하여 일단 그 행사를 일반적으로 금지한 다음 당사자의 신청이 있는
경우에 법령상의 요건충족 여부를 심사하여 당해 행위를 허용해 주는 것이다. 이러한
허가 외에 독일행정법상에는 예외적 승인(Ausnahmebewilligung) 또는 면제(Dis-
pens)라는 관념이 있는바, 이것은 사회적으로 유해한 것으로 금지되어 있는 행위를
예외적인 경우에 그 금지를 해제하여 이를 적법하게 행사할 수 있게 하여 주는 행위
를 말한다. 이러한 의미의 예외적 허가 또는 면제는 우리 행정법에서 말하는 면제와는
다른 개념이다. 독일의 경우에는 종래 허가와 특허 등을 금지의 해제라는 점에서 동일
한 성질을 가지는 것으로 보고, 이를 포괄하여 넓은 의미의 허가라고 하여 형성적 행
정행위라고 본다. 이렇게 파악한 넓은 의미의 허가 내지 금지의 해제를 금지의 목적을
기준으로 "예방적 금지(präventives Verbot)의 해제"와 "진압적 금지(repressives
Verbot)의 해제"로 구별하는데, 예외적 승인이란 바로 진압적 금지의 해제를 말한다.

"광천음료수 제조업허가는 그 성질상 일반적 금지에 대한 해제에 불과하므로 허가권자는 허가신청이 소정의 요건을 구비한 때에는 이를 반드시 허가하여야 하는 것이다"(대판 1993. 2. 12, 92누5959).

**2) 형성행위성 여부**  종래 허가는 자연적 자유의 회복행위로서 명령적 행위로 보고 있었으며, 현재도 다수 견해는 이러한 입장을 취하고 있다.

그러나 허가는 단순한 자연적 자유의 회복행위에 그치지 않고, 그 상대방에 헌법상의 자유권을 적법하게 행사할 수 있는 법적 지위를 설정하여 주는 행위인 것이므로, 그것은 본질적으로는 형성적 행위라고 보아야 할 것이다. 다만 허가는 헌법상의 자유권을 적법하게 행사할 수 있게 하여 주는 데 그치고, 새로운 권리 기타 법률상의 능력을 설정하여 주는 것은 아니라는 점에서 상대적이기는 하나 특허와는 구별된다고 할 것이다.

**(3) 허가의 종류**

경제행정법상의 허가는 여러 관점에서 이를 분류할 수 있다.

① 경제행정법상의 허가도 행정법 일반의 경우와 같이 그 심사대상에 따라 대인적 허가·대물적 허가 및 혼합적 허가로 나눌 수 있다.

이러한 분류는 특히 허가의 이전가능성 문제와 관련하여 의미를 가지는 것으로, 그 자유로운 이전은 대물적 허가에 한하여 인정된다. 대인적 허가는 허가의 상대방의 주관적 사정이 그 허가요건으로 되어 있는 것이므로 그 이전이나 양도는 허용되지 않으며, 혼합적 허가는 인적·물적 사정이 허가요건으로 되어 있는 것이므로, 그 이전성이 제한되는 것이 원칙이다.

허가사업의 양도에 대하여는 소관행정청에 대한 신고의무를 부과하고 있는 경우가 적지 않다(자동차관리법 55①, 식품위생법 39③).

② 허가는 또한 그 대상 또는 내용에 따라 시설허가·경영허가·판매허가 등으로 나눌 수도 있다.[1]

③ 실정법상 허가의 구체적 예로서는 식품접객업허가(식품위생법 37①) 등을 들 수 있다.

**(4) 허가의 효과**

허가의 효과는 관계법에 의한 일반적 금지를 해제하여 허가된 행위를 적법하게 행사할 수 있게 하여 주는 데 있다. 그러나 위에 적은 대로 허가는 내용적으로는 헌법상의 영업의 자유권을 적법하게 행사할 수 있는 법적 지위를

---

1) Jarass, op. cit., p. 171.

설정하여 주는 데 그치고, 새로운 권리를 설정하여 주는 것은 아니다.

이러한 허가와 관련하여서는 허가를 받은 자가 일정 지역에서 독점적 이익을 받고 있는 경우에 그 이익의 법적 성질의 여하가 문제된다. 이것은 관계법에서 거리제한규정을 두고 있는지의 여부 및 그러한 거리제한규정이 있는 경우에는 당해 규정의 목적·취지의 구체적 해석에 따라 결정될 문제이다.

관계법상 거리제한규정이 없는 경우에는 기존업자가 종래 누리고 있던 이익은 단순한 사실상의 이익에 불과한 것이다. 관계법상 거리제한규정이 있는 결과로 받는 기존업자의 독점적 이익은 관계규정의 목적·취지의 구체적 해석에 따라 결정될 문제이다. 즉 거리제한규정의 취지가 공익뿐만 아니라 기존업자의 이익도 보호하기 위한 것이라면, 당해 이익은 단순한 사실상 또는 반사적 이익이 아니라, 법적으로 보호되는 이익이 되는 것이다. 이 경우는 당해 허가의 법적 성질의 문제가 제기될 수 있다. 왜냐하면 이 경우는 허가에 의하여 기존업자에게 법적 이익으로서 독점적 이익이 인정되고 있기 때문이다. 이 경우 당해 행위는 허가와 특허가 혼합되어 있는 합성행위로 보는 견해도 있다. 허가와 특허를 엄격히 구별하는 입장에서는 이러한 결론에 도달할 수밖에 없을지도 모르나, 이 견해는 지나치게 형식논리적인 것으로 보인다. 이 경우 당해 행위는 여전히 허가이고 다만 관계법이 예외적으로 보호규정을 두고 있다고 해석하는 것이 보다 실질에 부합하는 해석일 것으로 본다.

### 3. 경제행정법상 특허

#### (1) 의    의

특허란 기존의 권리의 범위를 확대하거나 새로운 권리를 설정하여 주는 행위를 말한다. 실정법상으로는 허가·면허·인가 등의 용어도 사용되고 있다. 도시가스사업법에 의한 도시가스사업의 허가($\frac{법}{3}$), 전기사업법에 의한 전기사업의 허가($\frac{법}{7}$), 여객자동차 운수사업법에 의한 여객자동차운송사업의 면허($\frac{법}{5}$) 등이 그 예이다.

경제행정에 있어서의 특허는 경제과정에의 참입(参入)·진입규제를 위한 수단이라는 점에 그 기본적 기능 또는 의미가 있다. 즉 경제관계법이 특정 사업의 허가(특허)의 요건으로 일정 지역에서의 수급균형($\frac{여객자동차운}{수사업법 5①}$), 거리제한, 공급구역제 등을 정하고 있는 경우가 있는바, 이러한 규정은 당해 경제활동에 대한 진입 또는 참입을 규제하고 제한하여, 당해 지역에서의 수급조절 또는 당해 영업활동을 특별히 보호하려는 데 그 기본적 목적이 있는 것이다. 이러한 규정의 결과 당해 지역에서 허가(특허)사업자의 수는 단일 또는 소수 의 사업자로 한정되며, 이들 사업자는 당해 지역에서의 사업경영에 있어 독점적 지위를 누리게 되는 것이다.

### (2) 법적 성질

경제행정상의 특허는 그 상대방에게 권리 기타 법률상의 힘을 부여하는 설권행위이다. 특허는 수익적 행위라는 점에서 이를 재량행위라고 보는 것이 보통이다. 특허는 그 내용에 있어 헌법상의 영업의 자유를 적법하게 행사할 수 있게 하여 주는 데 그치지 않고, 새로운 권리 기타 법률상의 힘을 설정하여 그 상대방에 특별한 법적 지위를 설정하여 주는 행위인바, 이러한 특별한 권리를 부여하는 것은 기본적으로는 당해 특허대상인 사업이 공익성이 특히 부각되는 것이라는 점에 따르는 것이라는 점을 감안하면, 특허를 할 것인지 여부의 결정에 있어서는 행정청에 일단 독자적 판단권을 인정할 수 있는 소지가 있다 할 것이며, 특히 경제행정에 있어서 특허제도는 많은 경우 경제정책과 관련된 것이라는 점에서는 더욱 그러하다.

그러나 경제행정상의 특허도 영업의 자유에 관련된 것임을 간과하여서는 안되며, 그러한 점에서는 특허를 일률적으로 재량행위로 보는 것은 타당하지 않다고 본다. 이와 관련하여 하나의 일반적 판단기준을 제시하여 보면, 관계 법상 특허요건의 내용에 있어 행정청에 의한 그 해석·적용에 있어서는 기술적·전문적 판단을 요하는 성질의 것이고, 또한 그에 있어서는 행정청의 경제정책과 관련된 공익적 고려가 부각되는 때에는 그러한 한도에서 행정청에는 독자적 판단권, 즉 재량권이 인정된다고 본다. 따라서 특허행위가 재량행위인지의 여부는 원칙적으로 개별적·구체적으로 판단되어야 할 문제라고 본다.

### 4. 경제행정법상 인가

법률상 행정청의 승인이 다른 법률관계의 당사자의 법률행위의 유효요건으로 되어 있는 경우에 행정청이 그 법률행위를 승인함으로써 그 법적 효력을 완성시켜 주는 행정행위이다(사업양도인가($^{여객자동차운수}_{사업법\ 14②}$), 토지거래계약허가($^{부동산\ 거래신고\ 등}_{에\ 관한\ 법률\ 11①}$).

이러한 인가제도는 특히 경제행정에 있어서는 사경제주체의 경제활동에 대한 감독 또는 규제수단으로서 다른 행정영역에 비하여 그 중요성이 부각되고 있다.

### 5. 확 약

확약이란 일정한 행정작용을 하거나 하지 않을 것을 내용으로 하는 행정청의 구속력 있는 약속을 말한다. 우리나라에서는 아직 확약에 관하여 규정하고 있는 실정법은 없으나, 행정관행상으로는 내인가·내허가 등의 명칭으로 각종 인·허가의 발급약속이나 공무원에 대한 승진약속 등에 있어 이미 활용되고 있는 법제이다.

확약에 대하여는 그 행정행위성 여부나 법적 근거 등이 중요한 문제로 되고 있으나 여기서는 이 문제는 검토하지 않기로 한다. 확약의 법적 성격이 어떠한 것이든지 간에, 그에는 행정청이 상대방에 대하여 확약된 대로의 행정작용을 하여야 할 법적 구속력이 인정된다는 점에서는 사경제주체에 대하여 사업이나 투자 등에 있어서 장래에 대한 예측가능성 내지는 그 안전성을 담보하여 줄 수 있는 법제로서, 경제행정분야에서는 매우 유용한 작용형식으로 활용될 수 있다.

### Ⅲ. 공법상계약

공법상계약이란 공법적 효과의 발생을 목적으로 하여 복수당사자 사이에 반대방향의 의사표시의 합치로써 성립되는 공법행위를 말한다.

전통적으로 행정법관계에 있어서는 권력행정이 그 중심이 되고 있었던 결과로, 행정의 행위형식으로서는 당연히 행정행위가 중심적 위치를 차지하고 있었고, 공법상계약은 별다른 관심의 대상이 되지 못하였다. 그러나 오늘날에는 행정의 질적·양적 확대에 따라 비권력행정의 비중이 증대됨에 따라 비권력적 작용형식으로서의 공법상계약이 중요한 행정의 행위형식으로 등장하게 된 것이다.

이러한 행정의 비권력적 작용형식으로서의 공법상계약은 개별·구체적 사정에 부응하는 탄력적인 행정목적의 실현수단이라는 점에서, 경제행정에 있어서는 특히 그 중요성이나 의미가 부각되는 법적 수단이라 할 것이나, 이 작용형식은 아직도 별달리 활용되지 못하고 있는 실정이다.

## Ⅳ. 경제행정상 행정계획

### 1. 의　　의

행정계획이란 그 내용이나 형식이 매우 다양한 것이어서 그 일반적 정의는 매우 어려운 것이나, 여기서는 이를 일단 「행정청이 장래의 일정시기에 도달하고자 하는 목표를 설정하고, 그를 위하여 필요한 여러 가지 수단들을 조정·통합하는 작용 또는 그 결과로 설정된 활동기준」으로 정의하여 둔다.

경제행정은 소극적인 사회질서의 유지작용에 그치지 않고, 적극적인 사회형성작용이라는 점에서는 장래의 일정 시점에 도달하고자 하는 목표를 설정하고, 그를 위하여 여러 시책들을 조정·종합하여 추진하는 것이 특히 요청된다. 그러한 점에서 행정계획은 경제행정에 있어서 특히 중요한 의미를 가진다.

### 2. 종　　류

경제행정에 있어서의 행정계획으로서는 종합적 장기계획으로서 경제개발 5 개년계획과 같은 종합적·정치적 계획이 있는가 하면,[1] 수출진흥계획·석유수급계획·전자공업진흥계획·중소기업진흥계획과 같은 부문별 계획 등도 있어 그 형식은 매우 다양하다.

일반적으로 행정계획은 그 법적 성질에 따라서 ① 단순한 정보제공적 계획, ② 향도적 계획 및 ③ 구속적 계획으로 나눌 수 있다. 정보제공적 계획이란 경제의 현황이나 그 장래예측적인 정보를 제공하여 사경제주체의 경제활동에 있어 결정의 기초가 되게 하려는 것이다. 구속적 계획은 그 계획의 내용이 국민에 대하여도 구속력을 가지는 것으로, 국토계획법 제30조에 의한 도시·군관리계획결정이 그에 해당한다. 향도적 계획이란 그 자체 법적 구속력은 없으나, 그 계획목표에 부응하는 행위에는 보조금, 조세감면조치 또는 도로건설·공장단지조장 등 기초시설의 건설조치 등 일정한 수익적 조치를 정하고, 그 계획목적에 반하는 행위에 대하여는 증세 등의 불이익적 조치를 정하여 관계자로 하여금 계획상의 목표에 따르도록 유도 또는 향도하는 계획이다.

---

1) 경제개발 5 개년계획은 1962년부터 1981년까지 4 차에 걸쳐 시행하였고, 1982년부터는 경제사회발전 5 개년계획으로 변화되어 수립되었으며, 1996년에는 신경제 5 개년계획으로 대체된 바 있다. 오늘날에는 이러한 경제계획을 실시하지 아니하고 있다.

경제개발 5 개년계획이나 석유수급계획·전자공업진흥계획·중소기업진흥계획 등은 일정한 경제정책의 목표 및 그 달성을 위한 수단·과정을 제시한 것으로서, 관계자에 대하여 지도적·유도적 효과를 가지는 데에 그 기본적 의의가 있는 것이다.

## V. 사실행위 —— 행정지도·비공식적 행정작용

### 1. 행정지도

행정지도란 행정주체가 그 의도하는 바를 달성하기 위하여 상대방의 임의적 협력을 기대하여 조언·권고·요망 등의 형식으로 행하는 비권력적 행정작용을 말한다.

행정지도는 그에 대한 법적 근거가 있는 경우도 있으나, 그것이 비권력적 작용이라는 점에서 법적 근거가 없는 경우에도 허용된다고 보는 것이 통설적 견해이다. 이러한 행정지도는 경제행정에 있어서는 경제정책·계획목표의 달성을 위한 수단으로, 인·허가의 보조수단으로, 경제감독의 예비적 수단으로, 기업 사이의 이해관계를 조정하기 위한 수단으로, 그리고 산업구조개편이나 기업합리화촉진 등 기업의 보호·조장 등을 위한 적절한 수단으로서[1] 실제 널리 활용되고 있다.

그러나 행정지도라는 명목하에서 법이 무시되거나 법령의 규정을 위반하는 행정지도가 자행되는 경우도 적지 않은 것으로 보인다. 예컨대 허가신청에 대하여 행정지도라는 형식에 의하여 그 허가를 유보 내지는 사실상 거부하는 것이나, 등록제가 행정지도에 의하여 사실상 허가제처럼 운영되는 등의 사례가 그것이다. 경제행정에 있어 행정지도가 수행하고 있는 기능이나 역할의 중요성에 비추어, 행정지도에 대하여도 절차적 측면에서의 법적 규율이나, 그에 대한 쟁송법상의 구제수단의 강구 등 일정한 법적 규제가 필요하다고 본다. 행정절차에 관한 일반법인 행정절차법은 제6장에서 행정지도에 관하여 그 원칙, 방식 등에 관한 기본원칙을 규정하고 있다.

### 2. 비공식적 행정작용

이른바 비공식적 행정작용(informelles Verwaltungshandeln)도 행정지도와

---

1) 佐藤英善, 經濟行政法, p. 934 이하.

함께 경제행정의 수단으로 활용될 수 있을 것이다. 비공식적 행정작용이란 최근 독일행정법에서 새로운 행정의 작용형식으로 검토되고 있는 것으로, 행정주체가 국민에 대하여 계몽·홍보·상담·설득 등의 방법에 의하여 일정한 행정목적을 달성하려는 비구속적 사실행위를 말하며, 이들 행위는 정형화되어 있지 않으나, 대체로 경고·권고·정보제공·상담·조언·협상(Absprache) 등의 사실행위가 이에 해당한다. 이러한 비정형적 행정작용은 그 유연성·탄력성이나 비권력성 등으로 인하여 다양하고 가변적인 내용을 가지는 경제행정에 있어서는 그 임무수행을 위한 매우 유용한 수단이 될 수 있을 것으로 본다.[1][2]

## 제 3 항　경제행정상 의무이행의 확보수단

경제행정상 의무이행을 확보하기 위한 수단에 대하여는 행정법 일반에 있어서의 의무이행확보수단의 내용이 기본적으로는 그대로 타당하게 적용된다. 여기서는 경제행정법적 관점에서 특별히 의미를 가지는 수단들에 초점을 맞추면서 살펴보기로 한다.

행정상의 의무이행확보수단은 전통적 수단과 새로운 수단으로 나누는 것이 보통이므로, 여기서도 양자를 나누어 검토한다.

### Ⅰ. 전통적 의무이행확보수단

전통적인 행정상 의무이행확보의 전형적인 수단은 행정상 강제집행이다. 행정벌은 과거의 의무위반에 대하여 과하여지는 제재로서의 벌이라는 점에서 직접적인 행정상 의무이행의 확보수단은 아니다. 그러나 행정벌은 행정상 의무위반이 있으면 그 제재로서 벌이 과하여진다는 심리적 압박에 의하여 그 의무이행을 강제하는 것이라는 점에서는 이러한 행정벌도 간접적이기는 하나 매우 실효적인 행정상 의무이행의 확보수단이 될 수 있다.

---

1) 독일의 경우 비정형적 행정작용은 행정의 일상에 있어 예외적 현상이 아니라, 이제는 이미 정상적 현상이 되어 가고 있다고 한다. Bauer, Informelles Verwaltungshandeln im öffentlichen Wirtschaftsrecht, VerwArch, Band. 78, p. 246.
2) 이에 대하여 자세한 것은 「행정법 Ⅰ」의 '행정상의 사실행위' 부분 참조.

## 1. 행정상 강제집행

행정상 강제집행이란 행정상 의무의 불이행에 대하여 행정기관이 장래에 향하여 그 의무를 이행시키거나 이행된 것과 같은 상태를 실현하는 작용을 말한다. 이러한 행정상 강제집행수단으로서는 대집행·직접강제·집행벌과 금전상 급부의무의 강제이행수단으로서 행정상 강제징수가 있다.

### (1) 대 집 행

대집행이란 대체적 작위의무의 불이행에 대한 강제수단으로서, 현재 행정상 강제집행의 일반적 수단이 되고 있다. 그 일반법으로 행정대집행법이 있는 외에 다수의 개별법에서 이에 관하여 규정하고 있으나, 경제관계법에서 대집행을 규정하고 있는 예는 매우 드물다.

### (2) 직접강제

직접강제란 행정법상의 의무위반 또는 불이행에 대하여 직접 그 의무자의 신체 또는 재산에 실력을 가하여 행정상 필요한 상태를 실현하는 작용을 말한다. 이것은 대체적 작위의무·비대체적 작위의무·부작위의무·수인의무에 대하여 모두 적용될 수 있는 매우 실효적인 강제수단이나, 개인의 자유·권리에 대한 침해적 성격이 강하여 일반적 수단으로는 인정되지 않고, 소수의 개별법이 이를 정하고 있을 따름이다(식품위생법 79①, 공중위생관리법 11① 등).

### (3) 집 행 벌

집행벌이란 비대체적 작위의무 또는 부작위의무의 불이행에 대하여 그 이행을 강제하기 위하여 과하는 금전적 부담이다. 이것은 일정한 기간 내에 의무를 이행하지 않으면 과태료에 처할 것을 미리 경고하여, 그에 따른 심리적 압박에 의하여 장래에 향하여 행정상 의무이행을 확보하려는 것이라는 점에서 행정벌과는 구별된다. 실정법상 그 예는 매우 드문바, 경제행정분야에 관한 것은 아니나 건축법 제80조상의 이행강제금이 그 예에 해당한다.

### (4) 행정상 강제징수

행정상 강제징수란 공법상의 금전급부의무를 이행하지 않는 경우에 의무자의 재산에 실력을 가하여 그 의무가 이행된 것과 같은 상태를 실현하는 작용을 말한다. 국세징수법이 그 일반법적 지위에 있다.

## 2. 행 정 벌

행정벌이란 행정법상의 의무위반에 대하여 일반통치권에 의거하여 과하는 제재로서의 벌을 말한다. 행정벌에는 형법에 형명이 있는 형벌이 과하여지는 행정형벌과 형법에 형명이 없는 과태료가 과하여지는 행정질서벌이 있다.

경제관계법도 경제행정의 실효성을 확보하기 위하여 경제행정상의 의무위반에 대하여 행정형벌 또는 과태료를 정하고 있는 경우가 많다. 또한 특정경제범죄가중처벌 등에 관한 법률이 제정되어 국민경제윤리에 반하는 특정경제범죄를 가중처벌하고, 그 범죄자에 대한 취업제한 등에 관하여 정하고 있다.

# Ⅱ. 새로운 의무이행확보수단

위에서 본 전통적 행정상 강제집행수단으로서의 대집행·직접강제 및 집행벌은 본래 경찰행정분야에서의 의무이행확보수단으로서 정립되어 발전되었던 것으로, 이들 수단은 특히 경제행정에 있어서는 적절한 수단이 되지 못하는 경우가 많다.

행정벌은 간접적이기는 하나 상당히 실효적인 행정상 의무이행의 확보수단이 되고 있는 것은 사실이다. 그러나 행정벌도 그 실제에 있어서는 법적·사실적인 한계가 있고, 무수한 벌칙조항이 사실상 국민의 준법의식의 이완현상만을 초래하거나, 이들이 철저히 적용·집행될 경우에는 전과자 양산의 우려가 있는 등 적지 않은 문제점이 제기되고 있다.

이러한 전통적인 행정상 의무이행확보수단의 문제점 또는 불완전성으로 인하여 최근에 여러 가지 새로운 수단들이 등장하여 전통적 수단을 대체 또는 보완하고 있다. 다음에서는 이들 수단을 그 내용에 따라 금전적 수단과 비금전적 수단으로 나누어 검토하기로 한다.

## 1. 금전적 수단

### (1) 세제상의 수단

조세의 본래적 목적은 국가나 지방자치단체의 재원을 확보하는 데 있는 것이나, 일정한 조세는 경제행정목표와의 관련에서 유도 또는 억제수단으로 사용되는 경우가 있다. 가산세가 그 예이다.

가산세란 세법상 의무의 성실한 이행을 확보하기 위하여 당해 세법에 의하여 산출된 세액에 가산하여 징수하는 금액$\left(\substack{\text{국세기본법 2iv, 지방}\\\text{세기본법 2① xxiii}}\right)$이다. 가산세는 불성실한 신고 또는 납부와 같은 세법상 의무위반에 대하여 부과되는 금전적 제재이나, 그것은 동시에 세법상 의무이행의 간접적 강제수단으로서의 의미도 가진다.

### (2) 과징금·부과금

행정법상의 의무위반 또는 불이행에 대하여 관계법이 과징금 또는 부과금을 부과하도록 정하고 있는 경우가 있다. 이러한 과징금·부과금은 단순한 의무위반에 대한 제재적 조치로서뿐만 아니라, 경제행정상 유도적 수단으로서의 의미도 가지고 있다.

과징금이란 주로 경제행정법상 의무에 위반한 자가 당해 위반행위로 경제적 이익을 얻을 것으로 예정되어 있는 경우에 당해 의무위반행위로 인한 불법적 이익을 박탈하기 위하여 그 이익액에 상응하여 과하여지는 일종의 행정적 제재금으로서, 원래는 의무위반에 따른 불법적 이익을 전적으로 박탈함으로써 간접적으로 의무이행을 강제하는 효과를 거두기 위한 취지에서 도입된 제도이다.

예컨대 공정거래위원회는 독점규제법 제3조의2에 규정된 시장지배적 지위의 남용금지에 위반하는 행위가 있을 때에는 그 시장지배적 사업자에 대하여 가격의 인하, 당해 행위의 중지, 법위반사실의 공표 기타 필요한 시정조치를 명할 수 있는데$\left(\substack{\text{법}\\5}\right)$, 시장지배적 사업자가 이러한 가격인하명령에 응하지 않으면 그 사업자에 대한 과징금의 납부를 명하여야 한다$\left(\substack{\text{동법}\\6}\right)$.

이러한 본래적 의미의 과징금과는 달리 인허가사업자에 의한 관계법의 위반행위로 인하여 그 사업을 정지해야 할 경우에 있어, 사업은 계속하게 하되 그로써 얻는 이익을 박탈하는 내용의 변형된 과징금이 점차 일반화하는 추세에 있다. 이러한 변형과징금의 유용성은 대중교통사업의 정지에 갈음하는 과징금의 경우를 상정하면 쉽게 짐작할 수 있을 것이다$\left(\substack{\text{여객자동차운수}\\\text{사업법 88①}}\right)$. 변형과징금은 불법적 이익의 박탈이라는 전형적 과징금의 경우와는 달리 위반행위자에 대한 단속적 의미에서 과하여지는 금전적 부담의 성질을 가지는 것으로서, 불법이익의 전면적 박탈이나 기대이익의 박탈과는 다른 특성이 있다. 변형과징금은 대기환경보전법$\left(\substack{\text{법}\\37}\right)$, 물환경보진법$\left(\substack{\text{법}\\43}\right)$, 석탄산업법$\left(\substack{\text{법}\\21④}\right)$ 등에서도 규정하고 있다. 그런데 과징금이 이러한 제재적 성격을 점차 강하게 띠게 되면서, 과징금과 행정벌의 병과가 이중처벌금지 내지 과잉금지에 반하여 위헌이라는 문제가 제기되고 있다. 특히 독점규제법상 부당지원행위에 대한 제재로서의 과징금과 같이 순수한 제재로서의 성질만을 가졌다고 볼 수 있는 경우에는 위헌이라는 견해가 주장되었으나, 헌법재판소는 이를 합헌으로 보았다.[1]

부과금은 행정법상의 의무위반자에 대하여 과하는 금전상의 제재로서 일종의 과징금의 성격과 유도적 규제수단으로서의 의미를 아울러 가지고 있다. 부과금은 주로 환경관계법에서 규정하고 있는 것으로($^{예컨대 대기환경보전법 35,}_{물환경보전법 41}$), 일정한 환경기준을 초과하여 오염물질을 배출하는 업소에 대하여 환경부장관이 부과하는 것이다. 배출부과금은 원형적 과징금과는 달리 불법이익의 박탈보다는 관계법상의 배출허용기준의 준수를 확보하려는 데에 그 중점을 두고 있는 것이라 할 것이다.

부과금은 위의 과징금과 같이 행정법상의 의무위반에 대하여 부과되는 금전적 제재라는 점에서는 벌금·과태료와 다를 바 없으나, 행정청에 의하여 부과되는 것이라는 점에서 형식상으로는 행정벌에 속하지 않으며, 기능적 관점에서는 집행벌에 가까운 것이라 할 것이다.

환경법상의 부과금이나 여객자동차 운수사업법상의 과징금 등은 당해 행정분야의 목적을 위하여서만 사용할 수 있다.

## 2. 비금전적 수단

### (1) 인·허가의 취소(철회)·정지 등

경제관계법도 행정법 일반의 경우와 마찬가지로 의무위반에 대하여 벌칙을 정하는 동시에 행정적 제재로서 그 사업의 정지·취소 등을 정하고 있는 것이 보통이다($^{석유및석유대체연료사업법13, 여객자동차}_{운수사업법 85①, 전기사업법 12 등}$).

이러한 인·허가의 정지·취소 등의 행정제재적 조치는 그에 따라 영업활동이 정지·금지되는 것이므로, 행정벌보다 더 실효적인 의무이행확보수단이 되고 있으나, 이들 조치는 국민의 생업에 결정적인 타격을 줄 수 있는 것이므로, 그에는 원칙적으로 법률의 근거가 있어야 함은 물론이거니와 그 적용

---

1) 헌재결 2003. 7. 24, 2001헌가25 참조.

도 매우 신중하게 행하여져야 할 것이다. 최근에는 상대방의 권익보호의 견지에서 관계법이 인·허가의 취소에 있어서는 관계법에서 원칙적으로 그 사전절차로서 상대방에 대한 청문절차를 규정하고 있다(공중위생관리법 12, 대기환경보전법 85, 물환경보전법 72). 이에 대하여 인·허가의 정지와 관련하여서는 근거법에 청문절차를 두고 있지 아니한 것이 보통이다. 그러나 이 경우에도 행정처분 등의 절차에 관한 일반법인 행정절차법이 침익적 처분에 대하여는 그 상대방에 의견제출의 기회를 주도록 규정하고 있으므로(법22③), 영업허가 등의 정지에 있어서는 사진에 이러한 의견제출절차를 반드시 거쳐야 한다.

### (2) 공급거부

공급거부란 행정법상의 의무위반에 대하여 행정상의 역무나 재화의 공급을 거부하는 행위를 말한다. 오늘날 국민생활에 있어서의 행정상의 역무·재화에의 높은 의존도로 인하여 이러한 공급거부는 매우 실효적인 의무이행확보수단으로 작용하고 있는 것이 사실이다.

공급거부는 건축법 등에서 규정하고 있었던바, 구건축법 제69조 제 2 항은 허가나 승인이 취소된 건축물 또는 같은 조항에 의한 시정명령을 받고 이행하지 않은 건축물에 대하여 전기·전화·수도의 공급자, 도시가스사업자 또는 관계행정기관의 장에게 전기·전화·수도 또는 도시가스공급시설의 설치 또는 공급의 중지를 요청할 수 있도록 하고, 그 요청을 받은 자는 특별한 이유가 없는 한 이에 응하여야 한다고 규정하고 있었다.

이러한 공급거부제도는 그 실질적 정당성 여부의 문제가 제기된다고 본다. 즉 이 경우의 공급거부는 수도법이나 전기사업법 등에서 정하는 의무위반 사유가 아니라 건축법위반을 그 이유로 하는 것으로, 이 경우 전기·수도 등의 공급거부는 관계법과는 내용적 또는 사물적 관련이 없는 행위에 기한 것이라는 점에서 관계규정의 적법성 내지 정당성에 문제가 있다고 보는 것이다.[1] 이러한 문제점으로 인하여 2005년 건축법을 개정하면서 공급거부제도를 폐지하였다.

### (3) 관허사업의 제한

행정법상의 의무이행의 확보수단으로서 개별법이 관허사업의 제한, 즉 각종 인·허가의 발급을 금하거나 기존의 인·허가의 취소·정지 등을 정하고

---

1) 상세한 내용은 「행정법 Ⅰ」 관련 부분 참조.

있는 경우가 있다. 조세체납자에 대한 관허사업의 제한 등이 그 예이다.

건축법은 시장 등은 위법건축물을 사용하여 행할 다른 법령에 의한 영업 기타 행위의 허가를 하지 않도록 요청할 수 있고, 이러한 요청을 받은 자는 특별한 이유가 없는 한 이에 응하여야 한다고 규정하고 있다($\frac{법}{②③}$79). 이것은 대형위법건축물의 경우 대집행에 의한 철거는 막대한 경제적 손실을 초래한다는 사정을 고려하여 그 대체수단으로서 마련된 행정적 제재조치라고 할 수 있다.

국세징수법은 세무서장은 납세자가 대통령령이 정하는 사유 없이 국세를 체납한 때에는 허가·인가·면허 및 등록과 그 갱신(이하 허가 등)을 요하는 사업의 주무관서에 당해 체납자에 대하여 그 허가 등을 하지 않을 것을 요구할 수 있다고 규정하고 있다($\frac{법}{7①}$). 세무서장은 또한 허가 등을 받아 사업을 경영하는 자가 국세를 3회 이상 체납한 경우로서 그 체납액이 500만원 이상인 때에는 대통령령이 정하는 경우를 제외하고는 그 주무관서에 사업의 정지 또는 허가등의 취소를 요구할 수 있다($\frac{동법}{7②}$). 이 경우 주무관서는 정당한 사유가 없는 한 이에 응하여야 한다($\frac{동조}{④}$). 이것은 납세자의 사업을 제한함으로써 납세의무를 이행하게 하려는 것으로서, 강제징수제도의 보완적 또는 대체적인 수단으로서 상당히 실효적으로 기능할 것으로 본다.

이러한 건축법 및 국세징수법이 정하고 있는 관허사업의 제한의 경우, 허가 등의 거부 또는 취소는 그 원인이 되고 있는 행정상 의무위반행위와는 내용적 또는 사물적 관련이 없는 것이라는 점에서, 위의 공급거부의 경우와 같이 관계규정의 적법성 내지는 정당성에 문제가 있다고 본다.

### (4) 경제행정상의 공표·공표명령·광고명령

1) **경제행정상의 공표**  행정상 공표란 행정법상의 의무위반·불이행사실을 행정청이 일반에게 공표함으로써 그에 따르는 사회적 비난이라는 심리적 압박에 의하여 그 의무이행을 확보하려는 것이다. 고액조세체납자의 명단·사업명의 공시, 공해배출업소의 명단의 공시 등이 그 예이다. 이러한 공표는 사실행위로서, 그 자체 법적 구속력은 없으나, 실제로는 관계자의 명예·신용 등에 중대한 영향을 미친다는 점에서 그 법적 근거의 필요성이나 그 처분성의 인정 여부 등이 특히 중요한 문제로 제기되고 있다.

위의 일반적 공표와는 그 내용상 차이가 있으나, 소비자기본법은 소비자보호를 위한 수단으로서 소비자보호원의 공표조치에 관하여 규정하고 있다.

즉 동법은 한국소비자원은 소비자의 불만처리·피해구제업무 및 물품이나 용역의 규격·품질·안정성 등에 대한 시험·검사 또는 조사업무 처리의 결과 소비자권익의 보호·증진을 위하여 필요하다고 인정하는 경우에는 그 업무의 결과를 공표하여야 한다고 정하고 있다(법35③).

2) **공표명령·정정광고**   독점규제법에 기하여 공정거래위원회는 시장지배적 지위남용금지의 위반행위에 대하여 당해 시장지배적 사업자에 대하여 가격의 인하, 당해 행위의 중지, 법위반사실의 공표 기타 시정을 위한 필요한 조치를 명할 수 있다(법5). 공정거래위원회는 그 밖에도 기업결합의 제한 및 경제력집중억제에 관한 규정에 위반하거나 위반할 우려가 있는 사업자 또는 위반행위자, 부당한 공동행위의 제한을 위반한 사업자, 불공정거래행위자, 독점규제법 제26조 소정의 행위금지를 위반한 사업자단체, 그리고 재판매가격 유지행위의 제한을 위반한 사업자에 대하여, 이러한 법위반사실의 공표를 명할 수 있다(동법 16①·21·24·27·31).

(5) **경제행정상 행정조사**

1) **개    설**   일반행정법상 행정조사란 관념은 비교적 최근에 형성된 것으로서, 그 의의나 범위 등에 대하여는 아직 견해가 정착되어 있지 못한 실정이다. 행정조사는 그 연원상 행정상 즉시강제에서 그 일부가 분리되어 정립된 관념이라는 점을 감안하여, 여기서는 행정조사를 「행정기관이 궁극적으로 행정작용을 적정하게 실행함에 필요한 자료·정보 등을 수집하기 위하여 행하는 권력적 조사활동」으로 정의하기로 한다.

이러한 행정조사는 경제행정에서도 궁극적인 행정의무확보수단으로 사용되고 있는바, 그 대표적인 예로서는 독점규제법상의 공정거래위원회에 의한 각종 조사 및 대외무역법상의 무역위원회가 행하는 조사를 들 수 있다.

2) **세무조사의 문제**   세무조사란 조세행정상의 목적을 달성하기 위한 행정조사로서, 예컨대 소득세법 제170조는 소득세에 관한 사무에 종사하는 공무원으로 하여금 그 직무수행상 필요한 때에는 납세의무자 또는 납세의무가 있다고 인정되는 자, 원천징수의무자, 납세조합 등에 대하여 질문하거나 당해 장부·서류·기타 물건을 조사하거나 그 제출을 명할 수 있다고 규정하고 있다.

이러한 세무조사는 단순한 조세행정상의 목적을 넘어서서 여타의 상당히 광범한 경제행정목적(지대·임대료안정·과소비억제, 외제사치품 사용억제 등)을 위한 매우 실효적인 수단으로 사용되고 있는 것이 그 실제이다. 현실적으로는 세무조사는 행정지도와 함께 경제행정의 가장 일반적이고 실효적인 수단의 하나로서 사용되고 있다고 하여도 과언이 아닐 것으로 본다. 그러나 이 경우는 본래의 목적과는 다른 목적을 위하여 조세법상의 강제적 조사방법이 사용되고 있다는 점에서 법적으로는 문제가 있다 할 것이다.

# 제 6 절  특별경제행정법

## 제 1 항  행정주체의 고유한 경제활동에 대한 법적 규율

### 1. 공기업을 통한 경제활동의 법적 규율 —— 공기업법[1]

국가 등의 행정주체는 사경제주체의 경제활동의 외부에서 이를 규제·조정 또는 조장하여 경제활동을 그 경제정책에 부합되도록 형성 또는 향도하여 가는 것이 일반적이다. 그러나 국가 등의 경제과정에 대한 관여는 이에 그치지 않고, 경제활동의 주체로서 직접 경제과정에 참여하는 경우도 있다. 즉 국가나 지방자치단체는 우편사업 또는 수도사업을 직접 관리·경영하거나, 공사·공단 등의 이른바 특수법인을 설립하여 일정한 공익적 사업을 경영하게 하는 경우가 있다. 이러한 국가·지방자치단체 또는 그 밖의 공공단체 등의 '공적인 손'에 의하여 수행되는 공익적 사업이 공기업으로 파악되고 있는 것임은 기술한 바 있다.

이러한 공기업은 내용적으로는 국민의 일상생활에 필수적인 재화·역무의 공급을 그 내용으로 하는 공익사업임에도 불구하고 사경제주체의 활동만에 의하여서는 이들 사업이 시행되지 않거나 불충분한 것일 수밖에 없다고 판단되는 경우에, 국가 등의 행정주체가 직접 당해 사업을 수행하는 사회목적적 사업으로 파악되고 있다. 그러한 점에서는 공기업은 국가의 경제정책 또는 경제행정의 목적을 달성하기 위한 중요한 수단이 되는 것으로서, 그러한 점에서 공기업도 경제행정의 일부를 이루는 것이다. 다만 공기업은 그 자체로서 경제행정의 일부를 이루면서, 동시에 그것은 경제활동인 까닭에 경제행정상 규제의 대상이 된다는 점에서 그 특수성이 있다.

---

1) 이에 대하여 상세한 내용은 본서 '공기업법' 부분 참조.

공기업을 통한 국가 등 행정주체의 경제활동에 있어서, 그 법률관계는 행정사법적 관계 내지는 공법관계인 경우도 있으나, 사법관계인 것이 일반적이라 할 것이다.

이러한 공기업에 대하여는 공기업법에 관한 부분에서 구체적으로 검토하였으므로, 여기서는 그 내용에 대한 검토는 하지 않기로 한다.

## 2. 기타 경제활동에 대한 법적 규율 —— 공공위탁법(öffentliches Auftragsrecht)

국가 등의 행정주체의 경제활동은 공기업활동에 한정되지 않는 것임은 물론이다. 예컨대 국가 등의 행정주체는 그 업무수행에 필요한 각종의 사무용품·차량 기타 물자를 구입하거나 대지·건물 등을 매입·임차하거나 또는 그 건설계약을 체결하기도 한다. 이러한 이른바 협의의 국고행정 또는 조달행정에 있어서의 행정주체의 경제활동은 기본적으로 일반사인의 활동과 같은 성질을 가지는 것으로서, 이러한 행정주체의 경제활동은 경제행정의 일부라고 할 것은 아니다.

이에 반하여 대규모의 공공시설(고속도로·고속전철·국제공항 등)의 건설은 국민경제에 대한 활력적 요소로 작용하는 것이므로, 그러한 점에서 이러한 공공시설의 건설활동은 중요한 경제행정의 수단으로서의 의미를 가진다.

국가 등의 행정주체는 또한 단순히 그 업무수행에 필요한 물자를 구입하는 데 그치지 않고, 경제규제적 관점에서 일정한 물자를 매입·매출함으로써 그 수급 및 가격을 조정하거나, 일정 생활필수품을 매입·저장하여 국민에 대한 안정적 공급을 확보하여 주는 경우도 있다.

공공위탁에 대한 법적 규율이 오늘날 경제행정법의 중요한 분야를 이루는 것은 바로 이러한 경제정책상의 중요성 때문이다.[1] 이러한 국가의 활동은 조달사업에 관한 법률과 국가를 당사자로 하는 계약에 관한 법률 등이 규율하고 있다.

---

1) Stober, Besonderes Wirtschaftsverwaltungsrecht, 11. Aufl., 1998, pp. 303~318.

## 제 2 항   자금지원법(Subventionsrecht)

### 1. 개   념

자금지원 또는 자금조성이란 아직 법적으로 확립된 관념은 아닌바, 특히 자금지원과 보조금이라는 개념은 종종 혼동되어 사용되는 경우가 적지 않다. 자금지원은 이를 협의로 보조금이라는 제한적 관념으로 파악할 수도 있고, 보다 광의로 파악할 수도 있다. 다만 우리 실정법상 '자금지원', '세제지원' 및 '보조금'이라는 용어는 각각 달리 사용되고 있다는 사실(중소기업창업지원법 4, 보조금관리에관한법률 2i)을 감안하여, 여기서는 자금지원 또는 자금조성의 관념을 광의·협의 및 최협의로 나누어 정의하여 둔다.

#### (1) 광   의

자금지원은 광의로는 국가 등의 행정주체가 경제활동을 조장·촉진하기 위하여 사경제주체(사인·사기업)에 대하여 행하는 금전의 급부 기타의 방법에 의한 경제상의 수익적 조치를 말한다. 이러한 광의의 자금지원에는 보조금의 교부 외에도 융자, 지급유예, 세제상 특혜조치, 공공요금의 감면, 정부·은행의 지급보증, 기타 실질지원조치가 포함된다. 따라서 앞서 설명한 경제조장행정 중에서 직접적 경제조장을 포괄하는 개념이며, 여기에는 급부제공을 통한 경제조장과 급부감면을 통한 경제조장이 포함된다.[1]

#### (2) 협   의

협의의 자금지원이란 적극적인 급부제공을 통한 자금지원만을 말하는 것으로서, 광의의 자금지원 중 급부감면을 통한 자금지원을 제외한 것이다. 따라서 세제 및 공과금상의 특혜조치는 그에서 제외되고, 보조금·융자·보증이나 기타 실질지원조치만이 그 내용을 이룬다.

#### (3) 최 협 의

자금지원은 최협의로는 보조금과 같은 관념으로 파악된다.

이상의 자금지원에 관한 세 가지 관념 중에서 가장 중요한 것은 협의의 관념으로서, 그 내용을 부연하면 다음과 같다.

① 협의의 자금지원의 주체는 국가 등의 행정주체이며, 그 수혜자는 사인(자연인·법인)이다.[2]

---

1) 본서 제 6 장 제 3 절 제 3 항 '경제조장' 부분 참조.
2) 보조금 관리에 관한 법률이 정하는 보조금은 그 지원주체를 국가에 한정하는 반면

② 자금지원은 금전적 급부 외에도 융자·보증 또는 공공사업의 수주·국유지 매각에 있어서의 우대조치 내지는 국유지의 무상사용 등과 같은 실질지원조치도 그 내용으로 한다.

③ 자금지원은 경제행정상의 공익목적을 위하여 제공되는 것으로, 그 대상사업의 구조개선·활성화나 수출촉진, 고용증대 등을 목적으로 하여 행해지는 것이다.

## 2. 실정법상의 자금지원

실정법상 다수의 개별법이 각종의 자금지원을 정하고 있는 것으로, 그 중요한 것은 다음과 같다.

### (1) 보 조 금

다수의 개별법이 경제행정상의 특정목적과 관련하여 보조금지급에 관하여 정하고 있는데, 농업·농촌 및 식품산업 기본법($^{법}_{11②}$), 소비자기본법($^{법}_{32}$), 직업안정법($^{법}_{45}$), 원자력진흥법($^{법}_{15}$) 등이 그 예이다.

### (2) 각종 기금에 의한 자금지원

예컨대, 한국농어촌공사 및 농지관리기금법은 동법이 정하는 농지매매사업과 농지임대사업에 소요되는 자금을 농지관리기금에서 융자할 수 있다고 규정하고 있다($^{법}_{23·31}$).

### (3) 정부의 융자

정부에 의한 융자를 정하고 있는 법률로서는 광업법($^{법}_{86}$), 중소기업창업지원법($^{법}_{4}$) 등이 있다.

### (4) 지급보증

공공차관의 도입 및 관리에 관한 법률($^{법}_{6}$), 신용보증기금법($^{법}_{23의2}$) 등이 있다.

### (5) 실질지원

현행법상 실질지원조치를 정하고 있는 법률은 별로 없으나, 구도시계획법 제60조에 규정되어 있던 도시개발예정구역의 조성사업시행자에 대한 국·공유재산의 수의계약에 의한 양도는 그 예에 해당하는 것이었다.

### (6) 세제상의 특혜

조세특례제한법이 정하고 있는 중소기업에 대한 투자세액공제, 특별세액

---

에 그 수혜자에는 지방자치단체도 포함되어 있어서, 여기서 정의하는 자금지원의 일종으로서의 보조금과는 어느 정도 그 내용을 달리하고 있다.

감면, 창업중소기업에 대한 세액감면조치($_{5.6.7}^{법}$) 등이 그 예이다.

### 3. 자금지원의 법적 근거와 한계

#### (1) 법적 근거

자금지원에 법률의 근거가 필요한지 여부의 문제가 있다. 이 문제는 보조금을 포함한 협의의 자금지원에 있어서만 제기된다. 광의의 자금지원으로서의 세제상의 조치는 조세법률주의에 따라 당연히 법률(조세특례제한법 등)의 유보사항에 속한다.

자금지원에 대하여는 위에서 본 바와 같이 다수의 개별법이 이에 관한 명문의 규정을 두고 있다. 그러나 경우에 따라서는 자금지원이 구체적인 개별법상의 근거 없이 행하여지는 경우도 있는 것으로, 이러한 경우에 법률의 유보원리와의 관계에서 그 법적 근거의 필요성 여부의 문제가 제기되는 것이다. 이 문제에 대하여는 법률의 유보원리에 관하여 어떠한 입장을 취하는가에 따라 그 결론이 달라질 것임은 물론이다. 일반적으로 말하면 자금지원에 있어서는 예산상 그 관계항목이 규정되어 있는 한도에서는 반드시 개별법의 명시적 근거가 없어도 그에 기한 보조금 기타 자금지원행정은 가능하다고 할 것이다.[1]

#### (2) 법적 한계

자금지원의 경우에도 헌법과 법령 및 일정한 불문법원리에 기한 제한을 받는 것임은 물론이다. 자금지원행정의 일반적 제한원리로서는 ① 헌법상의 평등원칙 및 영업의 자유원칙, ② 불문법원리로서의 과잉급부금지원칙·부당결부금지원칙·신뢰보호원칙 등 행정법의 일반원리를 들 수 있을 것이다.

### 4. 자금지원의 법적 성질 및 형식

#### (1) 자금지원의 법적 성질

1) **자금대여(대부금)의 경우**　　자금지원 중에서 자금대여에 대하여는, 종래 독일행정법에서는 2단계설(Zweistufentheorie)에 의하여, 당해 행위는 행정행위인 교부결정과 사법상 계약인 대부계약이 결합된 행위로 보는 것이 지배적 견해였다.

이러한 2단계설은 제 2 차 세계대전 후 기본법의 제정 후에도 여전히 사

---

1) Jarass, op. cit., p. 128.

법적 규제하에서 행하여지고 있었던 자금지원행정 특히 재건자금융자·주택
건설자금융자·농업정착자금융자 등과 같은 자금대여를 공법적으로 규율함으
로써 그에 대한 재판상의 권리보호의 범위를 확대하고 헌법상의 기본권보호
의 요청을 관철하기 위하여 안출된 것이었다.[1)]

즉 종래 순수한 사법상계약으로만 파악되었던 자금대여의 공법적 성격을
규명하여 대여 여부의 결정을 행정행위로 파악함으로써, 그에 대한 평등원칙
등의 공법적 구속과 그에 따른 행정재판에 의한 통제를 확보하기 위하여 2 단
계설이 정립되었던 것이다. 이 이론은 일면 자금대여에 있어서 법치행정의
원칙에 충실하면서도, 타면에 실용적인 사법적 형식을 활용할 수 있게 하여
준다는 점에서 곧 지배적 이론으로 되었고, 판례상으로도 채택되었던 것이다.

그러나 이 이론은 그 내용상의 문제점으로 인하여 그에 대한 비판이 점
증하고 있는바, 즉 ① 제 2 단계로서의 사법상계약은 실제로는 허구라는 점,
② 자금대여의 법률관계를 공법관계와 사법관계로 구분하는 데 따르는 이론·
소송상의 난점 및 ③ 행정행위인 대여결정에 따른 사법상계약이 원만히 체결
되지 않는 경우에 그 계약강제의 문제 등이 그것이다.[2)]

이러한 2 단계설의 문제점으로 인하여, 자금대여를 단순한 행정행위로 보
는 견해, 이를 공법상계약으로 보는 견해, 사법상계약으로 보는 견해 등이 제
시되었던바, 현재는 공법상계약설이 하나의 유력한 견해로 되고 있다.[3)] 그러
나 판례 및 일부 학설은 여전히 2 단계이론을 견지하고 있으며, 실무상으로도
자금대여는 2 단계의 절차에 따라 행하여지는 것이 보통이다.

2) 기타의 경우   ① 보조금(Zuschusse)의 교부에 있어서는 실무상 행정
청에 의한 교부승인결정과 보조금의 지급이 동일한 단계에서 행하여지는 것
이므로, 이 행위는 쌍방적 행정행위 또는 협력을 요하는 행위행위의 성질을
가진다고 할 것이다.

② 실질지원조치는 그 구체적 내용에 따라 판단되어야 할 것이다. 예컨
대 특정 기업의 우대결정에 따른 공공사업의 수주계약에 있어서는 당해 우대
결정을 단순한 행정내부결정으로 보기는 어려운 것이므로, 이를 행정행위로
보아 이 경우의 법률관계는 2 단계이론에 의하여 규율된다고 보는 것이 타당

---

1) H. P. Ipsen, Öffentliche Subventionierung Privater, 1956, p. 64.
2) H. Maurer, Allgemeines Verwaltungsrecht, 1990, pp. 380~382.
3) Ibid., pp. 382~383.

할 것이다.

(2) 자금지원의 법형식

1) 전형적 유형　자금지원은 관계법의 규정방식 또는 행정관행에 따라 여러 가지 법형식으로 행하여질 수 있다.

즉 자금지원은 행정행위, 행정행위와 사법계약의 결합형식, 공법상계약 또는 행정사법의 규율하에서의 사법상계약의 형식 등에 의할 수도 있을 것이다.

2) 보조금교부의 성격　보조금의 교부목적·교부대상자에 대하여는 각 단행법이 이를 규율하고 있으나, 그 교부신청·교부결정 및 사후관리에 관하여는 보조금 관리에 관한 법률이 일반적으로 적용된다. 동법에 의한 보조금 교부의 법적 성질에 대하여는 이를 공법상 증여계약으로 보는 견해[1]와 협력을 요하는 행정행위(쌍방적 행정행위)로 보는 견해[2]가 있다. 이 법이 보조금의 교부결정($_{17}^{법}$), 직권에 의한 변경·취소($_{21}^{동법}._{30}$) 등을 정하고 있는 점을 감안하면, 동법에 기한 보조금교부는 신청 또는 협력을 요하는 쌍방적 행정행위라고 보는 것이 타당할 것이다.

## 5. 자금지원행정에 있어서의 권리구제

자금지원행정에 있어서의 권리구제의 문제는 수혜자와 제3자의 경우를 나누어 검토하여야 할 것이다.

(1) 수혜자의 권리구제

자금지원의 수혜자의 권리구제의 문제는 자금지원이 계약의 형식에 의하는 경우에는 부당한 조항을 배제한 계약의 궁극적 체결의 문제가 될 것이며, 그 소송형태는 민사소송 또는 공법상 당사자소송으로서의 이행소송이 될 것이다.

자금지원이 행정행위의 형식으로 행하여지는 경우에는 그 상대방의 권리구제의 문제는 지원결정에 부관이 붙여진 경우에 제기될 것이다. 이 경우 그 상대방은 부관 없는 행정행위의 발급을 구하는 의무이행소송을 제기하여 구제를 받을 수 있을 것이나, 우리 행정소송법은 이러한 의무이행소송을 명문으로 인정하고 있지는 않다. 따라서 그 상대방은 취소소송을 제기하여 당해 부관의 취소를 구할 수 있다고 할 것이고, 이 경우 당해 부관이 본체인 행정

---

1) 이상규, 행정법(하), p. 460.
2) 김도창, 행정법(하), p. 442.

행위와 가분적인 성질의 것인 때에는 행정행위의 일부취소로서의 당해 부관의 취소가 가능할 것이다(그 자체가 행정행위로서 인정되는 부담의 경우에는 부담만의 취소소송이 가능한 것임은 물론이다).

부관이 본체인 행정행위와 불가분적인 일체를 이루고 있는 경우에는 당해 행정행위 전체의 취소를 구할 수밖에 없을 것이다. 그러나 이 경우 행정청에는 재처분의무는 없으므로, 그것은 적절한 권리구제수단이 되지는 못하는 것이다.

### (2) 제 3 자의 권리구제

제 3 자의 권리구제의 문제는 경업자가 적극적으로 자금지원의 수급을 위하여 제기하는 소송(적극적 경쟁자소송)과 경업자에 대한 자금지원으로 인하여 영업상의 불이익을 받았다고 주장하여 다른 경업자가 제기하는 소송(소극적 경쟁자소송)으로 나누어진다. 다음에서는 행정처분에 의한 자금지원의 경우에 한정하여 이 문제를 검토한다.

1) **적극적 경쟁자소송**　적극적 경쟁자소송은 수혜자와 경쟁관계에 있는 자의 자금지원신청이 거부 또는 방치된 경우에 그 수급을 위하여 제기하는 소송이다. 이 경우 관계자에 적극적인 자금지원청구권이 인정되는지 여부의 문제가 제기된다. 자금지원이 개별법에 의하여 이루어지는 경우에는 그 관계규정의 해석문제는 있을 수 있으나, 원칙적으로 그 청구권은 인정된다고 본다.

그러나 관계법이 없는 경우에는 헌법상의 인간의 존엄과 가치·행복추구권에 의하여 구현되는 일반적 인격권($^{헌법}_{10}$) 및 평등권($^{동법}_{11}$)이 그 청구권의 근거로 될 수 있을 것으로 보이나, 이 문제에 대하여는 견해가 갈릴 수 있을 것으로 본다.

경업자에 자금지원청구권이 인정되는 경우 그를 관철하기 위한 가장 적절한 소송형태는 의무이행소송이 될 것이나, 우리 행정소송법은 이러한 소송형태를 명시적으로 규정하고 있지 않으며, 그 인정가능성에 대하여 판례는 부정적 입장을 취하고 있다.[1]

거부처분에 대하여는 그 취소소송이 내용적으로 의무이행소송과 같은 구

---

1) 판례

"행정소송법상 행정청으로 하여금 일정한 행정처분을 하도록 명하는 이른바 이행판결을 구하는 소송은 허용되지 아니한다"(대판 1989. 5. 23, 88누8135).

제수단이 될 수 있다. 왜냐하면 거부처분의 취소판결이 확정되면, 행정청은 재처분의무($^{행정소송}_{법 30②}$)에 따라 신청에 따른 처분을 하여야 하기 때문이다.

그러나 부작위의 경우에는 현행법상 불완전한 구제수단밖에는 없다. 왜냐하면 이 경우에는 부작위위법확인소송을 제기할 수 있으나, 이 경우 부작위의 위법성이 판결에 의하여 확정되는 경우에도 행정청은 다만 이러한 판결의 취지에 따라 처분을 하여야 할 의무만이 있는 것이고, 신청에 따른 처분을 할 의무는 없는 것이기 때문이다.

2) 소극적 경쟁자소송  이것은 자금지원을 받지 못한 자가 경업자로서의 수혜자에 대한 자금지원결정의 위법을 이유로 그 취소를 구하는 경우이다. 이 경우 논란의 여지는 있으나, 헌법상의 행복추구권($^{헌법}_{10}$), 직업선택의 자유($^{동법}_{15}$) 및 평등권($^{동법}_{11}$)이 그 일반적인 법적 근거로 제시될 수 있을 것으로 본다. 다만 이러한 헌법상의 기본권이 그 근거로 인정되는 경우에 있어서도 경업자의 원고적격의 인정에 있어서는 단순한 경쟁상황의 약화나 영업상의 기대 가능성의 감소로는 불충분하고, 당해 자금지원이 경쟁자의 법적 지위의 침해로 평가되기 위하여는 그것이 상당한 강도의 것이어야 할 것이다.


## 제 3 항  개별경제법규

## Ⅰ. 독점규제법

헌법 제119조 제 2 항은 국가는 시장의 지배와 경제력의 남용을 방지하기 위하여 경제에 대한 규제와 조정을 할 수 있다고 정하고 있는바, 그 기본법으로 독점규제 및 공정거래에 관한 법률(이하 "독점규제법"이라 한다)이 제정·시행되고 있다.

(1) 독점규제법의 내용

동법은 그 목적으로서 "사업자의 시장지배적 지위의 남용과 과도한 경제력의 집중을 방지하고, 부당한 공동행위 및 불공정거래행위를 규제하여 공정하고 자유로운 경쟁을 촉진함으로써 창의적 기업활동을 조장하고 소비자를 보호함과 아울러 국민경제의 균형 있는 발전을 도모함"에 있다고 정하고 있다($^{법}_{1}$).

이러한 목적을 위하여 동법은 ① 사업자의 시장지배적 지위의 남용을 금지하고($^{제\,2}_{장}$), ② 기업결합을 제한하고 경제력집중을 억제하며($^{제\,3}_{장}$), ③ 부당한 공동행위를 제한하고($^{제\,4}_{장}$), ④ 불공정거래행위를 금지하고($^{제\,5}_{장}$), ⑤ 사업자단체를 규제하며($^{제\,6}_{장}$), ⑥ 재판매가격유지행위를 제한하고 있다($^{제\,7}_{장}$).

### (2) 독점규제법의 적용제외

동법은 제2장에서 제7장에 걸쳐 동법의 목적에 반하는 일정한 행위유형을 일반적으로 제한 또는 금지한 후에, 제12장에서는 그 적용이 제외되는 일정 사항에 관하여 정하고 있다. 동법의 적용이 제외되는 행위는 ① 다른 법률 또는 그 법률에 의한 명령에 따라 행하는 정당한 행위($^{동법}_{58}$), ② 무체재산권의 행사행위($^{동법}_{59}$), ③ 일정한 요건에 해당하는 조합의 행위이다($^{동법}_{60}$).

### (3) 행정기구

독점규제행정을 전담하기 위한 기구로서 합의제행정관청인 공정거래위원회가 국무총리 소속하에 설치되어 있다.[1]

## Ⅱ. 중소기업보호법

중소기업은 산업의 분업화·전문화에 기여하고 기업간의 경쟁을 촉진하는 등의 기능을 수행하는 것으로, 자유시장경제체제에 있어 중심적 요소를 이루고 있다.

이러한 중소기업에 대하여 헌법은 "국가는 중소기업을 보호·육성하고" ($^{헌법}_{123③}$), "중소기업의 자조조직을 육성하며, 그 자율적 활동과 발전을 보장한다"고 규정하고 있다($^{동조}_{⑤}$). 이러한 헌법규정에 의거하여 다수의 법률이 제정·시행되고 있는바, 그 일반법으로서의 중소기업기본법 외에도 중소기업진흥에 관한 법률·중소기업제품 구매촉진 및 판로지원에 관한 법률·중소기업 인력지원 특별법·중소기업창업 지원법·중소기업협동조합법 등이 있다.

## Ⅲ. 소비자보호법

이것은 경제행정 중에서 비교적 최근에 등장하여 그 중요성이 증대되고 있는 작용으로서 구매자의 지위강화 및 소비자의 안전확보를 직접 목적으로

---

1) 자세한 내용은 앞의 '경제행정조직법' 부분 참조.

하여 행하여지는 행정작용이다.

헌법은 이에 관하여 "국가는 건전한 소비행위를 계도하고 생산품의 품질향상을 촉구하기 위한 소비자보호운동을 법률이 정하는 바에 의하여 보장한다"고 규정하고 있는바($\frac{법}{124}$), 이러한 헌법규정에 입각하여 다수의 소비자보호에 관한 법률이 제정되었다. 소비자보호에 관한 법률로서는 그 일반법인 소비자기본법 외에도 약관의 규제에 관한 법률·할부거래에 관한 법률·방문판매 등에 관한 법률·물가안정에 관한 법률·독점규제법·전기용품안전관리법·유통산업발전법·부정경쟁방지 및 영업비밀보호에 관한 법률 등이 있다.

소비자기본법은 "이 법은 소비자의 권익을 증진하기 위하여 소비자의 권리와 책무, 국가·지방자치단체 및 사업자의 책무, 소비자단체의 역할 및 자유시장경제에서 소비자와 사업자 사이의 관계를 규정함과 아울러 소비자정책의 종합적 추진을 위한 기본적인 사항을 규정함으로써 소비생활의 향상과 국민경제의 발전에 이바지함을 목적으로 한다"고 규정하고 있다($\frac{법}{1}$). 이러한 목적을 위하여 동법은 소비자의 기본적 권리(안전권·알 권리·선택권·의견반영권·피해보상수급권·단결권·단체행동권)를 규정하고($\frac{동법}{4}$), 국가 및 지방자치단체에 대하여 소비자의 기본적 권리를 실현하기 위한 법령의 제정·필요한 시책의 수립 및 실시 등의 의무를 부과하고 있다($\frac{동법}{6}$). 동법은 또한 소비자보호시책의 효과적인 추진을 위한 기구로서 한국소비자원을 설립하도록 규정하고 있다($\frac{동법\ 33}{내지\ 44}$).

## Ⅳ. 물자규제법

물자규제란 물자의 생산·유통에 있어서의 수요·공급의 불균형, 특히 자본주의경제하에서의 생산과잉·공황 등의 내재적 모순을 극복하기 위하여 행하여지는 규제작용으로서 생산규제·유통규제·이동규제·저장규제 등을 그 내용으로 한다.

우리 실정법상의 물자규제조치로서는 ① 농수산물유통 및 가격안정에 관한 법률에 기한 농수산물의 생산조정 및 출하조절조치($\frac{법}{2장}$), ② 석탄산업법에 기한 석탄의 수급조정을 위한 조치($\frac{법}{24}$), ③ 석유 및 석유대체연료 사업법에 기한 산업통상자원부장관에 의한 석유비축계획의 수립($\frac{법}{15}$)·석유비축시책($\frac{법}{16}$)

등을 들 수 있다.

## V. 물가규제법

물가가 국민생활에 중대한 영향을 미치는 것은 말할 필요도 없거니와 물가 또는 가격은 수요와 공급을 기초로 하여 자유로이 형성되는 것이 원칙이다. 그러나 물자수급상의 불균형이나 기타 사유로 가격이 폭락·폭등하거나 인플레가 발생하는 경우가 있다. 이러한 경우는 행정개입이라는 인위적 방법에 의하여 물가의 안정을 도모하지 않을 수 없는바, 이것이 물가규제이다.

물가규제는 여러 방법으로 행하여지나, 그 형식에 따라서는 이를 직접적 규제와 간접적 규제로 나눌 수 있다. 간접적 규제는 통화량규제·물자수급규제·유통질서규제 또는 독점규제법에 의한 규제조치 등의 간접적 방법에 의한 물가의 규제를 말한다.

직접적 규제는 국가가 직접 그 가격 또는 그 한도를 결정하거나, 그 가격결정에 있어 일정한 행정적 감독·감시조치에 의하여 물가를 규제하는 것이다.

우리나라에서의 물가규제는 물가안정에 관한 법률(이하 물가안정법이라 한다)에 의한 일반적 규제와 개별법에 의한 개별물가의 규제가 있다.

물가안정법이 정하는 물가규제조치로서는 최고가격의 지정($\frac{법}{2}$), 가격표시제($\frac{동법}{3}$), 공공요금규제($\frac{동법}{4}$), 긴급수급조정조치($\frac{동법}{6}$) 등이 있다.

특정물가의 규제로서는 ① 항공요금의 결정에 대한 인가제($\frac{항공사업}{법\ 14}$)와 같이 가격결정에 있어 행정청의 인가를 받게 하는 것, ② 당해 물자의 수급조정($\frac{양곡관리}{법\ 16}$) 등이 있다.

## VI. 자원규제법

자원규제란 국민경제의 발전을 위하여 자연자원의 개발·보전 및 이용을 효율적으로 하게 하기 위한 규제작용이다.

자원규제에 관한 법으로서는 지하자원에 관한 것으로 광업법 등이 있고, 수자원에 관한 것으로 하천법, 물환경보전법 등이 있으며, 에너지자원에 관한 것으로서 에너지이용 합리화법·원자력진흥법 등이 있으며, 토지자원에 관한 것으로서 국토기본법·국토계획법·농지법 등이 있다.

## Ⅶ. 대외무역 및 외자도입규제법

### (1) 대외무역규제

무역이란 국가간에 상품을 대상으로 하여 이루어지는 거래활동을 말하는 바, 무역규제에는 직접 무역 자체를 규제하는 방법과 외환규제에 의한 간접 적 규제가 있다. 우리나라에서는 양자를 병용하고 있는데, 대외무역법에 의한 규제는 전자에, 외국환거래법에 의한 규제는 후자에 속한다.

1) **무역규제**    헌법은 "국가는 대외무역을 육성하며, 이를 규제·조정할 수 있다"($^{법}_{125}$)고 규정하고 있으며, 그에 기하여 대외무역법이 대외무역에 관한 기본법으로서 제정·시행되고 있다. 동법은 "대외 무역을 진흥하고, 공정한 거래 질서를 확립하여 국제 수지의 균형과 통상의 확대를 도모함으로써 국민 경제의 발전에 이바지"하기 위하여($^{동법}_{1}$) 대외무역을 규제하고 있으며, 각 개별 법에서 특정물건의 수출입의 규제에 관하여 정하고 있다.

대외무역법은 "물품의 수출입과 대금을 받거나 지급하는 것은 이 법의 목적 범위에서 자유롭게 이루어져야 한다"고 하여($^{법}_{10}$), 수출입자유의 원칙을 천명하고 있다. 그러나 동법은 "산업통상자원부장관은 헌법에 따라 체결·공 포된 조약과 일반적으로 승인된 국제법규에 따른 의무의 이행, 생물자원의 보호 등을 위하여 필요하다고 인정하면 수출 또는 수입을 제한하거나 금지할 수 있다"($^{동법}_{11①}$)고 규정하여, 이러한 수출입자유에 대한 일정한 제한을 가하고 있다. 그에 해당하는 물품등의 수입·수출에 있어서는 산업통상자원부장관의 승인을 받아야 하며, 산업통상자원부장관은 이러한 승인 대상 물품등의 품목 별 수량·금액·규격 및 수출 또는 수입지역 등을 한정할 수 있다($^{동조}_{②④}$).

무역거래자는 외환도피의 목적으로 물품 등의 수출·수입가격을 조작하 여서는 아니된다($^{동법}_{43}$). 무역거래자는 또한 그 상호간 또는 교역상대국의 무역 거래자와 물품 등의 수출·수입과 관련하여 무역 분쟁이 발생한 경우 정당한 사유없이 그 분쟁의 해결을 지연시켜서는 아니된다($^{동법}_{44①}$). 산업통상자원부장관 은 일정한 경우에 수출입질서유지를 위한 조정명령을 발할 수 있다($^{동법}_{46}$).

2) **외국환관리**    외국환관리의 목적은 국제수지의 균형과 환율의 안정

및 외화자금의 효율적인 운용을 도모하기 위한 것으로, 각국은 정도의 차이는 있으나 외환에 대하여 일정한 규제를 하고 있는 것이 일반적 현상이다.

이와 관련하여, "대외거래의 원활화 및 국제수지의 균형과 통화가치의 안정을 도모함으로써 국민경제의 건전한 발전에 기여"함을 목적으로 하여$\left(\substack{외국환거 \\ 래법 1}\right)$, 외국환거래법이 제정·시행되고 있다.

동법은 기준환율, 외국환의 매도율·매입률 및 재정환율의 결정$\left(\substack{법 \\ 5}\right)$, 외국환거래의 정지$\left(\substack{법 \\ 6}\right)$, 외국환업무취급기관$\left(\substack{법 \\ 2장}\right)$, 외국환평형기금$\left(\substack{법 \\ 3장}\right)$, 지급과 거래$\left(\substack{법 \\ 4장}\right)$ 등에 관하여 규정하고 있다.

**(2) 외자도입규제**

외자도입규제란 국민경제의 발전을 위하여 필요한 외자를 효과적으로 유치하고 관리하기 위한 규제작용이다.

이와 관련하여 외국인투자 촉진법은 외국인투자절차$\left(\substack{법 \\ 2장}\right)$, 외국인투자에 대한 지원$\left(\substack{법 \\ 3장}\right)$, 외국인투자지역$\left(\substack{법 \\ 4장}\right)$, 외국인투자의 사후관리$\left(\substack{법 \\ 5장}\right)$ 등에 관하여, 그리고 공공차관의 도입 및 관리에 관한 법률은 공공차관의 도입기준$\left(\substack{법 \\ 3}\right)$, 공공차관의 도입$\left(\substack{법 \\ 2장}\right)$, 공공차관의 관리$\left(\substack{법 \\ 3장}\right)$ 등에 관하여 규정하고 있다.

# 제 7 장   재무행정법

## 제 1 절  개    설

### 제 1 항  재정의 개념과 종류

#### I. 재정의 개념

재정이란 국가 또는 지방자치단체가 그 존립과 활동에 필요한 재원을 취득하고 이를 관리(관리·운용·지출)하는 작용을 말한다. 재정은 그 목적·수단 및 권력적 기초의 세 가지 점에서 다른 행정작용과 구별되는 특징이 있다.

##### (1) 재정의 목적

재정은 국가 또는 지방자치단체의 존립과 활동에 필요한 재원을 취득함을 그 목적으로 한다. 즉 재정(조세·전매 등)은 수입 자체를 그 직접 목적으로 하는 작용이다. 경찰행정·경제규제행정·환경규제행정·국토개발행정·공용부담·공기업 등의 행정작용과 관련하여서도 국가 또는 지방자치단체의 수입(수수료·부담금·사업수입 등)이 생기는 경우가 있으나, 그것은 이들 작용의 본래의 목적과 관련되어 발생하는 부수적인 것에 지나지 않는다. 다만 이들 수입의 취득 후에 국고금이나 공고금으로 관리하는 것은 재정작용에 속한다.

##### (2) 재정의 수단

재정작용 중 재원의 취득은 권력적 명령·강제를 수단으로 하고, 재산의 관리 및 수입·지출의 경리는 비권력적 관리를 수단으로 하는바, 전자를 재정권력작용이라 하고, 후자를 재정관리작용이라 한다.

재정권력작용은 경찰작용·경제규제작용·환경규제작용 등에 있어서의 권력적 작용과 그 수단에 있어서는 같으나, 그 직접목적에 있어서 다르다. 다만 국가나 지방자치단체의 재원의 취득이 항상 권력적 작용에 의하는 것은 아니고, ① 비권력적인 사업경영에 의하는 경우(철도사업·체신사업·관광사업 등), ② 공채·재정증권·일시차입금에 의하는 경우(<sup>헌법 94, 국채법 3, 지방재정법</sup><sub>11 내지 14, 지방자치법 124</sub>), ③ 다른 행정작용과 관련하여 취득되는 부수적 수입도 있다.

### (3) 권력의 기초

재정권력작용은 재정목적을 위하여 일반통치권에 기하여 국민에게 명령·강제하는 작용이다. 이 권력은 국가 또는 그로부터 통치권의 일부를 부여받은 지방자치단체만이 이를 행사할 수 있다.

이에 대하여 재정관리작용은 일반재산관리권의 작용에 지나지 않고, 이에 관한 법적 규율은 주로 국가나 지방자치단체의 재정관리의 공정을 확보하기 위한 것으로, 주로 사법에 대한 특별법 또는 행정의 내부규율적인 성질을 가진다.


## Ⅱ. 재정의 종류

재정은 여러 기준에 따라 분류할 수 있으나, 여기서는 주체와 수단에 따른 분류에 한정하여 살펴본다.

### 1. 주체에 의한 구분

재정은 그 주체를 기준으로 국가재정과 지방자치단체의 재정으로 구분되는바, 국가재정과 지방재정은 그 본질에 있어서는 동일한 것이나, 국가재정은 국가의 통치권이라는 그 자체의 고유한 권한에 의거한 작용인 데 대하여, 지방재정은 국가로부터 부여된 전래적 권한에 의한 작용이라는 점에서 양자는 다르다. 지방재정의 충실성·독립성은 헌법상의 지방분권주의의 실질적 확보에 있어서 필수적인 것이나, 현재 지방재정은 국가에의 의존상태를 벗어나지 못하고 있는 실정이다.

국가재정에 관한 기본법으로서는 국가재정법·국세기본법·국유재산법 등이 있고, 지방재정에 관한 법으로는 지방재정법·지방회계법·지방세기본법·지방세법·공유재산 및 물품 관리법 등이 있다.

## 2. 수단에 의한 구분

재정은 그 수단을 기준으로 재정권력작용과 재정관리작용으로 나누어
진다.

### (1) 재정권력작용

재정권력작용은 국가 또는 지방자치단체의 재원의 취득을 목적으로 하여
행하여지는 것으로, 조세의 부과·징수 및 전매가 있다. 전자를 위한 재정주
체의 권한을 과세권이라 하고, 후자를 위한 것을 전매권이라 한다. 전매의 경
우 전매사업 자체는 국가 또는 지방자치단체가 사경제의 주체로서 행하는 사
법상의 행위에 불과하나, 전매물품의 제조·판매를 독점하고, 일반개인에 대
하여 그러한 행위를 금지·제한하는 것, 즉 전매를 하는 것은 국가 또는 지
방자치단체의 전매권의 발동인 권력작용에 속한다. 이러한 전매사업으로는
종래 인삼사업법에 의한 인삼의 전매제도가 있었으나, 1996년의 동법이 폐지
된 결과, 현재 우리나라에는 전매제도는 존재하지 않는다.

### (2) 재정관리작용

재정관리작용은 재산의 관리와 수입·지출의 관리를 내용으로 하는 것으
로서, 이를 회계라고도 하는바, 재산의 관리를 물품회계, 수입·지출의 관리
를 현금회계라 한다. 재정권력작용이 국민과의 관계에서 행하여지는 대외적
인 작용인 데 대하여, 재정관리작용은 행정조직의 내부에서 적정한 재산 또
는 수지관리를 기하려는 것으로, 이는 사인의 재산관리 또는 수지관리와 기
본적 차이는 없는 것이나, 그것이 공적 재산 또는 수입·지출의 관리라는 점
에서 특히 그 공정성 확보를 위하여 그에 대하여는 일정 한도에서 특별한 법
적 규율이 가하여지고 있다.


## 제 2 항  재정법의 기본원리

근대국가에서는 재정에 관한 기본적인 사항을 헌법에서 규정하고 있는
바, 헌법에서 정하고 있는 재정에 관한 가장 기본적인 원칙은 재정의회주의
라 할 것이다. 이것은 국민주권원리의 재정면에서의 표현으로 국가의 재정작
용을 국민의 대표기관인 의회의 감독과 통제 아래에서 행하게 하려는 것이
다. 재정의회주의는 조세법률주의, 예산의결원칙 및 결산심사원칙의 구체적

형태로 표현되고 있다.

재정에 관한 기본원칙으로서는 그 밖에도 엄정관리주의, 건전재정주의 등이 있다.

## 1. 재정의회주의

1) **조세법률주의**  조세법률주의란 조세의 부과는 반드시 법률이 정하는 바에 의하여야 한다는 원칙이다. 우리 헌법도 "조세의 종목과 세율은 법률로 정한다"고 하여 이 원칙을 명시하고 있다($^{법}_{59}$).

조세법률주의에는 1년세주의와 영구세주의가 있으나, 우리나라는 영구세 주의를 취하고 있다. 따라서 일단 법률로 제정된 후에는 그 개정 또는 폐지가 있을 때까지는 매년 그에 기하여 조세를 부과·징수할 수 있다.

2) **예산의결원칙**  예산은 한 회계연도의 국가의 세입·세출에 관한 예 정표로서, 국민의 경제적 부담 또는 국민경제와 밀접한 관련이 있는 것이므로, 그것은 적정하고 민주적인 절차에 따라 편성되고 결정되어야 할 것이다. 그에 따라 현대국가에서는 원칙적으로 국회의 심의와 의결을 거쳐 예산이 성립되도록 하여, 재정민주주의를 채택하고 있는 것이 일반적이다.

우리 헌법도 이 원칙을 채택하여, 예산안·추가경정예산안은 국회의 심의와 의결을 거치도록 하고 있다($^{헌법}_{54\cdot56}$).

지방자치단체의 예산안·추가경정예산안은 지방의회의 심의·의결을 거쳐야 한다($^{지방자치법\ 39\cdot127\cdot130,}_{지방재정법\ 제\ 3\ 장}$).

3) **결산심사원칙**  헌법은 또한 예산의 집행결과인 결산에 대하여도 감사원의 결산검사보고에 따른 국회의 심사권을 인정하여($^{법}_{99}$), 재정집행에 대한 국회의 사후감독제도를 마련하고 있다.

## 2. 엄정관리주의

엄정관리주의란 국가나 지방자치단체의 재산은 그 존립과 활동을 위하여 필요한 것일 뿐만 아니라, 모든 국민 또는 주민의 재산이기도 하므로, 이러한 재산이 망실·훼손되지 않도록 엄정하게 관리하여야 한다는 원칙을 말한다.

## 3. 건전재정주의

이것은 국가나 지방자치단체의 적자재정을 방지하려는 원칙이다.

  1) **기채금지원칙**   국가나 지방자치단체의 세출은 특히 국회의 의결 또는 지방의회의 의결이 있는 경우를 제외하고는 원칙적으로 국채 또는 차입금을 그 재원으로 하여서는 안된다($^{국가재정법\ 18,}_{지방재정법\ 35}$).

  2) **감채원칙**   일반회계 예산의 세입 부족을 보전하기 위한 목적으로 해당 연도에 예상되는 초과 조세수입을 이용하여 국채를 우선 상환할 수 있다($^{국가재정}_{법\ 90①}$).

  매 회계연도 세입세출의 결산에서 발생한 잉여금(세계잉여금)은 지방교부세법에 따른 교부세의 정산이나 지방교육재정교부금법에 따른 교부금의 정산에 사용할 수 있으며($^{동조}_{②}$), 그 외에 해당 세계잉여금은 그 100분의 30 이상을 국채 또는 차입금의 원리금 또는 정부가 부담하는 기타의 채무를 상환하는 데 사용하여야 한다($^{동조}_{④}$).


# 제 2 절   재정의 내용

## 제 1 항   재정권력작용

  재정작용은 그 수단에 따라 재정권력작용과 재정관리작용으로 구분되는 것임은 앞에서 본 바와 같다. 재정권력작용은 재정목적을 위하여 일반통치권에 기하여 개인에게 명령·강제하는 작용으로서, 이러한 재정권력작용은 그 법률효과의 내용에 따라 재정하명·재정허가·재정강제 및 재정벌로 나눌 수 있다.


## Ⅰ. 재정하명

### 1. 재정하명의 의의 및 종류

  재정하명이란 행정주체가 재정목적을 위하여 국민에 대하여 일정한 작위·부작위·급부·수인을 명하는 행정행위를 말한다.

  ① 작위하명은 일정한 행위(조세신고·장부기재 및 비치·보고서제출)를 명하는 하명이며, ② 부작위하명은 일정한 행위를 금지하는 하명(예컨대 전매물품의 임의제조·판매금지)이고, ③ 급부하명은 일정한 물건이나 금전의 지급

을 명하는 하명(예컨대 조세납부)이며, ④ 수인하명은 재정권발동인 실력행사
를 수인할 것을 명하는 하명(예컨대 체납처분 또는 장부검사의 수인하명)이다.

이러한 재정하명 중에서 가장 중요한 것이 조세의 납부하명임은 물론
이다.

## 2. 재정하명의 형식

재정하명은 직접 법률의 규정에 의하는 경우(조세신고의무)와 법률의 규
정에 의거한 행정행위의 형식으로 행하여는 경우(예컨대 조세부과처분)가 있
다. 전자를 법규하명, 후자를 재정처분이라고 하는바, 양자는 그 법적 성질
및 그에 대한 쟁송수단 등에서 차이가 있다.

이하의 재정하명은 원칙적으로 재정처분을 지칭하는 의미로 사용하기로
한다.

## 3. 재정하명의 효과

재정하명이 행하여지면 하명을 받은 특정인에 대하여 하명의 내용을 이
행할 공법상의 의무가 발생한다. 그 의무를 재정의무라 하는데, 그 의무의 불
이행에 대하여는 강제집행을 하고, 그 위반에 대하여는 재정벌이 과하여지는
것이 보통이다.

## 4. 흠(하자)있는 재정하명에 대한 구제제도

행정행위 일반의 경우와 마찬가지로 재정하명에 흠이 있는 경우에는 그
것이 중대·명백한 것인 때에는 무효로 되고, 그 정도에 이르지 않는 때에는
당해 재정하명의 취소사유(직권취소·쟁송취소)가 된다.

위법 또는 부당한 재정하명으로 인하여 그 권익이 침해된 자는 행정쟁송
절차에 의하여 그 취소를 구할 수 있다. 다만 세법상의 위법·부당한 처분에
대한 행정심판에 있어서는 행정심판법이 배제되고 특별한 심판절차가 마련되
어 있고(국세기본법 56,/관세법 120), 행정소송에 있어서도 행정소송법에 대한 약간의 특칙이
마련되어 있다(국세기본법/56② 등). 이와 관련하여서는 행정소송법이 행정심판을 원칙적
으로 임의절차로 하고 있는 것과는 달리, 과세처분의 위법을 이유로 하는 행
정소송의 제기에 있어서는 행정심판전치주의가 채택되고 있다는 점에 특히
유의하여야 할 것이다.

위법한 재정하명으로 손해를 받은 경우에는 행정상 손해배상 또는 부당이득반환청구의 방식에 의하여 구제를 받을 수 있다.

## Ⅱ. 재정허가

### 1. 재정허가의 의의 및 성질

재정허가는 재정목적(수입의 확보 등)을 위하여 부과되어 있는 일반적 금지를 구체적인 경우에 해제하여 적법하게 사실행위 또는 법률행위를 할 수 있게 하여 주는 행정행위이다(주세법에 의한 주조업의 허가 등). 재정허가는 재정목적상 부과되어 있는 일반적 금지를 해제하여 영업의 자유(권)를 적법하게 행사할 수 있게 하여 주는 데 그치고, 새로운 권리를 설정하여 주는 행위는 아니다.

재정허가를 받아야 할 행위를 허가 없이 행하여도 그 행위의 효력이 당연히 무효로 되는 것은 아니고, 강제집행의 대상이 되거나 재정벌을 부과할 수 있음에 그친다.

재정허가가 기속행위인가 재량행위인가의 문제가 있다. 이 문제는 일률적으로 결정될 것은 아닌 것으로서 허가의 대상인 행위의 성질이 사인이 본래 자유로이 행할 수 있는 성질의 것인지 여부가 그에 대한 일반적 기준이 될 수 있을 것으로 본다. 즉 허가를 요하는 행위가 본래 이를 자유로이 행할 수 있는 성질의 것인 때에는 그 허가는 기속행위이고, 그 행위가 국가의 전매권 등의 이유로 특별한 관계에 있는 자만이 할 수 있는 성질의 것인 때에는 그 허가는 원칙적으로 재량행위라 할 수 있을 것이다.[1]

### 2. 재정허가의 형식

재정허가는 법령에 의하여 부과되어 있는 상대적 금지를 특정한 경우에 해제하여 당해 행위를 적법하게 행사할 수 있게 하여 주는 행위이므로, 재정하명의 경우와는 달리 법령에 의거한 행정처분에 의하여서만 행하여진다.

---

1) 김도창, 행정법(하), p. 663; 이상규, 행정법(하), p. 729; 박윤흔, 행정법(하), p. 729.

## Ⅲ. 재정면제

재정면제란 재정목적을 위하여 과하여진 작위 또는 지급의무를 특정한 경우에 해제(소멸)시키는 행위를 말한다. 의무의 해제라는 점에서는 재정허가와 같으나 해제하는 의무의 내용이 다르다.

## Ⅳ. 재정강제

### 1. 의의 및 종류

재정강제란 재정상의 목적을 위하여 개인의 신체 또는 재산에 실력을 가하여 재정상 필요한 상태를 실현하는 작용을 말한다.

이러한 재정강제는 실력을 발동하여 국민의 자유와 재산을 침해하는 작용이므로, 그에는 반드시 법적 근거가 있어야 한다.

재정강제도 행정강제 일반과 마찬가지로 상대방의 의무의 존재와 그 불이행을 전제로 하여 그 이행을 강제하거나 이행된 것과 같은 상태를 실현하는 작용인 재정상 강제집행과 의무를 명할 시간적 여유가 없거나, 의무를 명하여서는 목적을 달성하기 어려운 경우에 의무를 명하지 않고 직접 국민의 신체·재산에 실력을 가하여 재정목적을 달성하는 재정상 즉시강제가 있다.

전통적으로 재정목적을 위한 질문·조사·영업소에의 출입검사 등도 재정상 즉시강제의 일부로 파악하여 왔다. 이러한 행위들은 권력적 실력행사라는 점에서는 재정상 즉시강제와 다르지 않으나, 이들 작용은 그 자체 완결적인 행정목적을 위한 것이 아니라, 궁극적인 행정목적의 적정한 실현을 위한 예비적·보조적 작용이라는 점에서 즉시강제와는 다르다.

### 2. 재정상 강제집행

재정상 강제집행의 수단으로서는 ① 대체적 작위의무의 불이행에 대하여는 행정대집행법에 의한 대집행이 일반적으로 인정되고, ② 비대체적 작위의무 및 부작위의무의 불이행에 대하여는 개별법이 직접강제를 정하는 경우가 있으나 그 예는 매우 드물다.

재정상 의무로서 가장 중요한 것은 금전급부의무로서 이 의무의 불이행에 대한 강제수단으로서는 ① 국세징수법상의 강제징수, ② 담보권실행 및 ③

관세법상의 강제집행의 세 가지가 있다.

(1) 국세징수법상의 강제징수(체납처분)

국세징수법상 강제징수의 절차는 독촉·재산압류·매각·청산의 4단계로 이루어진다(국세징수법은 이 중에서 재산압류·매각·청산의 3단계를 체납처분이라 하고 있다).

이들 절차는 서로 결합하여 1개의 법적 효과를 완성하는 관계에 있으므로 선행행위의 위법성은 후행행위에 승계된다. 그러나 이러한 체납처분의 전제가 되는 과세처분이 위법한 경우에는 과세처분과 체납처분은 각각 별개의 효과를 목적으로 하는 행위이므로, 선행행위인 과세처분이 당연무효로 되는 위법사유만이 후행행위에 승계되고, 그에 이르지 않는 위법성은 승계되지 않다고 보는 것이 학설·판례의 입장이다.[1]

국세징수법상의 강제징수절차의 내용적 검토는 생략하기로 한다.[2]

(2) 담보권 실행

국세징수법과 일정 단행세법이 조세채권의 보존수단으로서 일정한 경우에 납세담보의 제공을 요구할 수 있도록 규정하고 있다. 예컨대 징수유예의 경우($\substack{국세징수\\법 18}$), 체납처분유예의 경우($\substack{동법\\85의2}$) 등이다.

국세기본법은 인적 담보(납세보증인)($\substack{동법 2 xii · 29\\v, 주세법 30}$)와 물적 담보($\substack{국세기본법 29 i 내지\\iv·vi·vii, 주세법 29}$)에 관하여 담보의 종류($\substack{국세기본\\법 29}$), 담보의 평가($\substack{동법\\30}$), 담보의 제공방법($\substack{동법\\31}$), 담보의 변경과 보충($\substack{동법\\32}$), 담보실행에 의한 징수($\substack{동법\\33}$), 담보의 해제($\substack{동법\\34}$) 등에 관하여 규정하고 있다.

(3) 관세법상의 강제징수

관세법은 관세의 특수성에 따라 특별한 강제징수절차를 규정하고 있는데, 다음의 세 가지 경우가 그것이다.

1) 법정담보   관세미납물품은 법률상 당연히 관세의 담보가 되며, 다른 공과금과 채권에 우선하여 관세에 충당된다($\substack{관세법\\3①}$).

2) 특별담보   세관장은 일정한 사유가 있는 경우에는 관세에 대하여 특

---

1) 판례

　"일정한 행정목적을 위하여 독립된 행위가 단계적으로 이루어진 경우에 있어서는 선행행위에 있어서의 당연히 무효로 될 사유가 있는 경우를 제외하고는 선행행위에 대한 위법의 하자가 후행행위에 당연히 승계된다고 할 수 없다"(대판 1961.10.26, 4292행상73).

2) 그 구체적 내용에 대하여는 「행정법 I」의 '행정상 강제징수' 부분 참조.

별담보를 제공 또는 공탁하게 할 수 있으며, 담보물로서는 금전, 국채 또는 지방채, 세관장이 인정하는 유가증권, 납세보증보험증권, 토지, 보험에 가입된 등기 또는 등록된 건물·공장재단·광업재단·선박·항공기나 건설기계, 세관장이 인정하는 보증인의 납세보증서 등이 있다($\frac{동법}{24}$).

납세의무자가 그 납부기한까지 해당 관세를 납부하지 않을 때에는 담보물 중 금전 등은 직접 관세에 충당하고, 국채·증권 등은 매각하여 그 대금을 관세에 충당하는데, 어느 경우에나 잔금이 있을 때에는 담보를 제공한 자에게 환급하여야 하고, 환급할 수 없을 때에는 공탁할 수 있다($\frac{동법}{25}$).

3) 관세미납물품의 유치·예치    세관장은 여행자 또는 우리나라와 외국 간을 왕래하는 운송수단에 종사하는 승무원의 휴대품으로 필요한 허가 등 조건이 구비되지 않은 것은 유치할 수 있으며, 또한 여행자 또는 승무원의 휴대품으로 수입할 의사가 없는 물품은 세관장에게 신고하여 일시 예치시킬 수 있다($\frac{동법}{206}$).

유치 또는 예치된 물건은 장치기간이 경과하면 공고한 후 매각하고, 매각대금 중에서 관세·제세·수용료 및 그 물품매각에 관한 비용에 충당하고 잔금이 있을 때에는 화주에게 교부한다($\frac{동법~208}{내지~212}$). 다만 살아 있는 동식물, 창고를 해할 물품 등은 장치기간과 관계 없이 공고한 후 또는 사후공고로 매각할 수 있다($\frac{동법~208}{내지~212}$).

### 3. 재정상 즉시강제 및 조사

#### (1) 재정상 즉시강제

재정상 즉시강제란 목전의 급박한 행정상 장해를 제거하여야 할 필요가 있으나 의무를 명할 시간적 여유가 없을 때, 상대방의 의무불이행을 전제로 하지 않고 직접 국민의 신체 또는 재산에 실력을 가하여 재정목적을 실현하는 작용이다.

이러한 의미의 재정상 즉시강제는 재정법상에는 그 예가 드문 것이나, 관세법 제303조 및 제304조에 의한 관세범임을 증명할 만한 물건의 압수·보관 또는 그 폐기가 그 예가 될 것이다.

#### (2) 재정상 조사

재정상 조사란 궁극적인 재정목적을 적정하게 실현하기 위하여 필요한 자료·정보 등을 수집하기 위하여 행하는 권력적 조사활동을 말한다. 이러한 재정상 조사는 그 대상에 따라 다음의 세 가지로 나누어진다.

1) 대인적 조사   조사대상이 사람인 경우로서 각종 세법에 의한 질문($\substack{\text{소득}\\ \text{세법 170, 부가}\\ \text{가치세법 74 등}}$) 또는 수색($\substack{\text{조세범처벌절}\\ \text{차법 9}}$) 등이 그 예이다.

2) 대물적 조사   조사대상이 물건인 경우로서 장부의 검사, 물건의 검사·수거 등이 그 예이다.

3) 대가택조사   타인의 가택이나 사무소·창고 등의 건물에 출입하여 조사·수색 등을 하는 것을 말한다. 이것은 위의 대물적 조사와 병행되는 경우가 많다.

재정상 즉시강제나 재정상 조사에 있어서의 법적 근거의 문제, 영장의 필요성 여부의 문제, 개인의 권리구제의 문제 등은 행정상 즉시강제·조사 일반의 경우와 그 내용을 같이한다.[1]


## V. 재 정 벌

### 1. 재정벌의 의의

재정벌이란 재정상의 의무위반에 대한 제재로서 일반통치권에 기하여 과하는 벌을 말한다. 이는 행정벌의 일종으로서 그에 관한 법리는 재정벌에도 원칙적으로 그대로 적용된다.

### 2. 재정벌의 종류

재정벌이 과하여지는 범죄를 재정범이라 하는바, 재정범은 포탈범과 재정질서범으로 나누어진다. 전자는 사기 기타 부정행위로써 조세를 포탈하거나 전매권을 침해하여 부정한 이득을 보거나 보려고 한 경우에 성립하는 죄이며, 후자는 수입확보를 위한 그 밖의 각종의 재정하명에 위반한 경우에 성립하는 죄이다. 전자는 현실적으로 국가의 수입을 감손시키는 행위(부정행위에 의한 조세포탈·전매물품의 불법제조)인 데 대하여, 후자는 다만 재정상의 질서를 위반함으로써 수입을 감손시킬 우려가 있는 행위(장부기재의 해태·허위신고 등)에 지나지 않는 점에서 양자는 다르다.

---

1) 이들 문제는 「행정법 Ⅰ」의 관련 부분에서 구체적으로 검토하였으므로, 여기서는 다시 반복하지 아니한다.

## 3. 재정벌의 특수성

재정벌은 국가 또는 지방자치단체의 재정상의 수입의 확보를 목적으로 하는 것이기 때문에 벌금·과료와 같은 재산형을 과하는 것이 보통이다. 다만 그러한 재산형만으로는 재정의무위반의 방지를 위하여 불충분한 경우가 적지 않으므로, 근래에는 자유형을 과하거나, 또는 재산형·자유형을 병과하도록 규정하고 있는 예가 적지 않다($\frac{관세법}{268의2}$).

재정벌로서 과태료를 과하는 경우 외에는, 재정범에 대하여는 원칙적으로 형법총칙이 적용된다($\frac{형법}{8}$). 다만 조세범 처벌법·관세법 등 다수의 조세관계법규는 조세범에 대하여 형법총칙에 대한 다수의 특별규정을 두고 있다.

## 4. 재정벌의 과벌절차

재정벌을 과하는 절차는, 과태료는 질서위반행위규제법이 정하는 재판절차에 따라 과하고, 그 이외의 재정벌은 최종적으로는 형사소송법이 정하는 절차에 의하여 과하여진다. 다만 조세범 처벌절차법·관세법·지방세법 등의 조세관계법은 형사소추에 선행하여 조사·통고처분·고발 등의 간이과벌절차를 규정하고 있다.

### (1) 조　사

세무공무원 등은 범칙사건을 조사할 수 있는바, 조사를 위하여 필요한 때에는 범칙혐의자나 참고인을 심문, 압수 또는 수색할 수 있다($\frac{조세범처벌절}{차법 8 등}$). 범칙사건의 조사에 있어서 압수 또는 수색을 할 때에는 법관이 발부한 영장이 있어야 한다($\frac{동법}{9①}$).

### (2) 통고처분

지방국세청장 또는 세무서장은 조세범칙행위의 확증을 얻었을 때에는 그 대상이 되는 자에게 그 이유를 구체적으로 밝히고 ① 벌금에 해당하는 금액, ② 몰수 또는 몰취에 해당하는 금액, ③ 추징금에 해당하는 금액을 납부할 것을 통고하여야 한다($\frac{동법}{15①}$). 통보처분을 받은 자가 통고대로 이행하였을 때에는 동일한 사건에 대하여 다시 조세범칙조사를 받거나 처벌받지 아니한다($\frac{동조}{③}$).

통고처분이 행하여진 때에는 공소시효가 중단된다($\frac{동법}{16}$).

통고처분에 이의가 있는 경우에도 그 상대방은 취소소송 등에 의하여 이를 다툴 수 없다고 보는 것이 판례의 입장이다.[1] 관세법($\substack{법 119 \\ ① i}$)은 명시적으로 통고처분을 행정심판·행정소송의 대상에서 제외하고 있다.

### (3) 고  발

지방국세청장 또는 세무서장은 ① 그 정상이 징역형에 처할 것으로 판단되는 경우, ② 통고대로 이행할 자금이나 납부능력이 없다고 인정되는 경우, ③ 거소가 분명하지 아니하거나 서류의 수령을 거부하여 통고처분을 할 수 없는 경우, ④ 도주하거나 증거를 인멸할 우려가 있는 경우에는 통고처분을 거치지 않고 그 대상자를 즉시 고발하여야 한다($\substack{조세범처벌 \\ 절차법 17①}$). 범칙자가 15일 이내(관세법의 경우는 10일)에 통고의 내용을 이행하지 아니한 경우에도 또한 고발하여야 한다. 다만 위 기간이 지났더라도 고발되기 전에 통보대로 이행하였을 때에는 그러하지 아니하다($\substack{동조 \\ ②}$).

범칙사건은 고발이 있어야 공소를 제기할 수 있으며, 고발에 의하여 공소가 제기된 경우에도 제 1 심판결의 선고 전에 고발이 취하되면 공소도 취하하여야 한다.[2]

## 제 2 항   재정관리작용

### 1. 의  의

재정관리작용이란 국가 또는 지방자치단체가 그 재산 및 수입·지출을 관리하는 작용을 말하며, 회계라고도 한다. 재정관리작용은 그 본질상 사인의 재산관리와 다르지 않으나, 그 적정·공정한 관리는 일반국민의 이해와 밀접한 관련을 가지고 있으므로, 국가재정법·국유재산법·물품관리법·지방자치법·공유재산 및 물품 관리법 등의 법률이 이에 대하여 특별한 규율을 하고 있고, 독립된 감사기관인 감사원으로 하여금 이를 검사·감독하게 하고 있다.

재정관리작용에 관한 법규는 그 형식은 법률로 되어 있으나, 그 실질적 내용은 재정관리의 공정을 기하기 위한 행정의 내부절차적 규율의 성질을 가

---

1) 판례
　"통고처분은 처분을 받은 자가 통고취지를 이행하지 아니한 때에는 세무관서의 고발을 기다려 형사절차로 옮아가 처분의 대상이 된 사실은 그 절차에만 의하여 최종적으로 결정될 것이고, 통고처분만 따로 그대로 존속하여 별개의 효력을 나타낼 수 있는 것이 아니므로, 통고처분의 옳고 그른 것을 항고소송으로 다툴 수는 없는 것이라고 해석함이 타당하다"(대판 1962. 1. 31, 4294행상40).
　2) 대판 1957. 3. 30, 57행상57.

지는 데 그치는 것이 적지 않다. 이러한 경우에는 당해 규율에 위반하여도 그것은 내부적 책임의 문제를 발생시킬 뿐이고, 당해 행위의 외부적 효력에는 영향이 없다고 할 것이다.[1]

## 2. 종  류

재정관리작용은 그 내용에 따라 재산관리와 수입·지출관리로 나누어지는데, 전자를 물품회계, 후자를 현금회계라 한다.

### (1) 재산관리

재산관리란 국가 또는 지방자치단체가 소유하는 재산(국유재산·공유재산)을 관리하는 작용을 말하며, 그 재산에는 부동산·동산·무체재산권·채권 등이 포함된다. 재산관리는 사경제작용인 것이 보통이나, 공익상의 관점에서 특별한 규율이 가하여지는 경우가 있는바, 그러한 특별한 규율이 없으면 사법규정 또는 사법원리가 적용된다.

### (2) 수입·지출관리

수입·지출의 관리는 국가 또는 지방자치단체의 예산·회계에 관한 작용으로서 사경제작용인 것이 원칙이나, 공익적 견지에서 특별한 법적 규율이 가하여지는 경우가 있다.


# 제 3 절 조    세

## 제 1 항  조세의 의의 및 종류

### Ⅰ. 조세의 개념

조세란 국가 또는 지방자치단체가 그 경비에 충당할 수입을 취득하기 위한 목적으로 법률에 기한 일방적 의무로서 과세요건에 해당하는 모든 자에게 과하는 무상의 금전부담을 말한다.

현행 세법은 조세에 관한 일반적 정의를 하고 있지 않은 결과, 조세관념의 정의에 있어서는 학자에 따라 약간의 차이가 나타나고 있다.[2] 그러나 대

---

1) 박윤흔, 행정법(상), p. 275.
2) 김도창, 행정법(하), p. 650; 이상규, 행정법(하), p. 676; 박윤흔, 행정법(하), p.

부분의 경우 그것은 표현의 차이일 뿐이고, 그 내용상 본질적인 차이는 없는 것으로 보인다.

그 내용을 분설하면 다음과 같다.

(1) 과세주체는 국가 또는 지방자치단체이다. 그러므로 예컨대 도시개발법 등이 정하는 공공조합의 조합원에 대한 경비부과는 조세가 아니다.

(2) 조세는 국가 또는 지방자치단체의 수입(재력)취득을 직접 목적으로 한다. 이 점에 있어 조세는 벌금·과료·과태료와 같이 직접적으로는 제재를 목적으로 하는 벌과금과 구별된다. 조세는 또한 과세주체의 일반적 경비에 충당하기 위한 수입을 확보하기 위한 것이므로, 재해복구를 위한 부역·현품 또는 그에 대신한 금전징수 등은 조세가 아니다.

(3) 조세는 일방적 의무로서의 무상의 금전부담이다. 조세는 특정 급부에 대한 반대급부가 아니라, 국가·지방자치단체의 경비를 충당하기 위한 수입확보를 위하여 일방적으로 부과되는 것이다. 이 점에서 조세는 특정한 역무 또는 이익에 대한 반대급부로서 부과되는 행정상의 각종의 사용료·수수료·특권료 등과는 다르다. 이러한 사용료·수수료 등은 그 역무비용이나 이익을 표준으로 하여 결정되는 데 대하여, 조세는 국가의 재력취득을 위하여 징수되는 것으로서, 그 세율은 의무자의 담세력을 표준으로 하여 결정된다.

(4) 조세채무는 법률로 정하는 과세요건에 따라 발생하게 되는바, 조세에 있어서는 당사자의 의사를 존중하는 사적자치원칙이 배제된다.[1]

(5) 조세는 원칙적으로 금전급부를 내용으로 한다. 현대의 조세는 원칙적으로 금전급부를 내용으로 하며, 우리나라의 경우도 마찬가지이다. 이러한 원칙에 대하여는 물건에 의한 지급을 정하고 있는 몇 가지 예외가 있다. 이러한 물납제는 납세자의 편의를 고려하여 조세액에 상응하는 물건의 취급을 정하고 있는 것이지 물건 자체의 취득을 그 목적으로 하는 것은 아니다.

---

743; 김남진, 행정법(Ⅱ), p. 570; 이명구, 행정법원론, p. 816.

1) 이태로, 조세법강의, 1998, p. 5 참조.

판례

"국세는 법률상 과세요건의 충족에 따라 일률적 무선택적·필연적으로 성립한다는 점에서 일반채권과 근본적으로 그 성질을 달리한다"(대판 1983. 11. 22, 83다카1105).

## Ⅱ. 조세의 종류

### 1. 국세와 지방세

이것은 과세주체에 따른 분류이다. 국세는 국가가 부과·징수하고, 지방세는 지방자치단체가 부과·징수하는 조세이다. 국세에 대하여는 원칙적으로 각세마다 단행법이 있으며, 모든 국세(관세 제외)에 관한 일반적 사항을 규정한 공통법으로서 국세기본법·국세징수법·조세범처벌법 및 조세범처벌절차법이 있다.

지방세에 대하여는 그 기본법으로서 지방세기본법이 있으며, 그 세부적인 사항은 동법에 의거하여 조례로 정한다($\frac{동법}{7}$).

국세와 지방세의 체계는 다음과 같다($\frac{국세와지방세의조정}{등에관한법률 2, 3}$).

```
┌ 국  세 ─ 소득세, 법인세, 상속세와 증여세, 종합부동산세, 부가가치세, 개별소비세, 교
│         통·에너지·환경세, 주세(酒稅), 인지세(印紙稅), 증권거래세, 교육세, 농어촌
│         특별세, 재평가세, 관세, 임시수입부가세
│         ┌ (주체에 따라) ─ 특별시세, 광역시세, 도세 및 시·군·구세
└ 지방세 ─┤              ┌ 보통세: 취득세, 등록면허세, 레저세, 담배소비세, 지방소비
          │              │        세, 주민세, 지방소득세, 재산세, 자동차세
          └ (내용에 따라) ─┤
                         └ 목적세: 지역자원시설세, 지방교육세
```

### 2. 내국세와 관세

국내에 있는 과세물건에 대하여 과하는 조세를 내국세라 하고, 외국으로부터 수입되는 물건에 과하는 조세를 관세라 한다.

### 3. 직접세와 간접세

그 구별기준에 대하여는 학설이 갈리고 있는바, ① 법률상의 납세의무자와 사실상의 담세자가 동일한 것이 직접세이고, 양자가 일치하지 않고 조세의 실제 부담이 납세의무자로부터 타인에 전가될 것이 법률상 예상되어 있는 조세가 간접세라고 보는 견해, ② 납세의무자의 담세력을 직접 표현하는 소득·재산 그 자체에 대하여 과하여지는 조세가 직접세이고, 담세력을 간접적으로 표현하는 사실, 예컨대 물건의 소비, 재산의 이전·거래 등을 과세대상으로 하는 조세가 간접세라는 견해 등이 있는데, 첫째의 견해가 통설이다.

소득세・법인세・상속세 등은 직접세이고 주세・부가가치세・인지세・개별소비세 등은 간접세이다.

## 4. 수익세・재산세・소비세・거래세

과세물건의 성질에 따른 분류이다. ① 수익세는 수익 또는 소득에 대하여 부과하는 조세(소득세・법인세 등)이며, ② 재산세는 재산소유의 사실에 대하여 부과하는 조세(재산세)이고, ③ 소비세는 특정한 소비 또는 금전지출에 의하여 표시되는 담세력을 과세물건으로 하는 조세(개별소비세・주세 등)이며, ④ 거래세는 재화의 이전 내지 유통이라는 사실에 기하여 과하여지는 조세이다(등록면허세・인지세 등).

## 5. 인세・물세・행위세

과세물건의 종류에 의한 분류이다. ① 인세는 특정인의 생존・거주・소득 등에 과하는 조세이며, ② 물세는 특정 물건의 소유・제조・매매・수입 또는 그 물건에서 생기는 수익에 대하여 과하는 조세이고, ③ 행위세는 직접 물건을 목적으로 하지 않고 법률적・사실적 행위에 대하여 과하는 조세이다.

## 6. 정기세와 수시세

정기세는 일정한 시기를 정하여 정기적으로 과하는 조세(소득세・법인세・부가가치세 등)이고, 수시세는 과세물건이 발생할 때마다 수시로 과세하는 조세(상속세・등록면허세・인지세 등)이다.

## 7. 보통세와 목적세

국가 또는 지방자치단체의 일반경비에 충당하기 위하여 과하는 조세가 보통세이고, 특정경비에 충당하기 위하여 과하는 조세가 목적세이다. 교통・에너지・환경세, 교육세 등이 그 예이다.

## 8. 비례세와 누진세

이것은 적용되는 세율의 성질에 따른 분류이다.

비례세는 과세표준의 크기와는 관계없이 일정률의 같은 세율이 적용되는 조세이다. 부가가치세, 개별소비세, 주세 등이 이에 속한다.

누진세는 과세표준금액이 증가함에 따라 적용되는 세율도 높아지는 조세이다. 누진세는 납세의무자의 개인적 사정이 고려되는 조세에 많으며 소득의 재분배기능을 수행한다. 소득세, 상속세, 증여세, 법인세 등 대부분의 조세가 이에 속한다.

### 9. 신고납부하는 조세·부과납부하는 조세·인지납부하는 조세

이것은 과세주체의 과세권의 발동방식에 따른 구분이다.

1) 신고납부하는 조세는 납부하여야 할 세액이 원칙적으로 납세자의 신고에 의하여 확정되며, 신고가 없거나 신고한 세액의 계산이 법률규정에 맞지 아니하는 경우, 기타 그 세액이 세무서장의 조사와 다른 경우에 한하여 세무서장 등의 처분에 의하여 확정되는 조세이다.

우리나라에서도 소득세 등에 있어서는 납세의무자가 과세표준을 신고하고($\frac{소득세}{법\ 70}$), 세액을 자진납부하는 형식($\frac{동법}{76}$)의 신고주의를 취하고 있다.[1]

2) 부과납부하는 조세는 세액이 전적으로 세무서장 등의 처분에 의하여 확정되고, 그 징수도 명령적 절차에 의하여 행하여지는 것이다.

3) 인지납부하는 조세는 등록세 등과 같이 납부하여야 할 세액이 법률의 규정에 의하여 확정되고, 그 납부도 납세의무자의 인지첩부에 의하여 행하여지는 조세이다.

## 제 2 항  조세법의 기본원칙

조세법의 기본원칙은 그 내용에 따라 형식적 측면, 실질적 측면 및 과세기술상의 측면의 세 가지 관점에서 검토할 수 있다.

---

1) 소득세와 관련하여, 종래는 세액이 신고에 의하여 확정되는 것이 아니라 신고에 따라 세무서장이 이를 결정함으로써 확정되는 점에서, 이는 본래적 의미의 신고납부방식이 아닌 부과납부방식으로 보았으나, 소득세법 개정으로 1996년 1월 1일 이후 신고기한이 도래하는 소득부터 과세방식이 종전의 부과주의에서 신고주의로 전환되었다.

## I. 형식면의 원칙

### 1. 조세법률주의

#### (1) 내  용

조세는 국민의 재산권의 보장·경제생활의 안정·경제활동에 있어서의 예측가능성 등의 측면에서 국민생활에 절대적인 중요성을 가지는 것이므로, 근대국가에서는 그 부과·징수에 국민의 대표로 구성되는 의회가 제정한 법률의 근거를 요하도록 하고 있는바, 이것을 조세법률주의라 한다.

우리 헌법도 "모든 국민은 법률이 정하는 바에 의하여 납세의 의무를 진다"($\frac{헌법}{38}$)라고 하여 이 원칙을 명시하고 있다.

헌법은 이어서 "조세의 종목과 세율은 법률로 정한다"($\frac{헌법}{59}$)라고 하여, 이 원칙의 내용에 관하여 정하고 있다.

그러나 법률로 정하여야 할 사항은 조세의 종목과 세율뿐만 아니라 납세의무자·과세물건·과세요건과 조세의 부과·징수절차도 법률로 정하여야 할 것이다.[1] 다만, 과세요건·징수절차에 대하여는, 일정한 한도에서 위임입법에 의한 규율도 허용되는 것이기는 하나, 그 경우 법률에 의한 위임은 구체적·개별적이어야 한다.[2] 과세요건을 규정하는 세법의 규정은 명확하고 구체적인 것이어야 한다. 왜냐하면 추상적이고 불분명한 세법 규정은 그 해석을 빙자한 자의적 세무행정을 야기할 우려가 있기 때문이다. 또한 세법의 해석에 있

---

1) 이태로, 조세법강의, pp. 15~18; 이상규, 행정법(하), p. 681; 이명구, 행정법원론, p. 820.

2) 판례

"헌법 제38조, 제59조에서 채택하고 있는 조세법률주의의 원칙은 과세요건과 징수절차 등 조세권행사의 요건과 절차는 국민의 대표기관인 국회가 제정하는 법률로써 규정하여야 한다는 것이나, 과세요건과 징수절차에 관한 사항을 명령·규칙 등 하위법령에 위임하여 규정하게 할 수 없는 것은 아니고, 이러한 사항을 하위법령에 위임하여 규정하게 하는 경우, 구체적·개별적 위임만이 허용되며, 포괄적·백지적 위임은 허용되지 아니하고(과세요건법정주의), 이러한 법률 또는 그 위임에 따른 명령·규칙의 규정은 일의적이고 명확하여야 한다(과세요건명확주의)는 것이다"(대판 1994. 9. 30, 94부18).

"조세법률주의의 원칙은 과세요건과 부과징수절차는 국회가 제정한 법률로써 이를 규정하여야 하고, 그 법률의 집행에 있어서도 이를 엄격하게 해석·적용하여야 하며, 행정편의적인 확장해석이나 유추적용은 허용되지 않음을 의미하므로, 법률의 위임 없이 행정입법으로 조세요건과 부과징수절차에 관한 사항을 규정하거나 또는 법률에 규정된 내용을 함부로 유추확장하는 내용의 해석규정을 마련하는 것은 조세법률주의의 원칙에 위반된다"(대판 1982. 11. 23, 82누221 전원합의체).

어서 유추해석·확장해석에 의한 납세의무의 확대는 허용되지 않는다.

이러한 조세법률주의는 국민의 권익에 지대한 관계가 있는 조세의 부과·징수에 있어 행정의 자의를 막으려는 데에 그 기본적 취지가 있는 것이다.

**(2) 실정법상 조세법률주의의 예외**

우리 실정법상 관세와 지방세에 대하여는 조세법률주의에 대한 예외가 인정되고 있다.

1) 관 세 관세도 조세의 일종이므로 그 부과·징수는 법률(관세법)에 의하는 것이 원칙이나($\frac{법4①}{참조}$) ① 관계조약에 특별한 규정이 있는 경우에는 그에 의하고, ② 관세율에 있어서 긴급관세($\frac{동법}{65}$)·할당관세($\frac{동법}{71}$) 등을 인정하여, 기본세율을 중심으로 상하 각 과세가격의 100분의 40에 상당하는 율을 가감하여 부과할 수 있는 권한을 관세당국에 부여하고 있다. 이것은 기본적으로는 신축성 있는 관세에 의하여 일정한 경제행정의 목적을 달성하기 위한 것이라 하겠으나, 수권의 범위가 기본세율의 상하로 미칠 수 있다는 점과 지나치게 광범한 수권을 내용으로 하고 있다는 점에서, 조세법률주의에 관한 헌법 제59조 및 위임입법의 한계를 정하고 있는 헌법 제75조와의 관련에서 문제가 제기될 수 있다.[1]

2) 지 방 세 지방세의 일반법인 지방세기본법에서 지방세의 종목·과세표준·세율 등에 관하여 규정하고 있으나, 그 구체적인 내용은 지방자치단체의 조례로 정하도록 하고 있다($\frac{별}{5①}$). 이것은 헌법상 보장되고 있는 지방자치의 본지에 입각한 예외적인 법제라 할 것이다.

## 2. 영구세주의

조세법률주의를 취하는 경우에도 ① 법률의 개폐가 없는 한 당해 법률에 의하여 계속하여 과세할 수 있는 것을 원칙으로 하는 영구세주의와, ② 매회 계연도마다 의회의 의결을 얻은 예산법에 의하여 과세하는 1 년세주의가 있는데, 우리나라는 영구세주의를 채택하고 있다.

---

1) 김도창, 행정법(하), p. 658.

## Ⅱ. 실질면의 기본원칙

### 1. 공평부담의 원칙

조세는 국민의 담세력에 따라 공평하게 부과되는 것으로, 이것은 입법과 집행에 있어 모두 요청되는 원칙임은 물론이다.

### 2. 신의성실의 원칙

세법상 신의성실의 원칙은 신뢰보호원칙이라고도 한다. 세법은 그 양이 방대하고 매우 전문적·기술적인 것이어서 그 내용을 정확하게 파악하는 것은 매우 어려운 것이어서, 과세당국의 홍보·법해석·과세관행 등은 매우 중요한 의미를 가지는 것이다. 그에 따라 다른 행정영역에 비하여 세법에 있어서는 신뢰보호의 필요성이 보다 부각되는바, 독일을 포함한 서구제국이나 일본 등에서도 신뢰보호원칙은 세법상 불문법원리로 파악되고 있으며, 독일의 조세기본법은 이를 명시적으로 규정하고 있다.

우리 국세기본법도 "세법의 해석이나 국세행정의 관행이 일반적으로 납세자에게 받아들여진 후에는 그 해석이나 관행에 의한 행위 또는 계산은 정당한 것으로 보며, 새로운 해석이나 관행에 의하여 소급하여 과세되지 아니한다"($\frac{법}{18③}$)고 규정하여, 이 원칙을 명시하고 있다.

"신의성실의 원칙은 자기의 언동을 신뢰하여 행동한 상대방의 이익을 침해하여서는 안 된다는 것을 의미하는 것으로서 일반적으로 조세법률관계에 있어서 과세관청의 행위에 대하여 신의성실의 원칙이 적용되는 요건으로는, 첫째, 과세관청이 납세자에게 신뢰의 대상이 되는 공적인 견해표명을 하여야 하고, 둘째, 과세관청의 견해표명이 정당하다고 신뢰한 데 대하여 납세자에게 귀책사유가 없어야 하며, 셋째, 납세자가 그 견해표명을 신뢰하고 이에 따라 무엇인가 행위를 하여야 하고, 넷째, 과세관청이 위 견해표명에 반하는 처분을 함으로써 납세자의 이익이 침해되는 결과가 초래되어야 한다는 점을 들 수 있으며, 이러한 요건을 모두 충족할 때에 한하여 과세관청의 처분을 신뢰보호의 원칙에 위반되는 행위로서 위법하다고 보게 된다"($\frac{대판\ 1988.\ 3.\ 8,}{87누156}$).

### 3. 수입확보의 원칙

조세제도의 가장 중요한 목적은 국가·지방자치단체의 존립과 활동에 필요한 재원(수입)을 확보하는 데 있다. 그러한 목적을 위하여 조세법은 국가·

지방자치단체에 조세부과권·강제징수권·통고처분권·조세범처벌권 등의
강력한 권한을 부여하고 있다.

그러나 수입확보에 치우쳐 국민의 권익보호가 경시되어서는 안되는 것임
은 물론이다. 그에 따라 조세법은 조세의 감면, 징수유예, 압류재산의 제한
등의 제도를 두고 있으나, 개인의 권익보호적 제도는 아직 미흡한 상태에
있다.

### 4. 능률의 원칙

조세수입의 확보는 최소의 경비로 능률적으로 행하여져야 하는 것으로,
신고납부·원천징수 등은 그에 부응하는 제도라고 할 수 있다.

## Ⅲ. 과세기술면의 원칙

### 1. 실질과세의 원칙

실질과세의 원칙이란 과세물건의 명목상의 귀속 여하에 관계 없이 사실
상 과세물건이 귀속되는 자를 납세의무자로 하여 조세를 부과한다는 원칙을
말하며, 명목과세의 원칙에 대한 것이다. 국세기본법은 실질과세의 원칙을 취
하여($^{법}_{14}$), 사실상의 담세력에 따른 공평부담의 실현을 도모하고 있다.

"실질과세의 원칙상 과세의 대상이 되는 소득, 수익, 재산, 행위 또는 거래의
귀속이 명의일 뿐이고 사실상 귀속되는 자가 따로 있을 때에는 사실상 귀속되
는 자를 납세의무자로 보아야 한다"($^{대판 1987. 5. 12,}_{86누602}$).

### 2. 근거과세의 원칙

이것은 인정과세에 대한 것으로서, 과세표준의 조사·결정은 원칙적으로
납세의무자가 조세관계법령에 의하여 작성·비치한 장부 기타 증빙자료에 의
하는 것을 말한다. 국세기본법은 이 원칙을 명시하고 있다($^{법}_{16①}$). 이 제도는 물
론 과세의 공정을 기하기 위한 것이지만, 그 장부의 기장 내용이 사실과 다르
거나 누락된 것이 있는 경우에는 과세권자가 직권으로 조사한 사실에 따라
과세표준을 결정할 수 있도록 하면서($^{동조}_{②}$), 이 경우에 그 근거를 결정서에 부기
하도록 함으로써 직권남용을 못하도록 배려하고 있다($^{동조}_{③}$).

**3. 소급과세금지의 원칙**

조세는 국민의 재산권에 대하여 중대한 침해적 의미를 가지는 것이므로, 조세법규는 소급하여 적용될 수 없으며($^{헌법 13}_{② 참조}$), 이미 조세를 납부할 의무가 성립한 소득·수익·재산·행위 또는 거래에 대하여 그 성립 후의 새로운 세법을 적용할 수도 없다($^{국세기본}_{법 18②}$).

소급효에는 진정소급효와 부진정소급효가 있다. 진정소급효란 법률의 시행 전에 완결된 사실에 새로 제정된 법률을 적용하는 경우를 말하고, 부진정소급효란 신법의 시행 이전부터 계속되어 오고 있던 사실에 신법을 적용하는 경우를 말하는바, 법률의 소급효가 금지되는 것은 진정소급효의 경우이다.[1]

## 제 3 항  조세의 부과

### I. 과세권자

과세권자라 함은, 세법이 정하는 바에 따라 조세의 납부의무를 명할 수 있는 자를 말한다. 국세의 과세권자는 세무서장 및 세관장이 되는 것이 원칙이다.

지방세의 과세권자는 서울특별시장·광역시장·도지사 및 시장·군수·구청장과 이들로부터 과세권의 위임을 받은 공무원($^{지방세기}_{본법 6}$)이다.

### II. 과세요건

조세를 부과할 수 있는 요건을 과세요건이라 한다. 과세요건은 납세의무자·과세물건·과세표준 및 세율로 이루어지는데, 납세의무자를 인적 과세요건이라 하고, 과세물건·과세표준 및 세율을 물적 과세요건이라 한다. 과세권자는 납세의무자와 과세물건이 있으면 과세표준과 세율을 적용하여 조세를

---

1) 판례

"소급과세금지의 원칙은 조세법령의 제정 또는 개정이나 과세관청의 법령에 대한 해석 또는 처리지침 등의 변경이 있은 경우 그 효력발생 전에 종결한 과세요건사실에 대하여 당해 법령 등을 적용할 수 없다는 것이지, 이전부터 계속되어 오던 사실이나 그 이후에 발생한 과세요건사실에 대하여 새로운 법령 등을 적용하는 것을 제한하는 것은 아니다"(대판 1997. 9. 5, 97누7493).

부과한다.

## 1. 납세의무자

납세의무자란 국가 또는 지방자치단체에 대하여 조세금액을 납부할 의무를 지는 자를 말한다. 자연인이거나 법인이거나 또는 내국인이거나 외국인이거나를 막론하고, 통치권의 지배 아래에 있는 자는 모두 포함된다. 다만 국제법상의 치외법권을 가진 국내주재 외국인은 제외된다.

납세의무자와 조세부담자가 항상 일치하는 것은 아니다. 즉 직접세에 있어서는 양자가 일치하나, 조세의 전가가 행하여지는 간접세에 있어서는 양자는 일치하지 않는다.

납세의무자는 조세채무를 지는 자이기 때문에 권리능력을 가져야 한다. 그러나 조세법상 권리능력이 인정되는 범위는 민법의 경우보다 넓다. 법인격 없는 사단·재단 기타 단체에 대하여도 납세의무를 인정한 것은 그 예이다 (국세기본법 13).

공유물·공동사업 또는 그에 의하여 생긴 재산에 관계되는 조세에 대하여는 각 납세의무자가 연대납세의무자가 된다(지방세기본법 44).

납세의무는 금전급부라는 대체적 작위의무이므로, 원칙적으로 의무자의 일신에 전속되지 않고 법인합병·사망 등에 의하여 승계될 수 있다(국세기본법 23·24).

납세의무의 승계에 준하는 것으로 제2차 납세의무자제도가 있는바, 이것은 납세자가 납세의무를 이행할 수 없는 경우에 그 납세자를 대신하여 납세의무를 지는 자를 말하며, 해산법인의 청산인·무한책임사원·과점주주·법인 및 사업양수인 등이다(국세기본법 38 내지 41). 제2차 납세의무는 그 납부통지에 의하여 고지됨으로써 비로소 구체적으로 확정되는 것이고, 제2차 납세의무자 지정처분만으로 납세의무가 확정되는 것은 아니다.[1] 제2차 납세의무자의 납세의무는 주된 납세의무자와의 관계에서 부종적·보충적인 것이므로, 제2차 납세의무자는 주된 납세의무자로부터 징수할 수 없는 금액을 한도로 하여 보충적으로 납세의무를 부담한다.[2]

---

1) 대판 1983. 5. 10, 83누95.
2) 대판 1983. 5. 10, 82누123; 대판 1985. 3. 26, 83누689.

## 2. 과세물건

### (1) 과세물건의 의의

과세물건이란 조세법상 과세의 목적물로 정하여진 것, 즉 조세부과의 대상이 되는 물건을 말한다. 조세를 부과하기 위하여는 그를 위한 물적 기초가 있어야 하는데, 그러한 물적 기초가 되는 것이 과세물건이다. 그러므로 과세물건이 없는 데도 조세를 부과한 행위는 그 대상이 없는 행위로서 무효이다.[1]

과세물건은 과세의 물적 기초가 되는 것이므로, 그것은 개인의 담세력을 정확하게 나타낼 수 있는 것이어야 한다. 그러므로 과세물건은 개인의 담세력을 직접 나타내는 소득(직접세인 경우) 또는 간접적으로 담세력을 추측할 수 있는 물건, 행위 또는 사실(간접세인 경우)로써 정하여지는 것이 보통이다.

### (2) 과세물건의 종류

과세물건으로 들 수 있는 것은 소득·재산·경제적 거래행위 및 소비행위이다. 즉 수익세(소득세 등)에 있어서는 소득을, 재산세(상속세·재산세 등)에 있어서는 재산을, 거래세(등록세·인지세)에 있어서는 일정한 경제적 거래를, 그리고 소비세(주세 등)에 있어서는 소비행위를 과세물건으로 한다.

### (3) 과세물건과 이중과세

과세물건을 결정함에 있어서는 동일한 과세물건에 대한 이중과세를 피하여야 한다. 이중과세는 ① 국가와 국가 사이, ② 국가와 지방자치단체 사이 또는 ③ 지방자치단체 상호간에 발생할 수 있다.

국가 상호간의 이중과세는 원칙적으로 국제협정에 의하여 해결될 문제이다. 국세와 지방세 사이의 이중과세의 문제는 국세와 지방세의 조정 등에 관한 법률이 이를 규율하고 있다. 동법은 국세와 지방세의 종목을 각각 명시하고, 국가와 지방자치단체는 동법에 규정한 것을 제외하고는 과세물건이 중복되는 어떠한 명목의 세법도 제정하지 못하도록 규정하고 있다($\frac{법}{4}$).

국세 상호간의 중복을 피하기 위하여 조세법은 조세를 인세·물세 및 행위세로 구분하고, 인세는 납세의무자의 거주지에서, 물세는 물건의 소재지에

---

[1] 판례
"과세소득이 없음에도 과세처분을 하였다면 이는 무효원인이 된다"(대판 1985. 4. 9, 84누566).

서, 그리고 행위세는 그 행위지에서 부과함을 원칙으로 하고 있다.

### (4) 과세물건의 귀속

조세법률관계가 성립하기 위하여는, 일정한 과세물건이 특정 납세의무자와 관련·결합되어야 하는바, 과세물건과 납세의무자가 결합되는 것을 과세물건의 귀속(Zurechnung)이라 한다.

과세물건의 귀속에 있어 특히 문제가 되는 것은 명의와 실질이 다른 경우인데, 이에 관하여는 명목과세주의와 실질과세주의가 있다. 국세기본법은 담세력에 따른 공평과세의 견지에서 실질과세주의를 채택하고 있다($\frac{법}{14}$).

### (5) 과세물건의 단위

하나의 조세부과처분의 대상이 되는 물건의 단위를 과세물건의 단위라고 한다. 과세물건의 단위를 정하는 일반적 요소로서는 시간·장소 및 원천의 세 가지가 있다. 시간을 요소로 하는 것으로서는 법인세에 있어서 1년을 초과하지 않는 범위 안에서 각 사업연도별로 시간단위가 구성되고 있는 것이 그 예이고($\frac{법인세}{법 6}$), 장소를 요소로 하는 것으로서는 부가가치세에 있어서 사업장이 장소단위를 구성하는 것($\frac{부가가치}{세법 6}$)이 그 예이며, 원천을 요소로 하는 것으로서는 소득세에 있어서 소득의 구분에 따라 종합소득·퇴직소득·양도소득이 각 과세단위가 되는 것($\frac{소득세}{법 4}$)이 그 예이다.

### (6) 과세표준

과세표준이란 과세금액을 결정하는 기준이 되는 과세물건의 수량(중량·용적·개수·품질 등) 또는 가액을 말한다($\frac{국세기본}{법 2 xiv}$). 예컨대 소득세의 경우 소득은 과세물건이며, 소득금액은 과세표준이다.

과세표준은 예외적으로 법률에 의하여 명백하게 결정되어 있는 경우를 제외하고는($\frac{인지세법 3, 소득세}{법 142 내지 165}$) 일반적으로 법률에 의하여 확정되어 있지는 않으며, 세무관청이 이를 결정하는 것이 일반이다. 이와 관련하여 세법은 납세의무자에게 과세표준의 신고의무를 부과하고 있는 경우가 많으나, 신고로써 과세표준이 결정되는 것은 아니며, 세무관청은 신고 유무를 막론하고 이를 심사·결정하여야 한다($\frac{소득세법}{114 참조}$). 이러한 세무관청에 의한 과세표준의 결정행위는 행정의 내부적 행위에 그치고, 행정소송의 대상이 되는 행정처분은 아니라고 보는 것이 판례의 입장이다.[1] 그러나 이를 행정행위로서의 확인행위라고 보

---

1) 판례
　　"관세부과에 있어서의 과세표준의 결정은 관청내부의 사무로써 이루어짐에 불과하

는 견해도 있다.[1]

　과세표준은 수량을 표준으로 하는 경우와 가액을 표준으로 하는 경우가 있는바, 전자에 의하여 과하는 조세를 종량세(주세 등), 후자에 의하는 것을 종가세(소득세·재산세 등)라 한다.

　과세표준의 결정시기는 수시세에 있어서는 과세원인이 발생할 때마다 수시로 행하여지나, 경상세의 경우는 특별한 사유가 없는 한 매년 일정한 시기에 행하여진다.

　과세표준의 결정에 대한 불복절차로서 위원회 등의 기구를 설치하는 경우가 있다(예컨대 국세심사위원회)$\left(\substack{\text{국세기본}\\\text{법 64}}\right)$.

## 3. 세 율

### (1) 의 의

　세율이란 세액산정을 위하여 과세표준에 곱하여야 할 비율을 말한다. 세율은 과세표준에 따른 일정 금액으로 정하여지는 경우(법정세 및 종량세의 경우)와 백분비 또는 천분비로 정하여지는 경우(종가세의 경우)가 있다.

### (2) 종 류

　1) 비례세율　과세표준이 되는 수량·가액의 다과를 막론하고 동일한 세율이 적용되는 것을 말하며, 주세가 그 예이다.

　2) 누진세율　과세표준이 되는 수량 또는 금액의 증가에 따라 누진적으로 고율의 세율을 적용하는 경우이다. 과세표준의 수량·가액의 증가에 따라 단순히 고율의 세율을 적용하는 데 그치는 단순누진세율과 과세표준을 몇 단계로 나누어 각 단계마다 높은 누진세율을 적용하는 초과누진세율이 있다. 현행법상 전자의 예는 없고, 후자의 예로는 법인세$\left(\substack{\text{법인세}\\\text{법 55}}\right)$·소득세$\left(\substack{\text{소득세}\\\text{법 55}}\right)$·상속세$\left(\substack{\text{상속세및증}\\\text{여세법 26}}\right)$ 등이 있다.

---

　고 행정처분은 아니다"(대판 1967. 3. 7, 66누163).
　　판례
　　"상속세법 제25조에 따른 상속과세가액의 결정은 상속세부과처분에 앞선 결정으로서 그것만으로 바로 과세처분의 효력이 발생하는 것이 아니고 그 결정의 통지를 받은 사람이 구체적으로 납세의무를 부담하거나 현실적으로 어떤 권리침해 내지는 불이익을 받는다고는 할 수 없어 위 결정은 항고소송의 대상이 되는 행정처분이라고 할 수 없다"(대판 1985. 3. 26, 84누469; 동지 대판 1986. 1. 21, 82누236).
　1) 이상규, 행정법(하), p. 691; 김남진, 행정법(Ⅱ), p. 583.

## Ⅲ. 납세의무의 성립(발생)과 확정

### 1. 납세의무의 성립(발생)

#### (1) 납세의무성립의 의의

납세의무는 법률이 정한 과세요건이 충족되면 행정청의 의무설정행위를 기다리지 아니하고 당연히 성립하는 것으로서, 국민의 납세의무의 성립은 국가의 조세채권의 발생을 의미한다. 법률이 과세요건 즉 납세의무자·과세물건·과세표준·세율 등을 정하고 있어서, 이러한 과세요건이 충족되면 국민은 당연히 일정한 금액을 국가 또는 지방자치단체에 납부할 납세의무(조세채무)가 발생한다.

국민의 납세의무(조세채무)는 이처럼 그 성립요건(과세요건)을 충족하는 사실이 존재할 때 당연히 발생하나, 그것은 아직 추상적으로 형성되어 있을 따름이고(추상적 조세채무), 그 내용이 구체적으로 확정되는 것은 아니다.

#### (2) 납세의무성립시기

1) 납세의무의 성립시기는 각 세법에서 정한 과세요건이 충족된 때이다. 따라서 그 시기는 당해 조세의 근거법령에 따라 결정되는 것이나, 종래 해석상 의문이 제기된 경우도 있어서 국세기본법은 국세의 납세의무의 성립시기에 관한 규정을 두고 있다.

2) 국세기본법은 1개의 과세단위가 완성된 때에 납세의무가 발생하는 실체상 납세의무의 성립시기($^{법}_{21②}$)와 납세의무의 일부를 구성하는 사실에 대하여 그 일부로서 징수의 편의 등을 이유로 납세의무를 발생시키거나, 징수의무자에게 징수의무를 부과하는 절차상 납세의무의 성립시기($^{동조}_{③}$)(원천징수, 중간예납의 납부의무 등)에 관한 규정을 두고 있다.

3) 국세기본법이 정한 실체상 납부의무의 성립시기는 ① 소득세·법인세는 과세기간의 종료시, ② 상속세는 상속의 개시시, ③ 증여세는 재산의 취득시 등이다.

국세기본법이 정한 절차상 납부의무의 성립시기는, ① 원천징수하는 소득세 또는 법인세는 소득금액 또는 수입금액을 지급하는 때, ② 납세조합이 징수하는 소득세·예정신고납부하는 소득세는 그 과세표준이 되는 금액이 발생한 달의 말일, ③ 중간예납하는 소득세·법인세는 중간예납기간 등이다.

## 2. 납세의무의 확정

### (1) 의    의

납세의무의 확정이란 과세요건을 이루는 사실을 인정하고 관계법령을 해석·적용하여 구체적으로 세액을 확정하는 것을 말한다. 이러한 납세의무의 확정은 이미 발생되어 있는 조세채권의 내용을 확정하는 것이므로, 확인행위의 성질을 가진다.

### (2) 확정방법

납세의무의 확정에는 납세신고 또는 부과처분이라는 절차를 요하는 것이 보통이나, 확정될 내용이 단순하여 특별한 절차없이 납세의무가 성립한 때에 세액이 확정되는 것도 있다.

1) **특별한 절차 없이 확정되는 경우**    과세요건을 이루는 사실이 객관적으로 명확하고 또한 적용하여야 할 법령도 간단·명료하여 일의적인 결론이 도출되는 경우에는 특별한 절차를 요하지 않고 납세의무의 성립과 동시에 당해 의무가 확정되는 것으로 규정되어 있는 경우가 있다. 인지세, 원천징수하는 소득세 또는 법인세 등이 그에 해당한다.

2) **신고납부에 의한 확정**    양도소득세 이외의 소득세·법인세·부가가치세·개별소비세·주세 등과 일부 관세 등은 납세자의 신고로 확정된다. 세무서장 등은 납세자가 납세신고를 하지 아니하거나, 확정신고의 내용에 오류 또는 탈루가 있는 등의 경우에는 과세표준과 세액을 결정 또는 경정·재경정한다. 한편 납세의무자도 일정한 사유가 있는 경우에는 결정·경정의 청구를 할 수 있다.

3) **부과과세방법**    상속세·증여세·재평가세 등은 과세표준과 세액을 정부가 결정하는 때에 확정된다($\binom{\text{국세기본법시행령}}{\text{10의2 v}}$).

이처럼 납세의무가 세무행정기관의 결정에 따라 확정되는 조세의 경우에도 과세표준을 일정한 기간 내에 신고하여야 하는 것이 원칙이다($\binom{\text{소득세법 110, 증권}}{\text{거래세법 10 등}}$). 그러나 이 경우의 신고의 기능은 관계인의 납세의무를 확정하기 위한 자료의 제공이라는 점에서, 신고 그 자체에 의하여 납세의무가 확정되는 신고납부방식을 채택하는 조세에 있어서의 신고와는 다르다.

### 3. 부과기간의 제한

국세기본법은 국세징수권과 국세부과권을 구분하여, 종래 국세징수권의 소멸시효에 관한 규정($\frac{법}{27}$) 외에 국세부과권의 제척기간에 관한 규정($\frac{동법}{26의2}$)을 신설하였다. 그에 따라 국세는 일정 기간이 만료된 후에는 부과할 수 없는데, 그 기간은 ① 상속세·증여세는 10년(다만, 사기 기타 부정한 행위로 국세를 포탈하거나 환급·공제받은 경우에는 15년), ② 그 외의 국세는 부정행위로 국세를 포탈하거나 환급·공제받은 경우에는 10년(다만 역외거래에서 발생한 부정행위로 국세를 포탈하거나 환급·공제받은 경우에는 15년간)이며, 부정행위에 해당하지 아니하는 경우에는 5년이고(역외거래의 경우 7년), ③ 납세자가 법정 신고기한 내에 과세표준신고서를 제출하지 않은 경우에는 7년이다(역외거래의 경우 10년).

국가의 조세부과권은 국가의 행정권이며 징수권과 같은 구체적인 청구권이 아니므로 시효에 걸리지 않는다. 따라서 부과권의 행사기간은 소멸시효기간이 아니라 제척기간이다.[1]

## Ⅳ. 과세제외

### 1. 의 의

과세제외란 일반적으로 과세의 객체가 되는 과세요소 중 특별한 것을 과세대상에서 제외하는 것을 말한다. 일반적으로 납세의무자가 되는 자를 특별한 사유에 의하여 납세의무자에서 제외하는 것($\frac{법인세}{법 2}$)을 인적 과세제외라 하고, 일반적으로 과세대상이 되는 물건을 특별한 사유에 의하여 과세물건에서 제외하는 것($\frac{개별소비}{세법 2}$)을 물적 과세제외라고 하는데, 물적 과세제외가 일반적이다.

법령상 과세제외에 해당하는 것을 '조세의 면제'라고 표현하고 있는 경우가 있으나($\frac{부가가치}{세법 26}$) 양자는 구별되어야 한다. 조세의 면제는 법률상의 납세의무자에 대하여 특별한 사유가 있는 경우에, 신청에 따른 특별한 행정처분에 의하여 비로소 그 의무가 면제되는 것인 데 대하여, 과세제외는 법률이 처음부터 과세물건의 범위로부터 제외하여 전혀 납세의무가 발생하지 않는 것이다.

---

1) 박윤흔, 행정법(하), p. 755.

## 2. 근   거

내국세의 과세제외 및 면제에 대하여는 조세특례제한법 이외에 각종 세법이 있고, 관세에 대하여는 관세법이 있다. 관세제외를 인정하는 이유는 각 세법에 따라 다르나 공익사업의 보호, 담세력이 박약한 자의 보호, 외교상의 이유 등에 의하는 것이 보통이다.

## 제 4 항   조세의 징수

조세의 징수란 조세의 부과처분에 의하여 확정된 조세를 그 납세의무자로부터 징수하는 행위를 말한다. 부과세의 경우는 납세고지서에 기재된 바에 따라, 그리고 법정세는 법정납기에 소정의 과세표준에 의한 세액을 각각 징수하게 된다.

## I. 조세의 징수방법

조세징수의 방법은 보통징수·특별징수·예외징수 및 강제징수의 네 가지가 있다.

### 1. 보통징수

보통징수는 조세징수기관이 확정된 조세금액을 소정의 납기에 이르러 징수하는 것을 말한다. 보통징수의 기관과 방법은 조세의 종목에 따라 다른데, 국세는 다음 경우들을 제외하고는 원칙적으로 세무관서(세무서장 등) 또는 세무공무원이 징수한다.

#### (1) 관   세

관세는 세관장 또는 세관공무원이 징수하는 것이 원칙이다. 다만 관세를 부과할 수출입우편물에 대하여는 통관우체국의 통보에 따라 세관장이 관세액을 결정하여 통관우체국장에게 통고하고, 통관우체국장은 다시 이를 우편물의 수취인에게 고지하여야 하며($^{관세법 256}_{내지\ 259}$), 납세의무자는 그 세액을 인지 또는 금전으로 납부하여야 한다($^{동법}_{260}$).

**(2) 소득세·부가가치세**

국세를 시장·군수에게 위탁징수하는 경우가 있는데, 소득세·부가가치세가 이에 해당한다.

**(3) 인 지 세**

인지세는 법률이 지정하는 증서·장부 등에 세액에 상당한 수입인지를 붙임으로써 그 납세의무가 이행된다.

## 2. 특별징수

원천징수가 이에 해당하는 것으로, 수입원천에서 직접 징수하는 경우이다. 원천징수는 조세징수의 편의를 도모하기 위하여 급여·이자·이익배당 등의 금액을 지급하는 자가 그 지급을 함에 있어서 일정한 세율에 따르는 조세액을 납부하게 하는 제도($\binom{\text{소득세법 127}}{\text{내지 159}}$)로서, 사인에게 조세징수권이라는 공적 권한이 부여(위임)된 경우이다.

## 3. 예외징수(변태징수)

예외징수란 조세의 납기 내 징수원칙에 대한 예외적인 징수방법을 말한다.

**(1) 납기 전 징수**

납기 전 징수란 조세의 징수를 특별한 사유가 있는 경우에 그 납부기한의 이익을 박탈하여 그 납기 전에 징수하는 것을 말한다. 납기 전 징수는 ① 다른 국세의 체납으로 체납처분을 받을 때, ② 지방세 또는 공과금에 대하여 체납처분을 받을 때, ③ 강제집행을 받을 때, ④ 파산의 선고를 받을 때, ⑤ 경매가 개시되었을 때, ⑥ 법인이 해산할 때, ⑦ 납세자가 국세를 포탈하고자 하는 행위가 있다고 인정될 때, ⑧ 납세자가 납세관리인을 정하지 않고 국내에 주소 또는 거소를 두고 있지 않을 때 등에 행하여진다($\binom{\text{국세징수법 14,}}{\text{지방세징수법 22}}$).

**(2) 징수유예**

위의 납기 전 징수와는 반대로, 납기가 도래한 조세에 대하여 직권 또는 납세의무자의 신청에 의하여 일정한 기간 의무이행을 유예하여 주는 것을 말한다. 징수유예를 할 수 있는 일반적인 경우는, ① 납세자가 재해 또는 도난으로 재산에 심한 손실을 입은 때, ② 사업에 현저하게 손실을 받았을 때, ③ 사업이 중대한 위기에 처하였을 때, ④ 납세자가 그 동거가족의 질병이나 중

상해로 장기치료를 요할 때 또는 이에 준할 때 등이다($\substack{\text{국세징수법 15,}\\\text{지방세징수법 25}}$).

## 4. 강제징수

조세가 체납된 경우에 행정권이 공권력적으로 납세의무자의 재산에 실력을 가하여 강제로 징수하는 것을 말한다. 조세의 강제징수절차를 조세의 체납처분이라 하는데, 이에 관한 일반법으로 국세징수법 및 지방세징수법이 있다.[1]

## Ⅱ. 조세의 면제

조세의 면제란 특별한 사유가 있는 경우에 납세의무자의 신청에 기하여 납세의무의 전부 또는 일부를 면제하여 주는 것을 말하며, 조세의 일부면제를 감세, 그 전부면제를 면세라 한다. 이러한 조세의 면제는 과세제외와 구별되는 것임은 앞에서 본 바와 같다.

과세관청은 조세의 면제의 신청이 있는 경우에는 법정의 면제사유에 해당하는지의 여부만을 심사하여, 그에 해당하는 때에는 면제하여야 할 법률상 기속을 받는 것으로, 그런 의미에서 조세의 면제는 기속행위에 해당한다.

한편 조세감면의 사유로는 기본적으로 담세력의 감퇴·상실과 공익사업 보호가 있는바, 그 사유에 대하여는 일반법인 조세특례제한법 외에도 각 개별법이 정하고 있다.

## Ⅲ. 납세의무의 미정상태

과세원인인 사실이 이미 발생하였으나 특별한 사정에 의하여 납세의무가 즉시 확정되지 않고 불확정한 상태에 있는 경우를 말한다. 이러한 사례는 관세와 소비세에서 볼 수 있는 것으로, 이 조세들은 국내에서의 소비에 과세함을 목적으로 하는 까닭에 국내에서의 소비 여부가 미정인 동안은 납세의무를 미정상태에 둠으로써 의무자의 부담을 경감하려는 것이다. 다만 현행법상으로는 관세에 한하여 다음의 경우에 인정된다.

---

1) 강제징수절차에 관하여는 「행정법 Ⅰ」 관련 부분 참조.

## 1. 보세구역 안의 화물

보세구역 안에 있는 화물은 아직 수입되지 않은 것으로 보아 납세의무를 미정상태에 두었다가 그 화물이 외국으로 바로 반출되면 관세납세의무가 전혀 발생하지 않고, 국내로 반입되면 그 때에 관세가 부과된다.

보세구역은 세관구내와 동일시되는 장소로서, 지정보세구역·특허보세구역 및 종합보세구역이 있다. 지정보세구역은 통관절차가 진행중인 물품을 장치 또는 검사하기 위한 장소로서 세관장이 지정한 구역을 말하고, 특허보세구역은 보세창고·보세공장·보세전시장·보세건설장 및 보세판매장 등을 말한다($\frac{관세법}{154 \, 이하}$).

## 2. 통과화물

통과화물이란 외국으로부터 반입된 후 국내를 통과하여 그대로 다시 외국으로 반출되는 화물을 말하는데, 통과화물에는 관세를 부과하지 않는다. 그러나 화물이 단순히 국내를 통과하는 것인지, 아니면 국내에서 소비될 것인지는 불확실하므로 관세법은 일정한 관세통로와 보세통로를 정하여 그 통로를 통하여 세관공무원의 지휘·감독하에 운송하도록 하고 있다($\frac{동법 \, 213}{이하}$).

통과화물이 지정기간 안에 운송목적지에 도달하지 않고 국내지역에 남아 있게 되면 수입된 것으로 보아 즉시 관세의무가 성립된다.

## Ⅳ. 조세채권의 확보

조세는 국가 또는 지방자치단체의 존립·활동을 위한 경비의 가장 중요한 재원이다. 그에 따라서 조세징수의 확보를 위하여 법률은 일반채권과는 다른 여러 제도를 두고 있다. 그러한 제도의 대표적인 것으로는 조세의 강제징수와 조세우선징수제도를 들 수 있다. 그 외에도 조세채무자의 확충·조세의 담보·조세채권의 대외적 효력·납세보전절차 등이 있다. 조세의 강제징수에 대하여서는 행정상 강제징수 부분(「행정법 Ⅰ」)에서 상술하였으므로, 여기서는 이에 관한 검토는 생략한다.

## 1. 조세의 우선징수

국세·가산금(국세징수법 개정으로 가산금의 우선징수는 2020. 1. 1.부터 폐지됨)과 체납처분비는 다른 공과금과 채권에 우선하여 징수되며($\substack{국세기본법\\35① 본문}$), 지방세와 그 가산금·체납처분비는 공과금과 채권에 우선하여 징수된다($\substack{지방세기본\\법 71①}$).

### (1) 국세의 우선징수

국세의 징수에 있어서는 국가가 납세의무자의 총재산 위에 공법상의 우선징수권을 가진다. 이를 국세우선원칙이라고도 하는바, 이것은 특히 납세의무자의 재산이 조세의 강제징수절차에 의하여 환가(공매)되는 경우에는 그 금액에서 국세가 다른 공과금이나 채권에 우선하여 지급을 받는다는 것을 의미한다.

그러나 국세우선의 원칙에는 약간의 예외가 인정되고 있는바, 국세는 ① 지방세 또는 공과금의 체납처분에 있어서의 그 가산금 또는 체납처분비, 강제집행·경매 또는 파산절차에 소요된 비용($\substack{국세기본법 35\\① 단서 i·ii}$), ② 법정기일 전에 설정을 등기한 전세권·질권 또는 저당권의 목적물인 재산의 매각시에 그 전세권·질권 또는 저당권에 의하여 담보된 채권과 주택임대차보호법상의 소액보증금채권($\substack{동법 35①\\단서 iii·iv}$) 및 ③ 임금채권($\substack{국세기본법 35① 단서\\v, 근로기준법 38}$) 등에는 우선하지 못한다.

### (2) 관세의 우선징수

관세미납물건은 법률상 당연히 관세의 담보가 되며(법정담보), 그에 의한 관세의 징수는 다른 조세 기타의 공과금 및 채권에 우선한다($\substack{관세법\\3①}$). 국세징수법에 의하여 관세를 징수하는 경우에 관세미납물품이 아닌 재산에 대한 징수의 우선순위는 국세기본법이 정하는 국세의 순위와 같다($\substack{동조\\②}$).

## 2. 납세의무의 확장

조세채무는 본래의 납세의무자에 의하여 이행되어야 한다. 그러나 조세수입 확보의 견지에서 본래의 납세의무자 이외의 자에게 납세의무가 확장되는 경우가 있는데, ① 상속·합병($\substack{국세기본법\\23·24}$), ② 연대채무($\substack{동법\\25}$) 및 ③ 제 2 차 납세의무($\substack{동법\\40}$)가 그것이다.

## 3. 조세채권의 대외적 효력

민법상 채권의 대외적 효력으로는 채권자대위권 및 채권자취소권이 있는

데, 이는 채권을 보전하기 위하여 채무자 이외의 제3자에 대하여 채권자의 권리를 대위행사하거나 법률행위를 취소할 수 있는 권리를 말한다($\frac{민법\ 404}{내지\ 407}$).

국세징수법 제30조는 "세무공무원은 체납처분을 집행할 때 납세자가 국세의 징수를 피하기 위하여 재산권을 목적으로 한 법률행위(「신탁법」에 따른 사해신탁을 포함)를 한 경우에는 「민법」 제406조·제407조 및 「신탁법」 제8조를 준용하여 사해행위의 취소 및 원상회복을 법원에 청구할 수 있다"고 규정하여 사해행위취소청구권을 인정하고 있다. 채권자대위권에 대하여는 명문의 규정을 두고 있지 않으나, 조세채권도 채권의 일종이므로 민법상의 대위권이 인정된다고 할 것이다.[1]

### 4. 납세담보

납세담보는 세법의 규정에 의하여 세무서장의 요구에 따라 납세자에 의하여 제공된다. 담보를 제공하여야 할 경우는 징수유예처럼 납세의무의 이행이 유예되는 경우($\frac{국세징수}{법\ 18}$)와 이행기간이 연장되는 경우가 있다. 담보를 제공하여야 할 사유는 법정되어 있으나, 제공 자체는 납세자의 임의이다.[2]

납세담보에는 인적 담보와 물적 담보가 있다. 인적 담보는 보증인에 의한 담보를, 물적 담보는 특정 재산에 의한 담보를 말한다. 물적 담보로는 ① 금전, ② 국채 또는 지방채 등의 유가증권, ③ 납세보증보험증권, ④ 토지, ⑤ 보험에 든 등기·등록된 건물·공장재단·광업재단·선박·항공기·건설기계 등을 들 수 있다($\frac{국세기본}{법\ 29}$). 국세를 담보기간 안에 납세하지 아니할 때에는 대통령령이 정하는 바에 의하여 당해 담보로써 국세를 징수한다($\frac{동법\ 33,\ 동}{법시행령\ 16}$).

납세담보는 공법상 채권의 담보수단이므로, 그 담보권의 이행은 행정상 강제집행절차에 의한다.

## 제5항 납세의무의 소멸

납세의무는 납부·충당·공매의 중지·과세처분의 취소 또는 결손처분, 그리고 제척기간의 만료와 소멸시효의 완성에 의하여 소멸한다($\frac{국세기본}{법\ 26}$). 다음에서는 이 중에서 중요한 몇 가지에 대하여서만 설명한다.

---

1) 박윤흔, 행정법(하), p. 784.
2) 이태로, 조세법강의, pp. 66~67.

# Ⅰ. 납세의무의 이행

납세의무의 소멸사유 중 가장 일반적인 것은 납세의무의 이행이다.

## 1. 이 행 자

납세의무는 그 의무자 자신이 이행하는 것이 일반이나, 납세보증인·연대납세의무자·양도담보권자·제 2 차 납세의무자 등이 이행하여도 소멸한다. 납세의무는 또한 그 의무자가 사망한 경우에 그 상속인, 법인이 합병된 경우에 합병 후 존속하거나 신설된 법인, 법인의 해산시에는 그 청산인이 이를 이행함으로써 소멸한다.

## 2. 이행방법

납세의무의 이행은 금전으로 하는 것이 원칙이나, 현물, 인지($\frac{인지세}{법 8}$)에 의한 이행이 허용되는 경우도 있다.

# Ⅱ. 시        효

납세의무는 시효에 의하여 소멸한다. 조세징수권의 소멸시효는 일반국세와 관세의 경우 5 억원 이상의 국세와 관세는 10년, 그 외의 국세와 관세는 5 년이며($\frac{국세기본법 27}{①, 관세법 22}$), 지방세의 경우는 5 년이다($\frac{지방세기}{본법 39}$).

소멸시효는 납세고지·독촉 또는 납부최고·교부청구·압류 등의 사유로 중단되며, 징수유예나 연부연납기간중에는 진행되지 않는다($\frac{국세기본}{법 28①}$). 시효중단의 효과는 중단사유가 발생한 부분에 한하여서만 발생한다.[1] 납세채무의 소멸시효에 관하여는 특별한 규정이 없으면 민법의 규정이 준용된다.

민법에 있어서는 소멸시효의 효력은 권리 그 자체를 소멸시키는 것은 아니고, 다만 상대방에 대하여 항변권을 발생시킬 뿐이라는 상대적 효력설도 일부 주장되고 있다. 그러나 공법상의 금전채권에 있어서는 법률관계의 일률적 확정의 견지에서 시효기간의 경과는 과세권의 절대적 소멸원인으로 보아야 할 것으로 본다. 판례도 시효기간경과 후의 조세부과처분은 그 하자가 중대하고 명백하여 무효인 처분으로 보고 있다($\frac{대판 1985. 2. 13,}{84누649}$). 따라서 시효기간이

---

1) 대판 1985. 2. 13, 84누649.

경과한 후에 발하여진 조세부과처분에 따라 조세를 납부한 경우에는 과오납금환급청구 또는 부당이득반환청구소송에 의하여 납부된 금액의 반환을 청구할 수 있을 것이다.

## Ⅲ. 기타 소멸사유

### 1. 조세부과처분의 취소

조세의 부과처분에 중대·명백한 하자가 있어 무효임이 확정되는 경우에는 납세의무는 처음부터 존재하지 않는 것으로 된다. 무효사유 이외의 하자가 있어 당해 조세부과처분이 취소된 경우에는 납세의무는 그 처분시에 소급하여 소멸하게 된다. 부과처분의 취소에는 처분청의 직권에 의하는 경우와 행정쟁송에 의하는 경우가 있다.

### 2. 결손처분

결손처분은 ① 체납처분이 종결되고 체납액에 충당된 배당금이 그 체납액에 부족한 때, ② 체납처분의 목적물인 총재산의 추산가액이 체납처분비에 충당하고 잔여가 생길 여지가 없어 체납처분을 중지한 때, ③ 조세징수권의 소멸시효가 완성된 때, ④ 대통령령이 정하는 바에 의하여 징수할 가망이 없다고 인정되는 때에 할 수 있다(지방세징수법 106①). 다만 결손처분을 한 후 그 처분 당시 다른 압류할 수 있는 재산이 있었던 것을 발견한 때에는 지체없이 결손처분을 취소하고 체납처분을 하여야 한다(동조 ②).

### 3. 공매의 중지

여러 재산을 일괄하여 공매에 붙이는 경우에 그 일부의 공매처분으로 체납액의 전액에 충당된 때에는 잔여재산의 공매는 중지되어야 한다. 이 경우 조세채권은 당연히 소멸한다(국세기본법 26).

## 제 6 항  위법·부당한 조세의 과징에 대한 구제제도

위법·부당한 조세부과·징수에 대한 구제수단으로서는 과세전적부심사제도, 행정쟁송 및 과오납금반환제도가 있다.

## Ⅰ. 과세전적부심사제

이것은 1999년 8월 31일의 국세기본법의 개정에 따라 심사청구와 심판청구가 택일적 심판절차로 됨에 따라, 종전에는 과세적부심사사무처리규정($^{1996.}_{4.15.}$ $_{청훈령}^{의 국세}$)에 의하여 실시되고 있던 과세전적부심제도를 법적 제도로 도입한 것으로서, 같은 제도가 관세법상의 처분에도 채택되고 있다.

이 제도는 세무조사의 결과에 따른 과세처분에 앞서 과세할 내용을 미리 납세자에게 통지하여 그에 이의가 있는 납세자로 하여금 과세의 적부심사를 받도록 함으로써, 위법·부당한 과세처분에 대한 사전예방적 구제제도로서 기능하고 있다.

적부심사청구를 할 수 있는 자는 세무조사결과에 대한 서면통지나 국세기본법에 따른 과세예고통지를 받은 자이며, 청구기한은 위 통지를 받은 날부터 30일 이내이다. 적부심사청구는 당해 세무서장 또는 지방국세청장에 대하여 하되, 법령과 관련하여 국세청장의 유권해석을 변경해야 하거나 새로운 해석이 필요한 경우 등에는 국세청장에게 하여야 한다($_{81의15②}^{국세기본법}$).

적부심사청구를 받은 세무서장·지방국세청장 또는 국세청장은 청구를 받은 날부터 30일 이내에 국세심사위원회의 과세전적부심사를 거쳐 결정을 하고 그 결과를 청구인에게 통지하여야 하는바($_{④}^{동조}$), 세무서장 등은 청구가 이유 있다고 인정되는 경우에는 상대방의 청구를 채택하거나 일부 채택하는 결정 또는 재조사 결정을 하게 된다($_{⑤}^{동조}$).

판례는 과세예고 통지 후 과세전적부심사청구나 그에 대한 결정이 있기 전에 한 과세처분은 당연무효라고 보고 있다.[3]

## Ⅱ. 행정쟁송

위법한 조세의 부과·징수에 대한 불복수단으로서의 행정쟁송은 행정쟁

---

3) 판례

"국세기본법 및 국세기본법 시행령이 과세전적부심사를 거치지 않고 곧바로 과세처분을 할 수 있거나 과세전적부심사에 대한 결정이 있기 전이라도 과세처분을 할 수 있는 예외사유로 정하고 있다는 등의 특별한 사정이 없는 한, 과세예고 통지 후 과세전적부심사 청구나 그에 대한 결정이 있기도 전에 과세처분을 하는 것은 원칙적으로 과세전적부심사 이후에 이루어져야 하는 과세처분을 그보다 앞서 함으로써 과세전적부심사 제도 자체를 형해화시킬 뿐만 아니라 과세전적부심사 결정과 과세처분 사이의 관계 및 불복절차를 불분명하게 할 우려가 있으므로, 그와 같은 과세처분은 납세자의 절차적 권리를 침해하는 것으로서 절차상 하자가 중대하고도 명백하여 무효이다"(대판 2016. 12. 27, 2016두49228).

송 일반과 마찬가지로 행정심판과 행정소송으로 나눌 수 있다.

## 1. 행정심판

조세에 관한 행정심판은 위법·부당하게 조세의 부과·징수처분을 받거나 필요한 처분을 받지 못하여 그 권리·이익이 침해된 자가 당해 처분의 취소 또는 일정한 처분의 발급을 받기 위하여 제기하는 쟁송이다. 따라서 조세에 관한 행정심판에 대하여도 그 일반법인 행정심판법이 적용되는 것이 원칙이라 할 것이다. 그러나 조세사건의 특수성을 고려하여 국세기본법은 행정심판법의 적용을 배제하고($\frac{법}{56①}$), 일반국세의 부과·징수 및 관세의 부과·징수에 관한 행정심판은 각각 국세기본법 및 관세법이 정하는 바에 의하도록 하였다($\frac{국세기본법\ 55,}{관세법\ 120}$).

### (1) 일반국세에 대한 행정심판

구국세기본법은 국세의 부과·징수에 대한 행정심판을 국세청장에 대한 심사청구와 국세심판소에 대한 심판청구의 2심제로 하고 있었다. 그러나 이것은 납세의 신속한 사법적 권리구제를 부당하게 지연시키고 또한 책임 있는 구제적 결정을 상급심의 판단에 미루는 등의 폐단이 있는 것이었다. 그에 따라 1999년 8월 31일에 개정된 국세기본법에서는 위법한 조세부과처분에 대하여 그 처분의 취소 또는 변경을 청구하거나 필요한 처분을 청구하여 구제를 신청할 수 있도록 하고($\frac{법\ 55}{①②}$), 심사청구와 심판청구의 중복적 제기는 허용되지 아니하는 것으로 하였다($\frac{동조}{⑨}$). 다만 당사자가 원하는 경우에는 심사청구 또는 심판청구에 앞서 세무서장에게 이의신청을 할 수 있다($\frac{동조}{③}$).

1) 이의신청　　국세의 부과와 징수에 관한 처분에 대하여 이의가 있는 자는 국세청장이 조사·결정 또는 처리한 처분인 경우를 제외하고는 세무서장에게 이의신청을 할 수 있다($\frac{국세기본법}{55③·60}$). 이러한 이의신청은 다음의 심사청구와는 달리 임의적 절차이다.

이의신청은 처분의 통지를 받은 날부터 또는 처분이 있음을 안 날부터 90일 내에 제기하여야 한다($\frac{동법\ 66⑥·}{61①}$). 이의신청이 있을 때에는 처분청인 세무서장 또는 지방국세청장은 이의신청을 받은 날부터 30일 내에 결정하여야 한다($\frac{동법\ 66}{⑥\ 단서}$).

이의신청에 대한 결정에 불복하거나 또는 그 법정기간 내에 결정이 없는 때에는, 관계인은 다음의 심사청구 또는 심판청구를 제기할 수 있다.

2) 심사청구　　위에서 검토한 이의신청은 임의적 절차이나, 심사청구 또는 심판청구는 행정소송의 제기에 있어서는 그 어느 하나는 반드시 거쳐야

한다는 의미에서 필요적 절차이다.

위법·부당한 처분 또는 필요한 처분을 받지 못함으로써(거부처분) 권리 또는 이익이 침해당한 자는 처분이 있음을 안 날부터 90일 내에 해당 처분을 하였거나 하였어야 할 세무서장을 거쳐 국세청장에게 심사청구를 할 수 있다($_{61\cdot62}^{동법}$). 이의신청을 거친 경우에는 그 결정통지를 받은 날(또는 결정기간이 경과한 날)부터 90일 내에 하여야 한다($_{61②}^{동법}$).

국세기본법이 정하는 심사청구는 국세의 부과·징수처분의 위법·부당을 이유로 그 취소·변경을 구하는 취소심판이다.

국세청장은 심사청구를 접수한 때에는 그 접수일부터 90일 이내에 국세심사위원회의 심의를 거쳐 결정을 하여야 한다($_{64\cdot65}^{동법}$).

3) **심판청구**  심판청구는 해당 처분이 있음을 안 날(처분의 통지를 받은 때에는 그 받은 날)부터 90일 이내에 해당 처분을 하였거나 하였어야 할 세무서장을 거쳐 조세심판원장에게 하여야 한다($_{①\cdot69①}^{동법68}$). 이의신청을 거친 경우에는 그에 대한 결정의 통지를 받은 날부터 90일 이내에 하여야 한다($_{②\cdot61②}^{동법68}$).

심판청구에 대한 결정기관으로서 국무총리 소속하에 조세심판원이 설치되어 있다. 조세심판원은 원장과 조세심판관으로 구성되는 합의제행정관청이다($_{67}^{동법}$).

조세심판원장은 심판청구를 받은 날부터 90일 이내에 조세심판관회의의 의결에 따라 결정을 하여야 한다($_{78}^{동법}$).

조세심판원의 결정에는 불고불리의 원칙과 불이익변경금지의 원칙이 적용되며($_{79}^{동법}$), 그 결정은 관계 행정청을 기속한다($_{80}^{동법}$).

(**2**) **관세에 대한 행정심판**

관세에 대한 행정심판에 있어서도, 행정심판으로서는 심사청구와 심판청구가 있으나, 국세의 경우와 마찬가지로 행정소송의 필요적 전심절차로서는 이 중 어느 하나를 거치면 되고, 또한 양자를 중복하여 제기하지는 못한다($_{120②}^{관세법}$). 한편 관세의 경우에도 일반 국세와 마찬가지로 임의적 절차로서 이의신청절차가 있다($_{119①}^{동법}$).

(**3**) **지방세에 대한 행정심판**

지방세에 대한 행정심판에 대하여도 행정심판법의 적용이 배제되고 있는바($_{법98①}^{지방세기본}$), 지방세에 대한 행정심판의 경우에는 이의신청과 심판청구(2019. 12. 31. 지방세기본법 개정을 통해 종래의 심사청구는 폐지하고 심판청구로 단일화하였다)의 2심제를 취하고 있다($_{91}^{동법}$). 다만 이의신청은 임의적 절차이다.

지방세의 부과·징수와 관련된 위법 또는 부당한 처분에 대하여 이의가 있는 자는, 그 처분이 있은 것을 안 날(처분의 통지를 받았을 때에는 그 통지를 받은 날)부터 90일 이내에 대통령령으로 정하는 바에 따라 불복의 사유를 구비하여 도세(도세 중 특정부동산에 대한 지역자원시설세 및 시·군세에 부가하여 징수하는 지방교육세와 특별시분 재산세, 특정부동산에 대한 지역자원시설세 및 구세(군세 및 특별시분 재산세를 포함한다)에 부가하여 징수하는 지방교육세는 제외한다)의 경우에는 도지사에게, 시·군세(도세 중 특정부동산에 대한 지역자원시설세 및 시·군세에 부가하여 징수하는 지방교육세와 특별시세·광역시세 중 특별시분 재산세, 특정부동산에 대한 지역자원시설세 및 구세(군세 및 특별시분 재산세를 포함한다)에 부가하여 징수하는 지방교육세를 포함한다)의 경우에는 시장·군수에게 이의신청을 하여야 한다($\binom{\text{동법}}{90}$).

위의 이의신청 결정에 불복이 있을 때에는 이의신청에 대한 결정의 통지를 받은 날부터 90일 이내에 조세심판원장에게 심판청구를 할 수 있다($\binom{\text{동법}}{91①}$). 이의신청의 결정기간 내에 결정의 통지를 받지 못한 경우에는 그 결정기간이 지난 날부터 심판청구를 할 수 있다($\binom{\text{동조}}{②}$).

이의신청을 받은 지방자치단체의 장은 그 신청을 받은 날부터 90일 이내에 지방세심의위원회의 의결에 따라 해당 신청·청구의 각하, 기각 또는 인용결정을 하고 신청인 또는 청구인에게 이유를 함께 기재한 결정서를 송달하여야 한다($\binom{\text{동법}}{96①}$).

## 2. 감사원에 대한 심사청구

국세·관세·지방세의 부과처분에 대하여도 감사원에 심사청구를 할 수 있다($\binom{\text{감사원}}{\text{법 43}}$). 그러나 이 경우 감사원은 심사 결과, 당해 처분을 직접 취소 또는 변경할 수 없고, 세무서장 등에게 이를 시정할 것을 요구할 수 있을 뿐이므로($\binom{\text{동법}}{46②}$), 이 제도는 단순한 진정의 성격을 가지는 것이라 할 것이다. 그러나 감사원법은 이러한 심사청구를 거친 처분에 대하여는 행정소송을 제기할 수 있도록 규정하고 있으므로($\binom{\text{법 46}}{\text{의2}}$), 적어도 국세기본법, 지방세법 등 조세법이 정하고 있는 행정심판전치주의와의 관련에서는 감사원에 대한 심사청구에는 행정심판의 지위 또는 성격이 인정되고 있다고 할 것이다.

## 3. 행정소송

### (1) 개    설

조세의 위법한 부과·징수 처분에 대하여는 궁극적으로 행정소송을 제기하여 이를 다툴 수 있다. 조세에 대한 행정소송에도 일반법인 행정소송법이 적용된다. 다만 기술한 바와 같이 국세기본법·관세법은 행정소송법이 행정심판을 임의적 전치주의로 하고 있는 것과는 달리, 행정소송의 제기에 있어서는 일반국세·관세의 경우에는 필요적 전치절차로서 심사청구 또는 심판청구를 거치도록 하고 있다($^{국세기본법 56②,}_{관세법 120②}$). 제소기간은 심사청구 또는 심판청구에 대한 결정통지를 받은 날(또는 결정기간이 경과한 날)부터 90일 이내이다. 종래 지방세에 대한 처분에 대한 행정소송도 위의 이의신청과 심사청구를 거쳐야만 이를 제기할 수 있도록 되어 있었다($^{구지방세}_{법 78②}$). 그러나 헌법재판소는 동조가 정하고 있는 이의신청·심사청구제도는 사법절차적 요소가 미흡하고 당사자의 권리보장의 본질적 요소가 결여되어 있다는 점에서 헌법 제107조 제3항의 사법절차의 준용요청을 외면하는 것이면서도 이들 이중의 절차를 거치지 않으면 행정소송을 제기하지 못하도록 하고 있다는 점에서 재판청구권을 보장하고 있는 헌법 제27조 제3항에도 반하는 것이라고 선언하였다.[1] 이러한 헌법재판소의 결정에 따라 이후 당해 조항은 삭제되었으며, 그에 따라 국세나 관세의 경우와는 달리 지방세에 불복하여 제기하는 행정소송의 경우에는 이의신청이나 심사청구의 행정심판절차는 임의절차로 되어 있었으나, 2019. 12. 31. 지방세기본법 개정을 통해 행정소송을 제기하려면 심판청구를 반드시 거치도록 하는 필요적 전치주의를 다시 도입하였다($^{지방세기본}_{법 98③}$).

위법한 조세의 부과·징수처분을 다투는 행정소송의 중심을 이루는 것은 취소소송이다.

조세의 부과·징수처분에 중대·명백한 위법성이 있는 경우에는 그 상대방은 무효확인소송을 제기하여 그 처분의 무효확인을 구할 수 있다.

### (2) 과세처분 취소소송의 소송물

과세취소소송에 있어 소송물, 즉 법원의 심판의 대상에 대하여는 총액주

---

1) 판례
　　"지방세부과처분에 대한 이의신청 및 심사청구의 심의·의결기관인 지방세심의위원회는 그 구성과 운영에 있어서 심의·의결의 독립성과 공정성을 객관적으로 신뢰할 수 있는 토대를 충분히 갖추고 있다고 보기 어려운 점, 이의신청 및 심사청구의 심리절차에 사법절차적 요소가 매우 미흡하고 당사자의 절차적 권리보상의 본질적 요소가 결여되어 있다는 점에서 지방세법상의 이의신청·심사청구제도는 헌법 제107조 제3항에서 요구하는 사법절차의 준용의 요청을 외면하고 있다고 할 것인데, (구)지방세법 제78조 제2항은 이러한 이의신청 및 심사청구라는 2중의 행정심판을 거치지 아니하고는 행정소송을 제기하지 못하도록 하고 있으므로 위 헌법조항에 위반될 뿐 아니라 재판청구권을 보장하고 있는 헌법 제27조 제3항에도 위반된다 할 것이며, 나아가 행정심판전치주의의 예외사유를 규정한 행정소송법 제18조 제2항에 해당하는 사유가 있어 행정심판제도의 본래의 취지를 살릴 수 없는 경우에까지 그러한 전심절차를 거치도록 강요한다는 점에서도 국민의 재판청구권을 침해한다 할 것이다"(헌재결 2001. 6. 28, 2000헌바30).

의와 쟁점주의로 견해가 갈리고 있다.

1) **총액주의**　　이 설은 과세처분에 의하여 확정된 세액이 조세실체법에 의하여 객관적으로 존재하는 세액을 초과하는지 여부가 심판의 대상·범위가 된다고 본다.

이 설에 의하면 과세처분의 일부분에 대하여 불복청구가 있는 경우에도 과세처분의 대상이 된 세액 전부에 대하여 실체적 세액을 기준으로 심판하게 되고, 과세관청은 처분 당시의 처분사유와 다른 사유를 내세워 과세처분을 유지할 수 있게 된다. 이 설은 일반적 행정처분취소소송의 소송물을 위법성 일반으로 보는 견해 및 과세처분취소소송의 본질을 채무부존재확인으로 파악하는 견해와 이론적 기초를 같이하고 있다.[1]

2) **쟁점주의**　　이 설은 심판의 대상·범위를 과세관청의 처분이유와 관계되는 세액의 적법 여부에 한정하는 것으로서, 과세처분취소소송은 과세관청이 처분시에 인정한 처분사유의 당부, 즉 개개 수입이나 경비의 존부 등만을 심판의 대상으로 하고, 그 인정이유·근거가 다르면 별개의 처분으로서 소송물도 동일하지 않게 되는 것으로 보고 있다.

이 설에 의하면 과세처분에 대한 불복청구가 있는 경우 실체적 세액 전부가 아니라, 불복청구부분의 이유에 한정하여 심판의 대상이 되고, 처분사유의 추가·변경도 원칙적으로 허용되지 아니한다.

판례는 총액주의의 입장을 취하고 있다.[2]

**(3) 경정처분과 소의 대상**

과세관청은 과세처분에 잘못이 있는 경우 조세부과권의 제척기간 등 장애사유가 없는 한 그 횟수에 제한 없이 선행의 처분을 시정하기 위하여 경정처분을 할 수 있는바, 이것은 부과과세방식이나 신고납세방식의 경우 모두 인정된다. 이처럼 과세관청이 당초처분을 시정하기 위한 경정처분을 한 경우 어떠한 것이 취소소송 등의 대상이 되는가의 문제가 있다.

이 문제에 대하여는 병존설(당초처분과 경정처분은 독립된 처분으로 별개의

---

1) 최정일, 행정법(하), p. 1135.
2) 판례

　　"과세관청이 그 과세표준과 세액을 구체적으로 산출·결정하는 과정에서 그 계산방식 등에는 잘못이 있다 하더라도, 그와 같이 하여 부과고지된 세액이 원래 당해 납세 의무자가 부담하여야 할 정당세액의 범위를 넘지 아니하고, 그 잘못된 방식이 과세단위와 처분사유의 범위를 달리하는 정도의 것이 아니라면, 그 정당세액 범위 내의 과세 처분은 위법하지 아니하다"(대판 1992. 7. 28, 91누10695).

소송대상이라는 견해), 흡수설(당초처분은 경정처분에 흡수되어 소멸하고, 경정처
분만이 효력을 가지고 소송의 대상이 된다는 견해), 역흡수설(경정처분은 당초처
분에 흡수되어 경정처분에 의하여 수정된 당초의 처분이 소송대상이라는 견해) 등
이 제시되고 있다.

이 문제에 대하여 판례는 증액경정처분과 감액경정처분의 경우를 구분하
여 다루고 있다. 판례에 따르면 감액경정처분은 당초처분의 효력을 일부 취
소하는 것으로서, 이 경우 소송의 대상은 감액되고 남은 당초의 처분이 된다
고 본다(대판 1986.7.8, 84누50). 이에 대하여 증액경정처분에 대하여는 판례는 이 처분은
당초처분을 그대로 둔 채 증액부분만을 결정하는 것이 아니라, 당초처분에서
의 과세표준과 세액을 포함시켜 전체로서의 과세표준 및 세액을 결정하는 것
이라고 보고, 그러한 점에서 당초처분은 뒤의 경정처분의 일부로 흡수되어
독자적 존재가치를 상실하여 소멸하고 오직 증액경정처분만이 소송의 대상이
된다고 하고 있다(대판 2000.9.22, 98두18510).

## Ⅲ. 과오납금환급청구

### 1. 의 의

납세자는 실체적인 권리로서 정당한 법률상의 원인없이 납부한 세액에
대하여 국가(지방세인 때에는 당해 지방자치단체)에 그 환급을 청구할 수 있는
권리를 가지는데, 이를 과오납금환급청구권이라 한다.

넓은 의미의 과오납금은 협의의 과오납금과 세법이 정하는 바에 의하여
환급하여야 할 환급세액을 포함한다. 국세기본법은 이러한 넓은 의미의 과오
납금을 국세환급금이라 하여, 과오납부한 금액 또는 세법에 의하여 환급하여
야 할 환급세액이 있을 때에는 이를 반환하도록 규정하고 있다(법51). 관세법과
지방세기본법도 국세기본법과 유사한 규정을 두고 있다(관세법 46 내지 48, 지방세기본법 60).

환급세액은 징세기술상의 이유로 납부 후에 최종적으로 세액이 확정되는
경우에 확정된 세액을 초과하는 납부세액이 된다. 예컨대, 부가가치세에서 매
출세액을 초과하는 수입세액(부가가치세법 37), 종합소득세액에서 세액공제를 한 금액을
초과하는 근로소득원천징수액(소득세법 85 이하) 등이 그에 해당한다.

좁은 의미의 과오납금은 ① 납세자의 착오로 세금을 초과납부하거나 이
중납부한 경우, ② 무효인 과세처분에 따라 납세한 경우, ③ 과세처분에 따라
납세하였으나, 이후 당해 처분이 직권이나 행정쟁송절차에서 취소·변경(감

액경정결정)된 경우, ④ 납세의무가 없음에도 착오로 세금을 납부한 경우에 발생한다.

이와 관련하여서는 자진납부방식의 조세에 있어서는 다음의 점에 대하여 특히 유의하여야 할 것이다. 즉 자진납부방식의 조세에 있어서는 당초에 신고한 과세표준이나 세액을 감소시키는 사항이 있다고 하여 감액수정신고를 하였다 하여도, 과세관청이 그 수정신고를 받아들여 납부세액을 감액결정한 경우에 비로소 과납된 세액의 반환을 청구할 수 있는 것이며, 과세관청이 이러한 결정을 하지 아니하는 경우에는 이를 경정청구의 거부처분으로 보아 취소소송에 의하여 그 취소를 받음으로써 수정신고로 인한 납세의무를 확정할 수 있게 된다는 점이다.[1]

## 2. 과오납금의 결정 · 처리 등

좁은 의미의 과오납금이나 환급세액은 국가 등이 법률상 원인 없이 보유하는 부당이득에 해당하므로, 그 환급청구권은 부당이득반환청구권의 성질을 가지고 법률에 규정이 없으면 민법규정이 준용되나, 국세기본법, 관세법 또는 지방세기본법은 이에 관하여 각각 특별한 규정을 두고 있다. 다음에서는 국세기본법이 정하고 있는 국세환급금을 중심으로 하여 그 내용을 간단히 살펴본다.

세무서장은 납세자가 국세 · 가산금(국세기본법 개정으로 2020. 1. 1.부터 가산금은 제외됨) 또는 체납처분비로서 납부한 금액 중 과오납한 금액이 있거나 세법이 규정하는 바에 의하여 환급하여야 할 납부세액이 있는 때에는 즉시

---

1) 판례

 "납세자가 당초에 신고한 과세표준 또는 납부세액이나 환급세액에 누락 · 오류가 있음을 발견하여 … 과세표준 또는 납부세액이나 환급세액의 감액 수정신고를 한 경우에는 수정신고만에 의하여 곧바로 당초의 신고로 인한 과세표준 또는 납부세액이나 환급세액의 존재 및 범위가 확정되는 것은 아니고, 과세관청이 수정신고의 내용을 받아들여 환급세액 등을 결정하여야만 그로 인한 납세의무 확정의 효력이 생기게 되는 것이며, 만일 과세권자가 이러한 수정신고에 따른 경정을 거부하는 경우에는 납세자로서는 행정쟁송의 절차에 따라 거부처분을 취소받음으로써 비로소 수정신고에 따른 납세의무를 확정지을 수 있게 되는 것이므로 납세자가 수정신고를 하였는데도 과세권자가 환급세액을 증액하여 주기를 거부한 경우에는, 설사 당초의 신고가 잘못된 것이고 수정신고에 따른 경정을 거부하는 것이 위법한 것이라 하더라도 경정거부행위는 사실의 통지가 아니라 행정처분에 해당한다고 볼 것이고, 과세권자의 위 거부처분이 행정쟁송에 의하여 이미 적법하게 취소되었다거나 당연무효가 아닌 한 납세자가 수정신고를 하였다는 사정만으로는 당초의 신고분과 차액에 해당하는 기납부세액이나 환급세액을 국가에 대하여 법률상 원인 없이 수령한 과오납금이나 환급세액이라 주장하여 부당이득반환의 법리에 따라 민사소송으로 환급을 청구할 수는 없다"(대판 1997. 10. 10, 97다26432).

그 과오납액·초과납부액 또는 환급세액을 국세환급금으로 결정하여야 한다($^{국세기본}_{법\ 51①}$).

이처럼 결정된 금액은 납세고지에 의하여 납부하는 국세, 체납된 국세, 가산급과 체납처분비, 세법에 의하여 자진 납부하는 국세 등에 충당하며, 충당되고 남은 잔여금은 국세환급금의 결정을 한 날로부터 30일 이내에 납세자에게 지급하여야 한다($^{동조}_{②⑥}$).

환급금에 대한 권리는 타인에게 양도할 수 있으며($^{국세기본법\ 53,}_{관세법\ 46③}$), 일반국세와 지방세의 환급금의 소멸시효기간은 5년이고($^{국세기본}_{법\ 54}$), 관세의 경우도 5년이다($^{관세법}_{22②}$).

### 3. 과오납금환급청구소송

과세관청이 과오납금을 환급하지 아니할 때에는 소송을 제기하여 그 반환을 청구할 수 있는바, 이 경우 당해 소송의 성질에 대하여는 민사소송설과 공법상 당사자소송설로 견해가 갈리고 있다. 뒤의 견해는 이 소송은 행정소송법 제 3 조 제 2 호 전단의 "행정청의 처분 등을 원인으로 하는 법률관계에 관한 소송"으로서 공법상 당사자소송에 해당한다고 본다.[1] 민사소송설은 과오납금반환청구권의 법적 성질이 사권이라는 데에 그 근거를 두고 있다. 즉 이 설은 과오납금반환청구권은 공법상의 원인에 의거하여 납부된 것이나 그 원인이 당연무효이거나 취소됨으로써 이미 아무런 법률상 원인이 없는 경우에 성립하기 때문에 그 성질을 사권으로 보아야 한다고 한다. 이에 대하여 공법상 당사자소송설은 과오납금환급청구권은 공법상의 원인에 의하여 발생된 것이고 그 반환범위도 오로지 사인 상호간의 경제적 이해조정을 위한 사법상의 부당이득과는 다른 공법적 특질을 가지고 있기 때문에 이를 공권으로 보아야 한다는 것이다. 공권설이 다수설이나 판례는 일관되게 이 소송을 민사소송으로 다루고 있다.[2]

---

1) 이명구, 행정법원론, p. 1291.
2) 판례
　"국세환급금에 관한 국세기본법 제51조 제 1 항, 부가가치세 환급에 관한 부가가치세법 제24조, 같은법 시행령 제72조의 각 규정은 정부가 이미 부당이득으로서 그 존재와 범위가 확정되어 있는 과오납부액이나 환급세액이 있는 때에는 납세자의 환급신청을 기다릴 것 없이 이를 즉시 반환하는 것이 정의와 공평에 합당하다는 법리를 선언하고 있는 것이므로, 이미 그 존재와 범위가 확정되어 있는 과오납부액이나 환급세액은 납세자가 부당이득의 반환을 구하는 민사소송으로 그 환급을 청구할 수 있다"(대판 1997. 10. 10, 97다26432).

# 제 4 절 전 매

## I. 전매의 개념

전매란 국가가 수입을 목적으로 특정한 물품의 판매를 독점하는 것을 말하며, 그에 따라 행하여지는 사업을 전매사업이라 한다. 그 내용을 분설하면 다음과 같다.

### (1) 전매는 국가의 수입을 목적으로 하는 작용이다

국가의 수입을 목적으로 하는 작용이라는 점에서 조세와 같으나, 조세는 권력적으로 부과되는 금전납부의무인 반면에, 전매는 사법상의 행위로 행하여진다는 점에서 양자는 다르다. 전매사업은 국가의 독점사업이라는 점에서 국가의 독점에 속하는 공기업과 같으나, 공기업은 공공복리의 증진을 그 직접목적으로 하는 점에서 다르다.

### (2) 전매는 특정한 물품의 판매를 국가가 독점하는 것이다

전매의 내용은 특정한 물품의 판매를 독점하는 데 있는바, 여기서의 독점은 법률상 독점을 말한다. 독점에 있어서는 원료생산에서 제조·판매에 이르는 모든 과정을 독점(전부독점)하는 경우와 그 판매 등 일부 과정만을 독점하는 경우(일부독점)가 있으나, 전매의 결정적인 요소는 판매의 독점이다.[1]

전매는 특정한 물품의 판매를 국가가 독점하는 것으로서, 그것은 국민의 영업의 자유를 제한하는 것이 되므로, 그에는 반드시 법률의 근거가 있어야 한다. 전매에 속하는 물품의 판매를 독점할 수 있는 권리를 전매권이라 한다. 여기에 전매의 권력적 요소가 있다.

### (3) 전매는 국가가 특정한 물품을 판매하는 작용이다

전매행위는 그 수단에 있어서는 비권력적인 물품판매행위이다. 전매는 국가가 물품의 판매를 독점하여 사인에 의한 경업을 배제하고 독점가격을 유지하여 국가의 수입을 확보하려는 것이다. 그 수입은 국민의 임의적 의사에 의한 구매행위에 의하여 달성된다. 즉 전매사업은 비권력적인 사법상의 행위에 의하여 행하여지며, 그 수입은 사법상의 수입인 것이다.

---

1) 이상규, 행정법(하), p. 712.

## Ⅱ. 전매의 종류

우리나라에서는 종래 인삼사업법에 의한 인삼의 제조·판매가 전매제도로 되고 있었으나, 동법은 1996년에 폐지되었다.

담배는 오랫동안 국가의 전매사업이었으나, 담배사업법의 개정$\binom{1989.1.}{1 시행}$으로 그 전매제는 폐지되고, 한국담배인삼공사의 독점사업으로 되었다$\binom{법}{3 장}$.

따라서, 현재 우리나라에서는 전매제도가 존재하지 않는다.

## Ⅲ. 전매권의 효과

전매권의 주된 효과는 전매물품의 가격을 결정하여 그 판매를 국가가 독점하고 사인 등에 대하여 이러한 행위를 금지하는 데 있다. 또한 이러한 주된 효과와 관련하여 몇 가지 부수적 효과가 인정된다.

### 1. 전매권의 주된 효과

#### (1) 전매물품의 판매독점

전매권의 핵심을 이루는 것은 전매물품의 판매를 국가가 독점하고, 사인 등에는 그 판매가 금지되는 데 있다. 그러나 판매의 독점은 국가가 직접 전매물품을 직접 최종수요자에게 소매할 것을 요구하는 것은 아닌 것으로, 일정 소매인을 지정하여 이를 판매하게 할 수도 있다. 이 경우 소매인의 지정은 법률에 의한 전매물품판매의 일반적 금지의 해제로서의 허가의 성질을 가진다.

#### (2) 전매가격의 결정

전매물품의 판매의 독점은 국가의 수입을 얻기 위한 것으로서, 그 수입확보를 위한 적정한 판매가격을 결정하는 권한이 포함된다. 전매물품의 판매가격을 전매가격이라 한다.

#### (3) 독점권침해행위의 금지

전매는 국가에 의한 특정 물품의 독점적 제조·판매를 그 내용으로 하는 것이므로, 이러한 전매물품의 제조·판매상의 독점권을 침해하거나 침해할 우려가 있는 행위는 금지된다.

### 2. 전매권의 부수적 효과

위에 적은 전매권의 주된 효과 또는 내용과 관련하여, 국가는 일정한 부수적 권한을 행사한다.

#### (1) 전매물품의 생산감독

전매물품의 제조원료의 생산은 원칙으로 사인이 이를 행하나, 그 확보·유출방지 등을 위하여 그 생산지의 제한, 생산자의 지정이나 생산방법·절차 등에 관하여 일정한 제한이 가하여진다.

#### (2) 생산품의 수납

전매물품의 제조원료의 생산자는 법률상 그 생산품을 전매권자에게 납품할 의무를 지며, 정부는 일정한 대가를 지급하고 이를 취득한다.

#### (3) 판매의 감독

전매품의 판매는 반드시 전매권자가 직접 판매할 필요는 없고, 일정한 소매인을 지정하여 판매하게 할 수 있으나, 이 경우에도 판매인은 그 영업상 일정한 감독을 받는다.


# 제 5 절  회      계

## 제 1 항  개      설

### Ⅰ. 회계의 의의

회계란 국가 또는 지방자치단체가 그 재산과 수입·지출을 관리하는 작용, 즉 재정관리작용을 말한다. 이에 대하여 재산관리는 회계에 포함하지 않는 입장도 있다.[1]

회계는 국가 재원의 취득을 위한 재정권력작용과는 달리 이미 취득된 재산의 운용·지출을 관리하기 위한 비권력적 작용으로서, 본질적으로는 행정 내부적 작용의 성질을 가진다.

---

1) 김도창, 행정법(하), p. 692.

## Ⅱ. 회계의 종류

회계는 여러 기준에 따라 분류할 수 있다.

### 1. 관리대상에 의한 분류

회계는 그 관리하는 재산의 종류에 따라 현금회계·채권회계·동산회계 및 부동산회계로 나눌 수 있다.

### 2. 관리주체에 의한 분류

회계는 그 관리주체에 따라 국가의 회계와 지방자치단체의 회계로 나누 어진다.

국가의 회계에 관한 일반법으로는 국가회계법·국가재정법·국고금 관리 법·국유재산법·물품관리법·국가채권 관리법 등이 있고, 지방자치단체의 회계에 관한 일반법으로는 지방자치법과 지방재정법·지방회계법·공유재산 및 물품 관리법 등이 있다.

## Ⅲ. 회계법의 특색

회계는 비권력적 관리작용이고 그 본질은 사인의 회계경리와 다르지 않 다는 점에서, 그에는 사법규정 또는 사법원칙이 적용될 수 있는 소지가 크다. 그러나 국가 또는 지방자치단체가 회계를 공정하고 적정하게 수행하는 것은 국민의 권익보호에 있어 중요한 의미를 가진다. 그에 따라 다수의 회계법규 가 제정되어 이를 규율하고 있다. 이러한 회계법의 특색으로서는 다음의 몇 가지를 들 수 있다.

### (1) 회계법의 내규성

회계법은 일반적으로 법령의 형식으로 되어 있으나, 실질적으로는 행정 기관의 내부절차적인 규정인 경우가 적지 않다. 이러한 경우, 그 회계법규를 위반하여도 행위자의 행정기관내부에서의 책임문제는 별론으로 하고, 외부적 으로는 당해 행위 자체의 효력에는 영향을 미치지 않는 것이 원칙이다.[1] 그

---

1) 판례
　"예산회계법의 각 규정은 국가예산의 집행사무를 담당처리하는 출납공무원을 규율

러나 회계법의 규정 중에는 강행규정인 것도 있는데, 이 경우 그에 위반한 행위는 무효이다.[1]

**(2) 회계에 대한 사법규정의 적용**

회계는 사인의 회계경리와 본질적인 차이가 있는 것은 아니므로, 회계관계법에 특별한 규정이 없는 경우에는 사법규정 또는 사법원리의 적용이 인정되는 경우가 많다.

**(3) 회계법의 기술성**

회계법의 목적은 회계의 공정과 회계사무처리의 합리화·능률화를 실현하는 데에 있다 할 것이다. 이러한 두 가지 목적의 상호 조화의 결과로 이루어진 것이 회계법이라고 할 수 있으므로, 회계법은 기술적인 성격이 강하다.

# 제 2 항 현금회계

## I. 현금회계의 일반원칙

현금회계란 국가 또는 지방자치단체의 현금수지에 관한 예산·출납 및 결산을 총칭한다. 현금회계의 목적은 국가의 수지균형을 확보하고 그 명료·확실을 기함과 아울러 회계의 문란을 방지하려는 데에 있다. 이러한 목적과 관련하여 현금회계에는 현행법상 다음의 여러 원칙이 인정되고 있다.

### 1. 총계예산주의(총액예산주의)

이것은 세입과 세출은 모두 예산에 편입하여야 한다는 원칙(국가재정법 17)이다. 이 원칙은 수입·지출을 상계하여 그 차액만을 계상하는 순계예산주의에 대한 것으로, 수입·지출을 모두 예산에 표현함으로써 수지균형을 도모하고 예산을 통하여 국회 내지는 국민의 감독·비판을 용이하게 하려는 것이다.

---

하기 위한 것일 뿐이므로, 전도자금출납공무원직에 있는 자가 위와 같은 직에 재임중임을 기화로 예산회계법 각 규정의 절차를 밟지 않고 자기개인의 채무를 모면할 방책으로 그 직명으로서 국고수표를 발행한 경우에 출납공무원의 위 규정들에 위배한 예산집행으로서의 수표발행의 효력까지를 당연무효라고 볼 수는 없다"(대판 1968. 1. 31, 67다2631).

1) 판례

"국가의 수입지출에 관한 예산회계법상의 규정은 강행규정으로서, 이에 위반한 행위는 효력이 없다"(대판 1962. 2. 28, 4294민상898; 동지 대판 1964. 12. 29, 64다953).

## 2. 통일국고주의

이것은 조세 기타 정부에 속하는 모든 수입을 하나의 국고에 납입시키고 모든 지출은 반드시 하나의 국고에서 지출하게 하는 원칙($^{국고금관}_{리법\ 7}$)을 말한다. 회계총괄의 원칙이라고도 한다. 그에 따라 정부의 모든 기관의 장은 법률에 특별한 규정이 없는 한 그 관장에 속하는 수입을 모두 국고에 납부하여야 하며, 직접 사용하지 못한다.

이 원칙에 대한 예외로서 수입대체경비($^{국가재정}_{법\ 53①}$)의 경우와 재외공관 수입금 등 직접사용에 관한 법률에 의하여 재외공관장이 수입금을 직접 사용하는 경우($^{동법}_{1}$)가 있다. 수입대체경비란 지출이 직접수입을 수반하는 경비로서 대통령령이 정하는 경비를 말한다($^{국가재정}_{법\ 53①}$).

국가가 사업을 경영하는 경우에는 특별회계를 두는 경우가 많다.

## 3. 단일예산주의

국가의 수지를 단일의 회계로 통일하여 정리하는 원칙을 말한다. 회계통일의 원칙이라고도 한다. 이 원칙은 국가재정의 내용을 전체적으로 명확히 하고, 재정의 부당한 팽창·문란을 방지하려는 데에 그 목적이 있다.

이 원칙에 대한 예외로서 특별회계와 추가경정예산이 있다. 특별회계란, 특정한 목적을 위하여 일반회계로부터 분리하여 독립적으로 경리하는 회계를 말하고, 추가경정예산이란 일단 확정된 예산에 대한 추가예산과 경정예산을 말한다.

## 4. 성과주의예산제도

이것은 운영계획과 예산을 일치시켜 책임소재를 분명히 하고, 예산을 효과적으로 사용하도록 하기 위한 것이다. 이와 관련하여 각 중앙관서의 장은 예산요구서를 제출할 때에 다음 연도 예산의 성과계획서 및 전년도 예산의 성과보고서를 기획재정부장관에게 함께 제출해야 한다($^{국가재정}_{법\ 8②}$).

## 5. 기업회계의 원칙

이것은 특별회계에 관한 것으로, 회계거래, 즉 재산의 증감·변동을 그 발생의 사실에 따라 계리(計理)하는 것($^{정부기업}_{예산법\ 5}$)을 말한다.

이 원칙은 특별회계에 의한 사업의 경영성과와 재정상태를 명백하게 하기 위한 것이다.

그에 따라 특별회계에 있어서는 기업회계의 원칙에 따라 대차대조표계정인 자산·자본 및 부채계정과 손익계산계정인 수익 및 비용계정을 설정하여 계리한다.

## 6. 회계연도구분 및 독립의 원칙

회계연도구분의 원칙은 회계경리의 명확과 수지의 균형을 도모하기 위하여 국가의 수입·지출을 일정한 기간단위로 구분하여 경리하는 것$\left(\substack{국가재정\\법 2}\right)$을 말하는데, 그 기간을 회계연도(fiscal year)라고 한다.

회계연도독립의 원칙이란 각 회계연도의 경비를 당해 연도의 세입으로 충당하는 것$\left(\substack{동법\\3}\right)$을 말한다. 현행법상 회계연도는 1 년이며, 매년 1 월 1 일에 시작하여 12 월 31 일에 종료한다$\left(\substack{동법\\2}\right)$. 이 원칙에 대하여는 국고채무부담행위$\left(\substack{동법\\25}\right)$·계속비$\left(\substack{동법\\23}\right)$·이월사용$\left(\substack{동법\\24 등}\right)$·지난연도지출$\left(\substack{국고금관\\리법 28}\right)$·지난연도수입$\left(\substack{동법\\14}\right)$ 등의 예외가 있다.

## 7. 회계기관분립의 원칙

이것은 회계상의 비위를 방지하고 그 공정을 확보하기 위하여 수입·지출을 명하는 기관과 현금출납을 관장하는 기관을 분립시키는 것을 말한다. 세입징수직무와 현금출납직무의 분립, 재무관(중앙관서의 명을 받아 지출원인행위를 하는 자)·지출관(지출을 위하여 수표를 발행하는 자)·현금출납공무원분립$\left(\substack{국고금관\\리법 27}\right)$ 등이 그 예이다.

이 원칙에 대한 예외로서 재외공관의 장이 세입징수와 현금출납의 직무를 겸하는 경우$\left(\substack{동법\\13 단서}\right)$가 있다.

## 8. 건전재정주의

이것은 재정수지의 건전을 기하기 위하여, 국가의 세출은 국채 또는 차입금이 아닌 세입을 그 재원으로 하여야 한다는 원칙을 말한다$\left(\substack{국가재정법\\18 본문}\right)$. 이 원칙에 대한 예외로서 부득이한 경우에는 국회의 의결을 얻은 금액의 범위 안에서 국채 또는 차입금으로 충당할 수 있도록 하고 있다$\left(\substack{동조\\단서}\right)$.

## Ⅱ. 예  산

### 1. 예산의 의의

예산이란 실질적으로는 국가 또는 지방자치단체의 세입·세출의 예정표를 말하나, 형식적으로는 정부에 의하여 편성되고 국회의 심리·결정으로 성립된 1 회계연도 중의 세입·세출의 예정표를 말한다. 보통 예산이라 할 때는 형식적 의미로 사용된다.

우리나라의 예산은 예산법률주의를 취하지 않으므로, 단순히 세입·세출 결정표에 그친다고 할 수도 있으나, 국회의 의결을 거쳐 성립되고 모든 국가 기관을 구속하는 법적 효력을 가지고 있다는 점에서 국법의 한 형식이라 할 수 있다.[1]

### 2. 예산의 종류

예산은 여러 기준에 따라 분류할 수 있다.

#### (1) 본예산과 보정예산(추가경정예산)

본예산은 1 회계연도의 모든 세입·세출을 망라하여 편성된 예산을 말하며, 보정예산은 본예산의 작성 후에 특별한 필요에 따라 본예산을 추가·경정하는 예산($\binom{\text{헌법 56, 국가}}{\text{재정법 89}}$)으로서, 추가경정예산이라고도 한다. 추가경정예산이 성립되면 본예산과 합체되어 집행된다.

#### (2) 확정예산과 준예산

확정예산은 정부가 편성하여 회계연도 개시 30일 전까지 국회의 심의·의결을 거쳐 성립되어 그 회계연도에 통용되는 예산이다.

준예산은 회계연도 개시일 전까지 예산안이 국회에서 심의·의결되지 않은 경우에 전년도예산에 준하여 집행하는 예산이다($\binom{\text{헌법 54③}}{\text{국가재정법 55}}$). 준예산으로 지출할 수 있는 경비는 ① 헌법이나 법률에 의하여 설치된 기관 또는 시설의 유지 및 운영, ② 법률상 지출의무가 있는 경비, ③ 이미 예산으로 승인된 계속비이다($\binom{\text{헌법}}{\text{54③}}$).

준예산의 집행은 당해 연도의 확정예산이 성립되면, 그 확정예산에 의하여 집행된 것으로 간주된다($\binom{\text{국가재정}}{\text{법 55②}}$).

---

1) 김도창, 행정법(하), p. 696; 이상규, 행정법(하), p. 723.

### (3) 일반회계예산과 특별회계예산

일반회계예산은 일반국가활동에 관한 세입·세출을 포괄하여 편성한 예산이다.

특별회계예산은 국가에서 특정한 사업을 운영할 때, 특정한 자금을 보유하여 운영할 때 기타 특정한 세입으로 특정한 세출에 충당함으로써 일반의 세입·세출과 구분하여 경리할 필요가 있을 때에 일반예산으로부터 분리·편성된 예산($_{법\ 4③}^{국가재정}$)을 말한다.

## 3. 예산의 내용

예산의 내용은 예산총칙·세입세출예산·계속비·명시이월비 및 국고채무부담행위로 이루어진다($_{19}^{동법}$).

### (1) 예산총칙

예산총칙에는  ① 세입세출예산·계속비·명시이월비·국고부담채무행위에 관한 총칙적 규정을 두는 외에, ② 국채 또는 차입금의 한도액, 재정증권의 발행과 임시차입금의 최고액, 기타 예산집행에 관하여 필요한 사항을 규정한다($_{20}^{동법}$).

### (2) 세입세출예산

세입세출예산은 중앙관서의 조직별로 구분하며, 이 구분에 의하여 세입예산은 그 내용을 성질별로 관·항으로 구분하고, 세출예산은 그 내용을 기능별·성질별 또는 기관별로 장·관·항으로 구분한다($_{21②③}^{동법}$).

세입세출예산에는 일반의 세입·세출 외에 예측할 수 없는 예산 외의 지출 또는 예산초과지출에 충당하기 위한 예비비를 계상할 수 있다($_{22}^{동법}$). 또한 세출예산 중 경비의 성질상 연도 내에 지출을 마치지 못할 것이 예측될 때에는, 특히 그 취지를 세출예산에 명시하고 익년도에 이월하여 사용할 것에 대하여 국회의 승인을 얻을 수 있다($_{24}^{동법}$).

### (3) 계 속 비

그 완성에 수년을 요하는 공사 또는 제조 및 연구개발사업은 경비의 총액과 연부액(年賦額)을 정하여 미리 국회의 의결을 얻은 범위 안에서 수년도에 걸쳐 지출할 수 있는데($_{재정법\ 23①}^{헌법\ 55①,\ 국가}$), 이처럼 수년도에 걸쳐 계속하여 지출할 수 있는 경비를 계속비라 한다. 계속비를 지출할 수 있는 연한은 5년 이내이나, 사업규모 및 국가재원 여건상 필요한 경우에는 예외적으로 10년 이내로 할 수 있으며, 기획재정부장관은 필요한 경우에는 국회의 의결로 지출 연한을 연장할 수 있다($\frac{동법}{23②③}$).

### (4) 명시이월비

세출예산 중 경비의 성질상 연도 내에 지출을 마치지 못할 것이 예측되어 특히 그 뜻을 세입세출예산안에 명시하여 미리 국회의 승인을 얻은 것을 말한다($\frac{동법}{24}$).

### (5) 국고채무부담행위

법률에 의한 것과 세출예산금액 또는 계속비의 범위 내의 것 이외에, 국가가 채무를 부담하는 행위는 미리 예산을 편성하여 국회의 의결을 얻어야 한다($\frac{헌법\ 58,\ 국가}{재정법\ 25}$).

## 4. 예산의 편성과 성립

예산은 정부가 편성하여 국회에 제출하고, 국회의 심의·확정을 통하여 성립하며, 대통령이 이를 공포한다.

### (1) 예산안의 편성

정부 내에서 예산안의 편성에 관한 사무는 기획재정부가 관장한다($\frac{정부조직}{법\ 27①}$). 각 중앙관서의 장은 매년 1월 31일까지 당해 회계연도부터 5회 회계연도 이상의 기간 동안의 신규사업 및 기획재정부장관이 정하는 주요 계속사업에 대한 중기사업계획서를 기획재정부장관에게 제출하여야 하며, 기획재정부장관은 매년 3월 31일까지 국무회의의 심의를 거치고 대통령의 승인을 얻은 다음 연도의 예산안편성지침을 각 중앙관서의 장에게 통보하여야 하고, 각 중앙관서의 장은 위의 지침에 따라 그 소관에 속하는 다음 연도의 세입세출예산·계속비·명시이월비 및 국고채무부담행위요구서("예산요구서")를 작성하여 매년 5월 31일까지 기획재정부장관에게 제출하여야 한다($\frac{국가재정법}{28\cdot29\cdot31}$).

기획재정부장관은 위의 예산요구서에 의하여 예산안을 편성하여 국무회의의 심의를 거쳐 대통령의 승인을 얻어야 한다($\frac{동법}{32}$).

### (2) 예산안의 국회제출

정부는 위의 예산안을 회계연도 개시 120일 전까지 국회에 제출하여야 한다($\frac{동법}{33}$). 예산안의 제출에 있어서는 예산편성지침, 국고채무부담행위 설명서 등 15개의 관련자료를 첨부하여야 한다($\frac{동법}{34}$).

### (3) 예산안의 심의·확정

국회는 예산안의 심의·확정권을 가지는바(헌법 54), 이것은 국민의 경제적 부담과 밀접한 관계에 있는 예산의 성립을 국민의 대표기관의 의사에 의하게 하려는 것으로, 근대 이후에 거의 모든 국가가 채택하고 있는 원칙이다. 국회는 정부의 동의 없이 정부가 제출한 지출예산항목의 금액을 증가시키거나 새 비목을 설치하지 못한다(헌법 57).

국회는 회계연도개시 30일 전까지 예산을 의결하여야 한다(헌법 54②).

### (4) 예산의 공포

예산이 국회에서 심의·확정되어 정부에 이송되면, 대통령은 그 예산을 공포한다(법령등공포에관 한법률 8·11). 예산에 대한 국회의 의결에 대하여는 거부권을 행사할 수 없다.

## 5. 예산의 효력

예산의 효력은 세입예산과 세출예산에 따라 다르다.

### (1) 세입예산의 효력

세입예산은 단순한 세입예정표에 불과하며, 그 자체로서는 아무런 구속력도 가지지 않고, 세입은 그 예산과는 직접 관계 없이 법령에 의하여 징수 또는 수납되는 것이다. 따라서 세입예산은 당해 회계연도의 세출의 재원을 제시하는 데 그친다.

### (2) 세출예산의 효력

세출예산은 세입예산과는 달리 지출목적·지출금액 및 지출시기의 세 가지 점에서 정부에 대한 구속력을 가진다.

1) **지출목적**　　각 중앙관서의 장은 세출예산에 관한 목적 이외에 경비를 사용하거나 예산이 정한 각 기관 사이, 각 장·관·항 사이에 서로 이용할 수 없으나, 다만 법령상 지출의무의 이행을 위한 경비의 부족액이 발생하는 경우 등 법정사유가 있는 경우에 미리 예산으로써 국회의 의결을 얻었을 때에 한하여, 기획재정부장관의 승인을 얻어 이용할 수 있다. 다만 정부조직 등에 관한 법령의 제정·개정 또는 폐지로 인하여 그 직무권한에 변동이 있을 때에는 기획재정부장관은 당해 중앙관서의 장의 요구에 의하여 그 예산을 서로 이용 또는 이체할 수 있다(국가재정 법 47②).

중앙관서의 장은 기획재정부장관의 승인을 얻어 각 세목 또는 목의 금액을 전용할 수 있다($\substack{동법 \\ 46①}$).

2) **지출금액**　지출은 세출예산의 각 항에 정한 금액의 한도 안에서만 할 수 있으며, 초과하여 지출할 수 없다. 각 항의 금액은 다시 목으로 구분되는데, 목에 정한 금액도 행정부 내에서는 구속력을 가진다. 따라서 예산초과 지출의 필요가 있을 때에는 예외적으로 위의 항 사이의 이용이나 이체, 세항 또는 목 사이의 전용이 인정되는 외에는 예비비의 지출 또는 추가경정예산의 작성에 의할 수밖에 없다.

3) **지출시기**　매회계연도의 세출예산의 금액은 당해 회계연도에 한하여 지출할 수 있는 것이 원칙($\substack{동법 \\ 48①}$)인데, 이것은 예산의 성질상 당연하다. 다만, 계속비의 지출·명시이월비의 사용 및 과년도지출 등의 예외가 인정된다.

계속비의 연도별 소용경비의 금액 중 당해 연도에 지출하지 못한 금액은 당해 계속비사업의 완성연도까지 순차로 이월하여 사용할 수 있다($\substack{동조 \\ ③}$). 세출예산 중 명시이월비의 금액 또는 연도 내에 지출원인행위를 하고 불가피한 사유로 인하여 연도 내에 지출하지 못한 경비와 지출원인행위를 하지 않은 그 부대경비의 금액은 다음 연도에 이월하여 사용할 수 있다($\substack{동조 \\ ②}$). 또한 과년도에 속하는 채무확정액으로서 지출하지 않은 경비는 현연도의 세출예산에서 지출하되, 그 경비가 소속된 연도의 해당 과목 가운데 쓰지 아니한 금액을 초과하지 못한다($\substack{국고금관 \\ 리법 28}$).

### 6. 예산의 집행

예산의 집행의 주된 부분은 예산의 배정·수입 및 지출이다.

(1) 예산의 배정

국회의 의결에 의하여 성립된 예산을 구체적으로 집행하기 위하여 각 중앙관서별로 배정하는 것을 말하며, 기획재정부장관이 한다. 예산이 성립되면 각 중앙관서의 장은 사업운영계획 및 그에 의한 세입세출·계속비와 국고채무부담행위를 포함한 예산배정요구서를 기획재정부장관에게 제출하여야 하며, 기획재정부장관은 그 예산배정요구서와 월별자금계획에 의거하여 분기별 예산배정계획을 작성하고, 월별자금계획과 함께 국무회의의 심의를 거쳐 대통령의 승인을 얻어야 하며, 그 승인을 얻은 예산배정계획에 따라 각 중앙관서의 장에게 예산을 배정한다. 기획재정부장관은 필요한 경우 대통령령이 정하는 바에 의하여 회계연도개시 전에 예산을 배정할 수 있다($\substack{국가재정 \\ 법 43}$).

### (2) 수 입

1) 수입의 근거    위에 적은 바와 같이 세입예산은 그 연도의 수입의 단순한 예정표에 지나지 않으며, 실제수입은 법령이 정하는 바에 의하여 징수 또는 수납한다($_{리법\ 5}^{국고금관}$). 따라서 조세나 공법상의 과징금과 같이 상대방의 금전지급이 국가의 일방적 의사에 의하는 경우는 물론이고, 당사자간의 자유로운 합의에 의하는 경우에도 그 수납은 법령이 정하는 절차에 의하여야 한다.

2) 수입의 종류    수입은 공법상 수입과 사법상 수입으로 나눌 수 있다. 조세·수수료·사용료나 각종 벌과금 등이 공법상 수입에 해당하고 국유재산수입·사업수입(공기업, 전매사업)이 사법상 수입에 해당한다.

3) 수입기관    수입기관에는 징수기관(세입징수관)과 수납기관이 있는데, 전자는 수입할 금액을 결정하여 그 납부를 명하는 기관이며, 후자는 현금을 출납하는 기관이다. 두 기관 사이에는 회계기관분립의 원칙이 적용된다($_{13}^{동법}$).[1]

4) 수입방법    수입금을 징수하는 방법에는 납입고지서에 의하여 수납시키는 경우($_{10}^{동법}$)와 구두고지에 의하여 출납공무원에게 즉납시키는 경우($_{10}^{동법}$)가 있으며, 현금 이외에 수입인지·우표·증권으로 수납시키는 경우가 있다 ($_{증권에의한세입납부에관한법률}^{인지세법,\ 수입인지에관한법률,}$)·

### (3) 지 출

1) 지출원인행위    지출은 지출원인행위에 의하여 행하여지는데, 지출원인행위란 국가의 지출의 원인이 되는 계약 기타의 행위를 말하며, 공법상의 행위인 경우도 있고, 사법상의 행위인 경우도 있다. 지출원인행위는 각 중앙관서의 장 또는 그 위임을 받은 자가 법령과 배정된 예산의 금액 범위 내에서 한다($_{리법\ 20}^{국고금관}$). 지출원인행위를 할 수 있는 권한을 가진 자를 재무관이라 한다.

2) 지출기관    지출기관에는 지출관·현금출납공무원이 있으며, 이들은 서로 겸임할 수 없다($_{27}^{동법}$). 지출관은 재무관이 한 지출원인행위에 따라 지출을 명하는 기관이며, 현금출납공무원은 지출관의 지출명령에 따라 현금을 지급하는 기관이다. 집행기관은 원칙적으로 한국은행이 되나, 예외적으로 전도자금출납공무원·조체급출납공무원 등이 있다.

---

1) 판례
   "세입징수관은 조세 기타의 세입을 자신이 수납할 수 없다"(대판 1962. 5. 24, 62다 20).

3) **지출방법**    이에는 원칙적 방법과 예외적 방법이 있다.

㈎ **원칙적 지출방법**    지출은 원칙적으로 후급・직접급・확정급 등의 방법으로 한다. 종전의 국고수표제도는 폐지되고, 계좌이체제도가 전면 도입됨에 따라 지출관리 국고금의 지급사무를 수탁해 처리하는 자에게 계좌이체를 하는 것을 지출행위로 보도록 하였다($\frac{동법}{22③}$).

㈏ **예외적 지출방법**

(i) **자금전도**    이것은 장래에 있을 채권자에 대한 현실적인 지급을 위하여 일정액의 자금을 미리 교부하여 두는 것을 말하며 관서운영비의 지급($\frac{동법}{24・25}$)이 있다.

(ii) **선급・개산급**    선급은 후급원칙에 대한 예외이고, 개산급은 확정급에 대한 예외적 지출방법이다. 운임・용선료・여비 등의 경비로서 그 성질상 미리 지급하지 않거나 개산하여 지급하지 않으면 사무 또는 사업의 지장을 가져올 우려가 있는 경우에 선급 또는 개산급을 지급할 수 있다($\frac{동법}{26}$).

(iii) **조 체 급**    조체급이란 출납공무원이 국고금을 즉시 국고에 수납하지 않고, 특정회계의 각 계정 상호간에 자금의 조체를 행하여 일시 다른 용도에 체당 사용하고, 그 연도 내에 반환하는 것을 말하는데, 각 특별회계법에서만 이를 인정하고 있다.


## Ⅲ. 결    산

결산은 1 회계연도에 있어서의 세입세출예산의 집행결과를 나타내는 확정적 계수이다. 이러한 결산은 정부의 적정한 예산집행의 통제에 있어 중요한 자료가 되는 것임은 물론이다.

각 중앙관서의 장은 매회계연도에 그 소관에 속하는 세입세출의 결산보고서・계속비결산보고서 및 국가의 채무에 관한 계산서를 작성하여 다음 연도 2 월 말일까지 기획재정부장관에게 제출하여야 하며, 기획재정부장관은 세입세출의 결산보고서에 의하여 세입세출의 결산을 작성하여 국무회의의 심의를 거쳐 대통령의 승인을 얻어야 한다($\frac{국가재정법}{58・59}$).

기획재정부장관은 대통령의 승인을 얻은 세입세출결산에 각 중앙관서의 세입세출 결산보고서・계속비결산보고서 및 국가의 채무에 관한 계산서를 붙여 다음 연도 4 월 10일까지 감사원에 제출하여야 하는바, 감사원은 세입세출결산서를 검사하고 그 보고서를 다음 연도 5월 20일까지 기획재정부장관에게 송부하여야 한다($_{59\cdot60}^{동법}$).

정부는 감사원의 검사를 거친 결산 및 첨부서류를 다음 연도 5월 31일까지 국회에 제출하여야 한다($_{61}^{동법}$).

감사원의 결산검사는 법적 관점에서 결산 내용의 합법성·타당성을 검토하기 위한 것이나, 결산에 대한 국회의 심의는 기본적으로 결산에 대한 정치적 견해의 표명에 그치는 것이다.

한편, 국가회계법($_{2009.\,1.\,1.\ 시행}^{2007.\,10.\,17.\ 제정\cdot}$)에 따르면, 중앙관서의 장은 회계인도마다 그 소관에 속하는 일반회계·특별회계 및 기금을 통합한 결산보고서(결산개요, 세입세출결산, 재무제표, 성과보고서)를 작성하여야 하고, 중앙관서의 장이 아닌 기금관리주체는 회계연도마다 기금에 관한 결산보고서를 작성하여 소관 중앙관서의 장에게 제출하여야 한다($_{13①\cdot14}^{법}$).

기획재정부장관은 회계연도마다 중앙관서결산보고서를 통합하여 국가의 결산보고서를 작성한 후 국무회의의 심의를 거쳐 대통령의 승인을 받아야 한다($_{13③}^{동법}$).

## IV. 현금회계상의 시효

국가재정법은 "공법상의 금전청구권 기타 금전의 지출을 목적으로 하는 국가의 권리 및 국가에 대한 권리로서 시효에 관하여 다른 법률에 특별한 규정이 없는 것은 5년간 행사하지 아니할 때에는 시효로 소멸한다"고 규정하고 있다($_{96①}^{법}$). 이러한 국가재정법 제96조 제1항이 정하는 소멸시효는 공법상의 금전청구권에만 적용되는지, 또는 사법상의 금전청구권에도 적용되는지에 대하여는 해석상 문제가 제기될 수 있다.

이 규정은 '공법상의 금전청구권 기타 금전의 지급을 목적으로 하는 국가의 권리 및 국가에 대한 권리'라고 정하고 있으므로, 공법상의 금전채권은 물론이고, 사법상의 금전채권도 소멸시효에 관하여 다른 법률에 특별한 규정이 없으면 이 규정에 의하여 5년의 소멸시효로 소멸한다고 볼 것이다. 이것은 판례의 입장이기도 하나, 판례는 다른 법률의 특별한 규정이 5년보다 단기의 소멸시효기간을 정하고 있는 경우에만 특별규정으로 본다는 입장이다.[1]

---

1) 판례

"구예산회계법(1989. 3. 31. 법률 제4102호로 개정전) 제71조의 급부를 목적으로 하

이러한 국가와 국민 사이의 금전청구권에 관한 소멸시효의 중단·정지 기타 사항에 관하여는 다른 법률에 특별한 규정이 없으면 민법의 규정이 준용된다($\frac{동법}{96③}$). 다만 법령의 규정에 의하여 국가가 행하는 납입고지는 시효중단의 효력이 있다($\frac{동조}{④}$).

## 제 3 항   채권회계

### 1. 개    설

채권회계는 국가 또는 지방자치단체가 그 채권을 관리하는 작용을 말한다. 국가의 채권회계에 관한 일반법으로서는 국가채권 관리법이 있고, 지방자치단체의 채권에 관한 일반법으로서는 지방재정법이 있다.

### 2. 채권의 의의

채권이란 금전의 지급을 목적으로 하는 국가나 지방자치단체의 권리를 말한다. 다만 일정한 채권은 국가채권 관리법의 적용대상에서 제외되고 있다($\frac{법}{3①}$). 벌금·과료·형사추징금·과태료·통고처분금액 및 이에 준하는 것으로서 대통령령이 정하는 채권 등이 그것이다($\frac{동법\ 3①②,}{동법시행령\ 4·5}$).

### 3. 채권관리기관

채권관리기관으로서는 총괄기관과 관리기관이 있다. 총괄기관은 채권관리의 적정을 기하기 위하여 채권의 관리에 관한 제도와 사무를 정비·통일하고, 그 사무의 처리에 필요한 조정을 담당하는 기관으로서, 기획재정부장관이 된다($\frac{동법}{5}$). 관리기관은 그 소관에 속하는 채권을 관리하는 기관을 말하며, 각 중앙관서의 장이 된다($\frac{동조}{②}$). 관리기관인 중앙관서의 장은 그 소속공무원 등에게 채권관리사무를 위임할 수 있는데, 그 위임을 받은 공무원을 채권관리관

---

는 국가의 권리라 함은 금전의 급부를 목적으로 하는 권리인 이상 금전급부의 발생원인에 관하여는 아무런 제한이 없으므로, 국가의 공권력의 발동으로 하는 행위는 물론 국가의 사법상의 행위에서 발생한 국가에 대한 금전채무도 포함하고, 같은 조에서 타 법률에서 운운규정은 타 법률에 같은 조에 규정한 5년의 소멸시효기간보다 짧은 기간의 소멸시효의 규정이 있는 경우에 그 규정에 의한다는 뜻이고, 이보다 긴 10년의 소멸시효를 규정한 민법 제766조 제 2 항은 예산회계법 제71조에서 말하는 타 법률에 규정한 경우에 해당하지 아니한다"(대판 1967. 7. 4, 67다751; 동지 대판 1966. 9. 20, 65다2506).

이라 한다($\substack{동법 6①· \\ 2iv}$).

### 4. 채권의 관리

채권관리관은 그 채권에 대하여 국가가 채권자로서 점유하여야 할 담보물이나 채권 또는 채권의 담보에 속하는 사항의 입증에 필요한 서류와 물건을 선량한 관리자의 주의로써 다루고 보존하여야 하며($\substack{동법 \\ 19}$), 채권의 관리에 관한 사항을 기재하기 위한 장부를 비치하여야 한다($\substack{동법 \\ 12}$).

### 5. 채권의 소멸

채권은 이행·소멸시효 또는 면제에 의하여 소멸한다. 채권관리관은 그 이행연기를 한 채권에 대하여 당초의 이행기간으로부터 10년을 넘어도 채무자가 자력을 회복하지 못하고 이행할 가능성이 없을 때에는 소속 중앙관서의 장의 승인을 얻어 당해 채권·연체금 및 이자를 면제할 수 있다($\substack{동법 \\ 31}$).

## 제 4 항  동산회계

### I. 개  설

동산회계란 국가 또는 지방자치단체가 그 재산 중 동산을 관리하는 작용을 말한다. 동산회계에 관한 일반법으로서는 물품관리법이 있고, 군수품의 관리에 대하여는 군수품관리법이 있는바, 물품관리법은 국가의 물품의 취득·보관·사용·처분에 관하여, 군수품관리법은 군수품관리에 관하여 기본적 사항을 규정하고 있다.

### II. 물품의 의의

물품관리법의 적용을 받는 물품은 국가가 소유하는 동산과 국가가 사용하기 위하여 보관하는 동산 중 현금과 한국은행에 기탁하여야 할 유가증권 및 국유재산법의 적용을 받는 동산(국유부동산의 종물, 국유의 선박·부표 등, 국영사업 또는 시설에서 사용하는 기계 등)을 제외한 동산이다($\substack{법 \\ 2}$). 군수품은 별도로 군수품관리법에 의하여 관리된다($\substack{동법 \\ 3}$).

해당 물품의 관리에 관하여 다른 법령에 특별한 규정이 있는 경우에는 물품관리법의 적용이 배제되는데($\frac{동법}{4}$), 국유문화재인 동산의 관리에 관한 문화재보호법의 규정($\frac{제3}{장}$)이 그 예이다.

## Ⅲ. 물품관리기관

총괄기관으로서 기획재정부장관 및 조달청장이 있고, 각 중앙관서에서는 현금회계의 경우와 같이 명령기관과 집행기관이 분립되어 있다.

### 1. 총괄기관

#### (1) 기획재정부장관
물품관리에 관한 제도와 정책에 관한 사항을 관장한다($\frac{물품관리법}{7①}$).

#### (2) 조달청장
각 중앙관서의 장이 행하는 물품관리의 총괄조정에 관한 사항을 관장한다($\frac{동법}{7②}$). 조달청장은 기획재정부장관의 승인을 얻어 재고조정관리기준을 정하며, 필요한 때에는 각 중앙관서의 물품의 재고를 조정할 수 있다($\frac{동법}{18}$).

### 2. 명령기관

#### (1) 중앙관서의 장
각 중앙관서의 장은 그 소관에 속하는 물품을 관리하며($\frac{동법}{8}$), 물품의 재고를 관리한다($\frac{동법}{18}$).

#### (2) 물품관리관·분임물품관리관
각 중앙관서의 장은 소속공무원 또는 필요한 때에는 다른 중앙관서소속 공무원에게 그 소관에 속하는 물품의 관리에 관한 사무를 위임할 수 있다. 이 위임을 받은 공무원을 물품관리관이라 한다($\frac{동법}{9}$). 각 중앙관서의 장은 물품관리관의 사무의 일부를 분장하는 공무원을 지칭할 수 있는데, 이를 분임물품관리관이라 한다($\frac{동법}{12①}$).

### 3. 집행기관

#### (1) 물품출납공무원·분임물품출납공무원
물품관리관(분임물품관리관을 포함)은 그가 속하는 관서의 공무원에게 그 관리하는 물품에 관한 출납명령사무를 제외한 출납·보관사무를 위임하여야 하는바, 위임을 받은 공무원을 물품출납공무원이라 한다($\frac{동법}{10}$). 물품관리관은 물품출납공무원의 사무의 일부를 관장하는 공무원을 둘 수 있는데, 이 공무원을 분임물품출납공무원이라 한다($\frac{동법}{12①}$).

### (2) 물품운용관

물품관리관은 필요한 경우에는 그가 소속하는 관서의 공무원에게 물품을 국가의 사무 또는 사업의 목적과 용도에 따라서 사용하게 하거나, 사용중인 물품의 관리에 관한 사무(물품사용에 관한 사무)를 위임할 수 있는데, 이 위임을 받은 공무원을 물품운용관이라 한다($\frac{동법}{11}$).

### 4. 대리·위임

중앙관서의 장은 물품관리관의 대리공무원을, 물품관리관은 물품출납공무원·물품운용관의 대리공무원을 각각 지정할 수 있다($\frac{동법}{12②}$).

또한 각 중앙관서의 장은 물품관리사무를 지방자치단체의 장 또는 그 소속 공무원에게 위임할 수 있다($\frac{동법}{13}$).

## Ⅳ. 물품의 관리

### 1. 물품의 분류 및 표준화

#### (1) 물품의 분류

각 중앙관서의 장은 그 소관에 속하는 물품을 기능별·성질별·기관별로 분류하여야 하는데($\frac{동법}{5①}$), 그 효율적인 사용이나 처분을 위하여 필요한 때에는 물품의 소속분류를 전환할 수 있다($\frac{동조}{②}$).

물품분류의 기준, 소속분류의 전환 기타 물품분류에 관하여 필요한 사항은 조달청장이 정한다($\frac{동조}{③}$).

#### (2) 물품의 표준화

주요물품에 관하여는 각각 그 표준을 정하여야 하는바, 각 중앙관서의 장은 당해 관서 및 그 소속기관에서만 사용하는 주요 물품의 표준을 정하고, 정부 각 기관에서 공통적으로 사용하는 주요 물품에 관하여는 조달청장이 이를 정한다($\frac{동법}{6①}$).

### 2. 물품의 수급관리계획

조달청장은 매년 기획재정부장관의 승인을 얻어 물품수급관리계획작성지침을 정하여 각 중앙관서의 장에게 통보한다$\left(\substack{동법\\15①}\right)$.

각 중앙관서의 장은 이 지침에 따라 물품수급계획(물품의 취득·보관·사용·처분에 관한 계획)을 수립하여 조달청장에게 제출하고, 조달청장은 이를 종합한 정부종합물품수급계획을 기획재정부장관에게 제출한다$\left(\substack{동조\\②③}\right)$.

물품수급관리계획을 수립하여야 하는 물품은 ① 정수관리대상품목과 ② 그 이외의 물품으로서 일괄조달하거나 계획적 관리를 위하여 필요하다고 인정하여 각 중앙관서의 장 또는 조달청장이 지정하는 물품이다$\left(\substack{동법시행령\\16 i·ii}\right)$. 정수관리대상품목이란 그 정수와 소요기준을 조달청장이 정하는 것을 말한다$\left(\substack{동법\\16①}\right)$.

### 3. 물품의 취득과 사용

물품관리관은 물품수급관리계획에 정하여진 물품에 대하여는 그 계획의 범위 안에서, 그 밖의 물품에 대하여는 필요할 때마다 재무관(계약담당공무원이라 하고 있다)에게 물품의 취득에 관한 필요한 조치를 할 것을 요구하고, 재무관은 예산의 범위 안에서 필요한 조치를 하여야 한다$\left(\substack{동법 28\\①②}\right)$.

물품은 중앙관서의 장 또는 그 위임을 받은 공무원이 지명하는 관계공무원이나 기술자의 검수를 받지 않고는 취득할 수 없다$\left(\substack{동조\\③}\right)$.

물품의 사용은 물품관리관의 출납명령에 따르는 물품운영관의 조치로 하는데, 출납명령에 있어서는 그 사용목적을 명백히 하여야 한다$\left(\substack{동법\\33}\right)$.

### 4. 물품의 보관

물품은 항상 사용 또는 처분할 수 있도록 선량한 관리자의 주의로서 국가의 시설에 보관하여야 한다. 다만 국가의 시설에 보관하는 것이 물품의 사용 또는 처분에 부적당하다고 인정하거나 기타 특별한 사유가 있을 때에는 국가 이외의 자의 시설에 보관할 수 있다$\left(\substack{동법\\30}\right)$.

물품출납공무원은 그 보관중인 물품 중 사용할 수 없거나 수선 또는 개조를 요하는 물품이 있다고 인정할 때에는 그 사실을 물품관리관에게 보고하여야 한다$\left(\substack{동법\\32①}\right)$.

## 5. 물품의 처분

### (1) 불용의 결정

물품관리관은 그 소관에 속하는 물품 중 사용할 필요가 없거나 사용할 수 없는 물품이 있을 때에는 그 물품에 대하여 불용의 결정을 하여야 한다 $\left(\substack{\text{동법 } 32①·\\35①}\right)$.

불용의 결정을 한 물품 중 매각하는 것이 국가에 불리하거나 부적당하다고 인정되는 때 또는 매각할 수 없는 물품은 폐기할 수 있다$\left(\substack{\text{동법}\\35②}\right)$.

각 중앙관서의 장은 불용품 중 활용이 가능한 것은 조달청장에게 매각하여 줄 것을 요청할 수 있으며, 활용이 가능한 불용품이 관리전환·매각 등을 통하여 처분되지 아니하는 경우에는 조달청장에게 무상(無償)으로 관리전환을 할 수 있다. 불용품의 매각은 국가를 당사자로 하는 계약에 관한 법률에도 불구하고 경매 또는 수의계약에 의하여 매각할 수 있다$\left(\substack{\text{동법}\\37·39}\right)$.

### (2) 매각의 제한

물품은 매각을 목적으로 한 것이거나 불용의 결정을 한 것이 아니면 매각할 수 없다$\left(\substack{\text{동법}\\36}\right)$.

### (3) 대부의 제한

물품은 대부를 목적으로 한 것이거나 대부하여도 국가의 사업 또는 사무에 지장이 없다고 인정되는 것이 아니면 대부할 수 없다$\left(\substack{\text{동법}\\41}\right)$.

### (4) 출자 등의 제한

물품은 법률에 의하지 않고는 출자의 목적으로 하거나 이에 사권을 설정할 수 없다$\left(\substack{\text{동법}\\42}\right)$.

## 6. 물품의 자연감모와 관급의 제한

물품의 자연감모란, 물품의 장기보관이나 운송 기타의 불가피한 사유로 인하여 생기는 감모를 말하는데, 곡물, 소금 및 그 밖에 각 중앙관서의 장이 정하는 물품에 자연감모가 생긴 경우에는 소속 중앙관서의 장이 기획재정부장관과 협의하여 정한 감모율의 범위 내에서 자연감모로 처리한다$\left(\substack{\text{동법 } 43,\\ \text{동법시행령 } 46}\right)$.

물품은 법률의 규정에 의하지 않고는 공사나 제조 기타의 계약자에게 관급할 수 없다$\left(\substack{\text{동법}\\44}\right)$.

**7. 손망실처리**

각 중앙관서의 장은 재물조사의 결과 물품의 망실·훼손이 발견된 때에는 대통령령이 정하는 바에 따라 회계관계직원 등의 책임에 관한 법률 제 6 조 제 1 항에 의한 변상명령을 할 수 있다($\frac{법}{46}$).

## 제 5 항  부동산회계

### Ⅰ. 개    설

부동산회계는 국가 또는 지방자치단체가 그 부동산을 관리하는 작용을 말한다.

일반법으로서 국유재산법이 있는데, 국유재산의 관리·처분은 다른 법률에 특별한 규정이 없으면 동법이 정하는 바에 의한다($\frac{법}{2}$). 특별법으로서는 문화재보호법·하천법·도로법·산림자원의 조성 및 관리에 관한 법률 등이 있고, 그 밖에 귀속재산인 부동산의 관리·처분에 관한 법으로서 귀속재산처리법이 있다.

그런데 귀속재산은 이미 실효된 귀속재산처리에 관한 특별조치법 부칙 제 5 조의 규정에 의하여, 1964년 12월 31일까지 매매계약이 체결되지 않은 것은 무상으로 국유화되었고, 또한 1964년 12월 31일까지 매매계약이 체결된 것이라도 1965년 1월 1일 이후 매매계약이 해제된 것은 역시 무상으로 국유화되도록 하였으며, 1964년 12월 31일까지 임대차계약이 체결된 것은 1965년 1월 1일 이후에는 이 계약을 국유재산법에 의한 대부계약으로 보도록 되어 있다. 그 결과 현재 귀속재산은 1964년 12월 31일 이전에 매매계약이 체결된 것으로 아직 결제되지 않은 것밖에 없다. 따라서 현재에 있어서는 귀속재산에 관한 법률관계는 역사적 의미밖에 없다고 하겠다.[1]

---

1) 김도창, 행정법(하), p. 712.

## Ⅱ. 국유재산의 의의 및 종류

### 1. 국유재산의 의의

국유재산법의 적용대상인 국유재산은 국가의 부담이나 기부의 채납 또는 법령·조약의 규정에 의하여 국유로 된 동법 제 5 조 제 1 항 각호에 열거된 재산을 말한다. 그 밖의 재산은 다른 법령(물품관리법·특허법 등)의 적용을 받는다.

### 2. 국유재산의 종류

국유재산은 그 실체에 따라 부동산·동산 및 무체재산권으로 나눌 수 있고, 그 용도에 따라 행정재산 및 일반재산으로 나누어진다($^{국유재산}_{법6①}$). 행정재산과 보존재산은 공물, 일반재산은 사물의 성질을 가진다.

(1) 행정재산

이에는 다시 다음의 네 종류가 있다($^{동조}_{②}$).

1) 공공용재산 　 국가가 직접 공공용으로 사용하거나 대통령령으로 정하는 기한(행정재산으로 사용하기로 결정한 날부터 5년이 되는 날)까지 사용하기로 결정한 재산을 말한다.

2) 공용재산 　 국가가 직접 사무용·사업용 또는 공무원의 주거용(직무수행을 위하여 필요한 경우로서 대통령령으로 정하는 경우로 한정)으로 사용하거나 대통령령으로 정하는 기한(행정재산으로 사용하기로 결정한 날부터 5년이 되는 날)까지 사용하기로 결정한 재산을 말한다.

3) 기업용재산 　 정부기업이 직접 사무용·사업용 또는 그 기업에 종사하는 직원의 주거용(직무 수행을 위하여 필요한 경우로서 대통령령으로 정하는 경우로 한정)으로 사용하거나 대통령령으로 정하는 기한(행정재산으로 사용하기로 결정한 날부터 5년이 되는 날)까지 사용하기로 결정한 재산을 말한다.

4) 보존용재산 　 법령이나 그 밖의 필요에 따라 국가가 보존하는 재산을 말한다. 총괄청은 일반재산을 보존용재산으로 전환하여 관리할 수 있다($^{동법}_{8②}$).

(2) 일반재산

행정재산 외의 모든 국유재산을 말한다($^{동법}_{6③}$).

## Ⅲ. 국유재산의 관리·처분

### 1. 관리처분의 기관

이에는 직접관리기관과 총괄관리기관의 두 가지가 있다.

#### (1) 직접관리기관

국유재산을 그 용도에 따라 유지·보존·운용하는 기관이다. 행정재산과 일반재산에 따라 다르다.

1) 행정재산의 관리기관　　행정재산은 각 중앙관서(국가재정법 제 6 조의 규정에 의한 중앙관서)의 장(관리청)이 관리한다($^{국유재산}_{법 8③}$).

관리청은 그 소속 공무원에게 그 소관에 속하는 행정재산과 보존재산의 관리에 관한 사무를 위임할 수 있는데, 그 위임을 받은 공무원을 재산관리관이라 한다. 관리청은 또한 다른 관리청의 소속 공무원 또는 지방자치단체의 장 또는 그 소속 공무원에게 그 소관인 관리사무를 위임할 수 있다($^{동법}_{28}$).

2) 일반재산의 관리기관　　일반재산은 원칙적으로 총괄청인 기획재정부장관이 관리·처분하되, 일정한 재산은 관리청이 관리·처분한다($^{동법}_{42①}$). 또한 국유림은 원칙적으로 산림청장이 관리·처분하며($^{산림자원의조성및관리에관한}_{법률 5, 정부조직법 36⑤}$), 국유문화재는 문화재청장이 관리한다($^{문화재보호}_{법 62}$).

#### (2) 총괄관리기관

총괄관리기관이란 국유재산의 관리·처분의 적정을 기하기 위하여 국유재산에 관한 제도를 정비하고, 그 관리·처분사무의 통일과 그 현황을 명백히 하며, 필요한 조정을 하는 권한을 가진 기관을 말하는데 이를 총괄청이라 한다. 국유재산은 기획재정부장관이 이를 총괄한다($^{국유재}_{산법 8}$).

총괄청은 관리청이 없거나 불분명한 국유재산에 대하여는 그 관리청을 지정한다($^{동법}_{24}$). 총괄청은 그 사무의 일부를 관리청 또는 지방자치단체의 장에게 위임할 수 있다($^{동법}_{25}$).

### 2. 관리·처분의 제한·특례

#### (1) 개　　설

국유재산법은 국유재산의 성질·목적과 그 관리상의 공정성의 확보라는 견지에서 그에 대한 정부의 자유로운 사용·수익·처분을 제한하고, 또한 관리상의 여러 특칙을 두고 있다. 동법상의 국유재산의 관리·처분에 관한 제한 또는 특례규정은 내용적으로는 국유재산 일반에 대한 공통적인 것과 행정재산 및 일반재산에 고유한 규율이 있다.

### (2) 통 칙

1) **국유재산의 보호**　국유재산은 누구든지 이 법 또는 다른 법률에서 정하는 절차와 방법에 따르지 아니하고는 이를 사용 또는 수익하지 못한다($\frac{국유재산}{법\ 7①}$).

2) **시효취득의 불인정**　구국유재산법($\frac{1994.\ 1.\ 5\ 개}{정\ 이전의\ 것}$) 제 5 조 제 2 항은 "국유재산은 민법 제245조의 규정에 불구하고 시효취득의 대상이 되지 아니한다"고 규정하고 있었다.

그러나 헌법재판소는 국유재산 중 잡종재산($\frac{현\ 일반}{재산}$)에 관한 한에서는 이 조항이 위헌이라고 결정하였다[1](동일한 내용의 지방재정법 제74조 제 2 항에 대하여도 헌재는 같은 내용의 결정을 하였다[2]). 현행 국유재산법은 일반재산과 달리 행정재산은 시효취득의 대상이 되지 아니한다고 명시적으로 규정하고 있다($\frac{동법}{7②}$).

3) **소유자 없는 부동산의 처리**　총괄청 또는 관리청은 대통령령이 정하는 바에 따라 소유자 없는 부동산을 국유재산으로 취득한다($\frac{동법}{12}$).

4) **기부채납**　기부채납 총괄청이나 관리청은 국유재산이 될 재산을 국가에 기부하려는 자가 있으면 원칙적으로 이를 받을 수 있다($\frac{동법}{13}$).

5) **사권설정재산의 취득제한**　사권이 설정된 물건은 그 사권이 소멸한 후가 아니면 이를 국유재산으로 취득하지 못한다. 다만, 판결에 따라 취득하는 경우에는 그러하지 않다($\frac{동법}{11①}$).

6) **등기·등록 등**　총괄청이나 관리청은 그 소관에 속하는 국유재산에 관하여 지체없이 등기·등록 기타 권리보전에 필요한 조치를 취하여야 한다. 등기·등록에 있어서는 권리자의 명의는 「국」으로 하고 소관 중앙관서의 명칭을 함께 적어야 한다($\frac{동법}{14}$).

7) **관리계획**　관리청은 매년 다음 연도의 국유재산의 관리·처분계획

---

1) 판례

"국유잡종재산에 대하여까지 시효취득을 배제하는 것은 국유잡종재산에 대한 관리소홀의 책임을 시효취득자에게 전가하여 시효취득자의 기본권을 희생하고 국가의 이익을 특권적으로 보호하려는 지나치게 불평등한 것으로서 헌법에 명시한 「모든 국민은 법 앞에 평등하다」는 일반법치원리에 어긋나는 위헌적 내용이다"(헌재결 1991. 5. 13, 89헌가97).

2) 헌재결 1992. 10. 1, 92헌가6·7.

을 작성하여 총괄청에 제출하고, 총괄청은 그에 의거하여 국유재산종합계획을 수립하여 대통령의 승인을 받아야 한다. 관리청은 이 계획에 따라 국유재산을 관리·처분하고, 그 집행상황을 총괄청에 보고한다($\frac{동법}{9}$).

8) **관리전환**　다른 관리청 소관의 국유재산의 관리전환을 받고자 할 때에는 당해 관리청과 협의하여야 하는데, 협의불성립시에는 총괄청이 결정한다($\frac{동법}{16}$). 국유재산의 관리전환을 하거나 사용을 승인함에 있어 그 재산의 소속회계가 다른 때에는 유상으로 하여야 한다($\frac{동법}{17}$).

9) **불법시설물의 강제철거 등**　정당한 사유 없이 국유재산을 점유하거나 이에 시설물을 설치한 때에는 행정대집행법을 준용하여 철거 기타 필요한 조치를 할 수 있다($\frac{동법}{74}$).

10) **변상금의 징수**　국유재산의 대부 또는 사용·수익허가 등을 받지 아니하고 국유재산을 점유하거나 이를 사용·수익한 자에 대하여는 대통령령이 정하는 바에 의하여 해당 재산에 대한 임대료 또는 사용료의 100분의 120에 상당하는 변상금을 징수한다($\frac{동법\ 72}{① 본문}$).

**(3) 행정재산의 관리·처분**

1) **처분 등의 제한**　행정재산은 이를 대부·매각·교환 또는 양여하거나 출자의 목적으로 하거나 이에 사권을 설정하지 못한다($\frac{동법}{11②}$).

2) **사용허가**　공용·공공용 재산은 그 용도 또는 목적에 장애가 되지 않는 한도 안에서만 사용을 허가할 수 있으며($\frac{동법}{30①}$), 보존용 재산은 보전목적의 수행에 필요한 범위 안에서만 사용을 허가할 수 있다($\frac{동법}{30①ii}$).

이러한 행정재산 사용허가의 성질이 문제된다. 이와 관련하여 구국유재산법은 행정재산의 사용허가의 철회에 대하여 잡종재산(현 일반재산)의 대부에 관한 규정을 준용하도록 규정하고 있었던 결과, 당시의 통설이 사용관계는 사법상의 계약에 의한 법률관계로 파악하고 있었고, 이러한 입장을 취한 판례도 있었다.[1] 그러나 1976년의 이 법의 개정에 따라 개정된 국유재산법은 행정재산의 사용·수익허가에 대하여는 잡종재산의 대부에 관한 규정을 준용하지 않고, 그 허가, 취소·철회 등에 관하여 독자적 규정을 두고 있다. 이러한 현행 국유재산법과 관련하여서는 행정재산의 사용허가의 법적 성질이 다

---

1) 판례

　"행정재산을 그 용도 또는 목적에 장해가 없는 한도 내에서 사용 또는 수익을 허가하는 행위는 사법상의 법률행위로서 행정처분이 아니다"(대판 1964. 9. 30, 64누102).

시 문제되고 있다.

이에 대하여는 동법상의 사용허가라는 용어만으로는 사용관계의 성질을 속단할 수 없는 것으로서, 사용의 내용은 오로지 사용자의 사법상 이익을 도모하는 데 있는 것이라는 점에서 이 사용관계를 사법관계로 보는 입장도 있다.[1]

그러나 전술한 바와 같이 현행 국유재산법은 행정재산의 사용은 관리청의 허가에 의하도록 하고, 상대방의 귀책사유나 특정 공공목적과의 관련에서 관리청이 당해 허가를 취소 또는 철회할 수 있도록 규정하고 있고 보면, 동법상의 허가 내지는 그 취소·철회는 관리청의 일방적·권력적 행위로서의 행정행위 또는 행정처분의 성질을 가진다고 보는 것이 이 법의 자연스러운 해석이라고 본다. 이것은 판례의 입장이기도 한 것으로서, 대법원은 당해 허가는 강학상의 특허에 해당한다고 보고 있다.[2]

사용허가기간은 5년을 초과할 수 없으며, 사용허가의 갱신은 가능하나 수의의 방법으로 사용허가를 할 수 있는 경우가 아니면 1회만 갱신할 수 있고 그 기간도 원칙적으로 5년을 초과할 수 없다. 사용·수익을 허가한 때에는 대통령령이 정하는 요율에 따른 사용료를 징수한다($\frac{동법}{35①②}$).

3) **행정재산의 용도폐지**    관리청은 대통령령이 정하는 바에 의하여 행정재산 등의 용도를 폐지한다($\frac{동법}{40}$).

**(4) 일반재산의 관리·처분**

일반재산의 관리·처분의 제한 또는 특례에 관한 중요한 것으로는 다음과 같은 것이 있다.

1) **처분 등**    일반재산은 대부 또는 처분할 수 있다($\frac{동법}{41①}$).

2) **계약의 방법**    일반재산을 처분하는 계약을 체결함에 있어서는 그 뜻을 공고하여 경쟁입찰에 붙이는 것이 원칙이나, 대통령령으로 정하는 일정한 경우에는 지명경쟁에 붙이거나 수의계약에 의할 수 있다($\frac{동법 43, 동법}{시행령 35·36}$).

3) **가격결정**    일반재산의 처분에 있어서 그 가격은 시가를 참작하여 결정한다($\frac{동법}{44}$).

---

1) 이상규, 행정법(하), p. 478.
2) 판례
    "공유재산의 관리청이 행하는 행정재산의 사용·수익에 대한 허가는 순전히 사경제주체로서 행하는 사법상의 행위가 아니라 관리청이 공권력을 가진 우월한 지위에서 행하는 행정처분으로서 특정인에 행정재산을 사용할 수 있는 권리를 설정하여 주는 강학상 특허에 해당한다"(대판 1996. 2. 13, 95누11023).

  4) 대  부   일반재산의 대부에 관하여는, 대부기간의 제한$\binom{\text{동법}}{46}$, 대부의 제한, 대부료, 대부료의 면제 및 대부계약의 해제나 해지 등$\binom{\text{동법}}{47}$의 특례가 있다.

  5) 매각 등   국유재산법은 일반재산의 매각$\binom{\text{동법 48}}{\text{내지 53}}$, 교환$\binom{\text{동법}}{54}$ 및 양여$\binom{\text{동법}}{55}$에 관하여도 특례를 정하고 있다.

## Ⅳ. 국유문화재

  국유문화재에 관하여는 문화재보호법 제 7 장의 규정에 의한다. 이 장에 의하면, 국유에 속하는 지정 또는 가지정문화재는, 일반국유재산(특히 보존용재산)의 경우와 달리, 문화재청장이 관리 또는 총괄하며, 문화재에 관한 사무를 관장하기 위하여 문화체육관광부장관 소속으로 문화재청을 둔다$\binom{\text{정부조직법 35③.}}{\text{문화재보호법 8}}$.

  다만 국유문화재가 문화재청장 외의 중앙관서의 장(국가재정법에 의한 중앙행정기관의 장을 말한다)이 관리하고 있는 행정재산인 경우 또는 문화재청장 외의 중앙관서의 장이 관리하여야 할 특별한 필요가 있는 것인 경우에는 문화재청장은 관계기관의 장 및 기획재정부장관과 협의하여 그 관리청을 정한다. 이 경우에는 문화재청장은 문화재위원회의 의견을 들어야 한다$\binom{\text{문화재보호법}}{62① \ \text{단서} \cdot ②}$.

  문화재청장은 전시·사변 또는 이에 준하는 비상사태에 있어서, 국유문화재와 국유 아닌 지정문화재 및 가지정문화재의 보호상 필요하다고 인정할 때에는 당해 문화재를 안전한 지역으로 이동·매몰 또는 기타 필요한 조치를 하거나 당해 문화재의 소유자 등에 대하여 위의 행위를 명할 수 있다$\binom{\text{동법}}{21}$.

  문화재청장 또는 지방자치단체의 장은 문화재의 보존·관리를 위하여 필요한 때에는 국유 또는 공유의 지정문화재의 보호구역 안에 있는 토지·건물·입목·죽·기타 공작물을 공익사업을 위한 토지 등의 취득 및 보상에 관한 법률에 따라 수용하거나 사용할 수 있다$\binom{\text{동법}}{83①}$.

# 색     인

저자약력

서울대학교 법과대학 졸업
「프랑스」국립행정대학원(ENA) 수료
파리 제Ⅱ대학에서 공법학 국가박사
자르브류켄대학교 불법(佛法)연구소 연구위원
자르브류켄대학교에서 독일행정법연구
파리 제Ⅱ·ⅩⅠ대학 객원교수
사법시험·행정고시·입법고시 등 각종 시험위원
서울대학교 법과대학 교수

저 서
행정법 Ⅰ
행정법연습
「프랑스」사회보장법
「프랑스」행정법(역서)

제26판
행 정 법 Ⅱ

초판발행        1994년 4월 10일
제26판발행      2021년 3월 5일

지은이          김동희
펴낸이          안종만·안상준

편 집           이승현
기획/마케팅      조성호
표지디자인       조아라
제 작           고철민·조영환

펴낸곳          (주) **박영사**
               서울특별시 금천구 가산디지털2로 53, 210호
               (가산동, 한라시그마밸리)
               등록 1959. 3. 11. 제300-1959-1호(倫)

전 화           02)733-6771
f a x          02)736-4818
e-mail         pys@pybook.co.kr
homepage       www.pybook.co.kr
ISBN           979-11-303-3684-8  94360
               979-11-303-3682-4 (세트)

정 가          54,000원